DIE DEUTSCHEN LANDKREISE

Wappen · Geschichte · Struktur

mit einem Vorwort von
Otto Neukum
und
Dr. Hans-Henning Becker-Birck

herausgegeben von
Erich Dieter Linder
und
Günter Olzog

Die Deutsche Bibliothek CIP-Einheitsaufnahme

Die deutschen Landkreise : Wappen, Geschichte, Struktur /
von Erich Dieter Linder und Günter Olzog. - 2. Aufl. -
Augsburg : Battenberg, 1996
  (Battenberg-Länderkunde)
  ISBN 3-89441-114-7
NE: Linder, Erich Dieter; Olzog, Günter

Es ist nicht gestattet, Abbildungen dieses Buches zu scannen, in PCs oder auf
CDs zu speichern oder in PCs/Computern zu verändern oder einzeln oder
zusammen mit anderen Bildvorlagen zu manipulieren, es sei denn mit schrift-
licher Genehmigung des Verlages.

Gedruckt auf umweltfreundlich chlorfrei gebleichtem Papier.

BATTENBERG VERLAG, AUGSBURG
© 1996 Weltbild Verlag GmbH, Augsburg
Alle Rechte vorbehalten
Lektorat: Elmar Rutschmann
Umschlaggestaltung: Zemb'sch Werkstatt, München
Satz und Layout: Armin Tichacek, Battenberg Verlag, Augsburg
Gesetzt aus der 9,5/11,5 Punkt Melior im Battenberg Verlag, Augsburg
Reproduktionen: Günter Mayr Repro-Technik GmbH, Donauwörth
Druck und Bindung: Druckerei Himmer, Augsburg

Printed in Germany

ISBN 3-89441-114-7

Inhalt

Vorwort von Landrat Otto Neukum,
Präsident des Deutschen Landkreistages,
und Dr. Hans-Henning Becker-Birck,
Geschäftsführendes Präsidialmitglied des Deutschen Landkreistages 7

Vorbemerkung der Herausgeber 8

Einführung in die Wappenkunde
von Erich Dieter Linder 9

Karte der Bundesrepublik Deutschland 14
Die deutschen Landkreise und ihr kommunaler Spitzenverband, DLT,
von Dr. Hans-Henning Becker-Birck,
Geschäftsführendes Präsidialmitglied des Deutschen Landkreistages 15

Karte des Bundeslandes Baden-Württemberg 18
Die Landkreise in Baden-Württemberg
von Eberhard Trumpp, Hauptgeschäftsführer
des Landkreistages Baden-Württemberg 19
Porträts der 35 Landkreise Baden-Württembergs 21

Karte des Freistaats Bayern 56
Die Landkreise in Bayern von Wolfgang Magg,
Geschäftsführendes Präsidialmitgliedmitglied des Bayerischen Landkreistages 57
Porträts der 71 Landkreise Bayerns 59

Karte des Bundeslandes Brandenburg 130
Die Landkreise in Brandenburg
von Dr. Paul-Peter Humpert,
Geschäftsführendes Vorstandsmitglied des Landkreistages Brandenburg 131
Porträts der 14 Landkreise Brandenburgs 133

Karte des Bundeslandes Hessen 147
Die Landkreise in Hessen
von Lutz Bauer,
Geschäftsführender Direktor des Hessischen Landkreistages 149
Porträts der 21 Landkreise Hessens 151

Karte des Bundeslandes Mecklenburg-Vorpommern 172
Die Landkreise in Mecklenburg-Vorpommern
von Dr. Hubert Meyer,
Geschäftsführendes Vorstandsmitglied des Landkreistages
Mecklenburg-Vorpommern 173
Porträts der 12 Landkreise Mecklenburg-Vorpommerns 175

Karte des Bundeslandes Niedersachsen 187
Die Landkreise in Niedersachsen
von Dr. Gernot Schlebusch,
Geschäftsführendes Vorstandsmitglied des Niedersächsischen Landkreistages 189
Porträts der 38 Landkreise Niedersachsens 191

Karte des Bundeslandes Nordrhein-Westfalen 229
Die Kreise in Nordrhein-Westfalen
von Dr. h.c. Adalbert Leidinger und Dr. Joachim Bauer,
Geschäftsführendes Vorstandmitglied des Landkreistages Nordrhein-Westfalen 231
Porträts der 31 Kreise Nordrhein-Westfalens 233

Karte des Bundeslandes Rheinland-Pfalz 264
Die Landkreise in Rheinland-Pfalz
von Heinz Dreibus,
Geschäftsführender Direktor des Landkreistages Rheinland-Pfalz 265
Porträts der 24 Landkreise in Rheinland-Pfalz 267

Karte des Saarlandes 291
Die saarländischen Landkreise und der Stadtverband Saarbrücken
von Martin Luckas,
Geschäftsführer des Landkreistages Saarland 293
Porträts der fünf Landkreise des Saarlandes
und des Stadtverbandes Saarbrücken 295

Karte des Freistaats Sachsen 301
Die Landkreise in Sachsen
von Wolf-Uwe Sponer,
Referent im Sächsischen Landkreistag 303
Porträts der 22 Landkreise Sachsens 305

Karte des Bundeslandes Sachsen-Anhalt 327
Die Landkreise in Sachsen-Anhalt
von Karl Gertler
Geschäftsführendes Präsidialmitglied des Landkreistages Sachsen-Anhalt 329
Porträts der 21 Landkreise Sachsen-Anhalts 331

Karte des Bundeslandes Schleswig-Holstein 352
Die Kreise in Schleswig-Holstein
von Dr. Carl-August Conrad,
Geschäftsführendes Vorstandsmitglied des Schleswig-Holsteinischen Landkreistages 353
Porträts der 11 Kreise Schleswig-Holsteins 355

Karte des Freistaats Thüringen 366
Die Landkreise in Thüringen
von Ekkehard Kroner,
Referent im Thüringischen Landkreistag 367
Porträts der 17 Landkreise Thüringens 369

Register von ausgewählten Sehenswürdigkeiten 386

Die deutschen Landkreise in alphabetischer Anordnung 390

Übersicht der Kreisgebietsreformen 392

Vorwort

Als vor einem knappen Jahrzehnt die erste Auflage dieser Veröffentlichung erschien, konnte noch niemand an die nur vier Jahre später über uns hereinbrechenden Umwälzungen denken. Damals konnten dem Leser 237 Kreise, die nach der kommunalen Gebietsreform in den sechziger und siebziger Jahren neu entstanden waren, vorgestellt werden.

Zwischenzeitlich gab es dann 426 und heute nach der auch in den neuen Bundesländern abgeschlossenen Kreisreform 323 Kreise, die im Deutschen Landkreistag und seinen nunmehr 13 Landesverbänden zusammengeschlossen sind.

Weder die zunächst aus der DDR-Zeit mit in die deutsche Einheit eingebrachten 189, noch die heute dort bestehenden 86 Kreise können in ihrem Gebietszuschnitt auf eine lange Tradition aufbauen. Die ursprünglich vor dem Kriege existierenden Kreise wurden 1952 vom damaligen SED-Regime zerschlagen und für ihre Zwecke der besseren Kontrolle der Bürger mißbraucht. Die heutigen, aus der Reform in den Jahren 1993 bis 1995 hervorgegangenen Kreise sind Produkte aus Historie, Verwaltungszweckmäßigkeit und neuer räumlicher Verflechtung. Sie ähneln insofern den bereits in den alten Bundesländern seit nunmehr 20 bis 30 Jahren bestehenden Kreisen und führen zu einer gewissen Homogenität des Verwaltungsaufbaus im gesamten Bundesgebiet.

Diese Veröffentlichung stellt jetzt die Landkreise in der neuen größeren Bundesrepublik Deutschland in ihrer Vielfalt und Eigenart vor. Es ist ein lebendiges Nachschlagwerk für alle, die sich über Kultur und Geschichte, Landschaft, Bevölkerung und Wirtschaft der Kreise informieren wollen. Wir finden es beachtenswert, daß die Kreise mit ihren Wappen präsentiert werden. Die Wappen symbolisieren das geschichtliche Werden und deren Identität; insbesondere bei neugeschaffenen Kreisen ist das Wappen ein einigendes Symbol.

In diesem Buch verschmelzen strukturelle Vielfalt und individuelle Besonderheit der Landkreise zu einem bunten Mosaik. In der Tradition verwurzelt, für Gegenwart und Zukunft aufgeschlossen, bieten sie ihren Bewohnern einen attraktiven Lebensraum. An reizvoller Landschaft und heimatlichen Spezialitäten, an kulturellen Kleinodien und eindrucksvollen Sehenswürdigkeiten, aber auch an Kuriositäten mangelt es den Landkreisen nicht. Dies wird dem Leser anschaulich verdeutlicht. Neben vielem Bekannten wird er sicherlich auch Neues entdecken und erfahren. Auch die wirtschaftliche Struktur der Landkreise, die durch ein breites Spektrum an leistungsfähigen Betrieben aus Landwirtschaft und Industrie, Handel und Gewerbe geprägt ist, wird anhand signifikanter Daten und Fakten dargestellt.

Es ist uns ein besonderes Anliegen, allen zu danken, die mitgeholfen haben, dieses interessante und lesenswerte Werk zu ergänzen und auf den neuesten Stand zu bringen. Es wäre erfreulich, wenn es zur Verbundenheit unserer Bürger mit ihrem Heimatkreis beitragen und dem interessierten Leser ein umfassendes Bild von den Kreisen in der Bundesrepublik Deutschland vermitteln könnte.

(Landrat Otto Neukum, MdS)
Präsident des Deutschen Landkreistages

(Dr. Hans-Henning Becker-Birck)
Geschäftsführendes Präsidialmitglied
des Deutschen Landkreistages

Vorbemerkung der Herausgeber

Im Jahr 1986 erschien unter dem Titel »Die deutschen Landkreise« erstmals eine Zusammenfassung von Kurzporträts der Landkreisorganisationen auf Landes- und Bundesebene und der damals 237 Landkreise der Bundesrepublik Deutschland.

Vor einigen Jahren erwarb der Battenberg Verlag vom Olzog Verlag das Verlagsrecht an diesem Werk mit der Absicht, baldmöglichst eine aktualisierte Neuauflage herauszubringen, erweitert um die Landkreise der neuen Bundesländer des seit dem 3. Oktober 1990 wieder vereinten Deutschland.

Nachdem 1995 die letzten Schritte der Gebietsreformen getan waren, stand dem Vorhaben nichts mehr im Weg. Lediglich bei der Wiedergabe der neuen Kreiswappen gab es noch Schwierigkeiten, da sich in einigen wenigen Fällen die Genehmigung der Wappen auf nicht absehbare Zeit hinausziehen sollte. Bei diesen Landkreisen mußten wir auf die Darstellung ihrer Wappen leider verzichten.

Wie schon bei der Erstauflage sind Herausgeber und Verlag den Verantwortlichen in den kommunalen Spitzenverbänden aufrichtig dankbar für die gewährten Hilfen. In diesen Dank beziehen wir die in der Erstauflage Genannten ausdrücklich mit ein, zumal diese Neuauflage auf deren Grundlagen aufbaut.

Wir danken den Präsidenten und Hauptgeschäftsführern der Spitzenverbände für die Aktualisierung der Übersichtsbeiträge, die dem Leser Bedeutung und Struktur der Landkreisorganisation und die Aufgaben der Landkreise deutlich machen.

Unser Dank gilt den Landräten und Oberkreisdirektoren sowie deren Mitarbeitern für die partnerschaftliche Zusammenarbeit. Ohne ihre Mithilfe wäre es nicht möglich gewesen, dieses Werk zusammenzustellen.

Die Herausgeber haben sich bei der redaktionellen Erarbeitung darum bemüht, ein Bild des jeweiligen Landkreises zu vermitteln, wie es vom Landkreis selbst gezeichnet wurde. Erich Dieter Linder war dabei zuständig für die »Wappenbeschreibung« und die »Historische Entwicklung«, Dr. Günter Olzog für die Rubrik »Struktur des Kreises – Sehenswürdigkeiten«.

Im Gegensatz zur Erstauflage wurden dieses Mal die Kreiswappen nicht gezeichnet. Auch auf die seinerzeit einheitliche Schildform wurde verzichtet. Als Vorlagen dienten die von den Landratsämtern zur Verfügung gestellten Wappenabbildungen. Die Farbwiedergabe entspricht den heraldischen Vorgaben.

Wir freuen uns, mit dieser Ausgabe einen Einblick in die Vielfalt deutscher Landschaften, in die Geschichte und die gegenwärtigen Bedingungen geben zu können, unter denen Heimat erlebt und – was in den Porträts deutlich wird – bewußt gestaltet wird. Dem Leser werden sicherlich viele Reisetips gegeben, die über die alltäglichen Touristikhinweise hinausführen. Die Informationsstellen und Verkehrsämter der Landratsämter helfen gerne, wenn weitere Informationen gewünscht werden. Anschriften sind unter dem Stichwort »Kreisverwaltung« zu finden.

Augsburg, im Frühjahr 1996

ERICH DIETER LINDER
DR. GÜNTER OLZOG

Erich Dieter Linder

Einführung in die Wappenkunde

Wappen heute

Dem aufmerksamen Beobachter begegnen Wappen in vielfältiger Form und an den unterschiedlichsten Orten. Wappendarstellungen zieren Fahrzeugaufkleber und Urlaubsprospekte, illustrieren Werbeflächen sowie Veranstaltungsplakate und unterstreichen staatliche Hoheitsrechte auf Grenztafeln, Amtsschildern und Dienstsiegeln.

Dabei ist kaum bekannt, daß Wappen auf eine über 800jährige Geschichte zurückblicken können. Die leuchtenden Farben und einprägsamen Bildmotive sichern dem Wappen – trotz oder wegen des für den Laien oft verborgenen Symbolgehaltes – eine nach wie vor unerreichte Beliebtheit als Sinnbild von Familien, Staaten, Landkreisen und Städten, Organisationen und Vereinen.

Was sind Wappen? Wie entstanden sie?

»Wappen« sind bleibende farbige Bildkennzeichen, die unter Benutzung mittelalterlicher Waffenbestandteile wie Kampfschild oder Ritterhelm nach bestimmten Regeln und in einer charakteristischen Stilisierung dargestellt werden. Die deutschen Kreiswappen bestehen im Gegensatz zu den Familienwappen fast ausnahmslos aus dem Wappenschild alleine.

Die Wappen waren eine fast gleichzeitige Schöpfung des mittel- und westeuropäischen Rittertums im zweiten Viertel des 12. Jh. und dienten dem Zweck, die durch ihre Rüstung unkenntlich gewordenen Krieger weithin sichtbar voneinander zu unterscheiden. Sie waren zudem Eigentumszeichen und galten auf Siegeln als Beglaubigungs- und Beweismittel.

Die Funktion als Erkennungszeichen eines Machtträgers oder später dessen Machtterritoriums erforderte ein einprägsames und leicht erkennbares Bildmotiv, das sich dennoch von anderen hinreichend unterscheiden mußte. Dies führte zur Herausbildung ganz konkreter Farb- und Gestaltungsregeln, auf die noch eingegangen werden soll. Eine detaillierte Darstellung des allgemeinen Wappenwesens kann hier allerdings nicht erfolgen – es sei dazu auf die nachfolgende Literaturauswahl verwiesen.

Das kommunale Wappenwesen

Die Ursprünge des kommunalen Wappenwesens gehen zurück auf den Anfang des 13. Jh. Wappenverleihungen des jeweiligen Landesherrn erfolgten bis in unser Jahrhundert hinein nur an Städte und Märkte – den Landgemeinden wurde das Recht auf Wappenführung verweigert. Erst der Umbruch der veralteten Verwaltungsstrukturen seit der napoleonischen Ära schuf die Grundlage für Wappenverleihungen an Landgemeinden und Gemeindeverbände, zu denen die Landkreise zählen.

Nachdem das Interesse an der Historie und der Heraldik im Zeitalter des Historismus und des Nationalismus auf fruchtbaren Boden gefallen war, erlangte das kommunale Wappenwesen in Deutschland eine ungeahnte Blüte. Nach der Revolution von 1918 fungierten anstelle der Monarchen die jeweiligen Innenministerien der Länder als Genehmigungsbehörden. Sie ließen sich dabei von den staatlichen Archiven beraten.

Diese Vorgangsweise gilt, mit geringfügigen Abweichungen von Bundesland zu Bundesland, noch heute. Gemeinde bzw. Landkreis beauftragen einen Heraldiker mit dem Entwurf mehrerer Wappenvorschläge, um dann eine Auswahl zu treffen. In den neuen Bundesländern wurden aber auch Wettbewerbe unter der Bevölkerung ausgeschrieben, um eine besonders demokratische Vorgangsweise und hohe Akzeptanz des zukünftigen Symbols zu erreichen.

Anschließend reicht die Gebietskörperschaft den Antrag auf Wappengenehmigung zusammen mit dem zuvor eingeholten Gutachten des zuständigen staatlichen Archivs bei der Rechtsaufsichtsbehörde (Innenministerium, Bezirksregierung oder Kreisverwaltung) zur Zustimmung ein. Von den beratenden Archiven wird insbesondere darauf geachtet, daß sich das zu verleihende Wappen von den anderen kommunalen Symbolen hinreichend unterscheidet. Zugleich darf das Wappenbild nicht überladen sein, damit es auch noch verkleinert im Dienstsiegel klar zu erkennen ist.

Grundsätze der Motivauswahl bei Wappenentwürfen

Insbesondere dieser heraldische Grundsatz wird zuweilen mißachtet. So mag ein pompöses Wappenmotiv den Anschein von Gewichtigkeit und Ausdrucksvielfalt erwecken, verstößt aber gegen die althergebrachte Forderung nach Klarheit. Der Wunsch, möglichst alle Gebietsteile zu berücksichtigen, wirkt sich für neu zu entwerfende Wappen deshalb stets unvorteilhaft aus, auch wenn Fürsprecher unter-

Einführung in die Wappenkunde

gegangener Kreise besonders darauf drängen mögen.

Zu Recht verweisen die beratenden Archive daher auf den Ausweg, Teile statt das Ganze zu übernehmen, z.B. anstelle eines Baumes ein einzelnes Blatt. Auch sollte auf die Übernahme von Symbolen des jeweiligen Bundeslandes verzichtet werden, da diese ihre Unterscheidungskraft um so stärker einbüßen, je mehr Kreise sie im Schilde führen. Vielmehr sollte die historische Entwicklung des Kreisgebietes nachgezeichnet werden, indem etwa die Wappenbilder ortsansässiger Adelsgeschlechter integriert werden. Die genehmigten Kommunalwappen werden schließlich in den Landesgesetzblättern veröffentlicht.

Die Entwicklung der Kreisheraldik

Nachdem die Landgemeinden das Wappenrecht erlangt hatten, fanden zwischen 1925 und 1933 in zunehmendem Maße Landkreise Gefallen an einem eigenen Wappen. Nach dem Erlaß der Deutschen Gemeindeordnung vom 30. Januar 1935 setzte eine zweite Phase von Wappenverleihungen an die seit 1. Januar 1939 reichseinheitlich als »Landkreise« bezeichneten Gebietskörperschaften ein, bis der Ausbruch des Zweiten Weltkrieges dem ein Ende setzte.

Doch bereits wieder in der Besatzungszeit von 1945 bis 1949 regte sich in Ost und West erneut das kommunale Selbstbewußtsein. In der entstehenden Bundesrepublik Deutschland legte sich bis zu den Gebietsreformen die große Mehrheit der Kreise eigene Symbole zu. Auch in der Sowjetischen Besatzungszone nahmen manche Landkreise Wappen an, die von der Hoffnung auf einen Neuanfang nach der NS-Diktatur geprägt waren. Ein gelungenes Beispiel stellt das Kreiswappen des thüringischen Nordhausen dar, das historische Elemente mit einem aus einem Baumstumpf sprießenden Schößling als Glauben an eine goldene Zukunft verbindet. Dieses Wappen wurde 1948 angenommen und 1990, also wiederum in einer Aufbruchsphase, erneut in Kraft gesetzt.

In der Deutschen Demokratischen Republik wurde die kommunalheraldische Renaissance jedoch kurze Zeit später abrupt gestoppt. Mit der Siegelordnung vom 28. Mai 1953 erklärte der zentralistische Staat das Staatsemblem der DDR – Hammer, Zirkel und Ährenkranz – zum einzig erlaubten Siegelbild der Städte und Gemeinden. Soweit Wappen gezeigt wurden, erfüllten sie mithin nur noch illustrative Zwecke. Um so erstaunlicher waren die sofort nach der Wende von 1989 unternommenen Bemühungen um die Findung oder Wiederannahme kommunaler Hoheitszeichen.

In der alten Bundesrepublik markierten die Kreiszusammenlegungen zwischen den Jahren 1968 und 1980, die die Zahl der Landkreise von 425 auf 237 reduzierten, eine Zäsur. Doch nachdem die neugeschaffenen und vergrößerten Landkreise sich einigermaßen konsolidiert hatten, setzte eine regelrechte Antragsflut ein. Dabei griff eine Gruppe der Kreise auf Wappen ihrer Rechtsvorgänger zurück – meist dann, wenn der Gebietsumfang kaum Änderungen erfahren hatte oder wenn die Wappensymbolik auch auf den Großkreis übertragbar war. Alle anderen Landkreise schufen sich neue Wappenbilder, die häufig auf die Altlandkreise Bezug nahmen, so daß kein westdeutscher Kreis mehr wappenlos ist.

Klemens Stadler präsentierte in seinem Standardwerk alle westdeutschen Kommunalwappen, die bis 1971 genehmigt worden waren. Nach den Kreisreformen war die achtbändige Publikation jedoch weitgehend überholt: Von den insgesamt 411 vor den Reformen existierenden Kreiswappen, abgebildet in den Bänden 1, 2 und 7, wurden lediglich 113 von den Nachfolgekreisen unverändert übernommen.

Eine vergleichbare Publikation für Ostdeutschland existiert nicht. In den fünf neuen Bundesländern wurden die überfälligen Gebietsreformen auf Kreisebene in den Jahren 1993 bis zum Jahreswechsel 1995/96 umgesetzt: Den Anfang machte Brandenburg am 6. Dezember 1993, den Abschluß bildete Sachsen mit der am 1. Januar 1996 in Kraft getretenen Nachkorrektur. Aus 189 Landkreisen, deren Grenzen Anfang der 50er Jahre gezogen wurden, entstanden damit 86 Großkreise.

Trotz der drängenden anderen Aufgaben befaßten sich fast alle Kreise mit der Annahme eigener Symbole. Dies mag sich mit dem erwachten Selbstwertgefühl nach jahrzehntelanger zentralistischer Unterdrückung erklären lassen. Die Rückbesinnung auf die historischen Wurzeln manifestiert sich in vielen Wappenbildern wie dem brandenburgischen Adler, mecklenburgischen Stierkopf und pommerschen Greifen, dem sächsischen Rautenkranz oder thüringischen und meißnischen Löwen.

Neben der nach wie vor üblichen Verwendung bei Amtsgeschäften kommt dem Kreiswappen heute zusätzlich die Funktion eines Werbeträgers zu. Die Wappensymbole verweisen zumeist auf die Gebietsgeschichte, auf hervorstechende Wirtschaftszweige oder auf die geografische Lage. Sie nehmen z.B. aber auch Bezug auf markante Baudenkmäler und auf regionale Kirchenpatrone oder versuchen, den Kreisnamen zu deuten (»redende Wappen«).

Neu ist die Tendenz, daß Kreislogos angenommen werden. In Anlehnung an einige Bundesländer wird damit versucht, vor allem für gewerbliche Interessenten ein Kreissymbol zu schaffen, das mit dem amtlichen Charakter des Kreiswappens nicht in Konflikt gerät. Wohin diese Entwicklung aus heraldischer Sicht führt, ist noch schwer auszumachen.

Die grundlegenden heraldischen Regeln

Im folgenden werden die wichtigsten heraldischen Regeln skizziert, soweit sie im gegebenen Rahmen von Belang sind.

In der traditionellen Heraldik gibt es nur sechs ungebrochene Farbtöne in einheitlichem und kräftigem Grundton: die »Farben« Schwarz, Blau, Grün und Rot sowie die »Metalle« Gold und Silber. Dabei werden im Sprachgebrauch stets die Ausdrücke »Gold« und »Silber« benutzt, in der bildhaften Darstellung können sie aber ohne weiteres mit Gelb bzw. Weiß wiedergegeben werden. So wird die deutsche Flagge im amtlichen Sprachgebrauch als »schwarz-rot-golden« bezeichnet, aber aus technischen Gründen in den Farben Schwarz-Rot-Gelb gezeigt.

Einführung in die Wappenkunde

Der Ersatz von Silber durch Grau usw. ist zu vermeiden, ebenso die Reproduktion nur eines der beiden heraldischen »Metalle« in Metalldruckfarben. Irgendeine offizielle Fixierung genauer Farbwerte gibt es nicht und kann auch nicht erstrebenswert erscheinen.

Wegen der geforderten Erkennbarkeit aus der Ferne bildete sich als Grundregel heraus, daß immer nur »Metall« auf »Farbe« bzw. »Farbe« auf »Metall« liegen darf. So ist ein schwarzes Motiv in goldenem Feld erlaubt, in blauem Feld jedoch untersagt. Bei nebeneinanderliegenden Feldern kann diese Regel nicht immer eingehalten werden.

Die Wappenschilde werden mit Figuren belegt (Tiere, Pflanzen etc.) oder durch geometrische Linien aufgeteilt (Balken, Kreuze usf.).

Wappenbeschreibung

Bei der Beschreibung (»Blasonierung«) eines Wappens in der heraldischen Fachsprache weist »gespalten« auf eine senkrechte, »geteilt« auf eine waagerechte Trennlinie hin. Gezählt werden stets die Teilungslinien, nicht die entstandenen Felder.

Wenn Motive in ihrer üblichen heraldischen Darstellungsweise wiedergegeben werden, wird dies nicht gesondert erwähnt. So steht ein Löwe gewöhnlich aufrecht, ein Kreuz besitzt gleich lange Arme und berührt die Schildränder nicht. Jede Abweichung von der Norm muß »gemeldet«, d.h. angesprochen werden.

Figuren zeigen ohne besondere Erwähnung nach heraldisch rechts. Im heraldischen Sprachgebrauch werden »rechts« (auch: »vorne«) und »links« (auch: »hinten«) in entgegengesetzter Bedeutung zur Umgangssprache verwendet. Diese irritierende Vorgangsweise ist darauf zurückzuführen, daß Wappen seit jeher aus der Sicht des Trägers beschrieben werden.

Ein weit verbreiteter Irrtum ist, daß eine Wappenzeichnung nur in der ursprünglichen Form korrekt ist. Da ein Wappen einzig und allein durch die fachgerechte Beschreibung festgelegt wird, ist jede, der Wortbeschreibung gerecht werdende, bildhafte Wiedergabe zulässig.

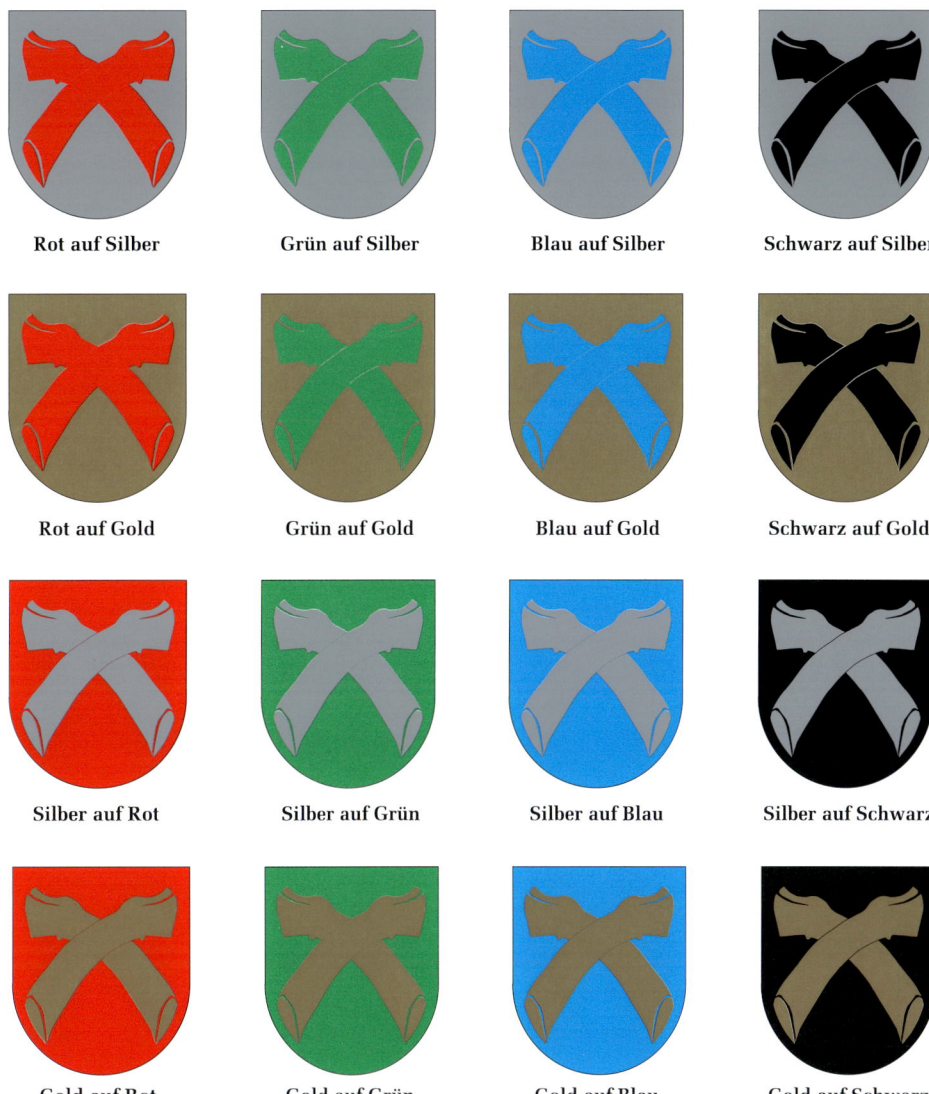

Die erlaubten heraldischen Farbkombinationen

Im Gegensatz zur britischen oder französischen Wappenkunde entwickelte die deutsche allerdings bis heute keine einheitlich kodifizierte Fachsprache. Dieser Umstand wird besonders dann augenfällig, wenn, wie in diesem Werk, Wappen nebeneinander gestellt werden, deren Blasonierungen von verschiedenen Archiven erstellt wurden. So unterliegt der Begriff »Bewehrung« einer unterschiedlichen Interpretation: Meist folgt die Zunge des Wappentieres in der Farbgebung der seiner »Waffen« (beim Adler sind das die Fänge und der Schnabel, beim Löwen die Krallen), obwohl dies von manchen Archiven in der amtlichen Wappenbeschreibung nicht festgehalten wird.

Die Bezeichnungen »die bayerischen Rauten«, »der hessische Löwe« oder »der brandenburgische Adler« werden ebenfalls in amtlichen Blasonierungen gebraucht, ohne daß sie näher erläutert werden, weil sie als allgemein bekannt vorauszusetzen sind. Als bayerische Rauten ist eine schrägrechte Rautung des Wappenfeldes in den Farben Silber und Blau zu verstehen. Der hessische Löwe wird in der Regel dargestellt als ein neunmal von Silber und Rot geteilter, golden bewehrter, oft auch golden gekrönter Löwe in blauem Feld. Der brandenburgische Adler erscheint rot in Silber, ist golden bewehrt und mit goldenen Kleeblattstengeln auf den Schwingen belegt.

Da die Wappenbeschreibungen der Landkreise amtlichen Charakter besit-

Einführung in die Wappenkunde

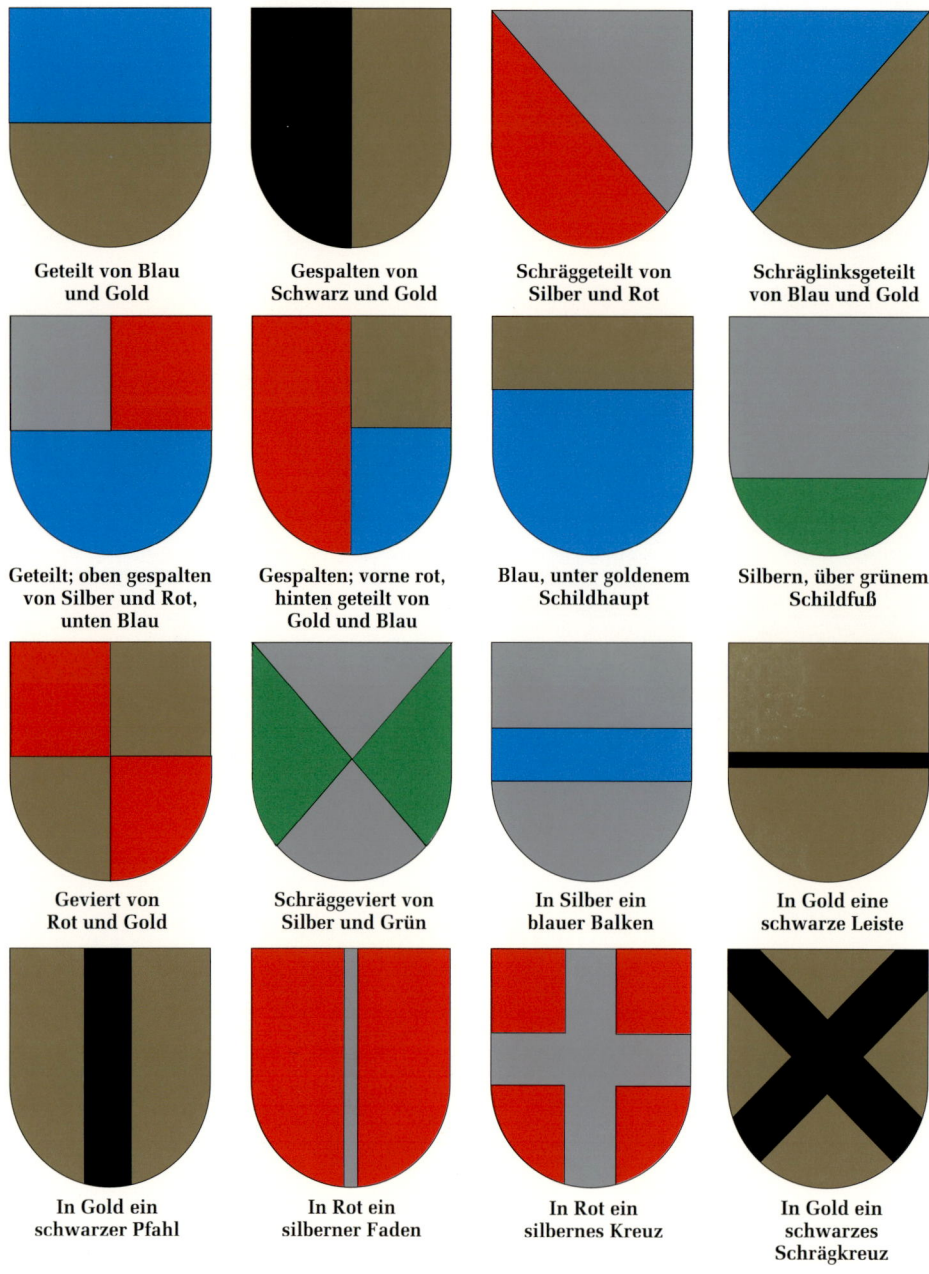

Die häufigsten Schildteilungen (Teil I)

zen, wurden Richtigstellungen lediglich bei offensichtlichen inhaltlichen Fehlern vorgenommen oder wenn die Blasonierung zu sehr vom allgemein Üblichen abwich. Die mitunter vorkommenden, unheraldischen Angaben »Gelb« und »Weiß« wurden durch »Gold« und »Silber« ersetzt bzw. – wenn es sich um ergänzende Hinweise handelte – als überflüssiges Beiwerk weggelassen. Sie haben in einer guten Blasonierung nichts zu suchen.

Zu diesem Buch

Für die Neuauflage wurden die von den Landkreisen selbst vorgelegten und erwünschten Wappenzeichnungen herangezogen, auch wenn sich dadurch eine größere Formenvielfalt als in der Erstauflage einstellte. Um eine repräsentative Darstellung zu erzielen, wurden abweichend von manchen Vorlagen die heraldischen Metalle in echtem Gold- und Silberdruck und die Farben einheitlich wiedergegeben. Aus heraldischer und ästhetischer Sicht können gegen einige zeichnerische Umsetzungen der an sich frei interpretierbaren Wappenbeschreibungen Einwände erhoben werden. Aber auch in der Wappenkunde gilt, daß zwischen theoretischem Regelwerk und praktischer Umsetzung mitunter Diskrepanzen auftreten. Die Wappen wurden aber so, wie sie hier abgebildet sind, von den Kreisparlamenten angenommen, in den Staatsarchiven dokumentiert und finden in dieser Form Anwendung im amtlichen Gebrauch.

Den Herausgebern konnte es nicht um eine Wertung oder darum gehen, die Wappen so wiederzugeben, wie sie nach Ermessen heraldischer Fachleute sein sollten, sondern wie sie tatsächlich von den Kreisbehörden gezeigt werden. Damit zeugt diese Bestandsaufnahme auch davon, auf welch mannigfaltige Weise heraldische Motive grafisch umgesetzt werden können.

Bei Drucklegung führten bereits 65 der 86 ostdeutschen Landkreise ein Wappen. Soweit möglich wurden dabei auch Entwürfe abgebildet, wenn mit deren Billigung durch die Aufsichtsbehörden zu rechnen war.

Ganz Deutschland zählt nunmehr 323 Landkreise. Bis zur Erstauflage der vorliegenden Publikation im Jahre 1986 gab es auch keine Zusammenstellung aller neuen westdeutschen Kreiswappen. Mit der jetzigen Neuauflage werden somit erstmals alle genehmigten Kreiswappen aus West- und Ostdeutschland in einem Werk präsentiert. Im Vordergrund stand dabei die Intention, dem Leser die Symbolik der Kreiswappen zu erschließen und damit den Wappen als Stenogramm der Geschichte Leben einzuhauchen. Das Datum der Wappengenehmigung durch die Dienstaufsichtsbehörde wird jeweils mitangeführt.

Die Kreiswappen erlauben aber nicht nur, aus ihnen die Gebietshistorie abzulesen. Sie künden auch davon, daß die kommunalen Gebietskörperschaften gegenüber der staatlichen Obrigkeit eine in der Geschichte Deutschlands bislang noch nie dagewesene Selbständigkeit erlangt haben.

Weitere Hoheitszeichen der Landkreise, etwa deren Flaggen, konnten aus Platzmangel leider nicht berücksichtigt werden.

Literaturauswahl

Einen allgemeinen Einstieg in das Wappenwesen und anregenden Querschnitt bietet das Taschenbuch von Ottfried Neubecker, *Wappenkunde,* München 1980, ISBN 3-87045-188-2.

Erheblich umfangreicher ist das ausgezeichnet gestaltete Standardwerk Ottfried Neubecker, *Heraldik – Wappen. Ihr Ursprung, Sinn und Wert.* Mit Beiträgen von John P. Brooke-Little. Gestaltet von Robert Tobler, Augsburg 1990, ISBN 3-89441-275-5.

Ähnlich reich bebildert ist Donald Lindsay Galbreath und Léon Jéquier, *Handbuch der Heraldik,* München 1989, ISBN 3-87045-259-5.

Walter Leonhard, *Das große Buch der Wappenkunst. Entwicklung – Elemente – Bildmotive – Gestaltung,* 3. Auflage, München 1984, eröffnet dem Leser einen reich bebilderten Einblick in die faszinierende Welt der Heraldik. Das vierhundertseitige Werk legt den Schwerpunkt vor allem darauf, die Vielfalt der heraldischen Bildsymbole und ihre stilistische Wandlung im Laufe der Zeit anhand mustergültiger Zeichnungen offenzulegen.

Als grundlegendes Werk für die westdeutschen Kreis- und Gemeindewappen galt lange Zeit Klemens Stadler, *Deutsche Wappen – Bundesrepublik Deutschland,* 8 Bände, Bremen 1964–71. Die heute in bezug auf die Kommunalwappen teilweise überholte Veröffentlichung beschreibt auch die deutschen Länderwappen sowie das Bundeswappen und erläutert ihre Entstehung.

Zum Thema deutsche Kreisflaggen veröffentlichte eine flaggenkundliche Fachzeitschrift kürzlich einen Aufsatz des Herausgebers: Erich Dieter Linder, *German Landkreise Emblems,* in: The Flag Bulletin XXXIV:1/162 (January–February 1995), S. 2–24, ISSN 0015-3370. Dieses weltweit führende vexillologische Periodikum kann in Bibliotheken eingesehen bzw. direkt abonniert werden beim Flag Research Center, Box 580, Winchester, Mass., 01890-0880, USA.

Die folgenden Publikationen decken, wenn auch sehr erschöpfend, nur regionale Teilbereich der Kreisheraldik ab:

Hermann Lehne und Horst Kohler, *Wappen des Saarlandes. Landes- und Kommunalwappen,* Saarbrücken 1981, ISBN 3-922807-06-2.

Hartmut Ulle, *Thüringer Wappenbuch. Die Wappen der thüringischen Landkreise, Städte und Gemeinden.* Hg. von der Arbeitsgemeinschaft Genealogie Thüringen e.V., Erfurt 1994.

Kreis- und Gemeindewappen in Baden-Württemberg. Hg. von der Landesarchivdirektion Baden-Württemberg, 4 Bände (der geplante Abschlußband steht noch aus), Stuttgart 1987–1990, ISBN 3-8062-0801-8 usf.

Rolf Nagel (Hg.), *Rheinisches Wappenbuch. Die Wappen der Gemeinden, Städte und Kreise im Gebiet des Landschaftsverbandes Rheinland,* Köln 1986, ISBN 3-7927-0816-7.

Karl Heinz Debus, *Das große Wappenbuch der Pfalz,* Neustadt an der Weinstraße 1988, ISBN 3-9801574-2-3.

Oberpfälzer Wappenbuch. Öffentliche Wappen der Oberpfalz. Hg. von der Regierung der Oberpfalz und dem Bezirk Oberpfalz, 2. Auflage, Regensburg [1992].

Klemens Stadler und Albrecht Graf von und zu Egloffstein, *Die Wappen der oberfränkischen Landkreise, Städte, Märkte und Gemeinden* (Schriftenreihe »Die Plassenburg« für Heimatforschung und Kulturpflege in Ostfranken), Kulmbach 1990, ISBN 3-925162-17-8.

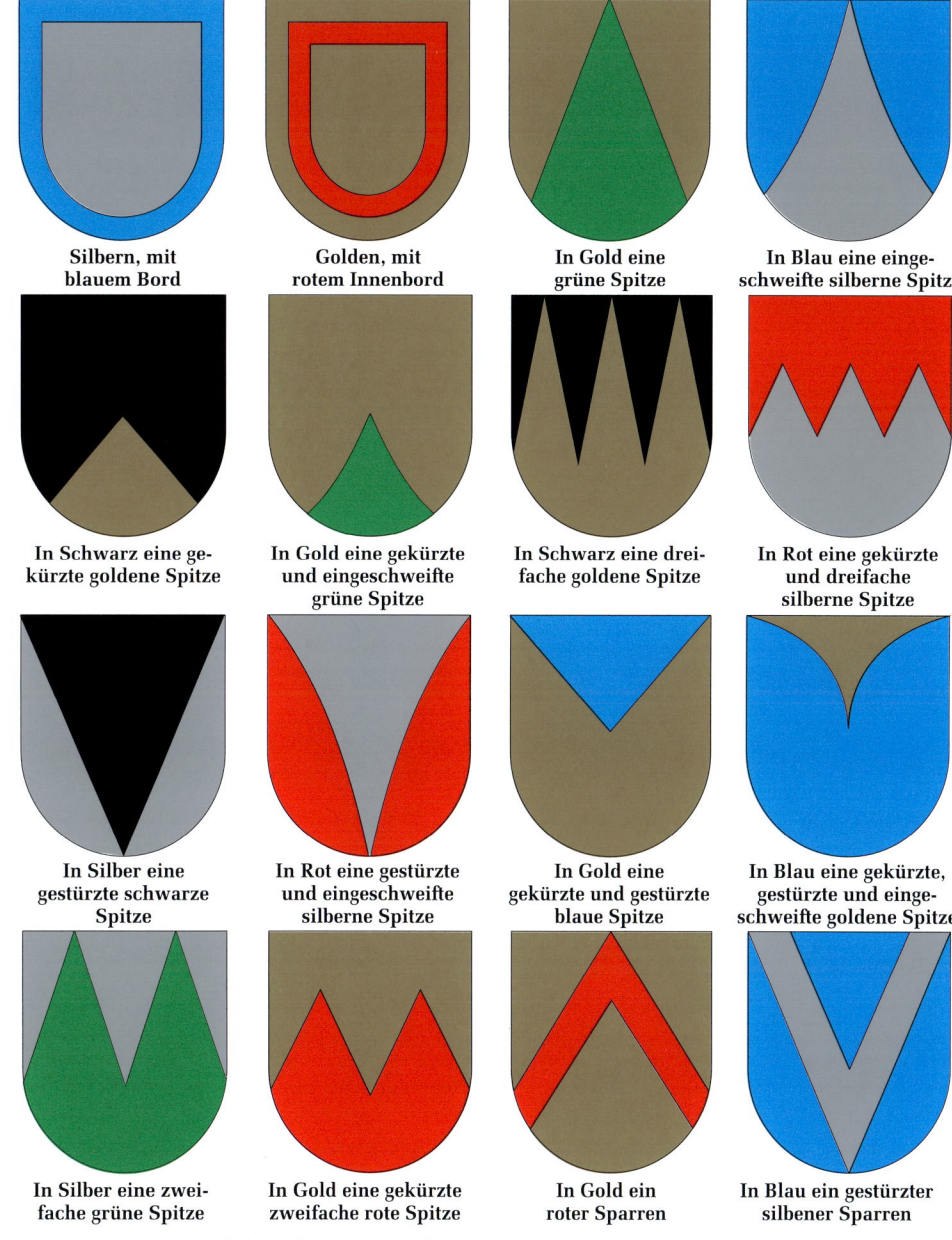

Die häufigsten Schildteilungen (Teil II)

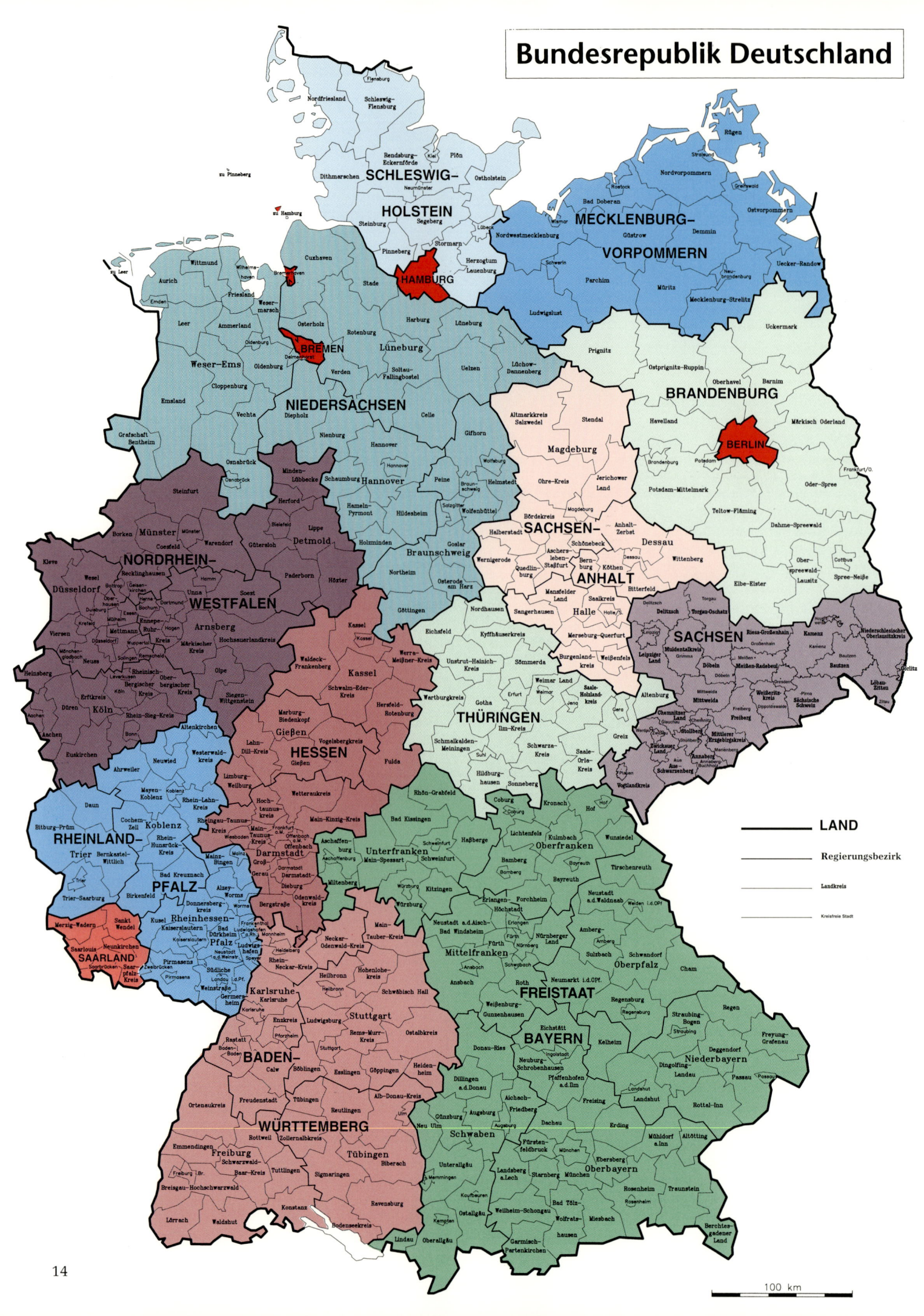

Hans-Henning Becker-Birck

Die deutschen Landkreise und ihr kommunaler Spitzenverband, DLT

I.
Die Kreise bilden heute zusammen mit den Gemeinden die beiden gleichrangigen Grundtypen kommunaler Selbstverwaltung. Sie sind Gebietskörperschaften mit dem Recht bürgerschaftlich geprägter Selbstverwaltung, die in gleicher Weise wie die Städte und Gemeinden ihre Legitimation aus Artikel 28 des Grundgesetzes ableiten können. Artikel 28 Absatz 1 bestimmt, daß das Volk außer im Bund auch in den Ländern, Kreisen und Gemeinden eine aus unmittelbaren Wahlen hervorgegangene Vertretung haben muß. Im Absatz 2 heißt es dann: »Den Gemeinden muß das Recht gewährleistet sein, alle Angelegenheiten der örtlichen Gemeinschaft im Rahmen der Gesetze in eigener Verantwortung zu regeln. Auch die Gemeindeverbände haben im Rahmen ihres gesetzlichen Aufgabenbereichs nach Maßgabe der Gesetze das Recht der Selbstverwaltung.« Mit der Formulierung »Gemeindeverbände« sind in erster Linie die Kreise gemeint.

Das Recht der Kreise, insbesondere auch ihre Organstruktur und ihre Aufgabenstellung, sind in den Kreisordnungen der Länder geregelt. Dabei bezeichnen die meisten Länder die Institution als »Landkreise«. Der Ursprung der Kreise reicht bis in das Mittelalter zurück. Ihre Wurzeln liegen in den landesständischen Institutionen, die sich in den deutschen Staaten ebenso wie in den meisten germanischen und slawischen Nachbarstaaten als Gegengewicht gegen den staatlichen Absolutismus erhalten haben.

Nach der umfassenden kommunalen Gebietsreform der sechziger und siebziger Jahre in den alten Bundesländern und der Kreisgebietsreform in den Jahren 1993 bis 1995 in den neuen Bundesländern gibt es heute in der Bundesrepublik Deutschland 323 Kreise. Die durchschnittliche Einwohnerzahl der Kreise in den alten Ländern beträgt etwa 184 000, in den neuen Bundesländern 122 000 Einwohner, die durchschnittliche Fläche liegt zwischen ca. 1000 km^2 in den alten und 1200 km^2 in den neuen Bundesländern.

Während das Grundgesetz den Gemeinden einen ganz bestimmten Aufgabenbestand, nämlich die Aufgaben der örtlichen Gemeinschaft, garantiert, wird den Kreisen im Artikel 28 Absatz 2 Satz 2 Grundgesetz nur ein gesetzlich übertragener Aufgabenbestand zuerkannt. Sie haben aber als kommunale Gebietskörperschaft nach Herkommen und Kreisrecht, z. T. auch landesverfassungsrechtlich abgestützt, die Allzuständigkeit im Sinne einer Zuständigkeitsvermutung und eines Aufgabenfindungsrechts im Bereich der übergemeindlichen Aufgaben. Die Kreisordnungen der Länder umschreiben diese Allzuständigkeit in unterschiedlicher Weise.

Man unterscheidet als Aufgaben des Kreises Aufgaben des eigenen Wirkungsbereiches (Selbstverwaltungsaufgaben), die in erster Linie freiwillig wahrgenommen werden sollten, in der Vergangenheit aber verstärkt auch gesetzlich als Pflichtaufgaben deklariert werden. Zum anderen in weisungsgebundene Aufgaben, die als »Auftragsangelegenheiten«, »Aufgaben des übertragenen Wirkungskreises« oder auch als »Pflichtaufgaben zur Erfüllung nach Weisung« bezeichnet werden. Außerdem gibt es Aufgaben der Kreisverwaltung bzw. des Hauptverwaltungsbeamten des Kreises, die dieser als allgemeine untere Verwaltungsbehörde des Landes wahrnimmt.

Beispiele aus dem Bereich des eigenen Wirkungskreises sind die Wirtschaftsförderung, Kreisbildstellen, Büchereien (freiwillige Aufgaben), die Jugendhilfe oder die örtliche Sozialhilfe als Pflichtaufgaben. Typische Beispiele für den Komplex der weisungsgebundenen Aufgaben sind etwa die Bauaufsicht oder der Lastenausgleich. Als untere staatliche Verwaltungsbehörde werden im Kreis insbesondere die Aufgaben der Kreispolizeibehörde, des Katastrophen- und Zivilschutzes, des Ausländerwesens sowie der Kommunal- und Fachaufsicht über kreisangehörige Gemeinden wahrgenommen.

Der überwiegende Teil der Aufgaben ist heute den Kreisen durch Gesetz übertragen, so das Berufsschulwesen, die Straßenverkehrszulassung, der Katastrophen- und Zivilschutz, die örtliche Sozialhilfe, die Jugendhilfe, das Rettungswesen, das Krankenhauswesen oder die Landespflege. Zum Teil sind die Kreise dabei verpflichtet, bestimmte Einrichtungen zu unterhalten.

Bei den freiwillig von den Kreisen wahrgenommenen Selbstverwaltungsaufgaben unterscheidet man zwischen übergemeindlichen, ergänzenden und ausgleichenden Aufgaben. Übergemeindliche Aufgaben sind solche, die auf den Verwaltungsraum des Kreises und die gemeinsamen Bedürfnisse der Kreiseinwohner bezogen sind. Hierzu zählt man die Überwachung von Luftverschmutzung, den Ausbau und die Verwaltung von Kreisstraßen, die Unterhaltung gemeindeübergreifender Versorgungseinrichtungen, Verkehrsbetriebe und Museen, den Ausbau einer zentralörtlichen Gliederung, Förderung des regionalen Fremdenverkehrs, Unterhaltung großflächiger Naturschutzeinrichtungen oder auch die Verbesserung der übergreifenden kommunalen Wirtschaftsstruktur.

Neben diesem wachsenden Bereich der Kreisaufgaben gibt es weiterhin die sogenannten Ergänzungsaufgaben. In dieser Funktion erfüllen die Kreise diejenigen Aufgaben, für die nur die Verwaltungs- und Veranstaltungskraft einzelner, nicht aber aller kreisangehörigen Gemeinden ausreicht. Betroffen sind hier in erster Linie Einrichtungen von Alten- und Jugendheimen, Museen, Theater, Musikschulen und teilweise auch der Personennahverkehr.

Der Kreis sorgt außerdem im Rahmen seiner Ausgleichsfunktion im Wege finanzieller Zuweisungen an einzelne Gemeinden bzw. durch die Erhebung der Kreisumlage für einen gewissen Ausgleich der oft sehr unterschiedlichen Leistungskraft der Gemeinden auf seinem Gebiet. Zuschüsse werden insbesondere für den Bau von Schulen, das Feuerlöschwesen, den Bau und die Unterhaltung von Kindergärten, die Errichtung von Sportstätten oder den Ausbau von Gemeindestraßen gewährt.

Oberstes Organ der Kreise ist in allen Bundesländern der Kreistag. Er wird nach Artikel 28 Absatz 1 des Grundgesetzes in unmittelbarer Wahl gewählt. Der Kreistag ist kein Parlament im staatsrechtlichen Sinne. Er ist ebenso wie der Gemeinderat Teil der Exekutive und ein Zeichen dafür, daß alle Staatsgewalt vom Volke ausgeht. Die Wahlzeit der Kreistagsmitglieder beträgt in den meisten Ländern fünf Jahre. Der Kreistag entscheidet über alle wichtigen Angelegenheiten des Kreises, insbesondere über den Haushalts- und Stellenplan sowie den Erlaß und die Änderung von Satzungen, die Entscheidung über die Errichtung, Erweiterung oder Aufhebung wirtschaftlicher Unternehmen und Einrichtungen sowie die Aufnahme von Darlehen und Bürgschaften.

Ein weiteres wichtiges kreistypisches Organ ist der Kreisausschuß. Er entscheidet in einigen Ländern ähnlich wie ein verkleinerter Kreistag über die Angelegenheiten, die nicht dem Kreistag vorbehalten sind. In anderen Bundesländern hat er die Funktion eines kollegialen Verwaltungsorgans des Kreises. In Baden-Württemberg sind beschließende Fachausschüsse an die Stelle des Kreisausschusses getreten.

Der leitende Verwaltungsbeamte (Landrat/Oberkreisdirektor) trägt die Verantwortung für den Geschäftsgang der Verwaltung. Er hat die Beschlüsse der Kollegialorgane vorzubereiten und ist für ihre Durchführung verantwortlich. Außerdem erfüllt er weitgehend die Aufgaben der unteren Landesbehörde bzw. die Aufgaben des übertragenen Wirkungskreises sowie alle anderen Aufgaben der laufenden Verwaltung.

In der Mehrzahl der Bundesländer wählt das Volk den Landrat/Oberkreisdirektor für eine Zeit von fünf bis acht Jahren. In Baden-Württemberg und Brandenburg obliegt die Wahl dem Kreistag. In Mecklenburg-Vorpommern, Nordrhein-Westfalen und im Saarland wird er nach einer Übergangsfrist ebenfalls direkt vom Volk gewählt. In Niedersachsen und Schleswig-Holstein wird gegenwärtig die Einführung der Direktwahl in den Landtagen diskutiert.

II.
Aus der Verlagerung ursprünglich rein staatlicher Aufgaben in den kommunalen Bereich im vergangenen Jahrhundert ergab sich schon sehr bald in besonderem Maße ein Bedürfnis für einen Erfahrungsaustausch zwischen den Landräten auf überörtlicher Basis. Aber erst am 8. September 1916 kam es infolge zunehmender Wirtschaftsprobleme zu einem ersten Zusammenschluß preußischer Landkreise in einem Landkreisverband, dem Preußischen Landkreistag. Die schlechte Versorgungssituation der Bevölkerung in den an Berlin angrenzenden Kreisen gab den Ausschlag zur Bildung dieses Verbandes, dem bald auch in anderen Reichsländern die Gründung von entsprechenden Verbänden folgte. Erst im Jahre 1920 konnten sich die Landkreise in den übrigen Ländern Deutschlands mit denen im Preußischen Landkreistag vereinigten Landkreisen zu einem Verband deutscher Landkreise, dem Deutschen Landkreistag, zusammenschließen.

Die Hauptaufgabe der Landkreistage auf Bundes- wie auch auf Landesebene besteht darin, die Gedanken der kommunalen Selbstverwaltung zu fördern und zu schützen. Hierzu werden die auf Bundes- und Landesebene bestehenden Mitwirkungsrechte der Landkreistage an der Gesetzgebung genutzt. Dem föderalen Aufbau der Bundesrepublik entsprechend ist auch der Deutsche Landkreistag föderal organisiert. Seine unmittelbaren Mitglieder sind die Landkreisverbände in den einzelnen Bundesländern. Seine zentrale Aufgabe besteht darin, die den Kreisen verfassungsrechtlich garantierte kommunale Selbstverwaltung zu fördern und den Erfahrungsaustausch zu pflegen. Er bringt die Belange der Kreise gegenüber der Bundesregierung, dem Bundesrat und dem Bundestag zur Geltung und informiert seine Mitglieder über wichtige Belange der Bundespolitik.

Seine Organe sind die Landkreisversammlung, das Präsidium und der Hauptausschuß, der sich aus 110 Delegierten, die von den Landesverbänden benannt werden, zusammensetzt und die großen Leitlinien der Politik des Deutschen Landkreistages festlegt. Das Präsidium ist das verbandspolitische Führungsorgan. Es besteht aus den 13 Vorsitzenden der Landesverbände, einem weiteren Vertreter der höheren Kommunalverbände, dem Hauptgeschäftsführer und einzelnen weiteren Mitgliedern, die von den Landesverbänden zur besseren regionalen und parteipolitischen Ausgewogenheit benannt werden. Alle kommunalpolitisch bedeutsamen Angelegenheiten werden nach Vorbereitung durch die Fachausschüsse vom Präsidium des Verbandes endgültig entschieden. Insgesamt gibt es sieben Fachausschüsse: Verfassungs- und Europaausschuß, Finanzausschuß, Gesundheitsausschuß, Wirtschafts- und Verkehrsausschuß, Umweltausschuß, Sozialausschuß und Kulturausschuß.

Der Deutsche Landkreistag berät die zuständigen Stellen bei der Vorbereitung und Durchführung von Gesetzen, Verordnungen, Erlassen und sonstigen die Landkreise berührenden Bestimmungen und fördert das Verständnis der Öffentlichkeit für die Aufgaben und Einrichtungen der Landkreise. Es sind also ausschließlich öffentliche, dem Gesamtwohl dienende Zwecke, denen er sich – wie im übrigen auch die anderen kommunalen Spitzenverbände – widmet. Darüber hinaus versteht sich der Deutsche Landkreistag u. a. als kommunaler Gesprächspartner gegenüber dem Bund. Zwischen dem Bund und der kommunalen Ebene hat sich im Laufe der Jahre ein dichtes Netz unmittelbarer Verpflichtungen entwickelt. Während die Länder nach dem Grundgesetz durch den Bundesrat die Möglichkeit haben, bei der Gesetzgebung des Bundes mitzuwirken, stellt die kommunale Selbstverwaltung ihre Mitarbeit durch die kommunalen Spitzenverbände den Organen des Bundesgesetzgebers – Bundesregierung, Deutscher Bundestag und Bundesrat – zur Verfügung. Auch die Gesetzgebung der Europäischen Union (EU) hat für die Kreise und Gemeinden in der Bundesrepublik immer stärkere Auswirkungen. Zusammen mit den anderen beiden kommunalen Spitzenverbänden betreibt der DLT deshalb auch ein Büro in Brüssel, das über die Vorhaben der EU so frühzeitig unterrichtet, daß der DLT die Belange der deutschen Kreise entweder über die Bundesregierung oder direkt in Brüssel in die Arbeiten der EU einbringen kann.

Von Wichtigkeit ist, daß die Zusammenarbeit zwischen der Bundesregierung und den kommunalen Spitzenverbänden seit einigen Jahren in der Gemeinsamen Geschäftsordnung der Bundesministerien näher geregelt worden ist. Eine ähnliche Regelung findet sich in der Geschäftsordnung des Deutschen Bundestages. Beide Geschäftsordnungen stellen sicher, daß die Vertreter der kommunalen Spitzenverbände bei Gesetzgebungsvorhaben, die kommunale Anliegen berühren, von der Bundesregierung in den Ausschüssen des Bundestages rechtzeitig beteiligt und angehört werden. Das hat für die kommunale Selbstverwaltung und ihre Ausgestaltung hohe Bedeutung. Zahlreiche wichtige Kreisaufgaben sind durch Bundesrecht geregelt, das damit die Tagesarbeit der Kreise nachhaltig beeinflußt. Rund 70 % der Bundesgesetze werden im kommunalen Raum der Kreise, Städte und Gemeinden ausgeführt. Der Block der Aufgaben, der davon auf die Kreise entfällt, mißt gewichtig. Dabei muß es im Interesse der Bürger auch bleiben. Für viele Aufgaben ist es zwar wichtig, daß sie zeitnah, aber auch mit hinreichender Fachkunde durchgeführt werden. Die Sozialhilfe und die Jugendhilfe sowie die Abfallwirtschaft sind besonders prägnante Beispiele. Bei aller Anerkennung des heute so gern gebrauchten Schlagwortes von der Bürgernähe muß betont werden, daß gerade der Kreis und die Gemeinde eine bürgernahe Verwaltungseinheit sind und Kreisselbstverwaltung rechtlich und politisch von gleicher Qualität ist wie die gemeindliche Selbstverwaltung. Auch hier vertritt ein gewählter Bürger die Interessen seiner Mitbürger.

Deutscher Landkreistag – Adenauerallee 136 – 53113 Bonn

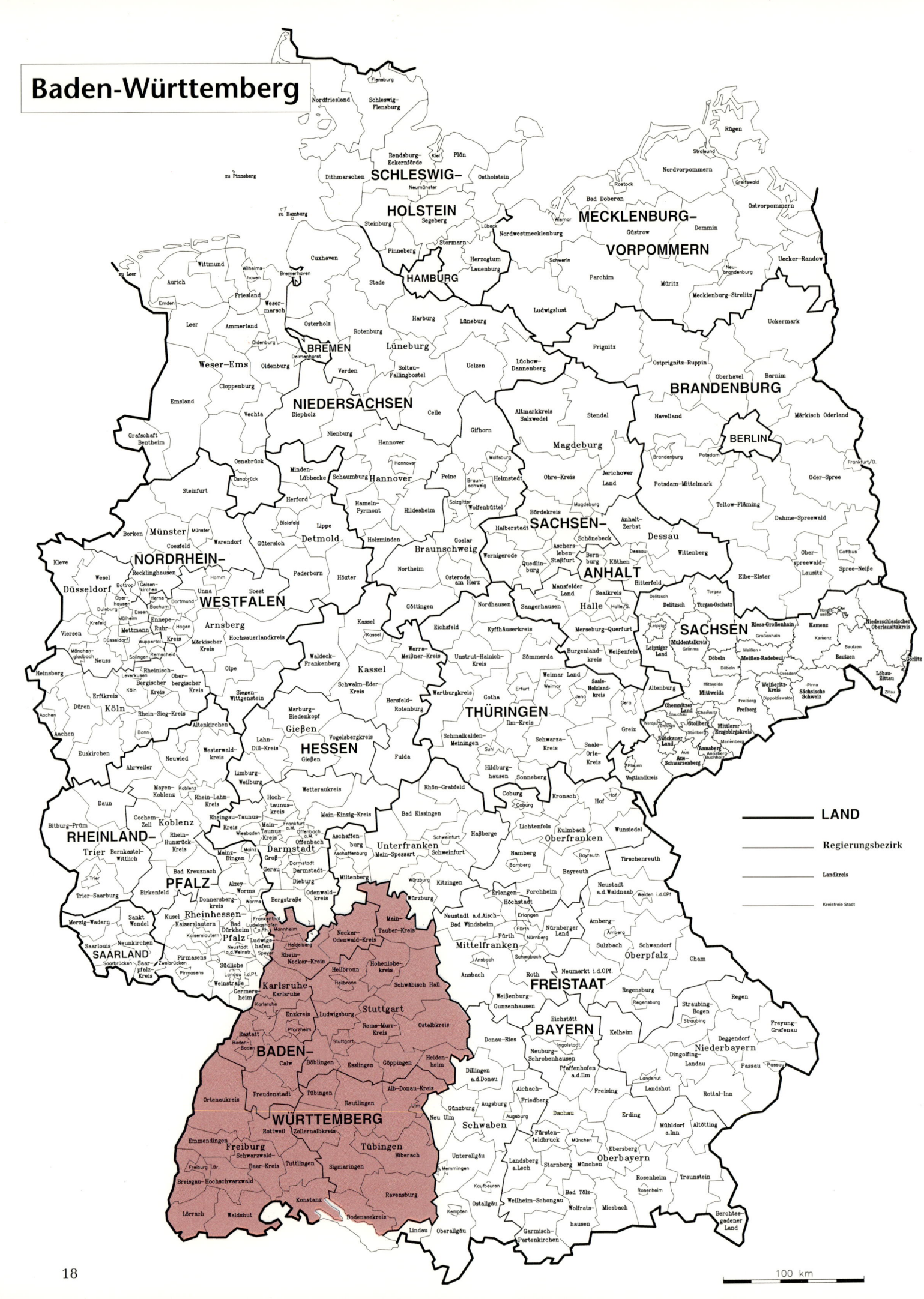

Eberhard Trumpp

Die Landkreise in Baden-Württemberg

Die Landkreise weisen in Baden-Württemberg unterschiedliche Entwicklungslinien auf.

Im ehemals württembergischen Raum reicht ihre Geschichte ins ausgehende Mittelalter zurück. »Stadt und Amt« bildeten den Verwaltungsbezirk und den Gerichtssprengel; auf sie wurden die Steuern (Landschaden) ausgeschrieben. Diese Ämterverfassung überdauerte alle Verfassungskonflikte des 19. Jh. und bildete die Basis für das heutige Kreisrecht.

Im ehemals badischen Raum verlief die Entwicklung andersartig. 1939 wurden Landkreise mit der charakteristischen Identität von staatlichem Verwaltungsbezirk und Gebiet der Selbstverwaltungskörperschaft geschaffen. Die zuvor bestehenden Großkreise waren rein kommunal ausgerichtet und umfaßten vom Gebietszuschnitt her mehrere staatliche Verwaltungsbezirke.

Eine entscheidende Fortentwicklung der Kreisverfassung brachte die Landkreisordnung von 1946, die unter Einfluß der amerikanischen Besatzungsmacht für die nördlichen Landesteile die Volkswahl der Kreistage, den kommunalen Landrat und die Kommunalisierung des Landratsamts einführte. In den südlichen Landesteilen blieb unter französischem Einfluß der staatliche Landrat erhalten. Nach Bildung des Bundeslandes Baden-Württemberg im Jahre 1952 galt es, beide Kreisverfassungssysteme zusammenzuführen. Dies geschah in der Landkreisordnung von 1956, die den kommunalen Landrat beibehielt, aber das Landratsamt sowohl als kommunale Behörde als auch als staatliche Behörde auswies.

Der heutige Gebietszuschnitt der Landkreise beruht auf der *Kreisreform,* die zum 1. Januar 1973 in Kraft getreten ist. Dabei wurde die Zahl der Landkreise von 63 auf 35 reduziert, ihre durchschnittliche Fläche und Einwohnerzahl fast verdoppelt auf jetzt 169 km^2 bzw. rund 237 000 Einwohner. Neben den 35 Landkreisen bestehen neun Stadtkreise, also kreisfreie Städte. Die sogenannten *Großen Kreisstädte* (Städte ab 20 000 Einwohner) sind kreisangehörig, unterliegen aber der Aufsicht des Regierungspräsidiums und nicht des Landratsamtes.

Seiner *Rechtsnatur* nach hat sich der Landkreis vom Gemeindeverband zur Gebietskörperschaft hin entwickelt. Dies ergibt sich aus dem Vorhandensein von Kreisgebiet und Kreiseinwohnern, der unmittelbaren Wahl des Kreistags durch die wahlberechtigten Kreiseinwohner und der subsidiären Allzuständigkeit des Landkreises. Lediglich die Kreisumlage enthält noch ein Element des Gemeindeverbandes.

Die *Verfassung* der baden-württembergischen Landkreise wurde in den zurückliegenden 15 Jahren immer mehr an die Gemeindeverfassung angeglichen. Wichtigster Schritt war hierbei die Abschaffung des Kreisrats (damals gebildet aus der Mitte des Kreistags, in anderen Bundesländern auch Kreisausschuß genannt) und die Einführung von beschließenden Ausschüssen. Die baden-württembergische Landkreisordnung weist im übrigen folgende Grundzüge auf:

Der *Kreistag* ist die Vertretung der Einwohner und das Hauptorgan des Landkreises. Er legt die Grundsätze für die Verwaltung des Landkreises fest. Für ihn spricht die Zuständigkeitsvermutung. Er entscheidet in allen Angelegenheiten des Landkreises, soweit nicht der Landrat zuständig ist. Personalentscheidungen des Kreistags bedürfen des Einvernehmens mit dem Landrat; kommt ein Einvernehmen nicht zustande, kann der Kreistag nur mit Zweidrittelmehrheit allein entscheiden. In Angelegenheiten des Landkreises bestehen Unterrichtungsrechte des Kreistags; in Angelegenheiten der staatlichen unteren Verwaltungsbehörde steht es aber im Ermessen des Landrats, ob er den Kreistag anhört.

Der *Kreistag* kann beschließende und beratende Ausschüsse bilden. Dies ist in allen Landkreisen in unterschiedlicher Anzahl geschehen. Aber ebensowenig wie in den neuen Bundesländern Sachsen und Sachsen-Anhalt besteht in Baden-Württemberg ein Kreisausschuß.

Der *Kreistag* wird von den wahlberechtigten Einwohnern auf die Dauer von fünf Jahren gewählt. Wahlberechtigt ist jeder Einwohner, der Deutscher im Sinne von Art. 116 GG ist, das 18. Lebensjahr vollendet hat und seit mindestens drei Monaten im Gebiet des Landkreises wohnt. Wer das Wahlrecht durch Wegzug oder Verlegung der Hauptwohnung verloren hat und vor Ablauf von drei Jahren seit dieser Veränderung wieder in den Landkreis zuzieht oder dort seine Hauptwohnung begründet, besitzt unmittelbar mit der Rückkehr das Wahlrecht, also ohne die dreimonatige »Wartefrist«. Für die Kreistagswahl wird der Landkreis in Wahlkreise eingeteilt. Die Zahl der Kreisräte beträgt mindestens 26; in Landkreisen mit mehr als 50 000 Einwohnern (sämtliche Landkreise in Baden-Württemberg sind größer) erhöht sich diese Zahl bis zu 250 000 Einwohner für je weitere 10 000 Einwohner und über 250 000 Einwohner für je weitere 20 000 Einwohner um zwei Sitze. Dazu können noch weitere Sitze durch den Verhältnisausgleich kommen.

Der *Landrat* ist Beamter des Landkreises auf Zeit und wird vom Kreistag auf acht Jahre gewählt. Wählbar zum

Landrat ist jeder Deutsche im Sinne von Art. 116 GG, der am Wahltag das 30., aber noch nicht das 63. Lebensjahr vollendet hat und die Gewähr dafür bietet, für die freiheitlich-demokratische Grundordnung einzutreten. Laufbahnvoraussetzungen werden nicht verlangt. Das Land ist in das Vorauswahlverfahren eingeschaltet. Der Landrat ist Vorsitzender des Kreistags und seiner Ausschüsse (allerdings ohne Stimmrecht), leitet das Landratsamt und vertritt den Landkreis nach außen. Er regelt die innere Organisation und ist Vorgesetzter, Dienstvorgesetzter und oberste Dienstbehörde für die Bediensteten des Landkreises. Er erledigt in eigener Zuständigkeit die Geschäfte der laufenden Verwaltung und die Weisungsaufgaben. Gegenüber rechtswidrigen oder nachteiligen Beschlüssen des Kreistags besitzt er ein Widerspruchsrecht. Ferner kommt ihm ein Eilentscheidungsrecht in dringenden Angelegenheiten des Kreistags zu, die auch nicht bis zu einer frist- und formlos einzuberufenden Ausschußsitzung aufgeschoben werden können. Bei Beschlußunfähigkeit des Kreistags besitzt er ein Ersatzbeschlußrecht.

Das *Landratsamt* besitzt eine Doppelnatur. Es ist sowohl staatliche untere Verwaltungsbehörde als auch Selbstverwaltungsbehörde. Zur Erfüllung der Aufgaben der unteren Verwaltungsbehörde stellt das Land staatliche Beamte zur Verfügung; die übrigen Bediensteten werden vom Landkreis vorgehalten. Der Landrat ist aber befugt, staatliche und kommunale Beamte auszutauschen.

Durch das vom Landtag von Baden-Württemberg am 30. November 1994 beschlossene Sonderbehörden-Eingliederungsgesetz sind – wie in den meisten anderen Bundesländern auch – untere Sonderbehörden in das Landratsamt eingegliedert. Es sind dies derzeit die Gesundheitsämter, Veterinärämter und Teile der Ämter für Wasserwirtschaft und Bodenschutz. Die Eingliederung dieser unteren Sonderbehörden trat zum 1. Juli 1995 in Kraft. Der Landrat besitzt gegenüber den übrigen unteren Sonderbehörden eine Koordinierungsfunktion.

Die Aufgaben des Landratsamtes als staatliche untere Verwaltungsbehörde sind im Zuge der Funktionalreform zurückgegangen. Eine Reihe von Ordnungszuständigkeiten wurde auf die Gemeinden übertragen; so können Gemeinden ab 8000 Einwohner z. B. untere Baurechtsbehörde und untere Denkmalschutzbehörde werden. Allerdings wurden auch wichtige Aufgaben von den Regierungspräsidien auf die Landratsämter übertragen: Diese erhielten die Zuständigkeit zur Genehmigung von Flächennutzungsplänen oder die Linienverkehrsgenehmigungen nach dem Personenbeförderungsgesetz.

Kreiskommunale Pflichtaufgaben sind:
• die Abfallbeseitigung; sämtliche Landkreise halten Beseitigungsanlagen vor, während die Aufgabe des Einsammelns des Abfalls teilweise auf die Gemeinden delegiert ist;
• das Berufsschulwesen in allen Ausformungen; daneben sind die Landkreise Träger von Sonderschulen für Bildungsschwache, teilweise auch für Lernbehinderte, Geistigbehinderte oder Körperbehinderte. Einige Landkreise sind auch Träger von Gymnasien. Sämtliche Landkreise besitzen eine Kreisbildstelle zur Versorgung der Schulen mit Lichtbildern und Tonträgern.
• die Schülerbeförderungskostenerstattung, mit der sehr eng die Ordnung des öffentlichen Personennahverkehrs verbunden ist. Hier bemühen sich die Landkreise zwar nicht als Träger von Verkehrsunternehmen, wohl aber über Planung und Koordination zu einer Verbesserung der Verkehrsbeziehungen, vor allem im ländlichen Raum, zu gelangen. Nach dem ÖPNV-Gesetz, das im Jahr 1995 vom Landtag verabschiedet wurde, wird den Landkreisen der Straßen-ÖPNV als freiwillige Aufgabe übertragen. Der schienengebundene ÖPNV soll vorläufig überwiegend in der Zuständigkeit des Landes verbleiben;
• die Krankenhausversorgung ist zwar nur subsidiäre Pflichtaufgabe der Landkreise, aber fast jeder Landkreis hält ein oder mehrere Kreiskrankenhäuser unterschiedlicher Versorgungsstufe bis zum 1000 Betten-Krankenhaus vor;
• der Bau und die Unterhaltung von Kreisstraßen. Die Landkreise besitzen den größten Anteil am klassifizierten Straßennetz in Baden-Württemberg. Allerdings ist die technische Verwaltung der Kreisstraßen aus Rationalisierungsgründen obligatorisch den staatlichen Straßenbauämtern übertragen;
• Aufgaben der örtlichen Sozial- und Jugendhilfe, die den größten Ausgabenblock im Kreishaushalt darstellen. Häufig muß fast das gesamte Aufkommen an Kreisumlage dafür eingesetzt werden.

Diese Pflichtaufgaben sind den Landkreisen weisungsfrei übertragen; sie unterliegen nur der Rechts-, aber keiner Zweckmäßigkeitskontrolle.

In beschränktem Umfang besitzen die Landkreise auch Pflichtaufgaben nach Weisung (z. B. Lastenausgleich, Unterhaltssicherung oder Wohngeld). Daneben erfüllen die Landkreise eine Vielzahl freiwilliger Aufgaben, vor allem auf sozialem und kulturellem Gebiet. Erwähnt seien Volkshochschulen, Freilichtmuseen, Fahrbüchereien, Kreisarchive, Erziehungsberatungsstellen oder Schullandheime.

Die Landkreise haben gegenüber den kreisangehörigen Gemeinden eine sogenannte Kompetenz-Kompetenz. Sie können nach Schaffung ausreichender Kreiseinrichtungen mit Zweidrittelmehrheit im Kreistag mit bindender Wirkung gegenüber den kreisangehörigen Gemeinden die ausschließliche Zuständigkeit des Landkreises beschließen. Von dieser Möglichkeit wurde aber bisher kaum Gebrauch gemacht.

Die Landkreise regeln weisungsfreie Angelegenheiten durch Satzung. Wichtige Satzungen sind z. B. Hauptsatzung (durch die u. a. beschließende Ausschüsse des Kreistags eingerichtet werden), Haushaltssatzung, Abfallsatzung, Satzung über die öffentliche Bekanntmachung, über die Entschädigung ehrenamtlich Tätiger oder über die Schülerbeförderungskostenerstattung. Satzungen können nur vom Kreistag beschlossen werden.

Die Landkreise finanzieren sich über beschränkte eigene Steuereinnahmen (Jagdsteuer, Überlassung des Aufkommens aus der Grunderwerbsteuer), Landeszuweisungen aus dem Finanzausgleich, Gebühren und letztlich die Kreisumlage, die von den kreisangehörigen Gemeinden erhoben wird. Die Landkreise unterliegen wie alle kommunalen Gebietskörperschaften in der Regel der Rechtsaufsicht des Landes. Rechtsaufsichtsbehörden sind die Regierungspräsidien.

Landkreistag Baden-Württemberg – Panoramastraße 37 – 70174 Stuttgart

Alb-Donau-Kreis

Regierungsbezirk: Tübingen.
Einwohner: 179 374.
Fläche: 1357 km².
Einwohner je km²: 132.
Kfz-Kennzeichen: UL.
Kreisverwaltung: Schillerstraße 30, 89077 Ulm, Postfach 2820, 89070 Ulm.
Verwaltungsgliederung: 55 Gemeinden.

Wappenbeschreibung

In Silber ein doppelköpfiger schwarzer Adler, belegt mit einem gespaltenen Brustschild; darin vorne in Gold drei liegende schwarze Hirschstangen übereinander, hinten fünfmal von Rot und Silber schräggeteilt.

Historische Entwicklung

Der Alb-Donau-Kreis besteht seit 1973 in seiner heutigen Gestalt als Ergebnis einer in Baden-Württemberg durchgeführten Kommunalreform. Zusammengesetzt aus den früheren Kreisen Ulm und Ehingen sowie aus Teilen des ehemaligen Kreises Münsingen entstand der neue Flächenkreis. Die einzelnen Gebiete des Kreises haben eine unterschiedliche Geschichte, die durch das Kreiswappen widergespiegelt wird. Der doppelköpfige schwarze Reichsadler bezieht sich auf die ehemals reichsunmittelbaren Territorien im Kreisgebiet, vorab auf das der ehemaligen Reichsstadt Ulm. Zur Unterscheidung vom Reichswappen steht er auf silbernem Grund, wodurch sich die ulmischen Farben Schwarz-Silber ergeben. Im gespaltenen Brustschild erscheinen vorne die drei württembergischen Hirschstangen, die zunächst die altwürttembergischen Gebiete repräsentieren, zugleich aber darauf hinweisen, daß auch das übrige Kreisgebiet Anfang des 19. Jh. an Württemberg gefallen ist. Die hintere Hälfte des Brustschildes enthält das Wappen der Markgrafen von Burgau bzw. ihrer Verwandten, der Grafen von Berg, von dem die Wappen der von den letzteren gegründeten Städte Ehingen und Schelklingen abgeleitet sind und das gleichfalls – in abgewandelter Form – auch ein Bestandteil des Wappens des früheren Kreises Ehingen gewesen ist. Die diese Schildhälfte beherrschenden Farben Rot und Silber waren übrigens auch die Wappenfarben Österreichs sowie der Grafen von Helfenstein und von Werdenberg, die ebenfalls im jetzigen Kreisgebiet begütert waren. Das Wappen des Alb-Donau-Kreises wurde bis Ende 1972 vom früheren Kreis Ulm geführt. Nach seiner Auflösung – dieses Schicksal traf bis auf drei alle Kreise in Baden-Württemberg – wurde die Genehmigung eines Kreiswappens für den neuen Landkreis notwendig, die am 5. November 1975 durch das baden-württembergische Innenministerium für das bisherige Wappen erneut ausgesprochen wurde.

Struktur des Kreises
Sehenswürdigkeiten

Im Osten Baden-Württembergs gelegen, angrenzend an den Freistaat Bayern, erstreckt sich das Gebiet des Alb-Donau-Kreises von den kargen Höhen der Schwäbischen Alb bis in die Niederungen der Donau und umschließt dabei den Stadtkreis Ulm fast vollständig. Der seit altersher überwiegend landwirtschaftlich geprägte Charakter des Kreises blieb bis heute erhalten. Die landschaftliche Schönheit des Kreises erschließt sich vor allem dem Wanderer, der auf kalkweißen Wegen vorbei an charakteristischen Wacholderheiden hinab in tiefeingeschnittene Täler seinen Weg nimmt, begleitet von einem munteren Bach, der mäandrierend sich im Talgrund sein Bett gesucht hat, eingeschlossen von teils kargen und trockenen, teils üppig bewachsenen Hängen, die von steil aufragenden Felsen unterbrochen werden, auf denen hie und da eine trutzige Feste ihren Platz gefunden hat. Erreicht man den Talgrund und die sich öffnenden Ebenen, so kündigt schon von ferne die Silhouette der Türme die Klöster von Blaubeuren oder Obermarchtal an. Neben diesen beiden kunsthistorisch überaus bedeutsamen Kulturdenkmälern finden sich in einigen Kapellen und Kirchen des Kreises hervorragende Zeugnisse der berühmten Ulmer Schule.

Einen Rückblick auf vergangene Zeiten ermöglichen die zehn sehenswerten Heimatmuseen. Sie lassen ahnen, wie die Vorfahren gelebt haben mögen, von der Frühgeschichte bis in die jüngste Vergangenheit.

Landkreis Biberach

Regierungsbezirk: Tübingen. Einwohner: 174 596. Fläche: 1410 km². Einwohner je km²: 124. Kfz-Kennzeichen: BC. Kreisverwaltung: Rollinstraße 9, 88400 Biberach a. d. Riß, Postfach 1662, 88396 Biberach a. d. Riß. Verwaltungsgliederung: 45 Gemeinden (Achstetten, Alleshausen, Allmannsweiler, Altheim, Attenweiler, Bad Buchau, Bad Schussenried, Berkheim, Betzenweiler, Biberach a. d. Riß, Burgrieden, Dettingen a. d. Iller, Dürmentingen, Dürnau, Eberhardzell, Erlenmoos, Erolzheim, Ertingen, Gutenzell-Hürbel, Hochdorf, Ingoldingen, Kanzach, Kirchberg a. d. Iller, Kirchdorf a. d. Iller, Langenenslingen, Laupheim, Maselheim, Mietingen, Mittelbiberach, Moosburg, Ochsenhausen, Oggelshausen, Riedlingen, Rot a. d. Rot, Schemmerhofen, Schwendi, Seekirch, Steinhausen a. d. Rottum, Tannheim, Tiefenbach, Ummendorf, Unlingen, Uttenweiler, Wain, Warthausen).

Wappenbeschreibung

Gespalten: vorne in Gold ein halber, rot bewehrter schwarzer Adler am Spalt; hinten in Rot ein mit der Krümme nach links gerichteter goldener Abtsstab mit silbernem Velum.

Historische Entwicklung

Die Alemannen, die spätestens seit dem 5. Jh. die Herren des Landes waren, gerieten im frühen 6. Jh. unter die Oberhoheit der Frankenkönige. Im 12. und 13. Jh. gehörte der heutige Landkreis Biberach zu den Zentren der staufischen Macht. Den Gang der deutschen Geschichte beeinflußte der Bauernkrieg von 1525, der von hier aus seinen Anfang nahm. Neben der für Deutschland einmaligen Anhäufung adliger und klösterlicher Besitzungen sind für den Raum Biberach die zahlreichen Verflechtungen mit dem Reich charakteristisch, wie sie z. B. bei den Reichsstädten Biberach und Buchau zum Ausdruck kommen. So wurde als Sinnbild für diesen Tatbestand der Reichsadler ins Kreiswappen aufgenommen, das dem Altlandkreis Biberach am 4. März 1970 und dem Nachfolgekreis am 3. September 1973 genehmigt wurde. Unter anderem werden mit dem Reichsadler auch das habsburgische Hausgut (z. B. Riedlingen und die beiden Herrschaften Bussen und Warthausen) und die reichsritterschaftlichen Gebiete in Erinnerung gerufen. Auch das Wappenmotto der hinteren Schildhälfte vertritt nicht eine einzelne Herrschaft, sondern steht für die Vielzahl an Klöstern: Ochsenhausen, Rot an der Rot, Schussenried, Buchau, Heggbach, Heiligkreuztal, Gutenzell. Erst die Neuverteilung der Macht zur Zeit Napoleons I. führte alle Territorialsplitter unter einem einzigen Landesherrn zusammen, dem württembergischen König.
Der Landkreis Biberach in seiner heutigen Gestalt trat am 1. Januar 1973 ins Leben, als dem Altlandkreis Biberach Teile der früheren Kreise Sigmaringen, Saulgau und Ehingen zugeschlagen wurden.

Struktur des Kreises Sehenswürdigkeiten

Dem Kunstfreund bietet der Landkreis Biberach, insbesondere entlang der »Oberschwäbischen Barockstraße«, eine Fülle von Sehenswürdigkeiten. Zum Verweilen im »Himmelreich des Barock« laden die vielen Kirchen und Klöster ein. Über Rot an der Rot mit seiner ehemaligen Prämonstratenserabtei führt der Weg nach Ochsenhausen, wo die einstige Benediktinerabtei einen Besuch lohnt. In Gutenzell versteckt sich eine der schönsten spätbarocken Kirchen Oberschwabens, und den malerischen Stadtkern der früheren Reichsstadt Biberach mit einem der schönsten Marktplätze Deutschlands prägen Bauten des 14. bis 16. Jh. Den Kunstreichtum des Landkreises veranschaulichen auch die beiden Schlösser in Laupheim, die bemerkenswerten Fachwerkhäuser in der Riedlinger Altstadt und nicht zuletzt das ehemalige Zisterzienserinnenkloster Heiligkreuztal.
Für die Gesundheit sorgen die beiden Moorheilbäder Bad Buchau – mit dem Natur- und Vogelschutzgebiet Federsee – und Bad Schussenried. Der berühmte Bibliothekssaal der ehemaligen Prämonstratenserabtei zeigt exemplarisch die Schönheit des oberschwäbischen Barock. In der nächsten Nachbarschaft liegen die Wallfahrtskirche Steinhausen, die »schönste Dorfkirche der Welt«, die spätbarocke Kirche in Otterswang und das Kreisfreilichtmuseum Kürnbach, das die bäuerliche Hausform dieser Region anschaulich dokumentiert. Die 26 Gebäude aus sechs Jahrhunderten (1499/1500 bis 1940) belegen die Entwicklung der Bauernhäuser Oberschwabens. Die Wohn- und Wirtschaftsräume geben zusammen mit alten Werkstätten und vielen Ausstellungen einen Eindruck vom Leben und Arbeiten der Menschen, die hier einmal ihre Heimat hatten. Wieder lebendig werden lassen die Vergangenheit die jährlich sechs Handwerkertage mit Vorführungen ländlicher Handwerke wie der Dampfmaschine von 1912 und die Konzerte und Lesungen im Tanzhaus.

Bodenseekreis

Regierungskreis: Tübingen. Einwohner: 192 000. Fläche km²: 664. Einwohner je km²: 289. Kfz-Kennzeichen: FN. Kreisverwaltung: Glärnischstraße 1, 88045 Friedrichshafen 1, Postfach 1940, 88041 Friedrichshafen. Verwaltungsgliederung: 2 Große Kreisstädte (Friedrichshafen und Überlingen) und 21 weitere Gemeinden (Bermatingen, Daisendorf, Deggenhausertal, Eriskirch, Frickingen, Hagnau, Heiligenberg, Immenstaad, Kressbronn, Langenargen, Markdorf, Meckenbeuren, Meersburg, Neukirch, Oberteuringen, Owingen, Salem, Sipplingen, Stetten, Tettnang, Uhldingen-Mühlhofen).

Wappenbeschreibung

In Blau über drei silbernen Wellenfäden ein achtspeichiges goldenes Rad ohne Felgen (Mühlrad).

Historische Entwicklung

Das Wappen wurde vom Regierungspräsidium Tübingen am 27. Februar 1976 verliehen. Die Wellenfäden weisen auf den Bodensee hin. Das Rad ist dem Wappen der Herren von Markdorf und Raderach entnommen. Es deutet jedoch auch die Bedeutung der heutigen Industrie an (Zahnräder) und kann mit den Wellen auch als »redendes Wappen« (Bodensee) verstanden werden.

Erste Siedlungsspuren stammen aus der Mittleren Steinzeit. In der Jungsteinzeit und Bronzezeit ließen sich Siedler in den »Pfahlbauten« am Seeufer nieder. Die Alemannen siedelten am See seit dem 5. Jh.: An der Schussen grenzten die für das heutige Kreisgebiet lange bedeutsamen historischen Räume des Argen- und Linzgaus aneinander. In fränkischer Zeit waren sie in der Hand der mächtigen Grafenfamilie der Udalrichinger. Ihre Nachkommen beherrschten diese beiden Grafschaften jahrhundertelang: die Grafen von Werdenberg bis 1534, dann die Fürstenberger in der Grafschaft Heiligenberg (Linzgau); die Grafen von Montfort bis 1780 in der Grafschaft Tettnang. Die Region lebte vom Getreideanbau, dessen Überschüsse in die Schweiz geliefert wurden, sowie vom Weinbau, die Städte vom Handel über den Bodensee. Zwischen 1803 und 1810 verschwanden die selbständigen Kleinstaaten, und das Bodensee-Nordufer wurde an Baden und Württemberg aufgeteilt. 1973 wurden die Kreise Tettnang und Überlingen zum Bodenseekreis vereinigt.

Struktur des Kreises
Sehenswürdigkeiten

Friedrichshafen ist heute ein »Zentrum der Metallindustrie von europäischem Rang« mit mehreren Großfirmen. Die Landwirtschaft mit ihrer Ausrichtung auf Obst-, Wein- und Hopfenbau beschäftigt noch 5 % der Erwerbstätigen.

Landschaft und Bodensee ziehen den Fremdenverkehr an. Jedoch haben die Bevölkerungszunahme auf das Doppelte seit dem Zweiten Weltkrieg, Bauboom und die Industrialisierung der Landwirtschaft die Landschaft sehr verändert und Verkehrsprobleme geschaffen. Ca. 11 % des Kreisgebiets stehen unter Landschafts- oder Naturschutz. Unter den vielen Sehenswürdigkeiten sind hervorzuheben: die Altstadtbereiche von Meersburg (mit dem mittelalterlichen Alten Schloß und dem barocken Neuen Schloß) und Überlingen (mit Rathaus, Münster und Befestigungsanlagen), die historischen Dorfbilder von Bermatingen und Sipplingen mit Fachwerkbauten, aus der Romanik die Kapelle Goldbach mit Reichenauer Wandmalereien, die gotische Klosterkirche von Salem mit klassizistischer Innenausstattung, das Renaissanceschloß Heiligenberg.

Unter den vielen Barockbauten seien genannt: die Wallfahrtskirche Birnau und das Neue Schloß in Tettnang.

Landkreis Böblingen

Regierungsbezirk: Stuttgart. Einwohner: 347 896. Fläche: 618 km². Einwohner je km²: 563. Kfz-Kennzeichen: BB. Kreisverwaltung: Parkstraße 16, 71034 Böblingen, Postfach 1640, 71006 Böblingen. Verwaltungsgliederung: 26 kreisangehörige Gemeinden (Aidlingen, Altdorf, Böblingen, Bondorf, Deckenpfronn, Ehningen, Gärtringen, Gäufelden, Grafenau, Herrenberg, Hildrizhausen, Holzgerlingen, Jettingen, Leonberg, Magstadt, Mötzingen, Nufringen, Renningen, Rutesheim, Schönaich, Sindelfingen, Steinenbronn, Waldenbuch, Weil der Stadt, Weil im Schönbuch und Weissach).

Wappenbeschreibung

In Gold unter einer liegenden schwarzen Hirschstange eine dreilatzige rote Fahne an drei schwarzen Trageringen.

Historische Entwicklung

Der frühere Landkreis Böblingen hatte bereits 1927 ein eigenes Wappen angenommen, das anstelle der Fahne ein Leichtflugzeug in Anspielung auf den Flughafen Böblingen zeigte. 1947 wurde das abgebildete Wappen angenommen, das am 30. August 1974 der neugebildete Landkreis übernahm. Die dreilatzige rote Fahne war die Wappenfigur der Pfalzgrafen von Tübingen, die bis ins 14. Jh. hinein große Teile des Kreisterritoriums beherrschten. 1250 bis 1300 gründeten sie die Städte Böblingen, Sindelfingen und Herrenberg. Nach und nach fielen die Besitzungen der Pfalzgrafen von Tübingen an Württemberg, das die Ämter Böblingen, Leonberg, Herrenberg und später Sindelfingen einrichtete. Auf die bis in unser Jahrhundert hineinreichende Zugehörigkeit zu Württemberg verweist die württembergische Hirschstange im Kreiswappen. Am 12. Mai 1525 besiegte Truchseß Georg von Waldburg bei Böblingen mit einem Heer des Schwäbischen Bundes die aufständischen Bauern. 1818 schuf das Königreich Württemberg auf seinem Boden 64 Oberämter, aus denen 1939 Landkreise und Stadtkreise hervorgingen. Damals entstand der Altlandkreis Böblingen aus den Oberämtern Böblingen und Herrenberg.

Der Landkreis Böblingen in seinen heutigen Grenzen wurde 1973 gebildet, als die Kreisreform in Baden-Württemberg den Altlandkreis Böblingen mit dem Kerngebiet des Kreises Leonberg zusammenschloß.

Struktur des Kreises Sehenswürdigkeiten

Als Übergang vom gewerbereichen mittleren Neckarraum zur Ferienlandschaft des Schwarzwaldes bietet der westlich von Stuttgart gelegene Landkreis Böblingen ein abwechslungsreiches Bild. In dem oft als »Industriekreis« (Automobil-, Computer- und Bauindustrie, Maschinenbau etc.) bezeichneten Landstrich werden noch fast 46 Prozent des Kreisgebietes landwirtschaftlich genutzt. Ein Drittel ist von Wald bedeckt. Die reiche Geschichte dieser Region spiegelt sich in ihrer wertvollen Bausubstanz wider. In Böblingen erinnern die Reste der Stadtmauer mit dem »Grünen Turm« und den malerisch steilen Straßen und Staffeln sowie die gotische Dionysiuskirche mit dem Kreuzrippengewölbe ihres Chores an die Residenz- und Amtsstadt von einst. Herrenberg beeindruckt mit seiner Burgruine, der Stiftskirche St. Marien (erste Hallenkirche Schwabens) und einem mittelalterlichen Stadtbild (Marktplatz mit Rathaus, Spitalkirche, Propstei des Chorherrenstifts und »Stiftsfruchtkasten« von 1683/84). Sehenswert sind in Leonberg das Schloß, die Stadtkirche sowie die Fachwerkbauten am Marktplatz mit dem Kepplerhaus und dem Hölderlinhaus, in Sindelfingen der unberührte Altstadtkern (ein stadtgeschichtlicher Weg, ausgezeichnet mit 35 Tafeln, führt zu den interessantesten Sehenswürdigkeiten) und in der romantischen alten Reichsstadt Weil der Stadt die Reste der alten Ringmauer, der Marktplatz mit seinen Bürgerhäusern und die katholische Stadtpfarrkirche St. Peter und Paul.

Landkreis Breisgau-Hochschwarzwald

Regierungsbezirk: Freiburg. Einwohner: 228 000. Fläche: 1378 km². Einwohner je km²: 165. Kfz-Kennzeichen: FR. Kreisverwaltung: Stadtstraße 2, 79104 Freiburg, Postanschrift: 79081 Freiburg. Verwaltungsgliederung: 10 Verwaltungsgemeinschaften (Bad Krozingen, Breisach, Ehrenkirchen, Feldberg-Schluchsee, Gundelfingen, Heitersheim, Hinterzarten, Löffingen, Schallstadt, Titisee-Neustadt) und 7 Gemeindeverwaltungsverbände (Dreisamtal, Kirchzarten; Hexental, Merzhausen; Kaiserstuhl-Tuniberg, Bötzingen; Müllheim-Badenweiler, Müllheim, St. Peter; Staufen-Münstertal, Staufen; March-Umkirch, March).

Wappenbeschreibung

Gespalten: vorne in Rot ein silberner Balken, hinten in Gold ein roter Schrägbalken; im goldenen Herzschild ein schwarzer Adler.

Historische Entwicklung

Der Landkreis Breisgau-Hochschwarzwald wurde 1973 im wesentlichen aus den Landkreisen Freiburg im Breisgau, Müllheim und Hochschwarzwald gebildet. Das Wappen vom 2. August 1974 symbolisiert Vorderösterreich (Bindenschild) und die Markgrafschaft Baden (Schrägbalken). Der Adler erinnert an Breisach am Rhein und zugleich an den – allerdings anders tingierten – Adler der Herzöge von Zähringen, der später auch zum Wappensymbol der Grafen von Freiburg und der Fürsten von Fürstenberg geworden ist.
Die gegensätzlichen Naturräume des Landkreises kennzeichnen auch den Gegensatz zwischen Altsiedelland und jüngerem Rodungsgebiet. Für Rheinebene und Vorbergzone zum Schwarzwald hin sind Siedlungsspuren insbesondere aus der Jüngeren Steinzeit nachzuweisen. Erneute Besiedlung erfolgt durch die römische Okkupation im 1. Jh. n. Chr. Der Beginn dauernder Besiedlung im Hochschwarzwald hingegen setzt wohl erst im 10. Jh. mit den Klostergründungen ein.
Der Aufstieg der Zähringer (Gründer von Freiburg und Neuenburg a. Rh.) verändert das Herrschaftsgefüge des Breisgaus und der Nachbarlandschaften. Das Erbe, das sie bei ihrem Aussterben 1218 hinterlassen, ermöglicht bisher wenig bedeutenden Geschlechtern den Aufstieg. 1368 geht Freiburg in den Besitz der Habsburger über, die in der Folgezeit Anspruch auf die Landgrafschaft im Breisgau erheben. Im ausgehenden Mittelalter bilden sich Territorien, die bis zum Ende des Alten Reiches Bestand haben: habsburgisches Territorium (»Vorderösterreich«) im Breisgau. Besitz südlich von Freiburg fällt an die Markgrafen von Baden (»Markgräflerland«). Infolge der Napoleonischen Kriege kommt das Gebiet des heutigen Landkreises zu Beginn des 19. Jh. an Baden.

Struktur des Kreises Sehenswürdigkeiten

Eingebettet in das Dreiländereck Deutschland-Frankreich-Schweiz bietet der Landkreis Breisgau-Hochschwarzwald abwechslungsreiche und reizvolle Landschaften. Dazu gehören in der Oberrheinebene der Kaiserstuhl, der Tuniberg, das Markgräflerland, die Vorbergzone und die zur Rheinebene geöffneten Seitentäler des Schwarzwaldes: Glottertal, Dreisamtal, Höllental und Münstertal. Im Osten erstreckt sich der Kreis bis auf die Hochebene der Baar, die zur Donau und zum oberen Neckar hinführt.
Der Landkreis Breisgau-Hochschwarzwald ist mit rund 7 Mio. Übernachtungen der größte Fremdenverkehrskreis in Baden-Württemberg. Außer einer leistungsfähigen Gastronomie bietet der Landkreis Camping, Ferien auf dem Bauernhof, Kuren, Erholung, Alpin- und Langlaufski, Mountainbikefahren und andere Sportmöglichkeiten. 28 Gemeinden oder Teilorte tragen ein staatliches Prädikat als Heilbad, heilklimatischer Kurort, Kneippkurort, Luftkurort oder Erholungsort. Im Markgräflerland liegen Badenweiler und Bad Krozingen, das größte Herzheilbad in Baden-Württemberg mit Rehabilitationszentrum für Herz- und Kreislaufkranke. Der Hochschwarzwald zeichnet sich durch sein gesundes Heilklima, seine hervorragenden Erholungs- und Sportmöglichkeiten aus. Heilklimatische Kurorte sind Hinterzarten, Lenzkirch, Schluchsee und Titisee, Kneippkurort: Friedenweiler. In der Nachbarschaft zu Frankreich befindet sich der Kaiserstuhl, bekannt als wärmste Region Deutschlands und Heimat hervorragender Weine. Mit 5500 ha Rebfläche ist der Landkreis Breisgau-Hochschwarzwald der größte Weinanbaukreis im Land Baden-Württemberg.

Landkreis Calw

Regierungsbezirk: Karlsruhe. Einwohner: 156 987. Fläche: 797,57 km². Einwohner je km²: 197. Kfz-Kennzeichen: CW. Kreisverwaltung: Vogteistraße 44-46, 75365 Calw. Verwaltungsgliederung: Altensteig, Althengstett, Bad Herrenalb, Bad Liebenzell, Bad Teinach-Zavelstein, Calw (Gr. Kreisstadt), Dobel, Ebhausen, Egenhausen, Enzklösterle, Gechingen, Haiterbach, Höfen a. d. E., Nagold (Gr. Kreisstadt), Neubulach, Neuweiler, Oberreichenbach, Ostelsheim, Rohrdorf, Schömberg, Simmersfeld, Simmozheim, Unterreichenbach, Bad Wildbad, Wildberg.

Wappenbeschreibung

In Gold auf blauem Dreiberg, aus dem eine silberne Quelle sprudelt, ein stehender, blau gekrönter und blau bezungter roter Löwe.

Historische Entwicklung

Der auf einem Vier- oder Dreiberg stehende Löwe war das Wappenbild der Grafen von Calw, deren Herrschaft sich im 12. Jh. weit über den Bereich des heutigen Landkreises Calw hinaus auf große Gebiete im Nordwesten des späteren Württembergs erstreckte. Im Landkreis Calw ist die Erinnerung an dieses Geschlecht nicht allein mit seinem namensgebenden Hauptsitz Calw und seiner Klostergründung Hirsau, sondern auch mit der Kolonisierung der Nagoldplatte besonders verbunden. Das erstmals 1961 genehmigte, am 12. Oktober 1973 erneut verliehene Kreiswappen gleicht dem Wappen der Stadt Calw bis auf die dort fehlende Quelle. Sie soll im Kreisemblem auf die verschiedenen Heilquellen im »Kurorte- und Bäderkreis Calw« hinweisen. Der Landkreis Calw war im Jahre 1938 entstanden, als per Gesetz die Oberämter aufgelöst und zu Kreisen vereinigt wurden. So wurde aus den Oberämtern Calw, Nagold und Neuenbürg der Landkreis Calw mit 104 Gemeinden formiert. In dieser Zusammensetzung blieb der Landkreis bis zur Gebietsreform des Jahres 1973 bestehen. Im Gegensatz zu den übrigen 34 Landkreisen Baden-Württembergs, die fast ausschließlich durch Zusammenlegung mehrerer alter Kreise oder Teile von solchen zu einem größeren Verwaltungssprengel wurden, kam der Landkreis Calw in dieser Reform durch erhebliche Gebietsabtrennungen zustande.

Struktur des Kreises Sehenswürdigkeiten

Wenn auch der größte Teil der Kreisbevölkerung im Gewerbe und in der Industrie tätig ist, so ist der Fremdenverkehr auch eine wichtige Erwerbsquelle. Dank geringer Entfernungen zu Wirtschaftszentren wie Stuttgart, Pforzheim und Karlsruhe konnten sich die traditionell bodenständigen Gewerbezweige wie Holz-, Textil-, Leder- und optische Industrie und die Feinmechanik gut entwickeln. Mit einem Waldanteil von über 60 % der Markungsfläche im Lande Baden-Württemberg steht der Landkreis an zweiter Stelle, was ihn als von der Natur besonders begünstigt zum beliebten Kur- und Erholungsgebiet machte. Von den kulturellen und landschaftlichen Sehenswürdigkeiten seien angesprochen: in Altensteig das malerische alte Stadtbild mit Schloß und Wehrmauer, im Stadtteil Berneck die Schloßsteige mit Kirche und mittelalterlichem Schloß, die Burgruine Hornberg und der Egenhauser Kapf, in Bad Herrenalb die Ruine der Zisterzienserabtei, in Bad Liebenzell die Burg Liebenzell (12. Jh.) und die Burgruine Zavelstein aus dem 12 Jh. in Bad Teichnach-Zavelstein, die Candiduskapelle als romanisches Kirchlein (1075) mit Wandfresken aus dem 13. Jh. und 15. Jh. in Kentheim, in Calw-Hirsau die Klosterruine Hirsau mit romanischem Eulenturm und gotischem Kreuzgang (jährliche Klosterspiele), dort auch die St.-Aurelius-Kirche (1050), in Nagold die 1000jährige Remigiuskirche mit mittelalterlichen Fresken in Calw, dem Geburtsort von Hermann Hesse, dessen Geburtshaus am Marktplatz mit mittelalterlicher Architektur steht, befindet sich im Heimatmuseum die Hermann-Hesse-Gedenkstätte. Romantisch ist auch das Stadtbild von Neubulach, wo sich Silbertor, Diebesturm und historisches Silberbergwerk dem Fremden empfehlen. Man sollte das imposante Baudenkmal »Alte Post« in Nagold besuchen, die Schäferlaufstadt Wildberg oder das Naturschutzgebiet Wildseemoor bei Bad Wildbad.

Landkreis Emmendingen

Regierungsbezirk: Freiburg. Einwohner: 144 500. Fläche: 680 km². Einwohner je km²: 212. Kfz-Kennzeichen: EM. Kreisverwaltung: Bahnhofstraße 2-4, 79312 Emmendingen, Postfach 1120, 79301 Emmendingen. Verwaltungsgliederung: 24 kreisangehörige Gemeinden (Bahlingen, Biederbach, Denzlingen, Elzach, Emmendingen, Endingen, Forchheim, Freiamt, Gutach, Herbolzheim, Kenzingen, Malterdingen, Reute, Rheinhausen, Riegel, Sasbach, Sexau, Simonswald, Teningen, Vörstetten, Waldkirch, Weisweil, Winden, Wyhl).

Wappenbeschreibung

Gespalten und halb geteilt: vorne in Gold ein roter Schrägbalken; hinten oben in Silber ein schwarzer Sechsberg, unten in Blau ein silberner Flug.

Historische Entwicklung

Aus dem zehnten Jahrtausend v. Chr. stammen die frühesten Funde, die auf die Anwesenheit von Menschen auf dem Terrain des heutigen Landkreises Emmendingen schließen lassen. Die ältesten bekannten Siedlungsspuren haben Bandkeramiker 4500 Jahre v. Chr. hier hinterlassen. Zahlreiche Funde aus der Zeit der Kelten und Römer zeugen von der großen Bedeutung des Kaiserstuhls und seiner Umgebung. Alemannen und Franken waren für die weiteren Geschehnisse in diesem Landstrich verantwortlich. Zur Zeit der Französischen Revolution gehörten die größten Gebiete zur Markgrafschaft Baden und zu Vorderösterreich, ab 1805 kamen diese zum Großherzogtum Baden. Nach mehreren administrativen Änderungen wurde mit der Landkreisordnung von 1939 der Landkreis Emmendingen gebildet.

Die Gebiets- und Verwaltungsreform in Baden-Württemberg (1970/75) ließ den Landkreis Emmendingen neben zwei anderen Kreisen Baden-Württembergs, Göppingen und Heidenheim, unverändert. Die Fortführung des am 5. November 1956 initiierten Kreiswappens fand darin ihre Begründung; eine Neuverleihung fand nicht statt. In der vorderen Hälfte des Wappenschildes steht der bekannte Schrägbalken Badens. Vom 14. Jh. an hatten die Herren von Baden-Hachberg einen umfangreichen Teil des Raumes von der Hochburg von Emmendingen aus beherrscht. Das östliche Kreisgebiet wird durch das »sprechende« Wappen des Geschlechts von Schwarzenberg symbolisiert, das westliche durch den Flug der Herren von Üsenberg.

Struktur des Kreises
Sehenswürdigkeiten

Als »eine glückliche Gegend« bezeichnete der junge Goethe vor rund 200 Jahren die liebliche Landschaft des heutigen Kreises Emmendingen vor den Toren Freiburgs an der französischen Grenze gelegen. Im Westen erstrecken sich urwüchsige Auenwälder entlang des Rheins, und im Osten lädt der Schwarzwald zur Erholung ein. Mitten aus der Rheinebene ragt der vulkanische Kaiserstuhl, eine berühmte Weingegend, die der Reisende auf der »Badischen Weinstraße« erleben kann. Sie ist der wärmste und sonnenreichste Flecken in deutschen Landen. Besuchenswert ist vor allem die ehemalige Reichsstadt Endingen, die am Nordrand des Kaiserstuhlmassivs liegt. Aber auch im angrenzenden Breisgau finden sich gepflegte Orte wie etwa Kenzingen mit seinem mittelalterlichen Stadtkern. Zahlreiche Burgruinen am Rande des Kaiserstuhls und auf den Vorbergen des Schwarzwaldes lassen ahnen, daß der Oberrheingraben schon in früheren Zeiten eine bedeutende Verkehrsader war. Bekannte Ruinen stehen bei Emmendingen (Hochburg), bei Waldkirch (Kastelburg), in Freiamt (Keppenbach) und bei Sasbach (Limburg). Beliebte Urlaubsorte liegen im Elztal und den Seitentälern. Alljährlich lädt der Kreis zur »alemannischen Fasnet«, dem Gegenstück zum »rheinischen Karneval«, ein. Im Landkreis selbst spricht man dann von der »fünften Jahreszeit«.

Enzkreis

Regierungsbezirk: Karlsruhe. Einwohner: 185 485. Fläche: 573,97 km². Einwohner je km²: 323,2. Kfz-Kennzeichen: PF. Kreisverwaltung: Zähringerallee 3, 75177 Pforzheim, Postfach 101080, 75110 Pforzheim. Verwaltungsgliederung: 28 kreisangehörige Gemeinden (Birkenfeld, Eisingen, Engelsbrand, Friolzheim, Heimsheim [Stadt], Illingen, Ispringen, Kämpfelbach, Keltern, Kieselbronn, Knittlingen [Stadt], Königsbach-Stein, Maulbronn [Stadt], Mönsheim, Mühlacker [Große Kreisstadt], Neuenbürg [Stadt], Neuhausen, Neulingen, Niefern-Öschelbronn, Ölbronn-Dürrn, Ötisheim, Remchingen, Sternenfels, Straubenhardt, Tiefenbronn, Wiernsheim, Wimsheim, Wurmberg).

Wappenbeschreibung

In Gold ein blauer Wellenbalken, oben und unten begleitet von je zwei aufrechten blauen Rauten.

Historische Entwicklung

Der Enzkreis ist in der baden-württembergischen Kreisreform von 1973 entstanden. Er setzt sich zusammen aus dem alten Landkreis Pforzheim und Teilen der früheren Landkreise Calw, Leonberg und Vaihingen. Diese waren ihrerseits in den badischen und württembergischen Kreisreformen von 1936 und 1938 aus mehreren vorherigen »Oberämtern« (Württemberg) und »Bezirksämtern« (Baden) hervorgegangen. Demzufolge hatten sie zuvor auch in drei verschiedenen Regierungsbezirken gelegen, deren Abgrenzung sich noch nach den ehemaligen Ländern gerichtet hatte. Allerdings wurden damit nicht zum ersten Mal in der Geschichte diese vermeintlich so tiefen Grenzen zwischen Badenern und Schwaben überwunden. Der Bereich des Enzkreises war schon zur Hallstattzeit besiedelt. Den Kelten folgten die Römer. Für diese hatte er deshalb große Bedeutung, weil sie hier mit einer wichtigen Militärstraße vom Rheintal nach Cannstatt und zum Limes den unwegsamen Schwarzwald umgehen konnten. Nach den Römern kamen die Alemannen, die später wieder von den Franken etwas nach Süden verdrängt wurden. Diese richteten bereits einen »Enzgau« ein. Im Mittelalter und der beginnenden Neuzeit wechselten Teile des Enzkreises durch Kauf oder Verkauf, Erbschaft, Mitgift oder Verpfändung, Krieg, Mediatisierung und Säkularisation immer wieder zwischen den Landesherren von Baden und Württemberg hin und her.

Der Landkreis schuf sich ein völlig neues Wappen (Genehmigung vom 16. August 1976), in dem die vier Rauten zum einen auf die vier Landschaftsteile Schwarzwald, Heckengäu, Kraichgau und Stromberg hinweisen, zum anderen auf die vier Landkreise, aus denen das Territorium des Enzkreises entstand. Der Wellenbalken symbolisiert die Enz.

Struktur des Kreises Sehenswürdigkeiten

Zwischen den Großräumen Karlsruhe und Stuttgart gelegen und das Oberzentrum Pforzheim umschließend, ist der Enzkreis durch eine abwechslungsreiche Landschaft gekennzeichnet. An das intensiv landwirtschaftlich genutzte Kraichgauer Hügelland im Nordwesten schließt sich im Osten der laubwaldreiche »Naturpark Stromberg« an, ein bevorzugtes Naherholungsgebiet. Das seinem Namen besonders zur Zeit der Schlehenblüte Ehre machende Heckengäu im Südosten und der Schwarzwaldrand im Süden und Südwesten runden das Bild ab. Zu den bedeutendsten Sehenswürdigkeiten zählen das 1147 gegründete ehemalige Zisterzienserkloster Maulbronn, das 1993 von der UNESCO zum Weltkulturerbe erhoben wurde, und die Magdalenenkirche in Tiefenbronn. Süddeutsches Fachwerk prägt nicht nur Knittlingen, die Geburtsstadt des Dr. Johannes Faust, sondern auch zahlreiche andere Dörfer im ganzen Kreis. Der Enzkreis ist durch ein dichtes Netz von Schienen, Autobahnen, Bundes-, Landes- und Kreisstraßen erschlossen. Außerdem bietet der nahegelegene Landesflughafen Stuttgart ausgezeichnete nationale und internationale Verbindungen. Dank seiner verkehrsgünstigen Lage ist der Enzkreis auch attraktiver Wirtschaftsstandort. Auch wenn heute noch fast die Hälfte des Kreisgebietes landwirtschaftlich genutzt wird, sind doch die meisten Menschen im verarbeitenden Gewerbe tätig, hier hat sich ein dichtes Netz leistungsstarker mittelständischer Betriebe entwickelt. Zur stabilen Wirtschaftskraft des Enzkreises tragen insbesondere auch zahlreiche klein- und mittelständische Handwerksbetriebe bei.

Landkreis Esslingen

Regierungsbezirk: Stuttgart. Einwohner: 489 600. Fläche: 642 km². Einwohner je km²: 764. Kfz-Kennzeichen: ES. Kreisverwaltung: Pulverwiesen 42, 73728 Esslingen am Neckar, Postfach 145, 73726 Esslingen am Neckar. Verwaltungsgliederung: 44 selbständige Gemeinden in 18 Verwaltungsräumen (VR Aichtal [Stadt]; VR Aichwald; VR Denkendorf, VR Esslingen a. N. [Stadt]; VR Filderstadt [Stadt]; VR Kirchheim u. T. [Stadt]; VR Leinfelden-Echterdingen [Stadt]; VR Lenningen; VR Neckartenzlingen; VR Neuffen [Stadt]; VR Neuhausen a. d. F.; VR Nürtingen [Stadt]; VR Ostfildern [Stadt]; VR Plochingen [Stadt]; VR Reichenbach a. d. Fils; VR Weilheim a. d. T. [Stadt]; VR Wendlingen a. N. [Stadt]; VR Wernau (Neckar) [Stadt]).

Wappenbeschreibung

In Gold über einem von Schwarz und Gold mit Teilungen schräggerauteten (gewecketen) Schildfuß ein rot bewehrter und rot bezungter schwarzer Adler, belegt mit einem goldenen Hifthorn an goldener Fessel.

Historische Entwicklung

Das Gebiet des heutigen Landkreises Esslingen bot um 1800 noch das Bild einer recht bunten politischen Landschaft. Zwar entfiel der weitaus größte Anteil auf altwürttembergisches Gebiet, doch zählten bedeutende andere Teile zu den Ritterschaftskantonen Kocher und Neckar, zum Hochstift Speyer und zur freien Reichsstadt Esslingen. Ab 1806 war das gesamte Territorium des heutigen Landkreises Esslingen württembergisch. Nach den Verwaltungsreformen von 1806 und 1810 fanden sich neun Oberämter oder Teile von ihnen auf dem Gebiet des heutigen Landkreises. Bis zu den Gebietsänderungen von 1938 bewahrte das Oberamt Esslingen seinen Bestand weitgehend.

Der nächste Sprung zum Landkreis als Träger einer modernen, leistungsfähigen Verwaltung erfolgte 1973 im Zuge der Kreisreform: Die Landkreise Esslingen und Nürtingen (ohne Grafenberg) wurden zum Großlandkreis Esslingen zusammengeschlossen. Der neue Landkreis übernahm für das zu schaffende Wappen dabei Bestandteile der beiden alten Kreiswappen. Das am 13. August 1975 verliehene Hoheitszeichen weist auf die verschiedenen Gebiete hin, die heute den Landkreis bilden. Der Reichsadler ist dem Wappen des Altkreises Esslingen entnommen und symbolisiert die ehemals freie Reichsstadt Esslingen. Die Rauten und das Hifthorn (Jagdhorn) sind dem untergegangenen Nürtinger Kreiswappen entlehnt. Sie wurden von Kirchheim und der Herrschaft Teck geführt, das Horn von Nürtingen und der Herrschaft Neuffen.

Struktur des Kreises
Sehenswürdigkeiten

Vor den südöstlichen Toren Stuttgarts breitet sich der Landkreis Esslingen aus. Albhochfläche, Schurwald, Schönbuch bilden als Naturlandschaften einen Kontrast zu den typischen Kulturlandschaften Filderebene, Albvorland und der Industriegasse des Neckar- und Filstals. Der wichtigste Faktor der Wirtschaft ist die Industrie (u. a. Metallverarbeitung, Elektrotechnik, Autoproduktion). Die ehemalige freie Reichsstadt Esslingen gilt als industrieller Mittelpunkt der Region. Kirchheim, Nürtingen, Plochingen, Weilheim, Wendlingen, Wernau und die neuen Filderstädte zählen zu den Industriezonen. Weinbau wird an den Hängen des rechten Neckarufers (Esslingen mit Stadtteil Mettingen, Plochingen) und im Neuffener Tal betrieben. Ihren alten Stadtcharakter konnten Esslingen, Nürtingen und Kirchheim bewahren. Sehenswert in der Kreisstadt sind die evangelische Kirche St. Dionysius mit Sakramentshäuschen, schönem Taufstein, Hochaltar (1604) sowie beachtenswerten Glasfenstern, die Dominikanerkirche St. Paul, die ehemalige Franziskanerkirche St. Georg, Frauenkirche (gotischer Turm, Glasmalereien), Altes Rathaus (spätgotischer Fachwerkbau mit Kunstuhr und Bürgersaal) und die Burg sowie viele Bürgerhäuser (16. bis 18. Jh.), die vorwiegend im Fachwerkstil gebaut wurden. In den meisten Gemeinden des Kreises sind schöne Gebäude und andere kulturhistorische Sehenswürdigkeiten erhalten geblieben. 1975 wurde als siebtes Museum in Baden-Württemberg das Freilichtmuseum Beuren eröffnet. Gezeigt wird der Alltag unserer Vorfahren zwischen Haus und Hof, Küche und Keller, in Gebäuden aus dem »Neckarland« und der »Schwäbischen Alb«.

Landkreis Freudenstadt

Regierungsbezirk: Karlsruhe. Einwohner: 118 680. Fläche: 871 km². Einwohner je km²: 136. Kfz-Kennzeichen: FDS. Kreisverwaltung: Herrenfelder Straße 14, 72250 Freudenstadt, Postfach 620, 72236 Freudenstadt. Verwaltungsgliederung: 17 kreisangehörige Städte und Gemeinden (Alpirsbach, Bad Rippoldsau-Schapbach, Baiersbronn, Betzweiler-Wälde, Dornstetten, Empfingen, Eutingen im Gäu, Freudenstadt, Glatten, Grömbach, Horb a. N., Loßburg, Pfalzgrafenweiler, Schopfloch, Seewald, Waldachtal, Wörnersberg). Die Gemeinden Freudenstadt, Horb a. N., Dornstetten und Alpirsbach besitzen Stadtrechte. Die Städte Horb a. N. und Freudenstadt sind Große Kreisstädte.

Wappenbeschreibung

In Gold ein linksgekehrter, balzender, rot bewehrter schwarzer Auerhahn auf schwarzem Ast.

Historische Entwicklung

Das Wappen des Landkreises Freudenstadt ist eines der ältesten Kreiswappen in Deutschland. Zudem tritt der Auerhahn äußerst selten als Wappenmotiv in Erscheinung. Am 28. August 1926 entschied sich der damalige Bezirksrat für den oben abgebildeten Wappenentwurf. Der Vorschlag, einen balzenden Auerhahn in das Wappen aufzunehmen, war von der Archivdirektion Stuttgart gekommen. Äußerer Anlaß für die Wappeneinführung war der Neubau des Bezirkskrankenhauses. Abgesehen vom siegelmäßigen Gebrauch eignen sich Wappen hervorragend für Repräsentations- und Werbezwecke. In Freudenstadt brachte man das neu eingeführte Emblem deshalb in einem Glasfenster des Erweiterungsbaues (heute: Gebäude der Kreisverwaltung) an.

In seiner Symbolik spielt das Wappen mit den Farben Schwarz und Gold auf die altwürttembergischen Wappenfarben an (in Gold drei liegende schwarze Hirschstangen übereinander). Der Auerhahn bezieht sich auf den Schwarzwald und insbesondere auf die einstigen fürstlichen Jagdreviere des Murgtals, Kniebis und der Alexanderschanze.

Das schlichte und dennoch charakteristische Kreiswappen bot sich nach der Landkreisreform in Baden-Württemberg vom 1. Januar 1973 zur Neugenehmigung an. Mit Erlaß vom 3. September 1973 verlieh schließlich das Innenministerium des Landes dem Kreis Freudenstadt das Recht zur Weiterführung des Auerhahnwappens.

Struktur des Kreises
Sehenswürdigkeiten

Der zu 63 Prozent bewaldete Landkreis mit seinen 53 Landschafts- und zwölf Naturschutzgebieten, seiner abwechslungsreichen Landschaft und dem erholsamen Klima zieht Urlauber und Erholungsuchende in großer Zahl an. Viel ist hier für den Fremden eingerichtet worden. Dem historisch Interessierten sei das mittelalterliche Stadtbild von Dornstetten, die sehenswerte Stadtsilhouette von Horb am Neckar oder der Kreuzgang in der Klosterkirche von Alpirsbach empfohlen. Wer Burgruinen mit schönem Blick sucht, findet sie hier mehrfach: Mantelberg, Eutinger Tal, Urnburg, Frundeck oder Sterneck.

Von den Kirchen seien genannt: die als symmetrischer Winkelhakenbau errichtete Stadtkirche in Freudenstadt mit einzigartigen Kunstschätzen, die Stiftskirche in Horb oder eine der Urkirchen des Schwarzwalds, die St.-Martins-Kirche in Dornstetten. Im Schwarzwaldmuseum in Loßburg findet man Trachten, ländliches Gerät und sakrale Gegenstände. Im Bauernmuseum in Horb kann man einen Eindruck vom harten Los der Bauern in früherer Zeit gewinnen. Alpirsbach lädt nicht nur mit seiner Klosterbrauerei ein, sondern auch mit den »Kreuzgang-Konzerten«.

Landkreis Göppingen

Regierungsbezirk: Stuttgart. Einwohner: 253 778. Fläche: 642 km². Einwohner je km²: 359. Kfz-Kennzeichen: GP. Kreisverwaltung: Lorcher Straße 6, 73033 Göppingen, Postfach 809, 73008 Göppingen. Verwaltungsgliederung: 38 kreisangehörige Gemeinden – davon 8 Städte (Donzdorf, Ebersbach a. d. Fils, Eislingen/Fils, Geislingen a. d. Steige, Göppingen, Lauterstein, Süßen, Wiesensteig) – (Adelberg, Aichelberg, Albershausen, Bad Ditzenbach, Bad Überkingen, Birenbach, Böhmenkirchen, Börtlingen, Boll, Deggingen, Drackenstein, Dürnau, Eschenbach, Gammelshausen, Gingen/Fils, Gruibingen, Hattenhofen, Heiningen, Hohenstadt, Kuchen, Mühlhausen/Täle, Ottenbach, Rechberghausen, Salach, Schlat, Schlierbach, Uhingen, Wäschenbeuren, Wangen, Zell u. a.).

Wappenbeschreibung

In Gold unter einer liegenden schwarzen Hirschstange ein rot bewehrter und rot bezungter schwarzer Löwe.

Historische Entwicklung

Der größte Teil des Raumes um den Hohenstaufen gehörte im Hochmittelalter zum Hausgut der Staufer. Zum Schutz und zur Verwaltung des um die Stammburg gelegenen Haus- und Reichsgutes verfügten die Staufer über zahlreiche Dienstmannen, die auf den benachbarten Burgen residierten. Der Löwe im Kreiswappen stellt das ursprüngliche Wappenbild der Staufer dar, bevor sie das Drei-Löwen-Wappen annahmen, das heute das Bundesland Baden-Württemberg führt. Nach dem Untergang der Staufer nahmen die Grafen von Württemberg im Jahre 1273 von Göppingen Besitz, das dadurch württembergische Amtsstadt wurde. Die Stadt Geislingen an der Steige wurzelt ebenfalls in der Stauferzeit. Sie entstand unter den Grafen von Helfenstein an einem bedeutenden Albübergang, der Geislinger Steige. Die Hirschstange im Kreisemblem symbolisiert das Haus Württemberg. Die Farben Schwarz und Gold waren sowohl die Schildfarben der Staufer als auch der Württemberger.

Das Wappen wurde vom Oberamt Göppingen im Laufe des Jahres 1928 angenommen; damals gab es noch keine amtlichen Verleihungen. Am 1. Oktober 1938 wurde im wesentlichen aus den Oberämtern Göppingen und Geislingen an der Steige der Landkreis Göppingen gebildet. Das am 1. Januar 1973 in Kraft getretene baden-württembergische Kreisreformgesetz ließ den Landkreis beinahe unverändert, so daß das Kreiswappen ohne Neuverleihung weiterhin seine Gültigkeit behielt.

Struktur des Kreises Sehenswürdigkeiten

Die Landschaft des »Stauferkreises« wird von der Hochfläche der Schwäbischen Alb, den Steilhängen des oberen Filstales, vom Eybtal, der großen Filstalaue, die bis an den Rand der Drei-Kaiser-Berge (Hohenstaufen-Rechberg-Stuifen) reicht, und den ausgedehnten Waldgebieten des Schurwaldes geprägt. Neben Maschinenbau, Eisen- und Metallverarbeitung zählen Textil und Bekleidung zu den bestimmenden Wirtschaftsfaktoren. Ein umfassendes Wandernetz sowie Kurmöglichkeiten im »Bäderdreieck« (Thermal- und Mineralquellen) Bad Boll-Bad Ditzenbach-Bad Überkingen sorgen für Erholung. Eine Fülle an historischen Stätten befindet sich entlang der »Straße der Staufer«: u. a. das Wäscherschloß (»Wiege der Staufer«) bei Wäschenbeuren mit einer Sammlung bäuerlichen Kulturguts, Kloster Adelberg (Ulrichskapelle mit schmuckem Altar), Stadtkirche in Geislingen (Chorgestühl), die Stiftskirchen in Göppingen-Faurndau und Boll (beide Anfang 13. Jh.), die Burgruine Staufeneck bei Salach, die Burgruine Scharfenberg bei Donzdorf und Schloß Ramsberg bei Donzdorf. In der Hohenstaufenstadt Göppingen beeindruckt u. a. das Renaissanceschloß mit Rebenstiege. Zu den sakralen Kleinoden gehören die »Pieta« von Ignaz Günther der Nenninger Friedhofskapelle sowie der Hochaltar im Kapuzinerkloster »Ave Maria« in Deggingen. In Boll gibt es das Puppenmuseum »Puppenkorb« als private Sammlung und die Versteinerungen-Sammlung Hohl. Zu diesen und anderen Sehenswürdigkeiten im Kreis trat 1992 das Jüdische Museum in Göppingen-Jebenhausen hinzu.

Landkreis Heidenheim

Regierungsbezirk: Stuttgart. Einwohner: 136 796. Fläche: 627 km². Einwohner je km²: 218. Kfz-Kennzeichen: HDH. Kreisverwaltung: Felsenstraße 36, 89518 Heidenheim, Postfach 1580, 89505 Heidenheim. Verwaltungsgliederung: 11 Gemeinden: 4 Städte (Giengen a. d. Brenz, Heidenheim a. d. Brenz, Herbrechtingen, Niederstotzingen), 7 Gemeinden (Dischingen, Gerstetten, Hermaringen, Königsbronn, Nattheim, Sontheim an der Brenz, Steinheim am Albuch).

Wappenbeschreibung

In gespaltenem Schild vorne in Gold ein roter Balken, hinten in Schwarz ein goldener Zinnenturm mit schwarzem Tor und zwei schwarzen Fenstern nebeneinander.

Historische Entwicklung

Zwischen dem letzten Zeugnis der Römer, einem Gedenkstein aus dem Jahre 255 n. Chr., und dem ersten Zeugnis der mittelalterlichen Geschichte, einer Urkunde Karls des Großen von 774, vollzog sich die Besiedlung des Kreisgebiets. Der größte Teil des Kreisgebiets geht auf die Herrschaft Heidenheim zurück, die von den Herren von Hellenstein zunächst auf die Grafen von Helfenstein übergegangen war. Der rote Balken im Kreiswappen, das am 12. September 1955 von der Landesregierung verliehen wurde, soll an die Herren von Hellenstein erinnern, unter deren gleichnamiger Burg sich die Kreisstadt Heidenheim entwickelte.

1448 erwarben die Herzöge von Württemberg die Herrschaft Heidenheim und vereinigten diese zu Beginn des 19. Jh. mit kleinen Klostergebieten und der ehemaligen Reichsstadt Giengen zu einem 29 Gemeinden umfassenden Oberamt des neugebildeten Königreiches Württemberg. Im Rahmen der württembergischen Gebietsreform von 1938 kamen die übrigen Gemeinden zum Landkreis Heidenheim. Diese waren bis 1806 Teile kleinerer adeliger Herrschaftsgebiete gewesen. Ein Hinweis auf diese ehemaligen Territorien mit ihren Burgen und Schlössern stellt der Zinnenturm im Kreiswappen dar. Als einer von nur drei Landkreisen Baden-Württembergs überstand der Landkreis Heidenheim die Kreisreform von 1973 unverändert.

Struktur des Kreises Sehenswürdigkeiten

Eingebettet in die Ostalb, einem Teilstück der Schwäbischen Alb, liegt der Landkreis Heidenheim. Er zählt zu den am stärksten industrialisierten Gebieten Baden-Württembergs: Maschinenbau, elektronische und Textilindustrie. Die herb-schöne Landschaft prägen ausgedehnte Wälder, Heideflächen, Wiesen und Äcker sowie die Donauauen im Süden der Region. Aus der Römerzeit stammen in der Kreisstadt Heidenheim Ruinen, die als Museum für römische Kultur dienen. Die fast 80 m über der Altstadt thronende Burg Hellenstein (1150) aus der Stauferära wurde von 1593 bis 1611 zu einem stattlichen Schloß (Renaissance) erweitert. Das Steinheimer »Meteorkrater-Museum« präsentiert im besonderen geologische Funde aus dem Steinheimer Becken. Neben Burgen und Schlössern, wie z. B. Burg Katzenstein (Staufer) mit Burgfried und Kapelle (Fresken), Jagdschloß Duttenstein (16. Jh.), beide bei Dischingen gelegen, Schloß Burgberg (13. Jh.) in Giengen (malerische Altstadt), weist diese Gegend viele sakrale Bauten aus Romanik, Barock und Rokoko auf: z. B. Galluskirche (1170 bis 1200) in Brenz, katholische Pfarrkirche St. Johann (18. Jh.) von Josef Dossenberger in Dischingen, Wallfahrtskirche in Stetten, Dorfkirche mit Stuckarbeiten (1792) in Gerstetten und Klosterkirche in Königsbronn (1792).

Landkreis Heilbronn

Regierungsbezirk: Stuttgart. Einwohner: 297 140. Fläche: 1100 km². Einwohner je km²: 270. Kfz-Kennzeichen: HN. Kreisverwaltung: Lerchenstraße 40, 74072 Heilbronn, Postanschrift: 74064 Heilbronn. Verwaltungsgliederung: 46 Gemeinden, darunter 17 Städte (einschl. der Großen Kreisstadt Neckarsulm) (Abstatt, Bad Friedrichshall, Bad Rappenau, Bad Wimpfen, Beilstein, Brackenheim, Cleebronn, Eberstadt, Ellhofen, Eppingen, Erlenbach, Flein, Gemmingen, Güglingen, Gundelsheim, Hardthausen, Ilsfeld, Ittlingen, Jagsthausen, Kirchardt, Langenbrettach, Lauffen am Neckar, Lehrensteinsfeld, Leingarten, Löwenstein, Massenbachhausen, Möckmühl, Neckarsulm, Neckarwestheim, Neudenau, Neuenstadt a. K., Nordheim, Obersulm, Oedheim, Offenau, Pfaffenhofen, Roigheim, Schwaigern, Siegelsbach, Talheim, Untereisesheim, Untergruppenbach, Weinsberg, Widdern, Wüstenrot, Zaberfeld).

Wappenbeschreibung

In Rot ein unterhalb gestümmelter silberner Adler.

Historische Entwicklung

Das württembergische Unterland war sowohl von den Kelten als auch von den Römern bereits besiedelt worden; immer wieder sind Überreste dieser Besiedlung zu finden. Zu Beginn des 19. Jh. wurden im Königreich Württemberg 65 Oberämter mit jeweils etwa 20 000 Einwohnern eingerichtet. Im Raum des Landkreises Heilbronn waren dies die Oberämter Brackenheim, Weinsberg, Neckarsulm und Heilbronn. Im Jahre 1938 wurde der Altlandkreis Heilbronn aus den damaligen Oberämtern Brackenheim, Neckarsulm und Heilbronn – ohne die Stadt Heilbronn selbst – und Teilen der Oberämter Besigheim und Marbach gebildet. Zu den ursprünglich 97 Gemeinden kamen 1945 das ehemals badische Schluchtern und 1952 das hessische Bad Wimpfen hinzu. In der Kreisreform vom 1. Januar 1973 übernahm der Landkreis Heilbronn, der damit in seinen heutigen Grenzen entstand, Gebietsteile der früheren Kreise Buchen, Mosbach, Schwäbisch Hall, Sinsheim und Öhringen. Einige Kreisgemeinden wurden dem Stadtkreis Heilbronn zugeschlagen.

Seit 1955 führt der Landkreis Heilbronn das abgebildete Wappen, das ihm erneut am 3. September 1973 verliehen wurde. Es zeigt den Adler aus dem Wappen der Grafen von Lauffen. Diese verwalteten staufisches Königsgut im Kreisgebiet. Ihr Wappenbild dürfte deshalb auf den Reichsadler der Stauferkönige zurückgehen.

Struktur des Kreises
Sehenswürdigkeiten

Der Landkreis Heilbronn umfaßt heute das württembergische Unterland vom Kraichgau und Zabergäu im Westen bis zu den Tälern von Jagst und Kocher und den Löwensteiner Bergen im Osten, vom mittleren Neckarraum im Süden bis zu den Ausläufern des Odenwaldes im Norden. Dank seiner sehr günstigen Verkehrslage ist der Raum Heilbronn-Neckarsulm stark industrialisiert.
In Neckarsulm wurde das Deutsche Zweiradmuseum eingerichtet; mit dem Namen der Stadt ist die Automobilproduktion von Audi-NSU verbunden. Daneben bieten das milde Klima und die fruchtbaren Böden günstige Voraussetzungen für den Weinbau (Heilbronn ist in Württemberg der größte Weinbaukreis), die Viehzucht und für vielerlei Sonderkulturen. Ausgedehnte Salzlager werden 200 m unter dem Neckarbett bergmännisch abgebaut. Schwäbische Weinstraße, Burgenstraße, Deutsche Ferienstraße, Schwäbische Dichterstraße und Idyllische Straße berühren abschnittsweise das Kreisgebiet. Besonders sehenswert sind die historischen Altstädte von Bad Wimpfen (wertvolle Sakralbauten der Kaiserpfalz, Blauer Turm, Steinhaus, Pfalzkapelle, Arkaden und Roter Turm, Reste der Stadtbefestigung, Fachwerkhäuser, Ritterstiftskirche St. Peter mit Kreuzgang in Wimpfen im Tal, Heilbad), Eppingen (viele Fachwerkhäuser, Alte Universität, Baumannsches Haus, Ratsschänke, Heimatmuseum) und Möckmühl (viele Fachwerkhäuser, Stadtmauer mit Türmen). An den Freiherrn Götz von Berlichingen erinnern die Götzenburg, das Götzmuseum und die Burgfestspiele in Jagsthausen.

Hohenlohekreis

Regierungsbezirk: Stuttgart. Einwohner: 103 164. Fläche: 776 km². Einwohner je km²: 131. Kfz-Kennzeichen: KÜN. Kreisverwaltung: Allee 17, 74653 Künzelsau, Postfach 1362, 74643 Künzelsau. Verwaltungsgliederung: 16 Gemeinden (Bretzfeld, Dörzbach, Forchtenberg, Ingelfingen, Krautheim, Künzelsau, Kupferzell, Mulfingen, Neuenstein, Niedernhall, Große Kreisstadt Öhringen, Pfedelbach, Schöntal, Waldenburg, Weißbach und Zweiflingen).

Wappenbeschreibung

In Silber über erhöhtem rotem Schildfuß, darin ein sechsspeichiges silbernes Rad, zwei schreitende, rot bezungte schwarze Leoparden mit untergeschlagenen Schwänzen.

Historische Entwicklung

Am 1. Januar 1973 wurde aus den ehemaligen Landkreisen Künzelsau und Öhringen sowie aus dem zum früheren Kreis Buchen gehörenden Raum Krautheim der Hohenlohekreis gebildet. Sein am 3. April 1974 verliehenes Wappen knüpft einerseits an den Kreisnamen an, andererseits betont es die überragende Stellung des Hauses Hohenlohe durch dessen Wappentiere, die »Leoparden«.
Bis zur Mediatisierung zu Beginn des 19. Jh. nahmen die Hohenlohe eine führende Rolle im heutigen Kreisgebiet ein. Daneben residierten noch viele Reichsritter im Land um Kocher und Jagst. Auch der Mainzer Bischofsstuhl besaß Ländereien. Das Mainzer Rad im Schildfuß verweist auf die Zugehörigkeit insbesondere der Gebietsteile um Krautheim zum Erzbistum und hebt das Kreiswappen dadurch deutlich vom Wappen des Hauses Hohenlohe ab.

Struktur des Kreises Sehenswürdigkeiten

Der Hohenlohekreis als Land der Burgen, der Wälder und des Weines erstreckt sich von den Ausläufern des Schwäbisch-Fränkischen Waldes bis über die Jagst hinaus ins badische Bauland hinein. Obwohl der Hohenlohekreis eine beachtliche Industriedichte aufweist, wird seine Landschaft überwiegend durch die Landwirtschaft und den Weinbau geprägt. Die Unberührtheit der Natur (z. B. Erholungsgebiete Waldenburger Berge mit dem Steinbacher Tal sowie das Kocher- und Jagsttal) bietet vielfältige Erholungsmöglichkeiten. Am Wein führt kein Weg vorbei. Im Raum Öhringen, im Kocher- und Jagsttal wachsen besonders geschätzte Weine, die durch die Muschelkalk- und Keuperböden ihren besonderen Charakter erhalten und sich durch Vollmundigkeit und Fruchtigkeit auszeichnen. Weinproben, Weinseminare und Weinbaulehrpfade bieten dem Gast interessante Abwechslung. Die ehemalige Wasserburg Schloß Eyb in Dörzbach, die Schlösser Laibach, Meßbach (mit wunderschöner barocker Pfarrkirche), Ingelfingen, Stetten (bei Künzelsau), Öhringen, Pfedelbach, Aschhausen, das Jagdschloß Friedrichsruhe und die noch von Fürsten zu Hohenlohe bewohnten Schlösser in Neuenstein und Waldenburg, die Burgen Krautheim und Buchenbach locken wie Öhringen (Schloß, Stiftskirche, Automuseum und Weygangmuseum mit wertvoller Zinnsammlung), Neuenstein (Hohenlohemuseum im Schloß, Rathaus mit alemannischer Fachwerkkonstruktion), Forchtenberg (Kanzel in der Michaelskirche von Bildhauer Michael Kern, Kernmuseum), Niedernhall (Laurentiuskirche, Rathaus, Götzenhaus, Kelter) und Ingelfingen (Pfarrkirche St. Nikolaus, Weinbaulehrpfad, Muschelkalkmuseum Hagdorn), Kloster Schöntal mit seiner Klosterkirche und der Ruhestätte des Götz von Berlichingen, von einmaliger Schönheit der geschnitzte Treppenaufgang im Konventsgebäude, das Kunstmuseum Würth in Künzelsau-Gaisbach und die historische Ölmühle in Dörzbach.
Gemeinsam mit der Stadt und dem Landkreis Schwäbisch Hall hat der Hohenlohekreis das Hohenloher Freilandmuseum Wackershofen bei Schwäbisch Hall eingerichtet, das die reiche Bauernkultur dokumentiert. Durch Aktionen wie Schlachtfest, Backofenfest oder Erntedankfest wird dies ein lebendiges Museum. Zwischen Juni und September findet seit 1987 die Konzertreihe »Hohenloher Kultursommer« mit rund 40 Konzerten unter dem Motto »Musik in historischen Räumen« statt. Burgen, Schlösser, Klöster und Kirchen in Hohenlohe bieten dabei als Konzertsäle ein ansprechendes Ambiente.

Landkreis Karlsruhe

Regierungsbezirk: Karlsruhe. Einwohner: 405 705. Fläche: 1085 km². Einwohner je km²: 374. Kfz-Kennzeichen: KA. Kreisverwaltung: Schloßplatz 19, 76126 Karlsruhe. Verwaltungsgliederung: 32 kreisangehörige Gemeinden (Bad Schönborn, Bretten [Große Kreisstadt], Bruchsal [Große Kreisstadt], Dettenheim, Eggenstein-Leopoldshafen, Ettlingen [Große Kreisstadt], Forst, Gondelsheim, Graben-Neudorf, Hambrücken, Karlsbad, Karlsdorf-Neuthard, Kraichtal [Stadt], Kronau, Kürnbach, Linkenheim-Hochstetten, Malsch, Marxzell, Oberderdingen, Oberhausen-Rheinhausen, Östringen [Stadt], Pfinztal, Philippsburg [Stadt], Rheinstetten, Stutensee, Sulzfeld, Ubstadt-Weiher, Waghäusel [Stadt], Waldbronn, Walzbachtal, Weingarten, Zaisenhausen).

Wappenbeschreibung

Geviert: 1 in Gold ein roter Schrägbalken, 2 in Blau ein durchgehendes, geschliffenes silbernes Kreuz, 3 schräggerautet von Silber und Blau, 4 in Gold drei schräglinks liegende schwarze Hirschstangen übereinander.

Historische Entwicklung

Das Land am Oberrhein ist wie das Bild seiner Städte und Gemeinden von einer über 2000jährigen bewegten Geschichte geprägt. Von der sogenannten »Michelsberger Kultur« über die Römerzeit, von den Auseinandersetzungen der Alemannen und Franken bis zu den Machtkämpfen des Mittelalters und schließlich bis hin zur Neuzeit spannt sich ein Bogen geschichtlich bedeutsamer Ereignisse. Sie sind präsent in Klöstern wie Lorsch, Weißenburg, Herrenalb und Maulbronn, im Hochstift und Bistum Speyer und Worms. Bereits in seiner ersten Sitzung am 15. Mai 1973 wählte der Kreistag der aus den Altlandkreisen Bruchsal und Karlsruhe formierten neuen Gebietskörperschaft einen Wappenentwurf aus, der am 31. August 1973 offiziell genehmigt wurde. Er zeigt in geviertem Felde die Herrschaftssymbole aller wichtigen Territorialherren: den Schrägbalken der Markgrafen von Baden, das silberne Kreuz des Bistums Speyer, die pfalz-bayerischen Rauten und die württembergischen Hirschstangen. Damit wurde der Herrschaftszugehörigkeit aller vor der Gebietsreform bestehenden 103 Gemeinden Rechnung getragen. Das Wappen des Kreises Bruchsal vom 13. Februar 1964 hatte in gespaltenem Schild vorne das Speyrer Kreuz und hinten in Gold einen roten Bundschuh (Bauernkriege des 16. Jh.) gezeigt. Das Wappen des Altlandkreises Karlsruhe bildete in gespaltenem Schild vorne den badischen Schrägbalken ab, hinten in Blau (Bayern) ein silbernes Atommodell (Kernforschungszentrum bei Karlsruhe) über silbernem Wellenbalken (Rhein).

Struktur des Kreises
Sehenswürdigkeiten

Historie und abwechslungsreiche Landschaft verleihen dem Landkreis Karlsruhe inmitten des Oberrheintales eine besondere Note. Der Kraichgau mit seinen Hügeln, Bergen, ausgedehnten Wiesen, Wäldern und beeindruckenden Burgen bietet vielseitige Ausflugsmöglichkeiten. Die Ortschaften Heidelsheim, Gochsheim, Münzheim, Oberderdingen und Odenheim faszinieren durch altfränkische Fachwerkhäuser, alte Torbögen und Brunnen. Mittelpunkt der Großen Kreisstadt Bretten ist der Marktplatz, der sein historisches Aussehen bewahren konnte. Als »Perle des Rokoko« gilt das Bruchsaler Schloß, dem durch mühevolle kunsthistorische Wiederaufbauarbeit neuer Glanz verliehen wurde. Weitere Sehenswürdigkeiten aus vergangenen Zeiten sind das Wasserschloß in Menzingen, die Höhenburg von Obergrombach, Östringen und Gochsheim, das Schloß in Gondelsheim sowie die Wasserburgen Kürnbach und Neuenburg. Für Weinfreunde hält dieses Gebiet eine abwechslungsreiche Palette des guten Rebensaftes bereit. Die Hardt, wie die Rheinebene und der Bruhrain westlich des Kraichgaus gelegen, ist durch ihre Sandböden zum Spargelanbau prädestiniert. Der Bruchsaler Spargelmarkt gehört zu den größten Europas. Im Südwesten von Karlsruhe erstreckt sich der Albgau, das »nördliche Tor zum Schwarzwald«, mit seinen Erholungszentren wie Malsch, Marxzell und Ettlingen-Schönbronn und dem Thermalkurort Waldbronn. Ein festungs- und waffengeschichtliches Museum gibt es in Philippsburg, ein Fahrzeugmuseum in Marxzell, ein Aktienmuseum in Kürnbach und eine Sammlung automatischer Musikinstrumente im Albgau-Museum in Ettlingen.

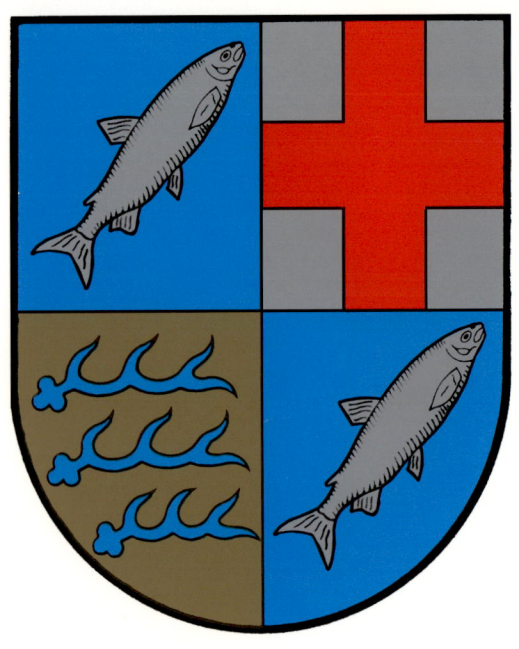

Landkreis Konstanz

Regierungsbezirk: Freiburg. Einwohner: 257 641. Fläche: 818 km². Einwohner je km²: 314,9. Kfz-Kennzeichen: KN. Kreisverwaltung: Benediktinerplatz 1, 78467 Konstanz, Postfach 101238, 78412 Konstanz. Verwaltungsgliederung: 25 kreisangehörige Gemeinden (Aach, Allensbach, Bodman-Ludwigshafen, Büsingen, Eigeltingen, Engen, Galenhofen, Gailingen, Gottmadingen, Hilzingen, Hohenfels, Konstanz, Moos, Mühlhausen-Ehingen, Mühlingen, Öhningen, Orsingen-Nenzingen, Radolfzell, Reichenau, Rielasingen-Worblingen, Singen am Hohentwiel, Steißlingen, Stockach, Tengen, Volkertshausen).

Wappenbeschreibung

In geviertem Schild 1 und 4 in Blau ein schräg aufwärts gelegter silberner Fisch (Felchen), 2 in Silber ein durchgehendes rotes Kreuz, 3 in Gold drei blaue Hirschstangen.

Historische Entwicklung

Über lange Zeit war der Bodensee das Herz des großen Siedlungsgebietes des schwäbisch-alemannischen Stammes. Dieser Raum bildete als Herzogtum Alemannien bis 746 und als Herzogtum Schwaben von 917 bis zum Untergang der Staufer 1268 eine politische Einheit. Er umfaßte das südliche Württemberg, Bayerisch-Schwaben, Südbaden, das Elsaß, die deutschsprachige Schweiz, Liechtenstein sowie Vorarlberg. Nach dem Untergang der Staufer und dem Ende des schwäbischen Herzogtums 1268 verband noch das um 590 gegründete Bistum Konstanz bis ins 19. Jh. die schwäbisch-alemannischen Lande.

Im Kreiswappen, das am 25. April 1974 verliehen wurde, erinnert das Kreuz an das Bistum Konstanz und die Abtei Reichenau. Im 13. Jh. wurden die Reste der Hegau-Grafschaft als Landgrafschaft Nellenburg (Hirschstangen) mit der Herrschaft des gleichnamigen Grafengeschlechts zusammengelegt. Die Grafen von Vehringen-Nellenburg behielten diese Landgrafschaft Nellenburg bis 1422. Es folgten bis 1465 die Freiherren von Tengen und bis 1805 die Habsburger, die ihre Herrschaft durch das Oberamt Stockach verwalten ließen. Politische Konkurrenten der Habsburger waren der Bischof von Konstanz, die Äbte der Reichenau und einige andere Klöster sowie mehrere weltliche Herren. Zwischen 1803 und 1810 kam das Gebiet des heutigen Kreises zum Großherzogtum Baden.
In der zweiten Hälfte des 19. Jh. erlebte der Landkreis Konstanz durch den Anschluß an das Eisenbahnnetz (ab 1863) und die Gründung einiger Großbetriebe in Konstanz, Radolfzell, Singen und Gottmadingen einen wirtschaftlichen Aufschwung. Der seit 1973 bestehende Großlandkreis ist nahezu deckungsgleich mit der Hegau-Grafschaft des frühen und hohen Mittelalters und mit deren Nachfolgeherrschaft, der Landgrafschaft Nellenburg. Die Felchen im Wappen betonen den Fischreichtum des Bodensees.

Struktur des Kreises
Sehenswürdigkeiten

Der westliche Teil des Bodensees beherrscht mit seinen drei Halbinseln (Bodanrück, Mettnau, Höri-Schienerberg) und zwei Inseln (Reichenau, Mainau) das Landschaftsbild des Kreises Konstanz. Aber auch Wald, Berge mit Burgen, Talauen, malerische Städte und Dörfer, Kirchen, Klöster und Schlösser verleihen dieser Region ihre Reize.
Das »Frühbeet Deutschlands«, die frühere Klosterinsel Reichenau (Abtei), hat an Sehenswürdigkeiten drei romanische Kirchen: St. Georg in Oberzell, St. Maria und Markus in Mittelzell und St. Peter und Paul in Niederzell. Die ehemalige Klosterkirche Schienen, die Nikolauskapelle in Obergailingen und die Michaelskirche nahe Büsingen sind ebenso zum romanischen Baustil zu zählen. Die herrlichen Barockbauten auf der Blumeninsel Mainau stammen aus der Zeit einer Deutschordenskommende. Über 1200 Jahre hatte die größte deutschsprachige Diözese in Konstanz ihren Mittelpunkt. Im Konstanzer Münster tagte das Konstanzer Konzil (1414 bis 1418), sehenswert wurde das 1388 am Bodenseeufer erbaute »Kaufhaus« (Italienhandel), bekannt unter dem Namen »Konzilsgebäude«. Im Hegau mit seinen vulkanischen Bergkegeln fasziniert vor allem die noch teilweise erhaltene Festungsanlage auf dem Hohentwiel.

Landkreis Lörrach

Regierungsbezirk: Freiburg.
Einwohner: 209 000.
Fläche: 807 km².
Einwohner je km²: 259.
Kfz-Kennzeichen: LÖ.
Landratsamt: Palmstraße 3, 79539 Lörrach, Postfach 1860, 79537 Lörrach.
Verwaltungsgliederung: 3 Große Kreisstädte (Lörrach, Rheinfelden, Weil am Rhein), 5 Städte (Kandern, Schönau im Schwarzwald, Todtnau, Schopfheim, Zell im Wiesental) und 34 Gemeinden.

Wappenbeschreibung

Geteilt und halb gespalten: oben in Silber ein linksgewendeter, wachsender roter Löwe; unten vorn in Gold ein roter Schrägbalken, hinten in Blau ein schräglinker silberner Wellenbalken.

Historische Entwicklung

Der in der Südwestecke Baden-Württembergs gelegene Landkreis wurde am 1. Januar 1973 aus den Altlandkreisen Lörrach, Müllheim und Säckingen gebildet. Die alten badischen Herrschaften Sausenberg und Rötteln machten flächenmäßig den größten Teil des Kreisgebietes aus. So wurde der Löwe im oberen Feld dem Wappen der Edelfreien von Rötteln entnommen. Die Farben Rot und Silber des Tieres stammen aus dem sogenannten österreichischen Bindenschild (in Rot ein silberner Balken), der noch heute Bestandteil des österreichischen Staatswappens ist. Sie vertreten die einst zum vorderösterreichischen Breisgau gehörenden Gebiete des Kreises. Das Feld unten rechts mit dem Schrägbalken versinnbildlicht die ehemalige badische Landeshoheit. Damit ist zugleich der Distrikt des bischöflich-baselschen Oberamtes Schliengen erfaßt, der 1803 an Baden fiel. Das Feld unten links mit dem Wellenbalken verkörpert den am Feldberg entspringenden Fluß Wiese, der den Kreis Lörrach von Nordosten nach Südwesten durchzieht.

Das abgebildete Wappen war am 29. Januar 1957 dem damaligen Landkreis vom Innenministerium Baden-Württemberg verliehen worden. Die Aussage seiner Symbole trifft auch auf den neugebildeten Landkreis zu; der Kreistag beschloß demzufolge, das frühere Kreiswappen zu übernehmen. Die Neuverleihung erfolgte am 11. Dezember 1973.

Struktur des Kreises
Sehenswürdigkeiten

Die Lage zwischen Oberrhein und Hochrhein, Schwarzwald, Jura und Vogesen im Dreiländereck Deutschland-Frankreich-Schweiz macht den Kreis Lörrach zu einem wichtigen Mittler, dies trotz der spürbaren Nähe Basels und der starken Verflechtung mit dieser schönen Stadt. Im Heimatmuseum in Lörrach bekommt man einen guten Eindruck von der Vielfalt der Landschaft und der Wirtschaftsstruktur. Kandern wurde durch die Töpferkunst berühmt. Viel Obst und Trauben werden geerntet, letztere bekannt als Gutedel-, Ruländer-, Riesling- oder Traminerweine. Die Dörfer bieten ein malerisches Bild, alte Dorfkirchen, meist spätgotischen Ursprungs, sind erhalten (so in Blansingen und Mappach). Schloß Bürgeln gilt als Rokokokleinod des Markgräflerlandes. Der jährlich versickernde und wieder auftauchende Eichener See und die zweitgrößte und älteste Tropfsteinhöhle Deutschlands, die Haseler Erdmannshöhle, ziehen Besucher ebenso an wie das Inzlinger Wasserschloß als Wahrzeichen des Grenzgebietes.

Im »Hebeldorf« Hausen wird Hebels Andenken in besonders hohen Ehren gehalten – unter anderem mit dem literarisch-volkstümlichen Hebelfest und dem »Hebelhaus«, das als Heimatmuseum eingerichtet wurde. Markantester Punkt des Reblandes ist der Isteiner Klotz. Seine Umgebung verrät zwar unschöne Spuren der kalkverarbeitenden Industrie, aber in seinem unter Landschaftsschutz stehenden Kernbereich finden sich noch eine Vielzahl botanischer und zoologischer Seltenheiten.

Landkreis Ludwigsburg

Regierungsbezirk: Stuttgart. Einwohner: 482 569. Fläche: 687 km². Einwohner je km²: 702. Kfz-Kennzeichen: LB. Kreisverwaltung: Hindenburgstraße 40, 71638 Ludwigsburg, Postanschrift: 71631 Ludwigsburg. Verwaltungsgliederung: 17 Städte (Asperg, Besigheim, Bietigheim-Bissingen, Bönnigheim, Ditzingen, Freiberg am Neckar, Gerlingen, Großbottwar, Korntal-Münchingen, Kornwestheim, Ludwigsburg, Marbach am Neckar, Markgröningen, Oberriexingen, Sachsenheim, Steinheim an der Murr und Vaihingen an der Enz), 22 Gemeinden (Affalterbach, Benningen am Neckar, Eberdingen, Erdmannhausen, Erligheim, Freudental, Gemmrigheim, Hemmingen, Hessigheim, Ingersheim, Kirchheim am Neckar, Löchgau, Möglingen, Mundelsheim, Murr, Oberstenfeld, Pleidelsheim, Remseck am Neckar, Schwieberdingen, Sersheim, Tamm und Walheim).

Wappenbeschreibung

In Gold unter einer liegenden schwarzen Hirschstange ein rot bewehrter und rot bezungter schwarzer Adler.

Historische Entwicklung

Im 11. und frühen 12. Jh. scheinen die Grafen von Calw das mächtigste Geschlecht im Murr-, Glems- und Zabergau gewesen zu sein. Ihr Sitz war zunächst Ingersheim, von wo sie die Grafenrechte im Murrgau ausübten. Der letzte Zweig des Grafengeschlechts, die Vaihinger Linie, starb 1360 aus. Die Wasserburg und Siedlung Brachheim war einer der ältesten Stützpunkte der Grafen von Württemberg im heutigen Kreisgebiet. Der Niedergang der Hohenstaufen im 13. Jh. kam ihrer Territorialpolitik sehr zustatten. Sie verschafften sich Vorteile, als sie, die Anhänger der Staufer waren, zu deren Gegnern übergingen. Die Hirschstange im Kreiswappen vom 30. August 1974, erstmals genehmigt am 28. Januar 1939, erinnert an die Württemberger.

Der Adler symbolisiert die ehemalige Reichsstadt Markgröningen und das mit ihr verbundene Reichssturmfahnenlehen. Im Jahre 1336 brachten die Grafen von Württemberg die Reichsstadt an sich. Durch die Reformation war es den jetzt als Herzögen titulierten Württembergern möglich, sich die in ihrem Gebiet befindlichen geistlichen Besitzungen anzueignen. Zu Beginn des 17. Jh. war mit Ausnahme des Frauenstiftes Oberstenfeld, einigen ritterschaftlichen Herrschaften und der Stadt Bönnigheim das gesamte Territorium des heutigen Landkreises württembergisch. 1805/06 konnte sich Württemberg mit Napoleons Hilfe die letzten Herrschaften unterwerfen.

Der heutige Landkreis entstand aus den württembergischen Oberämtern. Im Zuge der Kreisreform von 1973 vergrößerte sich der alte Kreis Ludwigsburg um Teile der Kreise Vaihingen, Leonberg, Backnang und Heilbronn.

Struktur des Kreises
Sehenswürdigkeiten

Als das Herzstück des alten Württemberger Landes reicht der von Neckar und Enz durchflossene Kreis Ludwigsburg im Norden bis zum Wunnenstein, im Nordwesten bis in den Stromberg, im Nordosten an die Löwensteiner Berge, im Südwesten an den Rand des Heckengäus und den Höhenzug um Schloß Solitude und Leonberg. Neben einer starken Industrialisierung verzeichnet das nördlich von Stuttgart gelegene Kreisgebiet auf Grund seines milden Klimas und der fruchtbaren Böden günstige Voraussetzungen für Landwirtschaft und Weinbau. Besonders sehenswert sind Schloß Ludwigsburg mit ständiger Gartenschau »Blühendes Barock«; die historischen Stadtanlagen in Besigheim, Bietigheim, Bönnigheim, Großbottwar, Markgröningen und Vaihingen; Schiller-Nationalmuseum, Deutsches Literaturarchiv und Schillers Geburtshaus in Marbach; Keltenmuseum in Eberdingen-Hochdorf, Urmenschenmuseum Steinheim a. d. Murr, Römerhaus Walheim, Museum Römerkeller mit Jupiter-Gigantensäule in Oberriexingen; ehemalige Landesfestung Hohenasperg; Burg Lichtenberg und romanische Stiftskirche in Oberstenfeld; ehemalige Synagoge in Freudental.

Main-Tauber-Kreis

Regierungsbezirk: Stuttgart. Einwohner: 136 000. Fläche: 1304 km². Einwohner je km²: 104. Kfz-Kennzeichen: TBB. Kreisverwaltung: Gartenstraße 1, 97941 Tauberbischofsheim, Postfach 1380, 97932 Tauberbischofsheim. Verwaltungsgliederung: 18 kreisangehörige Städte und Gemeinden (Ahorn, Assamstadt, Große Kreisstadt Bad Mergentheim, Boxberg, Creglingen, Freudenberg, Großrinderfeld, Grünsfeld, Igersheim, Königheim, Külsheim, Lauda-Königshofen, Niederstetten, Tauberbischofsheim, Weikersheim, Werbach, Große Kreisstadt Wertheim, Wittighausen).

Wappenbeschreibung

In Rot drei mittlere aufsteigende silberne Spitzen, darüber ein sechsspeichiges silbernes Rad, darunter ein schwarzes Kreuz mit Tatzenenden (Deutschordenskreuz).

Historische Entwicklung

Viele Bodenfunde, Denkmale und Bauwerke zeugen heute noch von der reichhaltigen Geschichte des Kreisgebietes. So datieren Funde zurück bis in die Bronze- und Eisenzeit, bis zu den Hügelgräbern und den Menschen der Hallstattzeit.
Von den Kelten stammt der Name »Tauber«, der »schäumendes Wasser« bedeutet. Im Mittelalter war das Taubertal ein Teil Ostfrankens. Später, im 18. Jh., gehörte das heutige Kreisgebiet zu vorwiegend geistlichen Territorien wie Kurmainz, Würzburg und Deutschem Orden. Tauberfranken wird daher auch als Paradebeispiel der deutschen Kleinstaaterei bezeichnet. Zwischen 1803 und 1809 faßte das Königreich Württemberg im südlichen Bereich und das Großherzogtum Baden im nördlichen Teil des heutigen Kreisgebietes Fuß. Die 1938 geschaffenen Landkreise Mergentheim und Tauberbischofsheim wurden am 1. Januar 1973 im Zuge der Kreisreform zum Landkreis Main-Tauber zusammengefaßt und dem Regierungsbezirk Stuttgart zugeteilt.
Das Kreiswappen wurde am 19. März 1974 verliehen und weist mit »fränkischem Rechen«, Mainzer Rad und Deutschordenskreuz auf die früher vorherrschenden Territorien hin.

Struktur des Kreises
Sehenswürdigkeiten

Der Main-Tauber-Kreis, nördlichster Landkreis Baden-Württembergs, liegt in der leistungsfähigen Wirtschaftsregion Heilbronn. Der Landkreis beheimatet Verarbeitungsbetriebe nahezu aller Branchen mit teilweise weltweiter Bedeutung. Branchenschwerpunkte sind die Möbelindustrie in Freudenberg, die Glasindustrie in Wertheim sowie Unternehmen der Elektrotechnik, des Maschinenbaus und holzverarbeitende Betriebe. Gut funktionierende Dienstleistungsbetriebe, eine aufgeschlossene Handwerkerschaft und die Landwirtschaft runden das Bild ab. Daneben haben der Taubertäler Weinanbau, Spezialitäten aus heimischer Braugerste und der Grünkern ihre Bedeutung behalten. Die Landschaft des »Lieblichen Taubertales« bietet mit seiner Vielfalt an Sehenswürdigkeiten und Kunstschätzen ideale Voraussetzungen für eine Urlaubsregion. So locken der Radweg »Liebliches Taubertal«, der Main-Tauber-Fränkische-Rad-Achter, das umfangreiche Wanderangebot, die einmaligen Kulturschätze sowie die Stadt Bad Mergentheim mit ihrem Kurangebot viele Gäste an.
Bad Mergentheim, an der Romantischen Straße gelegen, verdient aber nicht nur als Kurort Beachtung. Hier begründete der Deutsche Orden 1229 eine Niederlassung. In der Zeit von 1525 bis 1809 wurde es Residenz des Deutschordens-Hochmeisters, dessen Schloß (16. Jh.) und barocke Schloßkirche (1730 bis 1735 nach Entwürfen von Balthasar Neumann und François Cuvilliés erbaut) zu den besonderen Sehenswürdigkeiten des Kreises zählen.

Neckar-Odenwald-Kreis

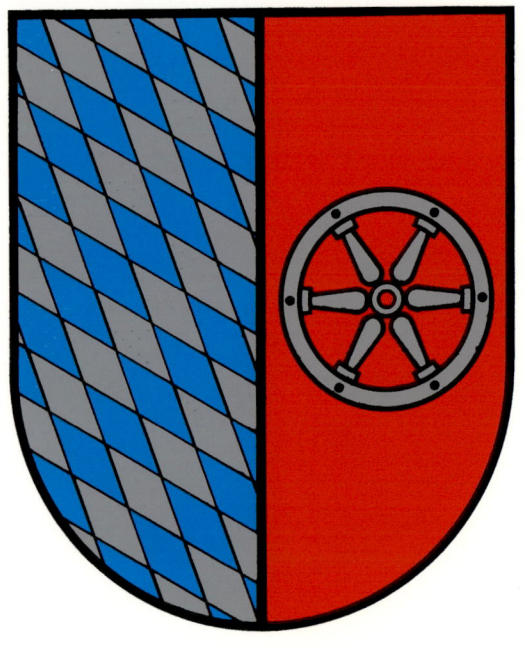

Regierungsbezirk: Karlsruhe. Einwohner: 145 383. Einwohner je km²: 129. Fläche: 1126,3 km². Kfz-Kennzeichen: MOS. Kreisverwaltung: Renzstraße 10, 74821 Mosbach. Verwaltungsgliederung: 27 Gemeinden (Adelsheim, Aglasterhausen, Billigheim, Binau, Buchen, Elztal, Fahrenbach, Hardheim, Haßmersheim, Höpfingen, Hüffenhardt, Limbach, Große Kreisstadt Mosbach, Mudau, Neckargerach, Neckarzimmern, Neunkirchen, Obrigheim, Osterburken, Ravenstein, Rosenberg, Schefflenz, Schwarzach, Seckach, Waldbrunn, Walldürn, Zwingenberg).

Wappenbeschreibung

Gespalten: vorn von Silber und Blau schräggerautet, hinten in Rot ein sechsspeichiges silbernes Rad.

Historische Entwicklung

Im ersten nachchristlichen Jahrhundert eroberten die Römer auch diese Region. Zur Sicherung ihres Besitzes befestigten sie die Grenze: der Limes entstand. Von Wimpfen am Neckar aus verlief der Odenwaldlimes über Neckarburken, Oberscheidental und Schloßau hinunter zum Main. Um die Mitte des 2. Jh. wurde der Limes etwa 30 Kilometer weiter östlich verlegt. Als »vorderer« Limes durchzieht er das Gebiet des heutigen Neckar-Odenwald-Kreises, beginnend in Miltenberg über Walldürn, Osterburken und Jagsthausen. Die römische Blütezeit war bald zu Ende. Im Jahre 233 n. Chr. überrannten die Alemannen den obergermanisch-rätischen Limes. Von 500 an beherrschten die Franken das Land. Sie eroberten nicht nur, sondern begannen eine breite bäuerliche Kolonisation und integrierten die alemannische Bevölkerung. Die wichtigste fränkische Heer- und Fernstraße überquerte bei Obrigheim den Neckar und verlief weiter über Adelsheim, Osterburken nach Königshofen an die Tauber.

Gebildet wurde der Neckar-Odenwald-Kreis zum 1. Januar 1973 aus den Landkreisen Buchen und Mosbach, mit dem Sitz in Mosbach. Drei deutlich voneinander abgegrenzte Naturräume kamen damit zusammen: das Neckartal mit der weiten Talaue des Neckars, der waldreiche Odenwald und die weiträumige Ackerbaulandschaft des Baulandes. Das Recht zur Führung eines neuen Kreiswappens verlieh das Innenministerium Baden-Württemberg dem Neckar-Odenwald-Kreis mit Urkunde vom 5. November 1975. Das Wappenbild basiert auf der früheren Zugehörigkeit des größten Teiles des heutigen Kreisgebietes zur Kurpfalz (Rauten) und zu Kurmainz (Rad).

Struktur des Kreises Sehenswürdigkeiten

Odenwald und Neckartal sind ideale Feriengebiete. Im Odenwald jagten einst die Nibelungen. Götz von Berlichingen, der Ritter mit der eisernen Hand, lebte hier. Mittelalterliche Fachwerkorte, trutzige Burgen und schöne Schlösser lassen jeden Ausflug zu einem Bummel in die Vergangenheit werden. Dabei ist der Landkreis keineswegs museal. Einige besondere Anziehungspunkte seien genannt: Bei Buchen im Odenwald kann man die 600 Meter lange Eberstadter Tropfsteinhöhle besichtigen; auf Burg Guttenberg bei Haßmersheim am Neckar gibt es eine Greifenwarte und neben einem Burgmuseum das Deutsche Kleinwagenmuseum. Am Marktplatz in Mosbach steht das Palmsche Haus, ein imponierendes Patrizierhaus, das 1610 im fränkischen Fachwerkstil erbaut wurde. Einen Besuch wert ist auch die Museumsstraße »Odenwälder Bauernhaus« mit dem im Aufbau befindlichen Freilichtmuseum Gottersdorf. Limeswanderwege führen zu nahezu 2000 Jahre alten Bauwerken aus der Römerzeit. Eine besonders originelle Idee ist die Wanderbahn von Mosbach nach Mudau. Hier kann man 28 km weit auf einer ehemaligen Bahntrasse wandern. Bei den Schloßfestspielen in Zwingenberg am Neckar kommen auch die Freunde von Kultur, Theater und Musik in wildromantischer Kulisse auf ihre Kosten.

Ortenaukreis

Regierungsbezirk: Freiburg. Einwohner: 393 856. Fläche: 1859 km². Einwohner je km²: 212. Kfz-Kennzeichen: OG. Kreisverwaltung: Badstraße 20, 77652 Offenburg, Postfach 1960, 77609 Offenburg. Verwaltungsgliederung: 51 Städte und Gemeinden (Achern, Appenweier, Bad Peterstal-Griesbach, Berghaupten, Biberach, Durbach, Ettenheim, Fischerbach, Friesenheim, Gengenbach, Gutach, Haslach i. K., Hausach, Hofstetten, Hohberg, Hornberg, Kappel-Grafenhausen, Kappelrodeck, Kehl, Kippenheim, Lahr, Lauf, Lautenbach, Mahlberg, Meißenheim, Mühlenbach, Neuried, Nordrach, Oberharmersbach, Oberkirch, Oberwolfach, Offenburg, Ohlsbach, Oppenau, Ortenberg, Ottenhöfen, Renchen, Rheinau, Ringsheim, Rust, Sasbach, Sasbachwalden, Schuttertal, Schutterwald, Schwanau, Seebach, Seelbach, Steinach, Willstätt, Wolfach, Zell a. H.).

Wappenbeschreibung

In Silber ein rot bewehrter und rot bezungter schwarzer Doppeladler mit goldenem Brustschild; darin der silbern gerüstete hl. Georg auf schwarzem Pferd mit roter Satteldecke, mit der Lanze einen grünen Lindwurm erlegend.

Historische Entwicklung

Die Römer hatten seit 50 v. Chr. das Gebiet Mortenau – heute Ortenau – als militärisches Vorland zu den Übergängen in den Donauraum benutzt. Der große Ausstrahlungspunkt römischen Lebens war Straßburg. Seit der Mitte des vierten Jahrhunderts standen das Gebiet der heutigen Ortenau und das Elsaß unter fränkischem Besiedlungs- und Machtdruck, und um 600 etwa gründeten Eremiten und frühe Glaubensboten erste Klöster. Im Jahre 1274 schuf Rudolf von Habsburg die Landvogtei Mortenau; Mittelpunkt und Verwaltungszentrum dieser Reichslandvogtei war die Burg Ortenberg. Im Laufe des 15./16. Jh. wurde der Name »Mortenau« in »Ortenau« umgeändert.
Die Geburtsstunde des heutigen Ortenaukreises schlug am 1. Januar 1973, als die baden-württembergische Kreisreform die Landkreise Lahr und Offenburg vollständig, Wolfach und Kehl fast gänzlich und den halben Kreis Bühl zum Ortenaukreis zusammenfügte. Der neue Kreis übernahm mit Datum vom 31. August 1973 das bereits seit 1962 vom Landkreis Offenburg geführte Wappen. Es knüpft an das alte Wappen des Kantons Ortenau der Reichsritterschaft an. Der Reichsadler deutet zugleich auf die ehemaligen freien Reichsstädte Offenburg – dem heutigen Sitz des Ortenaukreises –, Gengenbach und Zell am Harmersbach, auf das freie Reichstal Harmersbach sowie auf die bis zum Jahre 1805 zu Vorderösterreich gehörende Reichslandvogtei Ortenau hin.

Struktur des Kreises
Sehenswürdigkeiten

In der Ortenau lassen zahlreiche Sehenswürdigkeiten den Tag zur Kurzweil werden. Unterhalb der Höhen von Hornisgrinde und Schliffkopf erinnert die Klosterruine Allerheiligen an das lange Wirken der Prämonstratensermönche. In der Nähe liegen die Allerheiligen-Wasserfälle. Der Mummelsee an der Schwarzwaldhochstraße ist eine Rast wert. Über das Leben der Schwarzwälder Bauern informiert das »Schwarzwälder Freilichtmuseum« in Gutach. Rund 70 Trachtenfiguren demonstrieren im Trachtenmuseum in Haslach die Vielfalt der Trachten des Schwarzwaldes und seiner Randgebiete. In der Glashütte Wolfach wird die Kunst des Glasblasens mit dem Mund demonstriert. Im Litschental bei Seelbach findet man eine alte Hammerschmiede, in der noch heute mit denselben Werkzeugen wie vor 500 Jahren geschmiedet wird. Für den Kunstfreund bietet die Wallfahrtskirche Maria Krönung in Lautenbach eine besondere Kostbarkeit. Schön ist das historische Stadtbild der ehemaligen Reichsstadt Gengenbach mit der gut erhaltenen alten Ringmauer. Ein Abstecher zur Burgruine Hohengeroldseck ist ebenso empfehlenswert wie ein Ausflug in den Europa-Park in Rust.

Neben vielfältigen Ausflugszielen zur Schwarzwaldhochstraße laden die Badische Weinstraße und der Ortenauer Weinpfad zu bekannten Weinorten wie Sasbachwalden, Kappelrodeck, Oberkirch und Durbach – um nur einige zu nennen – ein.

Ostalbkreis

Regierungsbezirk: Stuttgart. Einwohner: 310 246. Fläche: 1512 km². Einwohner je km²: 205. Kfz-Kennzeichen: AA. Kreisverwaltung: Stuttgarter Straße 41, 73430 Aalen. Verwaltungsgliederung: 3 Große Kreisstädte (Aalen, Ellwangen, Schwäbisch Gmünd), 6 Städte (Bopfingen, Heubach, Lauchheim, Lorch, Neresheim, Oberkochen), 33 Gemeinden (Abtsgmünd, Adelmannsfelden, Bartholomä, Böbingen, Durlangen, Ellenberg, Eschach, Essingen, Göggingen, Gschwend, Heuchlingen, Hüttlingen, Iggingen, Jagstzell, Kirchheim/Ries, Leinzell, Mögglingen, Mutlangen, Neuler, Obergröningen, Rainau, Riesbürg, Rosenberg, Ruppertshofen, Schechingen, Spraitbach, Stödtlen, Täferrot, Tannhausen, Unterschneidheim, Waldstetten, Westhausen, Wört).

Wappenbeschreibung

In Gold ein roter Pfahl, belegt mit einem goldenen Abtsstab; vorne ein schwarzer Löwe, hinten ein halber schwarzer Adler am Spalt.

Historische Entwicklung

Der Ostalbkreis ist ein sehr altes Siedlungsgebiet und reich an vor- und frühgeschichtlichen Funden. Ab der Völkerwanderungszeit gründeten nach der Vertreibung der Römer die Alemannen die Mehrzahl der heutigen Orte. Diese sind an der Namensendung »-ingen« zu erkennen. Das Hauskloster und die Grablege der Hohenstaufen war Lorch. Der staufische Löwe im Kreiswappen vom 5. November 1975 soll aber auch auf das umfangreiche Hausgut Hohenstaufens in dieser Gegend verweisen. Mit dem Tode des letzten Staufers 1268 verlor das Deutsche Reich seinen Zusammenhalt, und neben den geistlichen und weltlichen Fürsten gelangten auch viele Städte zu einem Machtzuwachs. So wurden Gmünd, Aalen und Bopfingen freie Reichsstädte. An sie erinnert im heutigen Kreiswappen der ehemalige Reichsadler den viele Bürgerschaften als Zeichen ihrer Reichsunmittelbarkeit geführt hatten. Erst im Jahre 1802 endete diese »Reichsherrlichkeit«, als das Herzogtum Württemberg nach den sogenannten Revisionskriegen mit Frankreich für seine Gebietsverluste am linken Rheinufer mit der Zuweisung von Reichsstädten, Propsteien, Klöstern und Abteien entschädigt wurde. Der Abtsstab im Kreisemblem soll an diese geistlichen Territorien erinnern, insbesondere an die Fürstpropstei Ellwangen und das Kloster Neresheim. Der Ostalbkreis ging 1973 im wesentlichen aus den früheren Landkreisen Aalen und Schwäbisch Gmünd hervor.

Struktur des Kreises Sehenswürdigkeiten

Die Landschaft ist abwechslungsreich: Schwäbische Alb mit Rehgebirge, Albuch und Härtsfeld, das flache Ries, der Schwäbische Wald und die Wälder des Virngrundes, die Flußregionen von Jagst, Kocher und Rems sowie die Seenplatte im Norden. Die bewegte Geschichte des Ostalbkreises präsentiert sich in der historischen Bausubstanz der Städte, Schlösser, Burgen und Ruinen. Sehenswert sind die Burgruine Rechberg und die barocke Wallfahrtskirche zur Schönen Maria auf dem Hohenrechberg (1686/88) mit spätgotischem Gnadenbild, die Ruine Lauterburg am Steilabfall des Albuchs, das Deutschordensschloß Kapfenburg (1538 ff.) am Nordrand des Härtsfelds und das Barockschloß Hohenbaldern. Die ehemalige Reichsstadt Schwäbisch Gmünd, heute bekannt wegen ihrer Schmuckindustrie, beeindruckt mit der ersten großen Hallenkirche Süddeutschlands, dem Heilig-Kreuz-Münster (14. Jh.), der Johanneskirche (um 1220), dem Rathaus und den vielen mittelalterlichen Fachwerkbauten. Einzigartig in Deutschland ist das Limes-Museum in Aalen, das, über einem römischen Kastell errichtet, die Besetzung des alten Germaniens durch die Römer dokumentiert. Katholische Pfarrkirche St. Veit (1124/1233), Jesuitenkirche (1724), Schloß (mit barocker Krippensammlung) und Wallfahrtskirche St. Maria sind in der Barockresidenzstadt Ellwangen von besonderer kunsthistorischer Bedeutung. In Aalen-Wasseralfingen ist das Besucherbergwerk »Tiefer Stollen« zu empfehlen.

Landkreis Rastatt

Regierungsbezirk: Karlsruhe. Einwohner: 212 000. Fläche: 738,83 km². Einwohner je km²: ca. 300. Kfz-Kennzeichen: RA. Kreisverwaltung: Herrenstraße 15, 76437 Rastatt. Verwaltungsgliederung: 20 Gemeinden (Au am Rhein, Bietigheim, Bischweier, Durmersheim, Elchesheim-Illingen, Bühlertal, Forbach, Gernsbach, Hügelsheim, Iffezheim, Kuppenheim, Muggensturm, Ötigheim, Steinmauern, Lichtenau, Loffenau, Ottersweier, Rheinmünster, Sinzheim, Weisenbach) und drei Große Kreisstädte (Bühl, Gaggenau und Rastatt).

Wappenbeschreibung

Geviert: 1 in Gold eine rote Weinleiter, 2 in Blau eine goldene Traube, 3 in Blau eine blau besamte, gefüllte goldene Rose mit grünen Kelchblättern, 4 in Gold ein roter Schrägbalken.

Historische Entwicklung

Da der Landkreis in seinem durch die Kreisreform geschaffenen Umfang vor allem aus dem größten Teil des ehemaligen Landkreises Rastatt und der nördlichen Hälfte des aufgelösten Landkreises Bühl besteht, wurde das Landkreiswappen auch aus Symbolen der bisherigen Wappen dieser Landkreise zusammengestellt.

Das Wappen des ehemaligen Landkreises Rastatt zeigte in Gold einen roten Schrägbalken, begleitet oben von einer roten Weinleiter, unten von einer blau besamten, gefüllten roten Rose. Der das Wappen beherrschende badische Schrägbalken sollte verdeutlichen, daß das ehemalige Kreisgebiet seit dem 17. Jh. vollständig zur Markgrafschaft Baden-Baden gehörte. Die Weinleiter war dem Wappen der Kreisstadt und vormaligen Residenz Rastatt entnommen, während die Rose an die Grafen von Eberstein erinnerte, die bis zum Aussterben ihrer Familie im Jahre 1660 die Herrschaft im Murgtal ausübten.

Das Bühler Landkreiswappen enthielt in schräglinks geteiltem Schild oben in Gold zwei blaue Zwetschgen mit grünem Ast und grünem Blatt, unten in Rot eine goldene Traube und ein goldenes Rebenblatt schräglinks übereinander. Damit wurde die Bedeutung des Obst- und Weinbaus (Bühler Zwetschgen) für die Wirtschaft des Landkreises zum Ausdruck gebracht. Die golden-rote Tingierung des Schildes ist in Anklang an die badischen Wappenfarben vorgenommen worden, denn der größere Teil des Landkreises mit der Kreisstadt selbst war altes badisches Territorium. Das am 24. Mai 1974 verliehene neue Kreiswappen faßt die Motive der früheren Wappen in einem Schild zusammen.

Struktur des Kreises Sehenswürdigkeiten

Das Landkreisgebiet zieht sich vom Rhein hinauf auf die Höhen des Schwarzwaldes und hinein in das wildromantische Murgtal. Im Sommer sind Wanderungen durch Waldungen, Weinberge und über Höhenwege beliebt, im Winter bieten sich entlang der Schwarzwaldhochstraße vielerlei Möglichkeiten des Wintersports. Das Rastatter Schloß, das größte Barockschloß Deutschlands mit 230 m langer Gartenfront, besitzt das Freiheitsmuseum als Erinnerungsstätte an die deutsche Freiheitsbewegung sowie das Wehrgeschichtliche Museum. Nahe gelegen ist das Schloß Favorite mit seiner berühmten Porzellansammlung. In der 1969 renovierten romanischen Kirche in Rheinmünster-Schwarzach finden seit 25 Jahren die weit bekannten »Schwarzacher Münsterkonzerte« statt. Die Kirche ist der Rest einer alten Benediktinerabtei. Erwähnenswert sind das Schloß Eberstein bei Gernsbach oder die Reste der Burg Windeck bei Bühl nahe Iffezheim, wo alljährlich die Rennwoche des Internationalen Clubs von Baden-Baden durchgeführt wird. Imponierend ist die Staustufe, an der einer der Übergänge zum nahen Elsaß ausgebaut ist.

Landkreis Ravensburg

Regierungsbezirk: Tübingen, Region Bodensee-Oberschwaben. Einwohner: 257 058. Fläche: 1632 km². Einwohner je km²: 158. Kfz-Kennzeichen: RV. Kreisverwaltung: Friedenstraße 6, 88212 Ravensburg, Postfach 1940, 88189 Ravensburg. Verwaltungsgliederung: 39 Städte und Gemeinden (Achberg, Aichstetten, Aitrach, Altshausen, Amtzell, Argenbühl, Aulendorf [Stadt], Bad Waldsee [Stadt], Bad Wurzach [Stadt], Baienfurt, Baindt, Berg, Bergatreute, Bodnegg, Boms, Ebenweiler, Ebersbach-Musbach, Eichstegen, Fleischwangen, Fronreute, Grünkraut, Guggenhausen, Horgenzell, Hoßkirch, Isny im Allgäu [Stadt], Kißlegg, Königseggwald, Leutkirch im Allgäu [Stadt], Ravensburg [Stadt], Riedhausen, Schlier, Unterwaldhausen, Vogt, Waldburg, Wangen im Allgäu [Stadt], Weingarten [Stadt], Wilhelmsdorf, Wolfegg, Wolpertswende).

Wappenbeschreibung

In Blau ein rot bezungter und rot bewehrter goldener Löwe.

Historische Entwicklung

Das alte und neue Kreiswappen von Ravensburg zeigt einen aufgerichteten Löwen; er war das Wappentier des für die deutsche Geschichte so bedeutsamen Adelsgeschlechtes der Welfen. Ihre oberschwäbische Herrschaft mit den Zentren Ravensburg und Altdorf-Weingarten ging um das Jahr 1191 durch Verkauf an die Hohenstaufen über. Die Farbgebung des Wappens des für den Großlandkreis zweifellos wichtigsten Herrscherhauses der Welfen ist allerdings unklar. Da in den historischen Belegen auch goldene Löwen vorkommen, stellt die Farbfolge Gold-Blau eine mögliche Lösung dar.

Nachdem das Gebiet die Staufer und ab 1541 die Habsburger zum Herrn gehabt hatte, fielen große Teile der Region bis 1806 an das zum Königreich erhobene Württemberg. Nach den Gebietsaustauschen von 1810 (Verträge von Compiègne und Paris) standen die Grenzen zu Bayern weitgehend fest. Das königliche Manifest zur administrativen Neugliederung Württembergs von 1810 teilte den Ravensburger Raum der »Landvogtei am Bodensee« zu, die nach dem französischen Vorbild der Départements gebildet worden war. Die gleichzeitige Einteilung in etwa gleich große Oberämter mit Sitz in Ravensburg, Leutkirch, Waldsee und Wangen blieb im Grundriß bis 1938 erhalten.

Die heutige Gestalt erhielt der Landkreis mit der Gebietsreform vom 1. Januar 1973. Den zusammengelegten Altlandkreisen Ravensburg und Wangen wurden noch Gemeinden der aufgelösten Kreise Saulgau und Biberach angegliedert. Mit Beratung durch die Archivdirektion Stuttgart übernahm der Großlandkreis das am 6. November 1952 vom Altlandkreis Ravensburg eingeführte Wappen mit Neuverleihung des Innenministeriums vom 20. Januar 1975.

Struktur des Kreises Sehenswürdigkeiten

Nicht nur die landschaftliche Schönheit, sondern auch der architekturhistorische Reichtum verleihen dem Landkreis seinen besonderen Reiz. Im äußersten Südosten Baden-Württembergs gelegen, bietet er dem Betrachter ein abwechslungsreiches Bild. Die Alpengletscher der Eiszeit formten den Boden und hinterließen als Erbe unzählige kleine Seen, die heute vielseitige Möglichkeiten der Freizeitgestaltung bieten. Das Wintersportgebiet um Isny im Allgäu wird von der »Oberschwäbischen Barockstraße« erreicht, die sich durch weite Teile des Kreises schlängelt. Überall befinden sich Burgen, Schlösser, barocke Kirchen und Klöster, die dem Besucher die Geschichtsträchtigkeit des Landkreises vor Augen führen. Erwähnenswert ist das malerische Stadtbild der früheren Kreisstadt Wangen, doch auch in anderen Städten und Gemeinden, wie beispielsweise in Achberg, wo das ehemalige Deutschordensschloß renoviert wurde, nimmt die Erhaltung alter Bausubstanz einen vorrangigen Stellenwert ein. Durch den Aufbau des Bauernhausmuseums Wolfegg erfährt die Region eine weitere kulturelle Bereicherung. Heil- und Freizeitbäder wie z. B. Aulendorf, Bad Waldsee und Bad Wurzach verleihen dem Kreis dazu den Rang einer Kur- und Erholungslandschaft.

Rems-Murr-Kreis

Regierungsbezirk: Stuttgart. Einwohner: 396 300. Fläche: 859 km². Einwohner je km²: 461. Kfz-Kennzeichen: WN. Kreisverwaltung: Alter Postplatz 10, 71332 Waiblingen, Postfach 1413, 71328 Waiblingen. Verwaltungsgliederung: 6 Große Kreisstädte (Backnang, Fellbach, Schorndorf, Waiblingen, Weinstadt, Winnenden) und 25 kreisangehörige Städte und Gemeinden (Alfdorf, Allmersbach im Tal, Althütte, Aspach, Auenwald, Berglen, Burgstetten, Großerlach, Kaisersbach, Kernen i. R., Kirchberg a. d. Murr, Korb, Leutenbach, Murrhardt, Oppenweiler, Plüdershausen, Remshalden, Rudersberg, Schwaikheim, Spiegelberg, Sulzbach a. d. Murr, Urbach, Weissach im Tal, Welzheim, Winterbach).

Wappenbeschreibung

In Gold zwischen zwei schräglinken blauen Wellenleisten eine schräglinke schwarze Hirschstange.

Historische Entwicklung

Zahlreich sind die Funde aus der Zeit, als der Rems-Murr-Kreis Grenzland zwischen Römern und Germanen war. Auf einer Länge von rund 35 km verlief von 150 bis 260 n. Chr. der Obergermanische Limes schnurgerade durch das Kreisgebiet und ging beim Haghof in den Rätischen Limes über.
Einige Jahrhunderte später teilte die schwäbisch-fränkische Stammesgrenze, die von Burgstetten über Backnang und Murrhardt verlief, den Landkreis. Um 1080 bahnten sich infolge des Investiturstreites zwischen Kaiser und Papst tiefgreifende politische Veränderungen an. Um seine Machtposition zu halten, ernannte der Salierkaiser Heinrich IV. (1056 bis 1106) den ihm ergebenen Friedrich von Hohenstaufen zum Herzog von Schwaben. Der italienisierte Name »Ghibellinen« für die Stauferanhänger geht auf die Stadt Waiblingen zurück.
Durch Einheirat waren im Jahre 1111 die Markgrafen von Baden Herren von Backnang geworden. Dieser Ort war ein so wichtiger badischer Herrschaftssitz, daß sich hier bis zum Ende des 12. Jh. die Grablege der Markgrafen befand. Um 1080 hatte im Süden des Raumes ein Graf namens »Konrad von Wirtemberg« eingeheiratet, der zum Urahn des württembergischen Hauses werden sollte. Seit dem 14. Jh. unterstand das Gebiet weitgehend den Württembergern, an die die Hirschstange im Kreiswappen (verliehen am 4. November 1974) erinnert. Sie wird im heraldisch klar entworfenen Wappen von zwei Wellenleisten flankiert, dem Sinnbild für die Flüsse Rems und Murr.

Struktur des Kreises
Sehenswürdigkeiten

Mit 332 km² hat der Rems-Murr-Kreis die größten Waldgebiete und mit 310 km² auch die umfangreichsten Landschaftsschutzgebiete in der Region Mittlerer Neckar. Land- und Forstwirtschaft kommt eine bedeutende Rolle zu. Im Bereich Berglen wird ein Großteil der Obstproduktion vergeistigt. Das Remstal wird gern als der Landeshauptstadt vorgelagertes »Weinparadies« bezeichnet, mit einer Jahreserzeugung zwischen 7 und 13 Millionen Liter Wein. Die mittelständisch strukturierte Wirtschaft vereint Betriebe der Nahrungsmittelindustrie, des Maschinenbaus, der Eisen- und Metallverarbeitung, der Elektronik, der Holz- und Papierverarbeitung. Der Kreis hat eine der geringsten Arbeitslosenquoten Deutschlands. Also stimmt es, was das Landratsamt in einer Broschüre so formuliert: »Er ist Ballungsraum und Erholungsraum, er ist schaffig und festfreudig, er ist modern und traditionsbewußt, er ist strebsam und verträumt ...« Der Rems-Murr-Kreis ist ein typischer Landkreis der Fachwerkhäuser mit über 1800 Kulturdenkmälern. Kennenlernen sollte man die Pfalzstadt Waiblingen mit Stadtmauer, Beinsteiner Torturm und Hochwachtturm, Weinstadt mit seinen Stadtteilen, darunter dem schönen Weindorf Strümpfelbach. Von Buoch aus hat man einen schönen Blick über das Remstal. Winterbach mit der vorbildlichen Ortskernsanierung (Altes Rathaus, Helferhaus und Pfarrhaus), Schorndorf mit dem Geburtshaus Gottlieb Daimlers, Murrhardt mit der Waltherichskapelle, Backnang mit seinem Fachwerkrathaus oder dem Ungarndeutschen Heimatmuseum. Dem Wanderer seien der Mühlenwanderweg und der Limeswanderweg empfohlen.

Landkreis Reutlingen

Regierungsbezirk: Tübingen. Einwohner: 270 000. Fläche: 1094 km². Einwohner je km²: 246. Kfz-Kennzeichen: RT. Kreisverwaltung: Bismarckstraße 47, 72764 Reutlingen, Postfach 2143, 72711 Reutlingen. Verwaltungsgliederung: 26 kreisangehörige Gemeinden (Bad Urach, Dettingen/Erms, Engstingen, Eningen u. A., Gomadingen, Grabenstetten, Grafenberg, Hayingen, Hohenstein, Hülben, Lichtenstein, Mehrstetten, Metzingen, Münsingen, Pfronstetten, Pfullingen, Pliezhausen, Reutlingen, Riederich, Römerstein, St. Johann, Sonnenbühl, Trochtelfingen, Walddorfhäslach, Wannwell, Zwiefalten) und der gemeindefreie Gutsbezirk Münsingen.

Wappenbeschreibung

In Grün zwei goldene Schrägbalken; dazwischen drei sechsstrahlige goldene Sterne; die Schrägbalken außen begleitet von je zwei kleineren, sechsstrahligen goldenen Sternen.

Historische Entwicklung

Der größte Teil des heutigen Kreisgebiets lag im 11. Jh. im Einflußbereich der Grafen von Achalm, die bereits 1098 ausstarben und kein Wappen geführt hatten. Das von ihnen gegründete Kloster Zwiefalten schrieb den Grafen nachträglich ein Wappen zu, das in der Klostertradition als Stifterwappen verwandt wurde und in spätmittelalterlichen Wappenbüchern die Achalmgrafen repräsentierte. Dieses Wappenbild übernahm der Landkreis Reutlingen mit staatlicher Genehmigung vom 26. August 1980.

Mitte des 13. Jh. kamen große Teile des ehemals achalmischen Besitzes über die Grafen von Urach an die Grafen von Württemberg, die im 14. und 15. Jh. weitere Teile des heutigen Kreisgebiets erwarben. Daneben baute sich die Reichsstadt Reutlingen ein kleines Territorium auf, und auf der Alb lag neben adligem Streubesitz die stattliche Herrschaft des Klosters Zwiefalten. 1802/06 fielen auch diese Gebiete fast ausnahmslos an Württemberg, das die Neuerwerbungen in seine Ämtergliederung einbezog. Die drei Oberämter Münsingen, Reutlingen und Urach bestanden bis 1938, als das Oberamt Urach aufgelöst und im wesentlichen den Kreisen (neue Bezeichnung seit 1934) Reutlingen und Münsingen zugeordnet wurde.

Mit Inkrafttreten des Kreisreformgesetzes am 1. Januar 1973 wurde der Kreis Münsingen aufgelöst und sein Gebiet bis auf 10 Orte dem Landkreis Reutlingen zugeschlagen. Weitere 11 Orte traten von den Nachbarkreisen hinzu.

Struktur des Kreises Sehenswürdigkeiten

Der südlich der Landeshauptstadt gelegene Landkreis teilt sich in das industriell ausgerichtete, dicht besiedelte Albvorland und die landwirtschaftlich geprägte, dünn besiedelte Albhochfläche – mit ihren Wacholderheiden, Hochtälern und Burgruinen ein beliebtes Naherholungs- und Feriengebiet. Produkte der verschiedensten Industriezweige gehen aus dem Kreisgebiet in alle Welt, und ein vielfältiges Angebot an Schulen aller Fachrichtungen zieht Schüler und Studenten auch von außerhalb an. Zu den bedeutendsten Sehenswürdigkeiten zählen Klosterkirche in Zwiefalten (Klostergründung 1089, heutige Kirche 1739 bis 1765 nach Entwurf von Johann Michael Fischer aus München erbaut, prächtige Barockausstattung), Marienkirche in Reutlingen (1247 bis 1343), Amanduskirche (1470 bis 1499) und Stadtschloß (1443) in Bad Urach, das durch W. Hauffs Erzählung bekannte Schloß Lichtenstein in der gleichnamigen Gemeinde; zahlreiche Bergruinen vor allem im Lautertal; Heidengraben (spätere Keltenzeit) bei Grabenstetten; Bärenhöhle bei Sonnenbühl-Erpfingen; Haupt- und Landgestüt Marbach; Heimatmuseen in Reutlingen, Münsingen, Mehrstetten und Pfullingen sowie ein Bauernhausmuseum in Hohenstein-Ödenwaldstetten. 24 % der Gesamtfläche sind ausgewiesene Landschafts- und Naturschutzgebiete. Staatlich anerkannte Erholungsorte und das neuerrichtete Kurzentrum in Bad Urach erfreuen sich großer Beliebtheit.

Rhein-Neckar-Kreis

Regierungsbezirk: Karlsruhe. Einwohner: 509 191. Fläche: 1062 km^2. Einwohner je km^2: 474. Kfz-Kennzeichen: HD. Kreisverwaltung: Kurfürstenanlage 40, 69115 Heidelberg, Postfach 104680, 69036 Heidelberg. Verwaltungsgliederung: Von den 54 kreisangehörigen Städten und Gemeinden sind 22 in Gemeindeverwaltungsverbänden zusammengefaßt, 13 weitere Gemeinden haben sich zu Verwaltungsgemeinschaften zusammengeschlossen, und 19 Städte und Gemeinden bilden eigene Verwaltungsräume.

Wappenbeschreibung

Gespalten: vorn in Blau ein silberner, mit einem gewellten schwarzen Faden belegter Wellenbalken; hinten in Gold ein rot gekrönter, rot bezungter und rot bewehrter schwarzer Löwe.

Historische Entwicklung

Mit dem Unterkiefer von Mauer, dem »homo heidelbergensis«, wurde im Kreisgebiet der älteste datierbare, über 500 000 Jahre alte menschliche Überrest in Europa gefunden. Etwa seit der Mitte des 1. Jh. nach Christi wurde das Land durch die Römer in Besitz genommen: Ladenburg, das keltische »Lopodunum«, war nun Gauhauptort der »Civitas Sueborum Nicretum«. Im 13. Jh. bildete der Pfalzgraf die Lorscher Märkte Wiesloch und Weinheim in Städte um. Als staufische Gründungen sind damals Neckargemünd, Eberbach, Sinsheim und Waibstadt entstanden. Die staatliche Verwaltung im Gebiet des heutigen Landkreises gründete sich seit 1803 auf den badischen Bezirksämtern und ab 1863 auch auf den beiden Großkreisen Mannheim und Heidelberg. Durch die badische Landkreisordnung vom 24. Juni 1939 wurden die Bezirksämter und die Großkreise aufgelöst und die Aufgaben der staatlichen Ämter und der kommunalen Kreise nunmehr bei den neuen Landkreisen Mannheim und Heidelberg – ohne die beiden Großstädte – sowie Sinsheim zusammengefaßt.
Der jetzige Rhein-Neckar-Kreis wurde am 1. Januar 1973 im Zuge der Kreisreform in Baden-Württemberg aus den ehemaligen Kreisen Mannheim und Heidelberg sowie dem größeren Teil des Landkreises Sinsheim gebildet. Das am 5. November 1975 verliehene Kreiswappen versinnbildlicht durch den geteilten Wellenbalken Rhein und Neckar. Der kurpfälzische Löwe erinnert daran, daß der überwiegende Teil des Kreisgebiets vom 14. Jh. bis zum Beginn des 19. Jh. zur Kurpfalz gehörte.

Struktur des Kreises
Sehenswürdigkeiten

Der Rhein-Neckar-Kreis erstreckt sich über drei naturräumliche Einheiten: die Rheinebene mit der badischen Bergstraße, den Odenwald und den Kraichgau. In den letzten Jahrzehnten wuchsen bedeutende Industrien, aber die vielseitige Landwirtschaft mit dem Anbau von Spezialkulturen wie Gemüse, hier besonders Spargel, Obst und Wein, behielt ihre Bedeutung und prägt weithin das Landschaftsbild an der Bergstraße, im Rheintal und im Kraichgau. Die Schönheit des Neckartals und die bewaldeten Höhen des Odenwaldes sind gute Voraussetzungen für die Nah- und Ferienerholung. Von den zahlreichen Sehenswürdigkeiten seien genannt: Eberbach mit der Ruine einer Stauferburg und historischen Bauten aus mehreren Jahrhunderten; Ladenburg mit dem historischen Stadtkern und der römischen Marktbasilika, St.-Gallus-Kirche, Sebastianskapelle und »Bischofshof« (Lobdengaumuseum); romanische Klosterkirche in Lobbach; die Burgfeste Dilsberg über der Stadt Neckargemünd; Schwetzingen mit dem Schloß und seinem weltberühmten Park, sein Rokokotheater (»Schwetzinger Festspiele«); der größte Exotenwald Deutschlands in Weinheim; Teile der ehemaligen Stadtmauer und »Freihof« in Wiesloch, und für die Motorsportler der »Hockenheimring« mit dem »Motodrom«.

Landkreis Rottweil

Regierungsbezirk: Freiburg. Einwohner: 138 425. Fläche: 769,46 km². Einwohner je km²: 180. Kfz-Kennzeichen: RW. Kreisverwaltung: Königstraße 36, 78628 Rottweil, Postfach 1462, 78614 Rottweil. Verwaltungsgliederung: 22 Gemeinden (Aichhalden, Bösingen, Deißlingen, Dietingen, Dornhan [Stadt], Dunningen, Epfendorf, Eschbronn, Fluorn-Winzeln, Hardt, Lauterbach, Oberndorf a. N. [Stadt], Rottweil [Große Kreisstadt], Schenkenzell, Schiltach [Stadt], Schramberg [Große Kreisstadt], Sulz a. N. [Stadt], Tennenbronn, Villingendorf, Vöhringen, Wellendingen, Zimmern o. R.).

Wappenbeschreibung

In Gold ein rot bewehrter und rot bezungter schwarzer Adler, belegt mit einem von Silber und Rot geteilten Brustschild, in den Fängen eine liegende schwarze Hirschstange mit nach unten gekehrten Enden haltend.

Historische Entwicklung

Der Landkreis Rottweil erhielt seine heutige Gestalt in der Verwaltungsreform der siebziger Jahre. Nach dem 1973 in Kraft getretenen Kreisreformgesetz wurden dem verkleinerten Altkreis Rottweil Teile der ehemaligen Kreise Hechingen, Horb, Villingen und Wolfach angefügt. Der Landkreis Rottweil umfaßt seither vormals württembergische, vormals badische und vormals hohenzollerisch-preußische Gemeinden und Ortsteile. Das Kerngebiet des Kreises, das obere Neckargäu, ist seit der Jungsteinzeit besiedelt; dagegen wurde das westliche Randgebiet im mittleren Schwarzwald erst im hohen Mittelalter der Besiedlung erschlossen. Seit dem Spätmittelalter kristallisierten sich aus dem Konglomerat verschiedener Herrschaften drei umfänglichere Komplexe heraus: das Territorium der Reichsstadt Rottweil, die vorderösterreichischen Gebiete (Grafschaft Hohenberg) und die württembergischen Gebiete.

Auf diese geschichtlichen Traditionen nimmt das am 7. Juni 1974 verliehene Kreiswappen symbolisch Bezug: Der Adler steht für die Reichsstadt Rottweil, die Hirschstange verweist auf Württemberg und der geteilte Schild erinnert an die Grafen von Hohenberg.

Struktur des Kreises
Sehenswürdigkeiten

Der Landkreis Rottweil erstreckt sich vom mittleren Schwarzwald bis an den Rand der Schwäbischen Alb. Die Zugehörigkeit zu verschiedenartigen Naturräumen findet Ausdruck in landschaftlicher Vielfalt. Reich an Natursehenswürdigkeiten sind die Täler des Neckars und seiner Nebenflüsse, besonders der Eschach, der Schlichem und der Glatt, und die Täler und Höhen im Einzugsgebiet von Kinzig und Schiltach. Die kulturelle Vielfalt, die den Landkreis Rottweil auszeichnet, erklärt sich aus der Zugehörigkeit zu verschiedenartigen historischen Räumen. Reich an kulturellen Sehenswürdigkeiten ist die Stadt Rottweil, die sich im Hinblick auf ihre römische Vergangenheit als älteste Stadt Baden-Württembergs bezeichnen darf. Bekannt als Hochburg der schwäbisch-alemannischen Fasnet, hat die kulturbewußte Stadt ihr reichsstädtisches Erscheinungsbild bewahrt. Wahrzeichen der Stadt ist der gotische Kapellenturm, das bedeutendste Kulturdenkmal des Kreises. Im Dominikanermuseum sind die provinzialrömische Kultur und die Kunst der Spätgotik dokumentiert. Im Kreisgebiet finden sich zahlreiche weitere Sehenswürdigkeiten kultureller Art: etwa die Schiltacher Fachwerk-Altstadt, die Burgen um die Stadt Schramberg, die als Standort der Uhrenindustrie bekannt ist, die Klosterkirche in Oberndorf, der Stadt der Waffenindustrie und des »Schwarzwälder Boten«, die Schloßanlage in Glatt und die Klosteranlage in Kirchberg, beide im Gebiet der Stadt Sulz.

Landkreis Schwäbisch Hall

Regierungsbezirk: Stuttgart. Einwohner: 179 475. Fläche: 1490 km². Einwohner je km²: 120. Kfz-Kennzeichen: SHA. Kreisverwaltung: Münzstraße 1, 74523 Schwäbisch Hall, Postfach 100440, 74504 Schwäbisch Hall. Verwaltungsgliederung: 30 kreisangehörige Gemeinden (Blaufelden, Braunsbach, Bühlertann, Bühlerzell, Crailsheim, Fichtenau, Fichtenberg, Frankenhardt, Gaildorf, Gerabronn, Ilshofen, Kirchberg/J., Kreßberg, Langenburg, Mainhardt, Michelbach/B., Michelfeld, Oberrot, Obersontheim, Rosengarten, Rot am See, Satteldorf, Schrozberg, Schwäbisch Hall, Stimpfach, Sulzbach-Laufen, Untermünkheim, Vellberg, Wallhausen und Wolpertshausen).

Wappenbeschreibung

In Silber, schräggekreuzt aus von Silber und Schwarz geviertem Schildfuß wachsend, ein schwarzer Kesselhaken (Kräuel) und ein schwarzer Flößerhaken; dazwischen oben eine rote Scheibe, darin ein silbernes Kreuz.

Historische Entwicklung

Bis zur napoleonischen »Flurbereinigung« bestimmten neben den geistlichen Territorien (Comburg, Ellwangen) namentlich die Reichsstadt Hall, Hohenlohe, Limpurg und Brandenburg-Ansbach, am Rande auch die Reichsstädte Rothenburg und Dinkelsbühl das Gesicht des heutigen Kreises. Im neuen Kreiswappen – verliehen am 25. April 1974 – erinnern die vier Bestandteile an einige dieser Gebiete. Das gevierte Zollernwappen im Schildfuß verweist auf die zollerische Abkunft der Markgrafen von Ansbach, denen ein großer Teil des ehemaligen Landkreises Crailsheim gehörte. Der Kesselhaken (»Kräuel«) ist die »redende« Wappenfigur der Stadt Crailsheim. Sowohl die »Zollernvierung« als auch der Kesselhaken standen im Wappen des früheren Kreises Crailsheim. Der Flößerhaken soll die ehemals limpurgischen Bestandteile des Landkreises im Raum Gaildorf repräsentieren. Die mit dem Kreuz belegte Scheibe stellt eine Hellermünze dar, denn die Stadt Schwäbisch Hall war seit der Stauferzeit Sitz einer Münzpräge und Geburtsort des nach ihr benannten Hellers. Diese aus Silberblech gestanzte, mit einem Kreuz und einer Hand verzierte Münze erreichte bald einen weiten Absatz in Mitteleuropa. Die letzte Prägung fand im Jahre 1545 statt. Der Landkreis Schwäbisch Hall entstand am 1. Januar 1973 aus den Altkreisen Crailsheim und Schwäbisch Hall sowie aus dem Raum Gaildorf des ehemaligen Kreises Backnang.

Struktur des Kreises Sehenswürdigkeiten

Der im Nordosten von Baden-Württemberg liegende Landkreis Schwäbisch Hall umschließt die Limpurger Berge und den Mainhardter Wald, die weiten Ebenen im Gebiet der ehemaligen Rothenburger Landwehr sowie die tiefeingeschnittenen Landstriche von Bühler, Jagst und Brettach. Viele Burgen und Schlösser, Wehrkirchen und alte Brücken, historische Ortsbilder und bäuerliche Fachwerkhäuser dokumentieren den architekturhistorischen Reichtum einer geschichtsträchtigen Region. So wie die historisch bedeutsamen Städte Schwäbisch Hall: ev. Stadtkirche St. Michael mit romanischem Urbau von 1156, Marktplatz mit Rathaus und prächtigen Häuserfassaden, Marktbrunnen von Konrad Schaller (1509), Stadtbefestigung mit dem Pechnasenturm und dem Langenfelder Tor (1160 und 1515); Limpurg: Henkersbrücke, Johanniterkirche; Kloster Comburg; Vellberg (fast vollständig erhaltene Befestigungsanlage mit Mauern, Toren, Bastionen, Kasematten, Marktplatz mit Brunnen und fachwerkgeschmückten Häusern) und Crailsheim (Rathaus mit Turm, ev. Liebfrauenkapelle von 1393, spätgotische ev. Stadtkirche St. Johannes d. T., Spitalkapelle, Diebsturm aus dem 13. Jh.) weisen fast alle Gemeinden im Kreisgebiet kunsthistorische Sehenswürdigkeiten auf: z. B. Schloßanlagen in Bartenstein, Braunsbach, Gaildorf, Kirchberg an der Jagst, Langenburg u. a., Rathaus in Obersontheim, Schloß Morstein und Michelbacher Torturm in Gerabronn, Haller Torturm in Ilshofen oder stauferzeitliche Tannenburg in Bühlertann. Bedeutende Museen: Hällisch-Fränkisches Museum in Schwäbisch-Hall, Hohenloher Freilandmuseum in Schwäbisch Hall-Wackershofen, Automuseum in Langenburg.

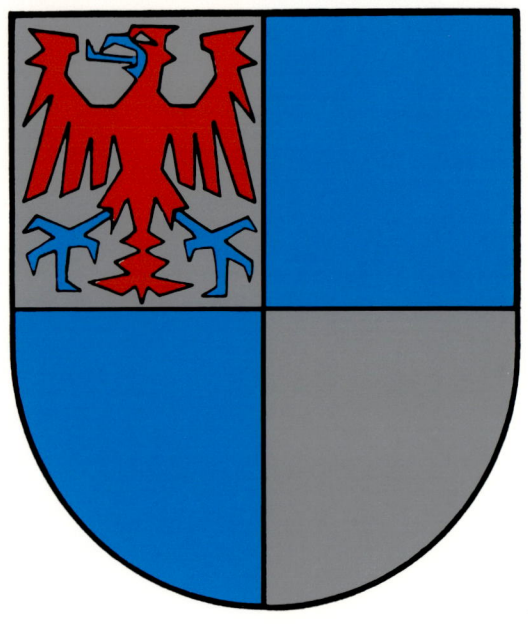

Schwarzwald-Baar-Kreis

Regierungsbezirk: Freiburg. Einwohner: 208 715. Fläche: 1025,27 km². Einwohner je km²: 203. Kfz-Kennzeichen: VS. Kreisverwaltung: Am Hoptbühl 2, 78048 Villingen-Schwenningen, Postfach 1720, 78007 Villingen-Schwenningen. Verwaltungsgliederung: 2 Große Kreisstädte (Donaueschingen, Villingen-Schwenningen), 8 Städte (Bad Dürrheim, Blumberg, Bräunlingen, Furtwangen i. Schw., Hüfingen, St. Georgen i. Schw., Triberg i. Schw., Vöhrenbach) und 10 Gemeinden.

Wappenbeschreibung

Von Silber und Blau geviert; in 1 ein blau bewehrter und blau bezungter roter Adler.

Historische Entwicklung

Der Schwarzwald-Baar-Kreis ist durch die baden-württembergische Kreisreform am 1. Januar 1973 aus Großteilen der ehemaligen Landkreise Villingen-Schwenningen und Donaueschingen sowie je einer Gemeinde aus den Landkreisen Rottweil, Tuttlingen und dem früheren Landkreis Hochschwarzwald entstanden. Am 7. Juni 1974 wurde dem neugebildeten Landkreis das Wappen verliehen. Da die Flüsse Donau und Neckar im Kreisgebiet ihren Ursprung haben, wird auf sie mit den beiden blauen Feldern verwiesen. Die beiden silbernen Felder versinnbildlichen die Landschaften des Kreises: Schwarzwald und Baar. Der rote Adler, der den Zähringer Adler der ehemaligen Stadt Villingen zum Vorbild hat, nimmt auf die Grafen von Zähringen Bezug. Graf Berthold III. gründete im Jahre 1120 die Stadt Villingen. Im Jahre 1326 fiel die Stadt an die Habsburger. Die früher eigenständige Stadt Schwenningen ist heute mit Villingen zusammengeschlossen. Grabfunde weisen darauf hin, daß bereits um 500 nach Christi ein Alemannendorf in der Nähe der heutigen Stadtkirche stand.

Struktur des Kreises Sehenswürdigkeiten

Kultureller und wirtschaftlicher Mittelpunkt des Landkreises ist die Doppelstadt Villingen-Schwenningen, bestehend aus der badischen mittelalterlichen, 1120 gegründeten Zähringerstadt Villingen und der württembergischen Uhrenmetropole Schwenningen, die urkundlich erstmals im 9. Jh. erwähnt wird. Die drei Stadttore im Stadtbezirk Villingen (Oberes, Riet- und Bickentor) sind die Endpunkte der als »Zähringerkreuz« bekannten Stadtanlage. Bemerkenswert sind das Münster »Unserer Lieben Frau«, dessen Münsterschatz die großartigen Goldschmiedearbeiten des Scheibenkreuzes und des berühmten Fürstenberg-Kelches birgt, die barocke Benediktinerkirche, das frühere Franziskanerkloster (heute Museum und Konzerthaus), das Kloster St. Ursula, das spätgotische alte Rathaus mit Renaissanceportal und mehrere Bürgerhäuser mit Staffelgiebeln. Der gesamte Stadtkern wird von der zum großen Teil gut erhaltenen inneren Ringmauer mit dem wuchtigen Romäusturm, dem Kaiserturm und dem Pulverrondell umschlossen.
Weitere Sehenswürdigkeiten im Kreisgebiet sind beispielsweise das Schloß des Fürsten zu Fürstenberg in Donaueschingen mit der Hofbibliothek und den Sammlungen, das Deutsche Uhrenmuseum in Furtwangen, das Kardinal-Bea-Museum in Blumberg-Riedböhringen, das Phonomuseum in St. Georgen i. Schw. sowie der Narrenschopf in Bad Dürrheim, der die bedeutendste Sammlung schwäbisch-alemannischer Fasnachtsmasken und -kostüme beherbergt. In Triberg i. Schw. kann man den höchsten Wasserfall Deutschlands besichtigen. Reizvoll eine Fahrt mit der Museumsbahn durch das wildromantische Wutachtal, durch Deutschlands einzigen Kreiskehrtunnel, über grandiose Brücken, Viadukte und Kehrschleifen: ein unvergeßliches Erlebnis.
Die Wirtschaft bestimmen die Industrie, das Handwerk, die Land- und Forstwirtschaft sowie der Fremdenverkehr. Über zwei Drittel der Kreisfläche werden land- und forstwirtschaftlich genutzt. An den Quellen von Donau und Neckar liegt diese gut erschlossene Ferienlandschaft mit ihren vielfältigen Möglichkeiten des Erlebens und Erholens, so zum Beispiel im Soleheilbad und Heilklimatischen Kurort Bad Dürrheim, Europas höchstgelegenem Solbad, sowie in den Kurorten des Schwarzwaldes Königsfeld, Triberg und Schönwald. Daneben bieten sich eine Reihe Luftkurorte als gute Erholungsmöglichkeiten an.

Landkreis Sigmaringen

Regierungsbezirk: Tübingen. Einwohner: 128 604. Fläche: 1204 km². Einwohner je km²: 106,8. Kfz-Kennzeichen: SIG. Kreisverwaltung: Leopoldstraße 4, 72488 Sigmaringen, Postfach 440, 72482 Sigmaringen. Verwaltungsgliederung: 25 kreisangehörige Gemeinden (Beuron, Bingen, Gammertingen, Herbertingen, Herdwangen-Schönach, Hettingen, Hohentengen, Illmensee, Inzigkofen, Krauchenwies, Leibertingen, Mengen, Meßkirch, Neufra, Ostrach, Pfullendorf, Sauldorf, Saulgau, Scheer, Schwenningen, Sigmaringen, Sigmaringendorf, Stetten a. k. M., Veringenstadt, Wald).

Wappenbeschreibung

In Rot über einem erniedrigten silbernen Balken ein schreitender goldener Hirsch.

Historische Entwicklung

Der neue, am 1. Januar 1973 gebildete Landkreis Sigmaringen umfaßt außer dem Hauptteil des gleichnamigen früheren Landkreises auch Teile der ehemaligen Landkreise Saulgau, Stockach, Überlingen und Reutlingen. Er setzt sich damit als Besonderheit unter den baden-württembergischen Landkreisen zu annähernd gleichen Teilen aus allen drei historischen Vorgängerterritorien – Württemberg, Baden und Hohenzollern (Preußen) – des heutigen Bundeslandes Baden-Württemberg zusammen. Sein vom Regierungspräsidium Tübingen am 9. Juni 1978 verliehenes Wappen zeigt den goldenen Hirsch, der als das Zeichen der Grafschaft Sigmaringen gilt und seit 1483 belegt ist. Diese hatte ursprünglich – über den späteren zollerischen Herrschaftbereich gleichen Namens hinaus – auch Gebiete in der Gegend von Pfullendorf und im Bereich des ehemaligen Landkreises Saulgau umfaßt. Der erniedrigte silberne Balken im roten Schild ist vom österreichischen Wappen (»Bindenschild«) abgeleitet. Er bezieht sich auf die vorderösterreichischen Gebiete, die einst an die Grafschaft Sigmaringen, die gleich der Grafschaft Veringen von Österreich zu Lehen ging, grenzten. Das alte Kreiswappen hatte statt des silbernen Balkens die »Zollernvierung« (siehe Zollernalbkreis) im Schildfuß gezeigt.

Struktur des Kreises
Sehenswürdigkeiten

Der Landkreis Sigmaringen liegt im Norden der Region Bodensee-Oberschwaben. Die Landschaft gliedert sich in das wildromantische Donautal, im Süden und Norden des Donautales Albhochflächen und im Osten die von der Würm-Eiszeit geprägte Hügellandschaft mit Europäischer Wasserscheide (Donau-Schwarzes Meer/Rhein-Nordsee). Als typische Alblandschaft ist das nördliche Kreisgebiet reich an Naturdenkmälern: z. B. Teufelstor im Lauchertal bei Gammertingen, Nikolaus- und Göpfelsteinhöhle bei Veringenstadt um Lauchertal, Donaudurchbruch. Mehrere Stilepochen hat das Hohenzollernschloß Sigmaringen seit dem 12. Jh. erlebt. Neben einem Museum mit schwäbischen Gemälden und Plastiken aus dem 15./16. Jh. und dem Marstallmuseum mit einer Ausstellung von Jagd-, Reise- und Galawagen besitzt es auch eine der umfangreichsten Waffensammlungen in Deutschland. Sehenswert sind neben Sigmaringen (Bauten aus der Residenzzeit des 19. Jh. am Leopoldsplatz und in der Karlstraße) das malerische Stadtbild von Pfullendorf (mittelalterlicher Stadtkern, Fachwerkhäuser und Steinbauten, darunter »Altes Haus« [1317], Obertor [1505], St.-Jakobs-Kirche – gotische Pfeilerbasilika mit oberfränkischem Barock ausgestattet), Mengen (mittelalterliches Stadtbild mit Fachwerkhäusern), Meßkirch mit seinem auf die Grafen von Zimmern zurückgehenden architektur- und kunstgeschichtlich bedeutsamen Renaissanceschloß, Saulgau (mittelalterlicher Kern mit Fachwerkhäusern aus dem 15. u. 16. Jh., Stadtkirche St. Johann Baptist um 1400 erbaut), Scheer (waldburgisches Schloß 15. bis 18. Jh., gotische Pfarrkirche 15. Jh., barockisiert im 18. Jh.).
Gleichfalls hohe Aufmerksamkeit verdienen die barocken Klosteranlagen in Sießen bei Saulgau, Wald und Beuron, die Burgen Wildenstein und Werenwag sowie der frühkeltische Fürstensitz bei Herbertingen-Hundersingen (Grabhügel, Museum).

Landkreis Tübingen

Regierungsbezirk: Tübingen.
Einwohner: 203 522. Fläche: 519,1 km². Einwohner je km²: 345. Kfz-Kennzeichen: TÜ. Kreisverwaltung: Doblerstraße 13/21, 72074 Tübingen, Postfach 1929, 72009 Tübingen. Verwaltungsgliederung: 15 kreisangehörige Städte und Gemeinden – 3 Städte (Mössingen, Rottenburg a. N., Tübingen), 12 Gemeinden (Ammerbuch, Bodelshausen, Dettenhausen, Dußlingen, Gomaringen, Hirrlingen, Kirchentellinsfurt, Kusterdingen, Nehren, Neustetten, Ofterdingen, Starzach).

Wappenbeschreibung

In Silber an schräg aus dem Unterrand hervorkommendem schwarzen Speer eine dreilatzige rote Fahne.

Historische Entwicklung

Der in der Mitte Baden-Württembergs liegende Landkreis Tübingen wurde im Jahre 1973 in seinen jetzigen Grenzen im Zuge der Verwaltungsreform festgeschrieben. Das Kreisgebiet erfuhr dabei nur geringfügige Veränderungen. Die Großen Kreisstädte Tübingen und Rottenburg am Neckar erstrecken sich dabei in ihren Markungsflächen zusammen auf etwa die Hälfte des Kreises.
Der Landkreis führt seit der erneuten Genehmigung vom 3. September 1973 das bereits 1955 angenommene Wappen weiter. Die dreilatzige rote Fahne war die Gerichts- bzw. Blutgerichtsfahne der Tübinger Pfalzgrafen. Sie wird im Kreiswappen in ihrer ältesten Trageart am Fahnenspeer abgebildet, wie sie zur Zeit der Belehnung der Grafen von Tübingen mit der Pfalzgrafschaft üblich war. Die Farben Rot und Silber sind dem Wappen der Grafen von Hohenberg entnommen und sollen an den ehemals hohenbergischen Besitz im heutigen Landkreis erinnern. Das Familienwappen der Pfalzgrafen von Tübingen hatte die rote Fahne auf goldenem Schildgrund dargestellt.

Struktur des Kreises
Sehenswürdigkeiten

In der geografischen Mitte Baden-Württembergs gelegen, bildet der Landkreis Tübingen den flächenmäßig kleinsten Kreis dieses Bundeslandes. Große Teile des Landkreises sind landwirtschaftlich genutzt, während manche Ortschaften, die bereits historisch eher gewerblich-industriell strukturiert waren, auch heute noch von den mittelständischen Unternehmen der Branchen Textil, Metall- und Holzverarbeitung, geprägt sind. Neben der mittelständischen Industrie, die überall in Baden-Württemberg das Rückgrat der Wirtschaft bildet, sind die ca. 1900 Handwerksbetriebe ein überaus wichtiger wirtschaftlicher Faktor. Das Waldgebiet »Rammert« und der »Naturpark Schönbuch« sind beliebte Naherholungsgebiete. Die Stadt Tübingen wird wesentlich durch die Universität und die Kliniken geprägt. Darüber hinaus haben zahlreiche Verwaltungs- und Justizbehörden und viele weitere Institutionen ihren Sitz in Tübingen. Neben der »Neckarfront«, der Schauseite der Universitätsstadt, gelten das Pfalzgrafenschloß Hohentübingen mit berühmtem Unteren Tor (1593 bis 1608), die ev. Stiftskirche St. Georg (1478 bis 1482) mit einem markanten Lettner und Grablege der württembergischen Herzöge, der Marktplatz mit Neptunbrunnen und stattlichem Rathaus als besonders sehenswert. Bebenhausen, 5 km nördlich von Tübingen gelegen, gilt als Musterbeispiel einer alten südwestdeutschen Klostersiedlung. Die Zisterzienserabtei geht auf das Jahr 1190 zurück und wurde nach der Reformation als Schule, Jagdschloß und später als Landtag von Südwürttemberg-Hohenzollern genutzt.
In der alten Bischofsstadt Rottenburg am Neckar laden der Dom St. Martin, der Marktplatz mit gotischem Marktbrunnen, das Bischöfliche Palais (17. Jh.), die herrschaftliche Zehntscheuer und Stadtmühle (heute städtisches Kulturzentrum mit Sülchgau-Museum), die Neckarpartie und die Stiftskirche St. Moritz (mit Freskomalereien) zur Besichtigung ein. In der Sülchenkirche (1513; romanische Baureste) befindet sich die Grablege der Bischöfe von Rottenburg. Sehenswert ist auch die barocke Wallfahrtskirche St. Maria im Weggental (Pläne von Michael Thumb).
Die zwischen Tübingen und Rottenburg auf einem Bergkegel gelegene Wurmlinger Kapelle, bekannt geworden durch Ludwig Uhlands Gedicht »Droben stehet die Kapelle«, ist das weithin sichtbare Wahrzeichen des Landkreises. Die Kirche ist mit einem barocken Altar ausgestattet, die Krypta stammt aus dem 12. Jh.

Landkreis Tuttlingen

Regierungsbezirk: Freiburg. Einwohner: 128 072. Fläche: 734,4 km². Einwohner je km²: 174. Kfz-Kennzeichen: TUT. Kreisverwaltung: Bahnhofstraße 100, 78532 Tuttlingen. Verwaltungsgliederung: 35 kreisangehörige Gemeinden (Aldingen, Bärenthal, Balgheim, Böttingen, Bubsheim, Buchheim, Deilingen, Denkingen, Dürbheim, Durchhausen, Egesheim, Emmingen-Liptingen, Fridingen a. D., Frittlingen, Geisingen, Gosheim, Gunningen, Hausen o. V., Immendingen, Irndorf, Königsheim, Kolbingen, Mahlstetten, Mühlheim a. D., Neuhausen o. E., Reichenbach a. H., Renquishausen, Rietheim-Weilheim, Seitingen-Oberflacht, Spaichingen, Talheim, Trossingen, Tuttlingen, Wehingen, Wurmlingen).

Wappenbeschreibung

Geteilt: oben in Gold eine liegende schwarze Hirschstange, unten in Blau ein unterhalbes vierspeichiges goldenes Rad.

Historische Entwicklung

Urahn des jetzigen Landkreises war eine kleine, dem bekannten Inselkloster Reichenau gehörende Herrschaft, die aus Tuttlingen, den Dörfern Öfingen und Oberbaldingen und der Hälfte von Sunthausen bestand. Über mehrere Hände kam dieses »Herrschäftle« vor 1377 an Württemberg. 1444 erweiterten die damals noch im Range von Grafen amtierenden Württemberger ihren Besitz zwischen Schwarzwald und Schwäbischer Alb beträchtlich. Dank der Säkularisation, der Mediatisierung und Napoleons wuchs zu Beginn des 19. Jh. das Oberamt Tuttlingen. Den nächsten Schub gab es 1938, als das hauptsächlich aus dem ehemals vorderösterreichisch-hohenbergischen Obervogteiamt Spaichingen hervorgegangene Oberamt Spaichingen zum Kreis Tuttlingen geschlagen wurde. Die letzte Kreisreform in den 1970er Jahren wischte endgültig die historisch gewachsenen Bindungen weg: fürstenbergisch-badische Städte und Gemeinden kamen zum württembergischen Tuttlingen. Das Kreiswappen vom 12. Oktober 1973, das der alte Landkreis Tuttlingen bereits seit dem 28. Februar 1961 geführt hatte, verweist mit der oberen Hälfte auf das altwürttembergische Amt und die Stadt Tuttlingen. Das halbe Rad ist dem bereits 1482 verliehenen Wappen der vorderösterreichischen Herrschaft Oberhohenberg entlehnt. Auch das »redende« Spaichinger Stadtwappen zeigt das (allerdings fünfspeichige) Rad. Die Farben Blau und Gold sind die Stadtfarben von Tuttlingen und Trossingen.

Struktur des Kreises Sehenswürdigkeiten

In der mittelständisch geprägten Wirtschaft dominiert ein Wirtschaftszweig: die Medizintechnik. Mit über 200 Firmen, die sich der Produktion und dem Handel von medizinischen Geräten widmen, gilt Tuttlingen als das Weltzentrum der Medizintechnik. Weltweit bekannt sind die Musikinstrumente aus Trossingen und Spaichingen und manch andere Erzeugnisse. Vor einem halben Jahrhundert noch Notstandsgebiet, wuchs ein blühendes Wirtschaftsgebiet inmitten herrlicher Landschaftsräume (oberes Donautal, Baaralb, Hegaualb und Großer Heuberg). Barocke Kirchen findet man in Seitingen-Oberflacht, Egesheim, Reichenbach a. H., Fridingen a. D. und auf dem Dreifaltigkeitsberg. Der Jugendstil präsentiert sich mit einem Meisterwerk, der Fassade der evangelischen Stadtkirche in Tuttlingen. Das kulturelle Angebot des Landkreises ist beachtlich: Im Dr.-Ernst-Hohner-Konzerthaus in der »Musikstadt Trossingen« werden Stücke der ernsten und heiteren Muse aufgeführt sowie Konzerte bekannter Ensembles veranstaltet. Auch Tuttlingen bietet ein reiches Programm an geistlicher Musik, Konzerten und Theateraufführungen. Eindrucksvoll sind die Aufführungen der Naturbühne Steintäle in Fridingen. Das Freilichtmuseum Neuhausen o. E. mit seinen 20 originalgetreu eingerichteten Gebäuden dokumentiert Wohn-, Lebens- und Arbeitsverhältnisse in früherer Zeit.

Landkreis Waldshut

Regierungsbezirk: Freiburg. Einwohner: 162 348. Fläche: 1131 km². Einwohner je km²: 144. Kfz-Kennzeichen: WT. Kreisverwaltung: Kaiserstraße 110, 79761 Waldshut-Tiengen, Postfach 1642, 79744 Waldshut-Tiengen. Verwaltungsgliederung: 32 kreisangehörige Städte und Gemeinden (Albbruck, Bad Säckingen, Bernau, Bonndorf, Dachsberg, Dettighofen, Dogern, Eggingen, Görwihl, Grafenhausen, Häusern, Herrischried, Höchenschwand, Hohentengen am Hochrhein, Ibach, Jestetten, Klettgau, Küssaberg, Lauchringen, Laufenburg, Lottstetten, Murg, Rickenbach, St. Blasien, Stühlingen, Todtmoos, Uhlingen-Birkendorf, Waldshut-Tiengen, Wehr, Weilheim, Wutach und Wutöschingen).

Wappenbeschreibung

Durch einen silbernen Wellenschrägbalken geteilt: oben in Grün ein schräg liegender, aus dem hinteren Schildrand wachsender goldener Abtsstab; unten in Blau ein goldenes Turbinenrad.

Historische Entwicklung

Im Mittelalter waren für den heutigen Landkreis die Grafen, die Klöster und die Freibauern von nachhaltiger Bedeutung. 1173 erhielt Graf Albrecht III. von Habsburg die Vogtei über das Kloster Säckingen. Damit war der Grundstein zur Macht der Habsburger in der Hochrheinregion gelegt. Neben Vorderösterreich waren noch die Landgrafschaften Stühlingen und Klettgau im Besitz von Hochadeligen. Die Umwälzungen im Gefüge der Französischen Revolution vereinigten die Landschaft von Südschwarzwald und Hochrhein nach fast tausendjähriger Zerrissenheit wieder zu einem geschlossenen Herrschaftsgebiet. Im Rahmen der napoleonischen »Flurbereinigung« wurden die ehemals österreichischen und hochadeligen Lande größtenteils dem Hause Baden zugeschlagen. Der Landkreis Waldshut in seiner gegenwärtigen Form entstand im Jahre 1973. Durch Teilung des früheren Landkreises Säckingen und durch Hinzunahme von Teilen des früheren Landkreises Hochschwarzwald wurde der neue, erheblich größere Landkreis Waldshut gebildet. Sein am 11. Dezember 1973 genehmigtes Wappen erinnert mit dem Turbinenrad an die bedeutende Rolle der elektrischen Energie für die wirtschaftliche Entwicklung am Hochrhein. Der Wellenbalken symbolisiert die das Kreisgebiet durchziehenden Wasserläufe Rhein, Wehra, Murg, Alb, Schwarza, Schlücht, Steina und Wutach. Der Abtsstab soll auf die Gründung klösterlicher Niederlassungen verweisen.

Struktur des Kreises Sehenswürdigkeiten

Der Landkreis Waldshut besteht landschaftlich aus dem Hochrheintal mit dem unteren Wutachtal und aus dem Mittelgebirge des Südschwarzwaldes. Wirtschaftlich gesehen ist der Kreis dreigeteilt: Der Westen ist hochindustrialisiert (Raum Bad Säckingen), der Osten vergleichsweise unterindustrialisiert, und das stark ländlich geprägte Gebiet im Norden wird überwiegend fremdenverkehrsmäßig genutzt. Das milde bis mäßige Reizklima ist ärztlich anerkannt (Heilbad Bad Säckingen, außerdem viele heilklimatische Kurorte und Luftkurorte). Daneben besitzt das Land am Hochrhein ein reiches kulturelles Erbe. Bemerkenswerte Kirchenbauten, kunsthistorisch wertvolle Burgen und Schlösser und schmucke Profanbauten ziehen den Betrachter in ihren Bann. Hervorheben muß man die um 1100 erbaute Pfarrkirche von Birndorf, die einzige erhaltene romanische Kirche im Kreis und eine der ältesten Kirchen dieser Region überhaupt, die Stadtpfarrkirche St. Marien in Tiengen (1753 bis 1755 von Peter Thumb erbaut), der letzte große Barockbau im Kreisgebiet, und die Klosterkirche St. Blasien (1768 bis 1783 von d´Ixnard und Pigage erbaut), die durch ihre riesige Kuppel besticht. Sehenswert sind die Burgruine Küssaburg und das Schloß zu Bonndorf mit seinen Stuckdecken von Franz Joseph Vogel. Eine spätgotische Stadtlandschaft bieten Waldshut, Tiengen, Laufenburg und Bad Säckingen (mit Holzbrücke aus dem 16. Jh.). Im Hans-Thoma-Museum in Bernau hat der bedeutende Maler eine Erinnerungsstätte mit sehenswerter Gemäldesammlung erhalten.

Zollernalbkreis

Regierungsbezirk: Tübingen. Einwohner: 192 000. Fläche: 918 km². Einwohner je km²: 209. Kfz-Kennzeichen: BL. Kreisverwaltung: Hirschbergstr. 29, 72336 Balingen, Postfach, 72334 Balingen. Verwaltungsgliederung: 25 Städte und Gemeinden mit 7 Verwaltungsgemeinschaften (Albstadt mit Bitz; Meßstetten mit Obernheim und Nusplingen; Winterlingen mit Straßberg; Balingen mit Geislingen; Hechingen mit Rangendingen und Jungingen; Bisingen mit Grosselfingen sowie Gemeindeverwaltungsverband Oberes Schlichemtal).

Wappenbeschreibung

In gespaltenem Schild vorne von Silber und Schwarz geviert, hinten in Gold drei liegende schwarze Hirschstangen.

Historische Entwicklung

Das Gebiet des heutigen Zollernalbkreises besteht im wesentlichen aus früherem württembergischen und hohenzollerischen Territorium. Entsprechend vereinigt das Wappen des Zollernalbkreises den von Silber und Schwarz gevierten Zollernschild mit dem württembergischen Stammwappen (drei Hirschstangen). Die Burg Hohenzollern, die ab 1850 wieder aufgebaute Stammburg des für die eine Hälfte des Kreisgebiets über Jahrhunderte maßgeblichen Geschlechts der Grafen und Fürsten von Hohenzollern, befindet sich auf dem Kreisterritorium. Auch der Kreisname erinnert an dieses Geschlecht. Im Jahre 1214 spaltete sich die fränkische Linie, aus der die Kurfürsten von Brandenburg und die späteren preußischen Könige und deutschen Kaiser hervorgingen, von der schwäbischen Linie der Zollern, die weiterhin im Raum des heutigen Zollernalbkreises ansässig blieb, ab. Im 16. und 17. Jh. bildeten sich die Fürstentümer Hohenzollern-Hechingen und Sigmaringen heraus, die mit der Grafschaft Zollern und der Herrschaft Haigerloch am heutigen Kreisgebiet Anteil hatten. 1806 blieben die beiden hohenzollerischen Fürstentümer dank der Protektion Napoleons als souveräne Staaten erhalten. Die regierenden Fürsten traten die Fürstentümer 1849 an Preußen ab. Als »Hohenzollernsche Lande« wurden die Territorien 1850 in den preußischen Staat eingegliedert, dem sie bis zu seiner Auflösung 1945 angehörten. Der ehemals hohenzollerische Teil des Zollernalbkreises umfaßte im großen und ganzen den 1925 gebildeten Kreis Hechingen. Die andere Hälfte des Zollernalbkreises gehörte vor 1806 teilweise, ab 1806 ganz zu Württemberg, mit Ausnahme von zwei Gemeinden, die 1806 badisch wurden. Der württembergische Teil bildete vor 1973 im wesentlichen den Kreis Balingen. Bei der Kreisreform wurde der neue Zollernalbkreis zum 1. Januar 1973 aus dem Kreis Balingen, dem Großteil des Kreises Hechingen sowie kleineren Teilen der alten Landkreise Rottweil, Stockach und Sigmaringen gebildet. Das oben beschriebene Kreiswappen wurde am 2. August 1974 verliehen.

Struktur des Kreises
Sehenswürdigkeiten

Vom »Kleinen Heuberg« um Rosenfeld mit der herrlichen Albkulisse als Hintergrund über das Albvorland und seinen malerischen Städtchen bis hinauf zur Albhochfläche mit ihren ausgedehnten Wacholderheiden und Buchenwäldern bietet der Landkreis, dessen Wahrzeichen die auf einem 855 m hohen Bergkegel ruhende Burg Hohenzollern ist, ein abwechslungsreiches Bild. Die Stammburg des Hauses Hohenzollern birgt in ihren prunkvollen Räumen eine Fülle von wertvollen zeitgeschichtlichen Kunst- und Kulturschätzen. In Europa einmalig ist das Museum für Waagen und Gewichte im historischen Zollernschloß in Balingen, das den geschichtlichen Bezug zur »gewichtigen« Waagenindustrie dieser Region vermittelt. Ebenso einmalig die freigelegte römische Gutshofanlage in Hechingen-Stein und das erste Deutsche Peitschenmuseum in Burladingen-Killer. Nicht Alltägliches weisen auch das musikhistorische Museum/Schloß Stauffenberg in Albstadt-Lautlingen, das Atom-Museum in Haigerloch und das Ofenplatten-Museum in Rosenfeld auf. Sehenswerte Kirchenarchitektur in Melchingen (Barock), Stadtkirche in Balingen (Gotik), Stiftskirche (klassizistisch) und St. Luzen (Renaissance) in Hechingen sowie in Haigerloch (St.-Anna-Wallfahrtskirche, Schloßkirche, ev. Kirche mit Nachschöpfung des Hl. Abendmahls nach Leonardo da Vinci) verleiht den gewachsenen Stadtanlagen individuelle Reize. Wasserfreunden empfehlen sich der Stausee in Schömberg. Spuren der alten Römer finden sich in Haigerloch, Hechingen-Stein und Rosenfeld, alte Ruinen von Ritterburgen im Raum Burladingen.

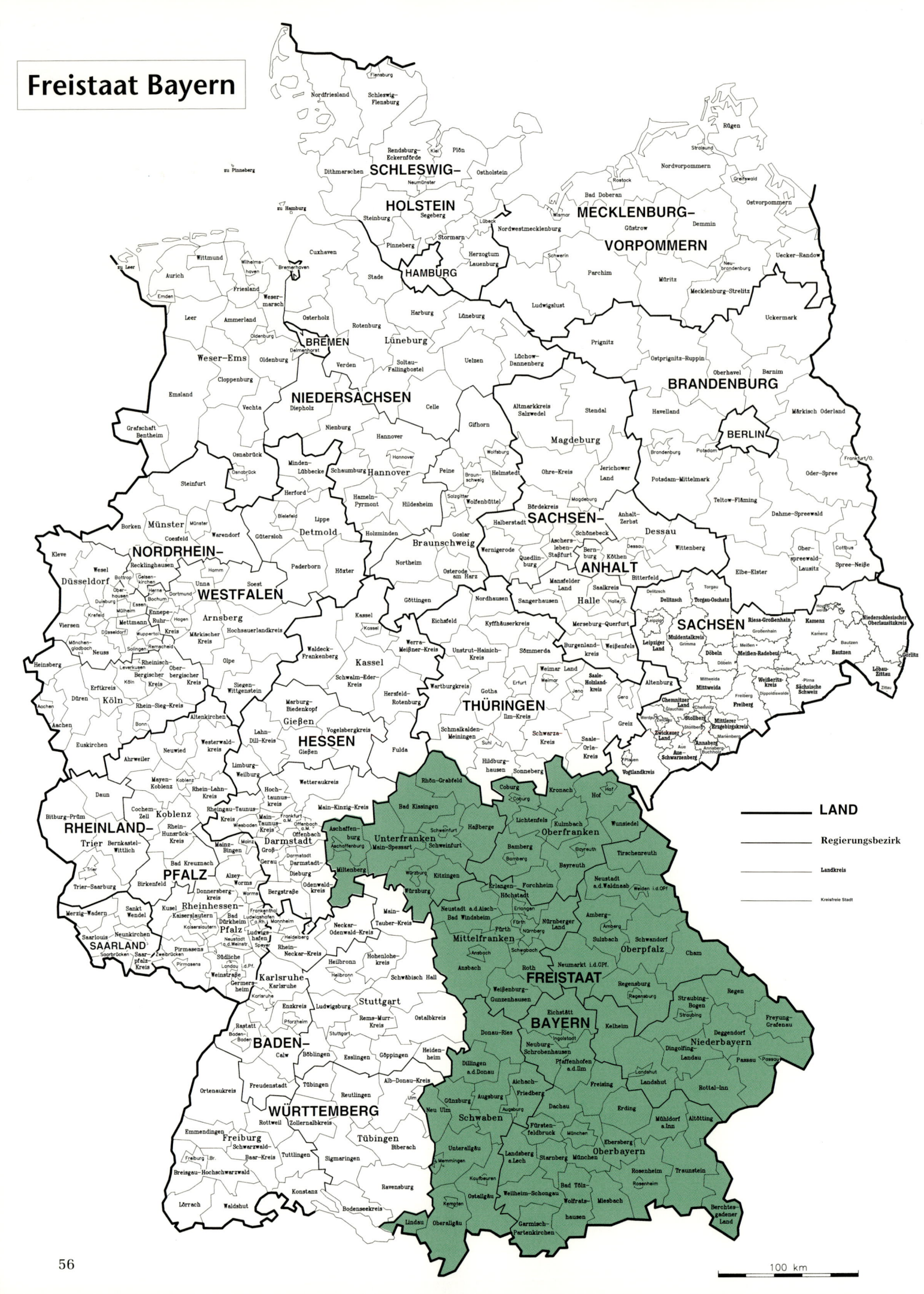

Wolfgang Magg

Die Landkreise in Bayern

Das »Gesetz, die Distriktsräte betreffend« vom 28. Mai 1852 schuf als Gemeindeverband mit körperschaftlichen Rechten die Distriktsgemeinde im rechtsrheinischen Bayern für jeden der damals 249 Landgerichtsbezirke. Die *Distriktsgemeinde* von 1852 ist damit die Vorläuferin des heutigen Landkreises als kommunale Selbstverwaltungseinrichtung.

Im Bereich der unteren Staatsbehörden gab es bereits seit Beginn des 19. Jh. die *Landgerichte* als reine Verwaltungs- und Justizbehörden. Die Landgerichte wurden dann 1862 auf die Rechtspflege beschränkt und gleichzeitig als reine Verwaltungsbehörden 142 *Bezirksämter* eingerichtet.

Es läßt sich nicht bestreiten, daß die bayerischen Distriktsgemeinden von 1852, deren Sprengel übrigens wie bei den Landgerichten bis zum Ende des Ersten Weltkriegs nahezu unangetastet blieben, praktisch unmündig waren und auch von einer echten Wahl der Distriktsräte als Organvertretung im heutigen Sinn nicht die Rede sein konnte. Die Distriktsgemeinden standen unter Staatskuratel. Das Sagen hatte bis 1862 der Landrichter und dann der königlich-bayerische Bezirksamtmann.

Erst das Selbstverwaltungsgesetz von 1919 hob diese Bevormundung auf, brachte die Umbenennung in *Bezirke* als Körperschaften des öffentlichen Rechts und räumte ihnen das Recht der Selbstverwaltung nach Maßgabe der Gesetze ein. Den Staatsbehörden blieb also nur noch die Rechtsaufsicht. Ein entsprechendes Wahlgesetz brachte außerdem die Wahl der Bezirksräte durch das Volk.

Mit Wirkung vom 1. Januar 1920 wurden darüber hinaus im Rahmen einer Gebietsreform die Sprengel der ehemaligen Distriktsgemeinden an die Grenzen der Bezirksämter angepaßt. Die Verwaltung der neuen Bezirke wurde dem Bezirkstag und dem Bezirksausschuß übertragen, die beide frei wählbare Vorsitzende unter Ausschaltung des staatlichen Bezirksamtsvorstandes erhielten. Allerdings wurde dem staatlichen Bezirksamtsvorstand 1927 wieder die Stellung des gesetzlichen Leiters des Bezirksausschusses übertragen. Durch das Gleichschaltungsgesetz von 1933 wurden der Bezirksausschuß aufgelöst und seine Befugnisse auf den auf neun Mitglieder verkleinerten Bezirkstag unter dem Vorsitz des staatlichen Bezirksoberamtmanns übertragen. Als Relikt aus dieser Zeit geblieben ist lediglich die bis heute geltende Umbenennung des Bezirksoberamtmanns in Landrat und der Bezirke selbst in Landkreise seit 1939.

Der Gebietszuschnitt der 142 Bezirksämter von 1862 hatte für die Bezirke nach dem Ersten und die Landkreise nach dem Zweiten Weltkrieg weitgehend Bestand bis zur *Gebietsreform* 1972, als die Zahl der 143 Landkreise auf 71 reduziert und die durchschnittliche Einwohnerzahl auf 100 000 und die Fläche auf 1000 km² erhöht wurde.

Das »Grundgesetz« der Landkreise ist die Landkreisordnung für den Freistaat Bayern. Danach ist der *Kreistag* das wichtigste Organ des Landkreises. Er ist die Vertretung der Kreisbürger und wird von ihnen auf die Dauer von sechs Jahren gewählt. Als Kreisparlament entscheidet der Kreistag über alle wichtigen Angelegenheiten des Landkreises im eigenen und übertragenen Wirkungskreis, soweit er nicht den Kreisausschuß allgemein für zuständig erklärt hat und soweit nicht der Landrat kraft Gesetzes in laufenden Angelegenheiten zuständig ist.

Alle Angelegenheiten, die der Kreistag zu beschließen hat, hat der *Kreisausschuß* kraft Gesetz vorzuberaten. Daneben ist der Kreisausschuß das Beschlußgremium für alle ihm vom Kreistag übertragenen Zuständigkeiten. Der Kreistag bestimmt, ob neben dem von der Landkreisordnung zwingend vorgeschriebenen Kreisausschuß für bestimmte Aufgaben noch weitere Ausschüsse tätig werden sollen, zum Beispiel für Personalangelegenheiten und für Angelegenheiten von Kreiseinrichtungen.

Obwohl der Kreistag und der Kreisausschuß bzw. weitere beschließende Ausschüsse eine Summe von Verwaltungsaufgaben erledigen, erfordert die Verwaltungspraxis, daß sowohl der Vollzug der Beschlüsse der Kreisgremien als auch die Erledigung einfacher Verwaltungsgeschäfte dem Landrat als eigenem weiteren Organ übertragen wird. Die Landkreisordnung hat deshalb für den Landrat einen Zuständigkeitsbereich bestimmt, innerhalb dessen er selbständig für den Landkreis handeln kann und muß.

Der Rahmen, in dem der *Landrat* selbständig zu handeln berechtigt und verpflichtet ist, wird in der Landkreisordnung umschrieben mit der Erledigung der »laufenden Angelegenheiten, die für den Landkreis keine grundsätzliche Bedeutung haben und keine erheblichen Verpflichtungen erwarten lassen«. Eine eigene Zuständigkeit anstelle des Kreistages, des Kreisausschusses oder der weiteren beschließenden Ausschüsse hat der Landrat auch für dringliche Anordnungen und für die Erledigung unaufschiebbarer Geschäfte. Von Eilentscheidungen, die er in dieser Zuständigkeit getroffen hat, hat der Landrat die Kollegialorgane unverzüglich in Kenntnis zu setzen.

Der Landrat erledigt ferner in eigener Zuständigkeit die Angelegenheiten, die im Interesse der Staatssicherheit geheimzuhalten sind und vertritt schließlich den Landkreis in allen Angelegenheiten nach außen.

Der Landrat ist kommunaler Wahlbeamter, und zwar Beamter auf Zeit. Der Landrat ist gesetzlicher Vertreter des Landkreises, er führt den Vorsitz in den Sitzungen der Kreisparlamente, er ist oberstes Vollzugsorgan für Beschlüsse der Kreisparlamente und er besitzt eine eigene Zuständigkeit in bestimmten Kreisangelegenheiten, wie oben kurz angedeutet. Er bedient sich beim Verwaltungsvollzug des Personals und der Einrichtungen des Landratsamtes.

Daneben ist er kraft Gesetzes der Leiter des staatlichen Landratsamtes. Insoweit ist er der unmittelbaren Weisung der vorgesetzten staatlichen Dienststellen, also in der Regel den Regierungen, unterworfen. In dieser bewährten Doppelfunktion des bayerischen Landrats zeigt sich die Bürgernähe auch der staatlichen Verwaltung. Der kommunale Wahlbeamte Landrat wird sich beim Vollzug rein staatlicher Dienstgeschäfte stets seiner besonderen Verantwortung gegenüber seinen Kreisbürgern bewußt sein.

Die Stellung des unmittelbar vom Volk gewählten Landrats war in der Bundesrepublik bis vor kurzem einmalig. Sie bildet ein gewolltes und wirksames Gegengewicht gegen die reine Staatsbürokratie. Diese dominierende Stellung des bayerischen Landrats, die allein vom Vertrauen der Kreisbevölkerung getragen ist, ist Ausdruck eines Verantwortungsgefühls, das sich auf das Territorium seines Wirkens bezieht: Sie ist Ausdruck des Stolzes, an einen geschichtlichen Auftrag gebunden zu sein, dem Land und seinen Menschen in einer Zeitspanne mit Hingabe zu dienen. Der Landrat als Chef der Kommunalverwaltung ist dabei ebenso Vertreter seiner Kreisbevölkerung wie auch Außenposten der Staatsordnung. Das glückliche Zusammenfügen kommunaler und staatlicher Interessen in der Person eines Landrats dient der Erhaltung unserer Demokratie. Nicht zuletzt deshalb haben in der Zwischenzeit zahlreiche andere Bundesländer das bayerische Landratsmodell übernommen.

Bayerischer Landkreistag – Kardinal-Döpfner-Straße 8 – 80333 München

Landkreis Aichach-Friedberg

Regierungsbezirk: Schwaben. Einwohner: 117 154. Fläche: 780,88 km². Einwohner je km²: 150. Kfz-Kennzeichen: AIC. Kreisverwaltung: Münchener Str. 9, 86551 Aichach, Postfach 1340, 86544 Aichach. Verwaltungsgliederung: 24 kreisangehörige Städte, Märkte und Gemeinden, davon 15 in 5 Verwaltungsgemeinschaften (VG Aindling mit Markt Aindling, Gemeinde Petersdorf, Gemeinde Todtenweis; VG Dasing mit den Gemeinden Dasing, Adelzhausen, Eurasburg, Obergriesbach, Sielenbach; VG Kühbach mit Markt Kühbach, Gemeinde Schiltberg; VG Mering mit Markt Mering und den Gemeinden Ried, Steindorf, Schmiechen; VG Pöttmes mit den Gemeinden Markt Pöttmes und Gemeinde Baar) sowie 9 Einheitsgemeinden (Gemeinde Affing, Stadt Aichach, Stadt Friedberg, Gemeinde Hollenbach, Markt Inchenhofen, Gemeinde Kissing, Gemeinde Merching, Gemeinde Rehling, Gemeinde Ried).

Wappenbeschreibung

Unter Schildhaupt mit den bayerischen Rauten gespalten von Silber und Rot; vorne ein grünes Eichenblatt, hinten ein goldenes Ulrichskreuz.

Historische Entwicklung

Der Landkreis Aichach-Friedberg, 1972 aus den namensgebenden Vorgängerkreisen gebildet, war ursprünglich ein wesentlicher Teil des wittelsbachischen Herzogtums Bayern. Bereits um das Jahr 1000 waren die Grafen von Scheyern die Landesherren an der Paar. Graf Otto II. (†1078) baute nordöstlich von Aichach die Burg Wittelsbach, nach der sich die Grafen seit 1115 benannten. Sie ist der Stammsitz der Wittelsbacher, denen 1180 Kaiser Friedrich I. Barbarossa (1152 bis 1190) das Herzogtum Bayern zu Lehen gab. Das Stadtrecht von 1347 und der Sitz des Landgerichtes verliehen Aichach schon früh eine zentralörtliche Funktion, die es bis heute behalten hat.

Der Bau der Burg und die Gründung der Stadt Friedberg (1257 bis 1266) dienten ursprünglich der Aufgabe, die herzogliche Zollstelle bei der Lechbrücke zu schützen. Aus den altbayerischen Landgerichtsbezirken Aichach und Friedberg wurden 1939 »Landkreise«, der Kreis Friedberg wurde 1944 dem Regierungsbezirk Schwaben zugeordnet. Der neue Großlandkreis vereint die beiden altbayerischen Gebiete wieder, allerdings unter Zugehörigkeit zu Schwaben.

Das neue Kreiswappen, das am 10. Dezember 1975 genehmigt wurde, erinnert mit seinen Symbolen an die Altlandkreise: das Eichenblatt »spricht« für den Raum Aichach, das »Ulrichskreuz« stand im Friedberger Wappen als Hinweis auf das Bistum Augsburg. Die Rauten symbolisieren die alte Gebietsherrschaft und die Stammburg der Wittelsbacher im heutigen Kreisgebiet.

Struktur des Kreises
Sehenswürdigkeiten

Der Landkreis Aichach erstreckt sich östlich der Fuggerstadt Augsburg in nordsüdlicher Ausdehnung und wird überwiegend von der Landwirtschaft geprägt. Geologisch gehört er zum voralpinen Hügelland zwischen Donau, Lech und Isar. Weitere größere Wasserläufe sind die Friedberger Ach, die Paar, die Ecknach und die Wellach. Botanische Seltenheiten finden sich im Lechfeld mit Hummelorchis, Helmknabenkraut, Breitblättrigem Knabenkraut und der aus dem Vorderen Orient stammenden Taglilie.

Aus der Vielzahl der Sehenswürdigkeiten seien genannt: das Obere Tor in Aichach und das hoch über Friedberg thronende Schloß (1257) mit dem Hungerturm und der Stadtmauer; diese geben den beiden Städten des Landkreises ihre markante Silhouette. Als Wallfahrtsstätten mit jahrhundertealten Traditionen sind ferner weit über die Kreisgrenzen hinaus bekannt: die spätgotische St.-Leonhards-Kirche mit dem berühmten Leonhardialtar in Inchenhofen, die Wallfahrtskirche Maria Birnbaum bei Sielenbach, die im 17. Jh. von den Deutschordensrittern als erste Zentralbaukirche nördlich der Alpen errichtet worden ist, die barocke Herrgottsruhkirche mit herrlichen Deckengemälden in Friedberg und die Wallfahrtskirche Maria Kappel in Schmiechen.

Geschichtsträchtige Orte sind auch der Thingplatz »Gunzenlee« bei Kissing, die ehemalige Burg Niederschneitbach (Schneitbacher Einung vom Jahre 1302), die Burg Schiltberg sowie die Hofmarken Unterwittelsbach, Haslangkreit, Affing, Gumppenberg und Scherneck.

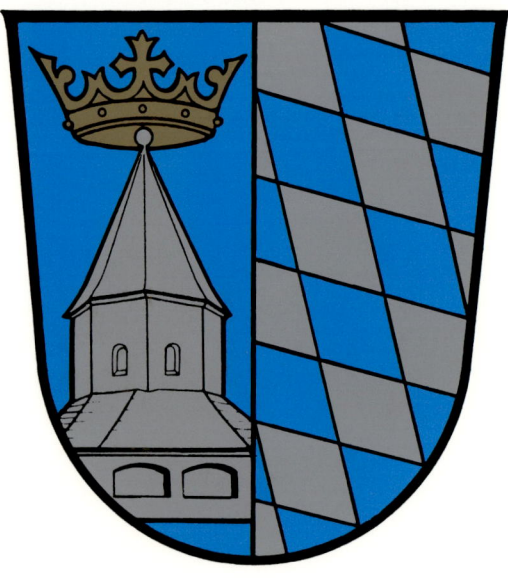

Landkreis Altötting

Regierungsbezirk: Oberbayern. Einwohner: 105 110. Fläche: 569 km². Einwohner je km²: 185. Kfz-Kennzeichen: AÖ. Kreisverwaltung: Bahnhofstraße 38, 84503 Altötting. Verwaltungsgliederung: 9 Einheitsgemeinden (Altötting, Burghausen, Burgkirchen a. d. Alz, Garching a. d. Alz, Haiming, Neuötting, Pleiskirchen, Töging a. Inn, Winhöring) und 15 Mitgliedsgemeinden in 6 Verwaltungsgemeinschaften (Emmerting, Kirchweidach, Marktl, Reischach, Tüßling, Unterneukirchen).

Wappenbeschreibung

Gespalten; vorne in Blau das silberne Oktogon der Altöttinger Gnadenkapelle, darüber schwebend eine goldene Marienkrone, hinten die bayerischen Rauten.

Historische Entwicklung

Die fruchtbaren Landstriche entlang des Inns, der Isen und südlich der Alz boten den Menschen der Vor- und Frühgeschichte schon vor Jahrtausenden eine Heimstatt. Aus der Römerzeit sind Fragmente von Straßen, Gebäuden, Gebrauchsgegenständen und Kunstwerken vorzufinden. »Oetting« wird schon im ersten Regierungsjahr des agilolfingischen Herzogs Tassilo III. (748/88) in einer Schenkungsurkunde erwähnt. Die Agilolfinger waren die ersten urkundlich erfaßbaren bayerischen Herzöge, deren Stammesherzogtum im politisch-religiösen Kraftfeld des Frankenreiches lag. Das im 12. Jh. gestiftete Zisterzienserkloster Raitenhaslach war neben dem später entstandenen Chorherrenstift Sankt Philipp und Jakob in Altötting in hohem Maße religiöser, kultureller und wirtschaftlicher Ausstrahlungspunkt. Im 15. Jh. begann die Marienwallfahrt »Zu Unserer Lieben Frau« in der Gnadenkapelle in Altötting. Die Kapelle stand Pate für das erstmals am 16. Januar 1960 angenommene Kreiswappen. Die Krone ist ein Symbol der Gottesmutter Maria. Die Bedeutung der wittelsbachischen Landesherren seit dem Spätmittelalter für ihren Altöttinger Besitz geht im Kreiswappen aus dem Rautenmuster hervor. Burghausen mit seiner mächtigen Burganlage war Sitz wichtiger herzoglicher Ämter.
Da mit dem Inkrafttreten der bayerischen Landkreisreform alle Kreiswappen ihre Gültigkeit zum 1. Juli 1972 einbüßten, war eine Neugenehmigung des Wappens für den fast unverändert gebliebenen Landkreis Altötting nötig. Diese wurde am 23. August 1972 von der dafür zuständigen Regierung von Oberbayern ausgesprochen.

Struktur des Kreises
Sehenswürdigkeiten

Die Wirtschaftsstruktur wird vor allem von der Industrie bestimmt. Das bayerische Chemiedreieck Burghausen-Gendorf-Trostberg liegt zum größten Teil im Kreisgebiet. Das mittelständische Gewerbe folgt an zweiter Stelle und die Landwirtschaft an dritter.
Altötting, das »Herz Altbayerns«, wird seit fast 500 Jahren von Wallfahrern aufgesucht, deren Ziel die Gnadenkapelle, eine der ältesten Kirchenbauten Deutschlands (um 800), inmitten des Kapellplatzes mit der Schwarzen Muttergottes ist. Der barocke Kapellplatz zählt zu den schönsten Europas und war u. a. auch Mittelpunkt des Papstbesuches im Jahr 1980. Ein weiterer Anziehungspunkt ist die längste Burganlage Europas (über 1 km) in der alten Grenz- und Salzachstadt Burghausen, errichtet Mitte des 13. bis Ende des 15. Jh. Neuötting, die einst reiche Inn- und Handelsstadt, prägt mit ihrer mächtigen gotischen St.-Nikolaus-Stadtpfarrkirche das historische Stadtbild. Zu weiteren hervorragenden Denkmälern im Landkreis zählen: die Kirche in Raitenhaslach, Marienberg, Feichten a. d. Alz und Kirchweidach sowie eine Reihe sehenswerter Schlösser und andere Bau- und Kunstdenkmäler, Museen und Sammlungen.
Der Landkreis an Inn, Salzach und Alz weist auch einige herrliche Landschaftsschutzgebiete auf und verfügt über zahlreiche Sport- und Freizeitmöglichkeiten, von Badeseen bis zu weitläufigen Wanderwegen.

Landkreis Amberg-Sulzbach

Regierungsbezirk: Oberpfalz. Einwohner: 105 072. Fläche: 1255 km². Einwohner je km²: 84. Kfz-Kennzeichen: AS. Kreisverwaltung: Schloßgraben 3, 92224 Amberg, Postfach 1754, 92207 Amberg. Verwaltungsgliederung: 27 Gemeinden (Ammerthal, Stadt Auerbach i. d. OPf., Birgland, Ebermannsdorf, Edelsfeld, Ensdorf, Etzelwang, Markt Freihung, Freudenberg, Gebenbach, Markt Hahnbach, Stadt Hirschau, Hirschbach, Markt Hohenburg, Illschwang, Markt Kastl, Markt Königstein, Kümmersbruck, Neukirchen b. Sulzbach-Rosenberg, Poppenricht, Markt Rieden, Markt Schmidmühlen, Stadt Schnaittenbach, Stadt Sulzbach-Rosenberg, Ursensollen, Stadt Vilseck, Weigendorf).

Wappenbeschreibung

Durch eine eingeschweifte, gesenkte goldene Spitze, darin schräggekreuzt ein schwarzer Schlägel und ein schwarzer Hammer, gespalten von Schwarz und Rot; vorne ein linksgewendeter, rot gekrönter und rot bewehrter goldener Löwe, hinten drei (2:1 gestellte) silberne Lilien.

Historische Entwicklung

Die Geschichte des Landes um Amberg und Sulzbach wurde lange Zeit durch seine reichen Erzvorkommen geprägt. Eine Urkunde von 787, also aus der Zeit des Frankenkönigs und ersten deutschen Kaisers Karls des Großen, belegte die Erzförderung und Eisenverhüttung. Zu Recht ruft deshalb das bergmännische Werkzeug den im Mittelalter überregional bedeutsamen Wirtschaftssektor ins Gedächtnis. Die Bildteilung mittels der eingeschweiften Spitze wie im Wappen des Bezirkes Oberpfalz soll hervorheben, daß Amberg und dessen Umland für viele Jahre politischer Mittelpunkt der wittelsbachischen Oberpfalz waren, nachdem im Hausvertrag von Pavia 1329 die pfälzisch-bayerische Linie entstanden war. Ebenso steht der pfälzische Löwe für die Ämter Amberg, Sulzbach, Kastl-Pfaffenhofen und Auerbach. Die drei Lilien beziehen sich auf die Grafen von Sulzbach, die für den Sulzbacher und partiell für den Raum um Kastl große Bedeutung hatten. Die Farbgebung Silber-Rot bezieht sich auf die Verflechtung der Region mit dem Reich, in dem diese Farbkombination ein hohes Ansehen genoß.
Die bayerische Landkreisreform von 1972 führte zur Zusammenlegung der Kreise Amberg und Sulzbach-Rosenberg. Während das Wappen des ersten Kreises aus dem Jahre 1958 den Pfälzer und den Bamberger Löwen sowie die »Reichsfarben« Silber und Rot enthielt, zeigte der Schild von Sulzbach-Rosenberg seit 1965 neben dem Pfälzer Löwen und den Lilien der Sulzbacher Grafen auch die bayerischen Rauten. Das am 17. August 1973 genehmigte neue Kreiswappen vereinigt in heraldisch vorbildlicher Weise die wichtigsten Wappenzeichen und vermeidet eine Überladung des Schildes.

Struktur des Kreises
Sehenswürdigkeiten

8380 Einwohner arbeiten in der Industrie, die sich vor allem auf die Eisenwerkgesellschaft Maximilianshütte in Sulzbach-Rosenberg, dem größten eisenschaffenden Werk Süddeutschlands, sowie auf die Kaolinindustrie in Hirschau-Schnaittenbach als Grundstofflieferant für die Glas-, Porzellan- und Chemieindustrie stützt. An nächster Stelle stehen das Handwerk mit 4350 und der Dienstleistungsbereich mit 8650 Beschäftigten. Im allgemein landwirtschaftlich geprägten Landkreis mit rund 4750 land- und forstwirtschaftlichen Betrieben besteht als weitere Wirtschaftssäule der Fremdenverkehr. Zur Verfügung stehen 3200 Gästebetten. Die gut gepflegten Dörfer runden das herb-schöne Bild der Oberpfälzer Juralandschaft ab. Dem Besucher eröffnen sich vielseitige Erholungsmöglichkeiten und ein reiches Angebot an Sport- und Freizeiteinrichtungen. Mit dem Bergbau- und Industriemuseum Ostbayern im Hammerherrenschloß zu Theuern besitzt der Landkreis ein bedeutendes Museum, das inzwischen zu einem Kulturzentrum geworden ist, das nicht nur über zahlreiche Ausstellungen (Minerale, Porzellan, Glas, bergmännisches Leben und Arbeiten, über 10 000 Exponate), sondern auch über mehrere Außenstellen (Hammerwerk, Spiegelglasschleife, Besucherbergwerk) verfügt.

Landkreis Ansbach

Regierungsbezirk: Mittelfranken. Einwohner: 176 031. Fläche: 1973 km². Einwohner je km²: 89. Kfz-Kennzeichen: AN. Kreisverwaltung: Crailsheimstraße 1, 91522 Ansbach, Postfach 1502, 91506 Ansbach. Verwaltungsgliederung: 11 Städte (Dinkelsbühl, Feuchtwangen, Heilsbronn, Herrieden, Leutershausen, Merkendorf, Ornbau, Große Kreisstadt Rothenburg o. d. Tauber, Schillingsfürst, Wassertrüdingen, Windsbach), 12 Märkte (Arberg, Bechhofen, Colmberg, Dentlein a. Forst, Dietenhofen, Dombühl, Dürrwangen, Flachslanden, Lehrberg, Schopfloch, Weidenbach, Weiltingen) und 35 Gemeinden.

Wappenbeschreibung

Unter gespaltenem Schildhaupt, darin vorne geviert von Silber und Schwarz, hinten in Rot drei silberne Spitzen, in Gold ein rot bewehrter schwarzer Doppeladler.

Historische Entwicklung

Als sich gegen Ende des 11. Jh. auch in diesem Gebiet die alten Gaugrafschaften aufsplitterten, entstanden aus den alten Gaugrafengeschlechtern und dem neueren Beamtenadel edelfreie Familien. Dazu gehörten im Ansbacher Raum die Herren von Hohenlohe, von Comburg-Rothenburg, von Endsee, von Dornburg-Schalkhausen, von Wahrberg, von Abenberg, von Truhendingen und von Oettingen. Bei der »Reichslandpolitik« der staufischen Könige im 12. Jh. kam der großen Nord-Süd-Reichsstraße (Würzburg-Rothenburg-Feuchtwangen-Dinkelsbühl-Augsburg-Italien) wegen ihrer verbindenden Kraft eine besondere Bedeutung zu. Nach dem dynastischen Erlöschen der Staufer im 13. Jh. formierte sich im heutigen Kreisgebiet ein Konglomerat kleinststaatlicher Einheiten ohne wirtschaftliche oder politische Zentren. Es war unmöglich, einen geschlossenen Territorialstaat aufzubauen. Diesem Ziel kamen am ehesten noch die Burggrafen von Nürnberg nahe, die viele Gebiete des heutigen Landkreises erwarben und eine planvolle Heirats- und Erwerbspolitik entwickelten. Im Kreiswappen (genehmigt am 24. Juli 1979) verweist neben der »Zollernvierung« für die Burggrafen der doppelköpfige Reichsadler auf die Territorien der ehemaligen Reichsstädte Rothenburg o. d. Tauber, Dinkelsbühl und Feuchtwangen. Als allgemeines Symbol für Franken wurde der »fränkische Rechen« im Wappenschild aufgenommen. Das heutige Kreisgebiet wurde zwischen 1803 und 1810 bayerisch. Der flächengrößte bayerische Landkreis entstand 1972 aus den vier Landkreisen Ansbach, Dinkelsbühl, Feuchtwangen und Rothenburg o. d. Tauber, der ehemaligen kreisfreien Stadt Rothenburg o. d. Tauber und weiteren kleineren Gebietsteilen.

Struktur des Kreises
Sehenswürdigkeiten

Natur, Kunst und Geschichte haben dieses romantische Urlaubsland verwöhnt. Vollkommene Schönheit spiegelt die sakrale Architektur wider. Beispiele: St. Jakob mit Tilman Riemenschneiders Heilig-Blut-Altar in Rothenburg o. d. Tauber, St. Georg in Dinkelsbühl, das Münster zu Heilsbronn oder der romanische Kreuzgang in Feuchtwangen. Weltliche Gegenstücke: die herrlichen Schlösser, Burgen, Gärten, Parks und verwitterten Ruinen. Man findet sie in Schillingsfürst, Colmberg, Virnsberg, Sommersdorf, Lichtenau, Triesdorf, Leonrod und anderswo längs der »Romantischen Straße« und der »Burgenstraße«. Als historische Städtchen sind sehenswert Herrieden, Leutershausen, Merkendorf, Ornbau, Wassertrüdingen, Windsheim und Wolframs-Eschenbach. Rückblenden auf die Wirren des Dreißigjährigen Krieges bringen Dinkelsbühls sommerliche Kinderzech'-Festwoche und die Rothenburger Pfingstfestspiele mit dem legendären »Meistertrunk«, zu dem sich der figurenreiche Schäfertanz und die lustigen Hans-Sachs-Schwänke gesellen. Ganze sieben Jahrhunderte lassen die Rothenburger »Reichsstadttage« in typischen Momentaufnahmen Revue passieren. Geistig-künstlerische Höhepunkte markieren die Darbietungen des »Windsbacher Knabenchors«. Begegnungen mit zeitgenössischer und klassischer Dichtung unter freiem Himmel vermitteln die Feuchtwanger »Kreuzgangspiele« und das »Fränkisch-Schwäbische Städtetheater« in Dinkelsbühl.

Landkreis Aschaffenburg

Regierungsbezirk: Unterfranken. Einwohner: 169 576. Fläche: 699,08 km². Einwohner je km²: 240. Kfz-Kennzeichen: AB. Kreisverwaltung: Bayernstraße 18, 63739 Aschaffenburg, Postanschrift: 63736 Aschaffenburg. Verwaltungsgliederung: 32 kreisangehörige Gemeinden (Alzenau, Bessenbach, Blankenbach, Dammbach, Geiselbach, Glattbach, Goldbach, Großostheim, Haibach, Heigenbrücken, Heimbuchenthal, Heinrichsthal, Hösbach, Johannesberg, Kahl a. Main, Karlstein a. Main, Kleinkahl, Kleinostheim, Krombach, Laufach, Mainaschaff, Mespelbrunn, Mömbris, Rothenbuch, Sailauf, Schöllkrippen, Sommerkahl, Stockstadt a. Main, Waldaschaff, Weibersbrunn, Westerngrund, Wiesen).

Wappenbeschreibung

Unter silbernem Schildhaupt, darin zwei grüne Eichenblätter mit einer grünen Eichel, gespalten von Rot und Blau; vorne ein sechsspeichiges silbernes Rad, hinten ein mit drei blauen Ringen belegter silberner Schräglinksbalken.

Historische Entwicklung

In der Mitte des 11. Jh. kam das Untermaingebiet unter die Oberhoheit der Erzbischöfe von Mainz. Zur Festigung seiner Macht errichtete Kurmainz 1395/99 die Burg Alzenau. Im Kreiswappen, das 1967 erstmals verliehen wurde und am 14. November 1974 erneut die amtliche Genehmigung erhielt, erinnert das Mainzer Rad an diesen Oberherrn. Seit dem 14. Jh. erfolgte die Verwaltung durch das erzbischöfliche Vizedomamt Aschaffenburg. Daneben übten zahlreiche Adelsgeschlechter grundherrliche Rechte aus, oft im Widerstreit mit dem Erzbischof. Die angesehenste Adelsfamilie im Kreisgebiet waren jedoch die Echter von Mespelbrunn. Die in Mainzer Diensten stehenden Echter erhielten im mittleren Spessart 1412 die Wüstung und Hofstätte »Espelborn« als Geschenk für ihre Treue. Aus dieser Hofstätte erbauten sie ab 1430 das Wasserschloß Mespelbrunn. Das Wappenbild der Echter von Mespelbrunn, aus deren Geschlecht der berühmte Würzburger Fürstbischof Julius Echter von Mespelbrunn stammte, bildeten die drei Ringe auf dem Schrägbalken. Erst nach der napoleonischen Zeit, am 26. Juni 1814, kam das Aschaffenburger Umland zum Königreich Bayern. Die Eichenblätter im Schildhaupt des Kreiswappens versinnbildlichen den waldreichen Spessart, an dem der 1972 aus den Kreisen Aschaffenburg und Alzenau gebildete Großlandkreis Aschaffenburg Anteil hat.

Struktur des Kreises
Sehenswürdigkeiten

Geologisch und geografisch ist der Landkreis uneinheitlich: Flußanschwemmungen in der Mainniederung, im Bachgau fruchtbare Lößböden, im Vorspessart Gneis und Granit; im Hochspessart ist dieses Urgestein von dem jüngeren Sandstein überlagert. Die höchste Erhebung des Spessarts ist der Geiersberg mit 586 m. Das Klima ist mildkontinental bis gemäßigt ozeanisch. Der »Naturpark Spessart«, als erster Naturpark Bayerns gegründet, trägt dazu bei, daß der Landkreis ein begünstigtes Urlaubsgebiet ist. 53% der Landkreisfläche bestehen aus Waldungen, 20% werden landwirtschaftlich genutzt. Aber auch eine differenzierte Industriestruktur weist der Landkreis auf, denn immerhin 58% der 72 000 Erwerbstätigen sind im produzierenden Gewerbe beschäftigt, 24% im Dienstleistungsgewerbe, 17% in Handel und Verkehr und nur noch 1% in der Land- und Forstwirtschaft.
Von den Bau- und Kunstdenkmälern sind vor allem das märchenhafte Wasserschloß Mespelbrunn (16. Jh.), die Wallfahrtskirche Hessenthal (1439) mit einer reichen Ausstattung, die 1395 errichtete spätgotische Burg Alzenau und das ehemalige Kloster Schmerlenbach aus dem 13. Jh. mit seiner Kirche aus dem Jahre 1758 oder die Wallfahrtskirche in Alzenau-Kälberau (14. bis 16. Jh.) zu erwähnen, aber auch der Marktplatz mit Kirche und Nöthigshof in Großostheim (ab 13. Jh.). Der Besucher findet weitere Schlösser und Adelssitze sowie viele kunstvoll ausgestattete Kirchen und Kapellen im Landkreis, der gut zu erreichen ist und ein dichtes Verkehrsnetz aufweist.

Landkreis Augsburg

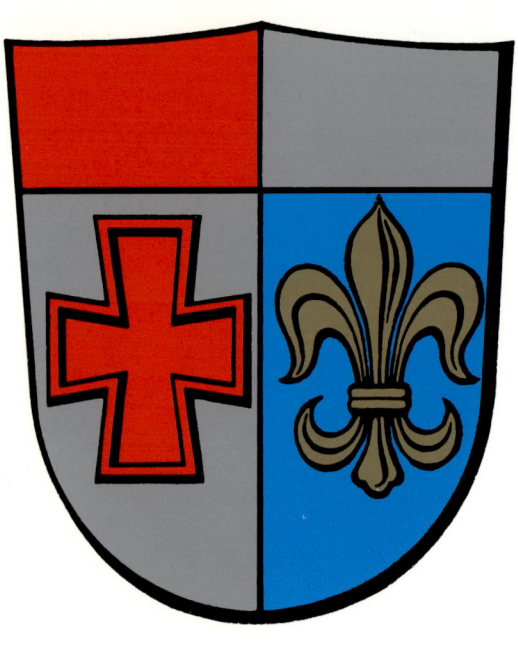

Regierungsbezirk: Schwaben. Einwohner: 224 303. Fläche: 1088 km². Einwohner je km²: 205. Kfz-Kennzeichen: A. Kreisverwaltung: Prinzregentenplatz 4, 86150 Augsburg, Postfach 10 20 80, 86010 Augsburg. Verwaltungsgliederung: 21 Einheitsgemeinden (Adelsried, Altenmünster, Aystetten, Biberbach, Bobingen, Diedorf, Dinkelscherben, Fischach, Gablingen, Gersthofen, Graben, Horgau, Königsbrunn, Langweid, Meitingen, Neusäß, Schwabmünchen, Stadtbergen, Thierhaupten, Wehringen, Zusmarshausen) und 25 Mitgliedsgemeinden in 7 Verwaltungsgemeinschaften (Allmannshofen, Bonstetten, Ehingen, Ellgau, Emersacker, Gessertshausen, Großaitingen, Heretsried, Hiltenfingen, Kleinaitingen, Klosterlechfeld, Kühlenthal, Kutzenhausen, Langeneufnach, Langerringen, Mickhausen, Mittelneufnach, Nordendorf, Oberottmarshausen, Scherstetten, Untermeitingen, Ustersbach, Walkertshofen, Welden, Westendorf).

Wappenbeschreibung

Unter von Rot und Silber gespaltenem Schildhaupt gespalten von Silber und Blau; vorne ein rotes Ulrichskreuz, hinten eine goldene Lilie.

Historische Entwicklung

Zahlreiche Funde, wie z. B. die bronzezeitlichen Hügelgräber bei Allmannshofen und Ortlfingen, belegen die Besiedlung des Kreisgebiets bereits in der Ur- und Frühzeit. Die Römer, die 15 v. Chr. das Land bis zur Donau besetzten, hinterließen in ihrer rund 500jährigen Besatzungszeit zahlreiche Zeugnisse. Besonders zu erwähnen sind die reich ausgestatteten Römergräber von Wehringen und die Via Claudia Augusta, einst Verbindungsstraße mit Italien. Nach der alemannischen Besiedlung wuchs dem Hochstift und Domkapitel Augsburg die bedeutendste Landes- und Grundherrschaft im heutigen Kreisgebiet zu. Daran erinnern in dem am 15. Mai 1975 genehmigten Kreiswappen die Bistumsfarben Rot und Silber im Schildhaupt und das nach dem hl. Ulrich benannte Kreuz. Bei der Schlacht auf dem Lechfeld besiegten am 10. August 955 der spätere Kaiser Otto der Große und Bischof Ulrich von Augsburg die Ungarn. Im Lechfeld, in der Gemeinde Graben, stand auch die Wiege der durch ihre Handels- und Finanzgeschäfte berühmt gewordenen Fugger. Das Wappensymbol der Fugger, die Lilie, steht im Kreiswappen auch stellvertretend für die im 17. und 18. Jh. zahlreich im Kreisgebiet vorhandenen adeligen Herrschaften. Bei Zusmarshausen wurde 1648 die letzte Schlacht des Dreißigjährigen Krieges geschlagen. Im Gefolge der Napoleonischen Kriege fiel Ende 1805 die Augsburger Gegend an Bayern.

Der heutige Landkreis wurde 1972 im wesentlichen aus den früheren Landkreisen Augsburg, Schwabmünchen und Wertingen gebildet.

Struktur des Kreises
Sehenswürdigkeiten

Der Landkreis liegt im östlichen Mittelschwaben und ist Bindeglied zwischen Altbayern und Schwaben. Von Westen her umschließt er zur Hälfte das Gebiet der kreisfreien Stadt Augsburg. Land- und Forstwirtschaft bestimmen auch heute noch in weiten Teilen das Bild der vielfältig und reich gegliederten Landschaft. Die verkehrsgünstige Lage und eine gut ausgebaute Infrastruktur sind mit ein Grund, daß der Kreis zu den wirtschaftlich starken Landkreisen Bayerns gehört. Weltfirmen der chemischen, metallverarbeitenden, der Textil- und Nahrungsmittelindustrie sowie zahlreiche Handwerks-, Handels- und Dienstleistungsbetriebe bieten hochwertige Arbeitsplätze. Als bevorzugtes Naherholungsgebiet für den Ballungsraum Augsburg empfiehlt sich der »Naturpark Augsburg-Westliche Wälder«, der sich über einen großen Teil des Kreisgebiets erstreckt, mit hervorragenden Möglichkeiten für Erholung und Freizeitgestaltung. Aber auch für den Kunstinteressierten ist der Landkreis Augsburg ein schier unerschöpflicher Fundus. Namen berühmter Baumeister, wie Dominikus Zimmermann, Hans Adam Dossenberger, Franz Beer und Elias Holl, lassen den Reichtum ahnen. Sehenswert: Wallfahrtskirche in Biberbach mit dem »Herrgöttle von Biberbach«, einem romanischen Kruzifix von 1220, die Klöster Holzen, Lechfeld und Oberschönenfeld, die Wallfahrtskirche in Violau, die Klosterkirche Peter und Paul in Thierhaupten und das »Juwel«: der in der gesamten Kunstwelt hochgeschätzte spätgotische Flügelaltar von Daniel Mauch (1510) in der Franz-Xaver-Kapelle in Bieselbach.

Landkreis Bad Kissingen

Regierungsbezirk: Unterfranken.
Einwohner: 107 006. Fläche: 1139 km². Einwohner je km²: 90. Kfz-Kennzeichen: KG. Kreisverwaltung: Obere Marktstraße 6, 97688 Bad Kissingen, Postfach 1820, 97685 Bad Kissingen. Verwaltungsgliederung: 26 Einheitsgemeinden (Aura a. d. Saale, Bad Bocklet, Bad Brückenau, Bad Kissingen, Burkardroth, Elfershausen, Euerdorf, Fuchsstadt, Geroda, Hammelburg, Maßbach, Motten, Münnerstadt, Nüdlingen, Oberleichtersbach, Oberthulba, Oerlenbach, Ramsthal, Rannungen, Riedenberg, Schondra, Sulzthal, Thundorf i. UFr., Wartmannsroth, Wildflecken und Zeitlofs), 4 Verwaltungsgemeinschaften (Bad Brückenau, Elfershausen, Euerdorf und Maßbach).

Wappenbeschreibung

Unter blauem Schildhaupt mit drei silbernen Schalenbrunnen gespalten: vorne über von Rot und Silber geschachtem Schildfuß in Gold ein wachsender, schwarzer, rot bewehrter halber Adler am Spalt; hinten in Silber ein schwarzes Tatzenkreuz.

Historische Entwicklung

Historisch setzt sich der 1972 aus den drei Altlandkreisen Bad Kissingen, Hammelburg und Brückenau sowie der kreisfreien Stadt Bad Kissingen gebildete neue Landkreis Bad Kissingen im wesentlichen aus zwei Gebieten zusammen. Im zähen Ringen mit den Grafen von Henneberg konnte das Fürstbistum Würzburg sein Einflußgebiet immer weiter in Richtung Stammheimat der Henneberger (Thüringen) ausdehnen und trat nach deren Aussterben die Rechtsnachfolge an. Das Gebiet des ehemaligen Landkreises Bad Kissingen war mit Ausnahme der Herrschaft Rosenbach um Maßbach würzburgisches Gebiet. Die Fürstabtei Fulda, seit 1753 Fürstbistum, konnte sich nach Süden bis zur Saale ausdehnen, so daß das Gebiet der ehemaligen Landkreise Brückenau und Hammelburg im wesentlichen fuldisches Territorium war. Eine Sonderstellung hatte nur die »Thüngensche Cent«, eine (evangelisch-lutherische) reichsritterschaftliche Herrschaft der Herren von Thüngen. Die historische Vergangenheit des Landkreises spiegelt sich im Kreiswappen wider, das am 29. Mai 1973 genehmigt wurde. Drei silberne Heilbrunnen auf blauem Untergrund versinnbildlichen im Schildhaupt die Tatsache, daß drei der bayerischen Staatsbäder im Landkreis Bad Kissingen liegen. Die vordere Schildhälfte zeigt das geminderte Wappen der Grafen von Henneberg, die einen Doppeladler über dem Schachfeld führten. Für das ehemalige fuldische Gebiet und damit die beiden Landkreise Brückenau und Hammelburg steht das »fuldische Kreuz« in der hinteren Wappenhälfte.

Struktur des Kreises
Sehenswürdigkeiten

Der Bäderlandkreis Bad Kissingen ist geografisch von seiner Lage am Südrand der Rhön gekennzeichnet und bedingt durch die drei bayerischen Staatsbäder Bad Bocklet, Bad Brückenau und Bad Kissingen überwiegend auf Kur- und Fremdenverkehr orientiert. Ein großer Teil des Kreisgebietes gehört zum Naturpark und zum Biosphärenreservat Rhön und wird durch viele waldfreie Kuppen und Matten, einsame Hochflächen, dunkle Hochmoore, ausgedehnte Wälder sowie klare Bäche und Flüsse bestimmt. Die drei Bäder in diesem idealen Wander- und Wintersportgebiet, Kissingen, Brückenau und Bocklet (Biedermeierbad), verdanken ihre repräsentativen Bauten u. a. den bayerischen Königen; Erholung und Gesundung wird durch die schmucken Stadtbilder unterstützt. Überall im Landkreis finden sich bauhistorische Sehenswürdigkeiten wie Schlösser und Burgen, Kirchen und Klöster, gewachsene Städte mit wappengezierten Rathäusern, Stadtmauern und Fachwerkhäusern, Madonnen und Brückenheilige, Kreuze und Bildstöcke.
Besonders hingewiesen sei auf die Pfarrkirche St. Magdalena in Münnerstadt mit einem Hochaltar von Tilman Riemenschneider, berühmten Glasfenstern und Tafelbildern von Veit Stoß, auf das Henneberg-Museum Münnerstadt im Deutschherrenschloß, auf Schloß Aschach mit Kunstsammlung der Grafen Luxburg, auf das Riemenschneider-Kruzifix in der Pfarrkirche Steinach und die spätromanische Madonna von Lauter. Das ehemalige Zisterzienserkloster Bildhausen wird, vorbildlich renoviert, für soziale Zwecke genutzt. Bei Hammelburg beherrscht Schloß Saaleck das Saaletal. Im Saaletal wächst im nördlichsten Weinbaugebiet Frankens ein edler Tropfen.

Landkreis Bad Tölz-Wolfratshausen

Regierungsbezirk: Oberbayern. Einwohner: 110 453. Fläche: 1111 km². Einwohner je km²: 100,2. Kfz-Kennzeichen: TÖL. Kreisverwaltung: Bahnhofsplatz 1, 83646 Bad Tölz, Postfach 1360, 83633 Bad Tölz. Verwaltungsgliederung: 14 Einheitsgemeinden (Bad Heilbrunn, Bad Tölz, Dietramszell, Egling, Eurasburg, Gaißach, Geretsried, Icking, Jachenau, Königsdorf, Lenggries, Münsing, Wackersberg, Wolfratshausen), 3 Verwaltungsgemeinschaften (Benediktbeuern und Bichl; Kochel a. See und Schlehdorf; Greiling, Reichersbeuern und Sachsenkam).

Wappenbeschreibung

Unter blauem Schildhaupt, darin ein schreitender, rot bezungter und rot bewehrter goldener Löwe, gespalten; vorne die bayerischen Rauten, hinten in Rot zwei schräggekreuzte, mit den Krümmen zugewendete silberne Abtsstäbe.

Historische Entwicklung

Die ältesten Spuren menschlicher Besiedlung im Raum des Isar-Loisach-Tales gehen zurück auf die Jungsteinzeit (4000 bis 1800 v. Chr.). In der Eisenzeit wurden dann die Kelten hier seßhaft. Die regelmäßigen Viereckanlagen im nördlichen Landkreis beweisen es. Kurz vor der Zeitenwende besetzten die Römer das Land zwischen Alpen und Donau. Die Bevölkerung wurde romanisiert und christianisiert. Nach dem Zusammenbruch des Römischen Reiches drangen im Zuge der Völkerwanderung die Bajuwaren ein. Um 740 n. Chr. wurde eines der ältesten bayerischen Klöster gegründet, das Kloster Benediktbeuern. Es entwickelte sich in der Folgezeit zu einem bedeutenden geistlichen und kulturellen Zentrum. Die Schrecken des Dreißigjährigen Krieges und die Pest nahmen dem Land zwischen Isar und Loisach dann jedoch seine Ruhe und schwächten die Bevölkerung. Der Österreichische Erbfolgekrieg mit der »Sendlinger Mordweihnacht« im Jahre 1705 forderte hierzulande einen schrecklichen Blutzoll. 1972 wurden die beiden Landkreise Bad Tölz und Wolfratshausen zusammengelegt. Das am 27. Februar 1974 genehmigte Kreiswappen symbolisiert mit den bayerischen Rauten die ehemaligen Pfleggerichte Tölz und Wolfratshausen; letztgenanntes war aus dem Erbe der Andechser Grafen (Andechser Löwe) hervorgegangen. Die Abtsstäbe standen im ältesten Wappen der Klosterherren von Benediktbeuern.

Struktur des Kreises Sehenswürdigkeiten

Begünstigt durch seine Lage im Alpenvorland entwickelte sich das Tölzer Land zu einem beliebten Urlaubsgebiet. Durch einen langsam wachsenden Fremdenverkehr hat es seine Natürlichkeit, landschaftliche Schönheit und Vielfältigkeit bewahrt. Ein Großteil des Landkreises wird landwirtschaftlich genutzt. Die schönen Seen, wie etwa der Walchen- und Kochelsee, der Sylvensteinsee, Starnberger See und Kirchsee, laden zum Wassersport ein. Isar und Loisach bieten ein gern besuchtes Wander- und Baderevier. Die Badeanstalten Alpamare, Trimini und Isarwelle bieten auch bei schlechtem Wetter Urlaubsspaß. Dem Schutz des Naturschutzgesetzes wurde nicht nur das Isartal als letzte Wildflußlandschaft Europas unterstellt, auch die großräumigen Moorflächen, letzte Rückzugsgebiete für die bedrohte Tier- und Pflanzenwelt (z. B. das Ellbach-Kirchseemoor). Großer Bekanntheit erfreut sich der Wintersportort Lenggries mit seinem Skizentrum Brauneck und auch die Herzogstandbahn bei Kochel am See. Auf die jüngere Generation wartet die Sommerrodelbahn am Blomberg. Die Kurorte Bad Tölz und Bad Heilbrunn genießen weithin guten Ruf als heilkräftige Jodbäder. Behandelt werden vor allem Herz- und Kreislauferkrankungen sowie Erkrankungen des Bewegungsapparates. Kochel am See und Lenggries sind als Luftkurorte, Benediktbeuern, Holzhausen sowie Jachenau als Erholungsorte staatlich anerkannt.

Brauchtum und Tradition werden im Landkreis sehr hoch gehalten. Besonders zu kirchlichen Feiertagen und festlichen Anlässen werden die schönen Trachten getragen. Berühmt ist vor allem die Tölzer Leonhardifahrt am 6. November jeden Jahres. Allein 13 Gebirgsschützenkompanien können derzeit gezählt werden. Das Kloster Benediktbeuern, das Freilichtmuseum Glentleiten, die Heimatmuseen in Bad Tölz und Wolfratshausen, das Franz-Marc-Museum in Kochel, das Stadtmuseum in Geretsried, die Klöster Dietramszell und Schlehdorf sind nicht zu übersehen.

Landkreis Bamberg

Regierungsbezirk: Oberfranken. Einwohner: 135 680. Fläche: 1168,26 km². Einwohner je km²: 116. Kfz-Kennzeichen: BA. Kreisverwaltung: Ludwigstraße 23, 96052 Bamberg, Postfach 1920, 96045 Bamberg. Verwaltungsgliederung: 17 Einheitsgemeinden (Städte Hallstadt, Scheßlitz und Schlüsselfeld; Märkte Hirschaid, Heiligenstadt i.OFr., Rattelsdorf und Zapfendorf; Gemeinden Bischberg, Breitengüßbach, Gundelsheim, Kemmern, Litzendorf, Memmelsdorf, Oberhaid, Pommersfelden, Strullendorf und Viereth-Trunstadt) 8 Verwaltungsgemeinschaften mit 19 Mitgliedsgemeinden.

Wappenbeschreibung

In Gold nebeneinander ein linksgewendeter, mit einer silbernen Schräglinksleiste überdeckter, rot bewehrter schwarzer Löwe und ein steigender, widersehender, rot bezungter schwarzer Keiler, der einen durchgehenden, schräggestellten silbernen Abtsstab mit silbernem Schweißtuch im Gebrech (Maul) hält und mit dem linken Vorderhammer (Bein) stützt.

Historische Entwicklung

Der heutige Landkreis Bamberg umfaßt zum überwiegenden Teil, vor allem in seinem östlichen Bereich, Gebiete, die bis 1803 Bestandteil des im Jahre 1007 gegründeten Bistums bzw. Hochstiftes Bamberg waren. Daneben nahm in der historischen Entwicklung des westlichen Teiles des Kreisgebietes die Zisterzienserabtei Ebrach eine besondere Stellung im kulturellen und wirtschaftlichen Leben der Landschaft ein. Sie war landständisches Kloster im Bistum bzw. Hochstift Würzburg und besaß einen sehr umfangreichen sowie geschlossenen grundherrschaftlichen Komplex mit Rechten in zahlreichen Dörfern.

Das Wappen des Landkreises Bamberg (Erstgenehmigung 18. Juni 1962, Neuverleihung 28. Mai 1973) versinnbildlicht diese historische Entwicklung und zeigt die Wappentiere des Hochstiftes Bamberg, einen Löwen, sowie des Klosters Ebrach, einen Eber mit Abtsstab.

Als mit Wirkung vom 1. Juli 1862 in ganz Bayern die bayerischen Bezirksämter als reine Verwaltungsbehörden mit bürokratischer Verfassung entstanden, wurden für das Gebiet des heutigen Landkreises zwei Bezirksämter (das Bezirksamt Bamberg I für den östlichen und das Bezirksamt Bamberg II für den westlichen Bereich) gebildet; ihre Vereinigung wurde im Zuge der seinerzeit bis zum Jahre 1931 praktizierten Staatsverwaltungsvereinfachung durch das Bayerische Gesamtministerium mit Wirkung vom 1. Oktober 1929 verfügt. Dieses Bezirksamt, das ab 1939 als Landratsamt bezeichnet wurde, ist als Vorgänger des heutigen Landkreises Bamberg anzusehen, der im Zuge der Gebietsreform erweitert wurde.

Struktur des Kreises
Sehenswürdigkeiten

Landschaftlich reizvoll liegt der Landkreis Bamberg im Herzen Frankens als Ringlandkreis um die kreisfreie Stadt Bamberg. Er hat Anteil an den Naturparks »Fränkische Schweiz«, »Haßberge« und »Steigerwald«. Regnitz und Main mit ihren fruchtbaren Tälern verbinden diese Landschaften. Ein Fünftel der Erwerbstätigen ist in der Land- und Forstwirtschaft tätig, während ca. 50 Prozent im produzierenden Gewerbe arbeiten. Zu den bedeutendsten Sehenswürdigkeiten zählen neben dem Zisterzienserkloster Ebrach mit seiner Klosterkirche, einem großartigen frühgotischen Bau, und den Klosteranlagen mit dem 1747 entstandenen Herkulesbrunnen, die frühere fürstbischöfliche Sommerresidenz Schloß Seehof bei Memmelsdorf, Schloß Weißenstein bei Pommersfelden mit einem prunkvollen Marmorsaal, Schloß Greifenstein, Burg Lisberg sowie die vom Landkreis Bamberg revitalisierte Giechburg mit der benachbarten Felsenkapelle Gügel. Die beiden Barockorgeln in der Klosterkirche Ebrach sind Anlaß für die alle zwei Jahre stattfindende internationale Orgelwoche und für die jährlichen »Fränkischen Orgeltage«.

Landkreis Bayreuth

Regierungsbezirk: Oberfranken. Einwohner: 106 811. Fläche: 1274 km². Einwohner je km²: 84. Kfz-Kennzeichen: BT. Kreisverwaltung: Markgrafenallee 5, 95448 Bayreuth, Postanschrift: 95440 Bayreuth. Einheitsgemeinden (Ahorntal, Bad Berneck im Fichtelgebirge, Bindlach, Bischofsgrün, Eckersdorf, Gefrees, Goldkronach, Heinersreuth, Pegnitz, Pottenstein, Speichersdorf, Waischenfeld, Warmensteinach) und 18 Gemeinden in 6 Verwaltungsgemeinschaften: Betzenstein (mit der weiteren Mitgliedsgemeinde Plech), Creußen (Haag, Prebitz, Schnabelwaid), Hollfeld (Aufseß, Plankenfels), Mistelbach (Gesees, Hummeltal), Mistelgau (Glashütten), Weidenberg (Emtmannsberg, Kirchenpingarten, Seybothenreuth).

Wappenbeschreibung

Unter Schildhaupt mit den bayerischen Rauten in Silber ein golden bewehrter roter Adler mit goldenen Kleestengeln auf den Flügeln.

Historische Entwicklung

Der Landkreis Bayreuth wurde im Zuge der Gebietsreform 1972 aus Teilen sieben ehemaliger Landkreise gebildet. Den Hauptanteil stellten hierbei die ehemaligen Landkreise Bayreuth und Pegnitz, kleinere Gebietsteile kamen aus den Altlandkreisen Ebermannstadt, Münchberg, Kulmbach, Kemnath und Eschenbach hinzu. Der Landkreis setzt sich aus vier geschichtlichen Gebieten zusammen: dem ehemaligen Markgrafentum Ansbach-Bayreuth, Teilen des Hochstifts Bamberg, aus altbayerischem Gebiet der Oberpfalz und aus kleineren Flächenanteilen der ehemaligen Reichsstadt Nürnberg. Der Großteil des Landkreises gehörte über Jahrhunderte zu Kammerämtern der zollerischen Markgrafen von Brandenburg-Bayreuth.
Dieser geschichtlichen Verbundenheit trägt auch das Landkreiswappen Rechnung. Der brandenburgische Adler aus dem Wappen der einstigen Landesherren stellt die Vergangenheit unter der bayreuthischen Landeshoheit dar, während die bayerischen Rauten im Schildhaupt auf die historische Verbindung des östlichen Kreisgebietes mit der Oberpfalz und zugleich auf die Stellung des Wappenträgers als übergemeindliche Gebietskörperschaft im Freistaat Bayern hinweisen. Da die Symbolik des bisherigen Bayreuther Kreiswappens vom 27. September 1962 auch auf den erheblich vergrößerten neuen Landkreis Bayreuth zutraf, stimmte die Regierung von Oberfranken am 21. Februar 1974 der Fortführung dieses Wappens zu.

Struktur des Kreises
Sehenswürdigkeiten

Der Landkreis Bayreuth umfaßt die wohl schönsten Landschaftsteile Oberfrankens mit zwei klassischen Fremdenverkehrsgebieten: im Norden den Zentralstock des Fichtelgebirges, im Südwesten wesentliche Teile der Fränkischen Schweiz. Das waldreiche Fichtelgebirge ist eine der Urlaubslandschaften, die fast das ganze Jahr über Saison haben; als Naturapotheke hat es einen guten Namen. Orte wie das Kneippheilbad Bad Berneck im Fichtelgebirge, der heilklimatische Kurort Bischofsgrün sowie die anerkannten Luftkurorte Fichtelberg und Warmensteinach und die Erholungsorte Weidenberg und Mehlmeisel sowie Goldkronach und Gefrees bürgen für einen erholsamen Urlaubsaufenthalt. Als Attraktion erweist sich die 1 km lange Sommerrodelbahn auf der Nordseite des Ochsenkopfes. Auch im Winter bietet das Fichtelgebirge als das nordbayerische Wintersportzentrum für jeden etwas. Zwei Doppelsesselbahnen bringen die Sportbegeisterten zum Gipfel des Ochsenkopfes. Sie sind auch im Sommer für die Wanderfreunde in Betrieb. Von den Aussichtstürmen bei Hollfeld und Waischenfeld oder dem Schloßberg bei Pegnitz bieten sich herrliche Ausblicke. Von den schönsten Höhlen seien nur die Teufelshöhle bei Pottenstein und die Sophienhöhle bei Burg Rabenstein genannt. Stellvertretend für viele gut erhaltene Burgen und Ruinen seien die Burgen in Pottenstein, Waischenfeld und Betzenstein erwähnt. Ein Besuch des Fränkischen-Schweiz-Museums in der Unteren Burg Tüchersfeld, des bekannten Krügemuseums in Creußen oder des heimatkundlichen Museums in Betzenstein kann empfohlen werden. Ein besonderer Anziehungspunkt ist auch das groß angelegte Wildgehege im Veldensteiner Forst. Größte Stadt im Landkreis ist der staatlich anerkannte Erholungsort Pegnitz (14 408 Einwohner) mit seinem alten Rathaus und der Bartholomäuskirche. Staatlich anerkannte Luftkurorte in der Fränkischen Schweiz sind Pottenstein und Waischenfeld.

Landkreis Berchtesgadener Land

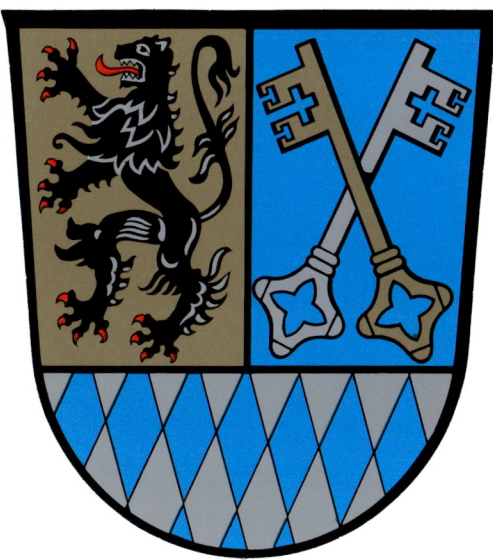

Regierungsbezirk: Oberbayern. Einwohner: 98 814. Fläche: 840 km². Einwohner je km²: 110. Kfz-Kennzeichen: BGL. Kreisverwaltung: Salzburger Straße 64, 83435 Bad Reichenhall, Postfach 2120, 83423 Bad Reichenhall. Verwaltungsgliederung: 15 kreisangehörige Gemeinden (Ainring, Anger, Bad Reichenhall, Bayerisch Gmain, Berchtesgaden, Bischofswiesen, Freilassing, Laufen, Marktschellenberg, Piding, Ramsau b. Berchtesgaden, Saaldorf, Schneizlreuth, Schönau a. Königssee, Teisendorf).

Wappenbeschreibung

Über Schildfuß mit den bayerischen Rauten gespalten von Gold und Blau; vorne ein rot bewehrter schwarzer Löwe, hinten schräggekreuzt ein goldener und ein silberner Schlüssel.

Historische Entwicklung

Wie der ganze Freistaat Bayern erhielt auch seine südöstliche Ecke durch die Landkreisreform am 1. Juli 1972 eine neue Verwaltungsgliederung. Das am 29. Mai 1973 genehmigte Wappen symbolisiert den Zusammenschluß des neuen Kreises aus drei bis dahin selbständigen Gebietskörperschaften. Für das Territorium der früheren Fürstpropstei Berchtesgaden, die im wesentlichen dem südlichen Teil des heutigen Landkreises entspricht, stehen die aus dem Berchtesgadener Stadtwappen übernommenen schräggekreuzten Schlüssel. Sie sind die Symbole des hl. Petrus aus dem Sinnbild der Fürstpropstei und standen bereits im Wappen des ehemaligen Kreises Berchtesgaden. Der frühere Landkreis Laufen stand lange Zeit unter der Herrschaft der Fürstbischöfe von Salzburg; deshalb erscheint der Salzburger Löwe im neuen Kreisemblem. Die vormals kreisfreie Stadt Bad Reichenhall gehörte zum altbayerischen Kurfürstentum, was durch die bayerischen Rauten dargestellt wird. Die Rauten sind zugleich ein für alle Gebietsteile gemeinsam geltendes Symbol, da damit die seit dem Anfang des 19. Jh. wirkende bayerische Landeshoheit im Rupertiwinkel widergespiegelt wird.

Struktur des Kreises
Sehenswürdigkeiten

Der südost-oberbayerische Landkreis Berchtesgadener Land besteht aus drei Teilen: dem eigentlichen »Berchtesgadener Land« (im engeren Sinne der ehemaligen Landesherrschaft der Fürstpropstei Berchtesgaden), der stets bayerisch gewesenen Stadt Bad Reichenhall und dem Land um Laufen (»Rupertigau«). Der Watzmann (mit 2713 m zweithöchster Berg Deutschlands) bildet mit dem Königssee den Kern des Nationalparks Berchtesgaden (einziger alpiner Nationalpark Deutschlands, 21 000 ha), einer eindrucksvollen Landschaft, die dem Wanderer, Bergsteiger und Skitourenfahrer ein außergewöhnliches Naturerlebnis vermittelt (für keinen Teil des Nationalparks besteht Betretungsverbot). Viele Schlösser und Burgen erinnern an die reiche Geschichte dieses Landkreises: der Hallthurm (alte Paßbefestigung der Fürstpropstei Berchtesgaden gegen Bayern und Salzburg), die heutige Ruine Burg Karlstein (Burgreste aus dem 12. Jh.), Schloß Marzoll (früheres Römerkastell, nach Brand im 11. Jh. im Jahre 1630 als Schloß neu errichtet), Burg Staufeneck und das königliche Schloß in Berchtesgaden (heute Museum), um nur einige zu nennen. Sehenswert sind das Stadtbild von Laufen (Stadtbefestigung, Stiftskirche mit romanischem Kreuzgang), die sakralen Bauten des Landkreises (z. B. St. Bartholomä am Königssee, Wallfahrtskirche Maria Gern, kath. Pfarrkirche in Ramsau) und die Bauten, die mit dem in der Vergangenheit wirtschaftsbestimmenden Faktor Salz zusammenhängen, besonders das Salzbergwerk Berchtesgaden und die alte Saline Bad Reichenhall.

Landkreis Cham

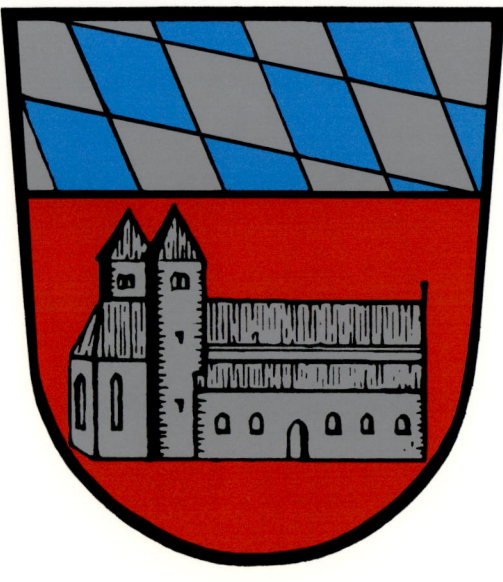

Regierungsbezirk: Oberpfalz. Einwohner: 129 003. Fläche: 1509,8 km². Einwohner je km²: 85. Kfz-Kennzeichen: CHA. Kreisverwaltung: Rachelstraße 6, 93413 Cham, Postfach 1432, 93404 Cham. Verwaltungsgliederung: 39 kreisangehörige Gemeinden (Arnschwang, Arrach, Blaibach, Cham, Chamerau, Eschlkam, Falkenstein, Furth i. Wald, Gleißenberg, Grafenwiesen, Hohenwarth, Kötzting, Lam, Lohberg, Michelsneukirchen, Miltach, Neukirchen b. Hl. Blut, Pemfling, Pösing, Reichenbach, Rettenbach, Rimbach, Roding, Rötz, Runding, Schönthal, Schorndorf, Stamsried, Tiefenbach, Traitsching, Treffelstein, Zell, Waffenbrunn, Wald, Walderbach, Waldmünchen, Weiding, Willmering, Zandt – davon 22 Einheitsgemeinden und 17 Gemeinden in 8 Verwaltungsgemeinschaften).

Wappenbeschreibung

Unter Schildhaupt mit den bayerischen Rauten in Rot die zweitürmige silberne Kirche von Chammünster in Seitenansicht.

Historische Entwicklung

Die Geschichte des Landkreises Cham ist eng verbunden mit seiner Lage zwischen den alten Handelszentren Regensburg und Prag. Ein Münzfund (ca. 4. Jh. v. Chr.) zeugt davon, daß die Cham-Further Senke schon damals als Fernhandelsweg gedient haben muß. 748 gründete die Regensburger Abtei St. Emmeram die »Cella«, die Urpfarrei in Chammünster, die zum Ausgangspunkt der Besiedelung des Bayerischen Waldes wurde. Rund 300 Jahre später wird die Mark Cham erstmals urkundlich erwähnt. Zu dieser Zeit werden Grenze und Hinterland mit Burgen befestigt; zahlreiche Orte werden gegründet. Die Reichsburg Cham war militärischer Mittelpunkt der Mark. Im 12. Jh. wurden im Regental die Klöster Reichenbach und Walderbach gegründet, die bis zur Reformation vielfältige Impulse auf das geistige, kulturelle und wirtschaftliche Leben der Umgebung ausübten. In den folgenden Jahrhunderten wechselten die Herrschaften häufig; auch hat es nie an kriegerischen Ereignissen gefehlt.

Die früheren Landkreise Cham, Kötzting und Waldmünchen, der östliche Teil des Landkreises Roding und einige Gemeinden anderer Kreise wurden 1972 zum neuen Landkreis Cham zusammengefaßt. Der heutige Kreis erhielt sein bisheriges Wappen am 9. Dezember 1975 erneut verliehen. Die bayerischen Rauten bedeuten die jahrhundertelange Zugehörigkeit zum wittelsbachischen Territorium der Oberen Pfalz. Sie stehen auch für die Tradition eines bayerischen Gerichts- und Verwaltungssprengels, die sich vom Spätmittelalter bis zur Gebietskörperschaft im Freistaat Bayern fortsetzt. Die stilisierte Darstellung der Kirche von Chammünster hebt die Bedeutung des Chamer Gebietes für die Christianisierung im frühen Mittelalter hervor.

Struktur des Kreises
Sehenswürdigkeiten

Der Landkreis ist größtenteils identisch mit dem »Naturpark Oberer Bayerischer Wald«, der sich vom bayerisch-böhmischen Grenzgebirge bis in die sanfte Hügellandschaft des Vorwaldes bei Regensburg erstreckt. Er hat sich in den letzten Jahrzehnten zu einem attraktiven Feriengebiet mit mittelständisch geprägter Wirtschaft und bäuerlicher Landwirtschaft entwickelt. Die Klosterkirchen Walderbach und Reichenbach sind hervorragende Zeugnisse romanischer Baukunst. Sehenswert sind auch die traditionsreichen Wallfahrtskirchen Weißenregen, Neukirchen b. Hl. Blut und Heilbrünnl. Unter den profanen Bauten stehen die zahlreichen Ruinen, Burgen und Schlösser oben an.

Bekannt ist der Kreis für eine beeindruckende Reiterwallfahrt, den »Kötztinger Pfingstritt«, und seine Festspiele. »Trenck der Pandur vor Waldmünchen« erinnert an die Ereignisse im Österreichischen Erbfolgekrieg, und im »Further Drachenstich«, Deutschlands ältestem Volksschauspiel, besiegt der wackere Ritter Udo den das Böse symbolisierenden Drachen. Weitere Freilichtbühnen in Kötzting, Falkenstein, Rimbach und Furth i. Wald sorgen für einen abwechslungsreichen Sommer. Mit seinen Museen, vom Heimatmuseum bis zur Galerie mit zeitgenössischer Kunst und von der Handwerksausstellung bis zum Wallfahrtsmuseum, hat sich der Landkreis auch überregional einen Namen gemacht.

Landkreis Coburg

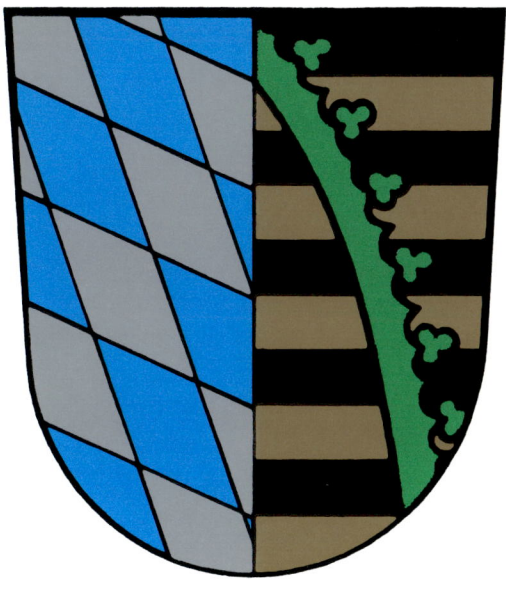

Regierungsbezirk: Oberfranken. Einwohner: 90 484. Fläche: 592 km². Einwohner je km²: 152. Kfz-Kennzeichen: CO. Kreisverwaltung: Lauterer Str. 60, 96450 Coburg, Postfach 2354, 96412 Coburg. Verwaltungsgliederung: 17 kreisangehörige Gemeinden, davon 2 in 1 Verwaltungsgemeinschaft (Ahorn, Dörfles-Esbach, Ebersdorf b. Coburg, Großheirath, Itzgrund, Lautertal, Meeder, Neustadt b. Coburg, Rodach b. Coburg, Rödental, Seßlach, Sonnefeld, Untersiemau, Weidhausen b. Coburg, Weitramsdorf, VG Grub a. Forst mit Grub a. Forst und Niederfüllbach).

Wappenbeschreibung

Gespalten; vorne die bayerischen Rauten, hinten neunmal geteilt von Schwarz und Gold, belegt mit einem schrägen und gebogenen grünen Rautenkranz.

Historische Entwicklung

Der Landkreis Coburg ist das Kernstück der ehemaligen Pflege Coburg, einer aus dem Spätmittelalter stammenden Verwaltungseinheit. Im Jahre 1353 kam dieses Gebiet auf dem Erbweg an das Haus Wettin, gehörte seitdem zum sächsischen Kurfürstentum und wurde 1572 zum Zentrum des wettinischen Fürstentums Coburg. Nach vielfältigen, durch die dynastische Geschichte bedingten Umorganisationen entstand schließlich 1826 das Herzogtum Coburg, das in Personalunion mit Gotha bis 1918 bestand. Dieser gebietsgeschichtlichen Entwicklung trägt die Aufnahme des wettinischen Stammwappens (neunmal geteilt von Schwarz und Gold, belegt mit einem grünen Rautenkranz) in das Landkreiswappen Rechnung. Nach dem Umsturz von 1918 entschied sich Coburg durch Volksabstimmung 1920 zum Anschluß an den Freistaat Bayern. Diese für die Geschichte der letzten Jahrzehnte äußerst bedeutungsvolle Entscheidung und die seitherige Zugehörigkeit des Gebietes zu Bayern dokumentieren die bayerischen Rauten im Landkreiswappen. Das Wappen wurde am 23. Mai 1973 erneut verliehen, nachdem es bereits seit 1962 geführt worden war.

Die Landkreisreform von 1972 gliederte die Städte Neustadt bei Coburg und Seßlach samt Umland in den Kreis ein. Die früher kreisfreie Stadt Neustadt bei Coburg wurde Große Kreisstadt. Zum anderen verlor der Landkreis bedeutende Gemeinden an die kreisfreie Stadt Coburg. Seit der DDR-Grenzöffnung 1989 und der Wiedervereinigung 1990 ist der Landkreis Coburg aus seiner Randlage wieder in die Mitte Deutschlands und Europas gerückt.

Struktur des Kreises Sehenswürdigkeiten

Der Landkreis Coburg ist von der Natur sehr wechselvoll gestaltet. Er befindet sich in einer Übergangslage von der Mainniederung zum Thüringisch-Fränkischen Mittelgebirge und wird von vier verschiedenen Landschaften (»Mainfränkische Gäulandschaft« mit dem östlichen Grabfeld, die »Langen Berge«, das Obermainische Hügelland und das Itz-Hügelland) geografisch gegliedert. Klein- und Mittelbetriebe (holzverarbeitende Industrie, Metallverarbeitung, Elektrotechnik, Spielwaren, Christbaumschmuck, Keramik, Porzellan) bestimmen die Wirtschaftsstruktur dieser Region, die mit ihrer landschaftlichen Schönheit und einem Reichtum an Sehenswürdigkeiten Urlauber und Erholungsuchende anzieht. Besonders zu erwähnen sind hier die Stadt Rodach (Reste der Stadtbefestigung, Wehrkirche, Marktplatz, Rathaus, Fridolinhaus, Thermalbewegungsbad), Seßlach (mittelalterliches Stadtbild mit gut erhaltenen historischen Gebäuden, Stadtmauer, Toren und Türmen, Schloß Geyersberg, OT Heiligersdorf Schloß) und Rödental (OT Oeslau, Schloß und Park Rosenau, OT Mönchröden, ehemaliges Benediktinerkloster). Weitere Sehenswürdigkeiten befinden sich in Ahorn (Schloß mit Wendeltreppe und Kirche), Itzgrund (OT Lahm, Schloßkirche mit Orgel), Meeder (Gretenhaus, Sternbergschloß, Laurentiuskirche – Urpfarrei). Neustadt b. Coburg (»Trachtenpuppenmuseum« mit über 1000 originalgetreuen Nachbildungen von Trachten aus verschiedenen Kulturphasen und einer Spielzeugschau sowie Puppen vom 17. Jh. bis in unsere Tage; »Steha-Märchenschau«) und in Weitramsdorf (Wildpark Tambach).

Landkreis Dachau

Regierungsbezirk: Oberbayern. Einwohner: 120 968. Fläche: 572,2 km². Einwohner je km²: 211. Kfz-Kennzeichen: DAH. Kreisverwaltung: Weiherweg 16, 85221 Dachau, Postfach 1520, 89205 Dachau. Verwaltungsgliederung: 17 kreisangehörige Gemeinden (Markt Altomünster, Bergkirchen, Große Kreisstadt Dachau, Erdweg, Haimhausen, Hebertshausen, Hilgertshausen-Tandern, Karlsfeld, Markt Indersdorf, Odelzhausen, Petershausen, Pfaffenhofen a. d. Glonn, Röhrmoos, Schwabhausen, Sulzemoos, Vierkirchen, Weichs).

Wappenbeschreibung

Unter Schildhaupt mit den bayerischen Rauten in Silber ein roter Zickzackbalken.

Historische Entwicklung

Das Straßennetz der Römer, zu deren Provinz Rätien das Dachauer Land gehörte, durchzog das Kreisgebiet und bestimmte noch bis nach 1200 die Hauptverkehrsachsen. Nach dem Sturz Herzog Tassilos III. im Jahre 788 zog der fränkische König die agilolfingischen Güter ein. Danach erlangten die Grafen von Scheyern die zuvor von ihnen verwalteten Königsgüter als Erbeigentum. Dieses Adelsgeschlecht spaltete sich um 1100 in drei Linien: die Grafen von Dachau, die Grafen von Valley und die jüngeren Grafen von Scheyern, die sich bald den Namen »Wittelsbach« gaben. Im Kreiswappen steht der rote Zickzackbalken der Dachauer Linie in silbernem Feld. Bei der Hauptlinie dürfte die Tingierung (Farbgebung) golden in Blau gewesen sein. Als die Wittelsbacher 1242 die Grafen von Bogen beerbten, fiel ihnen das Recht zur Führung deren silbern-blauen Rautenwappens zu. Dieses verdrängte das eigentliche wittelsbachische Hauswappen und wurde zum wichtigsten und bekanntesten Wappenbild der bayerischen Landesherren. Der Landkreis Dachau übernahm die auch »Wecken« (Brötchen) genannten Rauten als Teil des altbayerischen Kernlandes.

Die Geschichte des Landkreises als Selbstverwaltungskörperschaft ist relativ jung. Erst 1852 wurde ein körperschaftlicher Verband der im damaligen Landgericht Dachau gelegenen Gemeinden gebildet. Die Landkreisreform zum 1. Juli 1972 vergrößerte den Landkreis um 15 Gemeinden aus den Landkreisen Aichach und Friedberg. Fahrenzhausen wurde an den Landkreis Freising abgetreten. Mit Abschluß der Gemeindegebietsreform zum 1. Mai 1978 hatten sich im Landkreis Dachau 17 kreisangehörige Gemeinden neu gebildet. Zum 1. Januar 1984 wurde aus dem Landkreis Freising die Ortschaft Weißling nach Petershausen umgemeindet und gehört dadurch zum Landkreis Dachau. Das bisherige Landkreiswappen wurde am 15. Juli 1976 erneut verliehen.

Struktur des Kreises Sehenswürdigkeiten

Der Landkreis Dachau mit seinen über 120 000 Einwohnern, verteilt auf die Große Kreisstadt Dachau und 16 weitere Gemeinden, liegt nordwestlich der Landeshauptstadt, eingebettet zwischen zwei strahlenförmig auf München zulaufende Autobahnen. Während der nördliche Teil des Landkreises durch Hügel, Felder und Wälder geprägt ist, grenzt der Süden mit seiner flachen Moos- und Amperlandschaft unmittelbar an die Landeshauptstadt. Der Siedlungsschwerpunkt liegt im Süden des Landkreises. Allein in Dachau (über 36 000 Einwohner) und Karlsfeld (knapp 15 000 Einwohner) wohnen 46 Prozent der Landkreisbürger. Hier liegt auch das über einen halben Quadratkilometer große Naherholungsgebiet Karlsfelder See.

Etwa 550 Baudenkmäler deuten im Landkreis auf eine bewegte Vergangenheit hin. Besonders hervorzuheben sind hier das Dachauer Schloß mit einer der schönsten Renaissanceholzdecken nördlich der Alpen, das Schloß Haimhausen, dem François Cuvilliés die heutige Fassade gab, dann die Schlösser in Unterweilbach, Lauterbach, Unterweikertshofen, Odelzhausen, Sulzemoos, Tandern und Hof. Von den kirchlichen Bauten seien das Kloster in Indersdorf, das über Jahrhunderte hinweg das geistige Zentrum des Dachauer Landes bildete, das Birgittinenkloster in Altomünster und die Basilika auf dem Petersberg genannt. Letztere ist die älteste im Landkreis erhalten gebliebene Kirche und die Urzelle des Klosters Scheyern.

Landkreis Deggendorf

Regierungsbezirk: Niederbayern. Einwohner: 111 893. Fläche: 861 km². Einwohner je km²: 130. Kfz-Kennzeichen: DEG. Kreisverwaltung: Herrenstraße 18, 94469 Deggendorf, Postfach 1569, 94455 Deggendorf. Verwaltungsgliederung: 26 kreisangehörige Gemeinden, davon 15 Einheitsgemeinden und 4 Verwaltungsgemeinschaften mit 14 Gemeinden (Aholming, Auerbach, Außernzell, Bernried, Buchhofen, Deggendorf [Große Kreisstadt], Grafling, Grattersdorf, Hengersberg [Markt], Hunding, Iggensbach, Künzing, Lalling, Metten [Markt], Moos, Niederalteich, Oberpöring, Offenberg, Osterhofen [Stadt], Otzing, Plattling [Stadt], Schaufling, Schöllnach [Markt], Stephansposching, Wallerfing, Winzer [Markt]).

Wappenbeschreibung

In Gold ein gesenkter blauer Wellenbalken, darüber ein rot bewehrter schwarzer Doppeladler, darunter ein grüner Dreiberg.

Historische Entwicklung

Die Klöster Niederalteich und Metten, um 741 und 770 gegründet, kolonisierten große Teile des mittleren Bayerischen Waldes. Bis hinein zur jetzigen Landesgrenze mit der Tschechischen Republik reichten die Gründungen Niederalteicher Äbte. Etwa zur gleichen Zeit, mit der Entmachtung des bayerischen Herzogs Tassilo durch Karl den Großen 788 n. Chr., wurde das Gebiet des heutigen Landkreises Deggendorf dem östlichen Donaugau einverleibt. Später entstanden die wittelsbachischen Pfleggerichte, zu denen auch Deggendorf 1255, Natternberg erst ab 1400, Hengersberg und Osterhofen erhoben wurden. Heute umfaßt der Landkreis Deggendorf die Gebiete dieser vier ehemaligen Gerichtsbezirke, nachdem seit der Gebietsreform auch der Osterhofener Raum in sein Hoheitsgebiet eingegliedert wurde.

Das Kreiswappen wurde erstmals 1963 genehmigt und am 23. Mai 1973 erneut verliehen. Es symbolisiert durch den blauen Wellenbalken, den grünen Dreiberg und die goldene Feldfarbe die geografische Lage des Landkreises an den Flüssen Donau und Isar sowie an den Abhängen des Bayerischen Waldes und den Getreideanbau im Gäuboden. Für die geschichtliche Entwicklung und die kulturellen Faktoren steht der Dreiberg auch als altes Wappenbild des Klosters Niederalteich, der kaiserliche Doppeladler als Sinnbild für den legendären Gründer des Klosters Metten, Kaiser Karl den Großen (768 bis 814).

Von 1138 bis 1783 bestand auf dem Areal der einstigen Herzogs- bzw. Königspfalz das Prämonstratenserkloster Osterhofen.

Struktur des Kreises
Sehenswürdigkeiten

Der Landkreis liegt im Herzen Niederbayerns. Ihn gliedern zwei völlig unterschiedliche Naturräume: der aus kristallinem Grundgebirge bestehende Bayerische Wald und der weitläufige, von Löß und Terrassen geprägte Gäuboden – verbunden durch den Donaustrom. Das Land hat auf Höhen zwischen 303 und 1121 Metern Wälder, die wie seit Jahrhunderten unberührt wirken und doch jedermann zugänglich sind. Kunstvoll ausgestattete romanische, gotische, Barock- und Rokokokirchen sowie Klöster wie Metten, Niederalteich und Osterhofen zeugen von traditionsreicher Vergangenheit. Es gibt zahlreiche Burgen und Burgruinen, von Schloß Egg über Wildenforst und Hartham, Offenberg, Pitzen und Winzer bis hinunter zu den teilweise noch bewohnten Schlössern in Moos, Niederpöring und Offenberg. Wer archäologische Grabungsergebnisse bestaunen will oder mehr an bäuerlichem und handwerklichem Leben vergangener Zeiten interessiert ist, findet dazu aufschlußreiche Sammlungen an zahlreichen Grabungsstätten und in Museen zwischen Deggendorf und Künzing. Es mangelt nicht an Bibliotheken, Renaissancebauten, Bürgerhäusern aller Baustile und nicht an Bauernhausensembles, die unter Denkmalschutz stehen.

Landkreis Dillingen a. d. Donau

Regierungsbezirk: Schwaben. Einwohner: 88729. Fläche: 792 km². Einwohner je km²: 112. Kfz-Kennzeichen: DLG. Kreisverwaltung: Große Allee 24, 89407 Dillingen a. d. Donau, Postfach 1160, 89401 Dillingen a. d. Donau. Verwaltungsgliederung: 27 kreisangehörige Gemeinden (Aislingen, Bachhagel, Bächingen, Binswangen, Bissingen, Blindheim, Buttenwiesen, Dillingen, Finningen, Glött, Gundelfingen, Haunsheim, Höchstädt, Holzheim, Laugna, Lauingen, Lutzingen, Medlingen, Mödingen, Schwenningen, Syrgenstein, Villenbach, Wertingen, Wittislingen, Ziertheim, Zöschingen, Zusamaltheim).

Wappenbeschreibung

Unter blauem Schildhaupt, darin ein schreitender goldener Löwe, geteilt von Gold und Blau; oben ein schreitender, herschauender, rot bewehrter schwarzer Löwe, unten eine goldene Lilie.

Historische Entwicklung

Im Zuge der großen Völkerstraße an der Donau liegend, ist der Landkreis Dillingen a. d. Donau reich an Zeugnissen alter Kulturen, die in den Museen in Dillingen, Lauingen, Höchstädt und Wertingen gesammelt sind, darunter Funde aus der Altsteinzeit. Ab 15 v. Chr. herrschten hier die Römer – sie errichteten Kastelle, Straßen und in Faimingen (Phoebiana) die nun teilrekonstruierte Tempelanlage des Heilgottes Apollo Grannus –, um 500 n. Chr. die Alemannen, ab dem 9. Jh. überwiegend die Staufer (der schwarze Löwe im 1973 angenommenen Wappen erinnert daran) und die Grafen von Dillingen (der goldene Löwe), ab 1261/68 zum größten Teil und seit 1803/06 insgesamt Bayern.

Die Stadt Dillingen (die Lilie im Wappen), von 1258 bis 1803 im Besitz des Hochstiftes Augsburg, war fürstbischöfliche Residenz und Universitätsstadt, Lauingen zweite Residenz der Grafschaft Pfalz-Neuburg. Der heutige Landkreis entstand zum 1. Juli 1972 aus dem Landkreis Dillingen (1803 Landgericht; mit den Landgerichten Höchstädt und Lauingen 1862 Bezirksamt), dem Landkreis Wertingen (1768 Landgericht, 1862 Bezirksamt) und der kreisunmittelbaren Stadt Dillingen. Das am 19. Oktober 1973 von der Regierung von Schwaben gebilligte neue Kreiswappen vereinigt somit Motive aus den Wappen der drei Verwaltungsvorgänger.

Struktur des Kreises Sehenswürdigkeiten

Innerhalb der einzelnen Wirtschaftsbereiche sind etwas mehr als die Hälfte der Erwerbstätigen im produzierenden Gewerbe tätig. Schwerpunkte sind im Stahl-, Maschinen- und Fahrzeugbau sowie in der Elektrotechnik erkennbar. 6% des Kreisgebietes gehören zu Natur- und Landschaftsschutzgebieten. Um Gäste werben das Fremdenverkehrsgebiet Kesseltal (Bissingen), die Gemeinschaft »Städte an der Donau« (mit Donau-Radwanderweg von Ulm bis Regensburg) und der »Naturpark Augsburg-Westliche Wälder«. Lohnende Besucherziele finden sich in Dillingen (»Schwäbisches Rom«): Schloß (12. Jh., 1654 mit Rittersaal), Basilika (1619/28), Studienkirche (Wandpfeilerkirche 1610/19; Ausstattung 1750), ehemalige Universität (1554 bis 1804), dann bis 1971 Philosophisch-Theologische Hochschule, seither Akademie für Lehrerfortbildung, mit »Goldenem Saal« (1761/64), ehemaliges Jesuitenkolleg (1732/39 mit Bibliothek); in Lauingen: Pfarrkirche (Hallenkirche 1516/20), Schloß (1475/82), Schimmelturm (1478), Rathaus (1783/90 mit Festsaal), Geburtsort des Kirchenlehrers hl. Albertus Magnus; Kirchen und Schlösser jeweils in Höchstädt (dort künftig Zweigstelle des Nationalmuseums), Gundelfingen und Wertingen; Kloster Maria Medingen (1716/18 von Dominikus Zimmermann), Kloster Obermedlingen; in Haunsheim (frühe evangelische Renaissance-Landkirche 1608/09; Schloß); römischer Tempel in Faimingen, Wallfahrtskirchen in Buggenhofen und Gottmannshofen; Binswangen: neomaurische Synagoge (1835/36); Gedenkstätte für die Opfer der weltgeschichtlich bedeutsamen Schlacht zwischen Höchstädt und Blindheim (1704 im Span. Erbfolgekrieg); Automuseum Gundelfingen.

Landkreis Dingolfing-Landau

Regierungsbezirk: Niederbayern. Einwohner: 84 725. Fläche: 878 km². Einwohner je km²: 97. Kfz-Kennzeichen: DGF. Kreisverwaltung: Obere Stadt 1, 84130 Dingolfing, Postfach 1420, 84125 Dingolfing. Verwaltungsgliederung: 15 kreisangehörige Gemeinden (Stadt Dingolfing, Markt Eichendorf, Markt Frontenhausen, Gottfrieding, Stadt Landau a. d. Isar, Lolching, Mamming, Marklkofen, Mengkofen, Moosthenning, Niederviehbach, Markt Pilsting, Markt Reisbach, Markt Simbach, Markt Wallersdorf).

Wappenbeschreibung

Unter Schildhaupt mit den bayerischen Rauten gespalten; vorne in Rot ein silberner Löwe, der auf einem silbernen Seitenvierberg emporsteigt, hinten im Kerbschnitt dreimal geteilt von Rot und Silber.

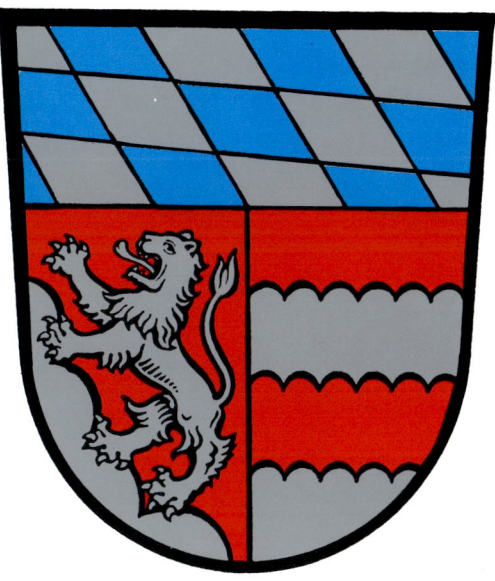

Historische Entwicklung

Der Landkreis Dingolfing-Landau entstand durch den Zusammenschluß der beiden namensgebenden Altlandkreise. Der westliche Teil unterstand seit der Mitte des 12. Jh. der Herrschaft der Grafen von Frontenhausen, die die dreifache Kerbung im Wappenschild führten. Nach dem Erlöschen des Grafengeschlechtes fiel das Land nach einem bischöflich-regensburgischen Interregnum an die Herzöge von Wittelsbach, die den Ausbau ihrer Hausmacht gezielt vorantrieben. Ähnlich verlief die Entwicklung im östlichen Raum, den früher der Landkreis Landau an der Isar umfaßte.

Im Spätmittelalter ging die Landauer Gegend teilweise in wittelsbachischem Besitz auf, nachdem die Edelfreien von Zulling-Ellenbrechtskirchen 1218 im Mannesstamm erloschen waren. Die Herrschaft der anderen Erbnachfolger der Edelfreien von Zulling, der Grafen von Leonberg, währte freilich nur kurz. Obwohl auch ihr Besitz im 14. Jh. an das bayerische Herzogshaus kam, überdauerte ihr sprechendes Wappenbild die Zeiten: Der Löwe auf dem Vierberg schmückte bis 1972 auch das Wappen des Landkreises Landau an der Isar. Die wittelsbachischen Rauten standen bereits in den Wappen beider Altlandkreise an der dominierenden Schildhauptstelle, um die überragende Bedeutung des Landesherrn aufzuzeigen. Im neuen Kreiswappen von Dingolfing-Landau, das am 1. Oktober 1974 die amtliche Genehmigung erlangte, behielten sie ihren Platz bei.

Struktur des Kreises
Sehenswürdigkeiten

Der heutige Landkreis Dingolfing-Landau besinnt sich gern der Tatsache, daß er Heimat bedeutender Denker, bildender Künstler und Komponisten ist. Zu erinnern wäre an den Humanisten Jakob Ziegler († 1549), die Baumeister Weigenthaler (17./19. Jh.) und die Goldschmiede Winhard (17./18. Jh.). Fruchtbaren Boden finden auch die Bauern im Landkreis, den die Isar in West-Ost-Richtung durchfließt und als kleine Konkurrentin die Vils. Fruchtbar wurde dem aus Pilsting 1908 nach Dingolfing übersiedelten Landmaschinen-Reparierer Andreas Glas der neue Standort. Der kleine Betrieb wuchs. Erst Sämaschinen, dann Motorroller und Automobile wurden produziert, bis 1968 BMW den Betrieb übernahm und die modernste Autofabrik Europas wachsen ließ.

Die Freizeit- und Erholungskarte des Landkreises führt 38 Orte auf, die sich durch Sehenswürdigkeiten hervorheben. So gilt die Schloßanlage von Tunzenberg als einer der schönsten niederbayerischen Adelssitze, die Pfarrkirche in Obertunding beeindruckt mit ihrem romanischen Turm und ihrer Lage wie auch die Wallfahrtskirche hoch auf dem Dreifaltigkeitsberg durch die reiche Innenausstattung. Eines der interessantesten Gotteshäuser ist die aus dem 15. Jh. stammende, beachtenswert neu ausgestattete Benefiziumskirche in Ganacker. Genannt werden muß von den vielen sehenswerten Kirchen noch die Pfarrkirche in Oberhausen. Und die Städte? Natürlich lohnt sich ein gründlicher Rundgang durch die Stadt Landau an der Isar, ein als Bergstadt angelegter wittelsbachischer Gründungsort aus dem Jahre 1224. Dingolfing, eine frühbajuwarische Ansiedlung, 1251 als wittelsbachische Stadt gegründet, hat eine Hochbrücke (1612 erbaut), die in ihrer Art einmalig in Bayern ist.

Landkreis Donau-Ries

Regierungsbezirk: Schwaben. Einwohner: 127 139. Fläche: 1274,9 km². Einwohner je km²: 100. Kfz-Kennzeichen: DON. Kreisverwaltung: Pflegstraße 2, 86609 Donauwörth. Verwaltungsgliederung: 44 Städte, Märkte und Gemeinden – 11 Einheitsgemeinden (Asbach-Bäumenheim, Donauwörth, Fremdingen, Harburg [Schwaben], Kaisheim, Marxheim, Mertingen, Möttingen, Nördlingen, Oberndorf a. Lech, Tapfheim), 6 Verwaltungsgemeinschaften mit 33 Mitgliedsgemeinden (VG Monheim mit Buchdorf, Daiting, Monheim, Rögling, Tagmersheim; VG Oettingen mit Auhausen, Ehingen a. Ries, Hainsfarth, Megesheim, Munningen, Oettingen; VG Rain mit Genderkingen, Holzheim, Münster, Niederschönenfeld, Rain; VG Ries mit Alerheim, Amerdingen, Deiningen, Ederheim, Forheim, Hohenaltheim, Mönchsdeggingen, Reimlingen, Wechingen; VG Wallerstein mit Maihingen, Marktoffingen, Wallerstein; VG Wemding mit Fünfstetten, Huisheim, Otting, Wemding, Wolferstadt).

Wappenbeschreibung

Geteilt: oben in Gold ein wachsender, rot bewehrter schwarzer Adler; unten gespalten; vorne in Rot ein durchgehendes goldenes Andreaskreuz, hinten die bayerischen Rauten.

Historische Entwicklung

Der neue Landkreis Donau-Ries entstand 1972 im wesentlichen aus den Gebieten der alten Landkreise Nördlingen und Donauwörth sowie aus der bis dahin kreisfreien Stadt Nördlingen. Aus den Wappen dieser Altlandkreise wurden als Sinnbild für das Ries das Abzeichen der Grafen und Fürsten von Oettingen – das goldene Andreaskreuz in Rot – und die bayerischen Rauten als Hinweis auf die Bedeutung des wittelsbachisch-bayerischen Einflusses im Lech-Donau-Gebiet übernommen.

Im Wappen des Kreises Nördlingen, das 1954 genehmigt worden war, stand in der vorderen Hälfte des gespaltenen Schildes das Andreaskreuz; hinten befanden sich die staufisch-schwäbischen »Leoparden«: in Gold drei rot bewehrte und bezungte, herschauende schwarze Löwen übereinander. Im ehemaligen Donauwörther Kreiswappen von 1964 waren neben den bayerischen Rauten der Panther der Grafen von Graisbach-Lechsgemünd, das Reliquienkreuz der Benediktinerreichsabtei von Donauwörth und die Krone des Zisterzienserstiftes Kaisheim abgebildet.

Der halbierte Adler im neuen Kreissymbol verweist auf die früheren Reichsstädte Donauwörth und Nördlingen, die noch heute in ihren Stadtwappen den Reichsadler unter Hinzufügung unterscheidender Beizeichen führen. Das Wappen des Landkreises Donau-Ries erhielt am 27. April 1977 die amtliche Genehmigung.

Struktur des Kreises
Sehenswürdigkeiten

Das hügelige, in weiten Teilen von der Landwirtschaft geprägte Land gehört vorwiegend dem Schwäbisch-Fränkischen Jura an, wobei das fruchtbare Ries als Grenzregion zwischen Schwäbischer und Fränkischer Alb gilt. Das nordschwäbische Gebiet mit den Flüssen Lech und Donau zeichnet sich durch viele Naturschönheiten, Kunst- und Kulturdenkmäler aus, die vor allem an der Romantischen Straße zu finden sind. Nördlingen weist einen spätmittelalterlichen Mauerkern auf (kreisrunde Altstadt, ev. Stadtkirche St. Georg, von deren spätgotischem Turm »Daniel« (90 m) der Besucher einen hervorragenden Ausblick hat, ehemalige Karmeliterklosterkirche St. Salvator mit Hochaltar und Wandfresken, gotisches Rathaus mit Freitreppe im Renaissancestil). Weiter südlich liegt die imposante Wehr- und Wohnburg Harburg mit ihren berühmten Museen (wertvolle Arbeiten aus Gold und Elfenbein, historische Handschriftensammlung, fränkische Bildteppiche, Kunstwerke von Riemenschneider). Weitere Sehenswürdigkeiten sind die Klosterkirchen in Donauwörth, Kaisheim (Zisterzienser, 1387), Maihingen und Auhausen, Wallfahrtskirche »Maria Brünnlein« bei Wemding und das Rokokoschloß Leitheim. Die Donau-Rieser »Museumslandschaft« kann mit dem Käthe-Kruse-Puppenmuseum in Donauwörth und dem Rieskratermuseum in Nördlingen zwei bemerkenswerte Sammlungen vorweisen.

Landkreis Ebersberg

Regierungsbezirk: Oberbayern. Einwohner: 109 378. Fläche: 549,32 km². Einwohner je km²: 199. Kfz-Kennzeichen: EBE. Kreisverwaltung: Eichthalstraße 5, 85560 Ebersberg. Verwaltungsgliederung: 21 Gemeinden, davon 12 Einheitsgemeinden (Anzing, Ebersberg, Forstinning, Grafing, Hohenlinden, Kirchseeon, Markt Schwaben, Pliening, Poing, Steinhöring, Vaterstetten, Zorneding), 9 Gemeinden in 2 Verwaltungsgemeinschaften (Aßling mit Emmering und Frauenneuharting und Glonn mit Baiern, Bruck, Egmating, Moosach, Oberpframmern).

Wappenbeschreibung

In Silber auf grünem Dreiberg ein schreitender, goldbewehrter schwarzer Eber, hinter dem eine grüne Tanne mit 29 Ästen aufwächst.

Historische Entwicklung

Die Siedlungen im heutigen Landkreis Ebersberg gehen zu einem großen Teil auf die Zeit der bajuwarischen Landnahme zurück, woran die auf -ing und -ham endenden Ortsnamen erinnern. Die Bajuwaren ergriffen dabei Besitz von einem Raum, der vorübergehend herrenlos geworden war, nachdem sich die Römer in der Mitte des 5. Jh. n. Chr. aus ihren Provinzen nördlich der Alpen zurückgezogen hatten. Die Römer waren dem seit Jahrhunderten immer stärker wachsenden Druck der germanischen Stämme gewichen, die wiederholt die Donau und die römischen Grenzbefestigungen überrannt hatten. Vor den Römern hatten in dem Raum Kelten gesiedelt, was durch einzelne Funde, aber auch durch die keltische Namensgebung der Flüsse belegt werden kann.

Deutlichstes Zeugnis der römischen Herrschaftsausübung im Ebersberger Gebiet sind die zum Teil noch gut sichtbaren Überreste einer alten Römerstraße im Bereich des Ebersberger Forstes. Auf dieses rund 90 km² große Waldgebiet, eines der größten in ganz Deutschland, wird auch im Wappen hingewiesen: dabei entsprach die Anzahl der Äste der Tanne zur Zeit der ersten Wappenverleihung (31. Oktober 1955) der damaligen Gemeindezahl. Der Eber auf dem Berg stellt ein schönes Beispiel für ein »redendes« Wappen dar. Zudem ähnelt es dem Wappen des ehemaligen Benediktinerklosters Ebersberg. Der in der Gebietsreform von 1972 fast völlig unberührt gebliebene Landkreis erlangte die erneute Wappengenehmigung am 10. November 1972.

Struktur des Kreises
Sehenswürdigkeiten

An zwei großen Landschaftsformen des Voralpenlandes hat der Landkreis Anteil: ein Drittel der Fläche liegt in der Münchener Ebene, zwei Drittel sind verschiedenen Hügelländern zuzuordnen. 34 % der Landkreisfläche sind bewaldet, 58 % landwirtschaftlich genutzt, 6,5 % besiedelt. Die Ausstrahlung der Großstadt München ist vor allem im Raum Baldham-Vaterstetten deutlich, während in den Straßen von Ebersberg, Markt Schwaben oder Grafing Kleinstadtidylle vorherrscht, im südlichen Baierer Winkel gar Voralpenlandschaft. In Ebersberg findet man ein wichtiges kunsthistorisches Denkmal: die 1480 im spätgotischen Stil neu erbaute Pfarrkirche mit der gotischen Silberbüste ihres Namenspatrons Sebastian. Besonders schön sind die 1668 umgebaute Sebastiankapelle und das Stifterhochgrab. Das 1529 erbaute spätgotische Rathaus ist ein imposantes Bauwerk schlichter Schönheit. In Grafing, 813 bereits urkundlich erwähnt, ist nicht nur die Dreifaltigkeitskirche (Rokoko) sehenswert, auch die mittelalterliche Burg Elkofen. Ein altes Siedlungsgebiet ist dieser Landkreis: Anzing war schon zur Kelten- und Römerzeit besiedelt, Aßling wird 778 erwähnt, Forstinning 804, in Glonn fand man im Tuffsteinbruch römische Münzen, in Egmating wurde ein Reihengräberfeld aus dem 7. Jh. freigelegt. Auch Markt Schwaben mit den schönen Zunftstangen in der Pfarrkirche St. Margareth hat alte Wurzeln; 1000 Jahre alt soll die Königseiche in Moosach sein. Auch Zorneding (813) und Steinhöring (9. Jh.) zeigen, wie man Tradition mit Fortschritt verbinden kann.

Landkreis Eichstätt

Regierungsbezirk: Oberbayern. Einwohner: 111 903. Fläche: 1214 km². Einwohner je km²: 92. Kfz-Kennzeichen: EI. Kreisverwaltung: Residenzplatz 1, 85072 Eichstätt. Verwaltungsgliederung: 30 kreisangehörige Gemeinden (Große Kreisstadt Eichstätt, Stadt Beilngries; Marktgemeinden Altmannstein, Dollnstein, Gaimersheim, Kinding, Kipfenberg, Kösching, Mörnsheim, Nassenfels, Pförring, Titting, Wellheim; Gemeinden Adelschlag, Böhmfeld, Buxheim, Denkendorf, Egweil, Eitensheim, Großmehring, Hepberg, Hitzhofen, Lenting, Mindelstetten, Oberdolling, Pollenfeld, Schernfeld, Stammham, Walting, Wettstetten).

Wappenbeschreibung

Über Schildfuß mit den bayerischen Rauten in Gold ein mit einem wachsenden silbernen Bischofsstab belegter roter Pfahl; vorne eine rote Fackel auf schwarzem Rohr, hinten eine senkrecht stehende schwarze Hirschstange.

Historische Entwicklung

Das Gebiet des Landkreises Eichstätt unterstand im Mittelalter vorwiegend den Grafen von Hirschberg. Nach deren Aussterben 1305 erwarben es die Bischöfe von Eichstätt als Kernraum ihres weltlichen Territoriums (des Hochstifts), über das sie bis zur Säkularisation (1803) als Landesherren regierten. Diese geschichtlichen Wurzeln des Landkreises werden im Wappen durch die heraldischen Symbole des früheren Hochstifts Eichstätt (Bischofsstab) und der ehemaligen Grafschaft Hirschberg (Hirschstange) versinnbildlicht. Die Rauten im Schildfuß stehen für die schon lange zum Herzogtum Bayern gehörigen südlichen Kreisgebiete und weisen auch auf die bayerische Herrschaft über das gesamte Kreisgebiet seit 1803 hin. Das Energiezentrum östlich von Ingolstadt wird durch die lodernde Fackel angedeutet. Das neue Kreiswappen erhielt am 22. November 1974 die erforderliche Genehmigung der Regierung von Oberbayern.

Struktur des Kreises Sehenswürdigkeiten

Der Landkreis Eichstätt wird geprägt durch den Flußlauf der Altmühl, die Jurahochfläche und die Ausläufer des Donautals im Süden. Die Kreisstadt Eichstätt, Bischofsstadt und Standort einer katholischen Universität, birgt die bedeutendsten Sehenswürdigkeiten: Willibaldsburg mit berühmtem Juramuseum, Sommerresidenz, Dom, Abtei St. Walburg, Schutzengelkirche, ehemalige fürstbischöfliche Residenz, erbaut von Gabriel de Gabrieli. Der Landkreis Eichstätt ist hervorragend ausgestattet mit Wanderwegen, 150 km eigens angelegten Radwanderwegen, einer 110 km langen Bootswanderstrecke auf der Altmühl, zwei landkreiseigenen Fossiliensteinbrüchen und den Kletterfelsen im Urdonautal. Der »Naturpark Altmühltal« umfaßt nahezu 90 % der Landkreisfläche. Er ist mit einer Fläche von 3000 km² der größte Naturpark Deutschlands mit ausgedehnten Wäldern und einer noch weitgehend unberührten Landschaft, in der man auf Schlösser, Burgen und Kirchen als Zeugen bedeutender Kulturlandschaft stößt. Bei Kinding besteht das 34 ha große Erholungszentrum Kratzmühle mit Badesee.
Weitere Sehenswürdigkeiten sind: die Altstadt von Beilngries, die malerischen Marktflecken Mörnsheim, Dollnstein, Kipfenberg, Kinding und Altmannstein. Im Landkreis kann auch das Jura-Bauernhofmuseum Hofstetten, das teilweise wieder aufgebaute Römerkastell in Pfünz, die Römervilla Möckenlohe, der wiedererrichtete Limesturm in Erkertshofen, das Museum »Anno dazumal« in Kinding/Pfraundorf, das Brauereimuseum im Felsenkellerlabyrinth Beilngries oder in Titting besucht werden sowie die Fossilienmuseen in Mörnsheim und Schernfeld und zahlreiche Heimatmuseen.
Die Steinindustrie (Juramarmor, Solnhofer Platten), die Erdgasleitung Waidhaus-Augsburg und die Ölleitung Triest-Ingolstadt sollen als Hinweise auf die Wirtschaftsstruktur erwähnt sein.

Landkreis Erding

Regierungsbezirk: Oberbayern. Einwohner: 103 512. Fläche: 871 km². Einwohner je km²: 119. Kfz-Kennzeichen: ED. Kreisverwaltung: Alois-Schießl-Platz 2, 85435 Erding, Postfach 1255, 85422 Erding. Verwaltungsgliederung: 26 kreisangehörige Gemeinden: Berglern, Bockhorn, Buch am Buchrain, Dorfen (Stadt), Eitting, Erding (Stadt), Finsing, Forstern, Fraunberg, Hohenpolding, Inning am Holz, Isen (Markt), Kirchberg, Langenpreising, Lengdorf, Moosinning, Neuching, Oberding, Ottenhofen, Pastetten, St. Wolfgang, Steinkirchen, Taufkirchen (Vils), Walpertskirchen, Wartenberg (Markt), Wörth.

Wappenbeschreibung

Unter Schildhaupt mit den bayerischen Rauten in Silber ein springendes, golden bewehrtes rotes Pferd.

Historische Entwicklung

Die Landschaften, die das heutige Gebiet des Landkreises Erding ausmachen, bieten den Menschen bereits seit ca. 9000 Jahren einen Lebensraum. Vielfältige Zeugnisse ihrer Kulturen hinterließen die Kelten, die Römer und schließlich ab dem 5. Jh. die Bajuwaren. Die Geschichte des Erdinger Landes ist eng verbunden mit dem Aufstieg der Wittelsbacher in Bayern, wurde doch die Stadt Erding 1230 ursprünglich als Feste zwischen den wittelsbachischen Zentren München und Landshut gegründet. Im Rahmen der wittelsbachischen Erbteilung von 1255 kamen die Gerichte Erding und Dorfen nach Niederbayern, eine Entscheidung, die erst 1808 wieder rückgängig gemacht wurde. 1862 brachte die Trennung von Justiz und Verwaltung. Anstelle der Gerichte Erding und Dorfen trat das Bezirksamt Erding. Ab 1939 wurde für diese Verwaltungseinheit der Begriff »Landkreis« eingeführt.

Sein heutiges Aussehen mit 26 kreisangehörigen Gemeinden erhielt der Landkreis Erding im Rahmen der Landkreisgebietsreform Anfang der 70er Jahre. Das Pferd im Wappen des Landkreises Erding wurde als Symbol dem Wappen der Grafschaft Haag entnommen und zeigt damit die historischen Beziehungen zu dem für das Gebiet wichtigen Adelsgeschlecht der Fraunberger auf. Es verweist aber auch auf die Tatsache, daß der Landkreis Erding lange Zeit mit Abstand der pferdereichste Bayerns war. Das Rautenmuster im Schildhaupt deutet die historische Zugehörigkeit des Landkreises zum Freistaat Bayern an. Dem Kreis Erding wurde bereits 1953 die Genehmigung zur Führung seines Wappens verliehen. Da der Landkreis nach der Gebietsreform im wesentlichen in seiner ursprünglichen Form erhalten blieb, wurde das Kreiswappen am 31. Oktober 1972 erneut verliehen. Zwar weicht die goldene Ausführung von Mähne und Schweif des Pferdes von der amtlichen Wappenbeschreibung ab, es wird aber an der 1953 verliehenen Darstellung im beidseits eingezogenen Wappenschild auch in Zukunft festgehalten.

Struktur des Kreises
Sehenswürdigkeiten

Der Landkreis Erding liegt im nordöstlichen Bereich des Regierungsbezirks Oberbayern. Sein Gebiet ist geografisch nicht klar begrenzbar. Man unterscheidet drei Landschaftsformen, das tertiäre Hügelland im Norden und Osten, das eiszeitliche Moränengebiet im Süden und Südosten sowie das Erdinger Moos als Fortsetzung der Münchener Schotterebene.

Der Landkreis Erding zeigt auch heute noch ein vorwiegend ländliches Bild, in dem sich Landwirtschaft, Handwerk und gewerblicher Mittelstand ergänzen. Allerdings entfalten immer mehr auch industriell geführte Unternehmen ihre Tätigkeiten, vorwiegend im Mittelzentrum Erding sowie in den Unterzentren Dorfen und Taufkirchen. Hauptsehenswürdigkeiten des Erdinger Landes sind die mittelalterlichen Stadtplätze von Erding und Dorfen, das Herderhaus in Aufhausen, die Kirchen St. Johann in Erding und St. Zeno in Isen, die Marienwallfahrtskirchen in Dorfen und Thalheim.

Landkreis Erlangen-Höchstadt

Regierungsbezirk: Mittelfranken. Einwohner: 122 184. Fläche: 579,845 km². Einwohner je km²: 211. Kfz-Kennzeichen: ERH. Kreisverwaltung: Marktplatz 6, 91054 Erlangen, Postfach 2520, 91013 Erlangen, Dienststelle Höchstadt a. d. Aisch, Schloßberg 10, 91315 Höchstadt a. d. Aisch. Verwaltungsgliederung: 3 Städte (Baiersorf, Herzogenaurach, Höchstadt a. d. Aisch); 7 Märkte (Eckental, Heroldsberg, Lonnerstadt, Mühlhausen, Vestenbergsgreuth, Wachenroth, Weisendorf); 15 Gemeinden (Adelsdorf, Aurachtal, Bubenreuth, Buckenhof, Gremsdorf, Großenseebach, Hemhofen, Heßdorf, Kalchreuth, Marloffstein, Möhrendorf, Oberreichenbach, Röttenbach, Spardorf, Uttenreuth); 13 Gemeinden sind zu 4 Verwaltungsgemeinschaften zusammengeschlossen (Aurachtal, Heßdorf, Höchstadt a. d. Aisch, Uttenreuth).

Wappenbeschreibung

Gespalten; vorne in Gold ein linksgewendeter, mit einer silbernen Schräglinksleiste überdeckter, rot bewehrter schwarzer Löwe; hinten in Blau mit von Rot und Silber gestücktem Bord ein halbes goldenes Wasserschöpfrad.

Historische Entwicklung

Ortsnamen aus dem heutigen Landkreis tauchten erstmals um das Jahr 1000 in Schenkungsurkunden auf. Das von König Heinrich II. im Jahre 1007 gegründete Hochstift Bamberg erwuchs zum mächtigsten Gebietsherrn und behauptete seine Stellung in den Höchstädter Ländereien bis zur Säkularisation. Sein Löwe ist noch heute im Wappen des Landkreises präsent. Die Farben Gold und Blau der hinteren Schildhälfte entstammen dem großen Wappen der nahegelegenen damaligen Reichsstadt Nürnberg, die die Gebiete um Heroldsberg zu ihrer Einflußzone zählte. Jedoch standen der Reichsstadt die Markgrafen von Brandenburg-Bayreuth als Rivalen um die Macht gerade im Erlanger Raum gegenüber. Im Wappen des Landkreises erinnert der rot-silbern gestückte Schildbord an die ehedem markgräflichen Ämter. Infolge eines Erbvertrages von 1791 gingen die markgräflichen Besitzungen an das Königreich Preußen über, und die nationalistischen Verwaltungsprinzipien eines modernen Staates versetzten auch hier der mittelalterlichen Herrschaftsstruktur den Todesstoß. Doch wenige Jahre später überschrieb der Pariser Vertrag von 1810 das Bayreuther Land an Bayern, und die Erlanger Gebiete gingen im Rezatkreis auf. Kurz zuvor hatte sich das bayerische Königreich die seit Jahrhunderten zum Erzbistum Bamberg gehörigen Besitzungen um Höchstadt einverleibt.

Die heutigen Verwaltungsgrenzen zog schließlich die Gebietsreform der 70er Jahre unseres Jahrhunderts, als sie den Landkreis Höchstadt an der Aisch mit dem Kreis Erlangen zusammenschloß. In der hinteren Hälfte des am 19. August 1976 genehmigten Kreiswappens wird an die einst zahlreichen Wasserschöpfräder an der Regnitz erinnert, die auch heute noch zum Teil in Betrieb sind und als Denkmäler gepflegt und erhalten werden.

Struktur des Kreises Sehenswürdigkeiten

Die Bevölkerungszahl ist seit dem Zweiten Weltkrieg stark gestiegen. Heimatvertreibung bewirkte auch hier konfessionelle Veränderungen. Herzogenaurach bot sich mit günstigen Standortbedingungen aufstrebenden Betrieben an. Der ehemals schlesische, große metallverarbeitende Betrieb Schaeffler wie die inzwischen weltweit bekannten Sportartikelfirmen Adidas und Puma haben die größte Stadt des Landkreises bekannt gemacht. Bubenreuth wurde zu einem Zentrum der deutschen Kleininstrumentenfertigung. Die papierverarbeitende Industrie ist hier ebenso anzutreffen wie die der Heimtextilien, Bauelemente, Baustoffe und der Holz- und Kunststoffverarbeitung. In der Nahrungsmittelbranche stellt die Verarbeitung von Meerrettich oder fränkisch »Kren« eine besondere Spezialität dar. Aber auch viele Zeugen der Geschichte laden den Besucher ein: die Eckenmühle in Aurachtal, der alte Brunnen in Eckenhald, die Kreuzigungsgruppe in Großenseebach, das Schloß und die Stadttürme sowie das Spital in Herzogenaurach, die Wehrkirche – eine in Franken typische Entwicklung – in Hannberg, das Schloß an der Alten Aischbrücke in Höchstadt und dort manch anderes Denkmal dieser alten Stadt. Schließlich seien das Rote, Gelbe, Weiße und Grüne Schloß in Heroldsberg genannt. Den Landkreis kann man nicht durchfahren, ohne etliche Karpfenteiche wahrgenommen zu haben. Der hier gezüchtete »Aischgründer Spiegelkarpfen« ist für jeden Karpfenfreund ein Begriff. Zur Rarität geworden sind die Wasserschöpfräder entlang der Regnitz bei Möhrendorf.

Landkreis Forchheim

Regierungsbezirk: Oberfranken. Einwohner: 109 165. Fläche: 642,89 km². Einwohner je km²: 169,8. Kfz-Kennzeichen: FO. Kreisverwaltung: Streckerplatz 3, 91301 Forchheim, Postfach 1120, 91293 Forchheim. Verwaltungsgliederung: 29 Gemeinden, davon 13 Einheitsgemeinden, darunter 3 Städte (Forchheim, Ebermannstadt, Gräfenberg), 7 Märkte (Eggolsheim, Egloffstein, Gößweinstein, Igensdorf, Neunkirchen, Pretzfeld, Wiesenttal), sowie die Gemeinden Dormitz, Effeltrich, Hallerndorf, Hausen, Heroldsbach, Hetzles, Hiltpoltstein, Kirchenehrenbach, Kleinsendelbach, Kunreuth, Langensendelbach, Leutenbach, Obertrubach, Pinzberg, Poxdorf, Unterleinleiter, Weilersbach, Weißenohe und Wiesenthau).

Wappenbeschreibung

Über silbernem Schildfuß, darin ein roter Fisch, gespalten von Gold und Rot; vorne ein linksgewendeter, mit einer silbernen Schräglinksleiste überdeckter, rot bewehrter schwarzer Löwe; hinten ein schrägliegender silberner Schlüssel.

Historische Entwicklung

Der im Zuge der Gebietsreform mit Wirkung vom 1. Juli 1972 geschaffene neue Landkreis umfaßt nahezu das gesamte Gebiet des ehemaligen Kreises Forchheim, den südlichen Teil des Kreises Ebermannstadt, ferner den südwestlichen Bereich des Landkreises Pegnitz und das Gebiet der vormals kreisfreien Stadt Forchheim. Das am 7. März 1974 genehmigte neue Kreiswappen setzt sich dementsprechend aus Bestandteilen der früheren Hoheitszeichen zusammen. Der Fisch im Schildfuß entstammt dem Wappen der früher kreisfreien Stadt Forchheim. Da man zur Zeit der Schaffung des Stadtwappens den Namen Forchheim vom Begriff »Forchen« (= Forellen) ableitete, kamen die Fische ins Stadtsiegel. Das Hochstift Bamberg hatte für das heutige Kreisgebiet große Bedeutung. Deshalb ist im Kreiswappen der Bamberger Löwe abgebildet, wie er auch schon in den Wappen aller drei untergegangenen Landkreise stand. Die Schlüssel reden für das edelfreie Geschlecht der Schlüsselberger, die umfangreichen Besitz im Kreisgebiet innehatten. Bereits das alte Kreiswappen von Ebermannstadt zeigte einen Schlüssel.

Struktur des Kreises
Sehenswürdigkeiten

Geografisch gliedert sich der Landkreis in drei Teilbereiche: die Ausläufer der Keuperstufe im Westen, den Albanstieg mit Jurahochfläche im Osten und dazwischen den Talraum der Regnitz mit den Mündungstrichtern von Aisch und Wiesent. Die romantischen, tief eingeschnittenen Täler und die kuppige Hochfläche der Fränkischen Alb im Osten sind ländlich strukturiert, durch die Reize der Fränkischen Schweiz hat der Fremdenverkehr eine erhebliche Bedeutung.
Deutschland besitzt in der Fränkischen Schweiz als kostbare Seltenheit eine weitgehend unberührte Kulturlandschaft mit der Grazie der Kleinräumigkeit. Schroffe Gesteinsschluchten, lässig mäandrierende Flüsse, klare, plätschernde Forellenbäche, lichte Mischwälder, dunkle Fichtenschläge und blühende Bergwiesen zeichnen das vielfältige Panorama aus. Franken ist so schön und so reich, daß sich im Lauf der Geschichte jeder ein Stück herausnehmen wollte. Schutz dagegen boten nur wehrhafte Burgen und Schlösser, die mittelalterlicher Adelsstolz der Grafen und Ritter, Bischöfe und Äbte in die Landschaft setzte. Nirgends ist Barock so intim wie in der Wallfahrtskirche Balthasar Neumanns in Gößweinstein. Trotz vieler Zerstörungen durch machtorientierte Markgrafen und Fürstbischöfe zeigt sich auch heute noch der unerschöpfliche Lebenswille der Franken in wunderschönen Bauten, Baudenkmälern, Kunstschätzen und fröhlichen Festen voll echter Tradition. Von Mai bis Oktober lockt jedes Wochenende eine Kirchweih – irgendwo im Landkreis. Und nicht nur Dichter wie Tieck, Immermann oder Victor von Scheffel äußerten sich rühmend über diese Landschaft, romantische Wandersleute wie Ludwig Richter oder Fürst Pückler kamen auch als Feinschmecker hier auf ihre Kosten. Modern und pulsierend zeigt sich die Wirtschaft im hervorragend erschlossenen Regnitztal. Die Autobahn Nürnberg-Erfurt, die Bahnhauptstrecke München-Berlin und der Main-Donau-Kanal garantieren schnelle Wege. Maschinenbau, Elektrotechnik und Folienhersteller nutzen die Gunst der Lage. Teilbereiche haben sich zum »Medical Valley« Europas entwickelt.

Landkreis Freising

Regierungsbezirk: Oberbayern. Einwohner: 138 000, Fläche: rund 800 km². Einwohner je km²: 172,5. Kfz-Kennzeichen: FS. Kreisverwaltung: Landshuter Straße 31, 85356 Freising, Postfach 16 43, 85350 Freising. Verwaltungsgliederung: 24 kreisangehörige Städte, Märkte und Gemeinden – davon 11 in 3 Verwaltungsgemeinschaften (VG Allershausen mit Allershausen, Hohenkammer, Paunzhausen; VG Mauern mit Gammelsdorf, Hörgertshausen, Mauern, Wang; VG Zolling mit Attenkirchen, Haag a. d. Amper, Wolfersdorf, Zolling), Markt Au/Hallertau, Eching, Fahrenzhausen, Große Kreisstadt Freising, Hallbergmoos, Kirchdorf, Kranzberg, Langenbach, Marzling, Stadt Moosburg, Markt Nandlstadt, Neufahrn, Rudelzhausen.

Wappenbeschreibung

Unter Schildhaupt mit den bayerischen Rauten gespalten von Gold und Rot; vorne ein linksgewendeter, rot gekrönter schwarzer Mohrenkopf mit rotem Ohrring, hinten eine silberne Rose.

Historische Entwicklung

In das Gebiet drang schon früh das Christentum ein, das sich unter dem Schutz der bayerischen Agilolfingerherzöge, die auf dem Freisinger Domberg residierten, entfaltete. Im Jahre 715 holte Herzog Grimoald den heiligen Korbinian als Hofbischof nach Freising. Im Laufe der Jahrhunderte entwickelte sich das Bistum Freising zu einem Territorium, über das als weltliches und geistliches Oberhaupt der Fürstbischof regierte. Im Wappen führten die Freisinger Bischöfe seit dem Spätmittelalter ein gekröntes Mohrenhaupt. Bischof Otto I. von Freising († 1158) aus dem kaiserlichen Geschlecht der Babenberger zählte zu den größten mittelalterlichen Geschichtsschreibern. 1803 wurde das Hochstift Freising säkularisiert und dem Kurfürstentum Bayern überantwortet.

Der heutige Landkreis ist in der Hauptsache aus dem Gebiet des Fürstbistums Freising (Mohrenkopf) und aus den wittelsbachischen Landgerichten Kranzberg und Moosburg (Rauten) gewachsen. Das im Gebiet nicht unbedeutende, 1281 erloschene Grafengeschlecht der Moosburger wird durch die silberne Rose repräsentiert. Das Wappen von 1954 wurde am 15. Juli 1976 erneut verliehen.

Struktur des Kreises
Sehenswürdigkeiten

Vor den nördlichen Toren der Landeshauptstadt München erstreckt sich der ländliche Kreis Freising. Sein Gebiet umfaßt einen großen Teil der Schotterebene im Süden und reicht im Norden weit in das Hügelland der Hallertau. Seit der Gebietsreform 1978 besteht der Landkreis nur noch aus 24 Gemeinden mit über 500 Gemeindeteilen. Nur wenige Kilometer von der Landkreismetropole Freising entfernt liegt »Bayerns Tor zur Welt«, der neue Großflughafen München. Er löste in der Region einen gewaltigen Wachstumsschub aus und verstärkte den schon früher begonnenen Strukturwandel. Die Landwirtschaft konnte zwar ihren traditionellen Platz erhalten, obwohl die Zahl der landwirtschaftlichen Anwesen drastisch sank, dafür nahm die Ansiedlung von Großunternehmen vor allem im südlichen Landkreis zu. Heute gehört der Landkreis Freising zu den gemischtwirtschaftlichen Gebieten mit gewerblicher Orientierung. Neben eindrucksvollen Natur- und Landschaftsschutzgebieten dienen die beliebten Badeseen in Kranzberg, Eching, Neufahrn und Freising sowie ein gut erschlossenes Radwandernetz der Erholung. Die Große Kreisstadt Freising gehört zu den ältesten Städten Oberbayerns: bereits vor 6000 Jahren war der Domberg, Mittelpunkt der malerischen Altstadt, bewohnt. Der zweitürmige Dom (1159; vierschiffige Krypta mit berühmter Bestiensäule unter dem Hochchor) wurde im 18. Jh. von den Gebrüdern Asam barock ausgestaltet. Auf dem zweiten Hügel des Ortes liegt Weihenstephan, wo sich u. a. die älteste Braustätte der Welt (seit 1040) und eine der renommiertesten Technischen Universitäten Deutschlands mit den Fakultäten für Landwirtschaft, Gartenbau, Brauwesen, Forstwissenschaft und Lebensmitteltechnologie befindet. Nach wie vor landwirtschaftlich orientiert ist der Norden des Landkreises. In der Hallertau, Deutschlands bedeutendstem Hopfenanbaugebiet, wird das »grüne Gold« für die Bierherstellung angebaut. Sehenswürdigkeiten in Freising: Domberg, Weihenstephaner Berg, Staudensichtungsgarten, malerische Altstadt, Klosteranlage Neustift (18. Jh.; heute Landratsamt); in Moosburg: Kastulusmünster (12. Jh.) mit Hochaltar von Hans Leinberger (1514); der Landkreis ist übersät mit einer Vielzahl von sehenswerten Kapellen und Kirchen.

Landkreis Freyung-Grafenau

Regierungsbezirk: Niederbayern. Einwohner: 81 260. Fläche: 984 km². Einwohner je km²: 83. Kfz-Kennzeichen: FRG. Kreisverwaltung: Wolfkerstraße 3, 94078 Freyung. Verwaltungsgliederung: 15 Einheitsgemeinden (Freyung, Grafenau, Grainet, Haidmühle, Hohenau, Jandelsbrunn, Mauth, Neureichenau, Neuschönau, Ringelai, Röhrnbach, Saldenburg, Sankt Oswald-Riedlhütte, Spiegelau, Waldkirchen); 4 Verwaltungsgemeinschaften (VG Hinterschmiding mit den Mitgliedsgemeinden Hinterschmiding und Philippsreut, VG Perlesreut mit den Mitgliedsgemeinden Fürsteneck und Perlesreut, VG Schönberg mit den Mitgliedsgemeinden Eppenschlag, Innernzell, Schöfweg und Schönberg, VG Thurmansbang mit den Mitgliedsgemeinden Thurmansbang und Zenting).

Wappenbeschreibung

Über gekürzter und eingeschweifter Spitze, darin die bayerischen Rauten, in Silber nebeneinander ein linksgewendeter schwarzer Bär und ein roter Wolf.

Historische Entwicklung

Als Verwaltungseinheit ist der Landkreis ein junges Gebilde: 1972 wurden im Zuge der Gebietsreform die ehemaligen Nachbarlandkreise Wolfstein und Grafenau zusammengefaßt und die Stadt Freyung zum Verwaltungssitz bestimmt. Damit sind zwei Gebiete zusammengeführt worden, deren geschichtliche Entwicklung Jahrhunderte hindurch verschiedenartig war.

Ursprünglich galt das Wolfsteiner Land, ein Teil des ausgedehnten, zumeist noch unbesiedelten »Nordwaldes«, als Königsgut. 1010 gelangte es durch königliche Schenkung als Rodungsland an das Reichskloster Niedernburg in Passau, mit dem es um die Wende zum 13. Jh. Bestandteil des Hochstiftes Passau wurde. Hauptort dieses Gebietes östlich der Ilz war jahrhundertelang der alte Pfarr- und Marktort Waldkirchen, der am »Goldenen Steig« lag, jenem bedeutendsten mittelalterlichen Saumweg Süddeutschlands, der Passau mit Böhmen verband und über den das Moldauland mit Salz und Waren aus dem Süden versorgt worden ist. Als die Säkularisation im Jahre 1803 das Hochstift Passau auflöste, fiel das Wolfsteiner Land 1805 an das Kurfürstentum Bayern, das im Jahr darauf zum Königreich erhoben wurde. Im Landkreiswappen vom 9. März 1976 erinnert der rote Wolf, das heute noch gültige Passauer Wappentier, an die lange Zugehörigkeit zum bischöflich-passauischen Pfleggericht. Während die Bewohner des Wolfsteiner Landes erst relativ spät bayerische »Untertanen« wurden, gelangte das Gebiet westlich der Ilz (Grafenauer Land) bereits 1438 unter bayerische Verwaltung. In diesem Jahr erwarb es Herzog Heinrich der Reiche von Bayern-Landshut, und auch in der Folgezeit blieb es fortwährend im Besitz der bayerischen Herzöge, die es ihrem Rentamt Straubing zuteilten und in den Burgen Bärnstein und Dießenstein Pflegrichter einsetzten. Im Landkreiswappen wird das Amt Grafenau, das aus dem herzoglich-bayerischen Pfleggericht Bärnstein hervorgegangen ist, durch den Bären symbolisiert.

Struktur des Kreises
Sehenswürdigkeiten

Im unteren Bayerischen Wald gelegen, dem Böhmerwald benachbart, wird die Mittelgebirgslandschaft im Norden von den Grenzbergen Rachel (1453 m) und Lusen (1373 m), im Osten vom Dreisessel (1312 m), im Süden vom Oberfrauenwald (948 m) sowie im Westen vom Brotjacklriegel (1016 m) umrahmt. Im Landkreis gibt es sechs Naturschutzgebiete mit 700 ha, sechs Landschaftsschutzgebiete mit 34 000 ha, Naturdenkmäler und den ersten deutschen Nationalpark, der sich auf einer Fläche von 13 000 ha an den Südhängen des Böhmerwaldes erstreckt und in dem in erster Linie die ursprünglichen Lebensbedingungen für Pflanzen und Tiere soweit wie möglich wieder hergestellt werden sollen. In Schau- bzw. Wiedereinbürgerungsgehegen sind hier u.a. Wisente, Luchse, Wölfe und Bären zu beobachten. Neben der von ihren Naturgegebenheiten her sicherlich einzigartigen Landschaft machen den Landkreis für Einheimische ebenso wie für Feriengäste aber auch wertvolle kulturelle Einrichtungen attraktiv. Erwähnenswert ist in diesem Zusammenhang u.a. das Freilichtmuseum in Finsterau, das Museumsdorf Dreiburgensee, das Jagd- und Fischereimuseum in Freyung, das Museum »Goldener Steig« in Waldkirchen sowie das Schnupftabak- und Bauernmöbelmuseum in Grafenau.

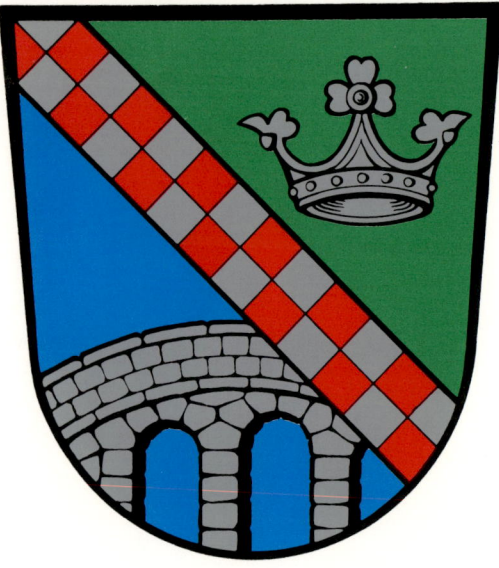

Landkreis Fürstenfeldbruck

Regierungsbezirk: Oberbayern. Einwohner: 185 031. Fläche: 434,74 km². Einwohner je km²: 434. Kfz-Kennzeichen: FFB. Kreisverwaltung: Münchener Straße 32, 82256 Fürstenfeldbruck, Postfach 1461, 82244 Fürstenfeldbruck. Verwaltungsgliederung: Städte Fürstenfeldbruck und Germering. 21 Gemeinden (Adelshofen, Alling, Althegnenberg, Egenhofen, Eichenau, Emmering, Grafrath, Gröbenzell, Hattenhofen, Jesenwang, Kottgeisering, Landsberied, Maisach, Mammendorf, Mittelstetten, Moorenweis, Oberschweinbach, Olching, Puchheim, Schöngeising, Türkenfeld).

Wappenbeschreibung

Durch einen von Silber und Rot in zwei Reihen geschachten Schrägbalken geteilt von Grün und Blau; oben eine silberne Fürstenkrone, unten eine dreibogige, gemauerte silberne Brücke.

Historische Entwicklung

Die Gründung des Klosters auf dem »Felde des Fürsten« durch Aldersbacher Zisterziensermönche geht auf eine Sühneleistung des Bayernherzogs Ludwig II. (1253/94) zurück, der aus unbegründeter Eifersucht seine Gemahlin Maria von Burgund hatte hinrichten lassen. Die Fürstenkrone im erneut am 11. November 1976 genehmigten Kreiswappen versinnbildlicht die engen Beziehungen des Hausklosters zur wittelsbachischen Landesherrschaft. Sie stammt außerdem aus dem Wappen des Abtes Alexander Pellhammer, unter dessen Regierungszeit die berühmte und künstlerisch höchst bedeutsame Abteikirche in Fürstenfeld vollendet wurde. Die Bogenbrücke erinnert an den Markt Bruck. Der silbern-rote Schachbalken gilt als Familienwappen des heiligen Bernhard von Clairvaux († 1153), der den Orden der Zisterzienser ins Leben rief. Seither wird der Schachbalken als heraldisches Zeichen des Ordens verwendet. Im Jahre 1342 gelang es dem Kloster Fürstenfeld, den schon damals blühenden Markt Bruck, der seine Entstehung der Lage an einer bedeutsamen Amperbrücke verdankte, zu erwerben. Durch die Fürstenkrone und die Brücke wird der Name des Landkreises im Wappen sichtbar verankert.

Bis 1967 führte der Landkreis ein Wappen, das in erster Linie auf die Wirtschaftsformen des Kreisgebietes Bezug nahm. Die Errichtung des Landgerichtes Fürstenfeldbruck 1823 stellt die eigentliche Geburtsstunde des heutigen Verwaltungssprengels dar, der auch durch die Gebietsreform kaum verändert wurde.

Struktur des Kreises
Sehenswürdigkeiten

Das Landschaftsbild dieses im Osten von der Landeshauptstadt München begrenzten Landkreises kennzeichnen im nördlichen Teil bewaldete Hügelzüge, im mittleren Bereich moorige Ebenen und im südlichen Teil ein alpines Hügel- und Moorland, dessen bewaldete Höhenrücken von der Amper durchschnitten werden. Der östliche Teil hat eine ausgesprochene Siedlungsstruktur, während der westliche noch stark landwirtschaftlich geprägt ist. Im Landkreis stößt man auf viele kirchliche Bauwerke, die kunsthistorisch bedeutsam sind. Vor allem gilt dies für die Klosterkirche Fürstenfeld, eine der großartigsten Barockkirchen Bayerns, die vor wenigen Jahren restauriert wurde. Nach der Zerstörung im Dreißigjährigen Krieg hatte man die Kirche ab 1690 nach den Plänen von Giovanni Viscardi neu aufgebaut. An der Gestaltung wirkten die Brüder Asam mit. Sehenswert sind auch die zahlreichen Landkirchen, die zum Teil auf romanische und gotische Anlagen zurückgehen. Zur Besichtigung laden auch das Bauernhofmuseum Jexhof bei Schöngeising, das Heimatmuseum Fürstenfeldbruck und die historische Furtmühle bei Egenhofen, das Pfefferminzmuseum Eichenau, das Energiemuseum Fürstenfeldbruck und die Historische Sammlung Gröbenzell ein. Daneben bietet das landschaftlich reizvolle Ampertal zahlreiche Wander- und Ausflugsmöglichkeiten.

Landkreis Fürth

Regierungsbezirk: Mittelfranken. Einwohner: 110 200. Fläche: 307,85 km². Einwohner je km²: 358. Kfz-Kennzeichen: FÜ. Kreisverwaltung: Stresemannplatz 11, 90763 Fürth, Postfach 2018, 90710 Fürth. Verwaltungsgliederung: 14 Einheitsgemeinden (Ammerndorf, Cadolzburg, Großhabersdorf, Langenzenn, Oberasbach, Obermichelbach, Puschendorf, Roßtal, Seukendorf, Stein, Tuchenbach, Veitsbronn, Wilhermsdorf, Zirndorf).

Wappenbeschreibung

Über einer gekürzten roten Spitze, darin eine senkrecht stehende goldene Ähre, dieser aufgelegt ein aus dem unteren Schildrand wachsendes oberhalbes silbernes Zahnrad, gespalten; vorne in Silber ein halber, golden bewehrter roter Adler am Spalt, mit goldenem Kleestengel auf dem Flügel, hinten fünfmal schräggeteilt von Rot und Silber.

Historische Entwicklung

Wesentliche Impulse erhielt die Herrschaftsstruktur des heutigen Kreises, der eine Art Drei-Bistümer-Eck Bambergs, Würzburgs und Eichstätts bildet, unter den Stauferkönigen. Besonders Konrad III. und Friedrich I. Barbarossa bemühten sich im 12. Jh., ein eigenes königliches Territorium mit der Stadt Nürnberg als Organisationspunkt aufzubauen. Dies gelang jedoch erst den zollernschen Burggrafen von Nürnberg, die in der zweiten Hälfte des 13. Jh. zielstrebig daran gingen, ein eigenes Territorium zu schaffen, nachdem für sie in der Reichsstadt Nürnberg als kaiserliche Beamte kein Platz mehr war. Diese staatliche Ordnung prägte den Raum in den folgenden Jahrhunderten, auch als die Hohenzollern 1417 mit der Mark Brandenburg belehnt wurden. 1791 trat der letzte Markgraf sein Land an das Königreich Preußen ab, das seine süddeutschen Gebiete 1805 auf Druck Napoleons im Schönbrunner Vertrag an Bayern abgeben mußte. 1862 entstand das Königliche Bezirksamt Fürth als zentrale Verwaltungsstelle für einen Großteil des heutigen Landkreises. Es wurde 1918 in »Bezirksamt Fürth« umbenannt und hat das Landratsamt Fürth als Rechtsnachfolger in der Verwaltung. Mit der Landkreisreform von 1972 erhielt der Landkreis Fürth schließlich seine jetzige Gestalt. Der Landkreis nahm das erstmals 1965 genehmigte Wappen erneut am 20. November 1972 an. Der rote Adler erinnert an das Wappentier des Fürstentums Brandenburg-Ansbach, die Schrägbalken in Rot und Silber symbolisieren das Herzogtum Franken, Ähre und Zahnrad weisen auf Industrie und Landwirtschaft im Landkreis Fürth hin.

Struktur des Kreises Sehenswürdigkeiten

Der Besucher des Landkreises kann auf den Spuren der Hohenzollern wandeln, wenn er deren einst wichtigen Residenzort Cadolzburg mit der aus dem 13. Jh. stammenden Burg besichtigt, oder er kann im Heimatmuseum des ehemaligen Königshofes Langenzenn eine sehr interessante Münzsammlung entdecken.
Die Stadt Stein bietet ihm, neben dem Schloß des Grafen von Faber-Castell, ein Freilandaquarium und ein Terrarium sowie ein überregional bekanntes Freizeitzentrum mit Hallenbad, Wellenbad, Saunen und Solarien.
Auch der größte Ort im Landkreis, die Stadt Zirndorf, befindet sich auf historischem Boden. Hier lockt den Naturfreund besonders das Waldgebiet um die Alte Veste, die durch den Dreißigjährigen Krieg (Wallensteins Lager) ihre Berühmtheit erlangt hat. Überhaupt wird die Naherholung in allen Gemeinden des reizvollen Rangaus groß geschrieben. Der Kenner schätzt die gut ausgebauten Flur- und Radwanderwege, die Hallen- und Freibäder ebenso wie die ausgezeichnete fränkische Spezialitätenküche, die allerorts angeboten wird. Der Kulturfreund findet zahlreiche Kirchenbauten mit Ausstattung aus der Dürerzeit in Veitsbronn, Puschendorf oder Seukendorf, eine 265 Jahre alte Barockkirche in Wilhermsdorf und kann in Großhabersdorf und Ammerndorf einige der schönsten fränkischen Fachwerkbauten bewundern.

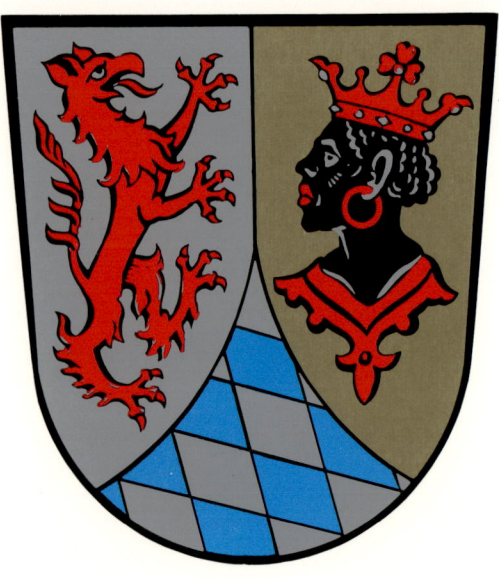

Landkreis Garmisch-Partenkirchen

Regierungsbezirk: Oberbayern. Einwohner: 85 189. Fläche: 1012 km². Einwohner je km²: 84. Kfz-Kennzeichen: GAP. Kreisverwaltung: Olympiastraße 10, 82467 Garmisch-Partenkirchen, Postfach 1563, 82455 Garmisch-Partenkirchen. Verwaltungsgliederung: 22 kreisangehörige Gemeinden (Bad Bayersoien, Bad Eschenlohe, Bad Kohlgrub, Ettal, Farchant, Garmisch-Partenkirchen, Grainau, Großweil, Krün, Mittenwald, Murnau a. Staffelsee, Oberammergau, Oberau, Ohlstadt, Rießgsee, Saulgrub, Schwaigen, Seehausen a. Staffelsee, Spatzenhausen, Uffing a. Staffelsee, Unterammergau, Wallgau).

Wappenbeschreibung

Über gekürzter und eingeschweifter Spitze, darin die bayerischen Rauten, gespalten von Silber und Gold; vorne ein linksgewendeter roter Greifenlöwe, hinten ein rot gekrönter Mohrenkopf mit rotem Ohrring.

Historische Entwicklung

Durch Funde von Steinbeilen und Keramikbruchstücken läßt sich nachweisen, daß bereits in der Jungsteinzeit Menschen in Werdenfels siedelten. Germanische Reihengräber bei Garmisch-Partenkirchen werden auf die Zeit ab 550 bis 600 n. Chr. datiert. Im Mittelalter besaßen ursprünglich die Welfen die Gebietshoheit über das gesamte heutige Kreisgebiet. Daran erinnert im erneut am 20. November 1972 genehmigten Kreiswappen der Welfenlöwe, der hier in der Form des Greifenlöwens steht, wie ihn das Kloster Steingaden führte. 1249 erwarb das Hochstift Freising – im Kreiswappen durch den Mohrenkopf symbolisiert – den welfischen Besitz und 1294 die Grafschaft Mittenwald und Partenkirchen von dem Grafen von Eschenlohe. Aus beiden Erwerbungen bildete das Hochstift Freising die später gefürstete Grafschaft Werdenfels. Die bayerischen Rauten verweisen zum einen auf das vom Wittelsbacherkaiser Ludwig IV. (1314/47) im Jahre 1330 gegründete Benediktinerkloster Ettal, zum anderen zeigen sie die stets enge Verbindung des Gebietes von Ettal und Werdenfels mit dem Herzogtum Bayern. Im Rahmen der Säkularisation des Jahres 1802 kam der Besitz des Hochstifts Freising und der umliegenden Klöster 1803 an das Kurfürstentum Bayern. Die Entstehung des Landkreises geht wie bei allen anderen bayerischen Kreisen auf die Bezirksordnung von 1862 zurück. Im Jahre 1972 erfuhr der Landkreis eine Gebietserweiterung im Norden.

Struktur des Kreises Sehenswürdigkeiten

Der an Naturschönheiten reiche Landkreis im Werdenfelser Land mit seinen Bergen, Seen und Mooren und den bedeutsamen kirchlichen und profanen Bauten ist eines der wichtigsten Fremdenverkehrs- und Naherholungsgebiete Bayerns. Der Fremdenverkehr ist die wirtschaftliche Schlagader des Landkreises. Mehr als 1000 konzessionierte Betriebe des Beherbergungsgewerbes mit rund 17 000 Betten und über 3000 Privatvermieter mit etwa 20 000 Betten sowie rund 500 Gastwirtschaften stehen den Gästen zur Verfügung.

16 der 22 Gemeinden sind anerkannte Kur- und Erholungsorte. Für den Wintersport bietet der Landkreis beste Möglichkeiten, aber auch im Sommer und Herbst finden Wanderer und vor allem Bergwanderer hier ein reiches Angebot: Die Zugspitze mit 2963 m Deutschlands höchster Berg, die Gebirgsketten des Wettersteins und des Karwendels, das Ammergebirge mit dem Kramer, die Oberammergauer Berge mit dem Ettaler Mandl oder der beliebte Aussichtsberg »Wank« seien als Auswahl genannt. Unter den Sehenswürdigkeiten erfreut sich das von König Ludwig II. erbaute Rokokoschloß Linderhof (1874 bis 1878) besonderer Beliebtheit, nicht minder Kloster Ettal (14. Jh., im 18. Jh. umgestaltet) mit barockem Kuppelbau. Das Passionsspielhaus und die Holzschnitzer in Oberammergau, das Olympia-Skistadion in Garmisch-Partenkirchen, Geigenschule und Geigenbauer in Mittenwald, das Freilichtmuseum Glentleiten, das Werdenfels-Museum und die bemalten Häuser und Kirchen (Lüftlmalerei), das Stammgestüt Schwaiganger und nicht zuletzt von den Klammen die Höllental- und Partnachklamm sind Beispiele sehenswerter Vielfalt in diesem Landkreis mit über 50 Prozent der Gesamtfläche an Natur- und Landschaftsschutzgebieten.

Landkreis Günzburg

Regierungsbezirk: Schwaben. Einwohner: 117 311. Fläche: 762,29 km². Einwohner je km²: 154. Kfz-Kennzeichen: GZ. Kreisverwaltung: An der Kapuzinermauer 1, 89312 Günzburg, Postfach, 89303 Günzburg. Verwaltungsgliederung: 34 Gemeinden (Aichen, Aletshausen, Balzhausen, Bibertal, Breitenthal, Bubesheim, Burgau, Burtenbach, Deisenhausen, Dürrlauingen, Ebershausen, Ellzee, Günzburg, Gundremmingen, Haldenwang, Ichenhausen, Jettingen-Scheppach, Kammeltal, Kötz, Krumbach, Landensberg, Leipheim, Münsterhausen, Neuburg, Offingen, Rettenbach, Röfingen, Thannhausen, Ursberg, Waldstetten, Waltenhausen, Wiesenbach, Winterbach, Ziemetshausen).

Wappenbeschreibung

Gespalten: vorne in Rot ein halber silberner Adler am Spalt; hinten fünfmal schräglinks geteilt von Silber und Rot, überdeckt von einem goldenen Pfahl.

Historische Entwicklung

Die Grundlagen für die Erschließung dieses Raumes legten die Römer, die Siedlungsschwerpunkte setzten und den Verkehrsweg von Augusta Vindelicorum (Augsburg) nach Gontia (Günzburg) knüpften. Unter den Alemannen und der nachfolgenden Oberhoheit der Franken vollzog sich der Ausbau der Herrschafts- und Besitzverhältnisse im Günzburger Raum. Die staufischen Herzöge hatten versucht, ihren Hausbesitz im Schwäbischen auszubauen; das Ende ihrer Dynastie bedeutete zugleich für die hier ansässigen Adeligen einen großen Zugewinn an Macht. 1301 gelangte die Markgrafschaft Burgau durch Kauf an die Habsburger, die mit Graf Rudolf schließlich 1273/91 erstmals einen deutschen Kaiser stellen sollten. In einem Jahrhunderte währenden Prozeß gelang es ihnen, ihre Vormacht in Schwaben auszubauen, wobei Günzburg eine bedeutende Rolle als Hauptort zukam. Das zeitweilig auch im Wappen des Königreiches Bayern erscheinende Abzeichen der Markgrafschaft Burgau (seit 1802/05 war das gesamte Gebiet des heutigen Landkreises bayerisch), die mit einem Pfahl belegte Schräglinksteilung, wurde deshalb 1962 in das Wappen des Altlandkreises Günzburg gesetzt. Für die vielen anderen kleinen Territorien griff der Zeichner des Wappens des Altlandkreises Krumbach (Schwaben) im selben Jahre auf den halben Adler des Geschlechtes derer von Schwabeck-Ursberg zurück. 1972 gingen die Altlandkreise Günzburg und Krumbach (Schwaben) und die kreisfreie Stadt Günzburg im Großlandkreis auf, dessen neugestaltetes Wappen am 19. April 1973 genehmigt wurde.

Struktur des Kreises Sehenswürdigkeiten

Fünf Flüsse streben durch die hügelige, mit Wiesenfeldern und Wäldern bedeckte Landschaft nach Norden zur Donau, die eben noch den Landkreis durchfließt, nahe Leipheim, jener historischen Stadtanlage, an Günzburg in nordöstlicher Richtung vorbei. Diese Große Kreisstadt hat ihren Reiz bewahrt. Über dem stattlichen Marktplatz erhebt sich der Stadtturm, aber die Stadt überragt jenes Schloß, das daran erinnert, daß Günzburg einst Residenzstadt war. Die Liebfrauenkirche von Dominikus Zimmermann ist ein weiterer Akzent. Auch in Burgau ist ein Schloß unübersehbar, aber 1307 war dieser Ort bereits Stadt mit alemannischer Bevölkerung, die sich gut mit allen Zuwanderern zu mischen verstand, bis hin zur Heimatvertreibung 1945. Im Günztal liegt Ichenhausen, 1032 bereits urkundlich erwähnt, von 1301 bis 1805 österreichisch. Im Unteren Schloß ist das Bayerische Schulmuseum untergebracht. Das Roßkammhaus zeichnet sich durch ein seltenes Eichenfachwerk aus. Wenige Kilometer sind es nach Wettenhausen mit seinem ehemaligen Chorherrenstift und der kunsthistorisch interessanten Kirche. Das »Herz Mittelschwabens« nennt man Krumbach mit dem historischen Ortskern, in dem die St.-Michaels-Kirche und das Fachwerkrathaus aus dem Jahre 1679 hervorstechen. Fährt man östlich nach Ursberg (ehemalige Prämonstratenserreichsabtei mit barocker Klosterkirche und herrlicher Kreuzigungsgruppe, dort heute das großartige Dominikus-Ringeisen-Werk für Behinderte), so kommt man am Kneipp- und Mineralheilbad Krumbad vorbei.
Im Norden des Landkreises liegt der Ort Gundremmingen, der 1962 zu einem europäischen Begriff wurde, als mit dem Bau des damals größten Atomkraftwerkes begonnen wurde. Der »Schwäbische Barockwinkel« hat viel aus Vergangenheit und Gegenwart zu bieten.

Landkreis Haßberge

Regierungsbezirk: Unterfranken. Einwohner: 86 355 Fläche: 956 km². Einwohner je km²: 90. Kfz-Kennzeichen: HAS. Kreisverwaltung: Am Herrenhof 1, 97437 Haßfurt. Verwaltungsgliederung: 26 kreisangehörige Gemeinden (Aidhausen, Breitbrunn, Bundorf, Burgpreppach, Ebelsbach, Ebern, Eltmann, Ermershausen, Gädheim, Haßfurt, Hofheim i. UFr., Kirchlauter, Knetzgau, Königsberg i. Bay., Maroldsweisach, Oberaurach, Pfarrweisach, Rauhenebrach, Rentweinsdorf, Riedbach, Sand a. M., Stettfeld, Theres, Untermerzbach, Wonfurt, Zeil a. M.).

Wappenbeschreibung

Über von Schwarz und Gold geteiltem, mit einem schrägen und gebogenen grünen Rautenkranz belegtem Schildfuß gespalten von Rot und Gold; vorne drei silberne Spitzen, hinten ein mit einer silbernen Schrägleiste überdeckter, rot bewehrter schwarzer Löwe.

Historische Entwicklung

Die ältesten Spuren menschlichen Lebens in den Tälern des Mains und der Nassach stammen aus der letzten Zwischeneiszeit. Für eine Besiedelung in der Steinzeit sprechen Funde aus dem Mainkies bei Haßfurt, Zeil und Limbach. Eine Reihe alter Handelsstraßen, die die Königshöfe Karls des Großen verbanden, durchzog das Kreisgebiet. Etwa um 750 tauchte erstmals der Name »Haßgau« auf; im Jahre 814 erhielt das Kloster Fulda Schenkungen aus dem »Pago Hasegewe«. Starken Einfluß auf die Entwicklung hatte die Lage im Grenzbereich zwischen den Hochstiften Würzburg und Bamberg. Das nicht immer friedliche Nebeneinander konnten die zahlreich vertretenen Rittergeschlechter für ihre Interessen nutzen.
Diese Geschichte spiegelt sich im Kreiswappen vom 1. August 1974 wider. So fanden für das Hochstift Würzburg der »fränkische Rechen«, für das Hochstift Bamberg der Bamberger Löwe und für das ehemalige sächsische Amt Königsberg der sächsische Rautenkranz Eingang in das Wappen. Seit dem Jahre 1803 gehörte ganz Unterfranken, abgesehen von einem kurzen Zwischenspiel (1806/14) des Herzogtums Toskana, zum Königreich Bayern. Mit Wirkung vom 1. Juli 1862 wurden die Bezirksämter Haßfurt und Ebern gebildet. Das Bezirksamt Hofheim erlangte seine Selbständigkeit im Jahre 1900. Der heutige Landkreis Haßberge ist durch die Gebietsreform im Jahre 1972 aus dem ehemaligen Landkreis Haßfurt sowie den größten Teilen der Kreise Hofheim und Ebern hervorgegangen.

Struktur des Kreises Sehenswürdigkeiten

Der Main durchbricht im Osten des Kreises in engem Tal die Höhenzüge der Haßberge und des Steigerwaldes und erreicht zwischen den Wallfahrtskirchen Maria Limbach (letztes Sakralwerk B. Neumanns) und dem Zeller Käppele das Haßfurter Becken und damit die offene Gäulandschaft. Der nördlich des Mains gelegene »Naturpark Haßberge« ist geprägt von bewaldeten Hochflächen und tief eingeschnittenen, ausgefächerten Wiesentälern. Der aus dem flachwelligen Hofheimer Becken steil aufsteigende Hauptkamm erreicht auf der Nassacher Höhe (501 m) seine höchste Erhebung. Südlich der flachen Mainau erhebt sich unvermittelt die bis zu 250 m hohe Bergmauer der nördlichen Steigerwaldausläufer. Gekrönt wird diese Bergmauer vom Großen Knetzberg (488 m), Ebersberg (445 m) und Hermannsberg (383 m). Wenn der Landkreis Haßberge auch keine herausragende touristische Einzelsensation zu bieten hat, so ist er dafür jedoch mit großartigen Schätzen der Natur und der Kultur reich gesegnet. Die malerischen Städte der Fachwerkromantik wie Zeil a. M., Königsberg i. Bay., Ebern und Landgemeinden vermitteln so manches kulturgeschichtliche Stimmungsbild. Alte Kirchen, stolzen Bürgersinn verratende Rathäuser, fachwerk- und sandsteinleuchtende Bürgerhäuser, wuchtig-trutzige Türme, Stadttore und viele Schlösser und Burgen findet man im Kreis. Dem Naturfreund eröffnet sich eine Vielfalt von selten vorkommenden Tier- und Pflanzenarten.

Landkreis Hof

Regierungsbezirk: Oberfranken. Einwohner: 110 400. Fläche: 893 km². Einwohner je km²: 123. Kfz-Kennzeichen: HO. Kreisverwaltung: Schaumbergstraße 14, 95032 Hof, Postfach 3260, 95004 Hof. Verwaltungsgliederung: 27 kreisangehörige Gemeinden (Bad Steben, Berg, Döhlau, Feilitzsch, Gattendorf, Geroldsgrün, Helmbrechts, Issigau, Köditz, Konradsreuth, Leupoldsgrün, Lichtenberg, Münchberg, Naila, Oberkotzau, Regnitzlosau, Rehau, Schauenstein, Schwarzenbach an der Saale, Schwarzenbach am Wald, Selbitz, Sparneck, Stammbach, Töpen, Trogen, Weißdorf, Zell).

Wappenbeschreibung

Gespalten: vorne in Schwarz ein linksgewendeter, rot gekrönter und rot bewehrter goldener Löwe; hinten in Gold mit von Rot und Silber gestücktem Bord ein rot bewehrter schwarzer Löwe.

Historische Entwicklung

Das Durchgangsland an Saale und Regnitz gelangte vor dem Jahre 1000 als Grenzmark unter fränkische Oberhoheit. Im Jahre 1209 übernahmen die Grafen von Dießen-Andechs das Hofer Gebiet als Reichslehen. Nach dem Aussterben der Andechser 1248 wuchsen die Burggrafen von Nürnberg in die Rolle des regionalen Machthabers hinein. An sie erinnert der Löwe innerhalb des gestückten Schildbordes. Obwohl die Burggrafen im Jahre 1373 den Vögten von Weida und Gera Rechtstitel abkauften, standen sie doch im fortwährenden Gegensatz zu diesen. Die Vögte waren wittelsbachische Vasallen und führten aus diesem Grunde den pfälzisch-bayerischen Löwen.

Neben den erwähnten Herrschaften gab es im Hofer Gebiet noch kleinere Rittergüter und kirchliche Besitzungen. Dominierend blieben aber bis in die Moderne die Burg- und Markgrafen aus dem Hause Hohenzollern, denen 1791 die preußischen Könige und 1810 der bayerische Landesherr nachfolgten. Als 1972 die Landkreise Hof, Münchberg, Naila und Rehau aufgelöst und zum Großlandkreis Hof zusammengefügt wurden, behielt dieser das dem alten Landkreis Hof am 19. Februar 1963 bewilligte Wappen bei (erneute Genehmigung vom 22. Februar 1977), da die Wappenbilder auch die Geschichte aller drei aufgelösten Kreise widerspiegeln.

Struktur des Kreises
Sehenswürdigkeiten

Der Landkreis Hof liegt im Nordosten Oberfrankens. Er grenzt an die neuen Bundesländer Sachsen und Thüringen, an die Tschechische Republik und an die oberfränkischen Nachbarlandkreise Wunsiedel i. F., Bayreuth, Kulmbach und Kronach. Es lassen sich vier Naturräume unterscheiden: die Nordkette des Fichtelgebirges mit Waldstein und Kornberg, die Münchberger Gneishochfläche, der südöstliche und östliche Teil des Frankenwaldes mit dem Döbraberg und dem Selbitztal sowie das von der Sächsischen Saale durchflossene Hofer Vogtland als Übergang zu Elster- und Erzgebirge. Die Landschaft ist von stiller, herber Schönheit mit einer Fülle naturgegebener Kostbarkeiten. Der Landkreis ist reich an Tälern mit Wiesen und Wäldern, Kirchen, Burgruinen, kleinen Schlössern und Museen – ein Wanderparadies und beliebtes Feriengebiet. Und doch zählt der Landkreis Hof auch zu den am meisten industrialisierten Landkreisen Bayerns. Hier gehören nahezu 70 % der Betriebe zum verbrauchsgüterproduzierenden Gewerbe (Schwerpunkt: Textil- und Bekleidungsindustrie). Seit der deutschen Vereinigung ist der Landkreis Hof ein bevorzugter Wirtschaftsstandort mitten in Europa mit zunehmender Bedeutung des Dienstleistungssektors.

Es gibt im Landkreis zahlreiche schöne Ferien- und Urlaubsorte. Schwerpunkt: das aufstrebende bayerische Staatsbad Bad Steben im Frankenwald. Die ständig gestiegenen Übernachtungszahlen sprechen für sich. Besonders erwähnenswert: der Förmitzsee (größtes Gewässer Oberfrankens), das Saaletal, drei oberfränkische Museen (Bauernhof, Textil und Feuerwehr), Deutsch-Deutsches Museum sowie ein breites Angebot für Sport, Freizeit und Erholung.

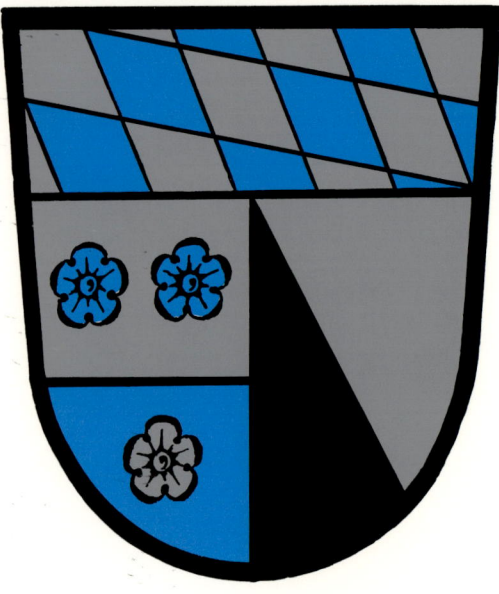

Landkreis Kelheim

Regierungsbezirk: Niederbayern. Einwohner: 103 317. Fläche: 1066,9 km². Einwohner je km²: 97. Kfz-Kennzeichen: KEH. Kreisverwaltung: Schloßweg 3, 93309 Kelheim, Postfach 1462, 93303 Kelheim. Verwaltungsgliederung: 24 kreisangehörige Gemeinden: Abensberg, Aiglsbach, Attenhofen, Bad Abbach, Biburg, Elsendorf, Essing, Hausen, Herrngiersdorf, Ihrlerstein, Kelheim, Kirchdorf, Langquaid, Mainburg, Neustadt a. d. Donau, Painten, Riedenburg, Rohr in NB, Saal a. d. Donau, Siegenburg, Teugn, Train, Volkenschwand, Wildenberg.

Wappenbeschreibung

Unter Schildhaupt mit den bayerischen Rauten gespalten: vorne geteilt von Silber und Blau mit drei (2:1 gestellten) Rosen in verwechselten Farben; hinten schräggeteilt von Silber und Schwarz.

Historische Entwicklung

Aus dem Zeitraum zwischen etwa 2000 und 1000 vor Christus ist im Landkreis Kelheim eine Vielzahl keltischer Viereckschanzen bekannt. Als wichtigste Keltensiedlung ist dabei die Stadt »Alkimoenis« mit ihrer 10 km langen Stadtmauer überliefert, die zwischen dem Altmühltal im Norden und dem Donaudurchbruch im Süden liegt. Einige Jahrzehnte nach Christi Geburt setzten sich die Römer entlang der Donau fest (Kastell »Abusina« bei Kelheim). Im Jahre 620 gründete der heilige Eustasius das Kloster Weltenburg a. d. Donau, das älteste Kloster auf bayerischem Boden. 1180 bestimmte der Wittelsbacherherzog Otto I. Kelheim zur Residenzstadt des Herzogtums, das sein Sohn Ludwig der Kelheimer mit der Gründung von wichtigen Städten zielstrebig ausbaute. 1231 wurde das eben aufblühende Kelheim von einem schweren Schicksalsschlag getroffen, als der Herzog auf der Donaubrücke zu Kelheim einem Mordanschlag zum Opfer fiel und als neue Residenz die Burg Trausnitz über Landshut gewählt wurde. Aus dieser Zeit ist der bedeutende bayerische Geschichtsschreiber Johann Thurmair aus Abensberg bekannt (1477 bis 1534), der sich »Aventinus« nannte. Der heutige Landkreis, der in der Gebietsreform von 1972 vergrößert wurde, führt das Wappen von 1960 weiter (Neuverleihung: 31. Oktober 1975). Die bayerischen Rauten erinnern an den wittelsbachischen Hausbesitz in den Gebieten um Donau, Altmühl und Laaber. Den alten Adel vertritt das silbern-schwarze Wappen der Reichsfreien von Abensberg. Die Rosen stellen die Verbindung zu den alten Benediktinerklöstern Rohr und Weltenburg her, deren Vögte dieses Motiv führten; sie waren auch das Bild der Burggrafen von Riedenburg mit dem Sitz auf der Rosenburg.

Struktur des Kreises Sehenswürdigkeiten

Mit dem Altmühltal hat der Landkreis Anteil am größten Naturpark Deutschlands (»Naturpark Altmühltal«). Die Römer bauten ihren gewaltigen Limes von der Donau im Gebiet des heutigen Landkreises bis hinüber zum Rhein. Zentren des Fremdenverkehrs sind die Schwefelheilbäder Bad Abbach und Bad Gögging. Im Landkreis ist eine Vielzahl von Wallfahrtskirchen, interessanten Burgen, Schlössern oder Landschafts- und Naturschutzgebieten zu finden, z. B. die Befreiungshalle (erbaut 1842 bis 1863), der Donaudurchbruch bei Kelheim mit dem nahegelegenen Kloster Weltenburg, die Klosterkirche Rohr mit der von E. Q. Asam geschaffenen »Himmelfahrt Mariens« als bedeutendstes Werk der Hirsauer Schule in Niederbayern, die ehemalige romanische Klosterkirche in Biburg, Tropfsteinhöhle Schulerloch, Klausenhöhle, Burgruine Randeck (13./14. Jh.) und die längste Holzbrücke Europas mit 193 m Länge in Essing, Schleiferturm (1480, heute Kriegerdenkmal), Michaelskirche (12. Jh.), Franziskanerkirche (ehemalige Klosterkirche), Herzogsschloß, Römerkastell »Castra Abusina« in Eining, Altes Wasserschloß (15. Jh.) in Train, Kristallmuseum sowie Burg- und Falknereimuseum in Riedenburg, wo sich auch der Falkenhof Schloß Rosenburg befindet.

Der Landkreis ist strukturell in drei Bereiche aufgeteilt: ein starker industrieller Bereich im Raum Kelheim/Saal a. d. Donau und Neustadt a. d. Donau, wobei sich auch in anderen Zentren des Landkreises seit Ende des Zweiten Weltkrieges verstärkt Industrie-, Gewerbe- und Handwerksbetriebe niedergelassen haben. Die Land- und Forstwirtschaft spielen ebenfalls eine starke Rolle, wozu die großen zusammenhängenden Waldungen des Staatsforstes und das größte Hopfenanbaugebiet der Welt, die Hallertau, beitragen. In den letzten Jahren erfuhr der Landkreis eine weitere Aufwertung durch die Inbetriebnahme der Main-Donau-Wasserstraße.

Landkreis Kitzingen

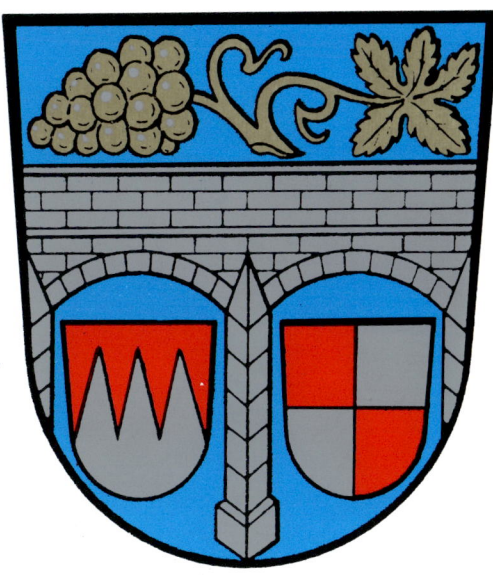

Regierungsbezirk: Unterfranken. Einwohner: 86953. Fläche: 684 km². Einwohner je km²: 127. Kfz-Kennzeichen: KT. Kreisverwaltung: Kaiserstraße 4, 97318 Kitzingen. Verwaltungsgliederung: 31 kreisangehörige Gemeinden, darunter 8 Städte (Große Kreisstadt Kitzingen, Dettelbach, Iphofen, Mainbernheim, Marktbreit, Marktsteft, Prichsenstadt, Volkach), 11 Märkte (Abtswind, Geiselwind, Großlangheim, Kleinlangheim, Markt Einersheim, Obernbreit, Rüdenhausen, Schwarzach a. M., Seinsheim, Wiesentheid, Willanzheim) und 12 Gemeinden (Albertshofen, Biebelried, Buchbrunn, Castell, Mainstockheim, Martinsheim, Nordheim a. M., Rödelsee, Segnitz, Sommerach, Sulzfeld a. Main, Wiesenbronn).

Wappenbeschreibung

In Blau unter einem goldenen Rebstück eine silberne Steinbrücke mit zwei Bögen; unter dem vorderen Bogen ein rotes Schildchen, darin drei silberne Spitzen, unter dem hinteren Bogen ein von Rot und Silber geviertes Schildchen.

Historische Entwicklung

Der im Zuge der Gebietsreform von 1972 gebildete Landkreis Kitzingen entstand aus großen Teilen des ehemaligen Kreises Kitzingen, der kreisfreien Stadt Kitzingen sowie aus Gemeinden der ehemaligen Kreise Gerolzhofen, Scheinfeld, Uffenheim und Bamberg. Das Hochstift Würzburg beherrschte über mehrere Jahrhunderte fast die gesamte Region; größere Machtanteile besaßen die Markgrafen von Brandenburg-Ansbach, die Grafen von Castell und das Benediktinerkloster Münsterschwarzach.

Das am 23. Oktober 1974 verliehene neue Kreiswappen nimmt die geschichtliche Entwicklung auf. Die silbernen Spitzen in Rot (»fränkischer Rechen«) erinnern an die würzburgische Herrschaft. Das rot-silbern gevierte Schildchen war Bestandteil des Wappens des ehemaligen Landkreises Gerolzhofen und ist zugleich Symbol für die Fürsten von Castell. Die steinerne Brücke versinnbildlicht die Große Kreisstadt Kitzingen, Weinlaub und Rebe sind das Kennzeichen des »Weinlandkreises Kitzingen«.

Struktur des Kreises
Sehenswürdigkeiten

Die Weinberge des Kitzinger Landes umfassen rund 2500 ha; kein Landkreis des Freistaats Bayern besitzt eine größere Anbaufläche, so daß sich der Landkreis mit Recht »Weinlandkreis Kitzingen« nennt. Vier Landschaften bestimmen sein Erscheinungsbild: die fruchtbare Gäufläche mit ihren Lößlehmböden im Maindreieck, das Maintal mit Weinbergen, Spargel-, Obst- und Gemüseanbau, das weite Steigerwaldvorland und die Westabdachung des Steigerwaldes (höchste Erhebung: der Schwanberg 474 m ü. NN).

Der Landkreis Kitzingen ist wie kaum ein anderer mit Kunst- und Kulturdenkmälern reich gesegnet. Zahlreiche Städte und Dörfer besitzen malerische Ortsbilder mit Mauerring, altem Rathaus, Zehnthof und ornamentalen Fachwerkgebäuden. Ein besonderes Kennzeichen sind die Bildstöcke und Flurdenkmäler an Wegrändern, in der Flur und inmitten der Weinberge. Unter den ummauerten Kirchhöfen (»Kirchenburgen«) ist vor allem Mönchsondheim erwähnenswert, wo in den ehemaligen Gadenhäusern ein vielfältiges Bauern- und Handwerkermuseum untergebracht ist. Daneben gibt es weitere museale Besonderheiten, so u. a. das Deutsche Fastnachtmuseum im Kitzinger Falterturm, das Missionsmuseum Münsterschwarzach oder das Knauf-Museum Iphofen mit originalgetreuen Repliken antiker Kunstwerke. Unter mehreren Werken des Bildschnitzers Tilman Riemenschneider ist die Rosenkranzmadonna in der Wallfahrtskirche »Maria im Weingarten« bei Volkach besonders erwähnenswert. Dem Schaffen des Barockbaumeisters Balthasar Neumann sind die Kreuzkapelle in Kitzingen-Etwashausen, die Schönbornkirchen in Gaibach und Wiesentheid zu verdanken.

Der Landkreis Kitzingen ist durch ein ausgeschildertes Wander- und Radwegenetz erschlossen. Einkehr und Genuß fränkischer Spezialitäten ist überall möglich, denn die Lande um Main und Steigerwald sind ein ausgesprochen gastfreundliches Reiseziel.

Landkreis Kronach

Regierungsbezirk: Oberfranken. Einwohner: 76 865. Fläche: 652 km². Einwohner je km²: 118. Kfz-Kennzeichen: KC. Kreisverwaltung: Güterstraße 18, 96317 Kronach, Postfach 1551, 96305 Kronach. Verwaltungsgliederung: 18 kreisangehörige Städte, Märkte und Gemeinden – 4 Städte (Kronach Ludwigsstadt, Teuschnitz, Wallenfels), 7 Märkte (Küps, Marktrodach, Mitwitz, Nordhalben, Pressig, Steinwiesen, Tettau), 7 Gemeinden (Reichenbach, Schneckenlohe, Steinbach am Wald, Stockheim, Tschirn, Weißenbrunn, Wilhelmsthal). Verwaltungsgemeinschaften bilden: Teuschnitz mit Teuschnitz-Reichenbach, Tschirn und Mitwitz mit Mitwitz-Schneckenlohe.

Wappenbeschreibung

Gespalten durch eine gekürzte, eingeschweifte blaue Spitze, darin ein goldenes Wasserrad; vorne in Gold ein linksgewendeter, mit einer silbernen Schräglinksleiste überdeckter, rot bewehrter schwarzer Löwe; hinten in mit roten Herzen bestreutem goldenen Feld ein rot gekrönter und rot bewehrter schwarzer Löwe.

Historische Entwicklung

Funde aus der Stein- und Bronzezeit weisen auf frühe Anfänge menschlicher Besiedelung im Kronacher Land hin. Die Heunischenburg Gehülz aus der späten Urnenfelderzeit gilt als eine der ältesten Steinbefestigungsanlagen Europas nördlich der Alpen. Im Frühmittelalter schufen rodende Bauern inselartige Flecken von Kulturland, die nach und nach erweitert wurden. Maßgebliche Elemente der weiteren Entwicklung sind im Landkreiswappen vom 5. Juni 1973 zusammengefaßt, das erstmals 1957 genehmigt wurde. Das vordere Wappentier weist darauf hin, daß das Bistum Bamberg Kronach und sein Umland 1122 vom Kaiser geschenkt erhielt und hier bis zum beginnenden 19. Jh. landesherrliche Rechte ausübte. Gegenübergestellt ist der Löwe der Grafen von Orlamünde, die bis zu ihrem Aussterben im 15. Jh. Besitzungen im Bereich Lauenstein/Ludwigsstadt innehatten. Die Farbgebung der Wappenspitze erinnert an das Kloster Langheim, das unter anderem das »Eigen Teuschnitz« (bis 1388) besaß, das Mühlenrad versinnbildlicht den Holz- und Wasserreichtum.
Als Geburtsstunde des heutigen Landkreises Kronach gilt die Aufhebung des Bezirksamtes Teuschnitz und seine Vereinigung mit dem Bezirksamt Kronach im Jahre 1931. Ein weitaus gravierenderer Eingriff für die Region war allerdings die gnadenlose Grenzziehung nach dem Zweiten Weltkrieg. Der Stacheldraht des »Eisernen Vorhangs«, der sich seither auf einer Länge von 102 km in den Landkreis Kronach bohrte, wurde 1989 dank der friedlichen Revolution der ostdeutschen Landsleute aufgesprengt.

Struktur des Kreises Sehenswürdigkeiten

Das Mühlenwasserrad im Landkreiswappen weist auf den Holz- und Wasserreichtum und die ehemals stark darauf ausgerichtete Wirtschaftsstruktur des Landkreises hin. Heute ist das Kronacher Land ein hochindustrialisierter Raum mit umweltverträglichen Technologien. Dominierend sind Glas, Keramik, Holz, Metall, Kunststoffverarbeitung und Elektrotechnik. Aber auch die Baubranche, die Textil- und Bekleidungsindustrie sowie der Dienstleistungssektor tragen dazu bei, daß eine Vielzahl zukunftssicherer Arbeitsplätze vorhanden ist. Der »Naturpark Frankenwald« hat den Fremdenverkehr zu einem wirtschaftlichen Standbein entwickelt. Burgen, Schlösser und Kirchen, Ensembles und Kleindenkmäler gestalten eine reichhaltige Denkmallandschaft. Beispielhaft seien die Kronacher Festung Rosenberg (hervorgegangen aus dem »Steinernen Haus« 1125), die Burg Lauenstein (Stadt Ludwigsstadt) und das Wasserschloß Mitwitz genannt, das Sitz der Ökologischen Bildungsstätte Oberfranken mit dem »Forum Franken« der Europäischen Kommission ist. In der Effeltermühle (Gemeinde Wilhelmstal) ist eine von mehreren Jugendübernachtungsstätten im Kreisgebiet untergebracht. Aus der Vielzahl der Veranstaltungen im Landkreis ragt das Kronacher Freischießen heraus, das alljährlich Mitte August stattfindet. Vom Frühjahr bis zum Herbst findet der »Kronacher Sommer« und vom Herbst bis zum Frühjahr das Angebot des Kreiskulturrings starke Beachtung. Heimat- und Brauchtumspflege lösen rege Aktivitäten aus. Von der Fränkischen Galerie bis zum Frankenmuseum, vom Flößer- bis zum Klöppel- und Schiefermuseum besteht ein reichhaltiges museales Angebot. Auch die verschiedensten sportlichen Betätigungen lassen sich zu jeder Jahreszeit durchführen. Zu erwähnen ist der Ölschnitzsee, ein Freizeitsee bei Windheim (Gemeinde Steinbach am Wald), der zum Baden wie zum Bootfahren einlädt.

Landkreis Kulmbach

Regierungsbezirk: Oberfranken. Einwohner: 77 318. Fläche: 657 km². Einwohner je km²: 118. Kfz-Kennzeichen: KU. Kreisverwaltung: Konrad-Adenauer-Straße 5, 95326 Kulmbach, Postfach 1660, 95307 Kulmbach. Verwaltungsgliederung: 22 kreisangehörige Gemeinden mit 5 Verwaltungsgemeinschaften und einer Großen Kreisstadt. Selbständige Gemeinden (Himmelkron, Kulmbach [Große Kreisstadt], Mainleus, Marktschorgast, Neudrossenfeld, Neuenmarkt, Presseck, Thurnau, Wirsberg), Verwaltungsgemeinschaften (Kasendorf mit Kasendorf und Wonsees, Marktleugast mit Grafengehaig und Marktleugast, Stadtsteinach mit Rugendorf und Stadtsteinach, Trebgast mit Harsdorf, Ködnitz und Trebgast, Untersteinach mit Guttenberg, Kupferberg, Ludwigschorgast und Untersteinach).

Wappenbeschreibung

Durch eine gesenkte, eingeschweifte, von Schwarz und Silber gevierte Spitze gespalten von Gold und Blau: vorne ein linksgewendeter, mit einer silbernen Schräglinksleiste überdeckter, rot bewehrter schwarzer Löwe; hinten ein rot bewehrter silberner Adler.

Historische Entwicklung

Um das Jahr 1000 n. Chr. erstreckte sich die Herrschaft des Schweinfurter Grafenhauses entlang befestigter Stützpunkte vom mittleren Main bis zum Rande der Mittelgebirge. Als König Heinrich II. 1003 die Macht der Schweinfurter brach, begann eine neue Ära der Entwicklung. Die Erben der Schweinfurter Güter waren die bayerischen Grafen von Andechs, die späteren Herzöge von Meranien. Auf sie verweist der Adler im Kreiswappen, das am 28. August 1975 genehmigt wurde. Der Löwe symbolisiert die Bamberger Bischöfe als Rechtsnachfolger der Königsgüter und der umfangreichen königlichen Bannforstgebiete um Stadtsteinach. Mit dem Aussterben der Meranier 1248 traten ihr Erbe, wiederum durch Heirat, die Grafen von Orlamünde an, die sich bereits im nördlichen Frankenwald festgesetzt hatten. 1338 übertrugen sie ihre Herrschaft durch Erbvertrag an die Zollerngrafen von Nürnberg. An sie erinnert im Kreissymbol die »Zollernvierung« im Schildfuß. Einen wichtigen Einschnitt in die weitere Entwicklung des Landes stellte die Reformation dar, die durch die engen Kontakte des Augustinerklosters in Kulmbach zu den sächsischen und thüringischen Bruderklöstern rasch Einzug im Kulmbacher Land hielt. Der Konraditag (26. November) 1554 brachte der Stadt Kulmbach die Zerstörung und damit den hochfliegenden Plänen des Markgrafen Albrecht Alcibiades das Ende. Die bereits im 15. Jh. bedeutsame Plassenburg wurde ab 1557 als Schloßresidenz ausgebaut. Bis 1806 war sie Landesfestung der Hohenzollern. Im Gefolge des Eisenbahnbaues von 1846 vollzog sich eine beträchtliche Industrialisierung der Region, insbesondere im Brau- und Textilgewerbe Kulmbachs. Die bayerische Kreisreform von 1972 führte die Landkreise Kulmbach und Stadtsteinach sowie die 1890 erstmals kreisfreie Stadt Kulmbach zum heutigen Großlandkreis zusammen.

Struktur des Kreises
Sehenswürdigkeiten

Im Herzen Oberfrankens gelegen wird der Kreis Kulmbach landschaftlich vom Frankenwald, Fichtelgebirge, Obermaintal und von der Fränkischen Schweiz geprägt. Historische Sehenswürdigkeiten wie Burgen, Schlösser, Ruinen und sakrale Bauten sind Zeugen einer bewegten Vergangenheit. Hoch über der Kreisstadt Kulmbach thront die ehemalige Hohenzollernresidenz Plassenburg, die Graf Berthold II. von Andechs um 1135 auf einem Berg nahe dem Zusammenfluß von Rotem und Weißem Main erbauen ließ. Überwältigend ist der »Schöne Hof«, der zu den reichsten Außendekorationen der deutschen Renaissance zählt. Er entstand beim Wiederaufbau der Burg nach einem Brand im 16. Jh. Sie beherbergt das Deutsche Zinnfigurenmuseum, ein Jagdmuseum sowie eine Gemäldegalerie. Unterhalb der Burg erstreckt sich die romantische Altstadt mit dem schmucken Rathaus (1752, Rokokofassade). Das ehemalige Zisterzienserinnenkloster und die Klosterkirche mit spätgotischem Kreuzgang in Himmelkron, das Deutsche Dampflokomotiv-Museum in der Gemeinde Neuenmarkt, die am Fuße der ersten Eisenbahnteilstrecke Europas, der »Schiefen Ebene«, liegt, und Schloß Guttenberg gehören zu den vielen Sehenswürdigkeiten der Region.

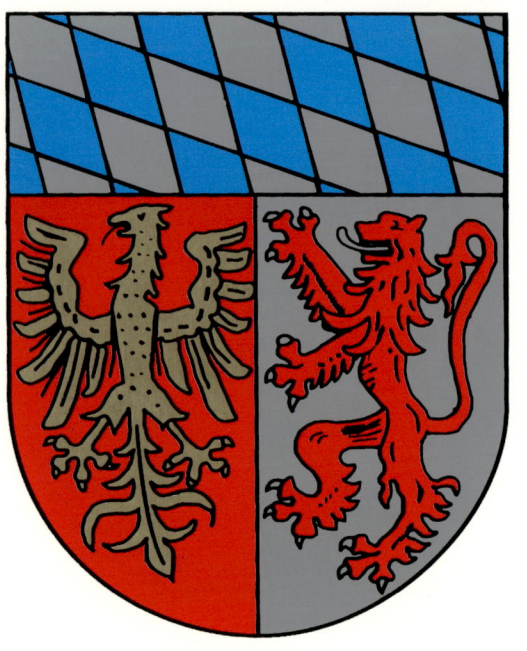

Landkreis Landsberg a. Lech

Regierungsbezirk: Oberbayern. Einwohner: 98 733. Fläche: 804 km². Einwohner je km²: 123. Kfz-Kennzeichen: LL. Kreisverwaltung: Von-Kühlmann-Straße 15, 86899 Landsberg a. Lech, Postfach 1453, 86896 Landsberg a. Lech. Verwaltungsgliederung: 31 Einheitsgemeinden und Verwaltungsgemeinschaften (Denklingen, Dießen a. Ammersee, Geltendorf, Kaufering, Landsberg a. Lech, Penzing, Utting a. Ammersee, Weil; VG Fuchstal mit Fuchstal, Unterdießen, VG Igling mit Hurlach, Igling, Obermeitingen, VG Prittriching mit Egling a. d. Paar, Prittriching, Scheuring, VG Pürgen mit Hofstetten, Pürgen, Schwifting, VG Reichling mit Apfeldorf, Kinsau, Reichling, Rott, Thaining, Vilgertshofen, VG Schondorf a. Ammersee mit Eching a. Ammersee, Greifenberg, Schondorf a. Ammersee, VG Windach mit Eresing, Finning, Windach).

Wappenbeschreibung

Unter Schildhaupt mit den bayerischen Rauten gespalten von Rot und Silber; vorne ein goldener Adler, hinten ein roter Löwe.

Historische Entwicklung

Bereits für das dritte Jahrtausend vor Christi existieren Spuren einer Besiedlung, und eine Handelsstraße aus der Hallstattzeit kreuzte vermutlich bei Landsberg den Lech. Im ersten nachchristlichen Jahrhundert faßten die Römer hier Fuß, bis sie im 4. und 5. Jh. von Bajuwaren und Alemannen verdrängt wurden. Mit dem 12. Jh. ist die Landnahme abgeschlossen, nachdem die Ungarneinfälle mit dem ottonischen Sieg des Jahres 955 auf dem Lechfeld endgültig abgewehrt worden waren. Schließlich kristallisierten sich die Herrschaftsgebiete zweier Adelsgeschlechter heraus: im Süden und Osten die Grafen von Dießen-Andechs, im Norden und Westen die Welfen.

Der Löwe des mächtigen Welfengeschlechtes, das im Zuge des Machtkampfes mit den Staufern im 12. Jh. auch seine Besitztümer am Lech verlor, steht im Kreiswappen, das am 9. Oktober 1953 erstmals genehmigt wurde. Der ursprünglich im blauen Feld stehende Adler war das Wappenbild der Grafen von Dießen-Andechs, die Mitte des 13. Jh. von den Wittelsbachern abgelöst wurden. Da auch das welfische Hausgut an die neuen Herren von Bayern gefallen war, gehörten die Landsberger Landstriche von nun an fast geschlossen zum wittelsbachischen Bayern. Diese Jahrhunderte währenden Herrschaftsverhältnisse verdeutlicht das Rautenschildhaupt. Bis 1803 besaß das Hochstift Augsburg kleinere Güter im Landsberger Raum, der noch heute zu dessen Bistumssprengel gehört. Dies wird durch die Feldfarben Rot und Silber angezeigt. Da der Altlandkreis Landsberg lediglich vergrößert wurde, erhielt der gleichnamige Nachfolgekreis am 3. Oktober 1972 die Genehmigung zur Fortführung des Wappens.

Struktur des Kreises
Sehenswürdigkeiten

Eingebettet in der abwechslungsreichen Voralpenlandschaft liegen liebliche Moränenhügel, Hochmoore, Waldweiher, Badeseen, ausgedehnte Wälder und hübsche Bauerndörfer. Das Straßenbild von Landsberg macht deutlich, wie sich in dieser malerischen Kreisstadt Schwäbisches und Altbayerisches verbinden. Am Steilufer des Lechs gelegen, überrascht sie mit vielen Türmen und Toren (das Bayertor ist das größte spätgotische Tor Süddeutschlands) und dem noch gut erhaltenen Mauerring. Die Stadtpfarrkirche Mariä Himmelfahrt mit ihren Glasfenstern des 15. und 16. Jh. und gotischer Madonna (1440) und die Johanniskirche (Dominikus Zimmermann) sind nicht minder bedeutend wie die Stiftskirche des ehemaligen Augustiner-Chorherren-Stifts in Dießen am Ammersee, als ein Meisterwerk des bayerischen Rokoko von Johann Michael Fischer 1732 bis 1739 erbaut.

Der an Kunststätten reiche Landkreis beherbergt nahe Eresing die Erzabtei St. Ottilien mit einer völkerkundlichen Sammlung. Die Wallfahrtskirche in Vilgertshofen sei erwähnt, aber auch der Hinweis nicht vergessen, daß Schondorf ein gern aufgesuchter Luftkurort ist und sich auch Utting durch den See und die waldreiche Umgebung als Erholungsort empfiehlt.

Landkreis Landshut

Regierungsbezirk: Niederbayern. Einwohner: 132 244. Fläche: 1348,9 km². Einwohner je km²: 98. Kfz-Kennzeichen: LA. Kreisverwaltung: Veldener Straße 15, 84036 Landshut, Postfach 2620, 84026 Landshut. Verwaltungsgliederung: 35 Gemeinden (Adlkofen, Aham, Altdorf, Altfraunhofen, Baierbach, Bayerbach b. Ergoldsbach, Bodenkirchen, Bruckberg, Buch am Erlbach, Eching, Ergolding, Ergoldsbach, Essenbach, Furth, Geisenhausen, Gerzen, Hohenthann, Kröning, Kumhausen, Neufahrn i. NB, Neufraunhofen, Niederaichbach, Obersüßbach, Pfeffenhausen, Postau, Rottenburg a. d. Laaber, Schalkham, Tiefenbach, Velden, Vilsbiburg, Vilsheim, Weihmichl, Weng, Wörth a. d. Isar, Wurmsham).

Wappenbeschreibung

Unter Schildhaupt mit den bayerischen Rauten in Rot eine silberne Mauer mit zwei Zinnen.

Historische Entwicklung

Bereits seit der Steinzeit bildeten sich entlang der Flüsse im heutigen Kreisgebiet Siedlungszentren wie Ergolding und Altdorf. Später waren der fränkische König, der bayerische Herzog, bedeutende Hochadelsfamilien, besonders aber die Kirche Träger der Herrschaft in diesem Raum. 1204 wurde die Stadt Landshut gegründet. In mehrfacher Hinsicht ist die Verwendung der bayerischen Rauten im Kreiswappen berechtigt, das zuerst 1960 und dann erneut am 23. Mai 1973 genehmigt wurde. Die Rauten erinnern an die Wittelsbacher als Gründer von Burg und Stadt Landshut sowie an die frühere Landeshoheit der bayerischen Herzöge, von denen sich eine wichtige Nebenlinie bis zum Jahre 1503 nach Landshut benannte, im gesamten Umkreis der Stadt und damit im heutigen Kreisgebiet. Auch hatte die aus dem Haus der Grafen von Bogen stammende Ludmilla das Kloster Seligenthal gegründet, das einen umfangreichen Besitz im Kreisterritorium besaß. Das Rautenwappen war das Hauswappen der Bogener, von denen es die Wittelsbacher nach ihrem Aussterben 1242 übernahmen. Repräsentativ für die zahlreichen Adelsherrschaften steht das einfache Stammwappen der Grafen von Preysing. Das Geschlecht gehört zu den ältesten Adelsfamilien Bayerns, hat seinen Stammsitz im Landkreis und stellte unter anderem insbesondere für den Landesteil Bayern-Landshut höchste Beamte. Die bayerische Kreisreform von 1972 hob den Großlandkreis Landshut aus der Taufe.

Struktur des Kreises
Sehenswürdigkeiten

Das landschaftlich reizvolle, ausgewogen bewaldete, vom Isartal durchzogene Landkreisgebiet zeigt sich reich an kulturellem Erbe. So finden sich verteilt auf dem Kreisgebiet 50 gotische Backsteinkirchen, geprägt von der Landshuter Bauschule. Zahlreiche Landschlösser, Burgen und Herrensitze zeugen von bewegter Vergangenheit, so zum Beispiel in Bruckberg, einer der ältesten Siedlungen Bayerns, in der bereits in der Jüngeren Steinzeit Menschen lebten, und in Kronwinkl. Typische Merkmale der Stadtgründungen des 13. Jh. mit ihren langgestreckten, sich zum Markt hin öffnenden Hauptstraßen prägen das Bild der Stadt Vilsbiburg an der Vils, inmitten des niederbayerischen Hügellandes gelegen, und des Marktes Velden, der bereits 773 erwähnt wird, als ein Priester Sigo sein väterliches Erbgut in der Grenznachbarschaft von Velden der hl. Maria und der Bischofskirche von Freising vermachte. Im Heimatmuseum Vilsbiburg kann man auch viele eindrucksvolle Exponate der weit über die Landkreisgrenzen hinaus bekannten Töpferkunst der Kröninger Hafnerei bewundern. Den kleinen kunsthistorischen Ausflug ins Gebiet des Landkreises Landshut rundet die aus dem 18. Jh. stammende Leonhardi-Rokokokirche der Stadt Rottenburg a. d. Laaber ab.

Landkreis Lichtenfels

Regierungsbezirk: Oberfranken. Einwohner: 70 301. Fläche: 521,82 km². Einwohner je km²: 135. Kfz-Kennzeichen: LIF. Kreisverwaltung: Kronacher Straße 30, 96215 Lichtenfels, Postfach 1340, 96203 Lichtenfels. Verwaltungsgliederung: 11 kreisangehörige Gemeinden (Altenkunstadt, Stadt Burgkunstadt, Markt Ebensfeld, Hochstadt a. Main, Lichtenfels, Markt Marktgraitz, Markt Marktzeuln, Michelau i. OFr., Redwitz a. d. Rodach, Stadt Staffelstein, Stadt Weismain). Die Gemeinde Hochstadt a. M. und der Markt Marktzeuln bilden die Verwaltungsgemeinschaft Hochstadt-Marktzeuln. Die Gemeinde Redwitz a. d. Rodach und der Markt Marktgraitz bilden die Verwaltungsgemeinschaft Redwitz a. d. Rodach.

Wappenbeschreibung

Gespalten von Blau und Gold: vorne über goldenem Reichsapfel eine goldene Kaiserkrone mit rotem Innenfutter; hinten ein mit einer silbernen Schrägleiste überdeckter, rot bewehrter schwarzer Löwe.

Historische Entwicklung

Das ganze Gebiet gehörte einst zur Grafschaft des Radenzgaues, der seit 960 n. Chr. nachweisbar im Besitz der Schweinfurter Markgrafen war. Auch der sogenannte Banzgau im Westen des heutigen Landkreises war echtes Erbgut der Schweinfurter Markgrafen. Die Erben der Schweinfurter Markgrafen waren die Herzöge von Andechs-Meranien, die nun ihre Ansprüche geltend machten und auf diese Weise der Territorialerweiterung durch das Bamberger Bistum Einhalt geboten. Als das Geschlecht der Meranier um 1248 ausstarb, konnte das Hochstift Bamberg seinen Einflußbereich nach und nach ausdehnen, und zwar fast auf das Gebiet des gesamten heutigen Landkreises. Um 1802 wurde es aufgelöst, und der Raum gelangte unter die Hoheit des Kurfürstentums Bayern. In der Folge entstanden die Landgerichte und späteren Landkreise Lichtenfels und Staffelstein. Der neue Landkreis Lichtenfels besteht seit 1972 aus dem ehemaligen Landkreis Lichtenfels und großen Teilen des früheren Landkreises Staffelstein. Deshalb wurden für das Landkreiswappen vom 15. Juli 1977 Motive aus den beiden früheren Kreiswappen miteinander verbunden. Als Hinweis auf das Hochstift Bamberg (Altlandkreis Lichtenfels) wurde der Löwe des Hochstiftes in das Wappen aufgenommen. Die kaiserlichen Insignien, Krone und Reichsapfel, führte das Domkapitel Bamberg (Altlandkreis Staffelstein). Die Feldfarben Gold und Blau erinnern an die Farben des Wappens der Grafen von Andechs-Meranien.

Struktur des Kreises Sehenswürdigkeiten

Die Naherholungsgebiete im Bereich Lichtenfels-Staffelstein und die Landschaftsschutzgebiete, vor allem im Bereich des Jura, mit gut ausgebauten Wanderwegen, Parkplätzen und Naturlehrpfaden werden gerne besucht. Wassersport und Angelmöglichkeiten bieten die Baggerseen und der Main. In Staffelstein, das viele malerische Fachwerkhäuser, vor allem ein schönes Rathaus (1687) schmückt, befindet sich mit der »Obermain-Therme« ein Besuchermagnet ersten Ranges. Sie ist Bayerns wärmste und stärkste Thermalsole. Die weltberühmte Basilika Vierzehnheiligen von Balthasar Neumann, die Klosterkirche Banz von Dientzenhofer sowie die markanten Aussichtspunkte, wie der sagenumwobene Staffelberg, der Kordigast und das Hochplateau der Görauer Anger, sind beliebte Anziehungspunkte. Im »Gottesgarten« am Obermain findet man zudem geschichtsträchtige historische Baudenkmäler, sehenswerte Städte, Märkte, Gemeinden und Dörfer. Der Landkreis Lichtenfels bemüht sich seit vielen Jahren um ein gepflegtes Bild seiner Ortschaften. Dies geschieht vor allem im Rahmen des Wettbewerbs »Unser Dorf soll schöner werden«. In den letzten Jahren sind allein fünf Bundessieger im Rahmen dieses Wettbewerbs aus dem Landkreis hervorgegangen. Viele weitere Ortschaften erreichten zudem vordere Plazierungen auf Landesebene. Im Landkreis Lichtenfels steht die Wiege der deutschen Korbmacherindustrie. Lichtenfels ist die »Deutsche Korbstadt«; alljährlich findet hier am dritten Wochenende im September der weithin bekannte »Korbmarkt« statt.

Landkreis Lindau (Bodensee)

Regierungsbezirk. Schwaben. Einwohner: 75 598. Fläche: 323,37 km². Einwohner je km²: 233. Kfz-Kennzeichen: LI. Kreisverwaltung: Stiftsplatz 4, 88131 Lindau (Bodensee), Postfach 1560, 88105 Lindau (Bodensee). Verwaltungsgliederung: 19 Einheitsgemeinden (Bodolz, Gestratz, Grünenbach, Heimenkirch, Hergatz, Hergensweiler, Lindau, Lindenberg, Maierhöfen, Nonnenhorn, Oberreute, Opfenbach, Röthenbach, Scheidegg, Sigmarszell, Stiefenhofen, Wasserburg, Weiler-Simmerberg, Weißensberg).

Wappenbeschreibung

Unter Schildhaupt mit den bayerischen Rauten in Silber über blauem Wellenbalken nebeneinander eine grüne Linde und eine dreilatzige rote Fahne mit goldenen Fransen und drei roten Ringen.

Historische Entwicklung

Als zum Ausgang des Mittelalters viele Adelsfamilien ausstarben, verfielen ihre Sitze. Dies nutzte auch das zur Reichsstadt aufgestiegene Lindau zu Besitzvergrößerungen auf dem Lande aus. Der so erworbene Besitz wurde schließlich in Innere und Äußere Gerichte eingeteilt. Das am 14. April 1978 verliehene neue Kreiswappen verweist mit dem Lindenbaum auf die bis 1972 kreisfreie Stadt Lindau und spricht außerdem für den Kreisnamen. Dem Haus Montfort, das ebenfalls hier Herrschaftsrechte hatte, gelang es nicht, seine Macht wirklich auszubauen. Wichtig hingegen wurden die Schenkungen der Montforter an ihr Hauskloster Mehrerau, das so zu einigem Besitz im heutigen Kreisgebiet kam. Für den mit dem Geschlecht der Grafen von Montfort verbundenen nördlichen und östlichen Teil des Landkreises steht deren dreilatzige Fahne. Der Wellenbalken verweist auf die Lage des Kreises am Bodensee und diesen Zusatz im Amtsnamen. Seit 1805 war das Landkreisgebiet bayerisch und wurde in die Landgerichte Weiler und Lindau, später in das Bezirksamt bzw. Landratsamt Lindau eingeteilt. Darauf nehmen die bayerischen Rauten Bezug. Nach dem Zweiten Weltkrieg wurde das Kreisgebiet aus dem Lande Bayern gelöst und der französischen Besatzungszone angeschlossen, um die Verbindung zum französisch besetzten Teil Österreichs zu gewährleisten. 1955 erfolgte die Rückgliederung an den Freistaat Bayern.

Struktur des Kreises
Sehenswürdigkeiten

Das Bürgertum der alten Reichsstadt Lindau und die mehr ländliche Kunst des bäuerlichen Umlandes haben unterschiedliche, hervorragende Kunstwerke hervorgebracht. Als ältestes Bauwerk muß die Peterskirche in Lindau genannt werden. Ein romanischer Bau mit den Fresken des Hans Holbein d. Ä. (um 1470/80), den Passionszyklus darstellend. Die evangelische Stephanskirche, die auf das Jahr 1180 zurückgeht, und die barocke katholische Stiftskirche, 1748 begonnen, haben ihren anerkannten Wert wie das Haus zum Cavazzen als wohl schönstes Bürgerhaus am »Schwäbischen Meer«, in dem die Städtischen Kunstsammlungen untergebracht sind. In der Nähe des Hafens, der sein heutiges Gesicht 1856 erhielt, steht das Alte Rathaus (1422/36) mit der ehemaligen reichsstädtischen, kostbaren Bibliothek. Im Landkreis sind zu nennen: die Fresken in der Gestratzer katholischen Pfarrkirche (1435/37), die Kirche zu Genhofen mit ihren seltsamen Ornamenten, St. Peter und Paul in Lindenberg. Als eines der ganz wenigen Schlösser des Allgäus, die gut erhalten geblieben sind, verdient Schloß Syrgenstein Beachtung. Die St.-Anna-Kapelle zu Riedholz besitzt einen Flügelaltar, der um 1520 entstanden ist und einst im Schloß Laubenberg gestanden haben soll. Sehenswert sind aber auch ihre Holzfiguren aus der Zeit um 1440. Scheideggs Pfarrkirche St. Gallus geht möglicherweise auf Baupläne des Lindauer Baumeisters J. G. Specht und dessen Sohn zurück. Wasserburg und Nonnenhorn verdienen wegen ihres Ortsbildes und der Lage am See Beachtung. Weiler und Hergensweiler besitzen besonders gut eingerichtete Heimatmuseen.

Landkreis Main-Spessart

Regierungsbezirk: Unterfranken. Einwohner: 130 000. Fläche: 1321 km². Einwohner je km²: 98. Kfz-Kennzeichen: MSP. Kreisverwaltung: Marktplatz 8, 97753 Karlstadt, Postfach 1242, 97748 Karlstadt. Verwaltungsgliederung: 40 kreisangehörige Gemeinden (Arnstein, Aura i. S., Birkenfeld, Bischbrunn, Burgsinn, Erlenbach, Esselbach, Eußenheim, Fellen, Frammersbach, Gemünden a. M., Gössenheim, Gräfendorf, Hafenlohr, Hasloch, Himmelstadt, Karbach, Karlstadt, Karsbach, Kreuzwertheim, Lohr a. M., Marktheidenfeld, Mittelsinn, Neuendorf, Neuhütten, Neustadt a. M., Obersinn, Partenstein, Rechtenbach, Retzstadt, Rieneck, Roden, Rothenfels, Schollbrunn, Steinfeld, Thüngen, Triefenstein, Urspringen, Wiesthal, Zellingen).

Wappenbeschreibung

In Rot ein schmaler silberner Wellenpfahl; vorne über einem sechsspeichigen silbernen Rad ein goldenes Eichenblatt mit zwei goldenen Eicheln; hinten über drei silbernen Spitzen eine goldene Weintraube.

Historische Entwicklung

Das Gebiet des heutigen Landkreises Main-Spessart teilte die Geschichte des unterfränkischen Raumes. Als wichtigste Kräfte erwiesen sich seit dem Mittelalter das Erzstift Mainz, das Hochstift Würzburg, die Grafen von Rieneck, Wertheim und Henneberg, die Herren von Thüngen und Trimberg. Auf das Mainzer Erzstift, das Hochstift Würzburg und die Grafen von Rieneck verweisen daher Elemente des Landkreiswappens vom 16. Dezember 1974: Mainzer Rad, »fränkischer Rechen« und die Rienecker Farben Rot und Gold. Das Eichenblatt im Kreisemblem verweist auf den Spessart, die Weintraube auf das Maingebiet und der Wellenpfahl auf den Main selbst.

Die territoriale Zersplitterung bestimmte seit der Reformation im wesentlichen auch die konfessionelle Bevölkerungsverteilung; allerdings gelang es den geistlichen Staaten Mainz und Würzburg, ihr Territorium noch einmal zu vergrößern. Eine Umwälzung der alten Verhältnisse erfolgte zu Beginn des 19. Jh. mit der Säkularisierung der geistlichen Staaten und der Mediatisierung der kleineren Territorien. Seit 1814/19 gehört das gesamte Gebiet des Landkreises zu Bayern, das mit entsprechenden Veränderungen und Regelungen das neugewonnene Gebiet dem bayerischen Gesamtstaat einverleibte. 1862 wurden die Bezirksämter, die späteren Landratsämter, in Gemünden, Karlstadt, Lohr und Marktheidenfeld errichtet, die bis zur Kreisreform von 1972 für das Gebiet des heutigen Landkreises und darüber hinaus zuständig waren.

Struktur des Kreises
Sehenswürdigkeiten

Der Main prägt im Kreisgebiet eine 87 km lange Flußlandschaft mit urwüchsigen Nebentälern. Im Westen dominiert der Spessart als größtes zusammenhängendes Waldgebiet Bayerns. Der Landkreis Main-Spessart als der flächengrößte Landkreis Unterfrankens mit einem Waldanteil von über 50 % der Gesamtfläche hat Anteil an den beiden Großräumen des Spessarts und des fränkischen Gäulandes, wo die Landwirtschaft vorherrscht. Der Main gräbt sich tief in den Muschelkalk ein und trennt mit gewundenem Lauf die beiden Großräume. An den Hängen des klimatisch begünstigten Maintals und der nicht weniger günstigen Nebentäler wächst ein guter Tropfen Wein. Die Lage der Siedlungen und die beherrschenden Bauten dokumentieren die historische Entwicklung des Raumes: die Kirchen und Konventsgebäude der ehemaligen Klöster, die trutzigen Burgen und schloßartigen Adelssitze, die Mauern und Türmchen, Rathäuser und Kirchen der Dörfer, Märkte und Städte. Deutlich wird, daß dieser Landkreis keine alte Einheit ist, daß ein überragendes Zentrum fehlt. Mehr als wettgemacht wird dies durch eine überwältigende Vielfalt.

Landkreis Miesbach

Regierungsbezirk: Oberbayern. Einwohner: 88665. Fläche: 865 km². Einwohner je km²: 102. Kfz-Kennzeichen: MB. Kreisverwaltung: Rosenheimer Str. 1-3, 83714 Miesbach, Postfach, 83712 Miesbach. Verwaltungsgliederung: 17 Gemeinden (Bad Wiessee, Bayrischzell, Fischbachau, Gmund a. Tegernsee, Hausham, Markt Holzkirchen, Irschenberg, Kreuth, Stadt Miesbach, Otterfing, Rottach-Egern, Markt Schliersee, Stadt Tegernsee, Valley, Waakirchen, Warngau, Weyarn).

Wappenbeschreibung

In Silber ein oberhalber, golden bewehrter und bezungter roter Adler über zwei schräggekreuzten roten Stäben, darunter über blauem Wellenschildfuß zwei grüne Seeblätter mit gekreuzten Stielen.

Historische Entwicklung

Der Landkreis Miesbach überdauerte die Gebietsreform des Jahres 1972 fast unverändert; lediglich die Gemeinde Otterfing aus dem ehemaligen Kreis Wolfratshausen wurde eingegliedert. So ist es verständlich, daß der neue Landkreis die Weiterführung des am 15. September 1955 erstmals angenommenen Wappens beantragte (genehmigt am 7. Juni 1977).
Es versinnbildlicht die historische Entwicklung nahezu des gesamten Kreisgebietes. Denn im Mittelalter umfaßte die Reichsgrafschaft Hohenwaldeck die östliche Hälfte des Kreises Miesbach. Ursprünglich unter der Herrschaft der 1483 ausgestorbenen Herren und Reichsvasallen von Waldeck auf Hohenwaldeck, nachher im Besitz der Reichsfreiherren bzw. -grafen von Maxlrain, stellte das Gebiet eines der ganz wenigen reichsunmittelbaren Herrschaften im alten Kurfürstentum Bayern dar. Erst nach dem Aussterben der Maxlrainer 1734 kam das ganze Land zu Bayern. Die 746 gegründete, weltberühmte Benediktinerabtei Tegernsee gehörte nach einer kurzen Zeit der Reichsunmittelbarkeit im 13. Jh. zwar fortan der Landeshoheit nach zum Herzogtum Bayern, war aber hinsichtlich der Grund- und Gebietsherrschaft bis zu ihrer Aufhebung 1803 nahezu exemt (= landesherrlichem Einfluß entzogen und nur dem Kaiser untertan). Als Symbol für Hohenwaldeck kam nur das alte Stammwappen der Waldecker in Betracht: der halbe Adler mit den Stäben. Das älteste Stiftswappen von Tegernsee waren die mit den Stengeln gekreuzten Seeblätter über den Wellen.

Struktur des Kreises
Sehenswürdigkeiten

Gleich neben der Autobahnausfahrt Weyarn (Autobahn München-Salzburg) steht die Pfarrkirche Weyarn, die Johann Baptist Zimmermann mit Fresken und Stuck ausgeschmückt hat. Sie birgt eines der wertvollsten Kunstwerke des Landkreises: die Verkündigungsgruppe von Ignaz Günther. Eine der ältesten und besterhaltenen Klosterkirchen in Oberbayern ist das ehemalige St.-Martins-Münster in Fischbachau. Aber bis man dorthin fährt, laden viele Dorfkirchen oder der Tegernsee mit seinem Kloster, das über tausend Jahre Schrittmacher der Kultur im deutschen Sprachraum war, ein. Rottach-Egern, Bad Wiessee, St. Quirin oder Gmund sind bekannte und beliebte Orte an den Ufern des Sees, die bald zu stattlichen bewaldeten Berghöhen ansteigen. Als weiterer größerer See ist der Schliersee mit gleichnamigem Ort und Fischhausen-Neuhaus beliebtes Urlaubsziel. Nicht minder gilt dies für Bayrischzell, das wie der Spitzingsee eine Vielzahl reizvoller Wanderungen eröffnet. Unter den Bauerntheatern, für die man in Altbayern besondere Liebe entwickelte, ist das Schlierseer wohl das bekannteste. Auch die zahlreichen Musikkapellen, Stubenmusi-Gruppen, Drei- oder Viergesänge und der Tanz bezeugen die bayerische Freude am Feiern. Zu Musik und Tanz gehört im Oberland selbstverständlich die Tracht. Und davon gibt es im Landkreis einige ortsgebundene Variationen.
Kleine Pensionen und international renommierte Hotels warten auf den Gast, dem die Schönheit der Landschaft allein schon im Sommer wie im Winter viel zu bieten hat. Wie sagte es der Landrat? »Ein Gebiet, das der Schöpfer in einer Sonntagslaune gestaltet hat.«

Landkreis Miltenberg

Regierungsbezirk: Unterfranken. Einwohner: 127 517. Fläche: 715,81 km². Einwohner je km²: 178. Kfz-Kennzeichen: MIL. Kreisverwaltung: Brückenstraße 2, 63897 Miltenberg, Postfach 1560, 63885 Miltenberg. Verwaltungsgliederung: 32 Einheitsgemeinden (Altenbuch, Amorbach, Bürgstadt, Collenberg, Dorfprozelten, Eichenbühl, Elsenfeld, Erlenbach a. Main, Eschau, Faulbach, Großheubach, Großwallstadt, Hausen, Kirchzell, Kleinheubach, Kleinwallstadt, Klingenberg a. Main, Laudenbach, Leidersbach, Miltenberg, Mömlingen, Mönchberg, Neunkirchen, Niedernberg, Obernburg a. Main, Röllbach, Rüdenau, Schneeberg, Stadtprozelten, Sulzbach a. Main, Weilbach, Wörth a. Main).

Wappenbeschreibung

Unter Schildhaupt mit den bayerischen Rauten in Rot ein silberner Wellenpfahl; davor ein sechsspeichiges silbernes Rad, dahinter drei silberne Spitzen.

Historische Entwicklung

Aus vor- und frühgeschichtlicher Zeit finden sich im Kreisgebiet Ringwälle, die Zeugnis von der Baukunst der damaligen Bewohner ablegen. Die römischen Besatzer sicherten ihre Eroberungen durch den mit Kastellen bewehrten Limes, bis die Grenzgebiete in der Mitte des 3. Jh. angesichts des Eindringens der Germanen militärisch nicht mehr zu halten waren. Aus der an schriftlichen Überlieferungen armen Epoche der Völkerwanderung ragt das Jahr 734 hervor, als das Reichskloster Amorbach gegründet wurde. Neben die geistige Ausstrahlungskraft dieser Abtei trat die politische des Erzbistums Mainz, im Kreiswappen durch das Rad symbolisiert. Mit dem Erstarken des Bürgertums in wirtschaftlicher, kultureller aber auch politischer Hinsicht im ausgehenden Mittelalter erlangten auch in diesem Raum sechs Gemeinwesen das begehrte Stadtrecht. Dabei bildeten der im Kreiswappen als Wellenpfahl dargestellte Main und die Verkehrsader Frankfurt-Nürnberg den Ausgangspunkt für das Handelswesen der Bürgerschaften.

Die Französische Revolution bewirkte auch in diesem Reichsteil einen Umbruch im gewachsenen Herrschaftsgefüge, als im Jahre 1803 das von Kurfürst Karl Theodor von Dalberg regierte Erzbistum Mainz der Säkularisation zum Opfer fiel. Nach den bewegten Jahren der Napoleonischen Kriege fiel der Raum Miltenberg 1816 vollständig an das zwischenzeitlich zum Königreich aufgestiegene Bayern. Aus den auch hier errichteten Landgerichten gewannen nach und nach die Kreise Miltenberg und Obernburg an Gestalt. Der hauptsächlich aus diesen beiden Verwaltungsbezirken im Jahre 1972 formierte heutige Landkreis Miltenberg setzte wegen der Bedeutung der über hundertjährigen bayerischen Oberhoheit die Rauten ins Schildhaupt; der rot-silberne »Rechen« des am 25. Mai 1977 genehmigten Kreiswappens steht für Franken.

Struktur des Kreises
Sehenswürdigkeiten

»Ein Lebensraum auch für die Kunst« ist jenes Kapitel im Landkreisbuch überschrieben, in dem die reiche Ernte aufgezählt wird, die dem Landkreis auf dem Boden alter Kulturtradition erwachsen ist. Der Verfasser jenes Beitrages, Dr. Friedrich Oswald, würde, um einem Gast in einem Tag einen Begriff davon zu vermitteln, »ihn in das Obernburger Römerhaus und durch den Spessart an das Wasserschloß Oberaulenbach« führen, über Klingenberg und am Kleinheubacher Schloß vorbeifahrend die Amorbacher Abteikirche mit ihrer Orgel erleben lassen, dann in Miltenberg nach einem Blick auf den »Riesen« durch die Hauptstraße und über den Marktplatz mit dem Museum in der alten Amtskellerei zur Burg gehen, um dem Besucher von dort aus jenes Bild zu zeigen, das in seiner Verschmelzung von Stadtbaukunst und Naturschönheit seit den Tagen der Romantiker noch jedes empfängliche Auge begeistert hat. Über Bürgstadt mit seiner volkstümlich ausgemalten Martinskapelle und dem stattlichen Rathaus ginge es dann nach Stadtprozelten mit der Henneburg als einer der schönsten Burgruinen Süddeutschlands.

Das Gesicht der Landschaft, die nicht nur dort von der besonders reizvollen Talschleife von Miltenberg vom Main bestimmt wird, ist vom Buntsandstein geprägt. Ausgedehnte Obst- und Rebkulturen sind die Folge einer außergewöhnlich guten Klimalage. Hier werden vor allem Qualitäts- und Prädikatsweine angebaut und in Bocksbeutel als Gütezeichen besonderer Art abgefüllt.

Fremdenverkehr in den Orten Miltenberg, Amorbach, Eschau, Klingenberg und Mönchberg ist ein stabiler Faktor. Daneben bietet die Wirtschafts-Produktpalette ein breites Angebot, das zu mehr als drei Vierteln aus dem produzierenden Gewerbe stammt und zu einem respektablen Bruttoinlandsprodukt geführt hat.

Landkreis Mühldorf a. Inn

Regierungsbezirk: Oberbayern. Einwohner: 105 241. Fläche: 805 km². Einwohner je km²: 130. Kfz-Kennzeichen: MÜ. Kreisverwaltung: Töginger Straße 18, 84453 Mühldorf a. Inn, Postfach 409, 84446 Mühldorf a. Inn. Verwaltungsgliederung: 31 kreisangehörige Gemeinden – 9 Einheitsgemeinden (Ampfing, Aschau a. Inn, Buchbach, Haag i. OB, Mettenheim, Mühldorf a. Inn, Obertaufkirchen, Schwindegg, Waldkraiburg), 9 Verwaltungsgemeinschaften (VG Neumarkt-Sankt Veit mit Neumarkt-Sankt Veit, Egglkofen; VG Oberbergkirchen mit Oberbergkirchen, Lohkirchen, Schönberg, Zangberg; VG Polling mit Polling, Oberneukirchen; VG Reichertsheim mit Reichertsheim, Kirchdorf; VG Rohrbach mit Erharting, Niederbergkirchen, Niedertaufkirchen; VG Gars a. Inn mit Gars a. Inn, Unterreit; VG Heldenstein mit Heldenstein, Rattenkirchen; VG Kraiburg a. Inn mit Kraiburg a. Inn, Jettenbach, Taufkirchen; VG Maitenbeth mit Maitenbeth, Rechtmehring).

Wappenbeschreibung

Gespalten von Schwarz und Gold: vorne linksgewendeter, rot gekrönter und rot bewehrter goldener Löwe; hinten rot bewehrter schwarzer Löwe.

Historische Entwicklung

Aufgrund der Schenkungen der Agilolfingerherzöge und von ortsansässigen Adligen erwuchs den Salzburger Erzbischöfen eine im Herzogtum Bayern liegende Exklave an der Salzach. Bei den vielfach unklaren Rechtsverhältnissen des Mittelalters kam es zu ständigen Reibereien zwischen den bayerischen und salzburgischen Behörden. Ein besonderer Zankapfel war die Stadt Mühldorf, über die der Salzburger Erzbischof die Landeshoheit beanspruchte.
Wenn im Wappen des Landkreises, das 1968 und zuletzt am 15. März 1973 genehmigt worden war, der goldene kurbayerische und der schwarze salzburgische Löwe sich angriffslustig gegenüberstehen, so deutet das zugleich darauf hin, daß es im Mittelalter immer wieder zu schweren kriegerischen Auseinandersetzungen kam. Den bayerischen Herzögen gelang es aber nicht, die Stadt Mühldorf zu erobern. Dieser Zustand änderte sich erst 1802: Am 2. Dezember erschien in Mühldorf, feierlich empfangen, der kurfürstlich-bayerische Generalkommissar Freiherr von Aretin, der die Stadt für seinen Herrn in Besitz nahm. Danach wurden die Verwaltungs- und Gerichtsbezirke Mühldorf a. Inn und Neumarkt-St. Veit gebildet. Aus diesen ging der Landkreis Mühldorf a. Inn hervor, der in der bayerischen Kreisreform von 1972 keine wesentlichen Änderungen erfuhr.

Struktur des Kreises
Sehenswürdigkeiten

Landschaftlich wird der oberbayerische Landkreis Mühldorf a. Inn, den die Kreise Erding, Ebersberg, Rosenheim, Traunstein, Altötting (Oberbayern) sowie Rottal-Inn und Landshut (Niederbayern) einrahmen, von drei Räumen geprägt: Nördlich der Inn-Isar-Linie breitet sich das tertiäre Isar-Hügelland aus, an das sich im Süden und Südosten das Becken des unteren Inntals sowie die Niedertrassenfelder und die Deckenschotterebenen zwischen Isen und Inn anschließen. Südlich von Kraiburg und Mühldorf erhebt sich die Hügellandschaft der eiszeitlichen Moränen. Der bäuerliche Landkreis weist wirtschaftlich eine Mischstruktur auf.
Die alte Kreisstadt Mühldorf ist historisch und ökonomisch der Mittelpunkt der Region. Im Altstadtkern vermitteln stolze Bürgerhäuser, enge Gassen, Laubengänge, trutzige Türme und Tore den Eindruck einer wohlhabenden Handelsstadt. Sehenswert sind die ehemaligen Getreidespeicher, Korn- und Haberkasten, in denen heute die Stadtbücherei untergebracht ist. Kloster Au a. Inn, Kloster St. Veit, Kloster Zangberg (Ahnensaal), Peterskirche in Berg (Rundkirche), Schloßbergkirchlein Kraiburg a. Inn sowie die Schlösser Guttenburg, Stampfl (12./13. Jh.) in Gars a. Inn und Wasserschloß Schwindegg (Renaissance) zählen zu den architektonischen Schmuckstücken des Kreises.

Landkreis München

Regierungsbezirk: Oberbayern. Einwohner: 279 227. Fläche: 667,76 km². Einwohner je km²: 417. Kfz-Kennzeichen: M (alle Kennzeichen, bei denen auf das M weniger als zwei Buchstaben oder weniger als drei Ziffern folgen). Kreisverwaltung: Mariahilfplatz 17, 81541 München, Postfach 950260, 81518 München. Verwaltungsgliederung: 28 Gemeinden (Aschheim, Aying, Baierbrunn, Brunnthal, Feldkirchen, Gräfelfing, Grasbrunn, Grünwald, Haar, Höhenkirchen-Siegertsbrunn, Hohenbrunn, Ismaning, Kirchheim b. München, Neubiberg, Neuried, Oberhaching, Oberschleißheim, Ottobrunn, Planegg, Pullach i. Isartal, Putzbrunn, Sauerlach, Schäftlarn, Straßlach-Dingharting, Taufkirchen, Unterföhring, Unterhaching, Unterschleißheim) und die Stadt Garching b. München.

Wappenbeschreibung

Gespalten: vorne die bayerischen Rauten, hinten geteilt von Schwarz und Gold; im ganzen überdeckt mit einem schräglinken silbernen Wellenbalken.

Historische Entwicklung

Das Territorium des Landkreises München gehörte überwiegend von Anfang an zum Kern der wittelsbachischen Herrschaft. Aus den vormals herzoglichen Landgerichten Starnberg, Dachau und Wolfratshausen gingen 1852 die beiden Distriktsgemeinden München links der Isar bzw. rechts der Isar hervor, allerdings unter Miteinbeziehung der Landeshauptstadt.
Seit der Schaffung der »Bezirke« 1919/20 in Bayern, die 1939 in »Landkreise« umbenannt wurden, gab es fortlaufend Eingemeindungen vom Landkreis München in die kreisfreie Landeshauptstadt München. Aus der Gebietsreform 1972 ging der Landkreis München lediglich leicht vergrößert hervor. Deshalb erschien es angebracht, das am 3. April 1957 verliehene Wappen unverändert fortzuführen. Die erforderliche Genehmigung wurde von der Regierung von Oberbayern bereits am 18. August 1972 erteilt. Die bayerischen Rauten, die stets in der vorderen Oberecke mit dem »Metall« Silber beginnen sollen (was durch die Angabe der Reihenfolge »Silber-Blau« ausgedrückt wird), verweisen auf die altbayerische Amtsorganisation. Schwarz und Gold sind die Farben der Landeshauptstadt, in der auch der Sitz der Kreisverwaltung angesiedelt ist. Der Wellenbalken versinnbildlicht die Isar, die die Kreisfläche von Südwesten nach Nordosten durchzieht.

Struktur des Kreises
Sehenswürdigkeiten

Der Landkreis liegt überwiegend auf der Münchener Schotterebene, die im Süden in die Endmoränenlandschaft des Voralpengebiets hineinreicht; er umschließt im Norden, Osten und Süden die Landeshauptstadt München. Landwirtschaftlich geprägte Gemeinden wechseln ab mit verdichteten, aber mit viel Grün durchsetzten Großsiedlungen, Gartenstädte mit ausgedehnten Wäldern, die 45 Prozent der Landkreisfläche bedecken. In umfangreichen, gleichfalls stark durchgrünten Gewerbeflächen haben sich Weltfirmen der Luft- und Raumfahrtindustrie, der Elektro- und Elektronikbranche sowie zahlreiche Mittelbetriebe der unterschiedlichsten Gewerbezweige angesiedelt; sie bieten insgesamt 25 000 Arbeitsplätze mehr als überhaupt Erwerbstätige im Landkreis wohnen. Eine der beiden Universitäten der Bundeswehr hat hier ebenso ihren Sitz wie zahlreiche Institute der Münchener Universitäten und weltberühmte Forschungseinrichtungen. Die Schloßanlage in Schleißheim (Neues Schloß, 1701 bis 1704 erbaut, mit prachtvoller Innenausstattung und barocken Gemälden, Schloß Lustheim mit berühmter Porzellansammlung, darunter ca. 1800 Stücke Meißner Porzellan) oder das 760 als Benediktinerkloster gegründete spätere Prämonstratenserkloster Schäftlarn mit den barocken Kirch- und Klosterbauten aus dem 18. Jh., die Burg Grünwald oder das Kallmann-Museum in Ismaning sind Sehenswürdigkeiten, die man sich nicht entgehen lassen sollte.

Landkreis Neuburg-Schrobenhausen

Regierungsbezirk: Oberbayern. Einwohner: 84 554. Fläche: 739,54 km². Einwohner je km²: 114. Kfz-Kennzeichen: ND. Kreisverwaltung: Platz der Deutschen Einheit 1, 86633 Neuburg a. d. Donau, Postfach 1540, 86620 Neuburg a. d. Donau. Verwaltungsgliederung: 18 Gemeinden, davon 11 Einheitsgemeinden (Aresing, Markt Burgheim, Ehekirchen, Karlshuld, Karlskron, Königsmoos, Große Kreisstadt Neuburg a. d. Donau, Oberhausen, Markt Rennertshofen, Stadt Schrobenhausen, Weichering) und 7 Mitgliedsgemeinden in 2 Verwaltungsgemeinschaften (Berg im Gau, Bergheim, Brunnen, Gachenbach, Langenmosen, Rohrenfels, Waidhofen).

Wappenbeschreibung

Geteilt; oben gespalten von Gold und Schwarz: vorne ein rot gezungter und rot gekrönter schwarzer Bärenkopf, hinten ein rot bewehrter und rot gekrönter wachsender goldener Löwe; unten in Silber zwei blaue Wellenleisten.

Historische Entwicklung

Aus den Weinberghöhlen am Rande des Juras bei Mauern stammt »die Rote von Mauern«, eine 7 cm hohe Statuette, die als wichtigstes Glied in der Kette von Beweisstücken gilt, daß Bayern schon vor 100 000 Jahren besiedelt war. Ebenso wie die Römer hinterließen auch die Menschen der Frühgeschichte Spuren im heutigen Kreisgebiet.
Im Mittelalter formte sich im nördlichen Kreisraum das Herrschaftsgebiet von Stadt und Land Neuburg heraus. 1505 gründete Kaiser Maximilian das Fürstentum Pfalz-Neuburg, das den Enkeln des letzten Landshuter Bayernherzogs übertragen wurde. 1685 erwarb der Neuburger Herzog Philipp Wilhelm die rheinische Kurpfalz hinzu. Erst 1777 wurde das Territorium wieder mit dem bayerischen Kernland vereinigt. Im südlichen Kreisgebiet um Schrobenhausen hatten die Grafen von Scheyern, die Vorfahren der Wittelsbacher, große Besitzungen. Ihre Ländereien fielen an die Landesherren und gehörten von 1392 an zur Linie Bayern-Ingolstadt, ab 1447 zu Bayern-Landshut.
Der heutige Landkreis entstand im wesentlichen durch die Zusammenlegung der Kreise Neuburg und Schrobenhausen. Im Kreiswappen vom 12. Juni 1974 erinnert der Pfälzer Löwe an das 1505 geschaffene wittelsbachische Fürstentum Pfalz-Neuburg, aber auch an den früheren Landkreis Neuburg a. d. Donau. Der Bärenkopf ist dem Wappen der Stadt Schrobenhausen entnommen, während die beiden Wellenleisten die Flüsse Donau und Paar darstellen.

Struktur des Kreises – Sehenswürdigkeiten

Der westlich von Ingolstadt gelegene Landkreis wird von drei unterschiedlichen Landschaftsräumen geprägt: dem Fränkischen Jura nördlich der Donau, dem Donaumoos in der Mitte und dem tertiären Hügelland um Schrobenhausen. Das Donaumoos mit seinen schnurgeraden Straßen, den zahlreichen Wassergräben, den schwarzen Torfböden und seiner typischen Zeilenbebauung empfiehlt sich dem Betrachter als besondere landschaftliche Spezialität.
An der Donau erhebt sich der Stadtberg von Neuburg mit dem Renaissanceschloß (1522 bis 1556) des Pfalzgrafen Ottheinrich, mit Hofkirche, Provinzialbibliothek und historischer Altstadt. Von dort hat man nach Osten den Blick auf das Jagdschloß Grünau. In einem Tal im Jura versteckt sich unweit nördlich von Neuburg a. d. Donau die Klosterkirche von Bergen mit der romanischen Krypta. Feinschmecker sollten besonders im Frühsommer das Schrobenhausener Land besuchen und den Spargel genießen. Dabei bietet sich auch Gelegenheit, das einzige Europäische Spargelmuseum, die Pfarrkirche und das Lenbachmuseum (Franz von Lenbach, der große Porträtmaler, wurde in dieser bereits 1447 mit Stadtrechten versehenen Gemeinde 1836 geboren) in Schrobenhausen, die Asamkirche und das Schloß in Sandizell sowie die Wallfahrtskirche auf dem nahen Beinberg zu besichtigen. Weitere Sehenswürdigkeiten sind das Schloß Bertoldsheim, das Schloß Niederarnbach und die Mauerner Höhlen.

Landkreis Neumarkt i. d. OPf.

Regierungsbezirk: Oberpfalz, Einwohner: 118 140, Fläche: 1344 km². Einwohner je km²: 88. Kfz-Kennzeichen: NM. Kreisverwaltung: Nürnberger Straße 1, 92318 Neumarkt i. d. OPf. Postfach 1405, 92304 Neumarkt i. d. OPf. Verwaltungsgliederung: 14 Einheitsgemeinden (Berching, Berg, Breitenbrunn, Deining, Dietfurt, Freystadt, Hohenfels, Lauterhofen, Mühlhausen, Neumarkt i. d. OPf., Postbauer-Heng, Pyrbaum, Seubersdorf, Velburg); 2 Verwaltungsgemeinschaften (Neumarkt: Berngau, Pilsach, Sengenthal; Parsberg: Lupburg, Parsberg).

Wappenbeschreibung

Gespalten von Schwarz und Silber: vorne ein linksgewendeter, rot gekrönter und rot bewehrter goldener Löwe; hinten übereinander ein schreitender und ein aufgerichteter roter Löwe.

Historische Entwicklung

Die bayerische Landkreisreform des Jahres 1972 schuf den Großlandkreis aus den Altlandkreisen Neumarkt i. d. OPf., aus den größten Teilen der früheren Landkreise Parsberg und Beilngries, aus Teilen der ehemaligen Kreise Riedenburg und Hilpoltstein sowie aus der Stadt Neumarkt i. d. OPf. (kreisfrei 1903/38 und 1949/72). Die geschichtlichen Beziehungen des Kreisgebietes werden im Wappen symbolisiert, das der Altlandkreis Neumarkt i. d. Oberpfalz seit dem 8. Februar 1960 benutzte und der neue Großlandkreis seit dem 8. Oktober 1974 unverändert weiterführt. Der gekrönte goldene Löwe auf schwarzem Grunde verdeutlicht die vor fast siebenhundert Jahren begründete Herrschaft der Wittelsbacher, besonders der kurpfälzischen Linie, in den größten Teilen des Kreisterritoriums. Die zwei roten Löwen auf silbernem Feld sind dem seit 1292 bekannten Siegel der reichsgräflichen Familie von Wolfstein entnommen, die im Jahre 1740 ausstarb. Die Farbgebung Rot-Silber berücksichtigt die im Besitz der Herren von Wolfstein gewesenen, reichsunmittelbaren Herrschaften Sulzbürg und Pyrbaum, die später an das Kurfürstentum Bayern kamen. Zugleich soll die Farbkombination Rot-Silber in der linken Schildhälfte die Reichsgüter versinnbildlichen. Denn neben dem kaiserlichen schwarzen Adler in Gold symbolisierten auch die Farben Silber und Rot der Reichssturmfahne die Reichsgewalt.

Struktur des Kreises
Sehenswürdigkeiten

Am Ende des Krieges wurde Neumarkt fast völlig zerstört, aber bald begannen die Bürger mit dem Wiederaufbau und entwickelten ihre Stadt zu einem beachtlichen Wirtschaftszentrum in der westlichen Oberpfalz. Heute ist sie Große Kreisstadt, Sitz und Namensgeberin des Landkreises. Berching, alter Mittelpunkt des Sulzgaues, 883 erstmals genannt, hat in St. Lorenz acht Tafelbilder als bedeutende Arbeiten eines unbekannten Meisters um 1515 und präsentiert sich als romantische Stadt in mittelalterlichen Mauern. Markt Breitenbrunn in reizvoller Landschaft des Oberpfälzer Jura hat vor einigen Jahren den 1100. Geburtstag gefeiert, während man in Dietfurt a. d. Altmühl vor nicht langer Zeit Gräber aus der Hallstattzeit freilegte. In Freystadt hat man 1975 das renovierte Rathaus und den historischen Marktplatz als schönsten der Oberpfalz eingeweiht.
In romantischer Tallandschaft liegt der Markt Hohenfels. Parsberg mit dem Schloß als Wahrzeichen, die nach hundertjähriger Unterbrechung 1917 wieder zur Abtei erhobene Benediktinerabtei Plankstetten oder die Stadt Velburg mit der Wallfahrtskirche auf dem Herz-Jesu-Berg seien angesprochen. Wer stille, idyllische Täler sucht, der findet sie hier: Sulz, Altmühl, Schwarze und Weiße Laber, Schwarzach, Vils, Lauterbach und Naab.

Landkreis Neustadt a. d. Aisch – Bad Windsheim

Regierungsbezirk: Mittelfranken. Einwohner: 94 453. Fläche: 1267,68 km². Einwohner je km²: 74. Kfz-Kennzeichen: NEA. Kreisverwaltung: Konrad-Adenauer-Straße 1, 91413 Neustadt a. d. Aisch, Postfach 1520, 91405 Neustadt a. d. Aisch. Verwaltungsgliederung: 38 kreisangehörige Gemeinden (Bad Windsheim, Baudenbach, Burgbernheim, Burghaslach, Dachsbach, Diespeck, Dietersheim, Emskirchen, Ergersheim, Gallmersgarten, Gerhardshofen, Gollhofen, Gutenstetten, Hagenbüchach, Hemmersheim, Illesheim, Ippesheim, Ipsheim, Langenfeld, Marktbergel, Markt Bibart, Markt Erlbach, Markt Nordheim, Markt Taschendorf, Münchsteinach, Neuhof/Zenn, Neustadt a. d. Aisch, Oberickelsheim, Obernzenn, Oberscheinfeld, Scheinfeld, Simmershofen, Sugenheim, Trautskirchen, Uehlfeld, Uffenheim, Weigenheim, Wilhelmsdorf).

Wappenbeschreibung

Über einem siebenmal von Silber und Blau gespaltenen Schildfuß gespalten; vorne in Gold ein von Silber und Schwarz gevierter, rotbezungter Brackenkopf, hinten in Silber ein halber, rot bewehrter schwarzer Adler am Spalt.

Historische Entwicklung

Wie die meisten Landstriche Frankens kannte das heutige Kreisgebiet im Mittelalter eine Vielzahl geistlicher und weltlicher Herrschaften. Entsprechend der früheren territorialen Gliederung enthält das am 14. Juni 1974 genehmigte Kreiswappen mehrere Motive als Hinweis auf die ehemaligen Oberherren. Der Brackenkopf ist Bestandteil des Stadtwappens von Neustadt a. d. Aisch. Im Kreiswappen wird er von Silber und Schwarz geviert, um zusätzlich auf die Markgrafen von Brandenburg-Bayreuth zu verweisen, die auch die Herrschaft über die Stadt Neustadt a. d. Aisch ausgeübt hatten. Die »Zollernvierung« stand bereits im Kreiswappen von Uffenheim; der heutige Großlandkreis wurde 1972 aus den Kreisen Neustadt a. d. Aisch, Uffenheim und aus zwei Dritteln des Kreises Scheinfeld gebildet. Der geminderte Reichsadler war ebenfalls im Kreiswappen Uffenheims vertreten und symbolisiert die ehemalige Reichsstadt Windsheim mit ihrem Umland. Der mehrfach von Silber und Blau gespaltene Schildfuß verweist auf das 1806 mediatisierte (= dem Landesherrn unterstellte) Fürstentum Schwarzenberg, das Amtsverwaltungen in Scheinfeld und anderen Orten unterhalten hatte. Die mehrfache silbern-blaue Spaltung hatte den Schilduntergrund des alten Kreiswappens von Scheinfeld gebildet. Die oben erwähnte »Zollernvierung« repräsentiert auch den Altlandkreis Neustadt a. d. Aisch, der allerdings mit einem anderen Wappenmotiv an die Markgrafen von Brandenburg-Bayreuth erinnert hatte.

Struktur des Kreises Sehenswürdigkeiten

Touristischer und interessanter Mittelpunkt in »Frankens gemütlicher Ecke« ist Bad Windsheim, die einzige Kurstadt Mittelfrankens, mit einer Solequelle, die zu den am stärksten konzentrierten Heilquellen Deutschlands zählt. Die mittelalterliche Altstadt mit der Pfarrkirche St. Kilian, dem schönen Brunnen, dem Ochsenhofmuseum usw. präsentiert viel von fränkischer Geschichte. Das Fränkische Freilandmuseum mit seiner bäuerlichen Bau- und Wohnkultur zieht viele Gäste an. Vom 1200 Jahre alten Städtchen Scheinfeld mit seinem imposanten Schloß Schwarzenberg gibt es viele Wandermöglichkeiten in den »Naturpark Steigerwald«.
Ein attraktives Fernradwegnetz in Flußtälern (bis zu 550 km) findet viele Freunde. Sehenswert ist die romanische Münsterkirche (1139) in Münchsteinach, ebenso die vielen Spezialmuseen im Landkreis (insgesamt 11 Stück). Die Burg Hoheneck oberhalb der Ipsheimer Weinberge bietet einen weiten Rundblick in den Aischgrund und in die Windsheimer Bucht, ebenso zur Frankenhöhe wie auch zum Steigerwald.
Das Land an der »Mittelfränkischen Bocksbeutelstraße« bietet Weinerlebnis, Weinproben, Weinfeste und Direkteinkauf beim Winzer. Dem Wanderer sei auch die Bullenheimer Weingroßanlage mit Weinlehrpfad bis hinüber zum Schloß Frankenberg empfohlen. Ein großzügiger Ausblick hinein in den Gollachgau bis zur Metropole Uffenheim mit seinem interessanten Heimatmuseum belohnt den Aufstieg. Auch die Kreisstadt Neustadt a. d. Aisch bietet dem geschichtlich Interessierten allerlei Kostbarkeiten und Sehenswürdigkeiten an (Heimatmuseum, Stadtkirche).

Landkreis Neustadt a. d. Waldnaab

Regierungsbezirk: Oberpfalz. Einwohner: 99 068. Fläche: 1430 km². Einwohner je km²: 69. Kfz-Kennzeichen: NEW. Kreisverwaltung: Stadtplatz 38, 92660 Neustadt a. d. Waldnaab, Postfach 1260, 92657 Neustadt a. d. Waldnaab. Verwaltungsgliederung: 13 Einheitsgemeinden (Altenstadt a. d. Waldnaab, Eslarn, Floß, Flossenbürg, Grafenwöhr, Luhe-Wildenau, Mantel, Moosbach, Neustadt a. d. Waldnaab, Vohenstrauß, Waidhaus, Waldthurn, Windischeschenbach), 8 Verwaltungsgemeinschaften mit 26 Mitgliedsgemeinden (Eschenbach i. d. OPf., Kirchenthumbach, Neustadt a. d. Waldnaab, Pleystein, Pressath, Schirmitz, Tännesberg, Weiherhammer).

Wappenbeschreibung

Gespalten und hinten geteilt: vorne in Schwarz ein rot gekrönter und rot bewehrter goldener Löwe; hinten oben in Blau drei (2:1 gestellte) goldene Sterne, unten in Silber ein blauer Balken.

Historische Entwicklung

Nachweisbar werden Gebiete des Landkreises zur Zeit Graf Berengars von Sulzbach faßbar, der im 11. Jh. die Burg Floß erbauen ließ. Nach seinem Tode kaufte 1188 Kaiser Friedrich I. den Herrschaftsbereich und gliederte ihn dem staufischen Reichsland Eger an. 1251 fiel er durch Pfändung an Herzog Otto II. von Bayern, um im Jahre 1269 Herzog Heinrich XIII. von Niederbayern zugeteilt zu werden. 1321 wurde ein Teil an die Landgrafen von Leuchtenberg verpfändet, 1329 das Kreisgebiet der Oberen Pfalz zugeschlagen. Die Landgrafen von Leuchtenberg führten den blauen Balken im silbernen Schild.

Ab dem Jahre 1406 gehörte der größte Teil der Region zum Hause Wittelsbach, das mit dem Pfälzer Löwen im Kreiswappen vertreten ist, das seit dem 22. März 1977 erneut geführt wird. Bis 1777 dauerte die vollständige Einverleibung nach Kurbayern. Das dritte Schildmotiv, die drei Sterne, war das Wappen der gefürsteten Grafschaft Störnstein der Reichsfürsten von Lobkowitz. 1575 tauchte erstmals deren Name auf. Sie kürten damals schon Neustadt an der Waldnaab zu ihrem Verwaltungsmittelpunkt.

Im Zuge der Gebietsreform von 1972 entstand der Großlandkreis aus dem ehemaligen Kreis Neustadt a. d. Waldnaab, aus den meisten Teilen der Kreise Eschenbach i. d. OPf. und Vohenstrauß und aus kleineren Gebieten dreier anderer Landkreise.

Struktur des Kreises
Sehenswürdigkeiten

Der Landkreis liegt im Oberpfälzer Wald und zählt zum Fremdenverkehrsgebiet Ostbayern (38 km gemeinsame Grenze mit der Tschechischen Republik, größter Straßengrenzübergang). Er zeichnet sich durch seinen Waldreichtum und die abwechslungsreiche Landschaft mit teilweiser Mittelgebirgsprägung als Erholungsgebiet besonders aus. Weite Teile des Landkreisgebietes sind als Naturpark ausgewiesen. Sehenswert sind: die größte Burganlage der Oberpfalz in Leuchtenberg, in der in den Sommermonaten Theateraufführungen und andere Veranstaltungen stattfinden; die Burgruine Flossenbürg aus dem 12. Jh.; die Friedrichsburg in Vohenstrauß (1692); das Lobkowitzer Schloß in Neustadt a. d. Waldnaab mit seinen einmaligen Deckengemälden; die Barockkirche mit Prämonstratenserkloster in Speinshart (17. Jh.); die Wieskirche bei Moosbach (1747); der Schwedenturm mit Pranger und die Koppelbergkirche in Luhe (17. Jh.); die gotische Pfarrkirche aus dem Jahre 1492 in Eschenbach i. d. OPf; die Burg Neuhaus bei Windischeschenbach mit Waldnaabtalmuseum. Der Vulkan Parkstein wird als »Europas schönster Basaltkegel« bezeichnet. Lohnende Ausflugsziele sind der Rosenquarzfelsen mit dem darauf befindlichen Kloster in Pleystein sowie das Naturschutzgebiet »Vogelfreistätte« am Rußweiher bei Eschenbach i. d. OPf. (140 ha). Im Landkreis liegt der mit 23 400 ha größte Truppenübungsplatz Europas, Grafenwöhr, der bereits 1910 eröffnet wurde. Bei Windischeschenbach befindet sich die Bohrstelle der Kontinentalen Tiefbohrung der Europäischen Union (KTB) mit einer Bohrtiefe von 9101 m und dem höchsten Landbohrturm der Welt (83 m).

Landkreis Neu-Ulm

Regierungsbezirk: Schwaben. Einwohner: 156 374. Fläche: 515 km². Einwohner je km²: 303. Kfz-Kennzeichen: NU. Kreisverwaltung: Kantstraße 8, 89231 Neu-Ulm, Postfach 1725, 89207 Neu-Ulm. Verwaltungsgliederung: 17 kreisangehörige Städte, Märkte und Gemeinden (Große Kreisstadt Neu-Ulm, die Städte Illertissen, Senden, Vöhringen und Weißenhorn; die Märkte Altenstadt, Buch, Kellmünz und Pfaffenhofen, sowie die Gemeinden Bellenberg, Elchingen, Holzheim, Nersingen, Oberroth, Osterberg, Roggenburg und Unterroth).

Wappenbeschreibung

Über rotem Schildfuß, darin ein waagrechtes, golden beschlagenes, silbernes Hifthorn, fünfmal schräglinks geteilt von Rot und Silber, überdeckt mit einer aus der Teilungslinie wachsenden, schwarz gekleideten und golden gekrönten Mohrin, die eine goldene Bischofsmütze in den Händen hält.

Historische Entwicklung

Im frühen 12. Jh. wurden die Klöster Elchingen und Roggenburg gestiftet; sie wurden von Benediktinern bzw. Prämonstratensern geleitet.
Das zuerst 1966 und erneut am 7. Januar 1975 genehmigte Kreiswappen ist Ausdruck der territorialen Vielgestalt der Region im Mittelalter. Das Hifthorn (Jagdhorn) ist dem Wappen der Herren von Neuffen entnommen, die um 1150 nach Weißenhorn kamen und dort eine Burg erbauen ließen. Als Erben der Roggenburger Klosterstifter hatten sie erheblichen Anteil an der Entwicklung des Raumes. Die Mohrin war das Emblem des im Jahre 1510 erloschenen Grafengeschlechtes von Kirchberg, das seinen Sitz auf der Burg Wullenstetten hatte. Das gräfliche Herrschaftsgebiet erstreckte sich über das gesamte Illertal von Ulm bis Kellmünz. Die rot-silberne Schräglinksteilung des Schildfeldes geht auf die Grafen von Berg zurück, die außerdem Markgrafen von Burgau waren und den Osten des heutigen Kreisterritoriums innehatten. Später ging daraus vor allem die Herrschaft Pfaffenhofen hervor. Erst 1810 gelangte der Raum zu Bayern.
Der heutige Landkreis Neu-Ulm wurde am 1. Juli 1972 aus dem bisherigen Kreis Neu-Ulm, aus großen Teilen des Kreises Illertissen und aus der kreisfreien Stadt Neu-Ulm gebildet.

Struktur des Kreises
Sehenswürdigkeiten

Der Landkreis ist geprägt durch die Entwicklungsachsen entlang des Donau- und Illertales mit starker Bevölkerungskonzentration sowie Schwerpunkten für Industrie, Handel und Gewerbe. Er ist ein bevölkerungsstarker, vornehmlich industrieller Raum mit starken grenzüberschreitenden Beziehungen zum benachbarten Baden-Württemberg. Firmen von z. T. internationaler Bedeutung haben dort ihre Niederlassungen. Im Gegensatz dazu stehen die vorwiegend landwirtschaftlich strukturierten Gebiete in den Tälern der Roth, der Biber, des Osterbaches und der Leiti. Neu-Ulm und die baden-württembergische Nachbarstadt Ulm bilden als grenzüberschreitendes Oberzentrum der Region Donau-Iller ein wichtiges Verkehrszentrum mit guter Anbindung an das europäische Eisenbahn- und Fernstraßennetz. Der Landkreis ist reich an Kunstdenkmälern: die Klosteranlagen Oberelchingen und Roggenburg, das mittelalterliche Stadtbild des Fuggerstädtchens Weißenhorn, das Vöhlinschloß in Illertissen und die Kirche St. Johann Baptist von Dominikus Böhm in Neu-Ulm sind nur einige Beispiele. Schlösser und ehemalige Herrensitze sowie Kirchen und Kapellen sind Fundgruben für Kunstkenner und Historiker. Unter den Museen im Landkreis ist das Edwin-Scharff-Museum von besonderer Bedeutung.
Ein besonderes Kleinod des Landkreises ist das neu eingerichtete Bienenmuseum im alten Vöhlinschloß in Illertissen. Auch das historische Bürgertheater in Weißenhorn ist eine herausragende Stätte des Kulturschaffens im Landkreis.

Landkreis Nürnberger Land

Regierungsbezirk: Mittelfranken. Einwohner: 164 497. Fläche: 800 km². Einwohner je km²: 206. Kfz-Kennzeichen: LAU. Kreisverwaltung: Waldluststraße 1, 91207 Lauf a. d. Pegnitz, Postanschrift: 91205 Lauf a. d. Pegnitz. Verwaltungsgliederung: 27 kreisangehörige Gemeinden (Alfeld, Altdorf b. Nürnberg, Burgthann, Engelthal, Feucht, Happurg, Hartenstein, Henfenfeld, Hersbruck, Kirchensittenbach, Lauf a. d. Pegnitz, Leinburg, Neuhaus a. d. Pegnitz, Neunkirchen a. Sand, Offenhausen, Ottensoos, Pommelsbrunn, Reichenschwand, Röthenbach a. d. Pegnitz, Rückersdorf, Schnaittach, Schwaig b. Nürnberg, Schwarzenbruck, Simmelsdorf, Velden, Vorra, Winkelhaid).

Wappenbeschreibung

Über blauem Schildfuß, darin ein unterhalbes silbernes Mühlrad, gespalten: vorne in Gold ein rot bewehrter halber schwarzer Adler am Spalt, hinten fünfmal schräggeteilt von Rot und Silber.

Historische Entwicklung

Der im Zug der Landkreisreform vom 1. Juli 1972 geschaffene Landkreis Nürnberger Land umfaßt im wesentlichen die ehemaligen Landkreise Hersbruck und Lauf und den größten Teil des ehemaligen Landkreises Nürnberg. Die älteste schriftliche Quelle stammt von 889 (Velden). Zum bayerischen Nordgau gehörend, wurde das Land von Eichstätt aus missioniert. 1180 kam das Gebiet an die Wittelsbacher. Hersbruck und Lauf wurden als Amtszentren mit besonderen Rechten ausgestattet. Unter Kaiser Karl IV., der eine Landbrücke zwischen Prag und Nürnberg, »Neuböhmen« genannt, errichten wollte, traten in der Mitte des 14. Jh. entscheidende Veränderungen ein. Doch schon Ende des Jahrhunderts kehrte das Land an die Wittelsbacher zurück. Im Landshuter Erbfolgekrieg 1504/05 fiel der Reichsstadt Nürnberg das Gebiet zwischen Betzenstein im Norden und Feucht im Süden sowie bis Hartmannshof im Osten zu. Nur das Land um den Rothenberg blieb bayerisch, das um Burgthann/Oberferrieden markgräflich. Bis zum Übergang an Bayern teilte das Landgebiet die Geschicke der Reichsstadt Nürnberg.

Das Wappen wurde dem Landkreis am 1. Oktober 1974 verliehen. Es zeigt als Hinweis auf das ausgedehnte frühere Landgebiet der ehemaligen Reichsstadt Nürnberg im oberen Schildteil das Nürnberger Stadtwappen. Das Mühlrad symbolisiert die in den Flußtälern, besonders dem der Pegnitz, schon in früherer Zeit genutzte Wasserkraft.

Struktur des Kreises
Sehenswürdigkeiten

Vor den Toren der Städte Nürnberg, Fürth und Erlangen gelegen, zählt der Landkreis Nürnberger Land geografisch und geologisch zum Großraum des schwäbisch-fränkischen Schichtstufenlandes. Die Wirtschaftsstruktur des Landkreises bietet ein differenziertes Bild. Für den westlichen Teil sind das produzierende Gewerbe und die Industrie seit alters her von größter Bedeutung. In den wasserreichen Gebieten siedelten viele Gewerbebetriebe, die das Wasser als Energiequelle benutzen.

Der östliche Teil hingegen zählt zu den ländlich strukturierten Gebieten. Etwa 43% der Landkreisfläche werden forstwirtschaftlich und 35% landwirtschaftlich genutzt. Wirtschaftsfaktoren mit wachsender Bedeutung sind die Naherholung und der Fremdenverkehr. Die waldreiche Mittelgebirgslandschaft, die Dolomitkuppen der Frankenalb sowie Fluß- und Bachtäler verleihen dem Gebiet des Landkreises einen hohen Erholungs- und Freizeitwert. Dem Erholungsuchenden bieten zahlreiche Sportanlagen, wie Hallenbäder und Badeseen, Tennis- und Reitanlagen, Skilifte, Loipen ein umfangreiches Radwandernetz und anderes, Gelegenheit, seinen sportlichen Neigungen nachzugehen.

Baudenkmäler und Museen vermitteln den Besuchern eine anschauliche und lehrreiche Darstellung der Geschichte dieses Landstriches, der fränkischen Volkskunst und Lebensweise. Ob Kirchweih, Wallensteinfestspiele oder Aufführungen des Dehnberger Hoftheaters. Gäste werden stets willkommen geheißen. Frankenwein, einheimisches Faßbier und fränkische Küchenspezialitäten sorgen dafür, daß man sich so rundum wohlfühlen kann.

Als einer der ersten Landkreise begründete das Nürnberger Land eine Partnerschaft mit dem Landkreis Annaberg im Erzgebirge/Sachsen, die sich seit ihrer feierlichen Besiegelung im Oktober 1990 in allen Bereichen zu einem Selbstläufer entwickelt hat.

Landkreis Oberallgäu

Regierungsbezirk: Schwaben. Einwohner: 143 877. Fläche: 1527 km². Einwohner je km²: 94. Kfz-Kennzeichen: OA. Kreisverwaltung: Oberallgäuer Platz 2, 87527 Sonthofen. Verwaltungsgliederung: 28 kreisangehörige Städte und Gemeinden (Altusried, Balderschwang, Betzigau, Blaichach, Bolsterlang, Buchenberg, Burgberg, Dietmannsried, Durach, Fischen, Haldenwang, Hindelang, Immenstadt, Lauben, Missen-Wilhams, Oy-Mittelberg, Obermaiselstein, Oberstaufen, Oberstdorf, Ofterschwang, Rettenberg, Sonthofen, Sulzberg, Waltenhofen, Weitnau, Wertach, Wiggensbach, Wildpoldsried); 7 Gemeinden in Verwaltungsgemeinschaften.

Wappenbeschreibung

Gespalten von Rot und Gold; vorne unter von Rot und Blau geteiltem Schildhaupt in Rot ein wachsender silberner Felsenberg, hinten übereinander drei schreitende, herschauende, rot bewehrte schwarze Löwen.

Historische Entwicklung

Im Zuge des keltischen Eindringens in den süddeutschen Raum wurde um 600 v. Chr. auch das Allgäu besiedelt. In dem Gebiet der heutigen Stadt Kempten entstand ein religiöses Zentrum der Kelten, aus dem sich nach der Besetzung des Allgäus durch die Römer die Stadt Cambodunum entwickelte. Dieser politische, administrative und wirtschaftliche Mittelpunkt hatte bis zum Ende der Römerzeit Bestand. Im Mittelalter erfolgte eine Neuordnung, in deren Verlauf auch das heutige Landkreisgebiet neu gegliedert wurde. Dabei entstanden die freie Reichsstadt Kempten, die Fürstabtei Kempten und die Grafschaft Königsegg-Rothenfels; Teile des Gebietes zählten auch zum Bistum Augsburg. Anfang des 19. Jh. wurden diese Gebiete dem Königreich Bayern einverleibt.

Der heutige Landkreis Oberallgäu ging im Jahre 1972 aus der Gebietsreform durch den Zusammenschluß der Altlandkreise Sonthofen und Kempten hervor. Im Wappen, das am 23. November 1973 genehmigt wurde, erinnert die rot-blaue Feldteilung im Schildhaupt der vorderen Wappenhälfte an die aus dem Erbe des ehemaligen Fürststifts Kempten stammenden Teile des früheren Landkreises Kempten. Die drei schreitenden Löwen wurden dem Wappen des früheren Landkreises Sonthofen entnommen und sollen auf die staufischen Herzöge von Schwaben hinweisen, die im Mittelalter die Herrschaft über das Sonthofener Gebiet ausübten. Der silberne Felsenberg weist unmittelbar auf die Lage des Landkreises in den Allgäuer Alpen hin, worauf auch die neue Landkreisbezeichnung Bezug nimmt.

Struktur des Kreises
Sehenswürdigkeiten

Der Landkreis Oberallgäu ist der südlichste Landkreis Deutschlands. Geografisch läßt er sich in das Gebiet der Allgäuer Alpen im Süden und in das Alpenvorland einteilen, die beide ihre besonderen Reize aufweisen.
Die Allgäuer Hochalpen, im Allgäuer Hauptkamm zusammengefaßt, erheben sich in einem gewaltigen Halbrund von Osten nach Süden. Zu den namhaftesten Berggipfeln zählen Hochvogel, Grünten, auch »Wächter des Allgäus« genannt, Großer Krottenkopf (2657 m), Mädelegabel und Biberkopf. Für das Oberallgäu typisch sind die Grasberge (Höfats, Schneck) wie auch die Flyschberge mit ihrer reichen Flora. Aber auch das Alpenvorland mit weiten Wiesen und Wäldern sowie die zahlreichen Seen und Täler geben dem Landkreis ein besonderes Gepräge. Die Vielzahl der landschaftlichen Besonderheiten des Landkreises spiegelt sich auch in der Ausweisung von neun Naturschutzgebieten und 25 Landschaftsschutzgebieten wider, die annähernd 40 % der Landkreisfläche bedecken.
Es sind aber nicht nur die landschaftlichen Vorzüge, sondern auch die kulturellen Sehenswürdigkeiten wie Burgen, Schlösser, Ruinen, Kirchen und Kapellen, die zu einem Besuch einladen. So finden wir zahlreiche Burgen aus früh- und spätgotischer Zeit (Laubenberg-Stein, Sulzberg, Alt-Trauchburg, Neunburg) und Schlösser (Immenstadt, Rauhenzell, Hindelang). Sehenswert sind u. a. die in der Barockzeit entstandenen sakralen Bauten in Altstädten (Pfarrkirche), Oberstdorf (Loretokapelle), Fischen (Frauenkirche), Immenstadt-Bühl (Wallfahrtskapelle Maria-Loreto), Wiggensbach (Pfarrkirche), Wertach (Sebastianskapelle), Hindelang-Bad Oberdorf (Pfarrkirche) und Petersthal (Pfarrkirche). Sogar aus Romanik und Gotik sind Gotteshäuser erhalten geblieben wie in Waltenhofen-Rauns, Durach und Oy-Mittelberg (Wallfahrtskirche Maria Rain).

Landkreis Ostallgäu

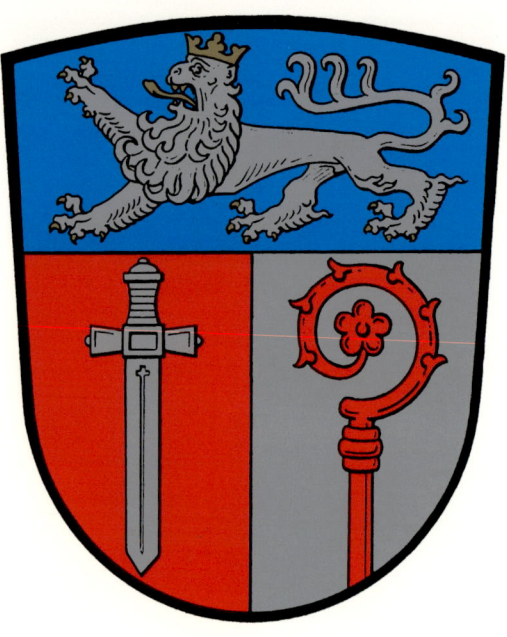

Regierungsbezirk: Schwaben. Einwohner: 126 001. Fläche: 1395 km². Einwohner je km²: 90. Kfz-Kennzeichen: OAL. Kreisverwaltung: Schwabenstraße 11, 87616 Marktoberdorf, Postfach 1255, 87610 Marktoberdorf. Verwaltungsgliederung: 45 Städte, Märkte und Gemeinden, gegliedert in 10 Verwaltungsgemeinschaften (Biessenhofen, Buchloe, Eggenthal, Obergünzburg, Pforzen, Roßhaupten, Seeg, Stötten a. Auerberg, Unterhingau, Westendorf) und 10 Einheitsgemeinden (Stadt Füssen, Germaringen, Halblech, Lechbruck, Stadt Marktoberdorf, Mauerstetten, Markt Nesselwang, Pfronten, Markt Ronsberg, Schwangau).

Wappenbeschreibung

Unter blauem Schildhaupt, darin ein schreitender, golden gekrönter und golden bewehrter silberner Löwe, gespalten von Rot und Silber; vorne ein gestürztes silbernes Schwert, hinten ein wachsender roter Abtsstab.

Historische Entwicklung

Der neue Landkreis Ostallgäu mit dem Sitz der Kreisverwaltung in Marktoberdorf besteht im wesentlichen aus den früheren Kreisen Füssen, Kaufbeuren und Marktoberdorf. Der Kreistag beschloß daher am 8. April 1974 die Annahme eines Landkreiswappens, in dem sich die früheren Landkreise in den einzelnen Wappensymbolen widerspiegeln. Mit dem Martinsschwert aus dem ehemaligen Landkreiswappen Marktoberdorfs wird auf den Hauptort des neuen Landkreises hingewiesen. Der hl. Martin ist Orts- und Kirchenpatron von Marktoberdorf. Auf den ehemals Kaufbeurer Gebietsanteil weist der silberne Löwe des früheren Benediktinerstiftes Irsee und zugleich der Markgrafen von Ronsberg hin. Für Füssen steht der Abtsstab, der sich auf das ehemalige Benediktinerkloster St. Mang bezieht, während auf das ehemalige Hochstift Augsburg, das hauptsächlich um Buchloe und Füssen vertreten war, die Feldfarben Rot-Silber hindeuten. Das Wappen wurde mit Schreiben der Regierung von Schwaben vom 8. Oktober 1974 genehmigt.

Struktur des Kreises
Sehenswürdigkeiten

Charakteristisch für das Landschaftsbild im Landkreis Ostallgäu sind seine Wälder, Wiesen, Berge und Seen. Diese vier Landschaftselemente setzen besonders im südlichen Bereich Akzente von reizvoller Schönheit und bilden eine so harmonische Einheit, daß man sich nicht wundern muß, wenn das Füssener Land zu einem der attraktivsten Fremdenverkehrsgebiete in Bayern geworden ist. Neben dem Fremdenverkehr nimmt die Landwirtschaft in der Erwerbsstruktur der Einwohner eine bedeutende Stelle ein. Während im Süden des Kreisgebietes durch die voralpine Höhenlage verbreitet Grasland- und Weidewirtschaft zur Milcherzeugung zu finden ist, vollzieht sich im nördlichen Teil ein klimatisch bedingter Wandel zugunsten der Ackerland- und Getreidewirtschaft. Der Landkreis Ostallgäu bietet eine Vielzahl von Sehenswürdigkeiten. So wirkt beispielsweise in der Kreisstadt Marktoberdorf das ehemalige Jagdschloß der Fürstbischöfe von Augsburg beherrschend über die Stadt und das Umland hinaus. Glanzpunkte des Ostallgäus sind die Königsschlösser bei Schwangau. Der bayerische Kronprinz Maximilian ließ 1832 die Ruine der im 12. Jh. entstandenen Burg Schwangau im neugotischen Stil zum heutigen Schloß Hohenschwangau aufbauen. Schloß Neuschwanstein wurde nach einer Idee von König Ludwig II. von Bayern nach dem Vorbild der Wartburg im neuromanischen Stil 1868 bis 1886 erbaut. Heute besichtigen jährlich über eine Million Besucher dieses Schloß. An weiteren bedeutsamen Kunstschätzen beherbergt der Landkreis in Füssen das »Hohe Schloß« mit einer wertvollen Gemäldegalerie, das Kloster St. Magnus (Krypta mit Fresken aus dem 9. Jh.), das Totentanzgemälde aus dem Jahre 1602 in der Annakapelle; östlich von Schwangau, malerisch auf freiem Feld, die mit wertvollen Schnitzereien ausgestattete Wallfahrtskirche St. Koloman. Besonders erwähnenswert im nördlichen Landkreis ist das 1190 entstandene Benediktinerkloster Irsee sowie die 1699 bis 1702 erbaute barocke Klosterkirche. Im Klostergebäude wurde im Jahre 1981 durch den Bezirk Schwaben das Schwäbische Erwachsenenbildungszentrum eingerichtet.

Landkreis Passau

Regierungsbezirk: Niederbayern.
Einwohner: 179 964. Fläche 1530 km². Einwohner je km²: 117. Kfz-Kennzeichen: PA. Kreisverwaltung: Domplatz 11, 94032 Passau, Postfach 1980, 94030 Passau. Verwaltungsgliederung: 38 kreisangehörige Gemeinden, darunter mit mehr als 10 000 Einwohnern die Städte Vilshofen (16 432), Pocking (13 646) und Hauzenberg (12 485).

Wappenbeschreibung

Über einem Schildfuß mit den bayerischen Rauten in Silber ein roter Wolf und ein nach links gewendeter roter Panther.

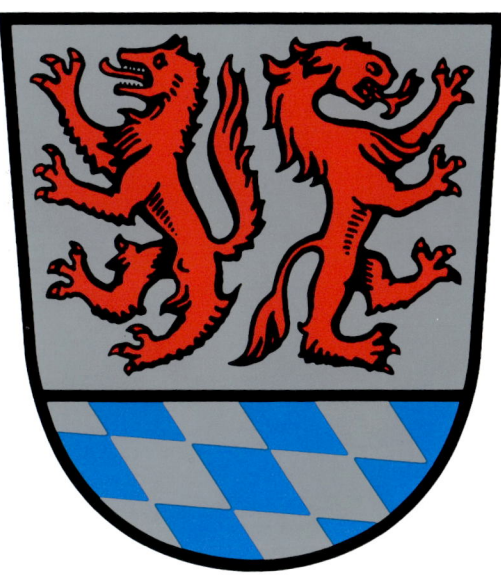

Historische Entwicklung

Der Landkreis Passau in seiner heutigen Gestalt entstand am 1. Juli 1972. Er wurde gebildet aus dem früheren Landkreis Wegscheid, den größten Teilen der Kreise Griesbach i. Rottal, Passau und Vilshofen sowie der Gemeinde Pörndorf aus dem Landkreis Eggenfelden. Nach der Bildung des Großlandkreises genehmigte am 27. Juni 1974 die Regierung von Niederbayern das neue Kreiswappen, dessen Gestaltung den Zusammenschluß der früheren Landkreise symbolisieren soll.

Der rote Wolf, er war bis zur Gebietsreform in den Wappen der Landkreise Passau und Wegscheid enthalten, verweist auf das alte Hochstift Passau, heute Kerngebiet des Landkreises. Südlich der Donau bis zum Rottal erstreckte sich im Mittelalter das Herrschaftsgebiet der spanheimischen Grafen von Ortenburg. Die Wittelsbacher übernahmen große Teile dieser Besitzungen und begründeten das herzogliche Gericht Vilshofen. Der rote Panther, Wappentier der Wittelsbacher, versinnbildlicht das früher zu Vilshofen und Griesbach i. Rottal gehörende Gebiet. Mit den Rauten im Schildfuß des Wappens wird die seit dem beginnenden 19. Jh. einheitliche bayerische Behördenorganisation zum Ausdruck gebracht.

Struktur des Kreises
Sehenswürdigkeiten

Die Landschaft ist äußerst reizvoll und vielgestaltig. Schon Adalbert Stifter schreibt vom »Blauen Band der Berge« des Waldgebirges, das in leichten Hügeln und Wellen bis zu den Ufern der Donau reicht, die quer durch das gesamte Gebiet verläuft und den Landkreis in fast zwei gleich große Teile teilt. Neben prähistorischen Funden im Raum Pocking-Ortenburg und handwerklichen Geräten aus der Steinzeit im Bereich der Gemeinde Obernzell ist der Landkreis reich an bedeutenden Bauten. Das Schloß Obernzell (1423) ist heute Zweigstelle des Bayerischen Nationalmuseums (Keramikmuseum). Das alte Wasserschloß in Aicha ist privates Heimatmuseum. Eine der schönsten Klosterkirchen und Bibliotheken im Osten Bayerns ist die ehemalige Zisterzienserklosterkirche Fürstenzell, die als eines der Hauptwerke von Johann Michael Fischer angesehen werden kann (erbaut 1693 bis 1745). Sie besitzt eine Rokokobibliothek von Deutschmann. Unweit von Fürstenzell liegt Schloß Neuburg, erstmals um 1000 gebaut; in seiner jetzigen Gestalt gehört es zu den frühesten Renaissanceschlössern auf deutschem Boden. In Vornbach liegt die ehemalige Benediktinerabteikirche mit prunkvoller Barockausstattung. Wenige Kilometer weiter steht Schloß Neuhaus. Ein besonderes Schmuckstück ist die Cuvilliéskirche in Asbach (erbaut 1776 bis 1780). Eine der seltenen erhaltenen Kirchenburgen ist die gotische Kirche in Kößlarn. Genannt werden muß als weiteres Kleinod kirchlicher Kunst die Klosterkirche in Aldersbach, die zu den bedeutendsten Asamkirchen Bayerns zählt (Hochaltar von J.M. Götz) sowie die Marienwallfahrtskirche Sammarei bei Ortenburg.

Das beliebte Feriengebiet wird gern von Kurgästen der Heilbäder Bad Füssing oder Bad Griesbach aufgesucht.

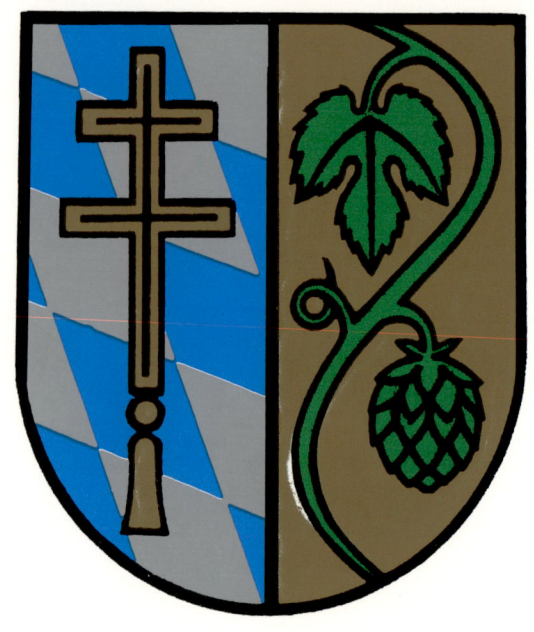

Landkreis Pfaffenhofen a.d. Ilm

Regierungsbezirk: Oberbayern. Einwohner: 104 480. Fläche: 760 km². Einwohner je km²: 137,5. Kfz-Kennzeichen: PAF. Kreisverwaltung: Hauptplatz 22, 85276 Pfaffenhofen, Postfach 1451, 85264 Pfaffenhofen. Verwaltungsgliederung: 19 kreisangehörige Städte, Märkte und Gemeinden – 13 Einheitsgemeinden (Baar-Ebenhausen, Gerolsbach, Hohenwart [Markt], Jetzendorf, Manching [Markt], Münchsmünster, Pfaffenhofen [Stadt], Reichertshausen, Rohrbach, Scheyern, Schweitenkirchen, Vohburg a. d. Donau [Stadt], Wolnzach [Markt]), 3 Verwaltungsgemeinschaften (VG Geisenfeld mit Geisenfeld [Stadt], Ernsgaden; VG Ilmmünster mit Ilmmünster, Hettenshausen; VG Reichertshofen mit Reichertshofen [Markt], Pörnbach).

Wappenbeschreibung

Gespalten: vorne die bayerischen Rauten, belegt mit einem doppelarmigen goldenen Kreuz; hinten in Gold eine durchgehende grüne Hopfenrebe mit Blatt und Dolde.

Historische Entwicklung

Der Landkreis Pfaffenhofen a. d. Ilm zählt zu den Regionen Bayerns, die die ältesten und engsten Beziehungen zum vormals regierenden Hause Wittelsbach aufweisen. Ein hervorragendes Zeugnis dieser Verbindung ist das Kloster Scheyern, das 1119 bei der Stammburg der Grafen von Scheyern errichtet wurde. Die gräfliche Familie verlegte dabei ihren Wohnsitz auf das Schloß Wittelsbach und nannte sich seitdem danach. Das am 4. Juli 1974 bestätigte Kreiswappen von 1963 symbolisiert durch die bayerischen Rauten mit dem aufgelegten Scheyerer Kreuz, dem Wahrzeichen des Klosters, diese geschichtlichen Ereignisse. Mit seiner linken Schildhälfte verweist das Wappen auf den Hopfenanbau im Kreisgebiet. Der Landkreis besitzt die größte zusammenhängende Hopfenanbaufläche der Welt.

Im Norden des durch die Gebietsreform von 1972 wenig veränderten Kreisterritoriums lag eine der bedeutendsten keltischen Siedlungen. Beim heutigen Manching umschloß ein Ringwall die wohl Stammeshauptstadt der Vindeliker gewesene Keltenstadt mit einer Fläche von rund 380 ha. Neuere Ausgrabungen lassen es wahrscheinlicher erscheinen, daß nicht das Vordringen der Römer um 15 v. Chr., sondern das Eindringen germanischer Stämme dieses blühende Gemeinwesen vernichtete.

Struktur des Kreises Sehenswürdigkeiten

Im Nordosten Oberbayerns erstreckt sich der Kreis Pfaffenhofen a. d. Ilm vom flachwelligen tertiären Hügelland bis in die Donauebene. Ilm, Paar und Donau durchfließen die von der Landwirtschaft geprägte Region. Hierbei spielt der Hopfenanbau eine wichtige Rolle (fast die Hälfte des Hallertauer Hopfengebietes gehört zum Kreis). Neben der Landwirtschaft zählen Industrie und Handwerk zu den bedeutenden Wirtschaftsfaktoren. Bemerkenswerte Zeugen der Vergangenheit sind Klöster, mehr als 200 Kirchen, Burgen und Schlösser. Hierzu gehören u. a.: die romanische Basilika in Ilmmünster (Plastiken von E. Grasser und Bilder von J. Pollak), die Benediktinerabtei Scheyern (1123, mit Arbeiten von I. Günther, Klosterbibliothek: romanische Buchmalereien, Kreuz mit einer Reliquie vom Kreuz Christi, Gruftkapelle), die Klosteranlage Hohenwart, die Pfaffenhofener Pfarrkirche St. Johannes Baptist, die romanische Backsteinkirche St. Peter in Griesbach, die Wallfahrtskapelle St. Kastulus bei Langenbruck, die Wolnzacher Pfarrkirche St. Laurentius (»Hallertauer Dom«), die Burgruine Vohburg und das Donautor (15. Jh.) sowie das idyllisch gelegene Wasserschloß Reichertshausen. Auf die Spuren der Kelten trifft man in Manching (Ausgrabungen einer vorchristlichen Siedlung, Ringwall). Das Pfaffenhofener Rentamt (Barockbemalung), das »alte Mesnerhaus« (Heimatmuseum) in Pfaffenhofen und das Straßenbild in Hohenwart zeugen von liebevoller Denkmalpflege.

Landkreis Regen

Regierungsbezirk: Niederbayern. Einwohner: 81 653. Fläche: 975,07 km². Einwohner je km²: 83,6. Kfz-Kennzeichen: REG. Kreisverwaltung: Poschetsrieder Straße 16, 94209 Regen, Postfach 1220, 94202 Regen. Verwaltungsgliederung: 3 Städte (Regen, Viechtach, Zwiesel); 3 Märkte (Teisnach, Bodenmais, Ruhmannsfelden); 18 Gemeinden (Achslach, Arnbruck, Bayer. Eisenstein, Bischofsmais, Böbrach, Drachselsried, Frauenau, Geiersthal, Gotteszell, Kirchberg, Kirchdorf i. Wald, Kollnburg, Langdorf, Lindberg, Patersdorf, Prackenbach, Rinchnach, Zachenberg).

Der Markt Ruhmannsfelden und die Gemeinden Achslach, Gotteszell, Zachenberg haben sich zu einer Verwaltungsgemeinschaft zusammengeschlossen.

Wappenbeschreibung

Unter Schildhaupt mit den bayerischen Rauten in Rot ein silberner Pfahl, darin eine bewurzelte grüne Fichte; vorne ein silbernes Kelchglas, hinten ein wachsender silberner Zinnenturm.

Historische Entwicklung

Bereits vor tausend Jahren führten Waldpfade, Säumersteig, Böhmerstraße und Bayerweg nach Böhmen; vor allem wurde auf ihnen Salz transportiert. Mönche aus den Klöstern an der Donau rodeten die riesigen Wälder; ihnen folgten die Bauern.
Im 8. und 9. Jh. gehörte der Landstrich zur Markgrafschaft Cham, dann zum Schweinachgau und fiel nach dem Aussterben der Grafen von Bogen 1242 an den Herzog von Bayern zurück. Damals wurde der Markt Viechtach zu einem wittelsbachischen Amt für die Urbarmachung. Von 1308 bis 1602 war ein Teil des Gebietes mit der Burg Weißenstein an die Grafen von Degenberg verpfändet. Danach wurde der Raum neu organisiert: Neben das Landgericht Regen trat ein Landgericht Zwiesel, das 1609 mit dem Pfleggericht Weißenstein vereinigt wurde.
Erst die bayerische Landkreisreform schloß die Landkreise Regen und Viechtach zu der heutigen Gebietskörperschaft zusammen. Die grüne Fichte im neuen Kreiswappen (genehmigt am 9. Juli 1975) auf dem silbernen heraldischen Pfahl (als Hinweis auf das gleichnamige Felsenriff) symbolisiert das Landschaftsbild, die heimische Glasindustrie wird im Kelchglas widergespiegelt. Die vielen früheren Adelsherrschaften und mittelalterlichen Burgen ergeben die geschichtliche Begründung für den Burgturm. Die seit dem 13. Jh. einsetzende wittelsbachische Verwaltungstradition wird durch die bayerischen Rauten versinnbildlicht.

Struktur des Kreises
Sehenswürdigkeiten

Im mittleren und nördlichen Teil des Bayerischen Waldes gelegen, besitzt der Landkreis Regen eine über 37 km lange Grenze zum Nachbarland Tschechische Republik. Rund 63 % des Kreisgebietes bestehen aus Wald. Dem Naturschutz wird ein hoher Stellenwert eingeräumt: Bemerkenswerte »Urwaldreste« finden sich besonders in den Landschaftsschutzgebieten am Falkenstein und am Arber. Ebenfalls geschätzt wird der Große Arbersee, einer der sieben eiszeitlichen Karseen des Bayerischen Waldes. Ein Phänomen der Natur ist der Pfahl, jener mächtige Quarzgang, der als 20 bis 300 m breiter Spalt bei einer Länge von ca. 150 km auch durch den Landkreis Regen führt. Bei Viechtach tritt der Pfahl in der Form gezackter Felsentürme imposant in Erscheinung. Wer einen Einblick in die berühmte Glasbläserkunst des Bayerischen Waldes gewinnen möchte, sollte eine Besichtigung der Glashütten oder der Museen und Ausstellungen (Glasmuseum Frauenau, Kristallmuseum Viechtach, Ausstellung alter Theresienthaler Mustergläser in Theresienthal) nicht versäumen. Eine Begegnung mit dem bäuerlichen Leben und Arbeiten vermitteln die Bauernhausmuseen in Lindberg und Zachenberg, das Waldmuseum in Zwiesel sowie die Gläserne Scheune in Viechtach. Die Burgruinen in Regen, Viechtach und Kollnburg verweisen auf die reiche Geschichte dieses Landstrichs. Sehenswerte Kirchenarchitektur ist in Viechtach (St. Augustinus, St.-Anna-Kapelle) und in Bischofsmais (Wallfahrtsstätte St. Hermann) zu bewundern.

Landkreis Regensburg

Regierungsbezirk: Oberpfalz. Einwohner: 163 532. Fläche: 1395 km². Einwohner je km²: 117. Kfz-Kennzeichen: R. Kreisverwaltung: Altmühlstraße 3, 93059 Regensburg, Postfach 12 03 29, 93025 Regensburg. Verwaltungsgliederung: 41 Gemeinden, davon 20 Einheitsgemeinden und 21 Gemeinden, die in 7 Verwaltungsgemeinschaften zusammengefaßt sind.

Wappenbeschreibung

Unter Schildhaupt mit den bayerischen Rauten gespalten von Rot und Silber: vorne ein silberner Schrägbalken, hinten ein durchgehendes rotes Tatzenkreuz.

Historische Entwicklung

Seit dem Jahre 15 v. Chr. gehörte das Land südlich der Donau für ein halbes Jahrtausend zur römischen Provinz Rätien. Castra Regina, das jetzige Regensburg, war ab 179 n. Chr. Standort der III. Italischen Legion. Nach dem Abzug der Römer wanderten in mehreren Schüben Bajuwaren in das Gebiet ein, und der römische Staatsbesitz fiel an das Herzogsgeschlecht der Agilolfinger. Dieses erste Herrschergeschlecht Bayerns stiftete in großzügigem Umfang Klöster und schenkte Teile seines Grundbesitzes dem Bistum Regensburg.
Im Landkreiswappen von 1963, das am 26. September 1972 erneut genehmigt wurde, symbolisiert der Schrägbalken das Hochstift Regensburg, während das Kreuzmotiv des Klosters Prüfening den umfangreichen Streubesitz vieler geistlicher Gemeinschaften repräsentiert. Nach dem Aussterben des Grafengeschlechts im Donaugau kam das Gebiet unter die Botmäßigkeit der Wittelsbacher. Die Landesherren errichteten zur besseren Verwaltung ihres Besitzes in ganz Bayern 36 Ämter.
Mit den verschiedenen Landesteilungen Bayerns unter den wittelsbachischen Linien wechselte auch das Gebiet um Regensburg des öfteren seinen Oberherren. Die Rauten im Kreiswappen versinnbildlichen deshalb die kurbayerischen und die pfalz-neuburgischen Ämter im heutigen Kreisgebiet. Stets aus dem wittelsbachischen Herrschaftsraum herausgenommen blieb dagegen seit dem 13. Jh. die freie Reichsstadt Regensburg, die erst 1810 bayerisch wurde. Das Gebiet des heutigen Landkreises Regensburg war 1808 dem sogenannten Regenkreis (mit der Hauptstadt Straubing) zugeschlagen worden, 1838 wurde auch das südliche Landkreisgebiet der Oberpfalz zugeordnet.
Im Zug der Landkreisreform vergrößerte sich der Landkreis Regensburg 1972 um 28 Prozent seines Gebietes und um 24 Prozent seiner Einwohner. Er ist jetzt – sowohl von der Fläche als auch von der Bevölkerungszahl her gesehen – der elftgrößte aller bayerischen Landkreise.

Struktur des Kreises
Sehenswürdigkeiten

Ein Landkreis der landschaftlichen und strukturellen Vielfalt: Vier verschiedene Landschaften prägen das Bild: das Donautal mit dem Gäuboden und den ersten Hügeln der »Schwäbisch-Bayerischen Hochebene«, die Anfänge des Vorderen Bayerischen Waldes zwischen dem Regental und der Donau, die beiden Flußtäler von Naab und Regen, deren Landschaftscharakter den Übergang vom Jura zum Bayerischen Wald darstellt, und schließlich das romantische Felsental der Schwarzen Laber mit seinen Hochflächen. Von den letzten Höhen des Bayerischen Waldes schauen die von König Ludwig I. erbaute Walhalla bei Donaustauf und Schloß Wörth über die Donau hinweg in den »Gäuboden«, die bayerische Kornkammer. Walhalla, der Ruhmestempel mit den Büsten berühmter Deutscher, ist beliebter Anziehungspunkt für Fremde und Einheimische. Im Gäuboden finden sich nicht nur Bade- und Segelseen, sondern auch kulturelle Kleinode: das Cuvilliésschloß zu Sünching, die Asamkunst im Schloß Alteglofsheim oder die große Barockvollendung durch Johann Michael Fischers Wallfahrtskirche »Maria Schnee« bei Aufhausen. Im Vorderen Bayerischen Wald sind Brennberg mit seiner Burgruine und die Rokokoklosterkirche Frauenzell zu erwähnen. Die Klosterkirche Pielenhofen, Kallmünz, der Markt unterm Felsen, die Burg Wolfsegg oder im Tal der Schwarzen Laber des Minnesängers Hadamar Burg sowie die Wallfahrtskirche auf dem Eichelberg seien als weitere Kostbarkeiten des die Großstadt Regensburg glücklich umgebenden Landkreises genannt.

Landkreis Rhön-Grabfeld

Regierungsbezirk: Unterfranken. Einwohner: 85 282. Fläche: 1037 km². Einwohner je km²: 82. Kfz-Kennzeichen: NES. Kreisverwaltung: Spörleinstraße 11, 97616 Bad Neustadt a. d. Saale. Verwaltungsgliederung: 7 Verwaltungsgemeinschaften mit 31 Gemeinden (Bad Königshofen i. Grabfeld, Bad Neustadt a. d. Saale, Fladungen, Heustreu, Mellrichstadt, Ostheim v. d. Rhön, Saal a. d. Saale), 5 Einheitsgemeinden mit 3 Städten (Bad Königshofen i. Grabfeld, Bad Neustadt a. d. Saale, Bischofsheim a. d. Rhön) und 3 Gemeinden (Sandberg, Bastheim, Oberelsbach).

Wappenbeschreibung

Durch ein erhöhtes silbernes Wellenband geteilt von Rot und Grün; oben eine goldene Krone, unten auf silbernem Dreiberg drei silberne Hochkreuze.

Historische Entwicklung

Der Landkreis entstand 1972 aus den Altkreisen Bad Neustadt a. d. Saale, Mellrichstadt und Königshofen i. Grabfeld. Sein Wappen vom 17. August 1976 stellt wie das vieler anderer Kreise eine Kurzfassung der geschichtlichen Entwicklung dar. Das den Schild teilende Wellenband deutet in mehrfacher Beziehung auf »Wasser« hin: auf die Fränkische Saale, die das Kreisgebiet durchschlängelt, und auf die Heilquellen, die die Städte Bad Königshofen i. Grabfeld und Bad Neustadt a. d. Saale zu bekannten Heilbädern machten. Zudem symbolisiert das Wellenband die landschaftliche Zweiteilung des Landkreises in die Rhön und das Grabfeld.

Die Krone in der oberen Schildpartie erinnert an das ehemalige Königsgut im Grabfeld, Königshofen, und auch an die Kaiserpfalz Salce, die in der unmittelbaren Nähe des heutigen Bad Neustadt a. d. Saale gelegen haben soll.

Die drei Hochkreuze auf dem Berg stellen den Bezug zum Wahrzeichen der Rhön her, den Kreuzberg, der seit Jahrhunderten ein Ziel der Wallfahrer und Wanderer ist. Krone und Kreuz weisen im übrigen auf die historische Bedeutung hin, die die kirchlichen und weltlichen Landesherren (im wesentlichen die Herren von Henneberg und das Hochstift Würzburg) für die Region besaßen. Die Schildfarben Silber und Rot sind die Farben Frankens; die Besiedlung durch die Franken war für das gesamte Gebiet des heutigen Kreises von entscheidender Bedeutung. Das Grün nimmt Bezug auf den Waldreichtum.

Struktur des Kreises
Sehenswürdigkeiten

Der nördlichste Landkreis Bayerns wird geografisch von der Rhön, dem Rhönvorland, dem Grabfeld, dem Henneberger Hügelland, den Haßbergen und der Fränkischen Saale geprägt. Auf Grund der landschaftlichen Schönheit kommt dem Tourismus in dieser ländlichen Region eine wichtige Stellung zu. Die abwechslungsreiche Mittelgebirgslandschaft bietet viele Burgen, Schlösser und altertümliche Siedlungen. Der Naturfreund findet seine Erholung im »Naturpark Bayerische Rhön«. Die Kur- und Badeorte Bad Neustadt (Altstadtkern von einem begehbaren doppelten Wehrring umschlossen, das Hohntor als Wahrzeichen der Stadt) und Bad Königshofen (Festungsmauern, Stadtpfarrkirche, prähistorisches Museum) versprechen mit ihren malerischen Stadtbildern einen idyllischen Kuraufenthalt. Weitere Sehenswürdigkeiten im Landkreis sind: Ganerbenburgruine Salzburg (1161) bei Bad Neustadt, romanische Befestigungsruine Osterburg, Schloß Lebenhan (um 1750, heute Kloster), mittelalterliche Wasserburgen in Unsleben und Roßrieth, Ruine Lichtenburg, Fränkisches Freilandmuseum in Fladungen, Hansteinsches, Steinsches und Oeptisches Schloß in Ostheim sowie das Herrschaftsgut (Schloß, Kirche) in Völkershausen. Das Franziskanerkloster Kreuzberg (1681), St. Martin in Brennhausen, St.-Kilian-Kreisgalerie in Mellrichstadt, die Barockkirche in Eyershausen und die romanische Klosterkirche Wechterswinkel sind Schmuckstücke sakraler Baukunst. Die größte deutsche Kirchenburg steht in Ostheim, Rhön (auch: Orgelmuseum).

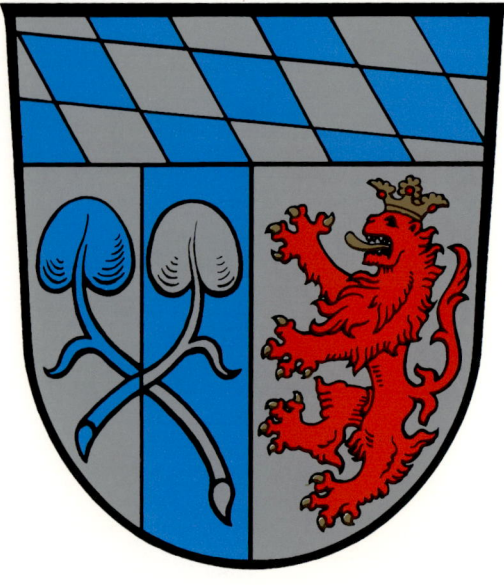

Landkreis Rosenheim

Regierungsbezirk: Oberbayern. Einwohner: 220 269. Fläche: 1436 km². Einwohner je km²: 153. Kfz-Kennzeichen: RO. Kreisverwaltung: Wittelsbacherstraße 53, 83022 Rosenheim, Postfach, 83004 Rosenheim. Verwaltungsgliederung: 36 kreisangehörige Gemeinden (die 3 Städte Bad Aibling, Kolbermoor, Wasserburg a. Inn sowie Amerang, Aschau i. Chiemsee, Babensham, Bad Endorf [Markt], Bad Feilnbach, Bernau a. Chiemsee, Brannenburg, Bruckmühl [Markt], Edling, Eggstätt, Eiselfing, Feldkirchen-Westerham, Flintsbach a. Inn, Frasdorf, Griesstätt, Großkarolinenfeld, Kiefersfelden, Neubeuern [Markt], Nußdorf a. Inn, Oberaudorf, Prien a. Chiemsee [Markt], Prutting, Raubling, Riedering, Rimsting, Rohrdorf, Samerberg, Schechen, Söchtenau, Soyen, Stephanskirchen, Tuntenhausen, Vogtareuth), 4 Verwaltungsgemeinschaften (Breitbrunn a. Chiemsee: Chiemsee, Gstadt a. Chiemsee; Halfing: Höslwang, Schonstett; Rott a. Inn: Ramerberg; Pfaffing: Albaching).

Wappenbeschreibung

Unter Schildhaupt mit den bayerischen Rauten gespalten; vorne gespalten von Silber und Blau, belegt mit zwei Seeblättern an schräg gekreuzten Stengeln in verwechselten Farben, hinten in Silber ein golden gekrönter und golden bewehrter roter Löwe.

Historische Entwicklung

Der Großlandkreis entstand bei der Gebietsreform 1972 durch die Eingliederung fast des gesamten Kreises Bad Aibling und des südlichen Teiles des Landkreises Wasserburg a. Inn in den bisherigen Landkreis Rosenheim. Mit dem Entstehen dieser neuen Verwaltungseinheit waren auch die Wappen der bisherigen Gebietskörperschaften überholt. In dem am 14. Mai 1976 genehmigten neuen Kreiswappen erinnern die Rauten im Schildhaupt an die ältesten wittelsbachischen Besitzungen an der mittleren Mangfall, die »Wecken« standen bereits im Schild des Kreiswappens von Bad Aibling. Die gekreuzten Seeblätter waren die Symbole des Klosters Frauenchiemsee für den Chiemgau. Der Löwe ist dem Wappen des ehemaligen Kreises Wasserburg a. Inn entlehnt und wird den Grafen von Wasserburg zugeschrieben. Nach der Römerzeit ließen sich in der Rosenheimer Gegend die zwei Iren Marinus und Anianus als Missionare nieder. In Aibling, das erstmals um 800 als »Epilinga« urkundlich erwähnt wurde, hatten die Agilolfinger einen ihrer bedeutendsten Herzogshöfe, von dem aus sie als oberste Gerichts- und Grundherren Recht sprachen. In der 738jährigen Zeitspanne, in der die Wittelsbacher von 1180 bis 1918 die Geschicke Bayerns bestimmten, gehörte dann das gesamte Gebiet des heutigen Kreises Rosenheim zum bayerischen Stammland. Mit dem Aussterben der sogenannten Hallgrafen von Wasserburg fiel diese Stadt 1247 direkt an die wittelsbachischen Landesherren.

Struktur des Kreises
Sehenswürdigkeiten

Als südöstlicher Landkreis Oberbayerns erstreckt sich Rosenheim vom kalkalpinen Bereich im Süden bis in die Zweibecken- und Grundmoränengebiete des Inn-Chiemsee-Gletschers. Die hügelige, von der Landwirtschaft geprägte Region wird von vielen Flußtälern gegliedert: Mangfall, Attel, Prien, Thalkirchner Ache und Murn. Neben Mooren und Seen (Chiemsee ist der größte) gestalten die Chiemgauer Voralpen und das Mangfallgebirge die Landschaft. Wendelstein und Kampenwand zählen zu den dominierenden Bergen des Urlaubsgebietes.

Der Kreis ist reich an Schlössern und Burgen: Prunkschloß Herrenchiemsee (von Ludwig II. nach dem Vorbild von Versailles 1878 bis 1885 erbaut), Schloß Neubeuern, Schloß Amerang, Hohenaschau (größte Burganlage des Landkreises), Burg Wasserburg im malerischen gleichnamigen Städtchen am Inn gelegen, Schloß Brannenburg, Burgruine Falkenstein, Schloß Wildenwart, Schloß Maxlrain (seit 300 Jahren wird dort Bier gebraut) und Schloß Pullach. Die Dorf- und Stadtkirchen gelten vielerorts als sakrale Schmuckstücke: z. B. Kirche von Urschalling (zwei mittelalterliche Wandmalereizyklen), Pfarrkirche in Prien (ausgeschmückt von J. B. Zimmermann), Pfarrkirche in Wasserburg (gotisch), die Kirchen ehemaliger Benediktinerklöster in Rott a. Inn (bayerisches Rokoko) und Attel (Barock) sowie die Wallfahrtskirchen in Tuntenhausen und Weihenlinden. Nach Kiefersfelden locken im Juli und August die Ritterspiele.

Landkreis Roth

Regierungsbezirk: Mittelfranken. Einwohner: 118 620. Fläche: 895 km². Einwohner je km²: 132. Kfz-Kennzeichen: RH. Kreisverwaltung: Weinbergweg 1, 91154 Roth, Postanschrift: 91152 Roth. Verwaltungsgliederung: 16 Städte, Märkte und Gemeinden – 6 Städte (Abenberg, Greding, Heideck, Hilpoltstein, Roth, Spalt), 4 Märkte (Allersberg, Schwanstetten, Thalmässing, Wendelstein), 6 Gemeinden (Büchenbach, Georgensgmünd, Kammerstein, Rednitzhembach, Röttenbach, Rohr).

Wappenbeschreibung

Gespalten durch eine eingeschweifte goldene Spitze, darin eine rote Rose mit silbernem Butzen und silbernen Kelchblättern; vorne geviert von Silber und Schwarz, hinten in Rot ein wachsender silberner Bischofsstab.

Historische Entwicklung

Das Kreisgebiet weist Zeugnisse menschlichen Lebens aus fast allen vorgeschichtlichen Epochen auf. Spuren früher Besiedlung finden sich vorwiegend am Albaufstieg; die Kelten legten Viereckschanzen bei Ohlangen und Laibstadt an. In der römischen Kaiserzeit, während der Ausdehnung des Reiches bis zur Provinz Rätien, lag das Gebiet nördlich des Limes (»Teufelsmauer«) im freien Germanien – der römische Einfluß blieb daher unbedeutend. Die germanische Besiedlung des Raumes erfolgte um 800 n. Chr. Das Christentum breitete sich nach Gründung des Bistums Eichstätt unter Bischof Bonifatius im Jahr 745 aus. Während sich die weltliche Macht mit fränkischen Königshöfen, Reichs- und Königsgütern Stützpunkte und Einnahmequellen schuf, errichteten Bistümer und Urpfarreien zahlreiche Gotteshäuser. Viele Martinskirchen in der Nachbarschaft von Königshöfen sind Zeugen fränkischen Einflusses. Durch das Territorialbestreben kirchlicher und weltlicher Würdenträger wurde das Gebiet des jetzigen Landkreises in verschiedene Herrschaftsbereiche zerstückelt. Nach dem Erlöschen einzelner Geschlechter schälten sich bis zum Ende des Mittelalters drei große Herrschaftsbereiche heraus: Die Fürstbischöfe von Eichstätt beherrschen die Gebiete um Abenberg, Spalt und Greding. Die Markgrafen von Ansbach regieren vor allem in der Stadt Roth und im südlichen Kreisgebiet, während nach dem Landshuter Erbfolgekrieg 1503/05 die wittelsbachischen Pfalzgrafen von Pfalz-Neuburg die Hoheit über die Städte Hilpoltstein, Heideck, den Markt Allersberg und das jeweilige Umland ausübten. Das Kreiswappen vom 14. Januar 1975 verweist auf die Fürstbischöfe von Eichstätt (Bischofsstab), die Markgrafen von Brandenburg-Ansbach und mit der »Asylrose« an das in Roth bis 1797 bestehende kaiserliche Asyl und die Mittelpunktsfunktion in der Gegenwart.

Struktur des Kreises
Sehenswürdigkeiten

Der Landkreis Roth hat sich in den letzten zwei Jahrzehnten zu einem attraktiven Wohn-, Gewerbe- und Industriestandort entwickelt. Eine Vielzahl kleiner und mittlerer Handwerks- und Einzelhandelsbetriebe dient einer funktionsfähigen Wirtschaftsstruktur und garantiert die reibungslose Versorgung des Verbrauchers mit Gütern und Leistungen des individuellen sowie täglichen Bedarfs und sichert somit die Lebens- und Wohnqualität der Bevölkerung. Die Land- und Forstwirtschaft, die besonders den südlichen und westlichen Bereich des Landkreises prägt, besitzt trotz des Strukturwandels noch immer erhebliche Bedeutung. Die landwirtschaftliche Vielfalt zeigt sich im Anbau von Sonderkulturen wie Tabak, Hopfen und Spargel. Das Neue Fränkische Seenland, der Juraanstieg hin zum »Naturpark Altmühltal« und das weite, stark bewaldete Keuperland prägen im wesentlichen das Gebiet des Landkreises.
Rothsee und Brombachsee laden zum Baden und zum Wassersport ein. Malerische Ortschaften mit Sand- und Fachwerkbauten laden zum Verweilen ein. Neben den mächtigen Burgen in Abenberg und Hilpoltstein befinden sich sehenswerte Schlösser in der Kreisstadt Roth (Schloß Ratibor), in Röthenbach bei St. Wolfgang (Schloß Gugelhammer) sowie in Dürrenmungau und Mörlach. Zahlreiche Museen wie das Klöppelmuseum in Abenberg, der Historische Eisenhammer in Eckersmühlen, das vor- und frühgeschichtliche Museum in Thalmässing sowie das Gredinger Museum »Natur und Mensch« geben interessante Einblicke in Kunst und Geschichte des Landkreises. Auf den Spuren berühmter Künstler wie Albrecht Dürer, Adam Krafft, Michael Wolgemut, Tilman Riemenschneider und Veit Stoß kann der Besucher zahlreiche Kostbarkeiten und Kunstschätze im Landkreis entdecken.

Landkreis Rottal-Inn

Regierungsbezirk: Niederbayern. Einwohner: 113 686. Fläche: 1281,37 km². Einwohner je km²: 89. Kfz-Kennzeichen: PAN. Kreisverwaltung: Ringstraße 4, 84347 Pfarrkirchen, Postfach 1257, 84342 Pfarrkirchen. Verwaltungsgliederung: 31 kreisangehörige Gemeinden (Markt Arnstorf, Bayerbach, Markt Bad Birnbach, Dietersburg, Stadt Eggenfelden, Egglham, Ering, Falkenberg, Markt Gangkofen, Geratskirchen, Hebertsfelden, Johanniskirchen, Julbach, Kirchdorf a. Inn, Malgersdorf, Markt Massing, Mitterskirchen, Stadt Pfarrkirchen, Postmünster, Reut, Rimbach, Roßbach, Schönau, Stadt Simbach a. Inn, Stubenberg, Markt Tann, Markt Triftern, Unterdietfurt, Wittibreut, Markt Wurmannsquick, Zeilarn).

Wappenbeschreibung

Durch einen schmalen, nach links gerichteten blauen Wellenschrägbalken geteilt von Silber und Gold; oben ein feuerspeiender roter Pantherrumpf, unten ein nach links gerichtetes, steigendes rotes Pferd.

Historische Entwicklung

Die Besiedlung des Rottaler Raumes und am Inn ist bereits in der Jungsteinzeit nachgewiesen. Die kontinuierliche Besiedlung setzte mit der Landnahme der Bajuwaren im ersten Drittel des 6. Jh. ein. Im 12. Jh. löste die pfalzgräfliche Linie der spanheimischen Grafen von Ortenburg die Bischöfe von Passau als mächtigste Grundherren ab. Die Übernahme des Spanheimer Panthers durch das Viztumsamt, das die wittelsbachischen Landesherren nach dem Erwerb des Gebietes an der Rott 1260 errichtet hatten, unterstrich die Bedeutung des 1248 ausgestorbenen Grafengeschlechtes. Das Viztumsamt an der Rott (Viztum, Vicedominus = Stellvertreter des Landesherrn), das auf der Burg Reichenberg bei Pfarrkirchen angesiedelt war, konnte die Machtstellung der bayerischen Herzöge an Rott und Inn festigen. Bis zum 15. Jh. war schließlich das gesamte Rottal in drei Pfleg- bzw. Landgerichte eingeteilt worden. Mit den Reformen des 19. Jh. wurden daraus Bezirksämter geschaffen, aus denen 1939 die Landkreise Pfarrkirchen und Eggenfelden hervorgingen – das Kerngebiet des heutigen Landkreises Rottal-Inn. Der junge Großlandkreis umfaßt daneben noch Teile der 1972 untergegangenen Landkreise Griesbach i. Rottal und Vilsbiburg. Sein von den beiden Flüssen abgeleiteter Name und die im Rottal besonders gepflegte Pferdezucht finden im Wappen, das am 19. Oktober 1973 genehmigt wurde, ihren Ausdruck.

Struktur des Kreises
Sehenswürdigkeiten

Charakteristisch für das Landschaftsbild des Landkreises Rottal-Inn ist das zum Inn hin auslaufende Hügelland und die drei in Ost-West-Richtung verlaufenden Flüsse Kollbach, Rott und Inn.
Malerische Ortskerne im Inn-Salzach-Stil laden mit ihrem typischen Flair zum Verweilen ein und einige hundert Kilometer markierte Rad- und Wanderwege zur Erkundung der schönen Landschaft. In die Routen durch die Hügellandschaft läßt sich die Besichtigung der zahlreichen, meist gotischen Kirchen einbinden. Der Rottalradweg führt zu eher weltlichen Attraktionen wie ins Niederbayerische Freilichtmuseum Massing, das die verschiedenen typischen Hofarten Niederbayerns präsentiert, nach Pfarrkirchen ins Modellbahnzentrum und nach Bad Birnbach. Der Inntalradweg erschließt die Naturschönheiten des Europareservates Unterer Inn, eines Vogel- und Naturschutzgebietes von internationaler Bedeutung.
Das Aushängeschild des Freizeitsektors im Landkreis ist Bad Birnbach, das ländliche Bad, das seit seiner Prädikatisierung 1987 einen wahrlich glanzvollen Aufschwung erlebte. Auch an teils recht ausgefallenen Sehenswürdigkeiten wie z. B. der kleinsten Weißbierbrauerei der Welt, der ältesten Trabrennbahn Bayerns, der Lanz-Maschinensammlung oder dem Berta-Hummel-Museum mangelt es hier nicht. Das landkreiseigene Theater an der Rott und viele private Kulturinitiativen, die von Kleinkunstbühnen bis hin zu großen Konzerten vieles organisieren, tragen zum kulturellen Leben im Landkreis Rottal-Inn bei.

Landkreis Schwandorf

Regierungsbezirk: Oberpfalz. Einwohner: 139 450. Fläche: 1472,56 km². Einwohner je km²: 94. Kfz-Kennzeichen: SAD. Kreisverwaltung: Wackersdorfer Straße 80, 92421 Schwandorf, Postfach 1549, 92406 Schwandorf. Verwaltungsgliederung: 12 Einheitsgemeinden (Bodenwöhr, Bruck i. d. OPf., Burglengenfeld, Fensterbach, Maxhütte-Haidhof, Neunburg v. W., Nittenau, Oberviechtach, Schmidgaden, Schwandorf, Teublitz, Wernberg-Köblitz); 21 Mitgliedsgemeinschaften, zusammengefaßt in 7 Verwaltungsgemeinschaften (Nabburg: Altendorf, Guteneck, Nabburg; Neunburg v. W.: Dieterskirchen, Thanstein, Neukirchen-Balbini, Schwarzhofen; Oberviechtach: Gleiritsch, Teunz, Niedermurach, Winklarn; Pfreimd: Trausnitz; Schönsee: Schönsee, Stadlern, Weiding; Schwarzenfeld: Schwarzenfeld, Stulln, Schwarzach bei Nabburg; Wackersdorf: Wackersdorf, Steinberg).

Wappenbeschreibung

Gespalten von Schwarz und Silber; über einem gesenkten, von Silber und Blau gespaltenen schmalen Wellenbalken, dem ein von Gold und Schwarz gespaltenes Zahnrad unterlegt ist, vorne ein linksgewendeter, rot bewehrter und rot gekrönter Löwe, hinten ein roter Zinnenturm.

Historische Entwicklung

Der Landkreis Schwandorf entstand im Zuge der 1972er Gebietsreform aus den Landkreisen Burglengenfeld, Oberviechtach, Nabburg und Neunburg vorm Wald, aus Teilen des Kreises Roding und aus der zuvor kreisfreien Stadt Schwandorf. Bis zu dieser Zeit hatten die verschiedenen Ländereien wenig gemeinsame Geschichte; Besitzer und Regierungen wechselten häufig durch Handel und Heirat. Im 9. Jh. fand einer der größten Kolonisationsvorstöße durch das Naabtal bis weit in den Nordgau hinein statt. 1296 erhielt Nabburg das Stadtrecht und entwickelte sich zu einem bedeutenden Verwaltungsmittelpunkt. 1329 ging das Gebiet des Amtes Nabburg in die rheinische Linie der Wittelsbacher über und wurde Bestandteil der Kurpfalz. Allmählich bürgerte sich dafür die Bezeichnung »Obere Pfalz« ein. Im neuen Landkreiswappen (Genehmigung vom 13. Dezember 1974) erinnert der pfälzische Löwe daran. Auch den südlichen Kreis prägten die Wittelsbacher früh. Im 12. Jh. umfaßte das Viztumsamt Burglengenfeld 27 Ämter und war damit der zweite Hauptort Bayerns. Das Territorium um Neunburg gehörte von Anbeginn seiner Geschichte zum bayerischen Nordgau mit dem Zentrum Warberg. Von besonderer Bedeutung waren auch die im Wappen durch den Turm berücksichtigten Burgen im Regental. Der Wellenbalken deutet die geografische Lage im Oberpfälzer Flußsystem an, das Rad gilt den zahlreichen wasserbetriebenen Hammerwerken und der hochindustrialisierten Struktur.

Struktur des Kreises – Sehenswürdigkeiten

Die fischreichen Flüsse Naab und Regen und die durch den Bau des Eixendorfer Speichersees gebändigte Schwarzach sind die Hauptflüsse des durch viele aufgestaute Weiher und seine »Oberpfälzer Karpfen« bekannten Landkreises. Der Oberpfälzer Wald im Nordosten, das Oberpfälzer Hügelland im Südwesten und ein schmaler Streifen des Bayerischen Waldes im Osten prägen die Landschaft.
Die Große Kreisstadt Schwandorf wurde in den letzten Kriegswochen 1945 zu 57 % zerstört. Heute ist sie eine Industriestadt mit einigen geretteten Sehenswürdigkeiten (z. B. St. Jakob, Wallfahrtskirche Unserer Lieben Frau vom Kreuzberg, die St.-Peter-und-Paul-Kirche im Stadtteil Haselbach). Die zweitgrößte Stadt ist Burglengenfeld. Trotz Verdoppelung der Einwohnerzahl nach Kriegsende hat sich diese stetig weiterentwickelte Stadt ihren freundlich-gemütlichen Charakter erhalten. Nittenaus barocke Stadtpfarrkirche, die romantische Burg im Pfreimdtal, die Städte Nabburg mit romanischer Kirche und Oberpfälzer Bauernmuseum in Perschen, Neunburg vorm Wald mit dem alljährlichen Leonhardiritt in Seebarn, Markt Schwarzenfeld mit dem Charlottenhofer Weihergebiet, Bodenwöhr am 8 km langen Hammersee, Altendorf mit seinen Angelmöglichkeiten und Pirschangeboten oder Oberviechtach mit seinem Doktor-Eisenbarth-Archiv, Markt Wernberg-Köblitz im »Naturpark Oberpfälzer Wald« – sie alle haben ihren typischen Oberpfälzer Charme, den man vielleicht nicht sofort erkennt, aber dann gern hat.

Landkreis Schweinfurt

Regierungsbezirk: Unterfranken. Einwohner: 113 178. Fläche: 841 km². Einwohner je km²: 133. Kfz-Kennzeichen: SW. Kreisverwaltung: Schrammstraße 1, 97421 Schweinfurt, Postfach 1450, 97404 Schweinfurt. Verwaltungsgliederung: 29 Gemeinden: Stadt Gerolzhofen; Märkte Stadtlauringen, Oberschwarzach und Werneck; Gemeinden Bergrheinfeld, Dingolshausen, Dittelbrunn, Donnersdorf, Euerbach, Frankenwinheim, Geldersheim, Gochsheim, Grafenrheinfeld, Grettstadt, Kolitzheim, Lülsfeld, Michelau i. Steigerwald, Niederwerrn, Poppenhausen, Röthlein, Schonungen, Schwanfeld, Schwebheim, Sennfeld, Sulzheim, Üchtelhausen, Waigolshausen, Wasserlosen, Wipfeld; Verwaltungsgemeinschaft Gerolzhofen (mit der Stadt Gerolzhofen, dem Markt Oberschwarzach und den Gemeinden Dingolshausen, Donnersdorf, Frankenwinheim, Lülsfeld, Michelau i. Steigerwald, Sulzheim); Verwaltungsgemeinschaft Schwanfeld mit den Gemeinden Schwanfeld, Wipfeld.

Wappenbeschreibung

Über rotem Schildfuß, darin drei silberne Spitzen, in Gold ein rot bewehrter schwarzer Adler.

Historische Entwicklung

Der überwiegende Teil des Landkreises gehörte zu den Ämtern Werneck und Mainberg des ehemaligen Hochstifts Würzburg. Zwischen 1250 und 1339 erwarb Würzburg Schloß und Amt Werneck und übte dort bis zum Untergang der alten Reichsverfassung zu Beginn des 19. Jh. die Rechte der Landesherrschaft aus. Das Amt Mainberg gelangte 1542 durch Kauf von den Grafen von Henneberg unter bischöfliche Botmäßigkeit; wie beim Amt Werneck dauerten auch hier die würzburgischen Rechte bis zum Beginn des 19. Jh. Diese geschichtliche Entwicklung wird durch den »fränkischen Rechen« (in Silber drei rote Spitzen) als einem hochstiftischwürzburgischen Symbol im Landkreiswappen verdeutlicht. Neben den würzburgischen Ämtern nahmen verschiedene reichsunmittelbare Orte eine nicht unbedeutende Stellung im heutigen Kreisgebiet ein. Hier sind in erster Linie die nahe Schweinfurt gelegenen Reichsdörfer Sennfeld und Gochsheim zu nennen. Zur Symbolisierung dieser Tatsache steht im Landkreiswappen der Reichsadler. Das Kreiswappen wurde erstmals am 14. Juni 1962 genehmigt; die Wiederverleihung erfolgte am 25. Juli 1974.

Struktur des Kreises
Sehenswürdigkeiten

Zwischen den Ausläufern der Haßberge und den weiten Wäldern der »Schweinfurter Rhön« im Norden sowie dem Steigerwald mit dem Zabelstein (489 m ü. NN) im Südosten bildet der Landkreis mit seiner abwechslungsreichen naturräumlichen Ausstattung einen ausgesprochenen Kontrast zur kreisfreien Industriestadt Schweinfurt, die er gänzlich umschließt. Der am Rande der Haßberge gelegene 33 ha große »Ellertshäuser See« (Zeltplatz, Wassersport und Bademöglichkeiten) bietet sich für Freizeitgestaltung und Erholung geradezu an und gewinnt immer mehr an Bedeutung für den Fremdenverkehr. Gleiches gilt für den Steigerwald als Urlaubsgebiet mit seinen Spazier- und Wandermöglichkeiten, den Burgruinen Stollburg, Vollburg und Zabelstein sowie einem Aussichtsturm mit Blick weit in den Landkreis bis in das sonnenverwöhnte Maintal, an dessen Hängen wie auch im Steigerwald der durch seine Qualität und den Bocksbeutel bekannte wohlschmeckende, würzige Frankenwein gedeiht. Sehenswert sind die Stadt Gerolzhofen, das »Gastliche Tor zum Steigerwald«, der Markt Werneck mit dem von Balthasar Neumann erbauten Schloß, die in vielen Orten liebevoll erhaltenen alten Rathäuser und Fachwerkbauten im typisch fränkischen Stil sowie zahlreiche Kirchen und Schlösser von kulturhistorischer Bedeutung.

Landkreis Starnberg

Regierungsbezirk: Oberbayern. Einwohner: 118 974. Fläche: 488 km². Einwohner je km²: 243. Kfz-Kennzeichen: STA. Kreisverwaltung: Strandbadstraße 2, 82319 Starnberg, Postfach 146, 82317 Starnberg. Verwaltungsgliederung: 14 Einheitsgemeinden (Andechs, Berg, Feldafing, Gauting, Gilching, Herrsching am Ammersee, Inning am Ammersee, Krailling, Pöcking, Seefeld, Starnberg, Tutzing, Weßling, Wörthsee).

Wappenbeschreibung

Den bayerischen Rauten aufgelegt oben ein schreitender goldener Löwe, unten ein goldener Adler.

Historische Entwicklung

Im Gebiet des heutigen Landkreises Starnberg weisen Hügelgräber aus der Bronze- und Hallstattzeit auf die frühe Besiedelung hin. Die von Augsburg nach Salzburg führende Römerstraße durchquerte das Kreisgebiet. Urkundliche Erwähnungen von Ortschaften reichen bis in das 8. Jh. zurück, als der Agilolfinger Tassilo III. (748/88) in Bayern herrschte. Bis ins 13. Jh. hinein konnten die Grafen von Andechs-Meranien ihre dominierende Stellung fast im gesamten Starnberger Raum ausbauen. Ihre Wappentiere – Adler und Löwe – fanden somit Eingang in das Kreiswappen ebenso wie die wittelsbachischen »Wecken«. Denn in den Jahren 1246/48 verdrängten die Wittelsbacher Landesherren die Andechser aus dem Starnberger Gebiet, und die Andechser Stammburg wurde zerstört. Die Entstehung des Landkreises setzt mit der Formierung des Bezirksamtes München II ein, das die Amtsgerichte Starnberg und Wolfratshausen umfaßte. Als Prinzregent Luitpold am 1. Oktober 1902 beide Bezirke trennte, entstand das seit 1939 als Landkreis bezeichnete selbständige Verwaltungsgebiet, dessen Grenzen auch die Gebietsreform vom 1. Juli 1972 unverändert überdauerten. Das am 17. März 1960 erstmals genehmigte Kreiswappen wurde deshalb nach Neugenehmigung vom 24. Oktober 1972 ohne Korrekturen übernommen.

Struktur des Kreises
Sehenswürdigkeiten

Der im Südwesten der Landeshauptstadt gelegene, voralpenländische Landkreis ist ein bevorzugtes Naherholungsgebiet im Großraum München. Nicht zuletzt tragen dazu der Starnberger See im Süden des Kreisgebietes und der die Westgrenze bildende Ammersee bei. Schließlich sind noch der Pilsen-, Wörthsee und Weßlinger See als reizvolle Erholungsgebiete zu nennen. Zu den bedeutendsten Sehenswürdigkeiten zählen: Kloster Andechs (Klosterkirche 1420 bis 1430 erbaut, 300 Jahre später durch Johann Baptist Zimmermann gründlich erneuert und mit Rokokoausstattung versehen. Das berühmte Andechser Bier der Klosterbrauerei, seit 1455, wird nicht nur im beliebten Bräustüberl ausgeschenkt, sondern auch weltweit exportiert), Votivkapelle Berg (Erinnerungsstätte an König Ludwig II.); die Schlösser Berg, Possenhofen, Tutzing, Starnberg, Seefeld und Leutstetten, das Heimatmuseum Starnberg, der Bismarckturm in Berg und das Kurparkschlößchen Herrsching lohnen einen Besuch. Rund 75 % der Gesamtfläche sind ausgewiesene Landschafts- und Naturschutzgebiete.

Landkreis Straubing-Bogen

Regierungsbezirk: Niederbayern. Einwohner: 90 000. Fläche: 1203 km². Einwohner je km²: 75. Kfz-Kennzeichen. SR. Kreisverwaltung: Leutnerstraße 15, 94315 Straubing, Postfach 0463, 94304 Straubing. Verwaltungsgliederung: 37 kreisangehörige Gemeinden (Aholfing, Aiterhofen, Ascha, Atting, Stadt Bogen, Falkenfels, Feldkirchen, Stadt Geiselhöring, Haibach, Haselbach, Hunderdorf, Irlbach, Kirchroth, Konzell, Laberweinting, Leiblfing, Loitzendorf, Markt Mallersdorf-Pfaffenberg, Mariaposching, Markt Mitterfels, Neukirchen, Niederwinkling, Oberschneiding, Parkstetten, Perasdorf, Perkam, Rain, Rattenberg, Rattiszell, Salching, Sankt Englmar, Markt Schwarzach, Stallwang, Steinach, Straßkirchen, Wiesenfelden, Windberg).

Wappenbeschreibung

Durch eine silberne Wellenleiste geteilt: oben in Grün die silbern gekleidete und golden gekrönte Madonna vom Bogenberg in goldenem Strahlenglanz, beseitet rechts von einer schräggestellten goldenen Ähre und links von einer schräglinks gestellten goldenen Ähre; unten die bayerischen Rauten.

Historische Entwicklung

Bald nach der Eroberung des Landes durch die Römer um Christi Geburt entstand im Osten von Straubing ein bedeutender Militärstützpunkt. Für die Versorgung dieses Kastells sorgten Gutshöfe im gesamten Umland. Aus einer dieser »Villae rusticae« stammt der berühmte römische Schatzfund vom Alburger Hochweg. Das germanische Gräberfeld von Friedenhain aus dem 4. Jh. und der Friedhof auf den Stadtäckern im Westen von Straubing sind Schlüsselstellen der archäologischen Forschung zur Stammesbildung der Bajuwaren. Ein neues Kapitel in der Entwicklung und Geschichte des Kreisgebietes begann mit den Grafen von Bogen im 11. Jh. Zugleich mit dem Herrschaftsraum der Grafen kam auch ihr silbern-blaues Rautenwappen an die Wittelsbacher und damit in das bayerische Landeswappen. Der Landkreis Straubing-Bogen darf deshalb für sich in Anspruch nehmen, die Heimat des bayerischen Rautenwappens zu sein. Noch heute erinnern daran die Rauten im Kreiswappen vom 8. April 1974. Sie verweisen aber auch auf die altbayerische Ämterorganisation im Kreisgebiet. Als Sinnbild für den als »Kornkammer Bayerns« bezeichneten Gäuboden enthält das Wappen die goldenen Ähren in Grün. Das Madonnenbild versinnbildlicht die alte Marienwallfahrt auf dem Bogenberg, während die Wellenleiste auf die Flüsse Donau und Laber Bezug nimmt. Der heutige Landkreis wurde 1972 aus den Kreisen Bogen und Straubing sowie u. a. aus dem Großteil des Landkreises Mallersdorf formiert.

Struktur des Kreises
Sehenswürdigkeiten

Das Urlaubsgebiet beidseits der Donau wird geprägt durch die Mittelgebirgslandschaft des Bayerischen Waldes im Norden und die fruchtbare Ebene des »Gäubodens«, der Kornkammer Bayerns, im Süden. Ein Wanderwegnetz von 350 km Länge und vielfältige Naturschönheiten locken neben zahlreichen Kulturdenkmälern und Sehenswürdigkeiten die Besucher. Das Prämonstratenserkloster Windberg (1140 bis 1745) hat eine kunstgeschichtlich bedeutsame Rokokokirche, die ehemalige Benediktinerabtei Oberalteich (1631) bei Bogen besitzt mit ihrer Kirche eine der bedeutendsten Kunststätten des niederbayerischen Barock. Die Klosterkirche Mallersdorf mit faszinierendem Rokoaltar (1768) von Ignaz Günther muß genannt werden. Hingewiesen sei auf die vielerorts anzutreffenden Kapellen, Wegmarterl, Burgen und malerischen Bauernhäuser. Sehenswert sind die Heimatmuseen in Straubing und Bogen. Religiöses Brauchtum wird hier gepflegt: Am Pfingstsonntag findet die »Prozession mit der langen Stange« auf dem Bogenberg statt, eine Kerzenwallfahrt mit über 500jähriger Tradition, und am Pfingstmontag gibt es in Sankt Englmar das »Englmari-Suchen« als Reiterprozession. Heimatabende, Standkonzerte, Trachten- und Musikfeste, Fahnenweihen, Bauerntheater und Nachtfackelwanderungen mit Hüttenzauber sorgen für Unterhaltung und Zerstreuung. Der Landkreis Straubing-Bogen eignet sich besonders für den Urlaub mit der ganzen Familie – in ländlicher Idylle.

Landkreis Tirschenreuth

Regierungsbezirk: Oberpfalz. Einwohner: 80 341. Fläche: 1084,93 km². Einwohner je km²: 74,06. Kfz-Kennzeichen: TIR. Kreisverwaltung: Mähringer Str. 7, 95643 Tirschenreuth, Postfach 1249, 95634 Tirschenreuth. Verwaltungsgliederung: 13 Einheitsgemeinden (Bärnau, Erbendorf, Friedenfels, Fuchsmühl, Immenreuth, Konnersreuth, Kulmain, Mähring, Neualbenreuth, Plößberg, Tirschenreuth, Waldershof, Waldsassen). 5 Verwaltungsgemeinschaften mit 13 Mitgliedern (Kemnath, Kastl; Krummennaab, Reuth b. Erbendorf; Mitterteich, Leonberg, Pechbrunn; Neusorg, Brand, Ebnath, Pullenreuth; Wiesau, Falkenberg).

Wappenbeschreibung

Gespalten von Schwarz und Silber; vorne ein linksgewendeter, rot bekrönter und rot bewehrter goldener Löwe, hinten über einem gesenkten blauen Balken ein golden bewehrter roter Drachenrumpf.

Historische Entwicklung

Einige vorgeschichtliche Funde beweisen, daß im Gebiet des heutigen Landkreises Tirschenreuth sich schon frühzeitig Menschen aufgehalten haben. Die ersten urkundlichen Nennungen beginnen 1008 für Kemnath, 1061 für den Südrand des Fichtelgebirges mit der Straße nach Eger und 1133 mit der Gründung des Klosters Waldsassen. Während sich das Gebiet des ehemaligen Landkreises Tirschenreuth (vor 1972) im Laufe der Jahrhunderte als Stiftland Waldsassen zu einer Einheit formte, in der nur wenige andere Besitzungen waren, nahm das Land um Kemnath-Kastl-Erbendorf seinen Weg über die kurpfalzbayerische Staatsgestaltung, endend schließlich allesamt im bayerischen Staat von 1806.

Der goldene Löwe im Landkreiswappen (genehmigt am 1. März 1974) weist auf die rheinpfälzischen Kurfürsten und auf ihr Land in Bayern – die Obere Pfalz – hin und bezieht sich auf das bereits im 13. Jh. entstandene, kurpfälzisch und kurbayerisch gewordene Amt Waldeck-Kemnath, das im wesentlichen unverändert im 19. Jh. Landgericht, dann Bezirksamt und schließlich zum Landkreis Kemnath wurde. Der Drache bringt die nordgauischen Markgrafen der Diepoldinger in Erinnerung. Er war durch Jahrhunderte Teil des Wappens des Klosters Waldsassen. Der blaue Balken ist das Wappenzeichen der Landgrafen von Leuchtenberg, die bereits im 13. Jh. die Herrschaft Waldeck besaßen und denen auch im Stiftland Waldsassen Lehen gehörten.

Struktur des Kreises Sehenswürdigkeiten

Es führt kein Weg vorbei an der Basilika zu Waldsassen, am Bibliothekssaal des Klosters mit seinen lebensgroßen holzgeschnitzten Atlanten. Der barocke Zentralbau der Kappel (wie die Basilika von Georg Dientzenhofer) auf seinem Kleeblatt-Grundriß grüßt vom Glasberg. Kleine Städte und Märkte sind bunte Tupfer zwischen den Höhen des Oberpfälzer Waldes, des Steinwalds und des südlichen Fichtelgebirges. Mehr als 3700 Teiche spiegeln dazwischen den Himmel. Das Ganze liegt zwischen dem Eisenbahnknoten Marktredwitz im Norden, der Wagner-Stadt Bayreuth im Westen, der Max-Reger-Stadt Weiden im Süden, dem Weltbad Marienbad im Osten und der alten Reichsstadt Eger/Cheb im Nordosten. Unweit der beiden letztgenannten Städte entsteht unter dem Tillenberg, dem Mittelpunkt Europas, die Schwester der böhmischen Bäder, das Radonbad Sibyllenbad. Im Landkreis gibt es große Betriebe der Porzellanindustrie, Betriebe für Industrie und Antikglas, einen Betrieb, der medizinische Geräte herstellt, metallverarbeitende Betriebe, große Textilbetriebe, Betriebe der chemischen Industrie, Nahrungs- und Genußmittelindustrie, holzverarbeitende Betriebe und Kartonagen produzierende und verarbeitende Betriebe sowie Betriebe für Steine und Erden. Eine Sonderkultur der Landwirtschaft sind die Fischbetriebe im Landkreis.

Landkreis Traunstein

Regierungsbezirk: Oberbayern. Einwohner: 162 159. Fläche: 1534 km². Einwohner je km²: 105. Kfz-Kennzeichen: TS. Kreisverwaltung: Ludwig-Thoma-Straße 2, 83278 Traunstein. Verwaltungsgliederung: 25 Einheitsgemeinden (Altenmarkt a. d. Alz, Chieming, Engelsberg, Fridolfing, Grabenstätt, Grassau, Inzell, Kirchanschöring, Nußdorf, Petting, Palling, Reit im Winkl, Ruhpolding, Schleching, Schnaitsee, Seeon-Seebruck, Siegsdorf, Surberg, Tacherting, Tittmoning, Traunreut, Traunstein, Trostberg, Übersee, Unterwössen) und 4 Verwaltungsgemeinschaften (Bergen, Marquartstein, Obing, Waging a. See) mit 10 Mitgliedsgemeinden.

Wappenbeschreibung

Gespalten und hinten geteilt: vorne in Silber ein rot bewehrter und feuerspeiender blauer Panther; hinten oben in Gold ein rot bewehrter schwarzer Adler, unten in Rot auf grünem Dreiberg eine zweitürmige silberne Burg, hinter der ein grüner Baum aufwächst.

Historische Entwicklung

Das Wappen des Landkreises Traunstein setzt sich aus den Wappen dreier früherer Gebietsherren des Kreisgebietes zusammen. Die vordere Schildhälfte zeigt den Panther der Grafen von Kraiburg-Ortenburg aus dem Hause Spanheim. Seit dem 12. Jh. besaßen die Grafen Besitzungen im Chiemgau. Der Markt Trostberg wurde von ihnen um das Jahr 1225 gegründet. Die ursprüngliche Farbgebung des Panthers ist unklar; im Kreiswappen wird das Fabeltier blau wiedergegeben wie auch im Wappen des Freistaates Bayern. Der Adler im hinteren oberen Viertel des Kreisemblems erinnert an das vormalige Bistum Chiemsee, zu dem früher der Chiemgau gehörte. Das »sprechende« Motiv im letzten Schildviertel symbolisiert das Augustiner-Chorherren-Stift Baumburg.

Der Landkreis Traunstein entstand aus den Distrikten Traunstein und Trostberg und erfuhr nach ungefähr 125jähriger Lebenszeit 1972 durch die bayerische Kreisreform eine wesentliche Vergrößerung. 18 Gemeinden aus dem ehemaligen Landkreis Laufen, dazu drei aus Mühldorf a. Inn und die kreisfreie Stadt Traunstein wurden dem neuen Landkreis Traunstein eingegliedert. Das erstmals am 21. März 1955 amtlich genehmigte Wappen wurde dem Großkreis am 14. Mai 1976 erneut verliehen.

Struktur des Kreises
Sehenswürdigkeiten

See-, Fluß- und Hügellandschaften bestimmen das Landschaftsbild im nördlichen Teil, die Chiemgauer Alpen den südlichen. Die Autobahn München–Salzburg gibt schon einen Eindruck von dieser Landschaft, die mit ihrem »Bayerischen Meer«, dem 80 km² großen und bis zu 73 m tiefen Chiemsee, von den Wassersportlern ebenso geliebt wird wie Oberwössen und Reit im Winkl mit der Winklmoosalm als besonders schneesicher von Wintersportlern bevorzugt werden. Der im Osten des Landkreises gelegene Waginger See wird als wärmster See Bayerns gelobt. Traunstein, einst durch den Salzhandel reich geworden, verlor durch den großen Brand 1851 sein altes Gesicht. Heute ist die Kreisstadt eine moderne Einkaufs- und Behördenstadt. Traunreut, auf dem Gelände eines ehemaligen Rüstungswerkes nach dem Zweiten Weltkrieg durch Heimatvertriebene aus dem Boden gestampft, ist heute die größte Industriestadt des Landkreises. Auch in Trostberg ist Industrie zu Hause. Die Altstadt zeigt die Häuser des Innstadttypus mit den über die Dächer hinaus hochgezogenen, horizontal abschließenden Fassaden, vorn oft mit Erkern aufgelockert, und den Arkaden im Erdgeschoß. Solche Häuser finden sich auch in Tittmoning. Ruhpolding und Inzell sind als Wintersport- und Luftkurorte zu nennen. Insgesamt 13 Gemeinden tragen das Prädikat »Luftkurort«. In der Landwirtschaft dominieren die Rinder, aber die Zucht der blonden Haflingerpferde spielt eine große Rolle. Industrie und Gewerbe sind gut vertreten. Europas größte Leuchtenfabrikationsstätte, das Siemens-Leuchtenwerk, ist in Traunreut angesiedelt. Und daß auch Käse aus dem äußersten Südosten Bayerns und Deutschlands »exportiert« wird, beweist allein schon der so schnell beliebt gewordene »Bavaria Blu«.

Landkreis Unterallgäu

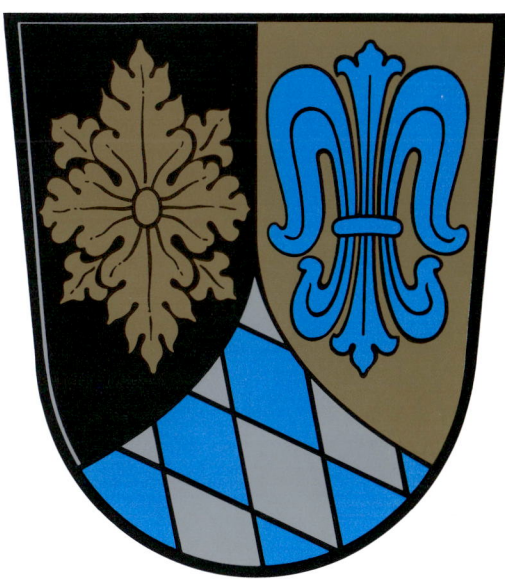

Regierungsbezirk: Schwaben. Einwohner: 128 900. Fläche: 1230,32 km². Einwohner je km²: 104. Kfz-Kennzeichen: MN. Kreisverwaltung: Bad Wörishofer Straße 33, 87719 Mindelheim, Postfach 1362, 87713 Mindelheim. Verwaltungsgliederung: 8 Einheitsgemeinden (Bad Wörishofen, Buxheim, Ettringen, Markt Rettenbach, Markt Wald, Mindelheim, Sontheim, Tussenhausen) und 11 Verwaltungsgemeinschaften (Babenhausen, Boos, Dirlewang, Erkheim, Grönenbach, Kirchheim i. Schw., Illerwinkel in Legau, Memmingerberg, Ottobeuren, Pfaffenhausen, Türkheim).

Wappenbeschreibung

Durch eine eingeschweifte, gesenkte Spitze mit den bayerischen Rauten gespalten von Schwarz und Gold; vorne eine goldene Rosette, hinten eine blaue Lilie.

Historische Entwicklung

Mit dem Untergang des alten Herzogtums Schwaben nach dem Tode des letzten Hohenstaufers 1268 war dem Schwabenland der Weg zu bunter Vielfalt vorgezeichnet. Im südlichen Teil des heutigen Landkreises dominierte die alte Reichsabtei Ottobeuren, deren Wappenfigur – die Rosette – im neuen Landkreiswappen vom 12. September 1974 steht. Unter den weltlichen Herrschaftsträgern ragte das Haus Fugger mit den Schwerpunkten Kirchheim i. Schwaben und Babenhausen hervor. Die Fugger besaßen als Wappenbild eine Lilie. Da die Herrschaften Mindelheim und Türkheim bereits seit dem 17. Jh. in enger Beziehung zum Herzogtum Bayern standen, wurden die Rauten übernommen, die auch die Kontinuität der bayerischen Verwaltungsorganisation in Schwaben seit dem frühen 19. Jh. dokumentieren sollen. Nachdem infolge der Napoleonischen Kriege die Landeshoheit in den Jahren 1802 bis 1806 an Bayern übergegangen war, wurden schließlich 1848 auch noch die grundherrlichen Rechte vom bayerischen Staat übernommen: die Patrimonialgerichte der Grundherren wurden aufgehoben, und die Pächter des Bodens wurden zu Grundeigentümern. Am 1. Juli 1862 errichtete der bayerische Staat die Bezirksämter, aus denen die Landkreise hervorgingen. Es entstanden die Landkreise Memmingen und Mindelheim, die dann 1972 unter Einbeziehung des südöstlichen Teiles des Kreises Illertissen zum Landkreis Unterallgäu zusammengefaßt wurden.

Struktur des Kreises Sehenswürdigkeiten

Ursprünglich ländlichen Charakters ist das Unterallgäu auf dem Weg zu einem gesund gegliederten gewerblichen Wirtschaftsraum, in dem sich Industrie, Handel und Gewerbe stark entwickelt haben. Die Landwirtschaft nimmt jedoch noch immer einen wichtigen Platz ein. Milchwirtschaft und Viehzucht herrschen vor. Mit 180 000 Rindern ist der Landkreis das viehreichste Gebiet Bayerns.
Bad Wörishofen, die einstige Wirkungsstätte des Pfarrers Sebastian Kneipp, entwickelte sich zu einem weltbekannten Kurort. Auch die Kurbetriebe in Ottobeuren und Grönenbach haben dazu beigetragen, den Fremdenverkehr stark anwachsen zu lassen.
Aber nicht minder waren es die Schätze, über die der Landkreis verfügt. Bauwerke aus vielen Jahrhunderten prägen das Bild entscheidend mit. So die Ottobeurer Barockbasilika, die zur 1000-Jahr-Feier der Benediktinerabtei 1766 eingeweiht wurde, und in der jährlich Tausende von Musikbegeisterten den Ottobeurer Konzerten lauschen. Genannt werden müssen Schloß Kirchheim mit dem Zedernsaal oder das Illerbeurer Bauernhofmuseum, der mit Sorgfalt renovierte Stadtkern innerhalb des ehemaligen Stadtgrabens der Kreisstadt Mindelheim, das Kartäuserkloster (1402) in Buxheim, das gewaltige Fuggerschloß in Babenhausen, das 1541 Anton Fugger erbaute – um nur einige Beispiele aus dem reichen Angebot liebevoll restaurierter Privathäuser, barocker Dorfkirchen, stattlicher gepflegter Bauernhöfe oder grün umrankter Marterl am Wege zu nennen.

Landkreis Weilheim-Schongau

Regierungsbezirk: Oberbayern. Einwohner: 119 978. Fläche: 966,35 km². Einwohner je km²: 124. Kfz-Kennzeichen: WM. Kreisverwaltung: Pütrichstraße 8, 82362 Weilheim, Postfach 1353, 82360 Weilheim. Verwaltungsgliederung: 10 Einheitsgemeinden (Bernried, Hohenpeißenberg, Markt Peißenberg, Markt Peiting, Stadt Penzberg, Polling, Stadt Schongau, Stadt Weilheim i. OB, Wessobrunn, Wielenbach); 8 Verwaltungsgemeinschaften (Altenstadt, Bernbeuren, Habach, Huglfing, Pähl-Raisting, Rottenbuch, Seeshaupt, Steingaden).

Wappenbeschreibung

Unter goldenem Schildhaupt, darin ein schreitender, herschauender rot bewehrter und rot bezungter schwarzer Löwe, in Blau ein goldener Abtsstab, dem ein silberner Schlägel und ein silberner Hammer schräggekreuzt unterlegt sind.

Historische Entwicklung

Der Doppellandkreis Weilheim-Schongau entstand im Jahre 1972 im wesentlichen aus den beiden namensgebenden Altlandkreisen. In dieser Region konnten die ersten festen Siedlungen für die Bronzezeit (1800 bis 1200 v. Chr.) nachgewiesen werden (Hügelgräber). Den keltischen Stämmen der Vindelicier und Likatier folgten im ersten nachchristlichen Jahrhundert die Römer, die unter anderem die Militärstation Abodiacum (Epfach) anlegten. Nach einer Besiedlungslücke in der Völkerwanderungszeit ergriffen die Bajuwaren und die Alemannen vom Lande Besitz. Als die Grafschaften im Frühmittelalter zu erblichen Lehen wurden, erlangten die Welfen im westlichen Landkreisterritorium die Macht (Altenstadt und Burg Peiting). Nach dem Aussterben der welfischen Herren war der Raum für knapp ein Jahrhundert staufisch, auf sie folgten 1268 die Wittelsbacher. Im Osten dominierten bis 1248 die Grafen von Andechs-Meranien, dann fiel deren Besitz ebenfalls an die Wittelbacher. Seither lag die Verwaltungshoheit bei den Pflegämtern und Landgerichten Schongau und Weilheim, die die Fortentwicklung mit den übrigen altbayerischen Ämtern teilten. Im Hoheitszeichen des Kreises, das am 21. Mai 1974 die regierungsamtliche Zustimmung fand, deutet der hersehende Löwe im Schildhaupt die staufische Epoche an; die wittelsbachischen Nachfolger werden durch die silbern-blauen Farben im unteren Teil des Wappens berücksichtigt. Auf die geistig-kulturelle Bedeutung der früheren Klöster Wessobrunn, Polling, Habach, Bernried und anderer weist der Abtsstab hin, das Bergmannswerkzeug (»Gezäh«) ruft die frühere wirtschaftliche Bedeutung des Kohlebergbaus in Peiting, Penzberg und Peißenberg in Erinnerung.

Struktur des Kreises
Sehenswürdigkeiten

Mit der Postkutsche kann man auch heutzutage durch den »Pfaffenwinkel«, dieses kunsthistorisch reiche Land im Alpenvorland, reisen. Zeit nehmen sollte man sich jedenfalls, um allein das anzuschauen, was hier nur als kleine Auswahl aufgeführt werden kann: Schongau mit dem Wehrgang und der Stadtpfarrkirche Mariä Himmelfahrt, Altenstadt mit der romanischen Basilika, Weilheim mit einer der ersten deutschen Barockkirchen, der ebenfalls Mariä Himmelfahrt genannten Stadtpfarrkirche, Raisting mit der imposanten Erdfunkstelle der Telekom, Penzberg, das neben Kirchen ein Bergbaumuseum präsentiert, in Polling der einzigartige Bibliothekssaal, aber dann die Klöster Rottenbuch mit der dreischiffigen Basilika, Steingaden, dessen Münster alle Stilepochen seit der Romanik enthält, Wessobrunn, der Ausgangspunkt des bayerischen Barock. Und sicherlich ein Höhepunkt die Wieskirche des Dominikus Zimmermann, die als die schönste Rokokokirche Deutschlands gilt. Ein stimmungsvolles Wander- und Erholungsgebiet sind die Osterseen südlich des Starnberger Sees. Den Wanderer führen die Fernwanderwege »König-Ludwig-Weg«, »Lech-Höhenweg« und der »Prälatenweg« durch eine reizvolle Landschaft, die zu allen Jahreszeiten erlebnisreiche Streifzüge garantiert.

Rund 80 % der Beschäftigten sind in der Kreisstadt Weilheim, der Lechstadt Schongau, in Penzberg, Peißenberg oder Peiting tätig, während auf dem Lande Handwerksbetriebe und die Landwirtschaft im wesentlichen das Erwerbsleben bestimmen.

Landkreis Weißenburg-Gunzenhausen

Regierungsbezirk: Mittelfranken. Einwohner: 93 800. Fläche: 970,68 km². Einwohner je km²: 96. Kfz-Kennzeichen: WUG. Kreisverwaltung: Friedrich-Ebert-Str. 18, 91781 Weißenburg i. Bay., Postfach 380, 91780 Weißenburg i. Bay. Verwaltungsgliederung: 8 Einheitsgemeinden (Gunzenhausen, Langenaltheim, Pappenheim, Pleinfeld, Polsingen, Solnhofen, Treuchtlingen, Weißenburg i. Bay.) und weitere 19 Gemeinden in 5 Verwaltungsgemeinschaften (VG Altmühltal, VG Gunzenhausen, VG Hahnenkamm, VG Nennslingen, VG Ellingen).

Wappenbeschreibung

Über Schildfuß, darin Eisenhutfeh von Silber und Blau, gespalten; vorne dreimal geteilt von Rot und Gold, hinten in Gold ein halber, rot bewehrter schwarzer Adler am Spalt.

Historische Entwicklung

Der Landkreis entstand in seinen heutigen Grenzen am 1. Juli 1972 durch die Zusammenlegung der Kreise Gunzenhausen und Weißenburg i. Bay. unter Einbeziehung der bis dahin kreisfreien Stadt Weißenburg i. Bay. Aus dem Wappen des ehemaligen Landkreises Gunzenhausen übernahm der Großlandkreis die Dreifachteilung von Rot und Gold. Dies war das Wappenbild der 1424 ausgestorbenen Grafen von Truhendingen; es wurde vom hohenzollerschen Oberamt Hohentrüdingen der Markgrafschaft Brandenburg-Ansbach übernommen. Wie das Wappen des ehemaligen Kreises Weißenburg i. Bay. zeigt auch das neue Kreiswappen das silbernblaue »Eisenhutfeh«. Dieses stand im Schild der Grafen von Pappenheim, die ihren Machtschwerpunkt im südlichen Bereich des Kreises Weißenburg-Gunzenhausen besaßen. Da die frühere Reichsstadt Weißenburg 1972 in den neuen Landkreis inkorporiert wurde und hier die Kreisverwaltung ihren Sitz hat, wurde aus dem Wappen der Stadt der Reichsadler übernommen. Die Regierung von Mittelfranken gab am 8. März 1976 ihre Genehmigung zur Führung des neuen Kreiswappens, das am 1. Dezember 1975 vom Kreistag gutgeheißen worden war.

Struktur des Kreises
Sehenswürdigkeiten

Der Landkreis Weißenburg-Gunzenhausen ist der südlichste Mittelfrankens und, wenn auch noch stark ländlich geprägt, so haben doch die Industrie vorwiegend in Gunzenhausen, Treuchtlingen, Pappenheim, Pleinfeld und Weißenburg i. Bay. sowie die Steinindustrie im Raum Langenaltheim/Solnhofen und vor allem der Tourismus durch den »Naturpark Altmühltal« und »Das Neue Fränkische Seenland« in den letzten Jahren immer mehr an Bedeutung gewonnen. Der »Naturpark Altmühltal (Südliche Frankenalb)«, mit fast 3000 km² Fläche der größte Naturpark Deutschlands, und der »Brombachsee« (etwa so groß wie der Tegernsee) sind bedeutende Faktoren für den Fremden- und Naherholungsverkehr. Die Burg Spielberg im Westen des Landkreises am Rande des reizvollen Hahnenkamms ist ebenso sehenswert wie die Burg in Pappenheim oder die Würzburg bei Weißenburg. Das Bürgermeister-Müller-Museum in Solnhofen gibt mit seinen Petrefakten Einblick in die Entstehungsgeschichte unserer Erde vor rund 140 Millionen Jahren. Die Römischen Thermen und das Römermuseum in Weißenburg, das Kastell »Sablonetum« bei Ellingen, das Römerbad bei Theilenhofen und die »villae rusticae« bei Hüssingen im Hahnenkamm und am Weinbergshof bei Treuchtlingen sowie der »Burgus« bei Burgsalach auf dem Jura und der im gesamten Landkreis noch sichtbare Limes (Teufelsmauer) führen die Epoche der Römerzeit vor Augen. Zu erwähnen sind noch die Deutsch-Ordens-Schlösser in Ellingen (mit Deutsch-Ordens-Museum) und in Absberg.

Landkreis Würzburg

Regierungsbezirk: Unterfranken. Einwohner: 153 123. Fläche: 968,70 km². Einwohner je km²: 158. Kfz-Kennzeichen: WÜ. Kreisverwaltung: Zeppelinstraße 15, 97074 Würzburg, Postfach, 97067 Würzburg. Verwaltungsgliederung: 52 Gemeinden, davon 30 in 11 Verwaltungsgemeinschaften (Aub, Bergtheim, Eibelstadt, Estenfeld, Giebelstadt, Helmstadt, Hettstadt, Kirchheim, Kist, Margetshöchheim, Röttingen). Von den 52 Gemeinden sind 4 Gemeinden Städte (Aub, Eibelstadt, Ochsenfurt, Röttingen).

Wappenbeschreibung

Geteilt und unten gespalten: oben in Rot drei silberne Spitzen; unten vorne in Silber übereinander zwei schreitende, herschauende, rot bewehrte schwarze Löwen; hinten in Blau eine goldene Lilie.

Historische Entwicklung

Das heutige Kreisgebiet gehörte nach der Eroberung durch die Franken zum fränkisch-thüringischen Großherzogtum. Viel Besitz befand sich in geistlichen Händen: das Bistum Würzburg, die Abtei Fulda, das Burkardus-Kloster Oberzell und das Kartäuserkloster Engelgarten.
Zahlreiche Burgen und Burgruinen zeugen aber auch von den glanzvollen Seiten der Ritter- und Adelsgeschlechter, die wie die Bürgerschaften den mächtigen Fürsten und Bischöfen zu trotzen wagten. Die Machtkämpfe zwischen den Bischöfen und den um die Reichsunmittelbarkeit ringenden Städten endeten im Jahre 1400 mit der Schlacht bei Bergtheim, in der das Bürgerheer vernichtend geschlagen wurde. Zu Beginn des 19. Jh. wurde das Frankenland dem zum Königreich erhobenen, wittelsbachischen Bayern durch ein Machtwort Napoleons einverleibt. Aus den verschiedenen Gebiets- und Verwaltungsreformen gingen schließlich die beiden Landkreise Würzburg und Ochsenfurt hervor, die 1972 zusammen mit weiteren Gemeinden aus benachbarten Kreisen zum heutigen Landkreis Würzburg zusammengefaßt wurden. Im Wappen des Landkreises, das am 13. Dezember 1974 genehmigt wurde, verweist der »fränkische Rechen« auf das Hochstift und Domkapitel Würzburg als mittelalterlichen Gebietsherrn. Die herschauenden hohenlohischen Löwen symbolisieren die einst bedeutende weltliche Herrschaft Limpurg-Speckfeld, bis 1412 Hohenlohe-Speckfeld. Die Lilie bezieht sich auf die ehemalige Grundherrschaft des Ritterstiftes St. Burkard.

Struktur des Kreises
Sehenswürdigkeiten

Der Landkreis Würzburg liegt im Herzen Deutschlands im nördlichen Teil Bayerns. Bekannte Ferienstraßen »Romantische Straße« und »Bocksbeutelstraße« – führen mitten durch dieses verkehrsgünstig liegende Feriengebiet. In direkter Nachbarschaft befinden sich so bekannte Städte wie Rothenburg ob der Tauber, Bad Mergentheim und Volkach sowie die Erholungsgebiete Spessart, Rhön und Steigerwald. Den Mittelpunkt bildet die geschichtsträchtige Bischofs- und Universitätsstadt Würzburg. Das Maintal: Großzügige Weinberganlagen, Kirchen und Schlösser – darunter die barocke Fürstbischöfliche Sommerresidenz Schloß Veitshöchheim (1680/82) mit dem Treppenhaus von Balthasar Neumann (1749/53) und den weitbekannten Putten im Rokokogarten –, mittelalterliche Dörfer und Städte mit Stadtbefestigungen und Wehrtürmen, Weinstuben und Weinfesten, vielfältige Freizeitangebote, Maintal-Radwanderweg und Main-Personenschiffahrt charakterisieren diese Landschaft. Das Taubertal und der Gollachgrund: Auch hier reizvolle Wander- und Radwanderwege, Bootsfahrten, unterhaltsame Wein- und Bierfeste. In Aub ist vor allem die Pfarrkirche Mariä Himmelfahrt (17. Jh.) mit der Kreuzigungsgruppe von Tilman Riemenschneider sehenswert. Der archäologische Wanderpfad und die Festspiele in Röttingen und Giebelstadt sind weitere Anziehungspunkte. Gäuplatten im Maindreieck: Der Gramschatzer Wald mit 40 km Wanderwegnetz und das Naherholungsgebiet Kürnachtal sind hier zu nennen, im westlichen Landkreis der reiche Waldbestand im Aalbachtal und Guttenberger Wald. Im Süden der »Ochsenfurter Gau« als eine der fruchtbarsten Landschaften Süddeutschlands mit wertvollen ertragreichen Böden und einer intensiven landwirtschaftlichen Nutzung.

Landkreis Wunsiedel i. Fichtelgebirge

Regierungsbezirk: Oberfranken. Einwohner: 89 368. Fläche: 606 km². Einwohner je km²: 147. Kfz-Kennzeichen: WUN. Kreisverwaltung: Jean-Paul-Straße 9, 95632 Wunsiedel, Postanschrift: 95631 Wunsiedel. Verwaltungsgliederung: 17 kreisangehörige Gemeinden (Arzberg, Bad Alexandersbad, Höchstädt i. Fichtelgebirge, Hohenberg a. d. Eger, Kirchenlamitz, Marktleuthen, Marktredwitz [Große Kreisstadt], Nagel, Röslau, Schirnding, Schönwald, Selb [Große Kreisstadt], Thiersheim, Thierstein, Tröstau, Weißenstadt, Wunsiedel).

Wappenbeschreibung

Unter von Silber und Schwarz geviertem Schildhaupt gespalten von Gold und Rot; vorne ein rot bezungter schwarzer Adler am Spalt; hinten ein silbernes Hirschgeweih.

Historische Entwicklung

Im Gebiet des heutigen Landkreises Wunsiedel i. Fichtelgebirge weisen typische Steinwerkzeuge, Steingeräte und Bruchstücke vorgeschichtlicher Keramik auf die frühe Besiedlung hin. Die Funde an der »Ruhstatt« beweisen, daß eine kleine Siedlergemeinschaft schon um 2000 v. Chr. bestand. Dort führte auch ein uralter Fernweg in typischer Höhenlage vorüber, der seit der frühgeschichtlichen Zeit Franken und Böhmen verband. Eine Dauerbesiedlung des heutigen Landkreisgebietes setzte aber erst um das Jahr 1000 n. Chr. ein. Deshalb stammen auch die ältesten urkundlichen Erwähnungen verschiedener Ortschaften aus dieser Zeit. Die Grafen von Hohenzollern begannen ihre in Franken dominierende Stellung ab 1285 im gesamten Fichtelgebirgsraum, dem »Sechsämterland«, auszubauen; die »Zollernvierung« im neuen Kreiswappen (Verleihung: 26. Juli 1974) legt davon Zeugnis ab. Zugleich wurde der Einflußbereich der im Osten gelegenen Reichsstadt Eger (Adlermotiv) eingeschränkt. Seit dem Jahre 1613 leitete ein »Amtshauptmann« die Geschicke der sechs Ämter. Sein Amt ist vergleichbar mit dem des späteren Bezirksamtmannes und dem des heutigen Landrates. Das bis 1816 zu Eger gehörende Marktredwitz wurde ebenso wie Selb 1919 kreisfreie Stadt. Durch die Gebietsreform von 1972 kamen beide Städte zum Landkreis Wunsiedel i. Fichtelgebirge, der auch Teile des aufgelösten Kreises Rehau zugewiesen erhielt. Das Hirschgeweih im Wappenschild verweist auf das für den Selber Raum bedeutende Geschlecht der Forster.

Struktur des Kreises
Sehenswürdigkeiten

Der im Nordosten von Bayern gelegene Mittelgebirgslandkreis ist ein bevorzugtes Naherholungs- und Feriengebiet. Nicht zuletzt tragen dazu die klimatischen Bedingungen, die über 2000 km Wanderwege und die intakte Tier- und Pflanzenwelt im Fichtelgebirge bei. Bad Alexandersbad ist ein gern aufgesuchter Kurort. Die Luisenburg-Festspiele in Wunsiedel und das Rosenthal-Theater in Selb, aber auch das Fichtelgebirgsmuseum in Wunsiedel, das Egerlandmuseum in Marktredwitz, das Deutsche Porzellanmuseum in Hohenberg a. d. Eger und das Volkskundliche Gerätemuseum in Arzberg-Bergnersreuth sind zu nennen. Die bedeutendsten deutschen Porzellanunternehmen haben in Selb fast die Hälfte der industriellen Arbeitsplätze im keramischen Bereich angeboten. Als weitere Erwerbszweige sind die Steinindustrie und die Holzverarbeitung zu nennen, die aufgrund der natürlichen Voraussetzungen eine lange Tradition haben. Hinzu kommen noch die Metallverarbeitende Industrie, der Maschinenbau und die Elektrotechnik, die Absatzmärkte in aller Welt finden. Große, in der Hauptsache zusammenhängende Waldflächen machen bald die Hälfte der Gesamtwirtschaftsfläche des Landkreises Wunsiedel i. Fichtelgebirge aus. Der Fichtenwald, die würzige Luft und die klaren Bäche inmitten saftig grüner Wiesen lassen ahnen, daß der »Naturpark Fichtelgebirge« eine Naturapotheke ist.

Paul-Peter Humpert

Die Landkreise in Brandenburg

Mit der Kreisordnung der Kur- und Neumark Brandenburg vom 17. August 1825 erhielten die brandenburgischen Landkreise ihre erste kommunalverfassungsrechtliche Kodifikation, die allerdings noch durch ständische Elemente und durch starke staatliche Steuerungsinstrumente geprägt war. Die staatliche Mitwirkung in der kreislichen Selbstverwaltung blieb auch nach den Regelungen der Kreis-, Bezirks- und Provinzialordnung für den preußischen Staat vom 11. März 1850, die bereits im Jahre 1853 unter Wiederherstellung der vorhergehenden Kreisordnung wieder aufgehoben wurde, weitgehend erhalten.

Erst mit der Kreisordnung für Preußen, Brandenburg, Pommern, Posen, Schlesien und Sachsen vom 13. Dezember 1872 wurden die Landkreise in Anknüpfung an die Steinschen Reformideen von ihrer bestimmenden Eigenschaft als Verwaltungsbezirk befreit und zu einer Körperschaft mit Doppelfunktion umgestaltet; als Kommunalverband regelten die brandenburgischen Landkreise eigenverantwortlich ihre eigenen Angelegenheiten und nahmen daneben auch staatliche Verwaltungsaufgaben wahr. Die Überarbeitung der Kreisordnung von 1872 im Jahre 1881 erbrachte keine grundlegenden Neuregelungen, so daß diese Kreisordnung, abgesehen von verschiedenen Modifikationen bei Gründung der Weimarer Republik, bis 1945 Bestand hatte. Die Gleichschaltung der Länder im »Dritten Reich« erfolgte in weiten Teilen unter formaler Aufrechterhaltung der bisherigen Kreisordnung; unbeschadet dessen wurden die Landkreise jedoch auf dem Erlaßweg der totalitären Weisung unterworfen.

Die Landkreise wurden nach dem Zusammenbruch des »Dritten Reichs« im wesentlichen nach ihrem Status in der Weimarer Republik wiederhergestellt. Im Jahr 1952 leitete die DDR eine umfassende Verwaltungsreform ein; die bis dahin bestehenden Länder wurden aufgelöst, an ihre Stelle traten 15 Bezirke. Das Land Brandenburg wurde in die Bezirke Cottbus, Frankfurt/Oder und Potsdam zergliedert. Die Landkreise wurden im gleichen Jahr einer einschneidenden gebietlichen Neugliederung und Umgestaltung ihrer inneren Verfassung unterworfen. Die Zahl der Landkreise wurde annähernd verdoppelt; im Gebiet des Landes Brandenburg entstanden 38 Landkreise und sechs Stadtkreise. Die Verkleinerung der Verwaltungseinheiten auf Kreisebene sollte die zentrale Steuerung durch Staat und Partei (SED) erleichtern. Parallel hierzu wurden die Kreise in ein Weisungssystem eingebunden, das ihre Funktion als Element der sozialistischen Staatsmacht sicherstellte. Als zentrales Leitungsorgan im Kreis wurde der Rat des Kreises konstituiert, dem seinerseits u. a. die Anleitung und Kontrolle der Staatsorgane auf gemeindlicher Ebene oblag.

Die Ereignisse der Wende in den Jahren 1989/90 führten auch auf Kreisebene zur Beseitigung der zentralistischen Strukturen und zur Wiederbelebung der kommunalen Selbstverwaltung unter bürgerschaftlicher Verantwortung. Wichtige Marksteine waren die seit Jahrzehnten ersten freien Kommunalwahlen in der DDR am 6. Mai 1990 sowie das Inkrafttreten des Gesetzes über die Selbstverwaltung der Gemeinden und Landkreise in der DDR (Kommunalverfassung) am 17. Mai 1990. Hierdurch wurden die personellen und rechtlichen Voraussetzungen für den Aufbau der kommunalen Selbstverwaltung geschaffen. Das Land Brandenburg wurde – ebenso wie die anderen ostdeutschen Länder – erst einige Monate später, im Oktober 1990, mit dem Ländereinführungsgesetz wieder konstituiert.

Die im Jahre 1952 geschaffene räumliche Gliederung der Landkreise wurde in Brandenburg zunächst unverändert übernommen. Die Flächengröße der 38 brandenburgischen Landkreise belief sich auf einen Durchschnittswert von rund 749 km². Die durchschnittliche Einwohnerzahl der brandenburgischen Landkreise betrug 1990 wenig mehr als 50 000; gleichzeitig bestand eine überaus große Bandbreite der Einwohnerzahlen in den einzelnen Landkreisen. Diese reichte vom einwohnerstärksten Landkreis Brandenburg mit rund 124 000 Einwohnern bis zum einwohnerschwächsten Landkreis Eisenhüttenstadt-Land mit rund 19 500 Einwohnern.

Auf dieser Grundlage wäre der Aufbau von dauerhaft leistungsfähigen Kreisverwaltungen moderner Prägung kaum möglich gewesen; daneben erforderte auch die Entscheidung des Landes Brandenburg für einen zweistufigen Aufbau der Landesverwaltung unter Verzicht auf klassische Mittelbehörden und die damit intendierte weitgehende Ansiedlung von Vollzugsaufgaben auf Kreisebene eine Neustrukturierung des kreislichen Gebietszuschnitts.

Ein erster Diskussionsvorschlag zur Kreisgebietsreform in Brandenburg wurde daher bereits im April 1991 durch den Innenminister vorgelegt. Ihren heutigen Gebietszuschnitt erhielten die brandenburgischen Landkreise mit dem Gesetz zur Neugliederung der Landkreise und kreisfreien Städte vom 16. Dezember 1992; der Vollzug der Kreisneugliederung erfolgte sodann am 6. Dezember 1993.

Die bislang 38 Landkreise wurden zu 14 neuen Landkreisen mit durchschnittlich rund 140 000 Einwohnern und einer Durchschnittsfläche von 2033 km² zusammengeführt. Entscheidende Kriterien waren hierbei neben anderen die Gewährleistung der nach verwaltungswissenschaftlichen Erkenntnissen erforderlichen Mindesteinwohnerzahlen für eine effektive und wirtschaftliche Aufgabenwahrnehmung sowie die Bildung von Sektoralkreisen um Berlin, um der vom Ballungsraum Berlin ausgehenden Wirtschaftskraft auch in der Tiefe des Raumes Wirkung zu verschaffen.

Die Kommunalverfassung der DDR vom Mai 1990 galt in Brandenburg bis zur Verabschiedung einer eigenständigen Gemeindeordnung und Landkreisordnung am 15. Oktober 1993 als Landesrecht fort. Die Landkreisordnung für das Land Brandenburg konstituiert die Landkreise als Gemeindeverband und Gebietskörperschaft. Organe des Landkreises sind der Kreistag, der Kreisausschuß, der Landrat sowie die Bürgerschaft.

Dem Kreistag gehören je nach Einwohnerzahl 50 bzw. 56 Abgeordnete an, die von den Bürgern auf die Dauer von fünf Jahren direkt gewählt werden. Die Kreistagsabgeordneten wählen aus ihrer Mitte den Kreistagsvorsitzenden, der die Kreistagssitzungen einberuft, die Tagesordnung festlegt und die Sitzungen leitet. Darüber hinaus verfügt der Kreistagsvorsitzende über ein Mitzeichnungsrecht bei der Ausfertigung von Satzungen und Urkunden. Der Kreistag beschließt über die grundsätzlichen Angelegenheiten des Landkreises; des weiteren sind ihm durch die Landkreisordnung eine Reihe von Entscheidungszuständigkeiten zugewiesen.

Dem Kreisausschuß gehören mindestens neun und höchstens 17 Kreistagsabgeordnete an; die Anzahl wird jeweils durch die Hauptsatzung des Landkreises bestimmt. Der Kreisausschuß entscheidet über diejenigen Angelegenheiten, die nicht der Beschlußfassung des Kreistages bedürfen und nicht dem Landrat obliegen. Im Rahmen der vom Kreistag festgelegten Richtlinien trifft der Kreisausschuß die Entscheidungen über die Planung der Verwaltungsaufgaben von besonderer Bedeutung. Darüber hinaus hat er die Arbeit der weiteren Ausschüsse, die jedoch über keine eigenen Entscheidungsbefugnisse verfügen, aufeinander abzustimmen.

Der Landrat ist rechtlicher Vertreter und Repräsentant des Landkreises; er vertritt den Landkreis in allen Rechts- und Verwaltungsgeschäften. Er wird für die Dauer von acht Jahren vom Kreistag gewählt. Der Landrat ist kraft Gesetzes Mitglied des Kreistages und des Kreisausschusses. Die Beschlüsse beider Organe des Landkreises werden durch den Landrat vorbereitet und ausgeführt. Der Landrat trifft die Entscheidungen auf dem Gebiet der Pflichtaufgaben zur Erfüllung nach Weisung und führt die laufenden Geschäfte der Verwaltung.

Die Bürgerschaft ist nach der Landkreisordnung für das Land Brandenburg ebenfalls Organ des Landkreises; sie wählt nicht nur die Mitglieder des Kreistages, sondern verfügt mit den Möglichkeiten des Bürgerbegehrens und des Bürgerentscheides über unmittelbare Mitwirkungsinstrumente in Angelegenheiten des Landkreises.

Die Landkreise erfüllen in ihrem Gebiet eigenverantwortlich alle überörtlichen und die die Leistungsfähigkeit der kreisangehörigen Gemeinden und Ämter übersteigenden Aufgaben; gegenüber den Gemeinden werden die Landkreise darüber hinaus ausgleichend und ergänzend tätig.

Das Aufgabenspektrum der Landkreise ist damit breit gefächert; die Landkreise unterhalten vielfältige Einrichtungen, wie beispielsweise Gymnasien, Berufsschulen, Krankenhäuser, Alten- und Jugendheime, Beratungsstellen, Museen, Bibliotheken und Archive. Die Landkreise sind örtlicher Träger der Sozial- und Jugendhilfe; sie sind darüber hinaus zuständig für das Gesundheitswesen, Rettungsdienst und Katastrophenschutz, Straßenverkehrszulassung, Veterinärwesen, Landwirtschaftsverwaltung, Abfallbeseitigung, Umweltschutz, Landschaftsplanung und Bauaufsicht. Die Landkreise sind Gewährträger der Kreissparkassen; sie unterhalten den öffentlichen Personennahverkehr sowie die Kreisstraßen.

Im Zuge der Funktionalreform wurden den Landkreisen vom Land u. a. die Aufgaben des Kataster- und Vermessungswesens, der unteren Wasserbehörden sowie des überörtlichen Trägers der Sozialhilfe übertragen. Weitere Aufgabenübertragungen sind für die nächsten Jahre vorgesehen.

Die Anforderungen an die Effizienz und Leistungsfähigkeit der Kreisverwaltung sind erheblich gestiegen. Die Landkreise arbeiten daher gegenwärtig an Konzeptionen zur Verwaltungsmodernisierung, die sich vom Prinzip her an betriebswirtschaftlichen Modellen anlehnen, um damit auch den Anforderungen der Zukunft gewachsen zu sein.

Landkreistag Brandenburg – Friedrich-Ebert-Straße 79–81 – 14469 Potsdam

Landkreis Barnim

Einwohner: 140 060.
Fläche: 1495 km². Einwohner je km²: 93,7. Kfz-Kennzeichen: BAR.
Kreisverwaltung: Heegermühler Straße 75, 16225 Eberswalde.
Verwaltungsgliederung: 6 Städte (Bernau, Biesenthal, Eberswalde, Joachimsthal, Oderberg, Werneuchen) und weitere 67 Gemeinden in 10 Ämtern.

Die Entscheidung über das Kreiswappen steht noch aus.

Historische Entwicklung

Der noch wappenlose Landkreis entstand aus den Altkreisen Bernau und Eberswalde. Der namensgebende Barnim ist eine durch Täler abgegrenzte Landschaft, deren Oberflächengestalt hauptsächlich von der jüngsten Kaltzeit im nördlichen Mitteleuropa, der Wechselvereisung, geprägt wurde. Bis zum 9./10. Jh. kristallisierten sich verschiedene Siedlungskonzentrationen, z. B. um den Parsteiner See, heraus. Sie wurden bevorzugt in der Nähe von Gewässern und geschützten Lagen (Halbinseln) angelegt. Erst gegen Ende des 12. Jh. wurde der Barnim von deutschen Feudalgewalten vollständig erobert, ab 1245 gehörte er fest zur Mark Brandenburg. Zur Sicherung des Landes entstand eine Vielzahl von Burgen, von denen kaum noch welche vorhanden sind und die nur durch Bodenfunde entdeckt werden konnten.

Nach Auflösung der markgräflichen Vogteien im 14. Jh. begann die Herausbildung der Verwaltungsstrukturen des späteren Ober- und Niederbarnim, des Landes um Strausberg und Berlin. Der Distrikt Strausberg umfaßte im wesentlichen den alten Barnim, den späteren Oberbarnimer Kreis und den nordöstlichen Teil des späteren Niederbarnim. Der übrige Teil des Niederbarnim gehörte zum Distrikt Berlin. Seit dem 16. Jh. sind getrennte Verwaltungseinheiten erkennbar. Kreisstadt für den Oberbarnim war Wriezen, für den Niederbarnim Berlin.

Mit der »Verordnung wegen verbesserter Einrichtung der Provinzialbehörden« vom 30. April 1815 wurde der Staat Preußen in Provinzen und Kreise eingeteilt. Es erfolgte eine Neuorganisation der Verwaltung. Provinzial-, Regional- und Lokalbehörden wurden geschaffen. Die Kreise Ober- und Niederbarnim gehörten seitdem zur Provinz Brandenburg, Regierungsbezirk Potsdam. Bad Freienwalde wurde die Kreisstadt des Oberbarnim. In Folge der Industrialisierung im 19. Jh. wurden zahlreiche Dörfer nach Berlin eingemeindet.

Struktur des Kreises
Sehenswürdigkeiten

Im Barnimer Land im Nordosten Brandenburgs mit seinen vielen klaren Seen, seinen raumgreifenden Wäldern, dem großen Reichtum an Artenvielfalt in Flora und Fauna, der sich durch die Verbindung der Landschaftsvielfalt und des günstigen Klimas entwickelt hat, fühlen sich die Besucher wohl. Ein Drittel der Gesamtfläche des Landkreises macht das 1990 von der UNESCO anerkannte »Biosphärenreservat Schorfheide-Chorin« aus. Daneben gibt es sieben Naturschutzgebiete und den Nationalpark »Unteres Odertal«, der sich 60 km lang als »grünes Band« entlang dem Odertal von Lunow bis Szcecin erstreckt.

Besuchermagnet im Landkreis ist Kloster Chorin, herrlich im Choriner Endmoränenbogen gelegen. Die Klosterruine ist eines der bedeutendsten Beispiele norddeutscher Backsteingotik in der Mark. Beachtenswert sind das Niederfinower Schiffshebewerk mit Treppenschleuse, der Tierpark und der Forstbotanische Garten mit über 1000 Gehölzarten in Eberswalde, das Jagdschloß und Schorfheidemuseum Groß Schönebeck, das Agrarmuseum in Wandlitz oder von besonderer Interessenlage das 1991 begonnene »Öko-Dorf-Projekt« der Gemeinde Brodowin. In Eberswalde ist die Maria-Magdalenen-Kirche, ein frühgotischer Backsteinbau mit schönen Kreuzrippengewölben, einem bronzenen Taufkessel aus dem 13. Jh. und einem mehrteiligen Altaraufsatz (1608) sehenswert. Nicht achtlos vorbeigehen darf man am Rathaus, einem Spätbarockbau (1775), und der Adler-Apotheke, einem mittelalterlichen Fachwerkhaus, das einst Ritterhaus war, sowie dem Löwenbrunnen, 1836 von C. D. Rauch gestaltet. In der zweitgrößten Stadt Bernau kommt dem Bier historische Bedeutung zu. In einer Länge von 1496 m ist die Stadtmauer erhalten.

Wirtschaftlich ist vieles im Umbruch und Neubeginn, nachdem seit der Wende Großbetriebe erheblich im Personalbestand reduziert werden mußten. Neben dem u. a. weitergeführten Kranbau wachsen Betriebe für ökologische Technologien, Dienstleistungen und Tourismus.

Landkreis Dahme-Spreewald

Einwohner: 141 701.
Fläche: 2262 km².
Einwohner je km²: 62,64.
Kfz-Kennzeichen: LDS.
Kreisverwaltung: Lohmühlengasse 12, 15907 Lübben/Spreewald, Postfach 179/183, 15901 Lübben.
Verwaltungsgliederung: 2 Städte (Königs Wusterhausen, Lübben), 5 amtsfreie Gemeinden (Bestensee, Eichwalde, Schulzendorf, Wildau, Zeuthen) sowie 12 Ämter.

Wappenbeschreibung

In Silber eine eingebogene, mit goldener Königskrone belegte blaue Spitze, begleitet vorn von einem widersehenden, golden bewehrten, abgeschnittenen roten Stierrumpf, hinten von einem golden bewehrten, abgeschnittenen roten Adlerrumpf.

Historische Entwicklung

Gemäß dem Gesetz zur Neugliederung der Kreise und kreisfreien Städte im Land Brandenburg wurde der neue Landkreis Dahme-Spreewald gebildet. Er ist Rechtsnachfolger der Kreise Königs Wusterhausen, Luckau und Lübben. Erst seit dem 16. November 1995 führt der Großkreis das abgebildete Wappen.
Der rote Stier gilt als Wappen der Niederlausitz und tauchte erstmals bei der Erbverbrüderung des Luxemburgerkaisers Karls IV. mit den Wittelsbachern 1363 auf. Seit dem Leichenzug desselben Kaisers ist auch die Farbgebung bekannt. Als die Niederlausitz 1635 an Sachsen fiel, übernahmen die Wettiner das Stierwappen. Der Stier stand in den Wappen der Vorgängerkreise Lübben und Luckau. Er ziert überdies das Wappen der Stadt Luckau, die 1492 das Privileg erhalten hatte, sich »Hauptstadt der Niederlausitz« zu nennen.
Der rote Adlerkopf verweist auf das Land Brandenburg, so wie dies auch der Adler im Stadtwappen von Lübben bezweckt. Die Königskrone repräsentiert den Landkreis Königs Wusterhausen, der kein eigenes Wappen besessen hatte.

Struktur des Kreises
Sehenswürdigkeiten

Der Spreewald, rund 100 km südöstlich von Berlin gelegen, ist eine überaus reizvolle Niederungslandschaft. In der Vergangenheit wurde der Verkehr ausnahmslos mit Kähnen auf den Fließen abgewickelt. Heutzutage ist man durch Hochwasserschutzbauten und Bewässerungsanlagen in der Lage, die Wasserhaltung zu steuern, so daß der Spreewald ein Gebiet großflächiger Landwirtschaft werden konnte. Alljährlich zieht es am dritten Septemberwochenende zahlreiche Besucher nach Lübben zum traditionellen Spreewaldfest. Die Pflege der sorbischen Sitten und Bräuche ist ein fester Bestandteil dieses Festes. Höhepunkt ist der Kahnkorso. Der alte, schon seit der Steinzeit bewohnte Ort Lübben erhielt 1220 Stadtrecht und ist nicht nur als Ausgangspunkt für die Spreewald-Kahnfahrten von Reiz. Man sollte einen Blick in die spätgotische Backsteinhallenkirche (Paul-Gerhardt-Kirche) nicht versäumen.
Der Landkreis Dahme-Spreewald macht im Dahmeland durch seine über 70 Seen aufmerksam, ein Dorado für Wassersport- und Campingfreunde. Viele Wege führen in den Spreewald, der mit urwüchsigen Wäldern, unzähligen Fließen auf 970 km Länge und blühenden Wiesen die Besucher anzieht. Die UNESCO hat das 75 km lange und 16 km breite Niederungsgebiet zum Biosphärenreservat erklärt.
Nicht nur typische schöne Spreewalddörfer zeichnen den Landkreis aus, auch das erfolgreiche Bestreben, die gute Infrastruktur für die Erschließung von Gewerbegebieten zu nutzen.

Landkreis Elbe-Elster

Einwohner: 138 500. Fläche: 1890 km². Einwohner je km²: 73,8.
Kfz-Kennzeichen: EE. Kreisverwaltung: Ludwig-Jahn-Straße 2, 04916 Herzberg.
Verwaltungsgliederung: 3 Städte (Bad Liebenwerda, Elsterwerda, Finsterwalde), 13 Ämter (Doberlug-Kirchhain und Umland, Elsterland, Falkenberg/Uebigau, Herzberg, Kleine Elster, Mühlberg, Plessa, Röderland, Schlieben, Schönewalde, Schradenland, Sonnewalde, Wahrenbrück).

Wappenbeschreibung

In gevierteiltem Schild oben vorn neunmal von Gold und Schwarz geteilt, hinten in Silber ein goldbewehrter, rückschauender roter Stier; unten vorn in Gold ein rotbewehrter und rotgezungter schwarzer Löwe, hinten neunmal von Rot und Silber geteilt.

Historische Entwicklung

Das Territorium des Landkreises war für Jahrhunderte durch die Entwicklung der sächsischen Geschichte geprägt, ehe die Vorgängerterritorien 1815 in den Machtbereich des preußischen Staates gerieten. Mit dem Ziel schnellerer Eingliederung wurden sie zwei verschiedenen Provinzen, Brandenburg und Sachsen, zugeteilt. 1952 wurden sie im Bezirk Cottbus zwangsvereinigt. Eine gemeinsame demokratische Entwicklung können die Altlandkreise Bad Liebenwerda, Finsterwalde und Herzberg erst im neuen, mit Wirkung vom 6. Dezember 1993 existenten Landkreis Elbe-Elster nehmen. So ziehen im Wappen vom 24. April 1995 der meißnische Löwe und der niederlausitzische Stier wachsam nach allen Seiten in eine gemeinsame Richtung.

Die von Gold und Schwarz geteilten Streifen gehen zurück auf ursprünglich schwarz-goldene des Herzogtums Sachsen-Wittenberg vom ausgehenden 12. Jh. Nach dem Anfall an die Markgrafen von Meißen (Löwe) 1423 wurden sie dort weitergeführt und brachten dem wettinischen Staat neben der Kurwürde den Namen Sachsen ein. Die 1815 u. a. mit den Kreisen Schweinitz (Sitz Herzberg) und Liebenwerda gebildete preußische Provinz Sachsen unterschied sich seit 1864 in ihrem Wappen vom damaligen Königreich und späteren Freistaat Sachsen durch die mit Gold beginnende Streifenanordnung. Das Land Sachsen-Anhalt führte das bis zum Jahr 1952 fort. So wird auf die Herkunft der Altkreise Bad Liebenwerda und Herzberg Bezug genommen. Analog findet sich im Wappen des Kreises für Brandenburg eine – nicht auf historische Vorbilder zurückgehende – rot-silberne Teilung, die der Farbgebung des Luckauer Stieres entspricht. Aus einem Teil des Luckauer Kreises ging 1952 der Altkreis Finsterwalde hervor.

Struktur des Kreises
Sehenswürdigkeiten

Der Landkreis Elbe-Elster liegt im Dreiländereck Brandenburg, Sachsen und Sachsen-Anhalt. Den Kreis durchfließen die Elbe, die Schwarze und die Kleine Elster. Für den Landkreis charakteristisch sind Fischteiche und zahlreiche Seen, die in den Restlöchern der Tagebaue von Kies und Braunkohle entstanden. Der Landkreis gehört zu den Industrie-Agrarkreisen. Zu den wichtigsten Industriezweigen zählen Metallbe- und -verarbeitung, Baustoffgewinnung und -verarbeitung, Gasbetonproduktion, Herstellung von Beton und Stahlbeton, Glas- und Möbelindustrie. Die Verarbeitung landwirtschaftlicher Erzeugnisse ist in den Milchwerken Elsterwerda ebenso von Bedeutung wie die Herstellung von Kartoffelprodukten in Hirschfeld, die Verarbeitung von Obst und Fruchtsäften in Bad Liebenwerda oder die Zuckerindustrie in Brottewitz. Die gesamte Region ist landschaftlich durch z. T. sehr große Waldgebiete, Auenlandschaften und Moorgebiete sowie große Wasserflächen und den »Naturpark Niederlausitzer Heidepark« geprägt. Die ältesten baulichen Zeitzeugen im Landkreis sind die Zisterzienserklöster in Doberlug-Kirchhain und Mühlberg, die bis ins 12. Jh. zurückgehen. Auch die aus dem 14. Jh. stammende Frauenkirche in Mühlberg gehört zu den wertvollsten Denkmälern des Kreises mit ihren herrlichen Gewölbemalereien. Sehenswert ist auch die gotische Gewölbemalerei in der St.-Marien-Kirche in Herzberg. Im Jahre 1926 wurde in der 1531 erbauten Klosterpropstei ein Museum eingerichtet, das über die Elbe-Schiffahrt, die Fischerei, die Fertigkeiten der Handwerker und Künstler aus der Zeit der Gotik und Renaissance, die Wohnkultur des 18. und 19. Jh. und die Traditionen des Handwerks informiert.

Finsterwalde wurde vor allem als Sängerstadt bekannt.

Landkreis Havelland

Einwohner: 129 482. Fläche: 1707 km². Einwohner je km²: 76. Kfz-Kennzeichen: HVL. Kreisverwaltung: Platz der Freiheit 1, 14712 Rathenow, Postfach 1352, 14703 Rathenow. Verwaltungsgliederung: 2 Städte (Falkensee, Nauen), amtsfreie Gemeinde Dallgow-Döberitz und 11 Ämter (Brieselang, Friesack, Ketzin, Schönwalde/Glien, Wustermark, Nauen-Land, Milow, Nennhausen, Premnitz, Rathenow, Rhinow).

Wappenbeschreibung

Von Blau über Silber durch Wellenschnitt geteilt, oben zwei versetzt rechtshin fliegende, goldgeschnäbelte silberne Schwäne, unten ein goldbewehrtes rotes Adlerhaupt, beiderseits begleitet von einem sechsstrahligen blauen Stern.

Historische Entwicklung

Mit der Bildung des Großkreises Havelland am 6. Dezember 1993 durch Zusammenschluß der Altkreise Nauen und Rathenow wurde eines der beiden ältesten brandenburgischen Territorien im wesentlichen wiedervereint. Es gehörte zu der von Pribislaw/Heinrich, einem Slawenfürsten, dem Askanier Albrecht dem Bären zugesagten Erbmasse, in deren Besitz er sich durch die Eroberung des Brandenburg 1157 setzte. Neben der Zauche im Süden wurde damit das Havelland im Norden des Flusses zum Ausgangspunkt der künftigen Mark Brandenburg. Das rote Adlerhaupt deutet auf das askanische Wappentier hin. Der von 1816 bis 1952 vorangegangene historische Kreis Westhavelland mit Sitz ebenfalls in Rathenow hatte noch kein eigenes Kreiswappen besessen. Dagegen war dem historischen Kreis Osthavelland (1816 bis 1952) mit Sitz in Nauen am 11. Oktober 1935 ein vom Heraldiker Gustav Adolf Cloß entworfenes Kreiswappen verliehen worden. Es zeigte gespalten von Silber und Grün rechts einen halben brandenburgischen roten Adler am Spalt, links zwei fliegende silberne Schwäne. Das Schwanenmotiv wurde seit 8. Februar 1991 auch vom Altkreis Nauen geführt. Es wird nunmehr nach 60 Jahren in Blau dem neuen Wappen des Großkreises wiederum als Symbolik für den östlichen Teil zugefügt. In dem am 31. August 1995 genehmigten Kreiswappen stehen der Wellenschnitt für die Havel, die Schwäne für die Naturlandschaft, der Adlerkopf aber für die mehr als achthundertjährige Zugehörigkeit zur Mark Brandenburg. Die beiden Schwäne, die gemeinsam vorwärts (nach heraldisch rechts) fliegen, und die beiden Sterne, die den Landesadler begleiten, versinnbildlichen die im neuen Großkreis Havelland vereinten Altkreise Nauen und Rathenow, aus deren erloschenen Wappen sie übertragen wurden.

Struktur des Kreises Sehenswürdigkeiten

An der westlichen Stadtgrenze von Berlin beginnend gehört der Kreis zum unmittelbaren Umland der Stadt und erstreckt sich in Richtung Westen bis zum Gebiet um die Städte Rhinow, Rathenow und Premnitz. So vereint das Havelland vorstädtischen Lebensraum mit beachtlichen Wirtschaftsentwicklungen und ländliche Regionen mit zahlreichen Natur- und Landschaftsschutzgebieten, reizvollen Flußniederungen, idyllischen Seen und ausgedehnten Wäldern.
Auf dem Kirchberg in Rathenow erhebt sich die St.-Marien-Andreas-Kirche, ein Backsteinbau aus dem 14. Jh. In der barocken Neustadt Rathenows am Schleusenplatz befindet sich das Denkmal des Kurfürsten Friedrich Wilhelm (Großer Kurfürst). Im Kreismuseum kann man sich über die Entwicklung der optischen Industrie an der Geburtsstätte dieses Industriezweiges informieren. Die Pfarrkirche St. Jacobi in Nauen ist eine spätgotische dreischiffige Backsteinkirche. Sehenswert ist der Altaraufsatz von 1708. Nordöstlich der Stadt Nauen befindet sich die ehemalige Großfunkstation, ein symmetrischer Klinkerbau von Hermann Muthesius, 1917/19. Im Nauener Heimatmuseum kann die Geschichte der Stadt in einem rekonstruierten typischen Ackerbürgerhaus nachvollzogen werden. Ausflüge nach Paretz (klassizistische Dorfanlage und Sommersitz von Königin Luise, Schloß von D. Guilly), nach Nennhausen (Schloß und Parkanlage, hier schrieb Fouqué seine Undine) oder nach Ribbeck lohnen sich ebenso wie ein Besuch der vielen sehenswerten Dorfkirchen.
Jahrhundertelang dominierten Ackerbau, Wiesen- und Waldwirtschaft das Havelland. Sand- und Weideflächen und das »Havelländische Luch« prägen die Landschaft. Erst unter Friedrich Wilhelm I. wurden weite Teile nach 1718 durch Entwässerungsmaßnahmen begeh- und bewohnbar.

Landkreis Märkisch-Oderland

Einwohner: 170 995. Fläche: 2127 km². Einwohner je km²: 80. Kfz-Kennzeichen: MOL. Kreisverwaltung: Puschkinplatz 12, 15306 Seelow. Verwaltungsgliederung: 2 Städte (Seelow, Strausberg), 14 Ämter (Altlandsberg, Bad Freienwalde, Falkenberg-Höhe, Golzow, Hoppegarten, Lebus, Letschin, Märkische Schweiz, Müncheberg, Neuhardenberg, Rüdersdorf, Seelow-Land, Wriezen, Wriezen-Land) sowie 3 Gemeinden (Fredersdorf-Vogelsdorf, Neuenhagen, Petershagen/Eggersdorf).

Die Entscheidung über das Kreiswappen steht noch aus.

Historische Entwicklung

Am 6. Dezember 1993 wurde die Bildung des Landkreises Märkisch-Oderland aus den bisherigen Kreisen Bad Freienwalde, Seelow und Strausberg vollzogen. Deren Vorgänger waren bis in die 50er Jahre die Landkreise Ober- und Niederbarnim sowie Lebus gewesen. Der Großlandkreis führt noch kein Wappen.

Die neue Kreisstadt Seelow mit ihren rund 5500 Einwohnern ist eine der kleinsten Städte Brandenburgs, kann aber eine lange Tradition vorweisen. Erstmals 1252 erwähnt, erhielt Seelow bereits 1274 Stadtrecht und bildete vor allem einen Kreuzungspunkt von Handels- und Heerstraßen zwischen der Mittelmark und Polen, Schlesien und der Ostseeküste. Der 1830/32 unter Schinkelschem Einfluß errichteten Kirche wurde der Turm weggesprengt, als eine der letzten Schlachten des Zweiten Weltkrieges in Europa Anfang 1945 hier geschlagen wurde. 45 000 deutsche, russische und polnische Soldaten fanden dabei den Tod – ihnen ist eine Gedenkstätte mit Museum gewidmet.

Um die verheerenden Überschwemmungen abzuwenden, hatte Friedrich II. von 1746 bis 1753 Entwässerungsarbeiten im Oderbruch befohlen. Rund 1300 Kolonistenfamilien aus ganz Mitteleuropa wurden angesiedelt. Stolz konnte der preußische König später sagen, daß er eine Provinz hinzugewonnen habe. Größte Stadt im Kreisgebiet ist Strausberg, deren Geschichte ins 13. Jh. zurückreicht, als sich die Wettiner und Askanier das Land im östlichen Barnim streitig machten. Bad Freienwalde, nahe am Oderübergang gelegen, fand 1316 erstmalig Erwähnung. Über Jahrhunderte hinweg war es Garnisonstadt, bis zum Abzug der GUS-Streitkräfte Mitte 1992.

Struktur des Kreises
Sehenswürdigkeiten

Die Oder ist der Grenzfluß zum Nachbarn Polen. Auf eine enge wirtschaftliche Zusammenarbeit mit dem Nachbarn und anderen Gebieten Osteuropas hoffen die Bürger des Landkreises, der im Südwesten an Deutschlands Hauptstadt Berlin angrenzt, von der Umlandimpulse erwartet werden. Vom Berliner Stadtrand bis Strausberg wird vom »Speckgürtel« gesprochen. Die Landschaft mit ihren Wäldern, Seen, weiten Feldern und sanften Hügeln und den typischen brandenburgischen Straßenalleen vermittelt dem Besucher den Eindruck, daß hier die Natur noch in Ordnung ist. Und so setzt man folgerichtig auf einen sanften Tourismus. Besonders attraktiv ist der »Naturpark Märkische Schweiz«, der auf 205 km² in sechs Naturschutzgebieten seltene Biotope, Flora und Fauna bietet.

Am Rande der Märkischen Schweiz liegt das älteste brandenburgische Kurbad Bad Freienwalde (Moorbad und Mineralquellen), das seit 1840 für Kuren genutzt wird. Sehenswert sind das Schloß (1798) und einige Museen. Für Musikfreunde sei die Konzerthalle in der ehemaligen Georgenkirche empfohlen.

Buckow, von dem Theodor Fontane schwärmte, ist – seit 1253 als ursprünglich slawische Siedlung durch die Lebuser Mönche deutsch besiedelt – ebenfalls als Kurort beliebt, aber auch von Künstlern geschätzt. Die traditionsreiche Rennbahn in Hoppegarten soll wieder eine der schönsten in Europa werden. Den historisch Interessierten sei in Erinnerung gerufen, daß Neuhardenberg mit seinem Schloß an den Staatskanzler Karl August Graf von Hardenberg erinnert, dem der preußische König 1814 das Gut Quilitz schenkte, das ein Jahr später den heutigen Namen erhielt – während der SED-Diktatur »Marxwalde« – und während der NS-Diktatur ein Treffpunkt des politischen Widerstands war.

Landkreis Oberhavel

Einwohner: 170 000. Fläche: 1877 km². Einwohner je km²: 90,6.
Kfz-Kennzeichen: OHV.
Kreisverwaltung: Poststraße 1, 16515 Oranienburg, Postfach 29, 16501 Oranienburg. Verwaltungsgliederung: 3 Städte (Oranienburg, Hennigsdorf, Velten), 9 Ämter (Fürstenberg [Stadt] mit 9 Gemeinden, Gransee [Stadt] mit 16 Gemeinden, Kremmen [Stadt] mit 5 Gemeinden, Liebenwalde [Stadt] mit 4 Gemeinden, Löwenberg mit 10 Gemeinden, Oberkrämer mit 7 Gemeinden, Oranienburg-Land mit 11 Gemeinden, Schildow mit 6 Gemeinden, Zehdenick [Stadt] mit 13 Gemeinden), 3 amtsfreie Gemeinden (Birkenwerder, Glienicke, Hohen Neuendorf).

Wappenbeschreibung

Geteilt von Silber über Grün; oben der goldbewehrte und rotgezungte rote Adler, die Flügel mit goldenen Kleestengeln belegt; unten zwei versetzt nebeneinander fliegende, rotbewehrte silberne Schwäne.

Historische Entwicklung

Das Gebiet des Kreises Oberhavel gehörte geschichtlich zur alten Mark Brandenburg und reichte bis in das 12. Jh. zurück, als unter dem Markgrafen Albrecht dem Bären und seinen Nachfolgern eine wichtige Periode des Aufbaus der Territorialherrschaft einsetzte, die dann seit dem 15. Jh. durch die hohenzollernschen Kurfürsten ausgebaut wurde. Der rote Adler im Kreiswappen war das Zeichen der brandenburgischen Askanier und geht auf das 13. Jh. zurück. Damals entstanden die meisten Dörfer und Städte des Kreises. So werden Oranienburg (Bötzow), Kremmen und Zehdenick 1216, Gransee 1262 (Stadtrecht) und Fürstenberg 1278 erstmals urkundlich genannt. Bis in das 19. Jh. dominierte neben dem Handwerk auch in den Städten die Landwirtschaft, die von Ackerbürgern betrieben wurde. Der Ausbau des Verkehrsnetzes in Form von Straßen, Kanälen und Wasserwegen begünstigte im 19. und 20. Jh. die industrielle Standortbildung. Von Bedeutung waren auch die Binnenschiffahrt und der Schiffbau.
Der Kreis Oberhavel wurde im Dezember 1993 aus den ehemaligen Kreisen Oranienburg und Gransee gebildet.

Die Havelschwäne rufen Natur und Landschaft des von der Havel von Nord nach Süd durchflossenen Landkreises in Erinnerung. Das heutige Kreiswappen wurde am 18. Mai 1994 vom Innenministerium genehmigt und war 1991 bis 1993 bereits vom Landkreis Oranienburg geführt worden.

Struktur des Kreises
Sehenswürdigkeiten

Oberhavel ist eine der reizvollsten märkischen Regionen. Er erstreckt sich von der Landesgrenze Berlin bis zur Landesgrenze Mecklenburg-Vorpommern. Bezeichnend ist ein starkes Süd-Nord-Gefälle in der Besiedlungsdichte, die von 150 Einwohner pro Quadratkilometer auf bis zu 20 sinkt. Fast zwei Drittel der Bevölkerung wohnen im Süden.
Der Kreis verfügt über ein leistungsfähiges Netz an Verkehrswegen. Zentrale Verbindungswege wie Autobahnen, Bundesstraßen, Fernbahngleise, Luftwege und Schiffahrtskanäle gewährleisten rundum eine gute Erreichbarkeit. Regionalbahn und Berliner S-Bahn sind ein wichtiger Bestandteil des öffentlichen Personennahverkehrs. Fernbahnhöfe gibt es in den Städten Oranienburg und Fürstenberg. Der nächstgelegene Großflughafen befindet sich in Berlin-Tegel und ist ungefähr 25 Kilometer von der Kreisstadt entfernt. Wichtige Wasserstraßen sind die Havel, der Oder-Havel-Kanal, der Ruppiner Kanal und der Voß-Kanal.
Mit Weltstadtambiente im Süden und Naturidylle im Norden begründet der Kreis Oberhavel eine besondere Anziehungskraft. Der berlinnahe Raum ist vor allem städtisch geprägt und industrielles Zentrum. Gewerbegebiete, Industrie- und Dienstleistungszentren wechseln mit großflächigen Wohnanlagen und Waldgebieten. Die Wälder bieten nicht nur Naherholung, sondern sind auch ökologische Ausgleichspunkte für den Berliner Raum. Sie ermöglichen zudem naturverbundene Freizeitaktivitäten wie Reiten, Angeln, Wandern ohne lange Anfahrtswege. Je weiter man sich in Richtung Norden von der Stadtgrenze entfernt, desto abwechslungsreicher und großräumiger wird die Naturlandschaft. Wiesen, Feuchtgebiete, Wälder, Heide, unzählige Seen- und Wasserläufe dominieren die Gegend und gehören zu wertvollen Naturschutzgebieten, von denen die Landschaft um den Stechlinsee wohl die bekannteste ist.

Landkreis Oberspreewald-Lausitz

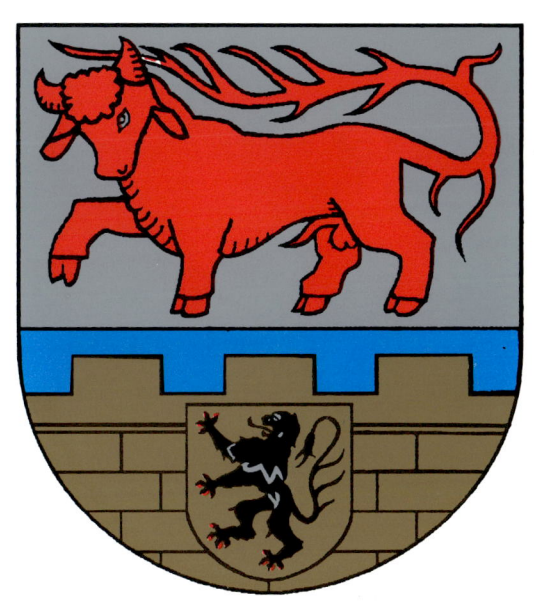

Einwohner: 157 000. Fläche: 1215 km². Einwohner je km²: 129. Kfz-Kennzeichen: OSL. Kreisverwaltung: Dubinaweg 1, 01968 Senftenberg, Postfach 100064, 01956 Senftenberg. Verwaltungsgliederung: 9 Städte und 75 Gemeinden, davon sind amtsfreie Kommunen: Lauchhammer, Schwarzheide, Senftenberg; Ämter (Gemeindeverbände): Altdöbern, Calau, Großräschen, Lübbenau, Ortrand, Ruhland, Schipkau, Am Senftenberger See, Vetschau.

Wappenbeschreibung

Geteilt: oben in Silber ein roter Stier mit über dem Rücken geschlagenem Schweif; unten in Blau eine erhöhte goldene Zinnenmauer, belegt mit einem Schildchen, darin in Gold ein rot bewehrter schwarzer Löwe.

Historische Entwicklung

Das Gebiet des heutigen Landkreises Oberspreewald-Lausitz mit der Kreisstadt Senftenberg wurde schon vor etwa dreitausend Jahren besiedelt. Der bis ins 3. und 4. Jh. hier nachweisbare germanische Stamm der Burgunder verließ im Zuge der Völkerwanderung die Lausitz und setzte sich fortan im südwestlichen Teil Deutschlands fest. Im sechsten Jahrhundert begann hier die Niederlassung des slawischen Stammes der Lausitzer Sorben. Typische Ringwälle, sogenannte Fluchtburgen, deren Überreste zum Teil heute noch erkennbar sind, entstanden in dieser Zeit, und viele Orte dieser Region sind slawische Gründungen. Nach siegreichen kriegerischen Auseinandersetzungen mit den Slawen siedelten die deutschen Feudalherren vom 10. bis 12. Jh. deutsche Bauern und Handwerker in den ostelbischen Gebieten an. Wenn sich auch im Laufe der Zeit die Völker zum Teil mischten, haben sich insbesondere in dem im nördlichen Teil des Kreises gelegenen Spreewald Sprache und Brauchtum des sorbischen Volkes erhalten. Der Ursprung der Stadt Senftenberg geht auf eine slawische Befestigung zurück, die im frühen Mittelalter von deutschen Rittern zu einer Wasserburg ausgebaut wurde. 1279 wurde diese Siedlung erstmalig erwähnt. 1304 kam Senftenberg unter brandenburgische Herrschaft. In den Jahren zwischen 1368 und 1413 befand sich Senftenberg und der größte Teil der Lausitz in böhmischen Besitz. Durch Vererbung und Verkauf fiel schließlich die gesamte Lausitz an Kursachsen. Erst 1815 mußte Sachsen im Ergebnis der Befreiungskriege die Niederlausitz bis zur heutigen Südgrenze des Kreises an Preußen abtreten.
Bis 1959 gehörten Senftenberg und Umgebung zum Kreis Calau. Danach wurden die Kreise Senftenberg und Calau gebildet. Mit der Kreisgebietsreform im Land Brandenburg 1993 entstand aus diesen beiden Kreisen der Landkreis Oberspreewald-Lausitz. Das am 25. November 1994 genehmigte Wappen zeigt den Stier für die Niederlausitz (früherer Kreis Calau), die Zinnenmauer für die Oberlausitz und den Meißener Löwen (für Teile des ehemaligen Kreises Bad Liebenwerda).

Struktur des Kreises Sehenswürdigkeiten

Zum großen Teil wird das Gebiet durch das »Lausitzer Urstromtal« geprägt. Im Norden befindet sich mit der Stadt Lübbenau als »Hauptstadt« der Spreewald, eine in Europa einzigartige Flußlandschaft mit artenreichen Feuchtbiotopen, Wiesen und Wäldern. Südlich von Calau schließt sich die »Calauer Schweiz« an, die ein Bestandteil des Niederlausitzer Landrückens ist. Hier berühren sich zwei unterschiedliche Landschaften: der in der Eiszeit entstandene Lausitzer Grenzwall und das Lausitzer Becken. Im Süden des Kreises, in dem 120 Jahre Braunkohlenbergbau ihre Spuren hinterlassen haben, befindet sich die Kreisstadt mit dem ca. 10 km² großen Senftenberger See.
Dieser See ist in den sechziger Jahren unseres Jahrhunderts aus dem ausgekohlten Braunkohlentagebau Niemtsch entstanden. Seine besonders gute Wasserqualität und eine Uferlänge von etwa 18 km locken alljährlich viele Touristen nach Senftenberg.
Die Südgrenze des Kreises bilden die kmehlener Berge, deren Schönheit am besten bei ausgedehnten Wanderungen erschlossen werden kann. Während der Norden des Kreises mehr landwirtschaftlich genutzt wird, dominiert im Süden die Industrie mit der BASF in Schwarzheide als größtem Arbeitgeber der Region.

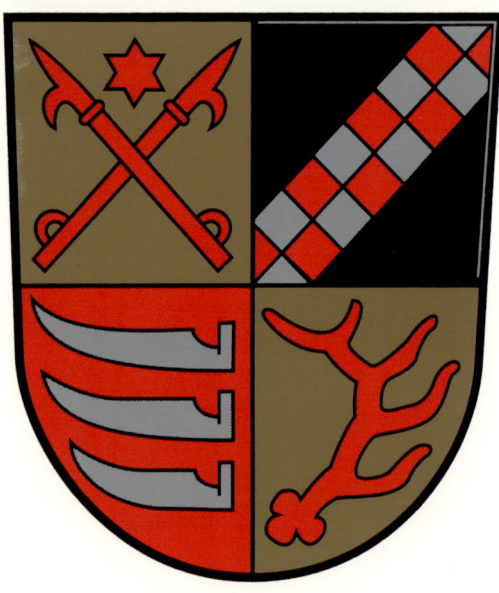

Landkreis Oder-Spree

Einwohner: 188 000. Fläche: 2243 km². Einwohner je km²: 83,3. Kfz-Kennzeichen: LOS. Kreisverwaltung: Breitscheidstraße 7, 15848 Beeskow, Postfach, 15841 Beeskow. Verwaltungsgliederung: 6 Städte (Beeskow, Eisenhüttenstadt, Fürstenwalde, Storkow, Müllrose, Friedland), 3 amtsfreie Gemeinden (Erkner, Schöneiche, Woltersdorf) und 12 Ämter mit 132 Gemeinden.

Wappenbeschreibung

Gevierteilt; oben vorn in Gold zwei gekreuzte rote Bootshaken oben bewinkelt von einem sechsstrahligen roten Stern, hinten in Schwarz ein rot-silbern geschachter Schräglinksbalken, unten vorn in Rot drei mit den Spitzen nach außen gekehrte, auf dem Rücken liegende silberne Sensenklingen übereinander, hinten in Gold eine fünfendige rote Hirschstange.

Historische Entwicklung

Der Landkreis Oder-Spree ist aus den Landkreisen Fürstenwalde, Beeskow und Eisenhüttenstadt-Land sowie der kreisfreien Stadt Eisenhüttenstadt entstanden. Der Kreistag entschied sich am 12. Dezember 1995 für das abgebildete Wappen, dessen ministerielle Genehmigung noch aussteht.
Kern des heutigen Kreisgebiets sind die Herrschaften Beeskow und Storkow, die zunächst den Ministerialen von Strehla, ab 1377 den Herren von Biberstein und von 1518 bis 1556 dem Bischof von Lebus gehörten und danach brandenburgisch waren.
1836 entstand der preußische Kreis Beeskow-Storkow, dem am 30. September 1937 ein Wappen verliehen wurde. Dieses zeigte oben den brandenburgischen Adler, unten die Sensenklingen der Herren von Strehla und die Hirschstange derer von Biberstein.
Der Landstrich nördlich der Spree gehörte zum 1123 errichteten Bistum Lebus, dessen Bischof von 1373/76 bis zur Reformation in Fürstenwalde residierte. Das Bistumswappen zeigte die Bootshaken mit dem Stern und fand um 1900 Aufnahme in das Symbol des Kreises Lebus. Es handelt sich dabei um die Märtyrerattribute, mit denen der Stiftsheilige Adalbert im Jahre 997 als Missionar von Fischern, heidnischen Pruzzen, erschlagen wurde. Der Stern gilt als Mariensymbol.
Der geschachte Schrägbalken erinnert an den Altkreis Eisenhüttenstadt, der nahezu identisch mit dem Herrschaftsbereich des ehemaligen Zisterzienserklosters Neuzelle (1268 bis 1817) war. Außerdem repräsentiert der Balken das vormals unter Oberhoheit des Zisterzienserklosters Zinna stehende Amt Grünheide.

Struktur des Kreises
Sehenswürdigkeiten

Die Wirtschaftsstruktur des Landkreises war in der Vergangenheit vor allem durch die Branchen Metallurgie, Chemie, Maschinen- und Fahrzeugbau, Baumaterialienherstellung und Reifenproduktion geprägt. Mit der Wende kam es zu einem gewaltigen Arbeitsplatzabbau, wovon auch die Landwirtschaft in starkem Maße betroffen wurde. Inzwischen ist man mit der Privatisierung und dem Erhalt modernisierbarer Betriebe vorangekommen. Auch die Neuansiedlung von Unternehmen macht beim Angebot qualifizierter Arbeitskräfte Fortschritte. Besondere Beachtung wird dem Tourismus gewidmet. So wurden Rad- und Wanderwege ausgebaut und dem Reittourismus Beachtung geschenkt.
In der Kreisstadt Beeskow sind die Altstadt mit Stadtmauer (»Dicker Turm«) und das Biologische Heimatmuseum interessant. Eisenhüttenstadt wurde als neuer Industriestandort, in dem am 1. Januar 1951 der Grundstein für den ersten Hochofen gelegt wurde, bekannt. Mit der EKO Stahl ist seither der Name der Stadt eng verbunden. In Eisenhüttenstadts altem Stadtteil Fürstenberg ist die wiedererrichtete gotische Hallenkirche (um 1370) sehenswert. Das Feuerwehrmuseum bietet mit seinen über 500 Exponaten Interessenten ausgezeichnete Informationen. Im Kloster Neuzelle, 9 km südlich von Eisenhüttenstadt gelegen, steht als kunsthistorisches Kleinod die barocke Klosterkirche mit reicher Ausstattung. Im Kirchenbesitz sind wertvolle liturgische Geräte und eine bedeutende Sammlung barocker Meßgewänder.

Landkreis Ostprignitz-Ruppin

Einwohner: 117 102. Fläche: 2574 km². Einwohner je km²: 46.
Kfz-Kennzeichen: OPR.
Kreisverwaltung: Virchowstraße 14-16, 16816 Neuruppin. Verwaltungsgliederung: 9 Städte (Fehrbellin, Kyritz, Lindow, Neuruppin, Neustadt [Dosse], Rheinsberg, Wittstock Land, Wittstock/Stadt, Wusterhausen), 9 Ämter mit insgesamt 119 Gemeinden (Fehrbellin, Heiligengrabe/Blumenthal, Kyritz, Lindow [Mark], Neustadt [Dosse], Rheinsberg, Temnitz, Wittstock-Land, Wusterhausen).

Wappenbeschreibung

Gespalten durch eine silberne Deichsel; oben in Rot ein goldbewehrter silberner Adler, unten in Grün vorn eine rotgebundene goldene Lilie, hinten eine rotbelegte goldene Mitra.

Historische Entwicklung

Der Kreis Ostprignitz-Ruppin entstand am 6. Dezember 1993 durch die brandenburgische Verwaltungs- und Gebietsreform. Er setzt sich aus den durch die Verwaltungsreform in der DDR vom Jahre 1952 neu begründeten Kreisen Kyritz, Neuruppin und Wittstock zusammen.
Zwischen dem Rhinluch im Süden, der Ruppiner Platte und Seenkette bis zu Kyritzer Seenkette, der Wittstocker Heide bis an die mecklenburgische Grenze gelegen, wurde das eiszeit- und nacheiszeitliche Endmoränengebiet zumeist slawisch besiedelt. Zu Beginn des 13. Jh. wurden die Städte Kyritz, Neuruppin und Wittstock erstmalig urkundlich als deutsche Siedlungen erwähnt: Kyritz 1232, Neuruppin 1238, Wittstock 1248.
Erste deutsche Herren in Ruppin waren die Grafen von Arnstein zu Lindow, die mit ihrem Adler im Kreiswappen vom 2. Mai 1995 vertreten sind. Kyritzer Landesherren waren zur Ersterwähnung die Edlen von Plotho (Lilie). Das 1355 erwähnte Rheinsberg im Norden von Neuruppin trat als kulturhistorischer Mittelpunkt mit dem Einzug des Kronprinzen Friedrich von Preußen 1736 in das Schloß am Grienericksee in das Licht der Öffentlichkeit. Zwischen 1754 und 1802 lebte Prinz Heinrich von Preußen hier. Um 1240 erfolgte der Ausbau der Siedlung Wittstock als Ackerbürger- und Gewerbestadt. 1271 als Residenz des Bischofs Heinrich I. mit einer wehrhaften Burg ausgestattet (Mitra), erlebte die Stadt jahrhundertelang Fehden und territoriale Umgestaltung.

Struktur des Kreises
Sehenswürdigkeiten

Im Landkreis Ostprignitz-Ruppin, nur eine Autostunde von Berlin entfernt, findet man noch klare Seen, schmale Flüsse und Kanäle, ausgedehnte Wälder, bunte Wiesen und tiefe Kessel; aber auch romantische Seenlandschaften, auf denen Haubentaucher, Graureiher und Seeadler beheimatet sind.
Die Kreisstadt Neuruppin, die als »Perle der Mark« oder »das Tor zur Ruppiner Schweiz« bezeichnet wird, war die Wiege bedeutender märkischer Persönlichkeiten. Karl-Friedrich Schinkel, Theodor Fontane und Wilhelm Gentz sind nur die bekanntesten unter ihnen.
1734 kaufte der preußische König Friedrich Wilhelm II. das Schloß in Rheinsberg für den Kronprinzen Friedrich, den späteren Friedrich II.
Oft und gern wird es besucht, lädt es doch zur Besichtigung häufig wechselnder Ausstellungen märkischer Künstler ein, und im Spiegelsaal kann man sich an Konzerten erfreuen.
In Wittstock wird der gesamte historische Stadtkern von einer 2500 m langen mittelalterlichen Backsteinmauer mit angrenzenden Wallanlagen umschlossen. In Kyritz ist neben größeren Resten der alten Stadtmauer und einem Wieckhaus auch die Pfarrkirche St. Marien (14. Jh.) erhalten geblieben. Im Inneren fällt das besonders schön gearbeitete, achtseitige Sandsteintaufbecken aus dem 13. Jh. auf, aber auch die Kanzel von 1714.
Neustadt (Dosse) ist der Sitz des Brandenburgischen Haupt- und Landesgestütes. Hier werden edle Hengste und Stuten zur Zucht vorbereitet und Hengste bis zur Prüfung ausgebildet. Höhepunkt sind jedes Jahr im September/Oktober die Neustädter Pferdetage, eine für die Öffentlichkeit präsentierte Großveranstaltung.

Landkreis Potsdam-Mittelmark

Die Entscheidung über das Kreiswappen steht noch aus.

Einwohner: 180 000.
Fläche: 2683,19 km².
Einwohner je km²: 67,08.
Kfz-Kennzeichen: PM.
Kreisverwaltung: Niemöllerstraße 1, 14806 Belzig.
Verwaltungsgliederung: 5 Städte (Beelitz, Belzig, Teltow, Treuenbrietzen, Werder), 21 Ämter und amtsfreie Gemeinden.

Historische Entwicklung

Der noch wappenlose Landkreis entstand 1993 aus den Vorgängerkreisen Belzig, Brandenburg-Land und Potsdam-Land. Die Region zwischen Havelland und Fläming ist durch eine wechselvolle Geschichte vergangener Jahrhunderte geprägt. Selbst Zeugnisse vor- und frühgeschichtlicher Zeit sind in vielfältiger Form zu finden. Kreissitz ist Belzig, wo im 12. Jh. eine Burg der Markgrafen von Brandenburg bestand. Seit 1298 gehörte der Ort zum Herzogtum Sachsen-Wittenberg und war bis zum Übergang an Preußen im Jahre 1815 Sitz eines kurfürstlich-sächsischen Amtes. Bereits im Mittelalter war das damalige Ackerstädtchen Knotenpunkt mehrerer Handelsstraßen, die nach Magdeburg, Brandenburg oder Wittenberg führten. Die Burganlage wurde seit Mitte des 15. Jh. stark ausgebaut und nach der Zerstörung im Dreißigjährigen Krieg 1684/91 wieder aufgebaut. Die Bevölkerung lebte vorwiegend vom Ackerbau, dem Hopfenanbau und von der Braukunst.

Der Altlandkreis Potsdam-Land führte seit dem 6. August 1992 ein eigenes Wappen, das Vorbild für das neue Kreissymbol sein könnte. Das Wappen zeigte in einem grünen Wellenschildfuß einen auffliegenden silbernen Schwan, womit der Seenreichtum und die Tierwelt dargestellt werden sollten. Zudem sollte die Aufwärtsrichtung des Havelschwans die Fortentwicklung des Kreises symbolisieren. Über dem Wellenschildfuß war der Schild silbern geteilt mit einem halben, golden bewehrten roten Adler für Brandenburg und einem grünen Eichenblatt für den Waldreichtum.

Struktur des Kreises
Sehenswürdigkeiten

Der im Südwesten an die Bundeshauptstadt Berlin angrenzende Landkreis mit seinen abwechslungsreichen landschaftlichen und kulturhistorischen Reizen hat eine vielfältige mittelstandsorientierte Gewerbeentwicklung. Der Branchenmix reicht von Hightech-Unternehmen im Raum Teltow/Stahnsdorf bis zum Handwerkerdorf Görzke.

Die Kreisstadt Belzig, 997 erstmals erwähnt, ist Luftkurort. Zu ihren Sehenswürdigkeiten gehört die mit jenem Datum verbundene Burg Eisenhardt. Bei deren 1994 begonnener Bausicherung entdeckte man die St.-Katharinen-Kapelle und andere denkmalwürdige Bauwerke, womit man eine weitere touristische Attraktion gewann. Nach dem Brand Anfang der siebziger Jahre wurde der Markt 1989/90 historisch getreu wieder aufgebaut. Die alte Inselstadt Werder, in unmittelbarer Nähe von Potsdam gelegen, ist vor allem durch das jährlich in der letzten April- bzw. ersten Maiwoche stattfindende »Baumblütenfest« bekannt. Das Stadtbild ist durch die neugotische Kirche mit ihrem 45 m hohen Turm geprägt.

Caputh, ein Wald-, Blüten- und Erholungsort, wurde nicht nur durch Theodor Fontane berühmt, auch Albert Einstein lebte hier als begeisterter Segler von 1929 bis 1932. In Lehnin befindet sich das erste märkische Kloster, ein Zisterzienserkloster. Der Bau der Klosterkirche St. Marien, einer frühgotischen Pfeilerbasilika, wurde 1190 begonnen. Der Bau ist eines der ältesten und bedeutendsten Beispiele norddeutscher Backsteinarchitektur. In der Umgebung verdienen bemerkenswerte Naturdenkmäler und die Lehniner Gewässer Aufmerksamkeit. Eine Idylle ist das Schloß Wiesenburg mit seinem wegen des Artenreichtums der Gehölze besuchenswerten Park.

Landkreis Prignitz

Einwohner: 103 237. Fläche: 2123 km². Einwohner je km²: 48,6. Kfz-Kennzeichen: PR. Kreisverwaltung: Berliner Straße 49, 19348 Perleberg, Postfach, 19341 Perleberg. Verwaltungsgliederung: 3 amtsfreie Städte (Perleberg, Pritzwalk, Wittenberge), 9 Ämter (Bad Wilsnack/Weisen, Groß Pankow/Prignitz, Gumtow, Karstadt, Lenzen/Elbtalaue, Meyenburg, Plattenburg, Pritzwalk/Land, Putlitz/Berge.

Wappenbeschreibung

In Rot über Silber durch Wellenschnitt geteilt; oben eine goldbewehrte, flugbereite silberne Gans, begleitet von acht einen oben offenen Halbkreis bildenden silbernen Perlen, unten ein rotbezungter, schreitender schwarzer Wolf.

Historische Entwicklung

Die Bezeichnung »Prignitz« tauchte erstmals 1349 auf und dürfte auf das slawische Wort »pregynica« (»ungangbares Waldgebiet«) zurückzuführen sein. Ihre Geschichte ist eng verknüpft mit der deutschen Ostkolonisation im 12. Jh. Zu ersten deutschen Herrschaftsgründungen kam es nach Kreuzzügen unter Albrecht dem Bären und den Edlen Gans und von Plotho in das von slawischen Stämmen besiedelte Gebiet zwischen Elde und Stepenitz sowie den Havelberger Raum. Die Farben Rot-Silber im Wappen vom 14. März 1994 verweisen auf Brandenburg, die Gans auf das genannte Adelsgeschlecht und der Wellenschnitt auf die Elbe.

Schon frühzeitig entwickelten sich im Prignitzer Raum Städte, von denen Perleberg die bedeutendste war und bereits im 14. Jh. als Hauptort der Prignitz galt. Sie wird im Wappen durch die Perlen symbolisiert, während der Wolf für die bisherige Kreisstadt Pritzwalk steht. Im Jahre 1809 wurde in Brandenburg eine Verwaltungsreform eingeleitet, die für die Prignitz mit der Teilung in die Kreise Ostprignitz und Westprignitz endete. Kreisstädte wurden Kyritz und Perleberg. Die historische Landschaft der Prignitz blieb, wenn auch geteilt, erhalten. Eine einschneidende Zäsur brachte hingegen die Verwaltungsreform des Jahres 1952, in deren Ergebnis das Gebiet der Prignitz auf die Bezirke Potsdam, Magdeburg und Schwerin aufgeteilt und sieben Kreisen zugeordnet wurde. Für die Prignitz bedeutete das den Untergang. Erst mit der erneuten Länderbildung 1990 begann ihre Wiedervereinigung. Am 6. Dezember 1993 schlossen sich die ehemaligen Kreise Pritzwalk und Perleberg (einzelne Gemeinden ausgenommen) sowie die Gemeinden des Amtes Gumtow aus dem ehemaligen Kreis Kyritz zum Landkreis Prignitz zusammen.

Struktur des Kreises
Sehenswürdigkeiten

Die Landschaft der Prignitz ist eiszeitlich geprägt. Besonders erhaltenswerte Landschaftsteile wie die Elbtalaue und das Stepenitztal sind unter Schutz gestellt. Mittelalterliche Städte mit verwinkelten Straßen und Gassen, markante Bau- und Kunstdenkmäler aller Stilepochen sowie typische Bauern- und Fachwerkhäuser offerieren eine reichhaltige Kunst- und Kulturlandschaft. Landwirtschaftliche Produktion und die Verarbeitung landwirtschaftlicher Produkte sowie ein breiter Dienstleistungssektor kennzeichnen die Wirtschaft im Kreis. Im Rahmen des noch andauernden Umstrukturierungsprozesses hat sich eine Vielzahl kleiner und mittlerer Unternehmen in unterschiedlichen Branchen angesiedelt.

Perleberg: Mittelalterlicher Stadtkern mit Rathaus (15. Jh.), St.-Jakobi-Kirche (13. Jh.) und Rolandstandbild aus Sandstein, das Museum ist eines der schönsten und größten Regionalmuseen Norddeutschlands. Pritzwalk: spätgotische Kirche St. Nicolai (13. Jh.) – Heimatmuseum, erbaut auf dem Fundament eines spätmittelalterlichen Salzmagazins. Wittenberge: »Alte Burg« (1669) – erbaut durch Familie Gans Edle zu Putlitz, heute Stadtmuseum, prächtiges Rathaus (1914). Bad Wilsnack: ehemaliger Wallfahrtsort mit berühmter »Wunderblutkirche« St. Nikolai. Plattenburg: älteste erhaltene Wasserburg Norddeutschlands. Stepenitz: Stift Marienfließ (13. Jh.), ehemalige Zisterzienserinnenabtei mit kulturhistorisch bedeutsamer Klosterkirche. Seddin: bronzezeitliches Königsgrab. Mellen: Hünengrab aus der Jungsteinzeit. Demerthin: Renaissanceschloß (1604), erbaut durch die Familie von Klitzing.

Landkreis Spree-Neiße

Einwohner: 152 801.
Fläche: 1661,43 km².
Einwohner je km²: 91,7.
Kfz-Kennzeichen: SPN.
Kreisverwaltung: Cottbuser Straße 26, 03149 Forst (Lausitz), Postfach 10 01 36, 03141 Forst (Lausitz). Verwaltungsgliederung: 3 amtsfreie Städte: Forst (Lausitz), Guben, Spremberg, Gemeinde Kolkwitz und 9 Amtsgemeinden (Burg-Spreewald, Döbern-Land, Drebkau/Niederlausitz, Hornow-Simmersdorf, Jänschwalde, Neuhausen/Spree, Peitz, Schenkendöbern, Welzow).

Wappenbeschreibung

Geviertelt; oben vorn in Silber ein aufrechter roter Krebs, hinten in Rot ein steigender, doppelt geschwänzter, gekrönter silberner Löwe; unten vorn in Blau eine dreiblättrige goldene Krone, hinten in Gold eine aufgerichtete, nach außen gebogene rote Hirschstange mit vier Enden und kleeblattförmiger Rose.

Historische Entwicklung

Der Landkreis Spree-Neiße erstreckt sich in der Niederlausitz, einem Landstrich, dessen Name aus dem 15. Jh. überliefert wurde. Doch die ersten Siedler waren die Sorben, eine Volksgruppe slawischer Abstammung. Ihre Geschichte reicht 2700 bis 3000 Jahre zurück. Erst im 10. Jh. begann die deutsche Besiedlung in der Niederlausitz, die im 11. Jh. infolge der deutschen Ostexpansion endgültig in deutsche Herrschaft gelangt. Es entstand die Markgrafschaft Lausitz. Die Niederlausitz ereilte eine wechselvolle Herrschaftsgeschichte. Sie gehörte zu Böhmen und Sachsen und fiel mit der Niederlage Napoleons 1815 als Teil der Provinz Brandenburg an Preußen. Nach dem Zweiten Weltkrieg ging in Übereinstimmung der Siegermächte ein Teil jener Gebiete in polnische Verwaltung. Das Potsdamer Abkommen legte die Oder-Neiße-Linie als neue Grenze fest.

Die jüngere Geschichte des Landkreises geht auf die Verwaltungsreform von 1952 zurück, mit der die Kreise Cottbus-Land, Forst, Guben und Spremberg entstanden, die seit Dezember 1993 den neuen Landkreis Spree-Neiße bilden. Das zuletzt am 6. September 1995 bestätigte Wappen verweist auf die Herren von Cottbus (Krebs), das Königreich Böhmen (Löwe für die Herrschaft Spremberg, Krone für Guben) und die Herren von Biberstein (Hirschstange).

Struktur des Kreises
Sehenswürdigkeiten

Eiszeitliche Urstromtäler und Endmoränenzüge, märkische Heidelandschaften, kleine Biotope und rekultivierte Tagebauseen – das findet der Besucher im Landkreis Spree-Neiße. Im Nordwesten beginnt der Spreewald – eine in Mitteleuropa einmalige Lagunenlandschaft – der sich auf insgesamt 75 km Länge und 16 km Breite erstreckt. Der Flußlauf der Spree verzweigt sich hier in 970 km Fließgewässer. Die Gemeinde Burg gilt als das »Tor zum Oberspreewald«. Seit 1990 ist diese Landschaft Biosphärenreservat und steht unter dem besonderen Schutz der UNESCO. Seit mehr als 450 Jahren dienen diese Gewässer nahe der Stadt Peitz der Karpfenzucht. Die Teiche entstanden als Folgelandschaft des Bergbaus. Hier wurde der »Raseneisenstein« abgebaut und anschließend in der Peitzer Hütte verarbeitet. Das alte Hüttenwerk ist heute Museum. 1559 wurde die kleine Stadt zur Festung. Schon lange zuvor war Peitz deutsche Grenzburg und Zollsperre. Stummer Zeuge dieser Vergangenheit ist der imposante Peitzer Festungsturm.
In großen Teilen des Landkreises findet man die Pflege des sorbischen Brauchtums wie die sorbische Fastnacht »Zapust«, die Vogelhochzeit, zahlreiche Osterbräuche, und das Hahnenrupfen »Kokot«. Ein Höhepunkt ist das Heimatfest in Burg mit einem Umzug in sorbischen Trachten. I-Tüpfelchen in der Kreisstadt Forst ist der ostdeutsche Rosengarten. Von 1910 bis 1913 entstanden, blühen hier heute mehr als 30 000 Rosen in 320 Sorten, und es wachsen mehr als 200 Gehölze. Alljährlich werden die Rosenkönige gewählt und die Rosengartenfesttage mit einer »Nacht der tausend Lichter« gefeiert.
Eine gute Tradition pflegt Guben mit der polnischen Nachbarstadt Gubin. Gemeinsam begrüßt man in jedem Jahr den »Frühling an der Neiße«. Zu den Sehenswürdigkeiten des Kreises gehören zahlreiche Kirchen, Herrenhäuser, Baudenkmäler und Museen. Einige seien genannt: der Bismarckturm in Spremberg, die Feldsteinbauten in Reicherskreuz, die Heimatstuben und -museen in Dissen, Drebkau, Guben, Heinersbrück u. a. Durch den Spree-Neiße-Kreis führt der Europa-Fernwanderweg »Ostsee-Böhmerwald-Mittelmeer«. Vom Spreewald kommend verläuft er über Cottbus, die Region Spremberg entlang ihrer Talsperre, den Kromlauer und Bad Muskauer Park, um dann in die sächsische Neißeregion einzutauchen.

Landkreis Teltow-Fläming

Einwohner: 146 406. Fläche: 2091 km². Einwohner je km²: 79. Kfz-Kennzeichen: TF. Kreisverwaltung: Grabenstraße 23, 14943 Luckenwalde. Verwaltungsgliederung: 3 amtsfreie Gemeinden (Stadt Luckenwalde, Stadt Ludwigsfelde, Gemeinde Nuthe-Urstromtal), 11 Ämter (Am Mellensee, Baruth/Mark, Blankenfelde/Mahlow, Dahme/Mahlow, Jüterbog, Ludwigsfelde-Land, Niederer Fläming, Niedergörsdorf, Rangsdorf, Trebbin, Zossen).

Die Entscheidung über das Kreiswappen steht noch aus.

Historische Entwicklung

Das Gebiet des Landkreises Teltow-Fläming umfaßt den Niederen Fläming mit dem Golmberg (178 m) als höchste Erhebung und dem nördlich anschließenden, waldreichen und leicht hügeligen Gebiet der Grundmoränenplatte zwischen den Flüssen Spree, Dahme und Nuthe. Bis etwa 1200 war das Gebiet von Slawen besiedelt. Die unter den askanischen Fürsten Albrecht dem Bären, Otto I., Otto II. und Albrecht II. geführte und teilweise blutige Kolonisation hatte zum Ergebnis, daß um 1230 die Gründung deutscher Städte begann. Zahlreiche Reste von Burgwällen (Kliestow, Nächst-Neuendorf, Saarmund) oder Burgresten (Bärwalde, Trebbin, Zossen) geben Zeugnis aus dieser bewegten Zeit. Die weitere politische Entwicklung verlief sehr wechselhaft. Askanier, Wettiner und Hohenzollern lösten sich in der Herrschaft ab. Teile des heutigen Kreises gehörten zeitweilig zum Fürstentum Querfurt, zum Herzogtum Sachsen-Weißenfels, zum Kurfürstentum Sachsen und zum Königreich Böhmen. Als Folge des 30jährigen Krieges war das Gebiet weitestgehend entvölkert, und eine größere Anzahl von Hofstellen stand unbesetzt. Die industrielle Entwicklung der Region begann mit der Ansiedlung von Webern in Luckenwalde und Kloster Zinna. Es folgte bis zur Jahrhundertwende in Luckenwalde die Gründung von Tuch-, Hut- und Metallfabriken. Nach 1918 kamen in den verschiedensten Orten Betriebe des Fahrzeugbaus, des Gerätebaus, der Elektrotechnik und Elektronik, der Möbelindustrie, des Musikinstrumentenbaus und andere hinzu. Administrativ entstand 1815 im Süden der Kreis Jüterbog-Luckenwalde. Im Norden wurde der Kreis Teltow im Bestand erhalten; er gab jedoch erhebliche Flächen an Berlin ab. Der Landkreis Teltow-Fläming ist das Ergebnis der Neugliederung der Kreise und kreisfreien Städte im Dezember 1993. Der junge Kreis führt noch kein Wappen.

Struktur des Kreises
Sehenswürdigkeiten

Ausgedehnte Wälder mit eingebetteten bestellten Äckern, Wiesen und Weiden prägen den südlichen Teil des Kreises, im nördlichen Teil ist dann ein Übergang zu ausgedehnteren Feldern und Grünland, vielen größeren und kleineren Seen vorhanden. Wahrzeichen der Kreisstadt Luckenwalde (1216/1285) ist der aus Feldsteinen erbaute Marktturm (12./13. Jh.) mit Johanniskirche (um 1520). Im Zentrum befindet sich der Boulevard (1975/80) mit Plastiken und Brunnen, Stadttheater mit Schule (1930) im Bauhausstil und das Rathaus mit Heimatmuseum. Mittelalterliches Flair besitzt Jüterbog (1007). Besonders der Stadtkern mit Rathaus (1493), Markt, Nicolaikirche (14./15. Jh.), drei gut erhaltenen Stadttoren (um 1480), Reste der Befestigungsanlagen, Abshof (ca. 1500, Museum) und Reste eines Zisterzienserklosters prägen diese Flämingstadt. Nur wenige Kilometer nördlich befindet sich das Kloster Zinna (1170). Östlich von Jüterbog befindet sich die märkische Kleinstadt Dahme (1166) mit sehenswertem Rathaus, Museum, Stadt- bzw. Tierpark und Schloß (1817).
In Zossen mit seinem Stadtkern und angerähnlichem Markt, Pfarrkirche (1739), zwei Kalköfen (etwa 1850 und 1880) sind im Park Reste einer Burganlage (16. Jh.) sowie das Torhaus einer ehemaligen Schloßanlage (16./17. Jh.) erhalten. Trebbin (1213) mit den Resten einer askanischen Burg (wahrscheinlich 1216) und Baruth/Mark mit Schloß (1598) sind typische Kleinstädte der Teltow-Fläming-Region. Dabei ist das Industriedenkmal Glashütte bei Baruth (ab 1722 in Betrieb) ein lohnenswertes Ausflugsziel.
Gut erhaltene Schlösser und Parks, sowie Gutshäuser gibt es in Genshagen, Großmachnow, Siethen, Petkus (Saatzucht), Großbeuthen, Märkisch-Wilmersdorf, Löwenbruch und Wahlsdorf.

Landkreis Uckermark

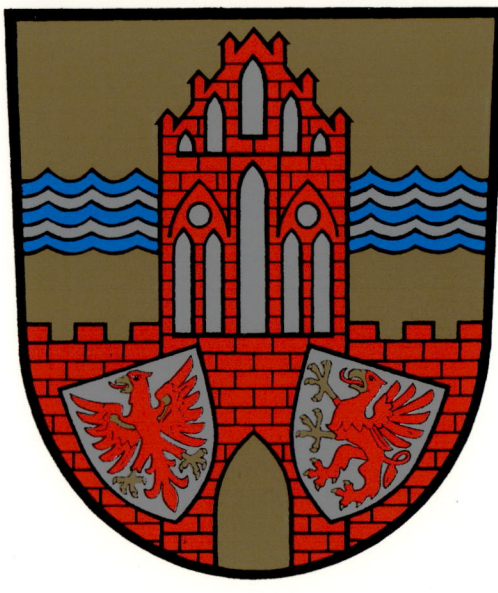

Einwohner: 162 022. Fläche: 3058,45 km². Einwohner je km²: 93. Kfz-Kennzeichen: UM. Kreisverwaltung: Karl-Marx-Straße 1, 17291 Prenzlau, Postfach, 17281 Prenzlau. Verwaltungsgliederung: 4 Stadtverwaltungen (Angermünde, Prenzlau, Schwedt/Oder, Templin) und 12 Amtsverwaltungen (Angermünde-Land, Oder-Welse, Gartz/Oder, Prenzlau-Land, Nordwestuckermark, Gramzow, Brüssow, Lübbenow, Templin-Land, Gerswalde, Boitzenburg, Lychen). Insgesamt bilden 165 Gemeinden, davon 12 Städte und 153 Dörfer, den Landkreis.

Wappenbeschreibung

In Gold ein mit zwei silbernen Fäden belegter, mehrfach gekerbter blauer Balken; überdeckt von einem gotischen, mit silbernen Putzflächen belegten, mit offenem Torbogen versehenen roten Backsteinturm mit gezinnten Mauerflügeln. Das Mauerwerk ist belegt mit zwei auswärts gelehnten silbernen Spitzschilden, darin rechts ein golden bewehrter roter Adler mit goldenen Kleestengeln auf den Flügeln. Links davon ein aufrechter, golden bewehrter roter Greif.

Historische Entwicklung

Die Uckermark war zu ihrer Gründung im Mittelalter Streitobjekt der Fürsten von Pommern, Mecklenburg und Brandenburg. Damit wurde sie als Grenzgebiet wehrhaft ausgebaut. Die Städte wurden zum Schutz mit Burgen, Wällen, Stadtmauern, Türmen und Toren versehen.
Die backstein-gotischen Marienkirchen in Prenzlau und Angermünde haben überregionale Bedeutung, ebenso Klöster wie Chorin, Gramzow und Boitzenburg. Ein gotisches Bauwerk, ein Stadttor mit einem Teil der Mauer, füllt im Wappen vom 8. November 1995 den ungeteilten Schild aus. Vom Mittelalter bis 1816 war die Uckermark in zwei Kreise geteilt, in den Uckerkreis und in den Stolpinischen. Für beide Kreise war Prenzlau die Hauptstadt – symbolisch durch die beiden runden Blenden in den Fenstern dargestellt. Nach der Stein-Hardenbergschen Reform 1816 wurde im Jahre 1817 der Landkreis Angermünde als dritter Kreis der Uckermark gebildet. Drei gotische Fenster sollen diese Dreiteilung symbolisieren.
Zwei Wappenschilde sind schräg auf die Mauer gesetzt. Der linke bzw. rechte zeigt den brandenburgischen (askanischen) Adler, im anderen Schild steht der pommersche Greif, der auch im Wappen der kreisangehörigen Stadt Schwedt/Oder wiederzufinden ist. Der Greif soll daran erinnern, daß mehrere Städte und Dörfer der Uckermark pommersche Gründungen waren.
Der Wasserreichtum und die drei größten Flüsse Oder, Randow und Ucker werden durch drei Wellenbalken angezeigt. Schon lange gilt das geflügelte Wort »Die Uckermark ist die Kornkammer der Mark Brandenburg«, deshalb ist der Schildgrund golden. Ansonsten werden nur die Farben Rot und Silber für Brandenburg sowie Blau und Silber für Pommern verwendet.

Struktur des Kreises
Sehenswürdigkeiten

Im Nordosten des Landes Brandenburg gelegen, bietet sich die Uckermark als eine Landschaft mit sanften Hügeln, dichten Wäldern, saftigen Wiesen, fruchtbaren Äckern und wunderbar klaren Seen dar. Am Ufer vom Mündesee zieht sich ein Teil der Altstadt von Angermünde hin. Nur wenige Städte in Brandenburg haben ein auf mittelalterlichen Stadtstrukturen erbautes, gut erhaltenes Stadtzentrum, wie es in Angermünde anzutreffen ist. Das schönste und architektonisch wertvollste Gebäude ist die St.-Marien-Kirche, eine dreischiffige gotische Hallenkirche aus dem 13. Jh. mit gewaltigem 50 m hohem Turm. Sie besitzt eine wertvolle Barockorgel. Beachtenswert sind die Reste der Stadtmauer und das spätgotische Rathaus.
Im Fremdenverkehr hat besonders Templin gute Tradition. Die 16 Seen in unmittelbarer Nähe sind durch schiffbare Kanäle verbunden. Die Tore der 1270 erstmals erwähnten Stadt sind sehr gut erhalten. Jährlich finden historische Stadtfeste unter jeweils anderem Motto statt. Prenzlau, die »Hauptstadt der Uckermark« (so ihre Würde seit 1465), wurde am Ende des Zweiten Weltkrieges noch hart getroffen. Doch sind große Teile der Stadtbefestigung aus dem 13./14. Jh. erhalten geblieben. Die St.-Marien-Kirche mit ihrem prächtigen Ostgiebel wurde wieder aufgebaut. Sie ist das Wahrzeichen der Kreisstadt. Schwedt/Oder ist die größte und zugleich jüngste Stadt in der Region. Sie hat eine interessante Vergangenheit, in der die Ansiedlung der Hugenotten 1685 für einen wirtschaftlichen Aufschwung entscheidend wurde. An die Stelle des seinerzeit begonnenen Tabakanbaus ist inzwischen die Kraftstoff- und Papierherstellung als wichtiger Wirtschaftsfaktor getreten.
52,2 % der Kreisfläche sind unter Schutz gestellt, davon 12,3 % als Naturschutzgebiete.

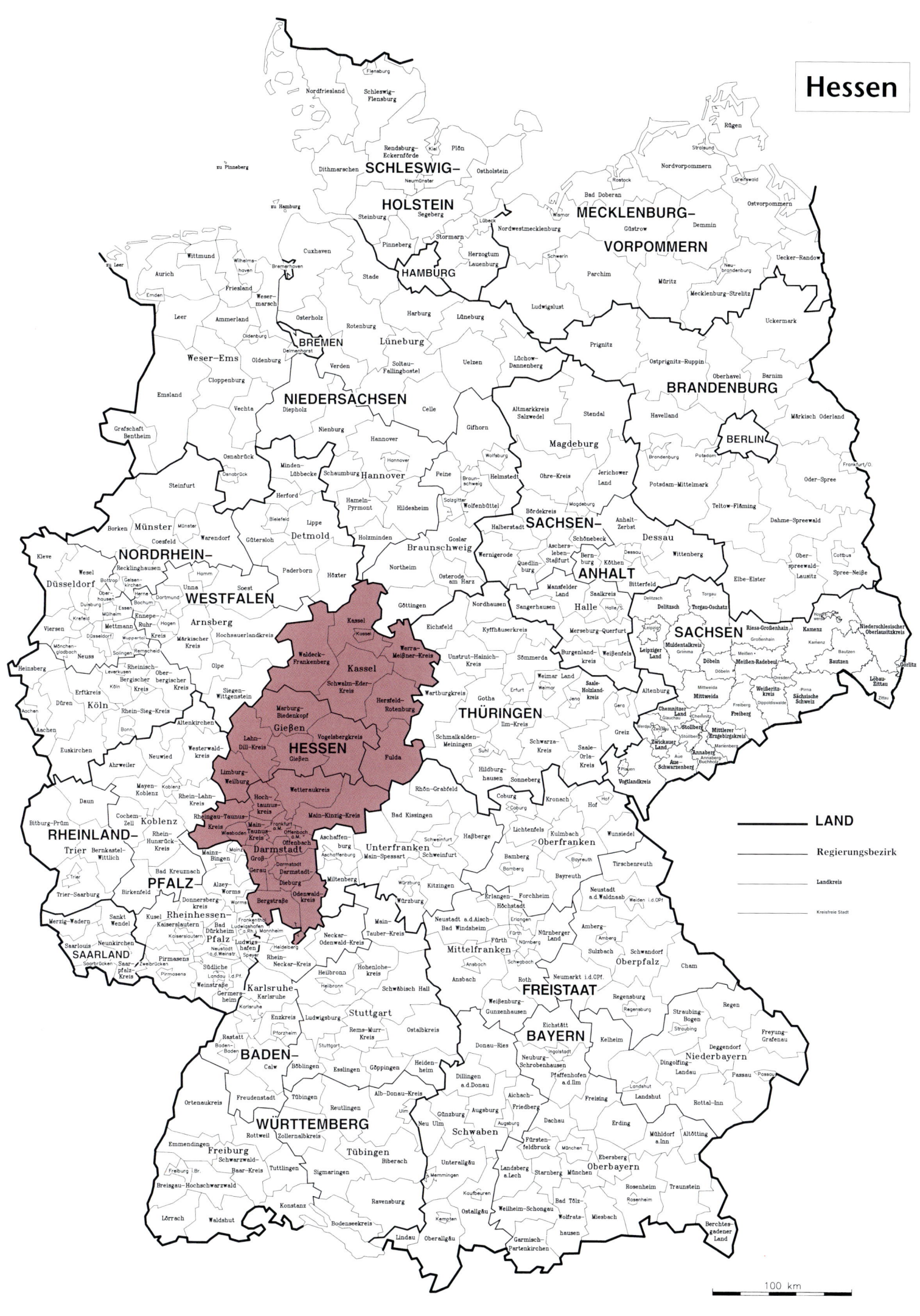

Lutz Bauer

Die Landkreise in Hessen

Die hessischen Landkreise haben keine einheitliche Entstehungsgeschichte, da ihre heutigen Gebiete in der ersten Hälfte des 19. Jh. zum Territorium verschiedener Kleinstaaten gehörten. Die Heranbildung der Verwaltungseinheit »Kreis« mußte daher in Abhängigkeit zur Staatsorganisation eine unterschiedliche Entwicklung nehmen. Das Staatsgebiet des Bundeslandes Hessen, das die hessischen Landkreise heute zusammenfaßt, wurde zudem erst nach dem Ende des Zweiten Weltkrieges durch eine Proklamation der amerikanischen Besatzungsmacht vom 19. September 1945 aus dem »Volksstaat Hessen« von 1918, dem Exgroßherzogtum Hessen, und aus der ehemaligen preußischen Provinz Hessen-Nassau gebildet.

Das Geburtsjahr der hessischen Kreise als eigene Verwaltungseinheit im Staatsaufbau verbinden Historiker mit dem kurhessischen Organisationsedikt vom 29. Juni 1821, das das *Kurfürstentum Hessen(-Kassel)* in vier Provinzen aufteilte. Innerhalb der Provinzen wurden die Amtmänner durch Kreisräte ersetzt, die oberste Verwaltungsbeamte in den neu geschaffenen 22 Kreisen waren; ein dem preußischen Kreistag entsprechendes Organ bestand jedoch noch nicht. Durch Entscheidung des Innenministeriums erhielten die Kreisräte 1834 die Amtsbezeichnung »Landräte«.

Im *Herzogtum Nassau* unterlag die 1849 neu geschaffene Verwaltungseinheit »Kreis« zunächst fünf Jahre später im Zuge der Reaktion auf das Revolutionsjahr 1848 wieder der älteren Ämterorganisation. Die Doppelnatur der hessischen Landkreise als staatliche Verwaltungsbezirke und kommunale Selbstverwaltungskörperschaft geht auf die weitere Entwicklung in Kurhessen zurück, das nach 1867 zusammen mit Nassau seine Eigenständigkeit an Preußen verlor und innerhalb der neuen preußischen *Provinz Hessen-Nassau* als Regierungsbezirk Kassel erhalten blieb: Nach dem 1867 dort eingeführten preußischen Kommunalverfassungsrecht bildete die Verwaltungseinheit »Kreis« zugleich auch einen Kommunalverband.

Im *Großherzogtum Hessen(-Darmstadt)* wurden 1821 Landratsbezirke mit Landräten gebildet und damit auch dort begriffliche Vorläufer des heutigen Kreisverfassungsrechtes geprägt. Als sich das Großherzogtum 1874 zur Neuregelung der inneren Verwaltung und der Vertretung der Kreise und Provinzen sehr eng an die preußische Kreisordnung von 1872 anlehnte, bewirkte der Gesetzesakt auch im südhessischen Raum die Weiterentwicklung der Kreise zu echten Selbstverwaltungskörperschaften mit der klassischen Dreiteilung der Organe in Kreistag, Kreisausschuß und Landrat.

In der Zeit der Weimarer Republik konsolidierte sich die Rechtsstellung der Landkreise im Staatsaufbau. Reformen konzentrierten sich u. a. auf das Wahlrecht, das ab 1920 die unmittelbare Wahl der Kreistagsabgeordneten ermöglichte. Unter den Nationalsozialisten blieb das Kreisverfassungsrecht der Form halber zwar in Kraft; es wurde jedoch durch eine Reihe von Einzelvorschriften dem Führerprinzip angeglichen, mit denen gleichzeitig demokratisch-parlamentarische Strukturen beseitigt wurden. Bereits 1838 war für die Leiter der Kreisverwaltungen einheitlich die Bezeichnung »Landrat« eingeführt und damit in Hessen die Amtsbezeichnung »Kreisdirektor« beseitigt worden.

Bis zur Gebietsreform Anfang der siebziger Jahre gab es 39 Landkreise in Hessen. Heute gliedert Hessen sich in 21 Landkreise, die sich auf die drei Regierungsbezirke Kassel, Gießen und Darmstadt verteilen. Trotz des Neuzuschnitts divergieren die Landkreise in ihrem Bevölkerungsanteil und in ihrer Fläche noch erheblich: Die Einwohnerzahl (Stand: 30. September 1993) bewegt sich zwischen 96 309 im Odenwaldkreis und 395 075 im Main-Kinzig-Kreis, die Flächengröße (Stand: 1. Januar 1993) zwischen 1848 km^2 des Landkreises Waldeck-Frankenberg und 222 km^2 des Main-Taunus-Kreises.

Die gesetzliche Struktur zur Verwaltung der Landkreise folgt dem in Hessen auch für die Gemeinden geltenden System der *unechten Magistratsverfassung*. Danach werden die wichtigsten Entscheidungen auf der Kreisebene vom Kreistag, dem obersten Organ des Landkreises getroffen, während der Kreisausschuß die laufende Verwaltung besorgt. Die Mitglieder des *Kreistages*, die Kreistagsabgeordneten, deren Anzahl sich nach der Zahl der Einwohner des Kreises bestimmt, werden parallel zu den Gemeindewahlen für eine vierjährige Wahlzeit von den wahlberechtigten Kreisangehörigen gewählt; sie üben ihr Amt unabhängig nach den Grundsätzen des freien Mandats und ehrenamtlich aus. Der Kreistag beschließt über die ihm in der Kommunalverfassung oder aus anderen Gesetzen zugewiesenen Angelegenheiten und übt eine Überwachungsfunktion gegenüber der gesamten, vom Kreisausschuß geführten Verwaltung aus. An der Spitze steht ein aus der Mitte des Kreistages gewählter Kreistagsvorsitzender, dem die Geschäftsordnungs- und Sitzungsregularien obliegen.

Das Kollegialorgan *Kreisausschuß* besteht aus dem hauptamtlichen Landrat als Vorsitzendem, dem Ersten und weiteren hauptamtlichen und ehrenamtlichen Kreisbeigeordneten. Die ehrenamtlichen Mitglieder des Kreisausschusses werden vom Kreistag für die Dauer seiner Wahlzeit gewählt. Der Landrat und die hauptamtlichen Kreisbeigeordneten sind Beamte auf Zeit, die auf sechs Jahre in ihr Amt berufen werden. Ihre Wahl bestimmt sich seit dem 1. April 1993 nach unterschiedlichen Regeln: Während die Wahl der hauptamtlichen Beigeordneten weiterhin dem Kreistag obliegt, wird der Landrat dort, wo sein Amt neu zu besetzen ist, unmittelbar von den Kreisangehörigen gewählt. Die Einführung der Urwahl, durch Volksentscheid als Element direkter Partizipation an kommunalen Personalentscheidungen in die Hessische Verfassung aufgenommen, konnte in die laufende Amtszeit von Landräten, die noch durch den Kreistag gewählt wurden, nicht eingreifen. Bis zum Ende dieses Jahrhunderts wird der Status des Landrates deshalb von zweierlei Macht bestimmt. Die Mitglieder des Kreisausschusses sind grundsätzlich gleichberechtigt und stehen in keinem Weisungsverhältnis zueinander. Der Landrat ist allerdings primus inter pares: Er bereitet die Sitzungen des Kreisausschusses und seine Beschlüsse vor und vertritt das Organ nach außen; zudem verteilt er die Geschäftsbereiche unter seinen hauptamtlichen Kollegen.

Das Gebiet eines Landkreises bildet zugleich den Bezirk der unteren Behörde der Allgemeinen Landesverwaltung. In diesem durch die Landkreisgrenzen beschriebenen Bezirk nimmt der *Landrat* neben seinem kommunalen Amt zugleich eine staatliche Funkton als Behörde der Landesverwaltung wahr (»Janusköpfigkeit des Landrates«). In dieser staatlichen Funktion untersteht er jeweils der zuständigen Behörde der Mittelstufe der Landesverwaltung, der er berichtspflichtig ist.

Hessischer Landkreistag – Gertrud-Bäumer-Straße 18 – 65189 Wiesbaden

Landkreis Bergstraße

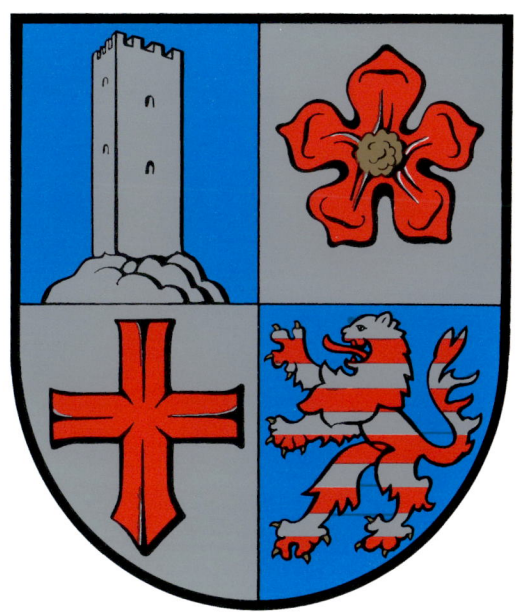

Regierungsbezirk: Darmstadt. Einwohner: 258 329. Fläche: 719,51 km². Einwohner je km²: 359. Kfz-Kennzeichen: HP, Kreisverwaltung: Gräffstraße 5, 64646 Heppenheim, Postfach 1805, 64636 Heppenheim. Verwaltungsgliederung: 10 Städte (Bensheim, Bürstadt, Heppenheim, Hirschhorn, Lampertheim, Lindenfels, Lorsch, Neckarsteinach, Viernheim, Zwingenberg), 12 Gemeinden (Abtsteinach, Biblis, Birkenau, Einhausen, Fürth, Gorxheimertal, Grasellenbach, Groß-Rohrheim, Lautertal, Mörlenbach, Rimbach, Wald-Michelbach).

Wappenbeschreibung

Der gevierte Schild zeigt im ersten blauen Feld einen silbernen Zinnenturm auf silbernem Berg; im zweiten silbernen Feld eine rote fünfblättrige Blüte mit goldenen Butzen; im dritten silbernen Feld das rote Lorscher Nagelspitzkreuz und im vierten blauen Feld den hessischen Löwen.

Historische Entwicklung

Landschaft und Geschichte leben im Wappen des Kreises Bergstraße vom 27. Oktober 1954. Die Blüte spricht vom Zauber der Landschaft an Rhein und Neckar. Das Lorscher Kreuz weist in die große Zeit der Reichsabtei deutscher Kaiser im hohen Mittelalter. Die Starkenburg steht für Geschichte und Landschaft zugleich. Kurmainz nannte sein Oberamt nach ihr, und Hessen, durch den Löwen dargestellt, gab der ganzen Provinz den Namen dieser Burg. So kündet es der Bergsträßer Wappenspruch.

Genau besehen ist der Kreis Bergstraße, der seit einer Gebietsreform von 1938 diesen Namen trägt, kein »junger« Kreis. Schon in fränkischer Zeit gab es in der Mark Heppenheim einen Verwaltungsbezirk, dessen Grenzen verblüffend mit jenen des heutigen Großkreises übereinstimmten. Bezeugt wird dies durch Schenkungsurkunden an das Kloster Lorsch aus dessen Gründungszeit, wie sie der »Codex Laureshamensis« überliefert, jenes berühmte Geschichts- und Kopialbuch der Lorscher Mönche, das im Bayerischen Hauptstaatsarchiv in München aufbewahrt wird und unter Historikern als verläßlich gilt.

Die an den Verwitterungsblöcken des Felsenmeeres überkommenen Proben römischer Steinmetzkunst gelten als ein in ganz Europa einmaliges technisches Denkmal der Antike. Eine ihrer Straßen, die als »strata montana« die Bergstraße entlang zog, lebt im Namen des Kreises Bergstraße fort. Wie die Römerzeit verging auch der Lorscher Glanz. 1232 kam das Kloster durch Translation an das Bistum Mainz. Jahrhunderte stritten sich Kurmainz und Kurpfalz als die bedeutendsten Territorialmächte dieses Raumes um das Lorscher Erbe, bis es durch den Regensburger Reichsdeputationshauptschluß von 1803 an Hessen fiel, das nachmalige Großherzogtum.

Struktur des Kreises
Sehenswürdigkeiten

Hessens südlichster Kreis im Grenzbereich zu Baden-Württemberg und Rheinland-Pfalz ist gleichermaßen reich an landschaftlichen Schönheiten und bemerkenswerten historischen Zeugnissen. Drei Landschaftselemente geben ihm das Gepräge: die Rheinebene, das Ried mit Sonderkulturen wie Spargel und Tabak, die für den Kreis namensgebende Bergstraße, wegen ihres milden Klimas und früher Baumblüte als »Frühlingsgarten Deutschlands« bekannt und als Weinbaugebiet berühmt, und der Odenwald, Kennern das »zärtliche deutsche Gebirge«, mit dem hessischen Neckartal als reizvollem Höhepunkt. Weite Teile des Kreisgebietes stehen unter Landschaftsschutz; das meiste davon gehört zum Kreis- und Landesgrenzen überspannenden »Naturpark Bergstraße-Odenwald«. Von einer bewegten und oft kriegerischen Vergangenheit künden zahlreiche Burgen und Schlösser, unter ihnen die symbolträchtige Starkenburg über der Kreisstadt Heppenheim, 1065/66 als Schutzburg des Klosters Lorsch erbaut. Bürgersinn und Heimatverbundenheit strahlen die malerischen alten Stadt- und Ortskerne aus, mit ihrem wohlerhaltenen, gepflegten Fachwerk voller Charme, trotz moderner Bautätigkeit. Kleinod unter den Baudenkmälern ist in Lorsch die Torhalle des 764 gestifteten ehemaligen Reichsklosters, eines der bedeutendsten Zeugnisse karolingischer Renaissance auf deutschem Boden. Als »Denkmal von Weltruf« hat die UNESCO sie 1991 in die Liste des Weltkultur- und Naturerbes der Menschheit aufgenommen.

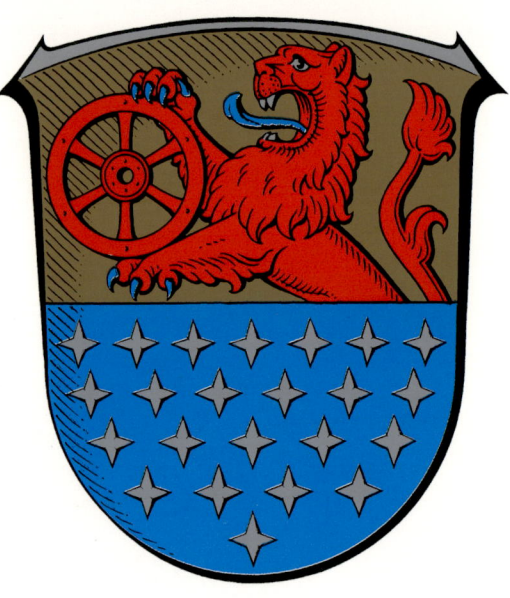

Landkreis Darmstadt-Dieburg

Regierungsbezirk: Darmstadt. Einwohner: 275 387. Fläche: 658,50 km². Einwohner je km²: 418. Kfz-Kennzeichen: DA. Kreisverwaltung: Rheinstraße 65, 64276 Darmstadt, Postfach 100153, 64201 Darmstadt, und Albinistraße 23, 64807 Dieburg, Postfach, 64802 Dieburg. Verwaltungsgliederung: 23 Gemeinden (Alsbach-Hähnlein, Babenhausen, Bickenbach, Dieburg, Eppertshausen, Erzhausen, Fischbachtal, Griesheim, Groß-Bieberau, Groß-Umstadt, Groß-Zimmern, Messel, Modautal, Mühltal, Münster, Ober-Ramstadt, Otzberg, Pfungstadt, Reinheim, Roßdorf, Schaafheim, Seeheim-Jugenheim, Weiterstadt).

Wappenbeschreibung

Von Gold und Blau geteilt: oben ein wachsender, blau bewehrter und bezungter roter Löwe, in den Pranken ein rotes sechsspeichiges Rad haltend; unten 23 silberne Sterne.

Historische Entwicklung

Mit dem Zusammenschluß der Landkreise Darmstadt und Dieburg am 1.Januar 1977 ergab sich auch die Notwendigkeit für ein neues Kreiswappen. Das neue Landkreiswappen wurde am 11. November 1977 vom Kreistag beschlossen und am 16. Juni 1978 vom Hessischen Innenminister genehmigt. Der blau bewehrte und bezungte rote Löwe knüpft an den katzenelnbogischen Löwen, der zusätzlich das Mainzer Rad in den Pranken hält, an. Somit bringt der Löwe zum Ausdruck, daß mit der Bildung des Großkreises Darmstadt-Dieburg alter mainzischer Territorialbesitz (Vogteiamt Dieburg) mit dem hessen-darmstädtischen Besitz (Obergrafschaft Katzenelnbogen) vereinigt wurde. Für die farbliche Gestaltung des Wappens wie auch für die Teilung des Schildes war die für die katzenelnbogischen Städte und Märkte typische Siegel- und Wappenform maßgebend. Die silbernen Sterne stehen für die 23 Städte und Gemeinden des Landkreises Darmstadt-Dieburg. Dies stellt eine Anknüpfung an das frühere Kreiswappen von Darmstadt dar, das 41 silberne Sterne zeigte.

Struktur des Kreises Sehenswürdigkeiten

Drei Großlandschaften charakterisieren diesen Landkreis: nördliche Oberrheinebene, Rhein-Main-Tiefland und Odenwald. Er ist geprägt von reizvollen landschaftlichen Kontrasten, den Gegensätzen kunstgeschichtlich bemerkenswerter historischer Ortskerne, wie dem Marktplatz in Groß-Umstadt mit seinem Renaissancerathaus und der Innenstadt von Babenhausen, ehemals Residenzstadt der Hanau-Lichtenbergischen Herren. Das Stadtbild von Groß-Umstadt – auch Odenwälder Weininsel genannt – prägen noch vier Schlösser. Nur wenige Kilometer weiter steht in Hering, der kleinsten Stadt Hessens, die Veste Otzberg, die weithin sichtbar auch »Wächter des Kreises« genannt wird. Weitere Burgen und Schlösser entlang der Bergstraße wie Frankenstein, Tannenberg, Alsbacher Schloß, Lichtenberg und Schloß Heiligenberg sind Anziehungspunkte für Reisende. Besonders eindrucksvoll zeigt sich die Bergstraße zur Baumblüte im Frühjahr. Dieburg, die ehemalige Kreisstadt, geizt nicht mit Kostbarkeiten aus vergangenen Zeiten: Vorhanden sind noch Teile der Stadtmauer. Die Wallfahrtskapelle zeigt seltene Kunstschätze der Gotik, Renaissance und des Barock. Schloß Fechenbach, heute Museum, beherbergt Funde aus der Römerzeit, Trachten, heimische Töpferarbeiten. In Pfungstadt, der größten Stadt des Kreises, sind das Rathaus (1614), das Pfarrhaus (1545), die Kirchmühle über der Modau und der Pfungstädter Galgen sehenswerte Zeugen der Vergangenheit. Besuchenswert auch Babenhausen, am Kreuzungspunkt dreier alter Handelsstraßen gelegen, was luftbildarchäologische Aufnahmen bezeugen. In der Gemarkung Harreshausen steht die »Pyramideneiche«, ein Naturdenkmal. Die Sterne und Säulen des »Felsenmeeres« haben vor 2000 Jahren die Römer bearbeitet.

Landkreis Fulda

Regierungsbezirk: Kassel. Einwohner: 206 670. Fläche: 1380 km². Einwohner je km²: 150. Kfz-Kennzeichen: FD. Kreisverwaltung: Wörthstraße 15, 36037 Fulda, Postfach 669, 36006 Fulda. Verwaltungsgliederung: 23 Städte und Gemeinden (Burghaun, Dipperz, Ebersburg, Ehrenberg, Eichenzell, Eiterfeld, Flieden, Fulda, Gersfeld, Großenlüder, Hilders, Hofbieber, Hosenfeld, Hünfeld, Kalbach, Künzell, Neuhof, Nüsttal, Petersberg, Poppenhausen, Rasdorf, Bad Salzschlirf, Tann).

Wappenbeschreibung

Von Silber und Blau gespalten; vorne das schwarze durchgehende fuldische Kreuz, hinten der hessische Löwe.

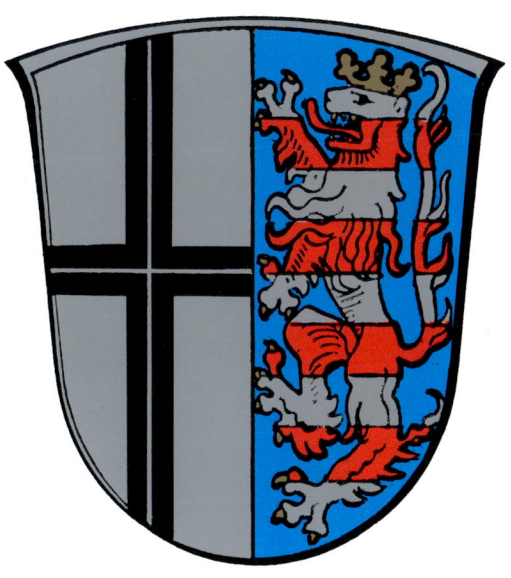

Historische Entwicklung

Das osthessische Kreisgebiet ist ein alter Siedlungsraum, der mit der Gründung der Stadt Fulda vor über 1000 Jahren auch in die schriftliche Überlieferung eintrat. Im Jahre 744 gründete der heilige Sturmius im Auftrag von Bischof Bonifatius das Kloster Fulda unmittelbar am gleichnamigen Fluß, am Schnittpunkt zweier alter Handelswege: der Antsanvia mit dem Ortesweg. Eine Wallfahrtskirche und die heutige Michaelskirche bildeten den Kern der Ansiedlung, die vor über 900 Jahren die Markt- und Münzrechte verliehen erhielt. Seit der Mitte des 12. Jh. und der Verleihung der Stadtrechte ist Fulda auch der geistig-kulturelle und wirtschaftliche Mittelpunkt der Region. Da das Territorium des Fürststifts und 1752 zum Bistum erhobenen Fulda das Kerngebiet des späteren Landkreises umfaßte, fand das Fuldaer Kreuz Aufnahme im Wahrzeichen des Landkreises. Der hessische Löwe in der hinteren Schildhälfte des zuletzt am 9. Juli 1973 genehmigten Wappens von 1936 erinnert an die Zugehörigkeit zum Kurfürstentum Hessen von 1816 bis 1866 bzw. zum Lande Hessen seit 1945. 1932 war noch unter preußischer Landeshoheit die Zusammenlegung der Kreise Fulda und Gersfeld erfolgt.

Die Kreisreform der 70er Jahre bewirkte die Vereinigung der Landkreise Fulda und Hünfeld. Der heutige Kreis Fulda führt das Wappen seines Namensvorgängers weiter. Der Landkreis Hünfeld hatte in von Silber und Blau geteiltem Feld oben das schwarze Fuldaer Kreuz, unten das silberne der Kreisstadt Hünfeld geführt.

Struktur des Kreises
Sehenswürdigkeiten

Der Landkreis Fulda erstreckt sich über Rhön und Vogelsberg, zwei hessische Mittelgebirge. Die höchste Erhebung der Rhön ist zugleich die höchste Erhebung Hessens: die Wasserkuppe mit ihren 955 Metern und der Fuldaquelle. Sie ist die Wiege des Segelfluges und beliebtestes Touristenziel im gesamten osthessischen Raum. Zu den bedeutendsten Sehenswürdigkeiten im Umfeld der Wasserkuppe zählen ohne Zweifel die Städte Fulda und Hünfeld. Fulda ist eine reine Barockstadt und ständiger Sitz der Deutschen Bischofskonferenz. Unbedingt besichtigungswert sind die Michaelskirche, der Dom, der nach den Plänen von Johann Dientzenhofer 1706 bis 1721 neu erbaut wurde, das Stadtschloß sowie das vor den Toren von Fulda gelegene Schloß Adolphseck, das schönste hessische Barockschloß mit großzügiger Gartenanlage. Vom Hünfelder Land aus an wenigen Tagen im Jahr deutlich sichtbar ist das hessische Kegelspiel, eine einmalige Mittelgebirgsformation in ganz Deutschland. Milseburg und Guckaisee sind nur zwei der zahlreichen Besuchspunkte im »Naturpark Hessische Rhön«, der ein Drittel der gesamten Kreisfläche umfaßt. Weite Teile des Landkreises Fulda zählen zum 1991 ins Leben gerufenen Biosphärenreservat Rhön. Der Landkreis Fulda beherbergt neben Agrarwirtschaft größere und kleinere Betriebe von überregionaler Bedeutung aus der Textilindustrie, der Metall- und Elektroindustrie, der kunststoffverarbeitenden und Autozulieferindustrie, dem Kalibergbau und der Gummiwarenproduktion.

Landkreis Gießen

Regierungsbezirk: Gießen. Einwohner: 250 000. Fläche: 855 km². Einwohner je km²: 292. Kfz-Kennzeichen: GI. Kreisverwaltung: Ostanlage 33-45, 35390 Gießen, Postfach 110760, 35352 Gießen. Verwaltungsgliederung: 18 kreisangehörige Städte und Gemeinden – davon 10 Städte (Allendorf/Lumda, Gießen, Grünberg, Hungen, Laubach, Lich, Linden, Lollar, Pohlheim, Staufenberg), 8 Gemeinden (Biebertal, Buseck, Fernwald, Heuchelheim, Langgöns, Rabenau, Reiskirchen, Wettenberg).

Wappenbeschreibung

Geteilt; oben in Silber ein rotes Balkendreieck, unten in Blau ein silbernes Antoniterkreuz.

Historische Entwicklung

Der heilige Bonifatius und nachfolgende Mönche christianisierten das heutige Kreisgebiet ab dem 8. Jh. Seit 1242 bestand in Grünberg ein Antoniterkloster, mit dessen Einkünften die 1607 gegründete Universität Gießen dotiert wurde. Deshalb führt die Universität das Antoniterkreuz, das auch im Kreiswappen erscheint. Im Hochmittelalter entstanden im Kreisgebiet zahlreiche Burgen, Zeuginnen einer Vielfalt von Herrscherhäusern, mit denen die Besitztümer gesichert wurden. Im Spätmittelalter waren es vor allem die Erzbischöfe von Mainz und die Landgrafen von Hessen, die um das Territorium kämpften, hinzu kamen die Grafen von Nassau.
In seinen Grundzügen entstand der Landkreis Gießen durch die Verwaltungsreform von 1821, als Gießen Provinzhauptstadt wurde und die Landratsbezirke Gießen, Grünberg und Hungen gebildet wurden. 1832 folgte dann die Einteilung in Kreise; die Provinz Oberhessen umfaßte deren sechs. Die Machtkämpfe zwischen Preußen und Österreich bewirkten weitere Veränderungen der Kreisgrenzen, die sich bis in die Zeit nach dem Zweiten Weltkrieg fortsetzten. Die hessische Gebietsreform des Jahres 1977 brachte die Grenzen nochmals in Bewegung. Der Landkreis Gießen wurde teils Bestandteil des Lahn-Dill-Kreises, teils der Stadt Lahn. 1979 erlangte der Kreis dann seine Selbständigkeit wieder; ihm wurden die bis dahin kreisfreie Stadt Gießen als Stadt mit Sonderstatus und mehrere Gemeinden zugeordnet, und es entstand der Landkreis Gießen in seiner gegenwärtigen Form. Das bereits seit 1952 geführte und am 14. Januar 1980 erneut genehmigte Kreiswappen verweist mit dem Balkendreieck auf die für den Kreis typischen Fachwerkhäuser.

Struktur des Kreises
Sehenswürdigkeiten

Zwischen Gladenbacher Bergland, den Taunusausläufern und dem Vogelsberg erstreckt sich der landschaftlich reizvolle Landkreis Gießen. Ausgedehnte Waldgebiete, Fluß- und Bachtäler sowie Seen prägen die Mittelgebirgslandschaft. Auf den Urlauber warten ein umfangreiches Radwege- und Wandernetz, Wassersportmöglichkeiten u. a. auf der Lahn sowie Ausflüge zu trutzigen Burgen (beispielsweise zu den Burgen Cleeberg in Langgöns, Gleiberg in Wettenberg, Staufenberg in Staufenberg und Nordeck in Allendorf) und Schlössern aus verschiedenen Epochen: so z. B. in der Kreis- und Universitätsstadt Gießen (»Altes Schloß« mit Bergfried [14. Jh.], »Neues Schloß« im Fachwerkstil [16. Jh.]), in Lich, Laubach, Hungen und Buseck. Oberhessisches Fachwerk bestimmt in vielen Städten und Gemeinden seit dem Mittelalter die malerischen Ortskerne; so auch in den Luftkurorten Grünberg und Laubach. Die Justus-Liebig-Gedenkstätte, in den Räumen des »Chemischen Laboratoriums« im ehemaligen Wachhaus der Stadt Gießen untergebracht, sowie das »Oberhessische Museum« mit Beiträgen u. a. zur Ur- und Frühgeschichte Hessens zählen zu den vielen Museen im Kreis. Sehenswert sind außerdem das Leibsche Haus (14. Jh., einer der ältesten Fachwerkbauten in Deutschland), das Röntgendenkmal im Park neben dem Stadttheater sowie die ehemalige Augustiner-Chorherren-Stiftskirche auf dem Schiffenberg mit ihrem gotischen Gewölbe und Arkaden.

Landkreis Groß-Gerau

Regierungsbezirk: Darmstadt. Einwohner: 242 000. Fläche: 453 km². Einwohner je km²: 533. Kfz-Kennzeichen: GG. Kreisverwaltung: Wilhelm-Seipp-Str. 4, 64521 Groß-Gerau, Postfach 1464, 64504 Groß-Gerau. Verwaltungsgliederung: 6 Städte und 8 Gemeinden (Biebesheim am Rhein, Bischofsheim, Büttelborn, Gernsheim, Ginsheim-Gustavsburg, Groß-Gerau, Kelsterbach, Mörfelden-Walldorf, Nauheim, Raunheim, Riedstadt, Rüsselsheim, Stockstadt, Trebur).

Wappenbeschreibung

Gespalten; vorne neunfach von Rot und Silber geteilt, hinten zwei schwarze Balken in Silber; in der Schildmitte aufgelegt ein blauer Herzschild mit drei (2:1 gestellten) silbernen Rauten.

Historische Entwicklung

Obwohl der Kreis Groß-Gerau als Verwaltungseinheit erst rund 150 Jahre alt ist, reicht die Geschichte dieses Raumes am Zusammenfluß von Rhein und Main in die beginnende Christianisierung zurück. Aus Überlieferungen und prähistorischen Funden wird deutlich, daß in diesem Raum bereits Siedlungsformen vorhanden waren, die bis in die Gründerzeit der umliegenden Großstädte Frankfurt, Mainz und Darmstadt zurückreichen.
Die Geburtsstunde des Kreises Groß-Gerau schlug im Jahre 1832: Mit dem Edikt vom 6. Juni 1832 wurde anstelle der 1821 geschaffenen Landratsbezirke die Bildung von Kreisen im Großherzogtum Hessen-Darmstadt Gesetz. In dieser Zeit entstand auch das Wappen des Kreises Groß-Gerau. Sein heutiges Gebiet ist historisch aus den Ämtern Dornberg und Rüsselsheim gewachsen. Diese katzenelnbogischen Verwaltungsgebiete fielen 1479 mit der gesamten Grafschaft Katzenelnbogen an Hessen. Im Jahre 1600 erwarb Landgraf Ludwig V. auch das Amt Kelsterbach mit den Gemeinden Mörfelden, Ginsheim und Nauheim, das vorher den Grafen von Isenburg-Büdingen-Ronneburg gehört hatte. Aus dieser geschichtlichen Entwicklung sind das Bild und die Farbkomposition des Kreiswappens gestaltet, das am 25. Januar 1967 verliehen wurde. Die rot-silbernen Streifen sind dem hessischen Löwen entnommen, die schwarzen Balken in Silber verweisen auf die Grafschaft Isenburg. Der Herzschild symbolisiert die Dynastie von Dornberg und ihre Katzenelnboger Nachfolger.

Struktur des Kreises Sehenswürdigkeiten

Die Städte Frankfurt, Darmstadt, Mainz und Wiesbaden grenzen unmittelbar an das Kreisgebiet, dessen natürliche Grenze im Norden der Main und im Westen der Rhein bilden. Diese zentrale Lage hat zu einer hohen Industrialisierung und einer sprunghaften Zunahme der Bevölkerungsentwicklung vor allem nach dem Zweiten Weltkrieg geführt. Die wirtschaftliche Struktur des Kreises Groß-Gerau wird in erster Linie geprägt durch internationale und nationale Unternehmen, die sich hier niedergelassen haben. Dazu zählen Firmen wie die Adam Opel AG in Rüsselsheim, der mit 60 000 Einwohnern größten Stadt des Kreises. Die chemische und Glanzstoffindustrie sowie Maschinenbauunternehmen haben hier ihren Standort gefunden. Es erscheint verwunderlich, daß in diesem Industriekreis auch weiträumige Erholungsflächen und eine gesund strukturierte Landwirtschaft Platz gefunden haben. Der Kreis, der im wesentlichen von der weitläufigen Riedebene geprägt wird, ist reich an Natur- und Kulturschönheiten. Mit dem Europareservat »Kühkopf-Knoblochsaue« besitzt er das größte zusammenhängende Naturschutzgebiet des Landes Hessen. Auch die Landschaftsschutzgebiete in den Rheinauen »Hessische Rheinuferlandschaft« ziehen mit ihrer Vielfalt idyllischer Schönheiten zahlreiche Besucher an.

Landkreis Hersfeld-Rotenburg

Regierungsbezirk: Kassel. Einwohner: 133 108. Fläche 1097 km². Einwohner je km²: 115. Kfz-Kennzeichen: HEF. Kreisverwaltung: Friedloser Straße 12, 36251 Bad Hersfeld, Postfach 1652, 36229 Bad Hersfeld. Außenstelle: Lindenstraße 1, 36199 Rotenburg a. d. Fulda, Postfach 1360, 36189 Rotenburg a. d. Fulda. Verwaltungsgliederung: 16 kreisangehörige Gemeinden (Alheim, Breitenbach a. Herzberg, Cornberg, Friedewald, Hauneck, Haunetal, Hohenroda, Kirchheim, Ludwigsau, Nentershausen, Neuenstein, Niederaula, Philippsthal, Ronshausen, Schenklengsfeld, Wildeck), 4 kreisangehörige Städte (Bad Hersfeld, Bebra, Heringen [Werra], Rotenburg a. d. Fulda).

Wappenbeschreibung

Von Silber und Rot gespalten; vorne das rote Hersfelder Doppelkreuz, hinten ein waagerechter silberner Ast, aus dem ein Zweig mit drei silbernen Lindenblättern emporwächst.

Historische Entwicklung

Der Kreis Hersfeld-Rotenburg entstand im Zuge der hessischen Verwaltungsreform am 1. August 1972 aus den bis dahin selbständigen Kreisen Hersfeld und Rotenburg. Die Geburtsstunde der beiden Kreise wie der meisten Kreise im jetzigen Regierungsbezirk Kassel war die Errichtung der kurhessischen Kreisämter im Rahmen der Verwaltungsreform des Kurfürstentums Hessen. Der Kreis Hersfeld gehörte damals mit 84 Gemeinden und rund 34 000 Einwohnern zur Provinz Fulda, der Kreis Rotenburg mit 73 Gemeinden und rund 32 000 Einwohnern zur Provinz Niederhessen (Kassel).

Der Hessische Minister des Innern erteilte dem Kreis Hersfeld-Rotenburg am 29. März 1976 die Erlaubnis zur Führung eines Wappens, das in heraldisch vorbildhafter Weise einfach und dennoch prägnant ist. Die beiden Schildhälften versinnbildlichen den Doppelnamen des Kreises. Das rote Hersfelder Doppelkreuz ist das Zeichen des alten Stiftes Hersfeld, der Lindenast ist dem Wappen der Stadt Rotenburg entnommen.

Beide Wappenbilder waren bereits in den Wappen der ehemaligen Kreise Hersfeld und Rotenburg verwendet worden. Das Wappen des ehemaligen Kreises Hersfeld zeigte in Silber das rote Doppelkreuz. Das Rotenburger Kreiswappen war geteilt; oben stand der wachsende hessische Löwe, unten befand sich in silbernem Feld ein roter Dreiberg, der mit dem grünen Lindenblatt belegt war. Die silbern-rote Farbgebung des neuen Kreiswappens unterstreicht außerdem die Zugehörigkeit des Kreises zum Lande Hessen, das einen golden bewehrten, neunmal von Silber und Rot geteilten Löwen im blauen Schild führt (der »hessische Löwe«).

Struktur des Kreises Sehenswürdigkeiten

Zwischen den Städten Kassel und Fulda liegt der Kreis Hersfeld-Rotenburg in einer Mittelgebirgslandschaft, die sich vom Stölzinger Gebirge im Norden durch das Fulda- und Haunetal bis zu den Ausläufern der Rhön erstreckt. Im Osten wird er begrenzt durch die Werra und die Landesgrenze zu Thüringen, im Westen durch die Höhenzüge des Knülls.

Die noch unberührte Natur, ausgedehnte Wälder, Seen und Bäche verleihen dem »waldhessischen« Landstrich den Rang einer abwechslungsreichen Erholungslandschaft. Zwei bekannte Heilquellen nennt die Kurstadt Bad Hersfeld ihr eigen: den Lullus- und den Vitalisbrunnen. Das Kurbad wurde 1906 eröffnet, seit 1963 ist Hersfeld hessisches Staatsbad. Besondere Bewunderung fordert das Stadtbild dieses 1250 Jahre alten Fleckens heraus. Die Geschichte präsentiert sich hier in herrlichen Fachwerkbauten, malerischen Gassen, der gotischen Kirche und nicht zuletzt in der Stiftsruine, der größten romanischen Kirchenruine Deutschlands. Sie dient alljährlich als Kulisse für die Bad Hersfelder Festspiele, die in ganz Europa Anklang finden. Doch nicht nur Bad Hersfeld verfügt über sehenswerte Bausubstanz. Schlösser und Burgen, alte Stadt- und Festungsmauern, historische Rathäuser, Kirchen und Klosteranlagen sind in ganz »Waldhessen« vorhanden.

Hochtaunuskreis

Regierungsbezirk: Darmstadt. Einwohner 220 266. Fläche: 482,13 km². Einwohner je km²: 456. Kfz-Kennzeichen: HG. Kreisverwaltung: Louisenstr. 86-90, 61348 Bad Homburg v. d. Höhe, Postfach 1941, 61289 Bad Homburg v. d. Höhe. Verwaltungsgliederung: 7 Städte (Bad Homburg v. d. Höhe, Friedrichsdorf, Königstein, Kronberg, Oberursel, Steinbach, Usingen) und 6 Gemeinden (Glashütten, Grävenwiesbach, Neu-Anspach, Schmitten, Wehrheim, Weilrod).

Wappenbeschreibung

In blauem, vorn mit silbernen Eisenhüten und hinten mit goldenen Kleeblättern bestreutem Feld ein gespaltener, vorn golden bewehrter und neunmal von Silber und Rot geteilter, hinten rot bewehrter goldener Löwe.

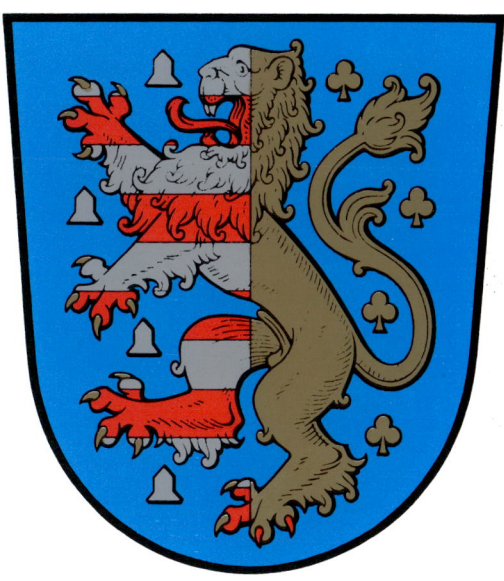

Historische Entwicklung

Mit der Fusion der Kreise Usingen und Obertaunus zum Hochtaunuskreis begann am 1. August 1972 ein neuer Abschnitt gemeinsamer Entwicklung. Der Bereich des heutigen Kreises war bereits in vorgeschichtlicher Zeit ein umkämpftes Siedlungsgebiet: So zeugen die Ringwälle um den Altkönig von der keltischen Besiedlung, während das (1907 wiederaufgebaute) Römerkastell Saalburg an die römischen Besatzungstruppen erinnert. Im Mittelalter verhinderten zahlreiche miteinander konkurrierende Herrschaften die Entstehung eines zusammenhängenden politischen Territoriums im heutigen Kreisgebiet. Das Wappen des Hochtaunuskreises, verliehen am 12. Juli 1974, trägt dieser historischen Situation Rechnung. Die Eisenhüte der Herren von Kronberg – die hier im Spätmittelalter und in der Reformationszeit über drei Jahrhunderte eine entscheidende Stellung behaupteten – erinnert an dieses Geschlecht, während der silbern-rote Löwe für die Landgrafen von Hessen-Homburg und deren führende Rolle in der neueren Zeit steht. Der goldene Löwe war das Symbol der Grafen von Nassau, die vom Mittelalter bis zum 19. Jh. mit dem Raum Usingen eng verbunden waren. Das Kleeblatt ist seit dem Mittelalter das Wahrzeichen der Stadt Usingen, die durch zwei Jahrhunderte Residenz des nassauischen Fürstenhauses war.

Struktur des Kreises
Sehenswürdigkeiten

Einst »Bühnen großer Geschichte«, sind manche historischen Bauwerke im Hochtaunuskreis heute beliebte Ausflugsziele und Sehenswürdigkeiten. Stellvertretend seien hier nur die Burgruine Weilnau in Weilrod-Altweilnau (12./13. Jh.), die Burgruine Reifenberg (14. Jh.), die eindrucksvollste Burganlage des Taunusgebietes in Königstein (13. Jh.), die Burg Kronberg (um 1230) und das Landgräfliche Schloß des Kleistschen »Prinzen von Homburg« in der Kreisstadt Bad Homburg v. d. Höhe genannt. Hier lohnt sich ein Besuch des Spielkasinos (der »Mutter von Monte Carlo«) und des Thermalbades »Taunus-Therme«. Sehenswert sind auch die Laurentiuskirche und das Naturdenkmal »Eschbacher Klippen« in der ehemaligen Kreisstadt Usingen. Lebendige hessische Vergangenheit erleben kann man im Freilichtmuseum Hessenpark bei Neu-Anspach. Im Winter ist der Hochtaunus mit Großem Feldberg (879 m) ein beliebtes Skigebiet. Der Hochtaunuskreis liegt praktisch mit seiner gesamten Fläche im »Naturpark Hochtaunus«, dem zweitgrößten Naturpark Hessens. In den ausgedehnten Taunuswäldern können Naturfreunde fast alle mitteleuropäischen Wildarten beobachten. Darüber hinaus locken der Opel-Zoo, der Familienfreizeitpark »Ponyhof Lochmühle« und die älteste Falknerei Hessens auf dem Großen Feldberg. Kuren kann man natürlich auch: Bad Homburg v. d. Höhe und der Heilklimatische Kurort Königstein bieten alle Voraussetzungen für einen erfolgreichen Kuraufenthalt.

Landkreis Kassel

Regierungsbezirk: Kassel. Einwohner: 238 500. Fläche: 1292,65 km². Einwohner je km²: 185. Kfz-Kennzeichen: KS. Kreisverwaltung: Humboldtstraße 24, 34117 Kassel, Postfach, 34112 Kassel. Verwaltungsgliederung: 11 Städte (Bad Karlshafen, Baunatal, Grebenstein, Hofgeismar, Immenhausen, Liebenau, Naumburg, Trendelburg, Vellmar, Wolfhagen, Zierenberg) und 18 Gemeinden (Ahnatal, Breuna, Calden, Bad Emstal, Espenau, Fuldabrück, Fuldatal, Habichtswald, Helsa, Kaufungen, Lohfelden, Nieste, Niestetal, Oberweser, Reinhardshagen, Schauenburg, Söhrewald, Wahlsburg).

Wappenbeschreibung

Von Blau und Gold schräglinks geteilt: oben der golden gekrönte und bewehrte, wachsende hessische Löwe; unten drei fächerförmig gestellte grüne Eichenblätter, denen zwei hintereinander liegende, schräglinks gestellte schwarze Wolfsangeln aufgelegt sind.

Historische Entwicklung

Der Landkreis Kassel wurde am 1. August 1972 durch den Zusammenschluß der Landkreise Hofgeismar, Kassel und Wolfhagen gebildet. Das Wappen des neuen Kreises entstand in Anlehnung an die Wappen der drei alten Landkreise. Dabei übernahm man aber nur kleinere Einzelteile der drei früheren Wappen im Sinne des heraldischen Prinzips des »Pars pro toto« (ein Teil für das Ganze). Damit wurde eine Überladung des neuen Wappens vermieden. Das Wappen des Kreises Hofgeismar hatte in Rot einen silbernen Eichenstumpf gezeigt als Hinweis auf die landschaftlichen Gegebenheiten. Außerdem hatte der Überlieferung nach der hl. Bonifatius im Reinhardswald die heilige Eiche des Gottes Donar gefällt, um damit die Überlegenheit des Christentums über das Heidentum zu demonstrieren. Für das neue Kreiswappen griff der Wappenzeichner auf einzelne Eichenblätter zurück. Im Wappen des früheren Kreises Kassel stand als Zeichen für die Residenz Kassel der hessische Löwe neben anderen Symbolen. Im Wappen des Kreises Wolfhagen befand sich in goldenem Feld ein rot bewehrter und bezungter schwarzer Wolf; er war ein Sonderwappen der Herrschaft Wolfhagen. Im neuen Kreiswappen erinnern die Wolfsangeln daran. Das derzeit gültige Wappen wurde dem Landkreis Kassel am 9. Mai 1975 verliehen.

Struktur des Kreises Sehenswürdigkeiten

Der Landkreis Kassel – »Hessens grüne Nordspitze« – schließt große Teile der Naturparke »Habichtswald« und »Meißner-Kaufunger Wald« sowie den gesamten Reinhardswald, die »Heimat Dornröschens«, ein. Die ausgedehnten Wälder und die Läufe der Diemel, Fulda und oberen Weser kennzeichnen diese Erholungslandschaft. Der Waldreichtum prägt auch das Gesicht der kleinen Landstädte. Mit weitgehend geschlossenen Fachwerkensembles warten noch heute Hofgeismar und Grebenstein, Zierenberg und Wolfhagen auf. Einmalig in Deutschland ist das barocke Stadtbild von Bad Karlshafen, erbaut wie zahlreiche »Colonien« am Reinhardswald Ende des 17. Jh. für die aus Frankreich vertriebenen Hugenotten. Unweit der Kasseler Wilhelmshöhe, des größten barocken Bergparkes Europas, steht Wilhelmsthal, das »schönste Rokokoschloß nördlich des Mains«, eine Schöpfung des François Cuvilliés. An Kaiserin Kunigunde, die dort im Jahr 1033 als Nonne ihr Leben beschloß, erinnert die Stiftskirche zum Hl. Kreuz in Kaufungen. Von den zahlreichen Burgen verdienen die Krukenburg bei Helmarshausen, in der der Mönch Herimann das berühmte Evangeliar Heinrichs des Löwen malte, und das Dornröschenschloß Sababurg mit seinem 600 Morgen großen Urwildpark besondere Erwähnung.

Lahn-Dill-Kreis

Regierungsbezirk: Gießen. Einwohner: 262 025. Fläche: 1066,54 km². Einwohner je km²: 246. Kfz-Kennzeichen: LDK. Kreisverwaltung: Karl-Kellner-Ring 47-51, 35576 Wetzlar, Postfach 1940, 35573 Wetzlar. Außenstelle: Wilhelmstraße 16-22, 35683 Dillenburg, Postfach 1561, 35665 Dillenburg. Verwaltungsgliederung: 8 Städte (Aßlar, Braunfels, Dillenburg, Haiger, Herborn, Leun, Solms, Wetzlar) und 15 Gemeinden (Bischoffen, Breitenscheid, Dietzhölztal, Driedorf, Ehringshausen, Eschenburg, Greifenstein, Hohenahr, Hüttenberg, Lahnau, Mittenaar, Schöffengrund, Siegbach, Sinn, Waldsolms).

Wappenbeschreibung

Geteilt: oben in Gold ein rot bewehrter schwarzer Doppeladler; unten gespalten: vorn in Gold ein blaues Jagdhorn mit rotem Band, hinten in blauem, mit goldenen Schindeln bestreutem Feld ein rot bewehrter goldener Löwe.

Historische Entwicklung

Wie bereits im Kreiswappen vom 4. August 1980 angedeutet, stand der Raum des späteren Dillkreises um Dillenburg und Herborn bereits seit dem Hochmittelalter unter der Herrschaft der Fürsten von Nassau (Wappenlöwe) bzw. Nassau-Oranien, wie das nördliche Nassau nach dem Anfall der französischen Grafschaft Orange (Jagdhorn) 1544 genannt wurde. Nach 1815 als Ämter Dillenburg und Herborn dem Herzogtum Nassau zugehörig, ging das Gebiet erst 1866 mit der Mediatisierung des Herzogtums an das Königreich Preußen über, das am 22. Februar 1867 aus diesen Ämtern den Dillkreis formierte. Im Land um Wetzlar und Braunfels, dem Gebiet des späteren Kreises Wetzlar, waren zwei historische Mächte bestimmend: die ehemalige Reichsstadt Wetzlar (Reichsadler) und die Grafen von Solms. Bereits 1180 von Kaiser Friedrich I. Barbarossa zur Reichsstadt erhoben, verlor Wetzlar durch den Reichsdeputationshauptschluß im Jahre 1803 seine Reichsfreiheit und kam auf Beschluß des Wiener Kongresses 1815 zu Preußen. Die in den westlichen Gebieten des späteren Kreises seit dem 12. Jh. dominierenden Grafen von Solms gingen 1806 durch die Rheinbundakte ihrer Souveränität verlustig; ihre Ämter Braunfels, Greifenstein und Hohensolms fielen an Nassau und 1815 durch Tausch an Preußen. Mit der Kreiseinteilung vom 14. Mai 1816 schuf dann die preußische Regierung aus dem Gebiet der Stadt Wetzlar einen Kreis Wetzlar sowie aus den ehemals solmsischen Gebieten einen Kreis Braunfels und vereinigte beide am 31. August 1822 zu einem neuen Kreis Wetzlar. Der Dillkreis und der Landkreis Wetzlar behielten bis Ende 1976 ihre Selbständigkeit und wurden im Zuge der Gebietsreform am 1. Januar 1977 mit dem Landkreis Gießen zu einem Großkreis »Lahn-Dill« zusammengeschlossen, aus dem schließlich in einem zweiten Reformschritt am 1. August 1979 wieder der Landkreis Gießen und ein verkleinerter Lahn-Dill-Kreis hervorgingen.

Struktur des Kreises
Sehenswürdigkeiten

Das Gebiet des Lahn-Dill-Kreises, vom Westerwald und Ausläufern des Rothaargebirges bis in den Hintertaunus und in die Randzone der Wetterau reichend, weist als Mittelgebirgslandschaft Höhenlagen von 136 bis 670 m ü. NN auf. Rund 50 % der Kreisfläche sind bewaldet, 95 % sind ausgewiesene Landschaftsschutzgebiete. Die Wirtschaftsstruktur wird vorwiegend durch die Metallindustrie, das verarbeitende Gewerbe und das Handwerk geprägt. In der Kreisstadt Wetzlar sind neben einem großen Unternehmen der Eisenindustrie bedeutende Werke der optischen und elektrotechnischen Industrie mit Weltruf angesiedelt. 19 anerkannte Erholungsorte und ein Luftkurort machen die Funktionen des Lahn-Dill-Gebietes als Erholungslandschaft deutlich. Zu den bedeutendsten Sehenswürdigkeiten zählen: der Dom, der seit der Reformation von beiden christlichen Konfessionen genutzt wird, die historische Altstadt mit den Resten der Stadtmauer und der Ruine der Reichsburg Kalsmunt; die Goethe-Gedenkstätten in Wetzlar, die an den Wetzlarer Aufenthalt Goethes im Jahre 1772 erinnern; Wilhelmsturm (Nassau-Oranisches Museum) und Hessisches Landgestüt mit der alle zwei Jahre stattfindenden Hengstparade in Dillenburg; Schloß und mittelalterlicher Marktplatz in Braunfels; die Burgruine Greifenstein mit Deutschem Glockenmuseum; die Herborner Altstadt mit über 400 Fachwerkhäusern und »Hoher Schule« sowie das Herborner Schloß und die größte Volkssternwarte Hessens im Solmser Stadtteil Burgsolms.

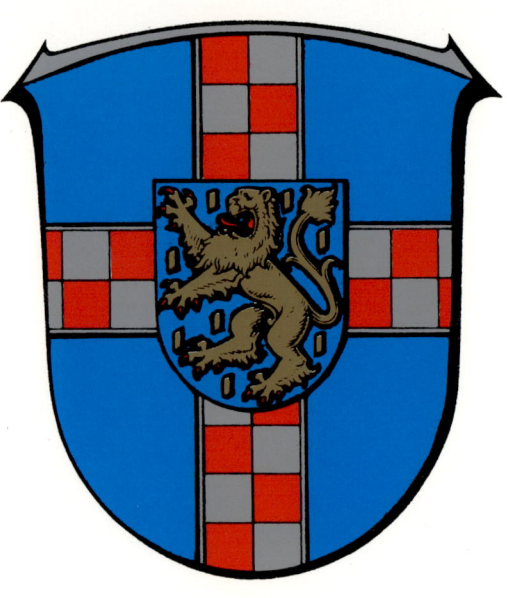

Landkreis Limburg-Weilburg

Regierungsbezirk: Gießen. Einwohner: 167 562. Fläche: 738 km². Einwohner je km²: 227. Kfz-Kennzeichen: LM. Kreisverwaltung: Schiede 43, 65549 Limburg a. d. Lahn, Postfach 1552, 65535 Limburg a. d. Lahn. Verwaltungsgliederung: 5 Städte (Limburg a. d. Lahn, Weilburg, Bad Camberg, Hadamar, Runkel) und 14 Gemeinden (Beselich, Brechen, Dornburg, Elbtal, Elz, Hünfelden, Löhnberg, Mengerskirchen, Merenberg, Selters, Villmar, Waldbrunn, Weilmünster, Weinbach).

Wappenbeschreibung

In Blau ein durchgehendes, rot-silbern geschachtes Kreuz, belegt mit einem blauen Schild, darin zwischen goldenen Schindeln ein rot bewehrter goldener Löwe.

Historische Entwicklung

Limburg am Schnittpunkt wichtiger alter Straßen (erste urkundliche Erwähnung 910) war anfangs Sitz der Konradiner, die hier das St.-Georgen-Stift gründeten. Die Stadt kam, samt Burg und Stiftsvogtei, zu Beginn des 13. Jh. an die Herren von Ysenburg, 1344 zur Hälfte, 1420 ganz an Kurtrier. Limburg wurde 1803 Nassau-Weilburg, 1806 dem Herzogtum Nassau, 1866 Preußen und 1945 Hessen angegliedert. Weilburg, über einer großen Lahnschleife gelegen, ursprünglich ebenfalls im Besitz der Konradiner Grafen, von denen einer (Konrad I.) der erste deutsche König war (911 bis 918), hatten die Wormser Bischöfe seit dem 10. Jh. als Reichslehen. Als deren Vögte fungierten seit 1195 die Grafen von Nassau, die, als einer von ihnen, nämlich Adolf, deutscher König war, Ort und Burg als Eigentum erwarben.

Die Stadt (seit 1295) wurde 1355 Residenz der Grafen (ab 1737 Fürsten) von Nassau-Weilburg und blieb dies bis 1816. Das Fürstentum war zu diesem Zeitpunkt schon im Herzogtum Nassau (Sitz: Wiesbaden) aufgegangen. Danach nahm Weilburg die gleiche Entwicklung wie Limburg: Es wurde 1866 preußisch und 1945 hessisch. 1867 wurde der Oberlahnkreis mit der Kreisstadt Weilburg gebildet, 1886 der Kreis Limburg an der Lahn. Zum 1. Juli 1974 wurden beide aufgrund der hessischen Gebietsreform zum Kreis Limburg-Weilburg zusammengeschlossen. In das neue Kreiswappen (Genehmigung vom 18. April 1975) wurden das Kreuz, das dem ehemaligen Kreis Limburg 1957 als Wappensymbol verliehen worden war (Bistum Limburg), und der nassauische Löwe, der schon in dem 1936 verliehenen Wappen des ehemaligen Oberlahnkreises den ersten Rang innehatte, aufgenommen.

Struktur des Kreises Sehenswürdigkeiten

Der Landkreis ist ein ideales Ferienland. Hier findet man sanftes Mittelgebirgsklima, romantische Flußtäler (die von Lahn und Weil), saubere Bäche zum Angeln, Gelegenheit zum Segeln und für Wasserski, und neben vielen weiteren Möglichkeiten, sich sportlich zu betätigen, kilometerlange, bequeme und gut ausgezeichnete Waldwanderwege. Eine Auswahl bedeutender Sehenswürdigkeiten: Limburg (St.-Georgs-Dom, ein Juwel mittelalterlicher Baukunst, der auf steilem Felsen hoch über der Lahn steht; im Krieg unzerstört gebliebene Altstadt mit engen, verschlungenen Gassen, reizvollen Fachwerk- und Steinbauten, Erkern und Schnitzereien; eines der ältesten deutschen Fachwerkhäuser, erbaut 1289; Domschatz); Weilburg (barocke Residenzstadt mit großartiger Schloßanlage; Heiliggrabkapelle und Kalvarienberg aus dem 16. Jh.; einziger Schiffstunnel Deutschlands aus dem Jahre 1847; Bergbaumuseum inmitten der Stadt; Kubacher Kristallhöhle); Hadamar (Schloß mit äußerlich einheitlicher Renaissancearchitektur); Bad Camberg (ältestes hessisches Kneippbad mit Natur- und Heilquellen); Runkel (frühmittelalterliche Burg). Musikfreunde kommen in den Monaten Mai bis Juli bei den Weilburger Schloßkonzerten auf ihre Kosten.

Main-Kinzig-Kreis

Regierungsbezirk: Darmstadt. Einwohner: 397 252. Fläche: 1398 km². Einwohner je km²: 284. Kfz-Kennzeichen: HU. Kreisverwaltung: Eugen-Kaiser-Straße 9, 63450 Hanau, Postfach 1919, 63409 Hanau. Verwaltungsgliederung: 11 Städte (Bad Orb, Bad Soden-Salmünster, Bruchköbel, Gelnhausen, Hanau, Langenselbold, Maintal, Nidderau, Schlüchtern, Steinau a. d. Str., Wächtersbach) und 18 Gemeinden (Biebergemünd, Birstein, Brachttal, Erlensee, Flörsbachtal, Freigericht, Großkrotzenburg, Gründau, Hammersbach, Hasselroth, Joßgrund, Linsengericht, Neuberg, Niederdorfelden, Rodenbach, Ronneburg, Schöneck, Sinntal).

Wappenbeschreibung

Geteilt und halbgespalten: oben in Rot ein aus einem silbernen Wellenschildfuß wachsender, golden bewehrter silberner Schwan; unten vorn in Gold ein rot bewehrter schwarzer Adler mit einem silbernen Brustschild mit schwarzem Balken; unten hinten in Rot zwei goldene Schrägbalken.

Historische Entwicklung

Der Spessart war jahrhundertelang ein kaum zu durchdringendes Waldgebiet. Kaiser und Lehnsfürsten begannen im 12. Jh. Jagdhelfer in den Tälern anzusiedeln. Aus den Jagddörfern wurden die heute noch von ausgedehnten Wäldern umgebenen Gemeinden. Am Vogelsberg, der früher als der Spessart besiedelt wurde, residierten zwei bekannte Adelsgeschlechter: die von Hutten und von Isenburg. Das Kinzigtal wurde vom Schlüchterner Kloster ausgehend schon früh christianisiert. Barbarossa ließ beim Engpaß in Gelnhausen seine Kaiserpfalz bauen und erhob die Siedlung Gelnhausen 1170 zur Reichsstadt. In Gelnhausen wurden mehrere Reichstage abgehalten, und der in Gelnhausen geborene Barockdichter Hans Jakob Christoffel von Grimmelshausen beschrieb die Zerstörung seiner Heimat während des Dreißigjährigen Krieges im »Abenteuerlichen Simplicissimus«.

Das am 30. Dezember 1980 verliehene Kreiswappen verweist auf die vor dem 1. Juli 1974 bestehenden Gebietskörperschaften und früheren Territorialherren. Der Schwan stand bereits im Wappen der Grafen von Hanau und symbolisiert sowohl den früheren Landkreis Hanau als auch die zuvor kreisfreie Stadt Hanau. Der Adler ist das Sinnbild der Stadt Gelnhausen und verweist auf den früheren gleichnamigen Landkreis. Die Schrägbalken beziehen sich auf die Herren von Hutten und den ehemaligen Kreis Schlüchtern, während das Flußsymbol auf Main und Kinzig als die namensgebenden Flüsse Bezug nimmt.

Struktur des Kreises
Sehenswürdigkeiten

Zwischen den Ausläufern des Vogelsberges, des Spessarts und der vorderen Rhön gelegen ist der Landkreis reich an Naturschönheiten. Holz- und Möbelfabriken, weltbekannte metallverarbeitende Werke, Firmen der Gummiindustrie und auch der Nukleartechnik beschäftigen die Menschen wie viele Betriebe der Landwirtschaft im Weizen- und Zuckerrübenanbau und, an den Main- und Kinzigsüdhängen, Obst- und Gartenbau. In höheren Landstrichen ist die Viehzucht vorherrschend.

In Hanau steht Schloß Philippsruhe, 1701 bis 1712 erbaut, äußerlich wie im Inneren prunkvolle Repräsentanz absoluter Fürsten. In Hanau sollte man auch am Deutschen Goldschmiedehaus und Neustädter Rathaus nicht vorübergehen. In Gelnhausen lassen selbst die Ruinen noch die Harmonie erkennen, die einmal die Kaiserpfalz Friedrich Barbarossas (1170 bis 1200 erbaut) auszeichnete. Das älteste deutsche Amtshaus, das Romanische Haus (um 1180), eines der ältesten Fachwerkhäuser Hessens an der Kuhgasse (1356), vor allem aber die Marienkirche (12. und 13. Jh.) und Peterskirche (13. Jh.) sind Kleinodien im mittelalterlichen Stadtkern von Gelnhausen. Eines der am besten erhaltenen Renaissanceschlösser Mitteleuropas, eine weiträumige Anlage mit Trockengraben und Bergfried, eingerichtet mit kostbaren historischen Möbeln und Wandteppichen, ist das Schloß der Grafen von Hanau in Steinau (erbaut 1528 bis 1556). Es enthält auch eine Brüder-Grimm-Ausstellung. Vor dem Schloß beherbergt ein früherer Marstall das bekannte Steinauer Marionettentheater. Den alten Stadtkern von Schlüchtern bildet das ehemalige Benediktinerkloster mit einer aus dem 8. Jh. stammenden Krypta.

Main-Taunus-Kreis

Regierungsbezirk: Darmstadt. Einwohner: 212 772. Fläche: 222 km². Einwohner je km²: 958. Kfz-Kennzeichen: MTK. Kreisverwaltung: Am Kreishaus 1-5, 65719 Hofheim am Taunus, Postfach 1480, 65704 Hofheim am Taunus. Verwaltungsgliederung: 9 Städte (Bad Soden am Taunus, Eppstein, Eschborn, Flörsheim am Main, Hattersheim am Main, Hochheim am Main, Hofheim am Main, Kelkheim [Taunus], Schwalbach am Taunus) und 3 Gemeinden (Kriftel, Liederbach am Taunus, Sulzbach [Taunus]).

Wappenbeschreibung

Im geteilten Schild oben ein silbernes Rad in Rot, unten drei rote Sparren in Silber.

Historische Entwicklung

Die Gründung des Main-Taunus-Kreises geht auf das Jahr 1928 zurück. Der neue Landkreis entstand aus Gebietsteilen der früheren Landkreise Wiesbaden und Höchst sowie aus Gemeinden der Kreise Obertaunus, Usingen und Untertaunus. Im Rahmen der hessischen Gebietsreform der 70er Jahre erfolgten Gebietsverluste im Hochtaunus und im Westen des Kreises, so daß seine Fläche von 306 km² auf 222 km² zurückging. Das am 19. Juni 1950 durch den Hessischen Minister des Innern verliehene Kreiswappen behielt jedoch seine Gültigkeit. Das silberne Rad in Rot ist bekanntlich das Wappen des Erzbistums Mainz, das im alten Deutschen Reich mit seinem Kurfürsten den ranghöchsten deutschen Fürsten nach dem Kaiser stellte. Die roten Sparren in der unteren Schildhälfte waren das Kennzeichen der 1535 mit der Königsteiner Linie ausgestorbenen Herren von Eppstein. Ihre Stadt und Burg Eppstein im Taunus war früher der Mittelpunkt eines umfangreichen Territoriums gewesen. Im Jahre 1581 übernahmen die Mainzer Kurfürsten einen großen Teil der Eppsteiner Besitzungen.

Struktur des Kreises Sehenswürdigkeiten

Zum Rhein-Main-Gebiet gehörend liegt der Kreis zwischen den Großstädten Frankfurt am Main, Wiesbaden und Mainz inmitten des wirtschaftlichen Zentrums Hessens. Etwa 70 Prozent der Arbeitsplätze im Kreisgebiet zählen zum tertiären Bereich. Nur noch ein Prozent der Beschäftigten ist in der Landwirtschaft tätig. Verwaltungszentren weltweiter Konzerne, Herstellungsstätten international bekannter Erzeugnisse, große Handelsunternehmen und Stammhäuser der verschiedensten Branchen haben sich im Kreis niedergelassen. Hauptwirtschaftszweige sind der Handel, der Maschinenbau, die Elektrotechnik und die chemische Industrie. Mit ausschlaggebend für diese Entwicklung von Industrie, Handel und Gewerbe waren die verkehrsgünstige Lage und die räumlichen Ausdehnungsmöglichkeiten, die sich in einzelnen Städten und Gemeinden ergaben.

Vor allem im Bereich des Taunus, so zum Beispiel in dem reizvollen und waldreichen Gebiet um Rossert und Staufen, präsentiert sich der Kreis als ein Erholungsgebiet. Dort liegt die Burgstadt Eppstein, die »Perle der Nassauischen Schweiz«. Bad Soden am südlichen Hang des Taunus ist ein bekanntes Heilbad mit Mineralquellen und Kureinrichtungen, unter anderem mit dem ehemals größten Inhalatorium Europas. Das nach Süden zum Main hin abfallende Taunusvorland ist durch einen frühen Beginn der Vegetationsperiode gekennzeichnet. Dort gibt es die bekannten Weinbergslagen von Hochheim, Flörsheim und Wicker, Obstbäume und Obstplantagen in Kriftel. Eschborn präsentiert sich als moderne Wohnstadt vor den Toren Frankfurts; das Stadtbild prägen Bürohochhäuser.

Landkreis Marburg-Biedenkopf

Regierungsbezirk: Gießen. Einwohner: 249 532. Fläche: 1262,55 km². Einwohner je km²: 198. Kfz-Kennzeichen: MR. Kreisverwaltung: Im Lichtenholz 60, 35043 Marburg, Postfach 70 11 40, 35020 Marburg. Verwaltungsgliederung: 22 Städte und Gemeinden (Amöneburg, Angelburg, Biedenkopf, Breidenbach, Cölbe, Dautphetal, Ebsdorfergrund, Bad Endbach, Fronhausen, Gladenbach, Kirchhain, Lahntal, Lohra, Marburg, Münchhausen, Neustadt, Rauschenberg, Stadtallendorf, Steffenberg, Weimar, Wetter, Wohratal).

Wappenbeschreibung

In Blau der golden gekrönte und bewehrte, neunmal von Silber und Rot geteilte hessische Löwe, der in seinen Pranken einen silbernen Schild mit durchgehendem schwarzen Kreuz (Deutscher Orden) hält.

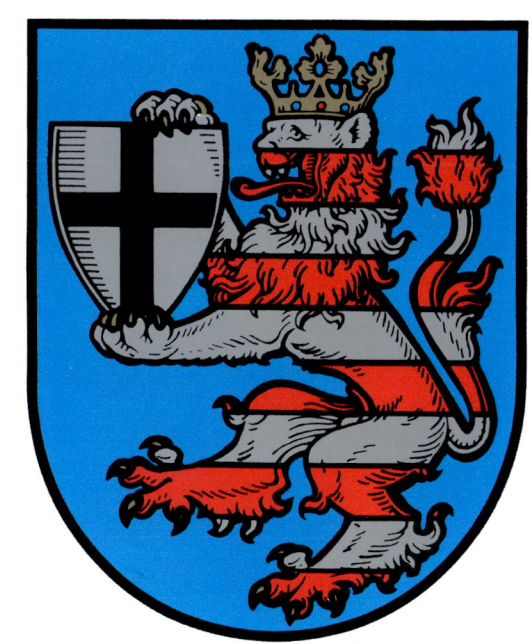

Historische Entwicklung

So viel die Landschaft im Bereich des heutigen Landkreises auch den weltlichen und geistlichen Gewalten kulturgeschichtlich verdankt, so nachteilig wirkte sich für Jahrhunderte die territoriale und religiöse Zersplitterung wirtschaftlich und sozial aus. Zu einer zumindest administrativen Vereinheitlichung kam es erst im Laufe der hessischen Gebietsreform 1974, als die Landkreise Marburg und Biedenkopf sowie die bis dahin kreisfreie Stadt Marburg zum Landkreis Marburg-Biedenkopf zusammengeschlossen wurden.

Der Großlandkreis bekam am 11. Juli 1975 das Wappen des ehemaligen Kreises Marburg von 1930 erneut verliehen. Dies ist damit zu rechtfertigen, daß es in seinem Symbolgehalt auch für den Kreis Biedenkopf und die Stadt Marburg gelten kann. Der Altlandkreis Biedenkopf führte als teilweise »sprechendes« Wappen den Kopf des hessischen Löwen, die Stadt Marburg zeigt einen reitenden und gerüsteten Ritter im Wappen, der einen Schild mit dem hessischen Löwen hält. Jedesmal stellt der Löwe das Wappentier der Landgrafen von Hessen dar, deren erste Hauptstadt und spätere mehrmalige Residenzstadt Marburg war. Das silberne Schildchen mit dem Kreuz war das Wappen des Deutschen Ritterordens, dessen bedeutendste Niederlassung im Westen des Reiches in Marburg lag, dem weitere Ländereien zugehörten.

Struktur des Kreises
Sehenswürdigkeiten

Ein Gebiet, das voller Reize und Kontraste steckt: rustikale Behäbigkeiten des Marburger Landes mit seinen stattlichen Dörfern, seinen weiten Wiesen, Wäldern und der zauberhaften Bergwelt des »Hessischen Hinterlandes«. In diesem Gebiet liegen die Kneippheilbäder Bad Endbach und Gladenbach, die Luftkurorte Biedenkopf, Holzhausen und Rauschenberg und die staatlich anerkannten Erholungsorte Bottenhorn, Hartenrod, Wommelshausen, Steinperf, Weidenhausen, Burgholz, Amöneburg und Schweinsberg. Die altehrwürdige Universitätsstadt Marburg erhebt sich wie eine Krone über dem grünen Mantel des Wald- und Wiesenlandes, Stadt der heiligen Elisabeth und der ersten protestantischen Universität, eine Stadt mit lebendiger Romantik, mit der Elisabethkirche, dem ehemaligen Zeugnis frühgotischer Architektur, dem Landgrafenschloß mit dem größten gotischen Rittersaal Deutschlands und mit seiner Universität, die architektonisch und geistig das Bild der Stadt geprägt hat. Im Land an der oberen Lahn haben sich aber auch bäuerliche und städtische Traditionen erhalten in 56 Trachten- und Folkloregruppen, in weit bekannten Volksfesten, wie dem Marktfrühschoppen und anderen Stadtteilfesten in Marburg, dem Gladenbacher Kirschenmarkt, den Grenzgängen in Biedenkopf, Buchenau, Wetter, Goßfelden und Wollmar, sowie zahlreichen Kirmesfeiern. Alle sind Spiegelbilder echt hessischer Fröhlichkeit. Es lohnt sich, dieses Land zu studieren, das durch seine Verschiedenartigkeit in Landschaft und Wirtschaft besticht und in Neustadt mit dem Junker-Hansen-Turm den größten Fachwerkrundbau Europas zu bieten hat.

Odenwaldkreis

Regierungsbezirk: Darmstadt. Einwohner: 97 956. Fläche: 625,46 km². Einwohner je km²: 156. Kfz-Kennzeichen: ERB. Kreisverwaltung: Michelstädter Straße 12, 64711 Erbach, Postfach 1351 und 1361, 64703 Erbach. Verwaltungsgliederung. 5 Städte (Kreisstadt Erbach, Bad König, Beerfelden, Breuberg, Michelstadt), 10 Gemeinden (Brensbach, Brombachtal, Fränkisch-Crumbach, Hesseneck, Höchst im Odenwald, Lützelbach, Mossautal, Reichelsheim/Odenwald, Rothenberg, Sensbachtal).

Wappenbeschreibung

Auf goldenem Grund eine schwarze, bewurzelte Eiche, begleitet von drei sechsstrahligen roten Sternen.

Historische Entwicklung

Die Geburtsstunde des Odenwaldkreises, bis 1. August 1972 Landkreis Erbach, schlug im Jahr 1822. Mit einer Veröffentlichung im Großherzoglich-Hessischen Regierungsblatt vom 17. Juni 1822 wurde für die Herrschaft Breuberg mit den Ämtern Habitzheim und König ein Landrats- und Gerichtsbezirk Breuberg mit Sitz in Neustadt bzw. Höchst i. Odw. und für die Gräflich Erbachischen und Erbach-Fürstenauischen Ämter ein Landratsbezirk Erbach mit Sitz in Erbach geschaffen. 1874 wurden die Kreise Erbach und Neustadt zu dem Kreis Erbach zusammengeschlossen. Vor dem Einsetzen einer planmäßigen Besiedlung überzog den Odenwald von etwa 3000 v. bis 1000 n. Chr. ein dichter, fast ununterbrochener Laubwald aus hauptsächlich Eichen und Buchen. Noch heute sind rund 60 % der Kreisfläche mit Wald bedeckt. Bedeutend für die spätere Bevölkerungsentwicklung im heutigen Kreisgebiet waren der Limesbau und die Anlegung eines Straßennetzes durch die Römer. Natürliche Gegebenheiten und geschichtliche Ereignisse standen Pate bei der Gestaltung des Kreiswappens, das am 20. November 1956 verliehen wurde. Den Mittelpunkt des goldenen Wappenschildes bildet eine schwarz-bewurzelte Eiche als Symbol der Odenwaldlandschaft. Sie wird umrahmt von drei sechsstrahligen roten Sternen aus dem Wappen der Grafen zu Erbach-Erbach. Diese waren bis zur Mediatisierung von 1806 die wichtigsten Territorialherren im Kreisgebiet.

Struktur des Kreises Sehenswürdigkeiten

Der Odenwaldkreis liegt südöstlich in dem von Rhein, Main und Neckar gebildeten Landschaftsviereck. Ausgedehnte Wälder durchziehen diese Region. Als Mittelgebirgslandschaft ist der westliche Teil des Odenwaldkreises reich zerklüftet mit granitenen Steilhängen. Sie bestimmen das romantische Bild des Gesprenztales. Im östlichen Odenwald herrscht Buntsandstein vor, mit sanften Höhenzügen und lieblichen Tälern. Die reizvolle Landschaft mit ihren zahlreichen Erholungsmöglichkeiten weist den Odenwaldkreis als Urlaubs- und Naherholungsgebiet aus. Als Besonderheit ist das einzige südhessische Thermalbad in Bad König zu erwähnen. Hervorzuheben ist weiterhin die Fülle von Sehenswürdigkeiten und Kunstschätzen, die im Odenwaldkreis vorhanden sind. Mit seinem mittelalterlichen Bergfried beherrscht das barocke Schloß der Erbacher Grafen den Marktplatz in der Kreisstadt Erbach. Im Schloßinnern überrascht eine Kunstsammlung, die Objekte der bildenden Künste, des Kunstgewerbes sowie Waffen und Jagdzubehör einschließt. Nicht nur einen Großteil dieser Exponate verdankt die Stadt dem Grafen Franz I. zu Erbach-Erbach, sondern auch die Kunst des Drechselns und Elfenbeinschnitzens. Im Deutschen Elfenbeinmuseum lassen sich Elfenbeinschnitzereien aus aller Welt bewundern. Michelstadts 1484 im Fachwerkstil erbautes Rathaus ist eines der Wahrzeichen des Odenwaldkreises. Im Stadtteil Steinbach entdeckt der Besucher das Schloß Fürstenau (13. Jh.) und die Einhardbasilika, älteste karolingische Basilika nördlich der Alpen. Beerfelden, die »Stadt am Berge«, besitzt als Zeuge aus dem Mittelalter einen im Jahr 1597 errichteten dreischläfrigen Galgen, die Richtstätte des ehemaligen Zentgerichts. Im Herzen der Stadt liegt die Quelle der Mümling, die in einen Zwölf-Röhren-Brunnen gefaßt ist. Im nördlichen Teil des Odenwaldes überragt die Mitte des 12. Jh. erbaute Vogteiburg Breuberg das Mümlingtal, die der ihr zu Füße liegenden Stadt ihren Namen gab. Sie gilt als die besterhaltene Burg in ganz Süddeutschland.

Landkreis Offenbach

Regierungsbezirk: Darmstadt. Einwohner: 327 867. Fläche: 356,3 km². Einwohner je km²: 920. Kfz-Kennzeichen: OF. Kreisverwaltung: Berliner Straße 60, 63065 Offenbach am Main, Postfach 10 11 63, 63011 Offenbach am Main. Verwaltungsgliederung: 13 Städte und Gemeinden (Dietzenbach, Dreieich, Egelsbach, Hainburg, Heusenstamm, Langen, Mainhausen, Mühlheim am Main, Neu-Isenburg, Obertshausen, Rodgau, Rödermark und Seligenstadt).

Wappenbeschreibung

In silbernem Schild ein grüner Eichbaum mit drei goldenen Eicheln, belegt mit einem von Silber und Rot gespaltenen Schildchen, darin vorn zwei schwarze Balken, hinten ein halbiertes silbernes Rad am Spalt.

Historische Entwicklung

Funde aus der Jungsteinzeit (2500 bis 1600 v. Chr.) deuten auf eine weit zurückliegende Besiedlung im Gebiet des heutigen Kreises Offenbach hin. In den späteren Jahrhunderten hinterließen Menschen der Hallstattkultur, Kelten, Germanen (Alemannen), Römer und Franken ihre siedlungs- und kulturgeschichtlichen »Visitenkarten«. Die unterschiedliche territoriale Entwicklung spiegelt sich im Kreiswappen vom 10. Februar 1951 wider: Der Eichbaum symbolisiert die Zugehörigkeit großer Teile des westlichen Kreisgebietes zum Wildbannforst Dreieich, der schon zur Zeit Karls des Großen als geschlossenes Königsgut bestand. Die schwarzen Balken auf silbernem Feld bedeuten den territorialen Besitz von Teilen des Westkreises durch die isenburgischen Grafen seit dem 15. Jh. Die über 800jährige Zugehörigkeit des östlichen Kreisgebietes zum Erzbistum Mainz wird durch das Mainzer Rad im Kreiswappen angezeigt.
In seiner heutigen Form geht der Kreis Offenbach auf die Gebiets- und Verwaltungsreform von 1821 zurück: Durch die Zusammenlegung der ehemaligen Landgerichtsbezirke Langen, Offenbach und Seligenstadt entstand 1832 der Kreis Offenbach, dem bis 1938 die Stadt Offenbach angehörte.
Die letzte Gebietsreform 1977 ließ die bis dahin selbständigen 31 Städte und Gemeinden zu 13 Städten und Gemeinden zusammenwachsen.

Struktur des Kreises
Sehenswürdigkeiten

Der bevölkerungsmäßig zweitgrößte und flächenmäßig zweitkleinste Kreis in Hessen wird von großer Vielfalt und dem hohen Leistungsniveau der hier ansässigen Industrie- und Gewerbebetriebe geprägt. Ein breitgefächertes Branchenspektrum spricht für die Standortqualität. Trotz der guten Verkehrsinfrastruktur, dem großen Industrialisierungsgrad und der stetig wachsenden Bevölkerungsdichte sind nur annähernd 21 Prozent der Kreisfläche überbaut. Weitere 25 Prozent gewährleisten gleichzeitig einen hohen Erholungswert in dieser Region. Zahlreiche Naherholungseinrichtungen und attraktive kulturelle Veranstaltungen sind Bestandteil eines vielseitigen Freizeitangebotes.
Zu den besonderen Sehenswürdigkeiten zählen nicht nur die Einhardbasilika, in Seligenstadt einer der wenigen erhaltenen Großbauten aus karolingischer Zeit, die Ruine der Burg Hayn in Dreieich oder die von Balthasar Neumann errichtete Stadtkirche in Heusenstamm, besondere Eindrücke vermitteln auch die Fachwerkbauten in den restaurierten Altstadtkernen beispielsweise von Dreieichenhain, Heusenstamm und Seligenstadt.
Über Geschichte und Entwicklung des Kreises Offenbach informieren drei Kreismuseen in Seligenstadt und Dreieich sowie 14 weitere Museen, darunter das Zeppelinmuseum in Neu-Isenburg/Zeppelinheim, das Glasmuseum in Langen, das Stadtmuseum in Mühlheim und das Töpfermuseum in Rödermarkt/Urberach.

Rheingau-Taunus-Kreis

Regierungsbezirk: Darmstadt. Einwohner: 181 416. Fläche: 811 km². Einwohner je km²: 204. Kfz-Kennzeichen. RÜD. Kreisverwaltung: Heimbacher Straße 7, 65307 Bad Schwalbach. Verwaltungsgliederung: 17 kreisangehörige Städte und Gemeinden (Aarbergen, Bad Schwalbach, Eltville, Geisenheim, Heidenrod, Hohenstein, Hünstetten, Idstein, Kiedrich, Lorch, Niedernhausen, Oestrich-Winkel, Rüdesheim, Schlangenbad, Taunusstein, Waldems, Walluf).

Wappenbeschreibung

Schräglinks geteilt; oben in mit goldenen Schindeln bestreutem blauen Feld ein wachsender, rot bewehrter goldener Löwe, unten in Silber ein rotes Rad.

Historische Entwicklung

Die früheste Besiedlung im Gebiet des heutigen Rheingau-Taunus-Kreises erfolgte in der Zeit der Bandkeramiker, später in der Hallstattzeit. Eine Besiedlungsverdichtung ist in der Zeit der römischen Besetzung im 2. Jh. n. Chr. zu beobachten. Der Limes durchquerte damals das nördliche Kreisgebiet. Erste urkundliche Erwähnungen von Ortschaften datieren um 770 (Walluf) und 812 (Kloster Bleidenstadt in Taunusstein), danach vor allem in der Zeit von 1000 bis 1200 n. Chr. Der Kreisteil Rheingau entlang des Rheinknies, von Walluf bis Lorch, war lange Zeit Kurmainzer Hoheitsgebiet, der Kreisteil Untertaunus lag in wechselnden Machtbereichen von Katzenelnbogen und Nassau.

Rheingau und Untertaunus waren von 1867 bis 1976 selbständige Landkreise; ihr Zusammenschluß erfolgte 1977 auf Grund der hessischen Gebiets- und Verwaltungsreform. Kreisstadt wurde Bad Schwalbach, während sich das Kfz-Kennzeichen RÜD auf die ehemalige Kreisstadt des Rheingaus, Rüdesheim, bezieht. Am 22. Januar 1981 wurde das neue Kreiswappen genehmigt. Es vereinigt die Wappenbilder der Grafen von Nassau (Löwe) und der Mainzer Erzbischöfe (Rad).

Struktur des Kreises
Sehenswürdigkeiten

Unmittelbar nördlich an die Landeshauptstädte Wiesbaden und Mainz angrenzend, stellt der Rheingau-Taunus-Kreis einen bevorzugten Naherholungsraum des Rhein-Main-Gebietes dar. Mit dem Rhein und der dort anschließenden Weinlandschaft, den 435 km² großen Mischwäldern auf den Höhen des westlichen Taunus, verfügt der Rheingau-Taunus-Kreis über eine besondere Schönheit und Abwechslung seiner Landschaft. Neben der Vielfalt eines vor allem mittelständischen Gewerbes spielen die Landwirtschaft und der Weinbau mit dem weltbekannten »Rheingauer Riesling« eine nicht unerhebliche Rolle. Dank seiner bevorzugten Lage, aber auch wegen seiner vielen Kultur- und Baudenkmäler gehört der Rheingau-Taunus-Kreis als »Grün-Goldenes Ferienland« zu den beliebtesten deutschen Fremdenverkehrsgebieten. Von den vielen Sehenswürdigkeiten aus einer mehr als 1000jährigen Geschichte seien genannt: das Kloster Eberbach, ehemaliges Zisterzienserkloster, erbaut um 1135; das Schloß Johannisberg, früher Benediktinerkloster, erbaut um 1106; die Kurfürstliche Burg in Eltville aus dem 14. Jh.; die gotische Kirche St. Valentinus mit Michaelskapelle in Kiedrich, erbaut um 1420 und 1444 mit der ältesten bespielbaren Orgel Deutschlands, errichtet um 1500. Weiter: das »Graue Haus« in Winkel, ältestes Steinhaus Deutschlands, aus dem 9. Jh.; das Schloß Vollrads bei Winkel, erbaut um 1330, sowie die romanische Basilika St. Ägidius in Mittelheim (um 1130). Im Taunusbereich ragen heraus die Burgruine Hohenstein der Grafen von Katzenelnbogen (um 1095), das Nassauer Schloß Idsteins aus dem 17. Jh., mit dem Hexenturm als Teil der ehemaligen Burg aus dem 14. Jh.

Schwalm-Eder-Kreis

Regierungsbezirk: Kassel. Einwohner: 191 675. Fläche: 1538,46 km². Einwohner je km²: 125. Kfz-Kennzeichen: HR. Kreisverwaltung: Parkstraße 6, 34576 Homberg (Efze), Postfach 1262, 34568 Homberg (Efze). Verwaltungsgliederung: 11 Städte (Borken, Felsberg, Fritzlar, Gudensberg, Homberg, Melsungen, Neukirchen, Niedenstein, Schwalmstadt, Schwarzenborn, Spangenberg) und 16 Gemeinden (Bad Zwesten, Edermünde, Frielendorf, Gilserberg, Guxhagen, Jesberg, Knüllwald, Körle, Malsfeld, Morschen, Neuental, Oberaula, Ottrau, Schrecksbach, Wabern, Willingshausen).

Wappenbeschreibung

In Blau über drei erniedrigten silbernen Wellenbändern der golden gekrönte und bewehrte, fünfmal von Silber und Rot geteilte, wachsende hessische Löwe.

Historische Entwicklung

Im Kreisgebiet gibt es bedeutsame Funde aus der Jüngeren Steinzeit. Diese Epoche hat eine ganze Reihe von verschiedenen Kulturen hervorgebracht, die aus allen Richtungen kamen: vom Westen die Michelsberger Kultur, aus Nordwesten die Einzelgräberkultur, aus Frankreichs Süden die Megalithkultur und aus dem Donauraum die Kultur der Bandkeramiker. Später war der Raum dem jahrhundertelangen Machtkampf zwischen den Landgrafen von Hessen und den Mainzer Erzbischöfen ausgesetzt. Daneben hatte sich die Grafschaft Ziegenhain herausgebildet. Wichtige Verkehrsstränge durchzogen das heutige Kreisgebiet: von Westen nach Osten die »Langen-Hessen-Straße«, in nord-südlicher Richtung z. B. die »Nürnberger Straße«.

Die Kreise Fritzlar und Homberg entstanden im Jahre 1821 im Zuge der Einrichtung der kurhessischen Kreisämter. 1932 wurden infolge einer preußischen Sparmaßnahme beide Verwaltungssprengel zum Kreis Fritzlar-Homberg vereinigt. Dieser Landkreis wurde mit den ebenfalls 1821 gebildeten Kreisen Melsungen und Ziegenhain am 1. Januar 1974 zum Schwalm-Eder-Kreis zusammengelegt. Das am 4. September 1975 verliehene Kreiswappen verdeutlicht die beherrschende Rolle der Landgrafen von Hessen für die Region; die Wellenbalken symbolisieren die Flüsse Schwalm, Eder und Fulda und verweisen auf den neuen Kreisnamen.

Struktur des Kreises
Sehenswürdigkeiten

Im Südosten des Kreises erhebt sich bis zu 634 Meter das wald- und wildreiche Knüllgebirge, an das sich das Homberger Hochland mit dem Segelfluggelände Mosenberg anschließt. Im Norden dominieren Basaltkuppen und der »Naturpark Habichtswald«, während die von der Landwirtschaft beherrschte Kreismitte im Osten und Westen von den bewaldeten Ausläufern des Knüllgebirges, des Stölzinger Gebirges und des Kellerwaldes (höchste Erhebung: der 675 m hohe Wüstegarten) umschlossen wird. Im Melsunger Land zieht sich in vielfachen Windungen von Süden nach Norden das waldreiche Fuldatal. Schlösser und Burgen repräsentieren die große historische Baukunst. Meisterliche Fachwerkhäuser zieren nahezu alle Orte im Kreis, in dem die »Schwälmer« mit ihrer farbenprächtigen Tracht weit über Hessen hinaus bekannt geworden sind. Hier haben sich die Gebrüder Grimm zu ihrem Märchen »Rotkäppchen und der Wolf« inspirieren lassen. Weite Wälder mit Waldlehrpfaden, Schutzhütten und vielen heimischen Tieren laden den Wanderer ein, der auf historische Funde besonders in der Gegend zwischen Homberg (Efze), Fritzlar und Niedenstein stoßen kann – Zeugnisse über Lebensgewohnheiten und Gebräuche früherer Generationen bis zum germanischen Volksstamm der Chatten. Sehenswert in Fritzlar ist der St.-Petri-Dom, der Graue Turm (1273), in Homberg die spätgotische Marienkirche, in Melsungen das Fachwerkrathaus und in Ziegenhain das Schloß und Museum der Schwalm mit vielen Trachten. Am zweiten Sonntag nach Pfingsten findet hier seit über 250 Jahren die »Salatkirmes« statt, ein überregionales Heimatfest mit Trachtenzug.

Vogelsbergkreis

Regierungsbezirk: Gießen. Einwohner: 126 880. Fläche: 1459 km². Einwohner je km²: 87. Kfz-Kennzeichen: VB. Kreisverwaltung: Goldhelg 20, 36341 Lauterbach, Postfach 66, 36339 Lauterbach, und Hersfelder Straße 57, 36304 Alsfeld, Postfach, 36293 Alsfeld. Verwaltungsgliederung: 19 kreisangehörige Gemeinden (Alsfeld, Antrifttal, Feldatal, Freiensteinau, Gemünden [Felda], Grebenau, Grebenhain, Herbstein, Homberg [Ohm], Kirtorf, Lauterbach, Lautertal, Mücke, Romrod, Schlitz, Schotten, Schwalmtal, Ulrichstein, Wartenberg).

Wappenbeschreibung

Durch eine Silberleiste schräglinks geteilt; oben in Rot zwei natürliche silberne Türkenbundlilien, unten in Blau der dreimal von Silber und Rot geteilte Löwenkopf mit goldener Krone.

Historische Entwicklung

Der Vogelsbergkreis wurde am 1. August 1972 durch den Zusammenschluß der Landkreise Alsfeld und Lauterbach gebildet. Während der 1852 entstandene Kreis Lauterbach lediglich durch die Verwaltungsreform des Jahres 1938 verändert worden war, war die Verwaltungsgeschichte des Kreises Alsfeld wechselvoller. Dieser Landkreis entstand durch das Organisationsedikt von 1832 und wurde bereits 1838 erstmals in seiner territorialen Ausdehnung verändert. Zwischen 1848 und 1852 war der Kreis aufgelöst, und in den Jahren 1866, 1874 und 1938 erfuhr er weitere Gemeindeangliederungen. Das neue Kreiswappen, das am 26. Juli 1978 vom Hessischen Minister des Innern genehmigt wurde, wird vom hessischen Farbakkord Blau-Silber-Rot dominiert und setzt sich aus Emblemen des ehemaligen Kreises Lauterbach und der Stadt Alsfeld zusammen. Das Lauterbacher Kreiswappen ist wie fast alle untergegangenen deutschen Kreiswappen im grundlegenden Werk von Klemens Stadler, Band 1, abgebildet. Es zeigte unter anderem die beiden Türkenbundlilien als Hinweis auf den »Naturpark Hoher Vogelsberg«. Der Löwenkopf stellt eine »Minderung« (Teilentnahme) des hessischen Löwen dar, der neben einem aufrechten Gerichtsschwert im Wappen der Stadt Alsfeld steht.

Struktur des Kreises
Sehenswürdigkeiten

Der im Städtedreieck von Frankfurt am Main, Gießen und Fulda liegende Vogelsbergkreis verdankt seinen Namen dem Vogelsberg, einem deutschen Mittelgebirge. Als einer der größten erloschenen Vulkane der Erde ist sein Massiv mit einem Durchmesser von 60 km und einer Fläche von 2500 km² in der Form dem Ätna ähnlich, den er zwar nicht in der Höhe, doch aber an Ausdehnung weit übertrifft. Im »Naturpark Hoher Vogelsberg«, seit 1957 kontinuierlich zu einem Wochenend- und Ferienerholungsgebiet ausgebaut, findet man Ruhe und Entspannung. Neben der »Deutschen Ferienstraße Alpen-Ostsee« führt auch die »Deutsche Märchenstraße« durch die Städte und Dörfer des Kreisgebiets. Selbst in den kleinsten Gemeinden kann man kostbare Fachwerkbauten profaner und sakraler Art bewundern. Sehr bekannt ist das Rathaus von Alsfeld (1512), das in der Bausubstanz kaum verändert wurde und heute noch seiner ursprünglichen Bestimmung dient. Ebenfalls sehenswert in Alsfeld sind das Weinhaus und Hochzeitshaus (Renaissance) sowie das Minigerodehaus (früher Barock). Im ganzen Kreis erinnern Burgen, Schlösser und Wehrbauten an die abwechslungsreiche Geschichte, z. B. Ruine von Wartenberg bei Angersbach; Stadtburgen der Grafen Görtz in Schlitz (Mittelalter); Schloß von Romrod (12. Jh.); Stadtschloß Hohhaus in Lauterbach (später Barock); Türme der alten Befestigungsanlagen in Lauterbach und Schlitz; Brauhausturm in Homberg.

Landkreis Waldeck-Frankenberg

Regierungsbezirk: Kassel. Einwohner: 166 657. Fläche: 1848,55 km². Einwohner je km²: 90. Kfz-Kennzeichen: KB. Kreisverwaltung: Südring 2, 34497 Korbach. Verwaltungsgliederung: 22 kreisangehörige Gemeinden: Allendorf (Eder), Arolsen, Bad Wildungen, Battenberg (Eder), Bromskirchen, Burgwald, Diemelsee, Diemelstadt, Edertal, Frankenau, Frankenberg (Eder), Gemünden (Wohra), Haina (Kloster), Hatzfeld (Eder), Korbach, Lichtenfels, Rosenthal, Twistetal, Vöhl, Volkmarsen, Waldeck, Willingen (Upland).

Wappenbeschreibung

Von Blau und Gold schräglinks geteilt; oben der wachsende, von Silber und Rot gestreifte hessische Löwe, unten der schwarze achtstrahlige Waldecker Stern.

Historische Entwicklung

Die früheste Besiedlung des unteren Edertales erfolgte bereits in der Altsteinzeit. Später war der größte Teil des jetzigen Kreisgebietes in den sächsischen Siedlungs- und Kulturbereich einbezogen. Im Mittelalter traten als Landesherren u. a. die Grafen Werner auf, Herren der Grafschaft Maden-Gudensberg mit Besitzungen an der Eder, der Lahn und im Westerwald. Auch die geistlichen Territorien von Mainz, Köln und Paderborn faßten im heutigen Kreisgebiet Fuß.

Das am 21. Juni 1974 amtlich genehmigte Kreiswappen zeigt in der oberen Hälfte den hessischen Löwen aus dem Wappen des ehemaligen Landkreises Frankenberg und unten den achtstrahligen Waldecker Stern, das ehemalige Wappen des Landkreises Waldeck. 1180 hatte sich erstmals Graf Volkwin von Schwalenberg nach der Burg Waldeck benannt; unter Graf Adolf I. entwickelte sich Waldeck zu einem lebensfähigen Territorium. Er setzte sich mit Erfolg gegen eine Koalition der Erzbischöfe von Köln und Mainz, des Bischofs von Paderborn, der Reichsabtei Corvey und des Grafen von Arnsberg durch.

Die Geschichte des südlichen Kreisteiles wurde dagegen vom Ringen der Landgrafen von Hessen-Thüringen, deren Löwe im oberen Teil des Kreiswappens steht, mit dem Erzbistum Mainz um die Vorherrschaft in Hessen bestimmt. Durch sein geschicktes politisches Agieren gelang es dem Waldecker Geschlecht, dem in Graf Georg Friedrich (* 1620) ein Staatsmann und Heerführer von hohem Format erwachsen war, den Bestand des Landes (seit 1717 Fürstentum) zu sichern. Nachdem Waldeck sogar die Revolution von 1918 als Freistaat überdauert hatte, wurde dieser schließlich am 1. April 1929 vom großen Nachbarn Preußen annektiert – einer der wenigen Gebietszusammenschlüsse der Weimarer Republik, die an der Ungleichheit ihrer Länder schwer zu tragen hatte.

Struktur des Kreises
Sehenswürdigkeiten

Im nordhessischen Landkreis Waldeck-Frankenberg bestimmen das »Rheinische Schiefergebirge« und das »Hessische Bergland« mit ihren großen Wäldern und den Stauseen an Eder, Twiste und Diemel die vielseitige Landschaft. Diese Gegend bietet kulturhistorisch ein reichhaltiges Angebot. Sehenswerte Fachwerkbauten findet der Besucher in Frankenberg (Eder), Bad Wildungen, Korbach, Mengeringhausen, Rhoden und vielen anderen Orten. Die Silhouette vieler Städte wird von den Türmen gotischer Hallenkirchen beherrscht: Frankenberg (Liebfrauenkirche), Bad Wildungen (Stadtkirche mit Altarbild des Konrad von Soest) und Korbach (St. Kilian mit gotischem Figurenportal und St. Nikolai mit dem Barockgrabmal des Fürsten Georg Friedrich von Waldeck). Besondere Sehenswürdigkeiten sind die frühgotische Kirche des Zisterzienserklosters Haina, die Bilder auf dem Flügelaltar der Kirche in Netze, die Schnitzaltäre in Külte, Braunau und Kleinern, der 1780 geschaffene Festsaal im Schreiberschen Haus zu Arolsen mit bedeutsamen Schnitzer- und Stukkaturarbeiten sowie das barocke Residenzschloß in Arolsen mit seinen Kunstschätzen. Empfehlenswert ist ein Besuch des Kreisheimatmuseums in Frankenberg (Eder), der Heimatmuseen in Bad Wildungen und Korbach und des Museums für hessische Militär- und Jagdgeschichte im Schloß Friedrichstein (Bad Wildungen).

Werra-Meißner-Kreis

Regierungsbezirk: Kassel. Einwohner: 117 862. Fläche: 1024 km². Einwohner je km²: 115. Kfz-Kennzeichen: ESW. Kreisverwaltung: Schloßplatz 1, 37269 Eschwege, Postfach 1540, 37255 Eschwege. Außenstelle in 37213 Witzenhausen. Verwaltungsgliederung: 16 kreisangehörige Gemeinden (Bad Sooden-Allendorf, Berkatal, Eschwege, Großalmerode, Herleshausen, Hessisch Lichtenau, Meinhard, Meißner, Neu Eichenberg, Ringgau, Sontra, Waldkappel, Wanfried, Wehretal, Weißenborn, Witzenhausen).

Wappenbeschreibung

Über einem grünen, mit einem silbernen Wellenbalken belegten Dreiberg hinter einer silbernen Flanke, darin ein neunblättriger roter Eschenzweig, in Blau eine eintürmige, rot bedachte silberne Burg.

Historische Entwicklung

Der Raum beiderseits des Hohen Meißners und entlang der Werra ist eine alte Kulturlandschaft. Seine Besiedlung reicht, wie Ausgrabungs- und Forschungsergebnisse zeigen, bis in die vorgeschichtliche Zeit zurück. Ringwälle und Fluchtburgen sind hier als Erbe zahlreicher Völkerwellen verschiedener Kulturstufen anzusehen, die in der Frühgeschichte den hessischen Raum berührt haben. Urkundliche Erwähnungen von Ortschaften reichen bis in das 8. Jh. zurück, als Karl Martell hier herrschte und einen fränkischen Königshof gründete. Ab 1292 fiel der gesamte heutige Bereich als Lehen an die hessischen Landgrafen.

Die Landkreise Eschwege und Witzenhausen als Vorgänger des Werra-Meißner-Kreises wurden 1821 durch kurfürstliches Organisationsedikt geschaffen. Das Aufgehen des Kurfürstentums Hessen 1866 in Preußen brachte keine territorialen Veränderungen. Lediglich 1971 wurde die Stadt Sontra aus dem Kreis Hersfeld-Rotenburg in den Kreis Eschwege eingegliedert.

Der heutige Werra-Meißner-Kreis entstand am 1. Januar 1974 durch den Zusammenschluß der ehemaligen selbständigen Landkreise Eschwege und Witzenhausen. Am 12. November 1976 erhielt der neue Kreis die Genehmigung zum Führen des neuen Kreiswappens. Aus dem Wappen des Kreises Eschwege entlehnte man den »sprechenden« Eschenzweig und setzte ihn aus gestalterischen Gründen in eine heraldische »Flanke«, die in der deutschen Kreisheraldik einmalig ist. Die Burg Ludwigstein stand im Witzenhäuser Kreiswappen, der Schildfuß nimmt Bezug auf den neuen Kreisnamen.

Struktur des Kreises
Sehenswürdigkeiten

Der Werra-Meißner-Kreis liegt im Nordosten des Landes Hessen. Mit der Vereinigung der beiden deutschen Staaten ist der ehemals am Rande der Bundesrepublik gelegene Kreis geografisch in die Mitte Deutschlands gerückt. Von den 327 km Kreisgrenze sind 121 km Landesgrenze zum Freistaat Thüringen. Bewaldete Höhen und landschaftlich reizvolle Gebirgstäler bestimmen den Charakter der Landschaft. Im Herzen des Kreises liegt der Hohe Meißner (754 m), »König der nordhessischen Berge« genannt, und einer der Hauptanziehungspunkte für die Besucher. Hinzu kommen die Ausläufer des Eichsfeldes, im Nordwesten Teile des Kaufunger Waldes, im Westen die Lichtenauer Hochebene und im Süden das Stölzinger und Richelsdorfer Gebirge; insgesamt ein Landkreis mit einer großen landschaftlichen Vielfalt. 75 % der gesamten Kreisfläche sind ausgewiesene Landschaftsschutz- und Naturschutzgebiete. Zu den bedeutendsten Sehenswürdigkeiten zählen: Landgrafenschloß in Eschwege (1386, Barock, Renaissance- und Rokokoelemente sind hier vereinigt); Burg Ludwigstein (1415, internationaler Jugendtreffpunkt, Jugendherberge); Schloß Nesselröden (1592); romanische Klosterkirche Germerode (1144); die Burgen Fürstenstein, Arnstein, Brandenfels (Ruine) und Boyneburg (Ruine) sowie die Schlösser Rothestein und Berlepsch. Bemerkenswerte Fachwerkbauten, alte Stadtmauern und Tortürme sind in Witzenhausen, Bad Sooden-Allendorf, Eschwege, Herleshausen und Wanfried zu sehen.

Wetteraukreis

Regierungsbezirk: Darmstadt. Einwohner: 280 000. Fläche: 1100,65 km^2. Einwohner je km^2: 229. Kfz-Kennzeichen: FB. Kreisverwaltung: Europaplatz, 61169 Friedberg, und Berliner Str. 31, 63654 Büdingen. Verwaltungsgliederung: 25 Städte und Gemeinden (Altenstadt, Bad Nauheim, Bad Vilbel, Büdingen, Butzbach, Echzell, Florstadt, Friedberg, Gedern, Glauburg, Hirzenhain, Karben, Kefenrod, Limeshain, Münzenberg, Nidda, Niddatal, Ober-Mörlen, Ortenberg, Ranstadt, Reichelsheim, Rockenberg, Rosbach v. d. Höhe, Wölfersheim, Wöllstadt).

Wappenbeschreibung

Durch einen blauen Wellenbalken geteilt; oben in Gold wachsend der schwarze, rot bewehrte Doppeladler, unten in Silber zwei rote Balken.

Historische Entwicklung

Das erste Volk, das sich auf Dauer in der Wetterau niederließ, waren die sogenannten Bandkeramiker des vierten vorchristlichen Jahrtausends. Um Christi Geburt hielten die Römer Einzug im Raum um die Wetter, bis sie sich um 260 n. Chr. angesichts der militärischen Bedrohung durch die Germanen zurückzogen. In der Stauferzeit wurde die Wetterau ein Gebiet von hoher politischer und kultureller Aktivität, da dieses reiche Land als Paßgebiet nach Nord- und Nordostdeutschland besonders bedeutsam war; bekannt ist aus dieser Zeit der Reichstag zu Gelnhausen von 1180, auf dem das Lehen des geächteten Welfenherzogs Heinrich des Löwen an treue Anhänger Friedrich Barbarossas verteilt wurde. An das Reichsland Wetterau, das gegen Ende des Mittelalters immer mehr zersplitterte, erinnert der Reichsadler im neuen Kreiswappen vom 2. Juli 1975. Die wichtigsten Herrschaften, die nun ihre Macht ausbauen konnten, waren Hessen-Kassel und Hessen-Darmstadt, die verschiedenen Solmser Linien, Isenburg, das Erzbistum Mainz, die Ganerbschaften Lindheim und Staden, die Reichsstadt Friedberg und die gleichnamige Reichsburg. Die roten »Zwillingsbalken« im Wappen des Wetteraukreises erinnern an eines dieser Geschlechter, an das Haus Isenburg-Büdingen. Der blaue Wellenbalken bezieht sich auf den Fluß Wetter, der dem zum 1. August 1972 aus den Landkreisen Friedberg und Büdingen entstandenen Wetteraukreis den Namen gab.

Struktur des Kreises
Sehenswürdigkeiten

Vor allem durch die drei Heilbäder Bad Nauheim, Bad Salzhausen (Stadtteil von Nidda) und Bad Vilbel hat der Wetteraukreis, zwischen der Hessenmetropole Frankfurt (Main) und Gießen gelegen, einen Namen. Das hessische Staatsbad Bad Nauheim kann auf eine über 130jährige Kurgeschichte zurückblicken – vormals Salzsiederdorf, heute Herzbad mit Weltruhm. Der Sommer zaubert im Ortsteil Steinfurth, der liebevoll »Rosendorf« genannt wird, Millionen von Blüten hervor. Von der trutzigen Burg Friedberg, die die gleichnamige Kreisstadt beherrscht, tut sich im Westen der Blick auf die bewaldeten Höhen des Taunus auf, die dort die Wetterau begrenzen. Nach Osten hin erstreckt sich ein sanftes Hügelland, an das sich der Vogelsberg anschließt. Durch das milde Klima bedingt, gedeiht der Obstanbau prächtig. Im Frühjahr fasziniert im Wetteraukreis vor allem die Kirschblüte. In Friedberg lohnt sich der Besuch des Wetteraumuseums. Dort und im Heuson-Museum in Büdingen vermittelt eine Vielzahl an Fundstücken aus der Zeit der Bandkeramiker (4. Jahrtausend v. Chr.), die als erste diese Gegend bewohnten, einen Einblick in ihre Lebenswelt. Neben den vielen malerischen Orten (Fachwerkbauten) dieser Region wie Nidda, Ortenberg und Butzbach ist Büdingen ein Juwel. Die Stadt wird gern das »Rothenburg ob der Tauber Hessens« genannt.

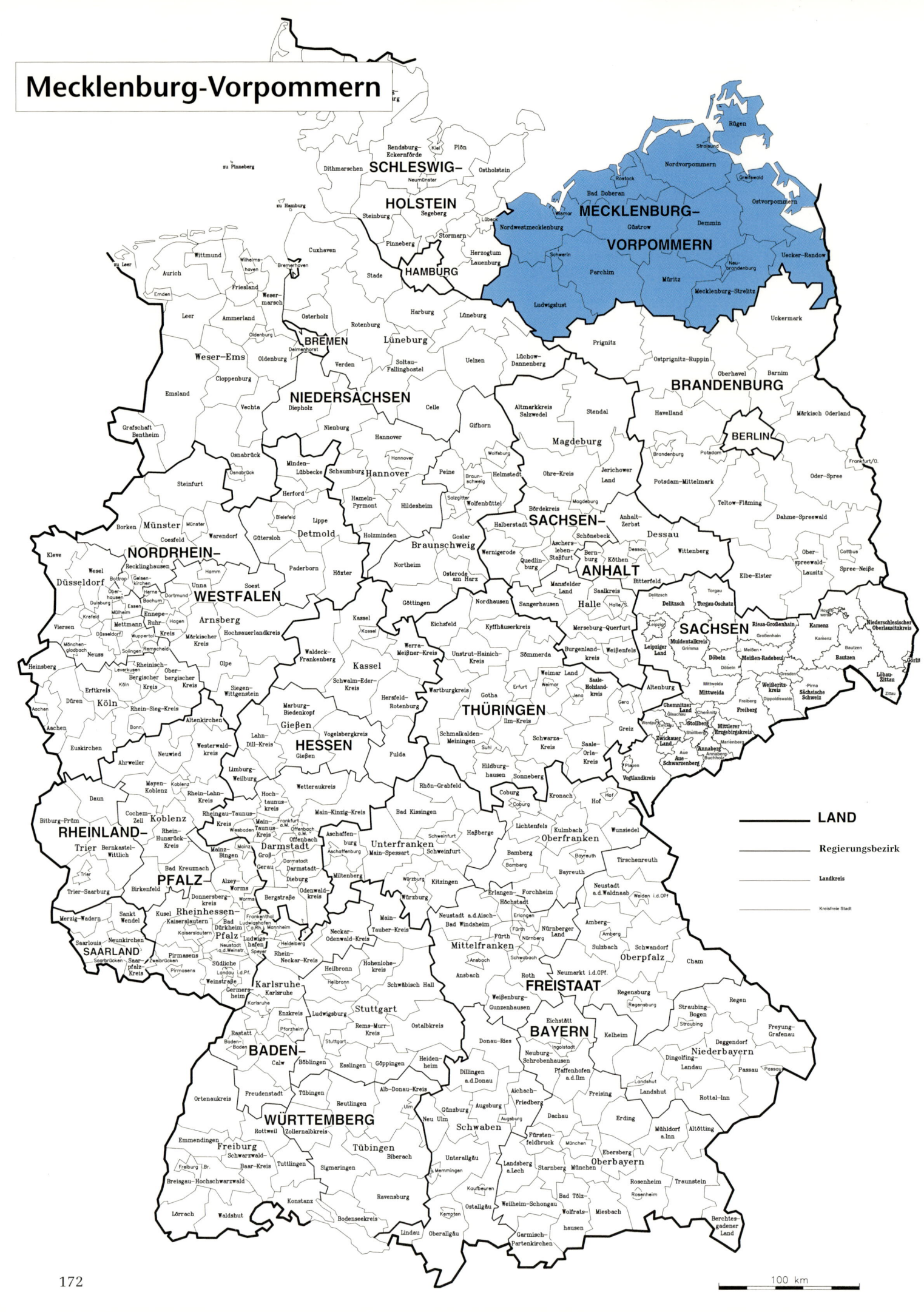

Hubert Meyer
Die Landkreise in Mecklenburg-Vorpommern

Im Zuge der »administrativ-territorialen Neugliederung« waren in der DDR im Jahr 1952 nicht nur die Eigenstaatlichkeit der Länder beseitigt und eine Bezirksstruktur eingeführt worden, vielmehr war die Zahl der Landkreise von 132 auf 217 erhöht worden. Ziel war ein verbesserter Durchgriff für die einheitliche Leitung zur Verstärkung des sozialistischen Aufbaus. Das Gesetz über die örtlichen Organe der Staatsmacht von 1957 führte den Grundsatz der doppelten Unterstellung ein. Beschlüsse der örtlichen Räte konnten danach nicht nur von den zuständigen Volksvertretungen, sondern auch von den übergeordneten Räten aufgehoben werden, wenn sie zwar formell den Gesetzen und anderen Rechtsvorschriften entsprachen, aber nur ungenügend den politischen, ökonomischen, sozialen und kulturellen Zielen und Zwecken staatlicher Leitung gerecht wurden. Nach den ersten freien Kommunalwahlen am 6. Mai 1990 erfolgte durch das Gesetz über die Selbstverwaltung der Gemeinden und Landkreise in der DDR vom 17. Mai 1990 die Wiederherstellung demokratischer Selbstverwaltungsstrukturen auch in den damals bestehenden 31 Landkreisen des heutigen Bundeslandes Mecklenburg-Vorpommern.

Eine neuerliche Zäsur für die Landkreise in Mecklenburg-Vorpommern bildete der 12. Juni 1994. Gleichzeitig mit den Neuwahlen der kommunalen Vertretungskörperschaften trat die neue Kommunalverfassung in Kraft. Insbesondere aber führte das Gesetz zur Landkreisneuordnung zur Bildung der heute bestehenden 12 Landkreise. Schließlich trat die letzte Stufe des Gesetzes zur Funktionalreform in Kraft, das zu einer weiteren Verlagerung bisher in staatlicher Regie wahrgenommener Aufgaben auf die Kreisebene führte.

Die Einwohnerzahl der Landkreise beträgt nunmehr zwischen etwa 71 000 (Müritz) und 125 000 Einwohnern (Ludwigslust). Die Flächenausdehnung erstreckt sich zwischen 973 km^2 (Rügen) und 2544 km^2 (Ludwigslust). Durchschnittlich weisen die 12 Landkreise 102 000 Einwohner bei einer Fläche von etwa 2000 km^2 auf. Die Kreissitze befinden sich durchweg im kreisangehörigen Raum. Eine Aufgabenprivilegierung größerer kreisangehöriger Städte sieht das Gesetz grundsätzlich nicht vor.

Die in der Kommunalverfassung integrierte Landkreisordnung stellt den Doppelcharakter des Landkreises als Gebietskörperschaft und als Gemeindeverband heraus. Gerade im ländlich-strukturierten Flächenbundesland kommt neben den übergemeindlichen Aufgaben den Ausgleichs- und Ergänzungsaufgaben des Landkreises zur Unterstützung der gemeindlichen Selbstverwaltungsaufgaben besondere Bedeutung zu. Ein hoher Stellenwert ist auf Kreisebene den Aufgaben des übertragenen Wirkungskreises beizumessen. Da das Land zweckmäßigerweise auf die Schaffung staatlicher Mittelbehörden verzichtet hat, wird eine Vielzahl ursprünglich staatlicher Aufgaben durch die Landkreise im übertragenen Wirkungskreis ausgeführt. Daneben ist der Landrat in einigen Bereichen noch als untere staatliche Verwaltungsbehörde tätig. Zu nennen ist insoweit insbesondere die Rechtsaufsicht über die kreisangehörigen Gemeinden und die Gemeindeprüfungsbehörde.

Die Landkreisordnung nennt als Organe lediglich den Kreistag und den Landrat. Der *Kreistag* ist das oberste Willensbildungs- und Beschlußorgan des Landkreises. Er ist für alle wichtigen Angelegenheiten des Landkreises zuständig und überwacht die Durchführung der Entscheidungen, soweit nicht eine Übertragung auf den Kreisausschuß oder den Landrat stattgefunden hat. Soweit nichts anderes bestimmt ist, ist der Kreistag oberste Dienstbehörde. Er ist ferner Dienstvorgesetzter des Landrates und der Beigeordneten, allerdings ohne Disziplinarbefugnis. Die Kreistagsmitglieder üben ihr Mandat im Rahmen des Gesetzes nach ihrer freien, nur dem Gemeinwohl verpflichteten Überzeugung aus. Der aus der Mitte des Kreistages zu wählende Vorsitzende des Kreistages vertritt den Kreistag (nicht den Landkreis) und führt die Bezeichnung Kreistagspräsident.

Zwingend ist ein Kreisausschuß zu bilden. Er koordiniert die Arbeit aller Ausschüsse des Kreistages und entscheidet in Angelegenheiten, die ihm durch Beschluß des Kreistages oder durch die Hauptsatzung übertragen worden sind. Der Kreisausschuß entscheidet ferner in dringenden Angelegenheiten, deren Erledigung nicht bis zu einer Dringlichkeitssitzung des Kreistages aufgeschoben werden können. Sind ihm Personalentscheidungen zugewiesen, entscheidet er im Einvernehmen mit dem Landrat. Stimmberechtigter Vorsitzender des Kreisausschusses ist der Landrat.

Der *Landrat* ist gesetzlicher Vertreter des Landkreises. Er leitet die Verwaltung und ist für die sachgerechte Erledigung der Aufgaben und den ordnungsgemäßen Gang der Verwaltung verantwortlich. Er ist Dienstvorgesetzter der Beamten, Angestellten und Arbeiter des Landkreises. Im eigenen Wirkungskreis des Landkreises bereitet er die Beschlüsse des Kreistages und des Kreisausschusses vor und führt sie durch. Er ist für die Geschäfte der laufenden Verwaltung zuständig. In Fällen äußerster Dringlichkeit entscheidet er anstelle des Kreisausschusses. Die Aufgaben des übertragenen Wirkungskreises führt der Landrat allein durch. Dem Landrat stehen zwei hauptamtliche Beigeordnete zur Seite, die ihn im Fall seiner Abwesenheit vertreten. Die Wahlzeit der Landräte und der Beigeordneten beträgt mindestens sieben und höchstens neun Jahre. Die bisherigen Amtsinhaber sind durch den Kreistag gewählt. Ab dem Jahr 1999 sollen die Landräte unmittelbar durch das Volk gewählt werden.

Landkreistag Mecklenburg-Vorpommern – Bertha-von-Suttner-Straße 5 – 19061 Schwerin

Landkreis Bad Doberan

Einwohner: 97 959. Fläche: 1361 km². Einwohner je km²: 72. Kfz-Kennzeichen: DBR. Kreisverwaltung: August-Bebel-Straße 3, 18209 Bad Doberan. Verwaltungsgliederung: 7 Städte, darunter 4 amtsfreie Städte (Bad Doberan, Ostseebad Kühlungsborn, Neubukow, Tessin), 1 amtsfreie Gemeinde (Graal-Müritz), 11 Ämter mit 3 Städten (Kröpelin, Ostseebad Rerik, Schwaan) und 77 Landgemeinden (Bad Döberan-Land, Carbäk, Kröpelin, Neubukow-Salzhaff, Rostocker Heide, Sanitz, Satow, Schwaan, Tessin-Land, Warnow-Ost, Warnow-West).

Wappenbeschreibung

Geteilt durch einen liegenden, mit der Krümme nach vorn und oben gekehrten silbernen Abtsstab; oben in Blau ein schreitender goldener Greif mit aufgeworfenem Schweif und ausgeschlagener roter Zunge; unten in Gold ein hersehender schwarzer Stierkopf mit geschlossenem Maul, ausgeschlagener roter Zunge und silbernen Hörnern, auf der Stirn eine goldene Fürstenkrone, von der fünf abwechselnd mit Lilien und Perlen besteckte Zinken sichtbar sind.

Historische Entwicklung

Der Landkreis Bad Doberan, der 1994 aus den ehemaligen Kreisen Rostock-Land, Bad Doberan und dem Amt Schwaan gebildet wurde, ist geprägt durch eine Tausende Jahre alte interessante Geschichte. Das beweisen zahlreiche Zeugnisse für die Besiedlung durch germanische und später slawische Bevölkerungsgruppen. Nach 1160 (Einfall Heinrichs des Löwen und Tod des letzten Obotritenfürsten Niklot) begann die Besiedlung durch deutsche Siedler, Adlige und Bauern. An die Stelle heidnischer Kulte trat das Christentum, zu dem auch Niklots Sohn Pribislav, der Begründer der mecklenburgischen Fürstendynastie, übertrat. Pribislav war es auch, der 1171 das Zisterzienserkloster in Althof gründete, das nach einem Brand 1186 in Doberan neu errichtet wurde. Mitte des 16. Jh. setzte sich in Mecklenburg die Lutherische Lehre durch, das gesamte Kircheneigentum ging in den Besitz des Landesfürsten über. Diese Entwicklung wurde zum Ausgangspunkt für die Herausbildung großer Domanialämter. Der 30jährige Krieg verwüstete die Region schwer, weitere Kriege, Brände und Seuchen hinterließen das Land ausgeplündert und verarmt. Doberan erlebte mit Gründung der Sommerresidenz der mecklenburgischen Herzöge am Heiligen Damm 1793 seine zweite Blütezeit.

Eine Verwaltungsreform des Freistaates Mecklenburg-Schwerin sorgte 1920 für die Bildung einheitlicher Ämter als Vorläufer der Landkreise. Später erfolgten weitere Gebietskorrekturen, bis dann 1933/34 die Ämter in Kreise umgewandelt wurden. Das Innenministerium hat die Wappengenehmigung am 5. Dezember 1995 erteilt. Greif und Stierkopf verweisen auf die Herrschaften von Rostock und Werle. Der Krummstab symbolisiert größere kirchliche Besitztümer in dieser Region und nimmt wie der Greif Bezug auf die Wappen der in der Kreisgebietsreform untergegangenen Kreise.

Struktur des Kreises
Sehenswürdigkeiten

Hauptanziehungspunkte für Besucher des Kreises sind das Doberaner Münster, ein als Zisterzienserkirche (um 1294 bis 1368) errichteter gotischer Backsteinbau. Heiligendamm, und die über 100 Jahre alte Schmalspurbahn »Molli«, die zum 15,4 km entfernten Ostseebad Kühlungsborn führt, sind weitere Attraktionen des Kreises. Reizvolles Urlaubsziel ist der Kreis im nördlichen Mecklenburg auch auf Grund seiner 45 km langen Ostseeküste, die sich erstreckt von dem kleinen Ostseebad Rerik im Westen über Kühlungsborn bis nach Graal-Müritz im Osten, beide vor allem sehenswert wegen ihrer typischen Bäderarchitektur. Kulturell Interessierte sollten einen Besuch in einer der schönen Dorfkirchen einplanen, auch die Naturfreunde finden reizvolle Erholungsgebiete. Empfehlenswert ist ein Besuch von Museen wie z. B. dem Bad Doberaner Möckelhaus (Bädermuseum), der Schliemann-Gedenkstätte Neubukow, dem Landschulmuseum Göldenitz und dem Ehm-Welk-Haus Bad Doberan.

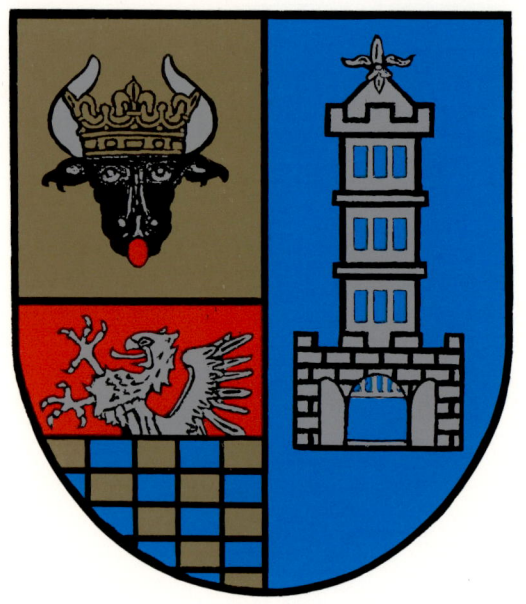

Landkreis Demmin

Einwohner: 99 508. Fläche: 1921 km². Einwohner je km²: 52. Kfz-Kennzeichen: DM. Kreisverwaltung: Adolf-Pompe-Straße 12-15, 17109 Demmin, Postfach 1254, 17102 Demmin. Verwaltungsgliederung: 7 Städte (Altentreptow, Hansestadt Demmin, Jarmen, Loitz, Malchin, Neukalen, Stavenhagen) und 9 Ämter.

Wappenbeschreibung

Halbgeteilt und gespalten; vorn oben in Gold ein hersehender schwarzer Stierkopf mit geschlossenem Maul, ausgeschlagener roter Zunge und silbernen Hörnern, auf der Stirn eine goldene Fürstenkrone, von der fünf abwechselnd mit Lilien und Perlen besteckte Zinken sichtbar sind; hinten in Blau eine schwebende, gezinnte silberne Burg mit geöffnetem begattertem Tor und einem Zinnenturm, dessen Spitzdach mit einer Lilie bekrönt ist und dessen drei Geschosse mit je drei betagleuchteten Fenstern versehen sind, vorn unten geteilt: oben in Rot ein wachsender silberner Greif, unten von Gold und Blau geschacht.

Historische Entwicklung

Der Landkreis Demmin vereinigt die Territorien der ehemaligen Landkreise Altentreptow, Demmin und Malchin. Die mecklenburgischen und die pommerschen Regionen haben in der Geschichte und der heutigen Entwicklung weitgehende Parallelen aufzuweisen. Die Besiedlung durch slawische Volksstämme reicht bis ins 6. Jh. zurück. Die urkundlichen Ersterwähnungen der Orte zwischen 1170 und 1330 zeigen die relativ dichte Besiedlung.

Der neue Landkreis erfaßt auch die ehemalige pommersche Enklave im Kreis Malchin. So wurde die Stadt Stavenhagen, an der Straße zwischen Neubrandenburg und Malchin gelegen, unter herzoglich pommerscher Herrschaft gegründet. Das Stadtsiegel zeigte noch bis ins 17. Jh. den Greif, bis er durch den schwarzen Stierkopf der mecklenburgischen Fürsten von Werle abgelöst wurde. Sowohl die mecklenburgischen als auch die pommerschen Fürstenhäuser wählten als Wappentiere starke und mutige Tiere: den Stier als Sinnbild für Kraft, Wehrhaftigkeit und Bodenständigkeit sowie den aus Adler und Löwen zusammengesetzten Greif als Sinnbild für Mut, Tapferkeit und Besitztum (im niederdeutschen Sprachraum auch griepen = zufassen).

Das Kreiswappen fand am 8. Juni 1995 Aufnahme in die Wappenrolle des Landes. Der werlesche Stierkopf sowie Greif und Schach des Herzogtums Pommern-Wolgast symbolisieren einerseits die geschichtsträchtige Vergangenheit, andererseits drücken sie das gleichberechtigte Miteinander der Mecklenburger und Pommeraner im Landkreis aus. Die silberne Burg wurde aus dem Stadtwappen der Kreisstadt entliehen. Sie soll auch die Backsteinbaudenkmäler und Wehranlagen in den Kommunen repräsentieren. Das offene Tor der Burg versinnbildlicht die Gastfreundlichkeit der Gemeinden gegenüber Touristen und Gästen. Die Tinkturen symbolisieren die Landesfarben Mecklenburgs und Vorpommerns.

Struktur des Kreises Sehenswürdigkeiten

Der Landkreis Demmin ist ein Teil der Mecklenburgischen Schweiz, deren reizvolle Landschaft den Menschen dieser Region und ihren Besuchern reichhaltige Naturschönheiten aufgrund der großen Wälder, weiten Felder und der vielen schönen Seen bietet. Als herrliche Urlaubsidylle zeigt sich der Kummerower See, der mit einer Gesamtfläche von 33 km² der viertgrößte in Mecklenburg-Vorpommern ist. Die Deutsche Alleenstraße führt ebenso durch den Landkreis wie die drei Flüsse Peene, Tollense und Trebel, deren Überquerung oft auf historischen Brücken erfolgt. So gibt es in der Stadt Loitz eine Drehbrücke, die von Hand betätigt wird und in ihrer Art wohl einmalig in Europa ist. Erwähnenswert sind neben den Bemühungen, die alten Stadtkerne wieder im alten Glanz herzurichten, die zahlreichen Naturdenkmäler und baulichen Sehenswürdigkeiten. Hierzu zählen u. a. die Klosterruine Dargun (1172), die gotische Kirche von Basedow mit ihrer 300jährigen Barockorgel, dem dortigen Schloß mit dem ausgedehnten Park, eine Gartenschöpfung von Peter Josef Lenné zwischen 1835 und 1852. Für den Bekanntheitswert der St.-Bartholomaei-Kirche in Demmin (Ursprung im 14. Jh.) tragen neben der Schönheit der Architektur die Klänge aus der 1817 gebauten Orgel mit den rund 30 Pfeifen bei. Sehenswert ist auch das Herrenhaus (1860) in Kittendorf. Vor dem Geburtshaus des niederdeutschen Dichters Fritz Reuter, dem spätbarocken Rathaus der Stadt Stavenhagen, wurde ihm zu Ehren ein Bronzedenkmal aufgestellt. Im Literaturmuseum kann man Einblick in seine Werke erhalten oder an Lesungen teilnehmen. Unter den Naturschönheiten in Mecklenburg-Vorpommern stehen die Ivenacker Eichen mit an oberster Stelle.

Landkreis Güstrow

Einwohner: 116 900. Fläche: 2057,6 km². Einwohner je km²: 57. Kfz-Kennzeichen: GÜ. Kreisverwaltung: Klosterhof 1, 18273 Güstrow. Verwaltungsgliederung: 4 Städte (Bützow, Güstrow, Laage, Teterow), 9 Ämter (Güstrow-Land mit 15 Gemeinden, Laage-Land/10, Lalendorf/5, Krakow am See/6 und 1 Stadt, Gnoien/10, Jördenstorf/11, Teterow-Land/9, Bützow-Land/16, Steintanz-Warnowtal/12).

Die Entscheidung über das Kreiswappen steht noch aus.

Historische Entwicklung

Die frühe germanische und slawische Besiedelung der Region ist durch zahlreiche Sachzeugen belegt. Besondere Bedeutung in der Geschichte des Landes kommt Güstrow und Bützow durch die Gründung der Kollegiatsstifter 1226 bzw. 1248 zu, die die Errichtung der auch als Dome bezeichneten Stiftskirchen nach sich zog. Die günstige Lage an Handelsstraßen beschleunigte das Wachstum der Stadt Güstrow, in der Anfang des 14. Jh. die Landesherrn eine Burg anlegten. Von 1556 bis 1695 war Güstrow Residenz des Herzogtums Mecklenburg-Güstrow, das danach an die Schweriner Hauptlinie fiel. Seit dem 13. Jh. residierten in Bützow als Mittelpunkt des Stiftslandes die Bischöfe von Schwerin. Nach der Reformation bestand das durch Administratoren verwaltete Ländchen weiter bis 1648 und kam dann zu Mecklenburg-Schwerin. Teterow gehört zu den um 1200 durch deutsche Siedler vollzogenen Stadtgründungen.
Der heutige, noch wappenlose Landkreis Güstrow umfaßt annähernd wieder das Gebiet des in den zwanziger Jahren unseres Jahrhunderts nach Auflösung der Ämter begründeten Kreises. Dieser war 1952 nach Schaffung der Bezirke in die damaligen Kreise Güstrow, Bützow und Teterow unterteilt worden.

Struktur des Kreises
Sehenswürdigkeiten

Die Landschaft im Landkreis ist eiszeitlich markant geprägt. Weite Teile liegen in der landschaftlich außerordentlich reizvollen Mecklenburgischen Schweiz. Das Nebel- und das Warnowtal als Urstromtäler gehören zu den schönsten Gebieten in Mecklenburg.
Neben den Stiftskirchen in Güstrow und Bützow dürfen auch die Stadtpfarrkirchen in Güstrow und Teterow zu den bedeutenden Sakralbauten des Mittelalters in Mecklenburg gezählt werden. Von besonderer Aussage innerhalb der zahlreichen Dorfkirchen mit z. T. reicher Ausstattung sind die Feldsteinkirchen des 13. Jh. in Neukirchen und Bellin. Bemerkenswerte Wandmalereien befinden sich in den Kirchen zu Altkalen, Walkendorf oder Hohen Sprenz. Das Schloß in Güstrow (1558 bis 1594) stellt eine der wichtigsten Renaissancebauten in Norddeutschland dar, wobei die herausgehobene architektonische Gestaltung in den Innenräumen Entsprechung erfährt.
Die einzige Renaissancekirche in Mecklenburg befindet sich in Bristow (1597).
Einzig in seiner Art ist der früheste barocke Schloßbau in Mecklenburg, Schloß Rossewitz (1657 bis 1680). Unter zahlreichen barocken und klassizistischen Schlössern und Herrensitzen mit z. T. umfangreichen Wirtschaftsanlagen sind besonders Prebberede, Vietgest und Burg Schlitz mit ausgedehntem Landschaftspark von großem Reiz.
Die Stadt Güstrow (Stadtrecht 1228) mit fast unverändertem Stadtgrundriß birgt bemerkenswerte Bürgerhäuser vom 16. bis ins 20. Jh. Der Marktplatz ist einer der schönsten Mecklenburgs. Hier wirkte Ernst Barlach (Gedenkstätte). Von besonderer Aussage sind die ehemalige Synagoge in Krakow am See und das dem Nationalökonomen und fortschrittlichen Landwirt Johann Heinrich von Thünen gewidmete Museum in Tellow.

Landkreis Ludwigslust

Die Entscheidung über das Kreiswappen steht noch aus.

Einwohner: 126 198. Fläche: 2517 km². Einwohner je km²: 50. Kfz-Kennzeichen: LWL. Kreisverwaltung: Alexandrinenplatz 5/6, 19288 Ludwigslust, Postfach, 19285 Ludwigslust. Verwaltungsgliederung: 5 amtsfreie Städte (Boizenburg, Grabow, Hagenow, Ludwigslust, Wittenburg) und 13 Ämter (Boizenburg-Land, Dömitz, Grabow-Land, Hagenow-Land, Ludwigslust-Land, Lübtheen, Malliß, Neustadt-Glewe, Rastow, Stralendorf, Vellahn, Wittenberg-Land, Zarrentin).

Historische Entwicklung

Im Norden grenzt der Landkreis an die Landeshauptstadt Schwerin und den Landkreis Nordwestmecklenburg, im Osten an den Landkreis Parchim und das Bundesland Brandenburg, im Süden an Niedersachsen und im Westen an Schleswig-Holstein. Stein-, bronze- und eisenzeitliche Grabstätten belegen die frühe Besiedlung des Kreisgebietes. Bereits um 500 v. Chr. wurde in germanischer Zeit hier Raseneisenstein verhüttet. Die Germanen verließen mit der Völkerwanderung das Gebiet, und erst im 7. Jh. besiedelten slawische Stämme das nahezu menschenleere Land. 1160 eroberte der Sachsenherzog Heinrich der Löwe das Land. Die teilweise Verdrängung der Slawen und die deutsche Besiedlung aus Niedersachsen und Westfalen begannen. Es kam zu Städtegründungen (Wittenburg 1226, Grabow 1252, Boizenburg 1255, Dömitz 1259). Das Gebiet wurde in die Grafschaften Dannenberg, Ratzeburg und Schwerin geteilt. Seit dem 14. Jh. zu Mecklenburg gehörend, war das Kreisgebiet in herzogliche Vogteien geteilt. Aus den mittelalterlichen Vogteien entwickelten sich Ämter, deren Einteilung und räumlicher Umfang sich im Laufe der Zeit mehrfach änderte. Zur Vereinfachung der Verwaltung brachte die Amtsordnung von 1920 die Einteilung des Kreisgebietes in die Ämter Boizenburg, Grabow, Hagenow und Neustadt, aus denen 1925 die Ämter Hagenow und Ludwigslust gebildet wurden, seit 1933 mit der Bezeichnung »Kreis«. Mit der Kommunalwahl 1994 trat das Landkreisneuordnungsgesetz in Kraft. Der Landkreis Ludwigslust wurde gebildet aus den Altkreisen Hagenow und Ludwigslust sowie den beiden zum Kreis Schwerin-Land gehörenden Ämtern Rastow und Stralendorf. Kreisstadt ist seit dem 12. Juni 1994 Ludwigslust. Bislang führt der Kreis noch kein Wappen.

Struktur des Kreises Sehenswürdigkeiten

Charakteristische Landschaften sind die Schaalsee-Region mit dem tiefsten See (72 m) der norddeutschen Ebene, der »Naturpark Mecklenburgisches Elbetal«, die tellerebene Fläche der großen Wiese Lewitz sowie die Heidelandschaft der mit ausgedehnten Kiefernforsten bestandenen Griesen-Gegend. An Sehenswürdigkeiten finden sich in den Dörfern das Niederdeutsche Hallenhaus (Laupin), bemerkenswerte mittelalterliche Kirchen (Körchow, Sülstorf) und barocke und klassizistische Gutshäuser (Dreilützow, Lehsen). Reste mittelalterlicher Wehrbauten sind in Wittenburg und Neustadt-Glewe (Burg) erhalten geblieben, während die Festung Dömitz (1565) heute die einzige in der ursprünglichen Form erhaltene Flachlandfestung Norddeutschlands ist. In Zarrentin sind Reste des Zisterzienserklosters erhalten, und aus dem Anfang des 18. Jh. stammen die Innenstädte mit Fachwerkbebauung und schmucken Rathäusern in Boizenburg und Grabow.

Hagenow besitzt einen der schönsten Bahnhöfe (1846) Mecklenburgs, und in Ludwigslust dominieren die Bauten der herzoglichen Residenz (Kirche mit größtem Altargemälde Europas 1770, Schloß 1776, Backsteinhäuser der Schloßstraße und klassizistische Bauten). Der Schloßpark ist mit 120 ha der größte des Landes. Frühzeitig entwickelten sich wirtschaftliche Schwerpunkte. Durch Eisenverhüttung, Leder- und Papierherstellung (Neustadt-Glewe, Neu Kaliß) wurde der Landkreis zur ersten Industrieecke Mecklenburgs. Gewerbezentren des Schiff- und Maschinenbaus, der Keramik-, Lebensmittel-, Baustoff- und Papierproduktion sind heute Boizenburg, Zarrentin, Wittenburg, Hagenow, Ludwigslust, Neustadt-Glewe, Grabow, Malliß und Neu Kaliß.

Landkreis Mecklenburg-Strelitz

Einwohner: 84 369.
Fläche: 2089 km².
Einwohner je km²: 40,4.
Kfz-Kennzeichen: MST.
Kreisverwaltung: Woldegker Chaussee 35, 17235 Neustrelitz.
Verwaltungsgliederung: 7 Städte (Burg Stargard, Feldberg, Friedland, Mirow, Neustrelitz, Wesenberg, Woldegk) und 9 Ämter mit 81 Gemeinden.

Die Entscheidung über das Kreiswappen steht noch aus.

Historische Entwicklung

Die Geschichte des 1994 aus den Altkreisen Neubrandenburg und Neustrelitz entstandenen Großlandkreises Mecklenburg-Strelitz ist eng verbunden mit dem gleichnamigen Herzogtum. Dessen eigenständige Geschichte begann im Jahre 1701 als Ergebnis der letzten Teilungen Mecklenburgs. Nach mehrjährigen Erbschaftsstreitigkeiten erfolgte durch den »Hamburger Vergleich« die Aufteilung der Ländereien auf die Herzogtümer Mecklenburg-Schwerin und Mecklenburg-Strelitz. Letzterem wurde als Exklave das Fürstentum Ratzeburg zugesprochen.

Mecklenburg-Strelitz konnte auf keine bedeutenden Reichtümer zurückgreifen und existierte eher bescheiden von der Land- und Forstwirtschaft sowie dem Handwerk in den wenigen Städten des Landes. Als 1712 das Residenzschloß in Strelitz abbrannte, ließ sich Adolf Friedrich III., Nachfolger des Landesgründers, seine neue Residenz am Zierker See ausbauen. Damit verbunden war die Ansiedlung von Gewerbe, Wohn- und Geschäftshäusern und die dynamische Entwicklung der Stadt. Adolf Friedrich IV. war der erste Herzog, in dessen Regierungszeit das Land eine Blüte erlebte. In den Werken des Heimatschriftstellers Fritz Reuter (1810 bis 1874) wurde er als »Dorchläuchting« berühmt. Seine letzte Ruhestätte befindet sich in der Fürstengruft in der Mirower Kirche.
Während der französischen Fremdherrschaft machte eine Prinzessin von Mecklenburg-Strelitz als preußische Königin Luise von sich reden. Sie starb, erst 34jährig, 1810 im Schloß Hohenzieritz. Unter Großherzog Georg, der ein großer Kunstfreund war, entwickelte sich die Residenzstadt zum Zentrum von Kunst und Kultur im Lande.
Das neue Landkreiswappen befindet sich noch in der Genehmigungsphase.

Struktur des Kreises
Sehenswürdigkeiten

Ein landschaftliches Charakteristikum des Landkreises sind die über 360 größeren Seen zwischen Feldern, Weiden und Mischwäldern mit den mehrhundertjährigen Buchen in den »Heiligen Hallen«, dem größten zusammenhängenden Buchenwaldgebiet Europas, bei Feldberg. Diese Landschaft bedingte die geringe Besiedlung und ermöglichte dadurch, daß sich eine nahezu einzigartige Tier- und Pflanzenwelt erhalten hat. Mit über 30 Brutpaaren des Fischadlers hat der Landkreis dessen höchste Brutdichte in ganz Europa. Auch den mächtigen Seeadler kann man vielerorts beobachten. In einem ausgedehnten Netz von Naturschutzgebieten und Flächennaturdenkmalen findet man eine reiche Pflanzenwelt, in der besonders die Orchideenarten Beachtung finden. Neustrelitz ist eine der wenigen barocken Stadtgründungen des 18. Jh. Die Stadtkirche am Markt (1768 bis 1778) erhielt 1831 den Anbau des 45 m hohen Turms, von dem man einen eindrucksvollen Rundblick auf Stadt und seen- und waldreiche Umgebung hat. Anziehungspunkte: der Stadtpark (ehemaliger Schloßpark), der Hebetempel, die Gedenkhalle für Königin Luise und die Orangerie sowie außerhalb des Parks der Tierpark und sehenswerte Bauten in der Stadt.
Die ehemalige Residenzstadt Mirow geht auf eine Gründung des Johanniterordens aus dem Jahre 1227 zurück (sehenswert das Torhaus von 1588). Burg Stargard führt ihren Namen nach der ältesten noch erhaltenen Burganlage Mecklenburgs. Friedland mit Teilen der mittelalterlichen Befestigungsanlage, dem Fangelturm, der Schmalspurbahn-Ausstellung im beachtenswerten Heimatmuseum lohnt einen Besuch. Nur 3 km entfernt von Mirow liegt das dendrologische »Erbsland«, eine vor 100 Jahren angelegte Anlage mit ausländischen, exotischen Baumarten.

Landkreis Müritz

Einwohner: 71 000.
Fläche: 1714 km².
Einwohner je km²: 41,4.
Kfz-Kennzeichen: MÜR.
Kreisverwaltung: Kietzstraße 10-11, 17192 Waren.
Verwaltungsgliederung: 4 Städte (Malchow, Penzlin, Röbel, Waren) und 7 Ämter (Penzlin, Malchow-Land, Moltzow, Möllenhagen, Rechlin, Röbel-Land, Waren-Land) mit insgesamt 75 Gemeinden.

Wappenbeschreibung

Über einem vierfach gezinnten roten Mauerschildfuß mit offenem Tor, darin silbergewelltes blaues Wasser, von Gold und Blau gespalten; vorn ein hersehender schwarzer Stierkopf mit silbernen Hörnern, geschlossenem Maul, ausgeschlagener roter Zunge und goldener Krone, die fünf abwechselnd mit Lilien und Perlen bestickte Zinken zeigt; hinten ein silberner Fischadler mit geschlossenem Flug und einem silbernen Fisch in den Fängen.

Historische Entwicklung

Der Landkreis entstand am 12. Juni 1994 aus den ehemaligen Kreisen Röbel (Müritz) und Waren, ferner aus einzelnen Gemeinden der Kreise Malchin und Neustrelitz. Das neue Kreiswappen vom 20. März 1995 vereint mehrere Elemente. Der gekrönte Werlesche Stierkopf symbolisiert den geschichtlichen Ursprung der vier Städte im Kreisgebiet, auf deren Anzahl zugleich mit dem vierfach gezinnten Mauertor hingewiesen wird. Der Fischadler stellt die schützenswerte Natur dar, die Wellen bringen die Seenlandschaft in Erinnerung.
Die Stadt Waren, alter und neuer Kreissitz, war von ihren Gründern in der Nähe eines slawischen Dorfes am Berührpunkt einer Handelsstraße mit dem Müritzsee angelegt worden. Die Oberhoheit übten die Fürsten von Werle aus, deren Residenz Waren von 1347 bis 1425 war. Im Jahre 1840 zählte die Ackerbürgerstadt knapp 4700 Einwohner und erwuchs allmählich zu einem durch Eisenbahnanbindungen gut erschlossenen Erholungsort inmitten der Mecklenburgischen Seenplatte.
Röbel (Müritz) ging ebenfalls aus einer Slawensiedlung hervor. Die dazugehörige Burg wurde 1226 das erste Mal genannt. Fürst Nicolaus von Werle verlieh der von Handwerkern dominierten »Neuen Stadt Röbel« die Schweriner Stadtrechte, während Alt-Röbel von Fischern und Bauern geprägt war. Ein Kuriosum stellte die Tatsache dar, daß die Stadt zu zwei Bistümern gehörte: Alt-Röbel mit der 1250 errichteten Marienkirche war dem Bistum Schwerin untertan, Neu-Röbel mit der Nikolaikirche gehörte hingegen zum Bistum Havelberg. So grenzte sich die Neustadt sogar durch eine Stadtmauer von Alt-Röbel ab, deren Reste heute noch erkennbar sind.

Struktur des Kreises
Sehenswürdigkeiten

Im Herzen der Mecklenburgischen Seenplatte liegt der Müritzkreis als eine unverbrauchte Naturlandschaft mit reichem Waldbestand und schöner Seenlandschaft mit über 150 Seen von mehr als 1 ha Größe. Man stößt im Kreis auf viele frühgeschichtliche Bodendenkmale. Die Herausbildung von Industriebetrieben hat ihre Wurzeln vorrangig in der Gutsstruktur der Landwirtschaft. Sie prägte auch die handwerkliche Entwicklung. Der unabhängige industrielle Aufbau setzte nach 1950 ein. Inzwischen hat der marktwirtschaftliche Strukturwandel seit 1990 die Wirtschaft bestimmt. Aus ehemaligen Staatsjagdgebieten entstanden der Naturpark Nossentiner/Schwinzer Heide und der Müritz-Nationalpark als eines der letzten Rückzugsgebiete für Großvögel mit seinem Reichtum von 240 Vogelarten, 700 Farn- und Blütenpflanzenarten sowie über 800 Schmetterlings- und Libellenarten.
Die Kreisstadt Waren wurde im 13. Jh. gegründet. Sie liegt an der Müritz, dem größten Binnensee Deutschlands. Ein lohnendes Besuchsziel ist das Müritz-Museum mit seinem als Vogelpark gestalteten Tiergarten und dem Müritz-Aquarium. In Waren findet jeweils im Juli ein Gartenfest statt.
Malchow, dessen historische Altstadt auf einer Insel erbaut wurde, ist mit einer Drehbrücke und einem aufgeschütteten Erddamm mit dem Festland verbunden. Diese malerische Fremdenverkehrsstadt weist etliche Sehenswürdigkeiten auf: u. a. die Klosteranlage aus dem Jahre 1298 und Fachwerkgebäude aus dem 18. und 19. Jh. Das »Agrarhistorische Museum« in Alt-Schwerin zieht ebenso wie das Heinrich-Schliemann-Museum in Ankershagen viele Besucher an.
Röbel mit der frühgotischen St.-Marien-Kirche, der Backsteinhallenkirche St. Nicolai und dem Eisenbahnmuseum verdient einen Besuch.

Landkreis Nordvorpommern

Einwohner: 118 700. Fläche: 2167 km². Einwohner je km²: 54. Kfz-Kennzeichen: NVP. Kreisverwaltung: Bahnhofstraße 12/13, 18507 Grimmen. Verwaltungsgliederung: 3 amtsfreie Städte (Barth, Grimmen, Ribnitz-Damgarten), amtsfreie Gemeinde Ostseebad Zingst sowie die Ämter (Verwaltungsgemeinschaften) Ahrenshagen, Altenpleen, Bad Sülze, Barth-Land, Darß/Fischland, Franzburg-Richtenberg, Kronskamp, Marlow, Miltzow, Niepars, Süderholz, Trebeltal, Tribsees.

Die Entscheidung über das Kreiswappen steht noch aus.

Historische Entwicklung

Der Landkreis Nordvorpommern entstand 1994 aus den einstigen Landkreisen Grimmen, Stralsund und Ribnitz-Damgarten. Sein Wappen befindet sich noch in der Entwurfsphase. Die Städte des Landkreises wurden im Rahmen der Ostkolonisation im 12. und 13. Jh. planmäßig an strategisch günstigen Stellen angelegt. Als Standorte wurden Kreuzungen an wichtigen Handelswegen, Flußübergänge oder Küstenstandorte mit günstigen Hafenbedingungen gewählt.

Struktur des Kreises
Sehenswürdigkeiten

Der Landkreis reicht westlich bis in die Nähe der Hansestadt Rostock, umschließt die Hansestadt Stralsund und dehnt sich östlich bis in die Nähe der Hansestadt Greifswald aus. Mehr als die Hälfte des Kreisgebiets ist landwirtschaftlich genutzt. Aber auch der Maschinenbau, der Schiffbau, die Möbelindustrie und andere Holzverarbeitung haben neben Handwerk und Handel Tradition im Landkreis. Mit seinen Ostseebädern spielt der Landkreis im Tourismus des Landes eine bedeutende Rolle, wobei die reizvolle Landschaft und die idealen Bade- und Wassersportmöglichkeiten alljährlich Tausende Besucher anziehen. In den Ostseebädern entstanden und entstehen Reha-Kliniken. Die Ortschaften der Halbinsel Fischland-Darß-Zingst blicken auf eine hundertjährige Geschichte als Seebad, Erholungsort oder Künstlerkolonie zurück. Dennoch haben sich die ehemaligen Bauern-, Seefahrer- und Fischerdörfer ihr typisches Gesicht bewahrt. Seemannskirchen, alte Kapitänshäuser, reedgedeckte Häuser mit Krüppelwalmdach und die Hafenanlagen prägen nach wie vor die Ortsbilder der Gemeinden.

Einen Besuch lohnt das Bernsteinmuseum in Ribnitz-Damgarten, der Denkmalhof in Klockenhagen oder die Heimatmuseen und -stuben in Wustrow, Prerow, Zingst und Bodstedt. Von den historischen Bauten seien in Grimmen die gotische Stadtkirche St. Marien mit Rats- und Zunftgestühl (16. Jh.) und das Rathaus (14. Jh.) genannt, ferner in Barth der mächtige gotische Backsteinbau der Marienkirche (erste Erwähnung 1314, 1856 restauriert). In einer bedeutenden kirchenwissenschaftlichen Sammlung wird hier eines der letzten Exemplare der 1558 in Barth gedruckten niederdeutschen Bibeln aufbewahrt. Schließlich sei die Klosterkirche in Ribnitz-Damgarten (um 1400) mit ihren spätgotischen Tafelgemälden und dem Triumphkreuz genannt. Diese und andere Bauwerke wie auch die 1267 erstmals urkundlich erwähnte Siedlung am Flüßchen Trebel mit ihrem Rathaus (14. Jh.), den drei gleichalten Stadttoren und der Marienkirche aus dem 13. Jh. künden vom Aufblühen des Handels und der Kultur im Mittelalter.

Aus Backstein errichtete Pfarrkirchen, vormalige Klosteranlagen, stattliche Rathäuser und Stadttore zeugen noch heute vom Aufblühen des Handels und der Kultur im Mittelalter.
Ein gutes Beispiel für eine typische vorpommersche Kleinstadt ist die Kreisstadt Grimmen, eine 1267 erstmals urkundlich erwähnte Siedlung am Flüßchen Trebel. Die mit lübischem Recht ausgestattete Niederlassung unterstand um 1300 den Fürsten von Rügen, fiel 1354 an das Herzogtum Pommern und wurde zum Ende des Dreißigjährigen Krieges schwedisch. 1815 gelangte Grimmen zum Königreich Preußen. Die Ortschaft teilte somit das Schicksal mit zahlreichen anderen pommerschen Ansiedlungen wie etwa Ribnitz-Damgarten und führt wie diese einen Greifen im Stadtwappen.

Landkreis Nordwestmecklenburg

Die Entscheidung über das Kreiswappen steht noch aus.

Einwohner: 110 000. Fläche: 2073 km². Einwohner je km²: 53. Kfz-Kennzeichen: NWM. Kreisverwaltung: Börzower Weg 1, 23936 Grevesmühlen, Postfach 1272, 23932 Grevesmühlen. Verwaltungsgliederung: 8 Städte (Dassow, Gadebusch, Grevesmühlen, Klütz, Neukloster, Rehna, Schönberg, Warin) und 109 Gemeinden.

Historische Entwicklung

Mit der Völkerwanderung ergriff der slawische Stamm der Obotriten Besitz dieses Landstrichs und gründete Siedlungen wie etwa die vor der Wismarer Bucht liegende Hauptburg Wiligrad. Am 10. September 995 siegelte der deutsche König Otto III. eine Urkunde mit der Ortsangabe »Michelenburg«, was so viel wie »große Burg« bedeutet. Damit schlug vor genau tausend Jahren die Geburtsstunde des heutigen Landes Mecklenburg-Vorpommern. Eine äußerst wechselvolle Geschichte sollte folgen. Heinrich der Löwe eroberte 1160 das Land der Obotriten, Grafschaften und Bischofssitze wechselten die Besitzer, Städte wurden gegründet und mit Stadtrecht belehnt: Gadebusch 1225 (eine slawisch-deutsche Siedlung), Grevesmühlen 1226 (ein Handelsort), Warin 1233 (Bischofssitz), Neukloster 1219 (Kloster), Schönberg 1219 (Bauerndorf).

Später entstanden das reichsunmittelbare Bistum Ratzeburg und die Grafschaft Schwerin, aus der das Herzogtum Mecklenburg hervorgehen sollte. Mit dem Westfälischen Frieden von 1648 erlangten auch die Schweden Grund und Boden im Mecklenburgischen. Schließlich wurden zum Neujahrstag des Jahres 1934 die Länder Mecklenburg-Schwerin und Mecklenburg-Strelitz wieder vereint; Schönberg und Wismar wurden damit Kreisstädte.

Die deutsche Einheit brachte in ihrem Gefolge die am Tag der Kreistagswahlen, dem 12. Juni 1994, wirksam werdende Kreisgebietsreform. Zum Landkreis Nordwestmecklenburg schlossen sich die Kreise Gadebusch, Grevesmühlen, Wismar sowie Gemeinden aus den Kreisen Schwerin und Sternberg zusammen. Eine Entscheidung über das zukünftige Kreiswappen steht noch aus.

Struktur des Kreises Sehenswürdigkeiten

Das Wesentliche dieser Region im Nordwesten Mecklenburgs kann man ganz einfach so beschreiben: »Motivierte Menschen, beeindruckende Natur, mittelalterliche Kleinstädte, idyllische Dörfer, ausgedehnte Alleen, markante Steilufer, interessante Spuren der Geschichte, reizvolle Schlösser und Gutshäuser, optimale Möglichkeiten für die Ansiedlung zukunftsorientierter Unternehmen...« Tatsächlich ist dieser Landkreis durch die Wiedervereinigung aus seiner Schattenlage befreit. Aber nicht nur der Ausbau einer Region mit attraktiven Wirtschaftsstandorten ist festzustellen, auch die Erschließung des Gebietes für den Tourismus, so Harkensee, Klütz oder das Ostseebad Boltenhagen. In der 1262 erstmals erwähnten Kreisstadt Grevesmühlen wurde das sehenswerte Rathaus umfassend saniert, das seit 1952 Sitz der sowjetrussischen Garnison war. Auch die frühgotische Backsteinkirche St. Nikolai (13. Jh.) mit ihrem romanischen Taufstein ist sehenswert. Die größte barocke Schloßanlage Mecklenburgs, Schloß Bothmer (1732), befindet sich in Klütz. Das Künstlerhaus Schloß Plüschow (1763) bei Grevesmühlen hat bereits einen guten Ruf als Ausstellungs- und Arbeitsstätte für Künstler. Das einzige Wasserschloß Mecklenburgs steht in Johannstorf bei Dassow (1743). Eine Attraktion ist die neue Seebrücke in Boltenhagen. Beeindruckend sind die sich abwechselnden Steilufer und breiten Sandstrände des 113 km langen Küstenstreifens, der im früheren Sperrgebiet unberührt blieb. Zu den ökologisch wertvollen und die Landschaft prägenden Gebieten gehören die Naturschutzgebiete Stepenitz-Maurine-Niederung, Hakenbäkniederung mit Deipsee, der Brooker Wald als Küstenbuchenwald, Strepenitz- und Radegasttal, das Kuhlrader und Schönwalder Moor. Von den archäologischen Zeugen seien die Hünengräber, Teufelsbackofen und das sagenumwobene Riesengrab im Everstorfer Forst nahe Grevesmühlen genannt.

Landkreis Ostvorpommern

Einwohner: 117 103. Fläche: 1940 km². Einwohner je km²: 60. Kfz-Kennzeichen: OVP. Kreisverwaltung: Demminer Straße 71-74, 17389 Anklam. Verwaltungsgliederung: 5 Städte (Anklam, Gützkow, Lassan, Usedom, Wolgast), 4 amtsfreie Städte und Gemeinden sowie 14 Ämter (Ducherow, Gutzkow, Landhagen, Ahlbeck, Schmollensee, An der Peenemündung, Insel Usedom-Mitte, Krien, Lubmin, Spantekow, Usedom-Süd, Wolgast-Land, Ziethen, Züssen).

Die Entscheidung über das Kreiswappen steht noch aus.

Historische Entwicklung

Rechtsvorläufer des Landkreises Ostvorpommern waren die Landkreise Anklam, Greifswald und Wolgast. Ein Kreiswappen wird noch nicht geführt. Die Stadt Wolgast war von 1295 bis 1625 Sitz der Herzöge von Pommern-Wolgast. Mit der Christianisierung ab 1128 durch den Missionsbischof Otto von Bamberg hatte sich hier eine reichhaltige Siedlungsstruktur mit Klöstern in Pudagla und Krummin, Schlössern in Mellenthin, Pudagla und Wolgast, ferner zahlreichen Herrenhäusern entwickelt. Die frühere Hansestadt Anklam, heute Sitz der Kreisverwaltung, ist urkundlich seit 1243 faßbar und verdankt ihren Aufstieg dem Zugang zur Ostsee und dem großen norddeutschen Landweg. Sie war eine bedeutende Immediatstadt und damit unmittelbar dem pommerschen Herzogshaus unterstellt.
Mit Ende des Dreißigjährigen Krieges gelangte das spätere Vorpommern unter schwedische Herrschaft, das östlich der Oder befindliche Hinterpommern wurde brandenburgisch. Doch gelang es dem Kurfürsten von Brandenburg ab dem Ersten Nordischen Krieg (1655 bis 60), das schwedische Einflußgebiet bis an den Lauf der Peene zurückzudrängen. Mit dem Wiener Kongreß von 1815 fiel auch der schwedische Restbesitz in Pommern an das Königreich Preußen. Der Landkreis Greifswald entstand, als 1806 das damalige Schwedisch-Vorpommern durch königliche Verordnung in Ämter, seit 1810 Kreise genannt, eingeteilt wurde. Es war die Zeit, als unter schwedischer Verfassung die Leibeigenschaft aufgehoben, ritterschaftliche Rechte eingeschränkt und damit auf unterer regionaler Ebene einheitliche staatliche Verwaltungen geschaffen wurden.

Struktur des Kreises
Sehenswürdigkeiten

Ostvorpommern liegt im Gebiet der Euroregion »Pommerania« und reicht mit der Insel Usedom an die polnische Grenze. Die Küsten- und Insellandschaft an der Ostsee ist durch eiszeitlich geprägte Hügellandschaften, eingebettete Moore und stark versandete Seen geprägt. Das Hinterland ist durch flachwellige Teilsandflächen gekennzeichnet. Im Kreis gibt es ca. 175 000 ha Landschafts- und Naturschutzgebiete.
Seit der Wiedervereinigung traten in der einst beherrschenden Landwirtschaft über 70 % Beschäftigungsverluste ein, die den Arbeitsmarkt erheblich belasten. Die Landwirtschaft spielt nunmehr eine unbedeutende Rolle als Erwerbsquelle. Doch macht man alle Anstrengungen auf dem Gebiet des ökologischen Landbaus. Hier bildet der Landkreis einen Schwerpunkt. Die Insel Usedom stellt neben Rügen das wichtigste Erholungsgebiet an der Ostseeküste in Mecklenburg-Vorpommern dar. Sie bietet mit den Fischerorten und ihren alten Dorfkernen eine vorzügliche Kombination von Bädern, waldreichem Hinterland und Alltagsabwechslungen gute Erholungsmöglichkeiten.
Schwerpunkte für den Gast des Kreises bietet Wolgast, bereits 1282 zur Stadt erhoben, mit seinem Markt, dem barocken Rathaus (1718 bis 1734) und der Petrikirche aus dem frühen 15. Jh. Unweit der Stadt Usedom findet man in Mellenthin das Renaissance-Wasserschloß (1575 bis 1580).

Landkreis Parchim

Einwohner: 106 793. Fläche: 2233 km². Einwohner je km²: 48. Kfz-Kennzeichen: PCH. Kreisverwaltung: Moltkeplatz 2, 19370 Parchim, Postfach 53 und 54, 19361 Parchim. Verwaltungsgliederung: 5 amtsfreie Städte (Goldberg, Lübz, Parchim, Plau am See, Sternberg) sowie 87 Gemeinden, darunter die Städte Brüel und Crivitz.

Wappenbeschreibung

In Blau ein goldener Schräglinksbalken, dieser belegt mit einem aufrechten, hersehenden schwarzen Stierkopf mit schwarzen Hörnern, geschlossenem Maul und einer goldenen Krone, von der drei kleeblattförmige Zinken sichtbar sind.

Historische Entwicklung

Der Landkreis Parchim entstand 1994 durch Zusammenlegung der bisherigen Kreise Parchim, Lübz und Sternberg, ferner der östlichen Teile des Kreises Schwerin-Land. Er befindet sich damit fast in den Grenzen des Landes Warnow, das vom obotritischen Teilstamm der »Warnabi« (Warnower) besiedelt wurde und urkundlich 1171 erscheint. Zur selben Zeit fand die Burg Parchim erstmals Erwähnung.
Im Spätmittelalter fielen diese Landstriche an die Herrschaften Mecklenburg, Werle und an die Grafschaft Schwerin. Seit 1471 gehörte die Herrschaft Parchim zum Herzogtum Mecklenburg-Schwerin, in dem eine Verwaltungsdreiteilung zwischen Domanium (herzoglichem Staatsgut), Ritterschaft und Städten kennzeichnend wurde. Der erste Schritt zur Vereinfachung dieses altübernommenen, mit vielen Mängeln behafteten Zustandes geschah erst in den 20er Jahren unseres Jahrhunderts, als das ganze Land ohne Rücksicht auf die Art der Grundherrschaft in 17 Ämter eingeteilt wurde. Dauernd gingen Aufgaben, die bisher den Landdrosteien oblagen, auf die Ämter über, bis 1928 die Aufhebung der Landdrosteien erfolgte. Aus dem Amt Parchim entstand schließlich der damalige Landkreis Parchim. Der neugebildete Kreis führt in Erinnerung an die mittelalterliche Herrschaft Parchim einen Stierkopf im Wappen, das am 7. Juni 1995 genehmigt wurde. Dabei handelt es sich aber nicht um das mecklenburgische, sondern um das parchim-riechenbergische Siegelbild. Die beiden blauen Schrägflächen dienen der Symbolisierung des Landkreises zwischen dem Schweriner See und dem Plauer See.

Struktur des Kreises
Sehenswürdigkeiten

Geprägt von der schönen Landschaft, in der sich Wiesen, Weiden, Wälder, Seen und Flüsse abwechseln, leben hier auch heute arbeitsame, bodenständige und eher wortkarge Menschen. Menschen, die Ländlichkeit, ursprüngliche Natur, schattige Alleen, Landschafts- und Naturschutzgebiete bevorzugen, finden hier ihre Heimat. Alte Marktplätze, Wallanlagen, Kirchen aus dem 13. Jh. mit restaurierten Orgeln, Schlösser, Gutshäuser und viele Denkmale, darunter auch technisch noch produzierende aus dem Mecklenburg vergangener Jahre, werden liebevoll gepflegt und entstehen gegenwärtig in alter Schönheit.
Die Kreisstadt Parchim erhielt 1225 das Stadtrecht. Die 1249 erstmals erwähnte Pfarrkirche der Neustadt besitzt einen Schnitzaltar (um 1500) aus einer Lübecker Werkstatt. Beachtenswert sind auch das Bronzetaufbecken von 1365 und die reichgestaltete Orgelempore von 1601.
Aber auch Wohn- und Gewerbegebiete, Seniorenwohnanlagen, Gymnasien, Gaststätten und Hotels werden unter modernen Gesichtspunkten errichtet und in das vorhandene Gefüge sinnvoll eingepaßt. Kultur und Lebensfreude erhalten wieder den gebührenden Stellenwert. Zahlreiche Heimatvereine, Chöre, Orchester, Tanzgruppen, Bibliotheken, Museen bewahren und pflegen das kulturelle Erbe.

Landkreis Rügen

Einwohner: 79 898. Fläche: 974 km². Einwohner je km²: 83. Kfz-Kennzeichen: RÜG. Kreisverwaltung: Billrothstraße 5, 18528 Bergen auf Rügen, Postfach 1343, 18523 Bergen auf Rügen. Verwaltungsgliederung: 4 Städte (Bergen, Saßnitz, Putbus, Garz), 7 Ämter (Wittow, Bergen Land, Garz, Gingst, Jasmund, Süd-West-Rügen, Mönchgut-Granitz) und die amtsfreie Gemeinde Insel Hiddensee.

Wappenbeschreibung

Geteilt von Gold über Blau, oben ein rot gekrönter und bewehrter schwarzer Löwe mit Doppelschweif, der aus dem im unteren Felde befindlichen, aus fünf roten Steinen gebildeten Stufengiebel hervorwächst. Auf dem Schild ruht eine Volkskrone; sie besteht aus einem mit roten Steinen geschmückten goldenen Reifen, der mit fünf ornamentalen Blättern besetzt ist.

Historische Entwicklung

Archäologische Funde aller vorgeschichtlichen Epochen, teilweise von hervorragender Qualität, geben Auskunft über eine kontinuierliche Besiedlung Rügens bis in die Gegenwart. Die ersten schriftlichen Überlieferungen zur Geschichte der Insel stammen aus der Zeit, als sich slawische Stämme hier niedergelassen hatten (7./8. Jh.). Eine weit über die Grenzen der Insel hinausreichende Bedeutung hatte die 1168 zerstörte Tempelburg Arkona, in der der vierköpfige Slawengott Svantevit verehrt wurde. Danach wurden die Rügenfürsten Lehensherren des dänischen Königshauses. 1325 starb das rügensche Fürstenhaus aus, und die Insel gelangte durch Erbvertrag in den Besitz der Pommernherzöge. Von 1648 bis 1815 gehörte Rügen mit kurzen Unterbrechungen zu Schweden. Die Leibeigenschaft und die vorwiegend auf den Getreideanbau orientierte Gutswirtschaft führten auf Kosten der Bauern und Landarbeiter dazu, daß sich Rügen zu einer »Kornkammer« entwickelte, um deren Besitz sich Dänen, Brandenburger und Schweden bekriegten.

Von 1815 an gehörte das ehemalige Schwedisch-Pommern, und somit auch die Insel Rügen, zu Preußen. Bis zur Mitte des 19. Jh. waren die Landwirtschaft und die Fischerei die Haupterwerbszweige der Rüganer. Erst mit dem Aufkommen des Bäderwesens kam eine neue Erwerbsquelle für die Bevölkerung hinzu.

Rügen ist der einzige Landkreis Mecklenburg-Vorpommerns, der von der Kreisreform nicht betroffen war. So führt er auch das bereits vom Kreistag am 6. September 1990 angenommene und am 18. Januar 1993 vom Innenministerium rückwirkend genehmigte Wappen weiter. Als Vorbild diente das seit dem 13. Jh. verbürgte Wappen des Fürstentums Rügen, dessen Sinngehalt ungeklärt ist. Die Schildkrone stammt aus dem Jahre 1990 und soll die Volkssouveränität unterstreichen.

Struktur des Kreises
Sehenswürdigkeiten

Hunderttausende kommen jährlich auf Deutschlands größte Insel Rügen, die ihren Mythos auch der Tatsache verdankt, daß sie kaum industrialisiert wurde. Landwirtschaft, Fischfang und Tourismus bestimmen die Erwerbsmöglichkeiten der Bewohner. Bevorzugtes Ziel der Touristen ist die Ostküste mit den Kreidefelsen und den von früher her berühmten Seebädern Thießow, Göhren, Baabe, Sellin, Binz und auch Saßnitz.

Vom 16. Jh. an wurden auf Rügen Parkanlagen von unschätzbarem kulturhistorischen Wert geschaffen. Es entstand ein für Rügen typischer Charakter, der neben den Parks die Friedhöfe (mehr als 35 mit beeindruckend gestalteten Grabstellen) und auch die Privatgärten einschließt. Insbesondere im 18. Jh. entstanden Parkanlagen mit ausgeprägtem barocken Stil. Im 19. Jh. wurden etliche Anlagen zu Landschaftsgärten umgestaltet bzw. um diese Elemente erweitert. Einer der bedeutendsten Landschaftsparke in Norddeutschland ist der 78 ha große Park Putbus. Im Ensemble mit der klassizistischen Stadtanlage und mit seinen zahlreichen dendrologischen Besonderheiten ist er von ganz besonderem Reiz.

Erfreuen können sich die Gäste an der Renaissance der Bäderarchitektur, an der imposanten Tempelburganlage und dem Schinkelschen Leuchtfeuer am Kap Arkona. Die Aufführungen der Störtebeker-Festspiele auf der Naturbühne Ralswiek beleben die Geschichte des legendären Klaus Störtebeker. Mit der Schmalspurbahn »Rasender Roland« kann man in der alten Fürstenresidenz Putbus eine Erlebnisreise durch vielfältige Landschaftsräume, umrahmt von üppigen Buchenwäldern, beginnen und sich am Anblick alter Bauernhöfe erfreuen. Nicht nur die Kreidefelsen der Stubbenkammer sollte man aufsuchen, auch die Insel Hiddensee verdient einen Besuch.

Landkreis Uecker-Randow

Einwohner: 90 556. Fläche: 1594 km². Einwohner je km²: 57. Kfz-Kennzeichen: UER.
Kreisverwaltung: Am Markt 1, 17309 Pasewalk, Postfach 1242, 17392 Pasewalk. Verwaltungsgliederung: 6 Städte (Eggesin, Pasewalk, Penkun, Strasburg, Torgelow, Ueckermünde) sowie 5 Ämter (Ferdinandshof, Löcknitz, Penkun, Ueckermünde-Land, Uecker-Randow-Tal) mit 59 Gemeinden und der Stadt Penkun.

Wappenbeschreibung

In Silber ein aus einem mit zwei silbernen Wellenbalken belegtem blauen Wellenschildfuß hervorkommender, sich nach oben verjüngender, gezinnter roter Backsteinturm mit abgeflachtem Spitzdach und zwei balkenweise angeordneten schwarzen Fenstern, begleitet: rechts von einem goldbewehrten roten Greif, links von einem goldbewehrten roten Adler.

Historische Entwicklung

In seiner wechselvollen Geschichte stand das Gebiet des jetzigen Landkreises unter pommerscher, brandenburgischer, schwedischer und preußischer Herrschaft. Die an der Uecker gelegene Kreisstadt Pasewalk wurde von deutschen Siedlern gegründet und erhielt um 1250 Stadtrecht. Durch ihre wichtige Lage wurde die seit 1464 zu Pommern gehörende Stadt zum Streitobjekt zwischen Pommern und Brandenburg. Nach dem Dreißigjährigen Krieg fiel sie 1648 an Schweden, 1720 an Preußen und wurde dabei zur Garnisonstadt. Ueckermünde erlebte unter Friedrich dem Großen seine Blütezeit. Außer dem Handwerk entwickelten sich Ziegelindustrie und Eisenproduktion. In der ersten Hälfte des 19. Jh. gewann Ueckermünde große Bedeutung als Umschlagplatz und Schiffbau-Metropole Pommerns. Mitte des 19. Jh. erlebte auch das uckermärkische Strasburg einen wirtschaftlichen Aufschwung, der vor allem von Tuchmacherei und Töpferei getragen wurde. Die 1277 erstmals erwähnte Stadt konnte sich erst spät entwickeln: Im Dreißigjährigen Krieg wurde sie völlig verwüstet; 1681 brannte die Stadt ab; Mitte des 18. Jh. stand sie unter schwedischer, von 1806 bis 1808 unter französischer Besatzung.

Die bewegte Geschichte der Region spiegelt sich im Kreiswappen wider, das am 6. Juni 1995 ministeriell genehmigt wurde und mit der Kreissatzung am 21. Juli 1995 in Kraft trat. Der rote Greif und der rote Adler versinnbildlichen die zeitweilige Zugehörigkeit von Teilen des Gebietes zu Pommern und zu Brandenburg. Der Greif ist außerdem Wappenfigur der Städte Ueckermünde und Penkun, der Adler steht für Strasburg. Die Kreisstadt Pasewalk ist durch den roten Backsteinturm »Kiek in de Mark« repräsentiert. Für das Oderhaff stehen die blauen Wellen, während die beiden silbernen Wellenbalken die Flüsse Uecker und Randow symbolisieren.

Struktur des Kreises
Sehenswürdigkeiten

Einsame Seen, dichte Wälder und die ökologisch intakte Küstenlandschaft am Stettiner Haff prägen die Region. Das südliche Kreisgebiet ist traditionell durch die Landwirtschaft geprägt, während die im Nordteil gelegenen Städte Torgelow, Eggesin und Ueckermünde stärker industriell strukturiert sind. Das Haff und die Ueckermünder Heide sind durch ein 150 km langes Radwegenetz und ein 300 km langes Wanderwegenetz erschlossen.
Eine Sehenswürdigkeit in der Haffstadt Ueckermünde ist das Schloß der pommerschen Herzöge. Dort befindet sich im Haffmuseum eine stadtgeschichtliche Dauerausstellung. Der historische Stadtkern Ueckermündes ist umgeben von Resten der Stadtmauer aus dem 13. Jh. Auch in Pasewalk sind Teile der mittelalterlichen Stadtbefestigung erhalten. Wahrzeichen der Stadt ist der Turm »Kiek in de Mark« (1445). Im Prenzlauer Tor (um 1450) und dem angrenzenden Fachwerkhaus ist das Stadtmuseum untergebracht. Zeugnis der mittelalterlichen Vergangenheit legen auch die Nikolaikirche (13. Jh.) und die aus dem 14. Jh. stammende Marienkirche (Altar mit Kopie der »Kreuztragung« von Raffael) ab. Der Landkreis ist reich an Kirchen aus unterschiedlichen Epochen. Stellvertretend seien nur die um 1250 erbaute Dorfkirche mit spätmittelalterlichem Flügelaltar in Blumenhagen und die Ferdinandshofer Scharmützelkirche aus dem 18. Jh. genannt. Außergewöhnliche Museen sind das Kirchenmuseum in Sommersdorf und das Schulmuseum in Rossow.

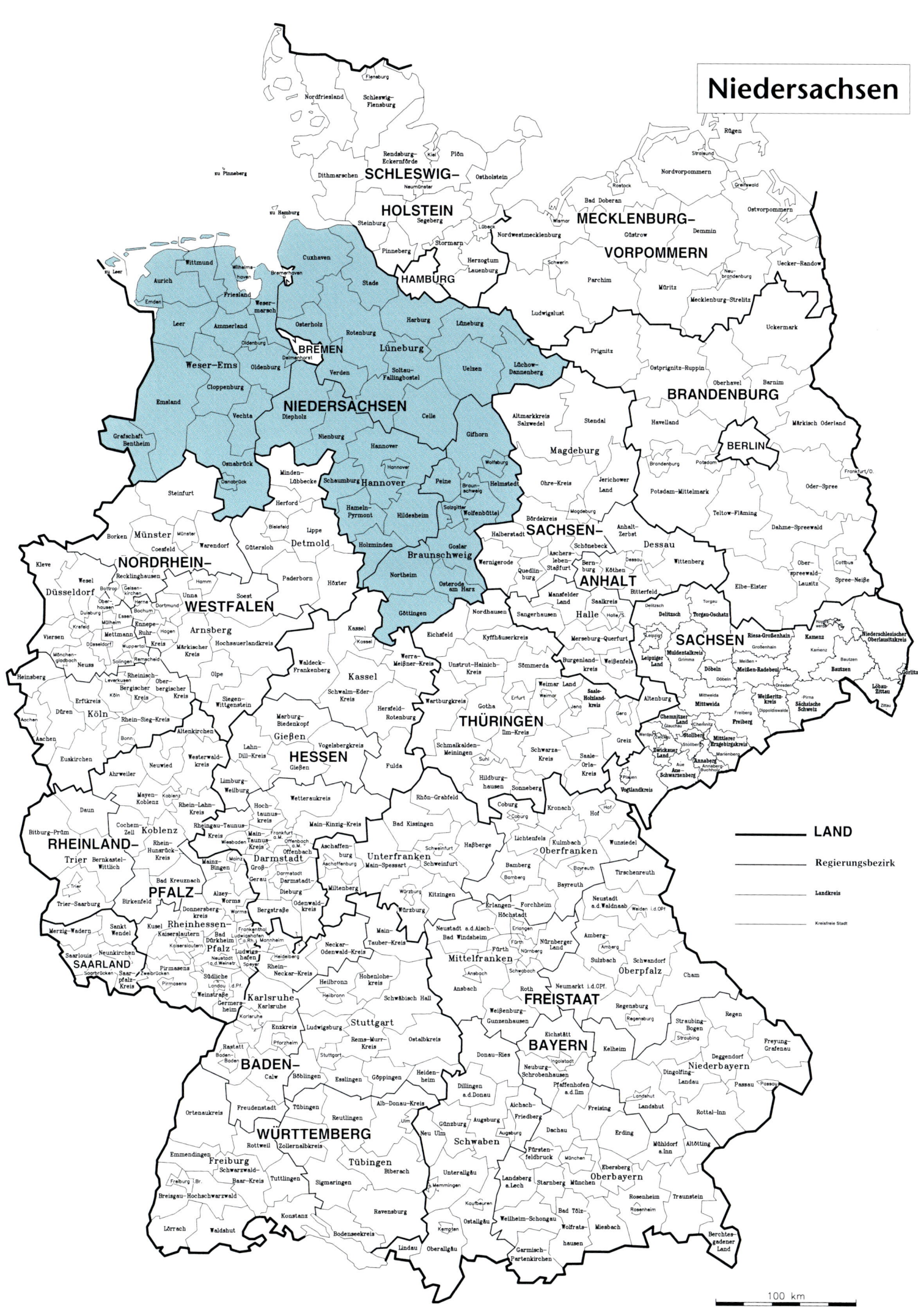

Gernot Schlebusch

Die Landkreise in Niedersachsen

Die 38 niedersächsischen Landkreise haben eine recht unterschiedliche (Verwaltungs-)Geschichte. So wurde durch Gesetz vom 12. Oktober 1832, die Organisation und den Wirkungskreis der herzoglichen Kreisdirektionen betreffend, im Herzogtum Braunschweig ein erster Schritt zur Dezentralisierung der Staatsverwaltung in Form von sechs Kreisdirektionen getan; die heutigen Landkreise Helmstedt, Holzminden und Wolfenbüttel können also auf ein über 150jähriges Bestehen zurückblicken.

Im ehemaligen Land Oldenburg wurde 1933 die Zahl der Amtsverbände von 12 auf sechs, nämlich Ammerland, Cloppenburg, Friesland, Oldenburg, Vechta und Wesermarsch verringert; einige Jahre später erhielten die Amtsverbände die Bezeichnung Landkreise.

Der heutige Landkreis Schaumburg entstand 1977 durch Zusammenlegung des Landkreises Grafschaft Schaumburg (1932 zur preußischen Provinz Hannover geschlagen) mit dem Landkreis Schaumburg-Lippe (1946 als Land Schaumburg-Lippe mit den Ländern Hannover, Braunschweig und Oldenburg zum Land Niedersachsen vereinigt; die beiden schaumburg-lippischen Landkreise Bückeburg und Stadthagen wurden durch Gesetz vom 10. Mai 1948 mit Wirkung vom 1. April 1948 unter dem Namen »Landkreis Schaumburg-Lippe« zusammengelegt).

Die Mehrzahl der niedersächsischen Landkreise führt ihre Geburtsstunde auf den 1. April 1885 zurück, an dem in den ehemals preußischen Landesteilen Niedersachsens die Kreisordnung für die Provinz Hannover vom 6. Mai 1884 in Kraft trat, endgültig die seit zwei Jahrhunderten bestehende hannoversche Ämterverfassung ablöste und die Entwicklung zu den Landkreisen heutiger Prägung einleitete.

Ihren heutigen Gebietszuschnitt erhielten die niedersächsischen Landkreise im wesentlichen durch das Achte Gesetz zur Verwaltungs- und Gebietsreform vom 28. März 1977. Im Zuge des deutschen Einigungsprozesses trat am 30. Juni 1993 der von den Ländern Mecklenburg-Vorpommern und Niedersachsen unterzeichnete Staatsvertrag über die Umgliederung der Gemeinden im ehemaligen Amt Neuhaus und anderer Gebiete nach Niedersachsen – in den Landkreis Lüneburg – in Kraft; das Umgliederungsgebiet umfaßt rund 230 km² und etwas mehr als 6000 Einwohner.

Die Veränderungen in der Struktur der Landkreise nach Einwohnerzahl, Fläche und Bevölkerungsdichte, die sich aus der in mehreren Schritten vollzogenen Neugliederung ergeben haben, sind in abgerundeten Zahlen und Durchschnittswerten nachfolgender Tabelle zu entnehmen, die auch den aktuellen Stand (30. Juni 1994) wiedergibt.

Wenn auch die Spannweite der Einwohnerzahlen in den extremen Werten groß ist (im Landkreis Lüchow-Dannenberg leben heute knapp 51 000 Einwohner, im Landkreis Hannover gut 580 000), kann doch von einer insgesamt homogenen Größenstruktur der Landkreise gesprochen werden.

Die niedersächsischen Landkreise sind Gemeindeverbände und Gebietskörperschaften, die ihre Angelegenheiten im Rahmen der Gesetze durch ihre Organe in eigener Verantwortung verwalten; Organe sind der Kreistag, der Kreisausschuß und der Oberkreisdirektor. Gegenwärtig (Stand Anfang 1996) wird eine Reform der inneren Kommunalverfassung vorbereitet.

Nach § 2 Abs. 1 der Niedersächsischen Landkreisordnung sind die Landkreise, soweit nicht etwas anderes bestimmt ist, in ihrem Gebiet die Träger der öffentlichen Aufgaben, die von überörtlicher Bedeutung sind oder deren zweckmäßige Erfüllung die Verwaltungs- und Finanzkraft der kreisangehörigen Gemeinden übersteigt. Sie fördern die Gemeinden bei der Erfüllung ihrer Aufgaben und vermitteln einen angemessenen Ausgleich der gemeindlichen Lasten.

Ebenso wie bei den gemeindlichen Aufgaben wird bei den Kreisaufgaben zwischen solchen des eigenen und solchen des übertragenen Wirkungskreises (staatlichen Aufgaben) unterschieden.

Im Rahmen des eigenen Wirkungskreises nehmen die Landkreise eine Fülle von Aufgaben wahr. So haben sie als örtliche Träger der Sozialhilfe den Menschen, die kein Einkommen haben oder deren Einkommen nicht ausreicht, Hilfe zum Lebensunterhalt sowie Hilfe in besonderen Lebenslagen zu leisten. Sie nehmen Aufgaben nach dem Kinder- und Jugendhilfegesetz wahr und

	Landkreise	Einwohner ⌀	Fläche (in km²) ⌀	Einwohner (je km²) ⌀
1970	60	88 000	772	114
1980	38	148 000	1213	122
1994	38	161 000	1218	132

sind Träger des Jugendamtes. Sie sind zuständig für die Abfallverwertung und die Abfallentsorgung sowie für die Tierkörperbeseitigung. Die Landkreise haben in ihrem Bereich eine ausreichende Krankenhausversorgung sicherzustellen und sind in großem Umfang Träger von Krankenhäusern. Sie sind für den Rettungsdienst zuständig. Ihnen obliegt der Bau und Ausbau sowie die Unterhaltung von Kreisstraßen. Die Landkreise sind nach dem Niedersächsischen Schulgesetz Träger der Schulen des Sekundarbereichs I und II, der Berufsschulen und der Sonderschulen und haben für die Schülerbeförderung zu sorgen. Ihnen obliegt der straßengebundene öffentliche Personennahverkehr. Sie sind Gewährträger von Sparkassen und zuständig für die Regionalplanung.

Neben Selbstverwaltungsaufgaben nehmen die Landkreise eine größere Zahl staatlicher Aufgaben wahr. Beispiele: Die Landkreise üben die Kommunalaufsicht über die kreisangehörigen Gemeinden mit Ausnahme der großen selbständigen Städte aus. Sie nehmen die Bauaufsicht wahr und sind in diesem Bereich insbesondere für die Erteilung von Baugenehmigungen zuständig. Ihnen obliegt die Prüfung der Bebauungspläne der kreisangehörigen Gemeinden mit Ausnahme der großen selbständigen Städte. Die Landkreise sind untere Naturschutz-, untere Abfall-, untere Wasser-, untere Landesplanungs- und untere Denkmalschutzbehörde. Die Landkreise bearbeiten Angelegenheiten nach dem Ausländergesetz. Ihnen obliegt der Katastrophenschutz. Sie üben die Straßenverkehrsaufsicht aus und sind insofern für die Straßenverkehrszulassung zuständig. Die Landkreise sind Träger des Veterinär- und des Gesundheitsamtes. Sie vollziehen in größerem Umfang staatliche Leistungsgesetze (z. B. Bundesausbildungsförderungsgesetz, Erziehungsgeldgesetz).

Niedersächsischer Landkreistag – Am Mittelfelde 169 – 30519 Hannover

Landkreis Ammerland

Regierungsbezirk: Weser-Ems. Einwohner: 102 959. Fläche: 728,12 km². Einwohner je km²: 141. Kfz-Kennzeichen: WST. Kreisverwaltung: Ammerlandallee 12, 26655 Westerstede, Postfach 1380, 26642 Westerstede. Verwaltungsgliederung: 6 kreisangehörige Gemeinden (Apen, Bad Zwischenahn, Edewecht, Rastede, Stadt Westerstede, Wiefelstede).

Wappenbeschreibung

Geviert: 1 in Gold zwei rote Balken, 2 in Blau ein goldenes Ankerkreuz, 3 in Blau ein goldener Eichenzweig, 4 in Gold zwei rote Zickzackbalken.

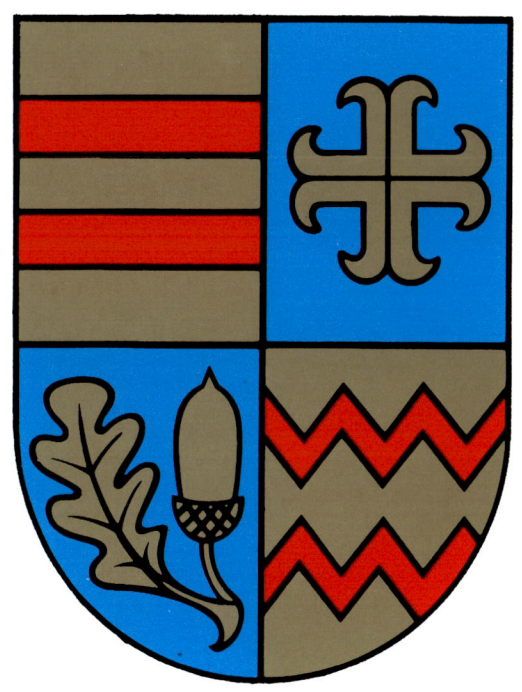

Historische Entwicklung

Schon um das Jahr 800 n. Chr. bestand im Ammerland ein eigenständiges Herrschaftsgebiet (»pagus ameri«), das in seinen Grenzen etwa dem heutigen Landkreis entsprach. Als moderne Verwaltungseinheit geht der Kreis auf die oldenburgische Verwaltungsreform von 1933 zurück. Die 1977 erfolgte Eingliederung dreier Gemeinden aus dem vorübergehend aufgelösten Landkreis Friesland hatte nur bis Ende 1979 Bestand.
Am 3. Juli 1978 wurde dem Landkreis ein neues Wappen verliehen, das sich von dem vorangegangenen nur durch die Form des Kreuzes im zweiten Feld unterscheidet. Die Balken im ersten Feld entsprechen dem altoldenburgischen Grafenwappen. Das Ankerkreuz symbolisiert das Gebiet um Spohle und Conneforde, das 1577 vom Ammergau abgetrennt worden war und im Zuge der niedersächsischen Gebietsreform (ab 1972) der Gemeinde Wiefelstede wieder zugeschlagen wurde. Das Eichenblatt im dritten Feld des Kreiswappens versinnbildlicht die typischen ammerländischen Eichen. Die roten Zickzackbalken schließlich stellen die älteste Form der ammerländischen Balken dar.

Struktur des Kreises
Sehenswürdigkeiten

Der Landkreis Ammerland nimmt den südöstlichen Teil des oldenburgisch-ostfriesischen Geestrückens ein und erstreckt sich westlich des Oldenburger Stadtgebietes rund 41 km weit bis zur Leda-Jümme-Marsch sowie von der Friesischen Wehde im Norden über rund 33 km nach Süden bis an den Küstenkanal. Mittelpunkt des von Moor- und Niederungsgebieten umgebenen Kreises ist das Zwischenahner Meer, der drittgrößte Binnensee Niedersachsens. Die Wirtschaft im Ammerland bietet aufgrund hervorragender Standortbedingungen ein breites Spektrum von der Landwirtschaft über zahlreiche Handwerks-, Handels- und Dienstleistungsunternehmen bis hin zum stetig wachsenden Fremdenverkehr und einer vorwiegend mittelständisch geprägten Industrie. Die gewerbliche Wirtschaft hat sich auf mehreren Gebieten einen Namen gemacht (Radiatoren, Heizkessel, computergesteuerte Maschinen, Baumaterialien, Kunststoffverarbeitung, Textilwaren). Darüber hinaus haben sowohl die Ammerländer Fleischwaren und Milchprodukte als auch die Ammerländer Rhododendren und Azaleen aus den rund 350 Baumschulkulturen bundesweite Bedeutung erlangt. Sehenswert sind die Kreisstadt Westerwede (Kirche St. Petri, 12. Jh., Rhododendronpark Linswege, Schloß Fikensolt, Howieker Wassermühle), Bad Zwischenahn (Moorheilbad, Zwischenahner Meer, Heimatmuseum »Ammerländer Bauernhaus« mit Windmühle und Spieker, St.-Johannes-Kirche, 12. Jh.), Edewecht Apen (Kirche mit aus Eiche geschnitzter Kanzel), Wiefelstede (Johanneskirche, die älteste Kirche des Ammerlandes, mit sakraler Besonderheit: einem Schnitzer nach einer Kupferstichpassion Albrecht Dürers, 16. Jh.) und Rastede (Kirche St. Ulrich, 1059, Schloß und Palais des Herzogs von Oldenburg, alte Bauernhöfe). Der »Löffeltrunk«, ein Schnaps aus dem Zinnlöffel getrunken, ist hier zu Hause, aber auch der »Bookweeten-Jan-Hinnerk«, ein Buchweizenmehl-Pfannkuchen. In den vielen gemütlichen Gaststätten kann man beides probieren.

Landkreis Aurich

Regierungsbezirk: Weser-Ems. Einwohner: 179 342. Fläche: 1285,71 km². Einwohner je km²: 139,5. Kfz-Kennzeichen: AUR. Kreisverwaltung: Fischteichweg 7-13, 26603 Aurich, Postfach 1480, 26584 Aurich. Verwaltungsgliederung: 3 Städte (Aurich, Norden, Norderney), 3 Samtgemeinden (Brookmerland, Dornum, Hage), 9 Gemeinden (Baltrum, Großefehn, Großheide, Hinte, Ihlow, Juist, Krummhörn, Südbrookmerland, Wiesmoor), gemeindefreies Gebiet: Insel Memmert.

Wappenbeschreibung

Von Blau und Rot gespalten; darin ein goldener Jungfrauenadler mit goldener Krone, begleitet oben von zwei goldenen sechszackigen Sporenrädern, unten von zwei goldenen Eicheln.

Historische Entwicklung

Wenngleich Plinius bereits über Land und Leute an der Emsmündung berichtete, bleibt doch die ostfriesische Geschichte bis ins Mittelalter hinein weitgehend im dunkeln. Sie war jedoch, und dies bis in die Jetztzeit, ein ständiger Kampf mit den Gewalten der Natur – vorrangig mit der Nordsee und ihren Fluten. Die erste Einigung des ostfriesischen Raumes, nach den Zeiten der »Friesischen Freiheit« im 13. und 14. Jh. und der fehdenreichen spätmittelalterlichen Häuptlingszeit, erfolgte unter der Herrschaft der Cirksena, dem schließlich in der Stadt Aurich residierenden Fürstengeschlecht. Ihr Wappenbild war der Jungfrauenadler, der das neue Kreiswappen vom 13. September 1978 schmückt. Als die Cirksena 1744 ausstarben, folgten ihnen Preußen – nach den napoleonischen Wirren endlich (bis 1866) die hannoverschen Welfen. 1885 führte Preußen in seiner Provinz Hannover die Kreisverfassung ein. In seiner heutigen Gestalt ist der Landkreis Aurich Ergebnis der Gebietsreform von 1977: zusammengefügt aus den beiden kleineren Vorgängern, den Kreisen Aurich und Norden. Die bereits im Norder Kreiswappen abgebildeten Sporenräder waren ursprünglich das Bildmotiv der Häuptlingsfamilie Idzinga. Die Eicheln verweisen auf den Altlandkreis Aurich, der eine Eiche im Schild geführt hatte. Gold und Rot waren die Farben der Familie tom Brook.

Struktur des Kreises
Sehenswürdigkeiten

Als Insel- und Küstenkreis, mit den dem Festland vorgelagerten bekannten Nordseeheilbädern Baltrum, Juist und Norderney vor allem, stellt der Landkreis eine bedeutungsvolle Ferien- und Erholungsregion dar. Auch im Binnenland, auf der Geest und in den einstigen Mooren ist der Fremdenverkehr von großem wirtschaftlichem Gewicht. Entsprechend den Landschaften haben sich die Siedlungsformen entwickelt: uralte Warfendörfer in der Marsch mit zahlreichen historischen Ortskernen und Baudenkmalen; Wasserburgen und Backsteinkirchen, Windmühlen hier und ebenso an den schiffbaren Fehnkanälen. Hervorzuheben sind die Ludgerikirche in Norden und die Pilsumer Kreuzkirche, zahlreiche historische Orgeln in den Sakralbauten, das Lütetsburger Schloß mit großartigem Park, der Störtebekerturm in Marienhafe, die Mühlenstraße Großefehn, heimat- und naturkundliche Museen, aber auch neuzeitliche Einrichtungen wie die Seehundforschungsstation im Nordseebad Norddeich. Das Wattenmeer zwischen Inselkette und Deichlinie wurde 1985 zum Nationalpark erklärt. Von den Spezialmuseen seien genannt das Wald- und Moormuseum in Berumerfehn (Gemeinde Großheide), das Küstenmuseum auf der Insel Juist, das Mühlenmuseum in Ostgroßefehn (Gemeinde Großefehn) und das Teemuseum in Norden.
Als typische ostfriesische Sportarten seien das Boßeln und das Klootschießen genannt. Meister sind die Ostfriesen im Teetrinken.

Landkreis Celle

Regierungsbezirk: Lüneburg. Einwohner: 178 298. Fläche: 1545 km². Einwohner je km²: 115. Kfz-Kennzeichen: CE. Kreisverwaltung: Trift 26, 29221 Celle, Postfach 1105, 29201 Celle. Verwaltungsgliederung: 2 Städte (Celle, Bergen), 6 Gemeinden (Faßberg, Hambühren, Hermannsburg, Unterlüß, Wietze, Winsen/Aller), 4 Samtgemeinden mit 16 Gemeinden (SG Eschede mit Eschede, Habighorst, Höfer und Scharnhorst, SG Flotwedel mit Bröckel, Eicklingen, Langlingen und Wienhausen, SG Lachendorf mit Ahnsbeck, Beedenbostel, Eldingen, Hohne und Lachendorf, SG Wathlingen mit Adelheidsdorf, Nienhagen und Wathlingen), 1 gemeindefreier Bezirk (Lohheide).

Wappenbeschreibung

In Gold ein rot gezungter blauer Löwe, zwischen dessen Vorderpranken ein rotes Herz schwebt.

Historische Entwicklung

Der Landkreis Celle blickt als Verwaltungseinheit wie alle hannoversch-niedersächsischen Kreise mittlerweile auf eine über hundertjährige Geschichte zurück. Die Institution »Kreis« wurde zum 1. April 1885 in der damaligen preußischen Provinz Hannover eingeführt. Sie löste in Anlehnung an preußische Verwaltungstraditionen den bereits deutlich ausgeprägten administrativen Aufbau des vormaligen Königreiches Hannover ab.

Das Gebiet des heutigen Kreises Celle war im wesentlichen bereits 1823 in der Großvogtei Celle zusammengefaßt, wobei eine erste große Gebietsreform 1859 die Zusammenfassung der Ämter Celle und Bergen brachte. Ein weiterer Einschnitt erfolgte erst wieder mit der Kreisreform unseres Jahrhunderts: Die bis dahin kreisfreie Stadt Celle wurde zum 1. Januar 1973 in den Landkreis eingegliedert, der – was seine äußeren Grenzen anbelangt – seit seiner Bildung nahezu unverändert geblieben ist. Das am 24. August 1928 genehmigte Kreiswappen war das Ergebnis eines Ideenwettbewerbes. Die Großvogtei Celle war einer der wichtigsten Verwaltungsbezirke des Fürstentums Lüneburg gewesen, und Celle war vom Ende des 14. bis zu Beginn des 18. Jh. die Hauptresidenz der Herzöge von Lüneburg. Deshalb erschien die Anlehnung an das alte lüneburgische Löwenwappen nicht nur gerechtfertigt, sondern geboten.

Struktur des Kreises
Sehenswürdigkeiten

Am südlichen Rand der Lüneburger Heide, vor den Toren der niedersächsischen Landeshauptstadt Hannover, liegt der Landkreis Celle. Das südliche Kreisgebiet ist landschaftlich geprägt durch die Flußniederung der Aller mit parkähnlichem Charakter, der nördliche Teil besteht überwiegend aus Wald und Heide. Eine erste Besiedlung fand bereits um 5000 v. Chr. statt. Zeuge jener Zeit ist das 4000 Jahre alte Hünengrab in Siddernhausen. Eine bedeutsame Sammlung bronzezeitlicher Gräberfunde (1800 bis 700 v. Chr.) befindet sich im Heimatmuseum Römstedthaus in Bergen. Die historische Kreisstadt Celle mit ihren schmucken Fachwerkhäusern aus dem 16., 17. und 18. Jh. in der malerischen Altstadt ist der Mittelpunkt der Region. Das ehemals herzogliche Schloß (1292) beherbergt das älteste ständig bespielte Theater Deutschlands und die Schloßkapelle aus dem Jahre 1470. Sehenswert sind auch das teilweise aus dem 14. Jh. stammende Rathaus mit seinem vorgesetzten Weserrenaissancegiebel, die Stadtkirche von 1308 (Epitaphien, Altar, Fürstengruft der Welfen) und das Bomann-Museum, Volkskultur in der Region Lüneburger Heide; eine Besonderheit ist das eingebaute Bauernhaus von 1571 und das Imkereimuseum im Bienenforschungsinstitut. In dem um 1229 als Zisterzienserkloster gegründeten Kloster Wienhausen, ein bedeutender Zeuge der gotischen Backsteinbaukunst, werden jährlich nach Pfingsten gotische Wandteppiche ausgestellt. Zu den kulturellen Attraktionen zählen auch das Bauernhausmuseum in Winsen (Aller), die Laurentiuskirche in Müden (Örtze) von 1217 mit bronzener Taufe und gotischem Sterngewölbe, die Stechinellikapelle in Wieckenberg und das Deutsche Erdölmuseum in Wietze, wo die deutsche Erdölforschung 1858 mit der ersten Erdölbohrung in Europa ihren Anfang nahm. Die Erdölindustrie, der Abbau von Kalisalzen und die Landwirtschaft bildeten auch die Grundlage für die Entwicklung der heutigen heimischen sehr vielfältigen Wirtschaftsstruktur. Mit 68 350 ha Wald ist der Landkreis Celle einer der waldreichsten in Deutschland. Der größte und landschaftlich schönste Teil dieser Fläche entfällt auf den 500 km² großen »Naturpark Südheide«.

Landkreis Cloppenburg

Regierungsbezirk: Weser-Ems. Einwohner: 138 807. Fläche: 1417,6 km². Einwohner je km²: 97,92. Kfz-Kennzeichen: CLP. Kreisverwaltung: Eschstraße 29, 49661 Cloppenburg, Postfach 1480, 49644 Cloppenburg. Verwaltungsgliederung: 13 kreisangehörige Gemeinden (Barßel, Bösel, Cappeln, Stadt Cloppenburg, Emstek, Essen, Stadt Friesoythe, Garrel, Lastrup, Lindern, Stadt Löningen, Molbergen, Saterland).

Wappenbeschreibung

Geviert: 1 in Gold zwei rote Balken, 2 in Blau ein goldenes Steckkreuz (Nagelspitzkreuz), 3 in Silber drei rote Seeblätter (2:1 gestellt), 4 in Gold ein roter Balken.

Historische Entwicklung

Der Landkreis Cloppenburg entstand 1933, als die bis dahin selbständigen Ämter Friesoythe und Cloppenburg zum Amt Cloppenburg vereinigt wurden. Das ursprüngliche Wappen dieses Amtsverbandes wurde 1938 vom Reichsinnenministerium verboten; erst am 3. September 1959 wurde das Wappen erneut genehmigt und wieder geführt.

Der Wappenschild deutet auf die geschichtliche Vergangenheit des Landkreises Cloppenburg hin. Im unteren Teil wird an die Zugehörigkeit zum Territorium der Tecklenburger Grafen, die vom Ende des 13. Jh. bis 1400 die Landesherrschaft ausübten, und an die Landesherrschaft der Bischöfe von Münster von 1400 bis 1803 erinnert. Das Charakteristikum des Tecklenburger Wappens sind drei rote Seeblätter, das des Bistums Münster ein roter Balken im goldenen Feld.

Der obere Teil des Wappens nimmt Bezug auf das Großherzogtum Oldenburg, zu dem das Kreisterritorium ab 1803 gehörte. Nachdem der letzte Großherzog im Jahre 1918 abgesetzt worden war, bildete Oldenburg einen Freistaat der Weimarer Republik. Im Jahre 1934 wurde Oldenburg seiner Hoheitsrechte beraubt und sank zu einem reinen Verwaltungsgebiet innerhalb des nationalsozialistischen Staates ab. Die erneute Eigenständigkeit Oldenburgs nach dem Zweiten Weltkrieg war von kurzer Dauer, denn am 1. November 1946 schuf die britische Besatzungsmacht das neue Land Niedersachsen.

Struktur des Kreises
Sehenswürdigkeiten

Der Landkreis Cloppenburg liegt im Oldenburger Münsterland. Als Wirtschaftsstandort weist er ein intaktes Branchenmix aus Ernährungs-, Investitions- und Verbrauchsgüterindustrie sowie einen innovationsfreudigen Mittelstand auf. Landschaftlich zeigt diese Region durch ihre vielfältigen Formen ein unverwechselbares Profil. Der Landkreis Cloppenburg, als uralte Siedlungslandschaft geprägt, wird im Norden durch die Flußmarschen von Leda und Jümme und vom Barßeler Tief bestimmt, wo der Tidenhub noch 80 cm beträgt. Dann folgen die Hochmoore, die von den Fehnkanälen durchzogen werden, z. B. vom Elisabethfehnkanal, dem einzigen noch schiffbaren Fehnkanal Deutschlands. In der Mitte des Landkreises, in der bewaldeten hohen Geest, liegt die Thülsfelder Talsperre. Wie eine nordische Schärenlandschaft ist die Wasserfläche gegliedert, um die ein reizvolles Naturschutzgebiet entstand. Weite Heideflächen, kleine Moore und knorrige Kiefern prägen hier das Bild. Schließlich befindet sich im Süden des Landkreises das fruchtbare Hase-Urstromtal, mit steilen Geesträndern und weiten Forsten. Zahlreiche Sportarten, vom Golf, Segelfliegen bis hin zum Wassersport, werden angeboten. Als kulturelle Höhepunkte sind das Niedersächsische Freilichtmuseum Cloppenburg, mit über 50 originalgetreu wiederaufgebauten Häusern, und das Moor- und Fehnmuseum Elisabethfehn zu nennen. Eindrucksvolle Hünengräber, Naturlehrpfade und malerische Dörfer sind durch ein ausgedehntes Radwanderwegenetz erschlossen.

Landkreis Cuxhaven

Regierungsbezirk: Lüneburg. Einwohner: 195 408. Fläche: 2072 km². Einwohner je km²: 94. Kfz-Kennzeichen: CUX. Kreisverwaltung: Vincent-Lübeck-Straße 2, 27474 Cuxhaven. Verwaltungsgliederung: 1 Große selbständige Stadt (Cuxhaven), eine Stadt (Langen), drei Gemeinden (Loxstedt, Nordholz, Schiffdorf), neun Samtgemeinden (Am Dobrock, Bederkesa, Beverstedt, Börde Lamstedt, Hadeln, Hagen, Hemmoor, Land Wursten, Sietland) mit insgesamt 53 Mitgliedsgemeinden.

Wappenbeschreibung

In Gold über von Rot und Silber wellenförmig geteiltem Schildfuß der heilige Bischof Nikolaus in grünem silbergerändertem Ornat, mit silbernen Schuhen und silbernem Krummstab, dessen Krümme in einer grünen, vierblättrigen Rose endet, die rechte Hand zum Segen erhoben, mit silbernen Haaren und natürlicher Fleischfarbe.

Historische Entwicklung

Bis weit in das 19. Jh. hinein zeigte die politische Landkarte des Elbe-Weser-Dreiecks viele kleine Verwaltungseinheiten und deshalb auch zahlreiche Verwaltungsgrenzen. Unter der Landesherrschaft Hannovers, Hamburgs und Bremens lebten die Menschen überwiegend in kleinen Landgemeinden. Seit der Jahrhundertmitte zeichnete sich dann die bis heute andauernde Entwicklung ab, die einerseits durch das Entstehen und Wachsen der beiden Hafenstädte Cuxhaven und Bremerhaven, andererseits durch die fortschreitende Vereinigung der Verwaltungsbezirke zu immer größeren und zahlenmäßig entsprechend wenigeren Einheiten gekennzeichnet wird. Dabei war und blieb die Landwirtschaft das vorherrschende Merkmal des Gebietes. Im Jahre 1885 entstanden im Gebiet des heutigen Landkreises Cuxhaven die Kreise Lehe, Geestemünde, Hadeln und Neuhaus an der Oste. 1932 wurden aus den Kreisen Lehe und Geestemünde der Landkreis Wesermünde sowie aus den Kreisen Hadeln und Neuhaus (Oste) der Kreis Land Hadeln gebildet. Diese beiden Landkreise wurden im Zuge der Verwaltungs- und Gebietsreform zusammen mit der bis dahin kreisfreien Stadt Cuxhaven am 1. August 1977 zum Landkreis Cuxhaven zusammengefaßt.

Dem Landkreis wurde am 11. Juni 1979 die Genehmigung zur Führung des neuen Wappens erteilt. Sein wellenförmig geteilter Schildfuß deutet auf die durch Deiche geschützten Marschen an Elbe- und Wesermündung hin. Der heilige Bischof Nikolaus, Schutzpatron der Schiffer und Küstenbewohner, kommt im Landkreis Cuxhaven in regionalen Siegeln seit dem 13. Jh. vor.

Struktur des Kreises
Sehenswürdigkeiten

Der an der Nordsee zwischen den Mündungen von Elbe und Weser gelegene Landkreis Cuxhaven ist überwiegend ländlich strukturiert. Fremdenverkehr und Fischverarbeitung sind wichtige Wirtschaftszweige. Die Badeorte an den Küsten des Landkreises, aber auch die Kurorte im Inneren des Kreisgebietes werden immer wieder von zahlreichen Erholungsuchenden aus ganz Deutschland besucht. Besonders hervorzuheben sind in diesem Zusammenhang das Nordseeheilbad Cuxhaven, die Nordseebäder Dorum und Wremen, der Küstenbadeort Nordholz-Spieka, das Moorheilbad Bederkesa, der Luftkurort Wingst sowie die Erholungsorte Neuhaus/Oste und Otterndorf.

Die Sehenswürdigkeiten im Landkreis Cuxhaven sind vielfältig: Eine reiche Museumslandschaft mit Häusern unterschiedlichster Sammlungsschwerpunkte lädt zum Besuch ein, darunter auch die Burgen in Bederkesa und Hagen. Zahlreiche Baudenkmale wie Wind- und Wassermühlen, alte Fachwerkhäuser, Bürgerhäuser, Schloß- und Gutsanlagen sowie Bauerngehöfte sind ebenso interessante Ansichtspunkte wie auch eine große Zahl von vor- und frühgeschichtlichen Bodendenkmalen.

In der Geest-, Marsch- und Moorlandschaft des Küstenkreises geben Naturschutzflächen sowie der Nationalpark Niedersächsisches Wattenmeer von den Umweltschutzaktivitäten sichtbaren Beweis. Im Landkreis sind außerdem viele alte Dorfkirchen unterschiedlicher Bauart erhalten, von denen etliche Orgeln berühmter Baumeister beherbergen.

Landkreis Diepholz

Regierungsbezirk: Hannover. Einwohner: 202 878. Fläche: 1987 km². Einwohner je km²: 102. Kfz-Kennzeichen: DH. Kreisverwaltung: Niedersachsenstraße 2, 49356 Diepholz, Postfach 1340, 49343 Diepholz. Außenstelle Syke: Amtshof 3, 28857 Syke, Postfach 1264, 28846 Syke. Verwaltungsgliederung: 5 Städte (Bassum, Diepholz, Sulingen, Syke, Twistringen), 3 Einheitsgemeinden (Stuhr, Wagenfeld, Weyhe), 7 Samtgemeinden (»Altes Amt Lemförde«, Barnstorf, Bruchhausen-Vilsen, Kirchdorf, Rehden, Schwaförden, Siedenburg)

Wappenbeschreibung

In Gold zwei rot bewehrte, abwendig gekehrte schwarze Bärentatzen, unten miteinander durch schwarzes Brustfell verbunden; darin ein aufgerichteter, blau bewehrter und blau bezungter roter Löwe.

Historische Entwicklung

An vielen Stellen im Kreisgebiet hat man Reste jungsteinzeitlicher und bronzezeitlicher Besiedlung gefunden, während römische Fundstücke vermutlich auf Handelsbeziehungen zurückzuführen sind. Das Kernland der Sachsen kam zu Ende des 8. Jh. unter fränkische Herrschaft. Der Streubesitz zahlreicher weltlicher und geistlicher Herren entwickelte sich allmählich zu Territorien, im hiesigen Raum zu den Grafschaften Hoya und Diepholz. Der Südwestraum des heutigen Landkreises bildete die Grafschaft Diepholz, während der Südosten und der Norden Teile der Grafschaft Hoya waren. Das ganze Gebiet kam Ende des 16. Jh. infolge des Aussterbens der Grafenhäuser zum Herzogtum Braunschweig-Lüneburg. Lediglich zwei Ämter wurden von den Landgrafen von Hessen übernommen, 1815 jedoch wieder mit dem übrigen Gebiet vereinigt. Die hannoversche Herrschaft wurde 1866 durch die preußische abgelöst. Schon 1932 waren die Landkreise Grafschaft Hoya und Grafschaft Diepholz gebildet worden.
Durch eine zweite Kreisreform 1977 wurden diese Kreise unter Abtrennung des Hoyaer Raumes zum heutigen Landkreis Diepholz zusammengelegt. Das am 25. Juli 1979 genehmigte Kreiswappen zeigt den Löwen der Grafschaft Diepholz und die Bärentatzen der Grafschaft Hoya.

Struktur des Kreises
Sehenswürdigkeiten

Der Landkreis Diepholz – ein Landkreis im Grünen – bietet in freundlichen, von Hügelland umrahmten Bachtälern, in Wäldern und Feldern viele Erholungsmöglichkeiten und Sehenswürdigkeiten.
Der Landkreis wird von zwei landschaftlichen Erscheinungsformen geprägt, der Geest im Osten und Nordosten und den Moorniederungen im Süden. Jede dieser Landschaften hat ihren besonderen Charakter.
Wassersportler, Natur- und Wanderfreunde fahren zum zweitgrößten Binnensee Niedersachsens, dem Dümmersee im Bereich des »Naturparkes Dümmer«. Er ist von Moor- und Niederungsflächen, den Dammer Bergen und dem Stemweder Berg umgeben und bietet die Möglichkeit, sich fernab der Großstadt in weitflächigen natürlichen Ruhezonen zu erholen. Außerdem bietet sich in der Gemeinde Lembruch ein Besuch des Dümmermuseums an.
Das zwischen Geest und Bruch gelegene Bruchhausen-Vilsen hat sich zu einem weitbekannten Fremdenverkehrsort entwickelt. Als Attraktion lädt die »Erste Deutsche Museums-Eisenbahn« zum Mitfahren ein.
In der Gemeinde Wagenfeld befindet sich der »Natur-Tierpark Ströhen« mit über 600 Tieren aus fünf Kontinenten und einem sehenswerten Vollblutaraber-Gestüt. In der Kreisstadt Diepholz sind der Schloßturm und das Mauerwerk des 1663 neuerbauten Schlosses der Grafen von Diepholz gut erhalten, ebenso die »Münte«, die ehemalige Münzprägerei.
Dem Besucher der Stadt Syke wird das Kreismuseum mit historischen Gebäuden und ländlicher Handwerkskunst empfohlen.
Im gesamten Kreisgebiet sind die niederdeutsche Mundart und die Verbundenheit mit Geschichte und heimatlicher Kultur im ländlichen Bereich bewahrt worden. Echte Gastfreundschaft lädt zum Verweilen ein.

Landkreis Emsland

Regierungsbezirk: Weser-Ems. Einwohner: 289 238. Fläche: 2880,29 km². Einwohner je km²: 100. Kfz-Kennzeichen: EL. Kreisverwaltung: Ordeniederung 1, 49716 Meppen, Postfach 1562, 49705 Meppen. Verwaltungsgliederung: 5 Städte (Lingen/Ems, Meppen, Papenburg, Haren/Ems, Haselünne), 5 Einheitsgemeinden (Emsbüren, Geeste, Rhede/Ems, Salzbergen, Twist) und 9 Samtgemeinden mit 50 Mitgliedsgemeinden (Dörpen, Nordhümmling, Freren, Herzlake, Lathen, Lengerich, Sögel, Spelle, Werlte).

Wappenbeschreibung

Zweifach geteilt, unten im Wellenschnitt: oben in Rot ein silbernes Hünengrab, in der Mitte in Gold drei rote Mispelblüten mit goldenen Butzen nebeneinander, unten in Blau ein goldener Anker.

Historische Entwicklung

Zahlreiche Großsteingräber auf dem Hümmling und auf den Lingener Höhen sind beredte Zeugen für die Teilhabe des Emslandes an der europäischen Megalithkultur. Neben der Ems stellten die »Friesische Straße« als Zugang Münsters zur Nordseeküste und die »Flämische Straße« von Brügge zu den Hansestädten Bremen und Hamburg wichtige Verkehrsverbindungen dar. Die um 1200 an der »Flämischen Straße« gegründete Handelsniederlassung Haselünne erhielt als erste emsländische Siedlung im 13. Jh. die Stadtrechte. Das ältere Meppen, etwa 780 am Zusammenfluß von Hase und Ems als fränkisches Reichsgut und Missionszelle angelegt, erlangte mit dem Übergang der emsländischen Besitzungen der Grafen von Ravensberg an den Bischof von Münster im Jahre 1252 seine dominierende Stellung. Die Stadt wurde Verwaltungsmittelpunkt des nach ihr benannten Amtes, zu dem die Territorien um Meppen und Aschendorf und ab 1394 auch der Hümmling gehörten. Im Norden erwarb der Drost Dietrich von Velen 1630 Land und Rechte der Papenburg und baute den Ort nach holländischem Vorbild zur ersten deutschen Fehnkolonie aus. Mit der Säkularisation gelangte Meppen an den Herzog von Arenberg, jedoch wurde das Amt bereits 1815 unter Wahrung der standesherrlichen Rechte dem Königreich Hannover einverleibt. Der Wiener Kongreß brachte auch die ehemalige Grafschaft Lingen zu Hannover. Bis dahin hatte Lingen, vor allem wegen seiner militärischen Bedeutung als Kastell, eine wechselvolle Geschichte erlebt und nacheinander Habsburger, Spanier und Oranier als Landesherren gesehen, ehe es 1702 preußisch wurde. Die preußische Kreisordnung von 1885 schuf im hannoverschen Emsland die Kreise Lingen, Meppen, Hümmling und Aschendorf, aus denen 1932 die drei Altkreise Aschendorf-Hümmling, Lingen und Meppen gebildet wurden, die 1977 wiederum zum Landkreis Emsland zusammengefaßt worden sind. Das neue Kreiswappen (verliehen am 27. Januar 1982) erinnert mit den Farben Gold und Rot an das Niederstift Münster und zeigt die Mispelblüten der Arenberger und den goldenen Anker der Grafschaft Lingen. Der blaue Schildfuß im unteren und das Hünengrab im oberen Drittel weisen auf Fluß und Landschaft hin.

Struktur des Kreises Sehenswürdigkeiten

Bis auf den heutigen Tag hat sich das Emsland mit seinen Flußauen, Wäldern, Hügelketten und Mooren ein abwechslungsreiches Landschaftspanorama und eine intakte Umwelt erhalten. Den Reiz der Landschaft von Ems und Hase, des Hümmlings und der Baccumer Hügelketten untermalen die zahlreichen Kirchen, Kapellen und Schlösser, aber auch die restaurierten Wind- und Wassermühlen oder die Steingräber aus der Vorzeit. Zu den Sehenswürdigkeiten gehören die historischen Stadtkerne von Lingen und Meppen sowie das Stadtbild der Fehnkolonie Papenburg. Aus der Reihe der Baudenkmäler hebt sich vor allem das von 1736 bis 1748 erbaute barocke Jagdschloß Clemenswerth in Sögel hervor. Das Emsland verzeichnete in den vergangenen 50 Jahren einen enormen wirtschaftlichen Aufschwung. Bekannt geworden ist das Emsland u. a. durch die Versuchsanlage der Magnetschwebebahn Transrapid und durch den Bau von Kreuzfahrtschiffen auf der Meyer-Werft in Papenburg.

Landkreis Friesland

Regierungsbezirk: Weser-Ems. Einwohner: 97 518. Fläche: 607,5 km². Einwohner je km²: 160,5. Kfz-Kennzeichen: FRI. Kreisverwaltung: Lindenallee 1, 26441 Jever, Postfach 244, 26436 Jever. Verwaltungsgliederung: 8 Einheitsgemeinden (Bockhorn, Stadt Jever, Sande, Schortens, Stadt Varel, Wangerland, Wangerooge, Zetel).

Wappenbeschreibung

In Blau ein rot bewehrter goldener Löwe zwischen einem silbernen Ankerkreuz im rechten und linken Obereck.

Historische Entwicklung

Während des Mittelalters wurde die Küstenlinie ständig durch Sturmfluten verändert. Zu dieser Zeit war das Land von Häuptlingen beherrscht. Doch setzten sich im südlichen Kreisgebiet schon um 1465 die Grafen von Oldenburg fest, denen 1575 auch Jever zufiel. Während nach dem Tode des Grafen Anton-Günther die Grafschaft Varel mit Kniphausen dessen Sohn, dem Grafen von Aldenburg, vermacht wurde, verblieb das Gebiet der Friesischen Wehde bei den Oldenburger Grafen. Das Jeverland fiel dagegen 1667 durch Erbgang an das Haus Anhalt-Zerbst, 1793 an Rußland, 1807 an Holland, 1810 an Frankreich, und erst 1818 übernahmen die Herzöge von Oldenburg wieder die Herrschaft. Als Nachfolger der Aldenburger regierten in Varel bis 1854 die Reichsgrafen von Bentinck und sodann wieder die Oldenburger. Die ehemaligen »Ämter« Varel und Jever wurden 1933 durch die oldenburgische Verwaltungsreform zum Landkreis Friesland vereinigt.
Am 1. August 1977 wurde der Landkreis Friesland im Zuge der Kreisgebietsreform aufgelöst, geteilt und erstand in neuen Grenzen. Als Folge der Entscheidung des Niedersächsischen Staatsgerichtshofes konnte der Landkreis Friesland mit der Wiederherstellung der früheren Gebiets- und Verwaltungseinheit zum 1. Januar 1980 seine zweite Geburtsstunde begehen. Sein damit ohne Neugenehmigung unverändert gültiges Wappen vom 26. April 1962 vereinigt die Symbole der Häuptlinge von Jever (Löwe) und der Grafen von Bentinck (Ankerkreuze). Damit soll die Vereinigung der vormaligen Ämter Jever und Varel zum heutigen Landkreis Friesland zum Ausdruck gebracht werden.

Struktur des Kreises Sehenswürdigkeiten

Im Landkreis Friesland hat sich der Fremdenverkehr mit über 3,1 Mio. Übernachtungen zu einem bedeutenden Wirtschaftszweig entwickelt. Das ist u. a. auf seine geografische Lage – Küstennähe, Insel – und die vorhandenen verschiedenartigen Landschaftsteile, Meer und Moor, Marsch und Geest, Wald und Weiden, zurückzuführen. Dazu tragen aber auch die Städte Jever und Varel sowie viele Dörfer bei, die ihr historisch reizvolles Gepräge bis in die Gegenwart erhalten haben. Sehenswert sind die vielerorts sichtbaren Zeugen und Spuren, die die wechselvolle Geschichte dieses Landstrichs hinterlassen hat. Namentlich die alten Kirchen Frieslands, vor allem Wehrkirchen mit gesondertem Glockenturm, die Schlösser in Jever mit prachtvollem Audienzsaal, Neuenburg und Gödens sowie die zahlreichen Bau- und Kunstdenkmäler von Rang, wie der Münstermann-Altar in Varel und das Edo-Wiemken-Denkmal in Jever sind beachtenswerte Beispiele.
Von den Museen und Sammlungen seien genannt: Schloß- und Heimatmuseum in Jever, Landwirtschaftsmuseum Jever und Heimatmuseum Varel, die guten Einblick in die bäuerliche Kultur bieten, Heimatmuseum »Alter Leuchtturm« auf Wangerooge, Nordwestdeutsches Schulmuseum in Bohlenbergerfeld.

Landkreis Gifhorn

Regierungsbezirk: Braunschweig.
Einwohner: 160 113.
Fläche: 1561,85 km².
Einwohner je km²: 102,5.
Kfz-Kennzeichen: GF. Kreisverwaltung: Schloßplatz 1, 38518 Gifhorn, Postfach 1360, 38516 Gifhorn. Verwaltungsgliederung: 2 Städte (Gifhorn und Wittingen), 1 Gemeinde (Sassenburg) und 7 Samtgemeinden (Boldecker Land, Brome, Hankensbüttel, Isenbüttel, Meinersen, Papenteich, Wesendorf).

Wappenbeschreibung

In mit roten Herzen besätem goldenen Feld ein rot bewehrter und bezungter blauer Löwe, der in den Vorderpranken ein silbernes Hifthorn hält.

Historische Entwicklung

Die Entstehung und Gründung der Siedlungen im Landkreis Gifhorn wurde mit der Landnahme etwa im 5./6. Jh. eingeleitet. Eine alte Wehrburg in Brome aus dem 11. Jh. kündet von unruhigen Zeiten, als das Gebiet noch Grenzgebiet zwischen germanischen und slawischen Volksstämmen war. Dieser Grenzverlauf hatte durch die innerdeutsche Grenze, die den Landkreis Gifhorn auf 60 km flankierte, wieder Bestand. Dazwischen liegt ein Jahrtausend wechselvoller Heimatgeschichte, die im Mittelalter eng mit der des Welfenhauses verbunden war. Auch nach dem welfisch-staufischen Machtkampf, der 1180 den Sturz Heinrichs des Löwen zur Folge hatte, blieben die Erbgüter Braunschweig und Lüneburg und damit auch der Gifhorner Raum in welfischer Hand. Darauf verweist im Kreiswappen vom 29. August 1929 der welfisch-lüneburgische Löwe, der in seiner Farbgebung und zusammen mit den Herzen an das dänische Königswappen erinnert. Das auch im Wappen der Kreisstadt vorkommende Hifthorn spricht für den Namen Gifhorn, der »Jagdhorn« bedeutet. Im 18. Jh. im Erbwege an Hannover gefallen, mit diesem 1866 von Preußen annektiert, hat der Landkreis Gifhorn seinen Ursprung in der preußischen Kreisordnung. Diese formte 1885 aus ehedem hannoverschen Ämtern die Landkreise Gifhorn und Isenhagen, die 1932 zusammengelegt wurden. 1951 schied die 1938 gegründete »Volkswagenstadt« Wolfsburg nach rascher Entwicklung aus dem Kreisgebiet aus, und auch die Jahre 1972 und 1974 brachten Änderungen im Gebietsstand.

Struktur des Kreises
Sehenswürdigkeiten

Eine abwechslungsreiche Naturlandschaft im Süden der Lüneburger Heide mit großen Wäldern, Moor- und Heideflächen, Seen und Flußläufen hat das dünnbesiedelte Kreisgebiet zu einem beliebten Erholungsgebiet werden lassen. Der Bernsteinsee bei Stüde (10 ha) und der Tankumsee (62 ha) bei Isenbüttel bieten Wassersportmöglichkeiten. Ausflugsfahrten auf dem Elbeseitenkanal und Fahrten mit dem historischen »Preußenzug« finden großen Anklang.
Sehenswürdigkeiten sind u.a.:
das Gifhorner Welfenschloß mit Schloßkapelle aus dem 16. Jh., dessen nördlicher Flügel das »Historische Museum Schloß Gifhorn« beherbergt;
die Gifhorner Altstadt mit Fachwerkhäusern aus dem 16./17. Jh., Kavalierhaus (1540), Ratsweinkeller (1562), Haus Höfer (1570) und die St.-Nicolai-Kirche (1733/44 erbaut), eine Barockkirche mit geschmücktem Kanzelaltar von 1744 und wertvoller Christian-Vater-Orgel von 1748;
das Museum Burg Brome mit seinen umfangreichen Sammlungen zur Geschichte des alten Handwerkes;
das Schulmuseum Steinhorst – ein niedersächsisches Flettdeelenhaus – Teil des »Erich-Weniger-Hauses«, zu dem auch eine moderne Tagungsstätte gehört.
Das Zisterzienserkloster Isenhagen aus dem Jahre 1243, das Klosterhofmuseum Isenhagen mit Kräutergarten zeigt Ausstellungen zur klösterlichen Wirtschaftsgeschichte, und die St.-Pankratius-Kirche in Hankensbüttel (1000 Jahre alt) mit Barockaltar von 1706; das am Stadtrand in Aller- und Iseniederung gelegene Internationale Museum Wind- und Wassermühlenpark Gifhorn mit neun Originalmühlen, zwei Backhäusern, Trachtenhaus, Treppenspeicher, Ausstellungshalle und einer russischen Stabkirche in Holzbauweise; das Otter-Zentrum in Hankensbüttel bietet auf einem über 5 ha großen Freigelände interessante Tiergehege mit Fischottern, Mardern und Dachsen; das Jagdmuseum Wulff in Oerrel zeigt eine der größten Trophäensammlungen Europas.

Landkreis Göttingen

Regierungsbezirk: Braunschweig. Einwohner: 265 032. Fläche: 1116 km². Einwohner je km²: 238,96. Kfz-Kennzeichen: GÖ. Kreisverwaltung: Reinhäuser Landstraße 4, 37083 Göttingen, Postanschrift: 37070 Göttingen. Verwaltungsgliederung: 3 Städte (Duderstadt, Göttingen, Münden), 3 Samtgemeinden (Dransfeld, Gieboldehausen, Radolfshausen), 4 Gemeinden (Friedland, Gleichen, Rosdorf, Staufenberg) und 2 Flecken (Adelebsen, Bovenden).

Wappenbeschreibung

Unter rotem Schildhaupt, darin ein schreitender, blau bewehrter goldener Löwe, in Gold, durch einen roten Maueranker verbunden, oben ein roter Schild mit silbernem Göpel, unten ein silbern unterlegtes, sechsspeichiges rotes Rad.

Historische Entwicklung

Der heutige Landkreis Göttingen setzt sich im wesentlichen aus den früheren Kreisen Göttingen, Münden und Duderstadt zusammen. Dem am 8. November 1973 genehmigten Kreiswappen liegt das alte Emblem des Landkreises Göttingen zugrunde, da Göttingen Mittelpunkt des Großkreises blieb. Der ursprüngliche Löwe der Herzöge von Braunschweig symbolisiert aber nicht nur den ehemaligen Kreis Göttingen, sondern auch die bisherigen Kreisstädte Duderstadt und Münden. Der Maueranker war das Stammwappen der Grafen von Plesse und stand neben dem braunschweigischen Löwen im alten Kreiswappen Göttingens. Der rote Schild mit dem silbernen Göpel ist eine Minderung des bisherigen Wappens des Landkreises Münden; er versinnbildlicht den Zusammenfluß von Werra und Fulda zur Weser. Für den ehemaligen Landkreis Duderstadt wurde aus dem bisherigen Kreisemblem das sechsspeichige rote Rad gewählt, da diesem durch die mehrhundertjährige Herrschaft von Kurmainz im Duderstädter Raum eine besondere Bedeutung zukommt. Durch die silberne Unterlegung werden die Farben des Kurmainzer Wappens, Rot und Silber, wiederholt.

Struktur des Kreises
Sehenswürdigkeiten

Von der Oberweser bis zu den Vorbergen des Harzes erstreckt sich Niedersachsens südlichster Landkreis. Die ausgedehnten Wälder der Dransfelder Hochfläche im Westen gehören zum »Naturpark Münden«. In Adelebsen sind Schloß und Burg mit einem in Europa architektonisch einmaligen fünf- bzw. sechseckigen mächtigen Bergfried aus dem 14. Jh. sehenswert. Im Süden erinnert die Burg Sichelnstein an die Grenzstreitigkeiten zwischen Braunschweig und Hessen. Wirtschaftlicher Schwerpunkt ist die alte Universitätsstadt Göttingen (Georg II. von Hannover gründete 1737 die Universität), in der noch viele Fachwerkhäuser erhalten sind. Besonders beeindruckend das gotische Rathaus mit seiner Eingangshalle aus dem Jahre 1403. Dem Gänseliesel auf dem Marktbrunnen sollte man einen Besuch abstatten, der Junkernschänke (1547/49 ausgebaut), dem Haus Abel Bornemann (1536), der Ratsapotheke (1553) oder dem Hardenberger Hof (1592), in dem sich jetzt das Städtische Museum befindet. Mittelalterliche Baukunst kann man auch in Duderstadt bewundern: völlig erhaltenes Oval des Walles mit beachtlichen Resten der Stadtmauern, historischer Stadtkern mit gotischen Kirchen, 500 Fachwerkhäuser und ein Rathaus mit massivem Unterbau aus dem 13. Jh. Münden, im Flüssedreieck von Werra, Fulda und Weser, hat eine reizvolle Altstadt mit fachwerkbunten Gassen, einem Rathaus im Weserrenaissancestil. Erholung bietet der größte See Südniedersachsens, der Seeburger See (100 ha), in dem man mit den sonst so scheuen Bleßhühnern um die Wette schwimmen kann.

Landkreis Goslar

Regierungsbezirk: Braunschweig. Einwohner: 163 000. Fläche: 965 km². Einwohner je km²: 169. Kfz-Kennzeichen: GS. Kreisverwaltung: Klubgartenstraße 6, 38640 Goslar, Postfach 2020, 38610 Goslar. Verwaltungsgliederung: 7 Städte (Bad Harzburg, Braunlage, Goslar, Langelsheim, Seesen, Bergstadt St. Andreasberg, Vienenburg), 1 Gemeinde (Liebenburg) und 2 Samtgemeinden (Oberharz, Lutter a. Rbge.).

Wappenbeschreibung

Gespalten; vorne in Gold ein halber, rot bewehrter schwarzer Adler am Spalt, hinten in Rot ein linksgewendeter, blau bezungter und golden bewehrter silberner Löwe.

Historische Entwicklung

Der heutige Landkreis Goslar entstand in drei Schritten in der niedersächsischen Gebietsreform. Gerade im Bereich des Harzes hatte sich eine Neugliederung besonders aufgedrängt. Die Bildung der innerdeutschen Grenze, die teilweise ungünstigen Siedlungsvoraussetzungen und die geschichtlichen Einflüsse hatten dazu geführt, daß hier viele kleine Verwaltungseinheiten bestanden. Bis zum Abschluß der Kreisreform am 1. August 1977 erhielt der Landkreis schließlich seinen heutigen Zuschnitt. Zuvor war sein Gebiet auf sechs Kreise (u. a. Goslar, Zellerfeld und Blankenburg) und die kreisfreie Stadt Goslar aufgeteilt gewesen. Das am 8. August 1931 vom Preußischen Staatsministerium genehmigte Kreiswappen hat nach wie vor seine Gültigkeit. Der von Gold und Rot gespaltene Schild war das Emblem des Hochstiftes Hildesheim, wie es auch von den Ämtern Vienenburg und Wiedelah geführt worden war. Der halbe Adler verweist auf die alte Kaiserstadt und spätere Reichsstadt Goslar. Der Löwe war das Wappenbild der Grafen von Schladen. Diese spielten von etwa 1110 bis 1362 als eingesessenes Dynastengeschlecht eine Rolle in der Geschichte des jetzigen Landkreises. Die unübliche Linkswendung des Löwen – gewöhnlich blicken sie nach heraldisch rechts – ist aus Rücksicht auf die Symmetrie des Wappens gewählt worden.

Struktur des Kreises
Sehenswürdigkeiten

Zwischen Göttingen, Salzgitter und Braunschweig erstreckt sich der Landkreis Goslar. Er umfaßt den größten Teil des Oberharzes, das nordwestliche und nördliche Harzvorland und wird im Osten vom Landkreis Wernigerode (Land Sachsen-Anhalt) begrenzt. Zum Naturschutzgebiet »Oberharz« gehören Hochmoore bei Bruchberg und die älteste Harzer Talsperre Oderteich. Ausgedehnte Wanderwege führen im »Naturpark Harz« durch weitläufige Fichtenwälder vorbei an imposanten Wasserfällen (Romkerhaller-, Radauwasserfall) und Klippen (Käste-, Rabenklippe) zu vielen Aussichtspunkten (Wurmberg, Achtermannshöhe, Bocksberg, Burgberg, Rammelsberg). Der Wasserreichtum des Mittelgebirges spiegelt sich in seinen Talsperren wider: Ecker-, Oker-, Grane- und Innerstetalsperre. Auf dem wirtschaftlichen Sektor nimmt der Fremdenverkehr im Harz eine bedeutende Stellung neben dem produzierenden Gewerbe am Harzrand ein. Besonders sehenswert ist das »UNESCO-Weltkulturerbe« Erzbergwerk Rammelsberg und die Altstadt Goslar. Weitere touristische Attraktionen dieser geschichtsträchtigen Region sind die »Kaiserpfalz« (11. bis 13. Jh., bevorzugte Residenz deutscher Kaiser und Könige), das Rathaus, mittelalterliche Kirchen und Museen; Clausthal-Zellerfeld, St. Andreasberg, Lautenthal und Wildemann, das Oberharzer Bergbaumuseum sowie die Burgen in Vienenburg, Liebenburg und Seesen. Auf eine 150jährige Kurgeschichte blickt Bad Harzburg zurück. Aus dem einstigen »Jagdrevier der Könige« ist der »Naturpark Harz« geworden, der Besucher und Urlauber anzieht.

Landkreis Grafschaft Bentheim

Regierungsbezirk: Weser-Ems. Einwohner: 123 632. Fläche: 980,63 km². Einwohner je km²: 126,1. Kfz-Kennzeichen: NOH. Kreisverwaltung: Van-Delden-Straße 1-7, 48529 Nordhorn. Verwaltungsgliederung: 26 kreisangehörige Gemeinden (Bad Bentheim, Emlichheim, Engden, Esche, Georgsdorf, Getelo, Gölenkamp, Halle, Hoogstede, Isterberg, Itterbeck, Laar, Lage, Neuenhaus, Nordhorn, Ohne, Osterwald, Quendorf, Ringe, Samern, Schüttorf, Suddendorf, Uelsen, Wielen, Wietmarschen und Wilsum).

Wappenbeschreibung

In Rot siebzehn ganze und zwei halbe kugelförmige goldene Schildbeschläge in sechs Reihen (4:½ + 3 + ½:4:3:2:1 gestellt).

Historische Entwicklung

Die ehemals selbständige Grafschaft ist im Jahre 1752 aufgrund der erdrückenden Schuldenlast, verursacht hauptsächlich durch die vielen Kriege im gefahrvollen Grenzraum, an das Kurfürstentum Hannover auf eine Dauer von zunächst 30 Jahren verpfändet worden. Von der hierdurch entstandenen Abhängigkeit vermochten sich die Bentheimer Grafen und späteren Fürsten nie mehr zu lösen. Im Jahre 1848 wurde die Grafschaft Bentheim endgültig in das Königreich Hannover integriert. Als Folge der kriegerischen Auseinandersetzung mit Preußen wurde das Königreich Hannover im Jahre 1866 aufgelöst. 1867 wurde der preußische Kreis Lingen gebildet, der bis zum 31. März 1885 Bestand hatte. Am 1. April 1885 entstand dann der Landkreis Grafschaft Bentheim durch die von König Wilhelm I. von Preußen erlassene Kreisordnung. Da der Landkreis als Gebietskörperschaft in gewissem Sinne in die Nachfolge der früheren Grafschaft Bentheim eingetreten ist, was auch durch die amtliche Bezeichnung zum Ausdruck kommt, lag der Gedanke nahe, das gräfliche Herrschaftswappen zu übernehmen. Die Fürsten von Bentheim führen das oben abgebildete Wappen auch heute noch. Bevor das Wappen am 20. Mai 1955 dem Landkreis verliehen werden konnte, war deshalb die Zustimmung des fürstlichen Hauses einzuholen.

Struktur des Kreises Sehenswürdigkeiten

Ein westlicher Ausläufer des Teutoburger Waldes im Süden, Moorgebiete im Nordosten sowie eine abwechslungsreiche Hügellandschaft im Nordwesten mit einer besonders idyllischen Natur im Uelsener Raum prägen das Landschaftsbild der »Grafschaft« an der Niederländischen Grenze. Das Bentheimer Schloß, eine in ihrer Größe und Höhe gewaltige Grafenburg mit Schloßkapelle und historischem Steinbild »Herrgott von Bentheim«, das Kloster Frenswegen (heute ökumenische Begegnungsstätte) und die »Herrlichkeit Lage« mit alter Bergruine und einer in Funktion befindlichen alten Wassermühle zählen zu den bedeutendsten Sehenswürdigkeiten. Ein Schwefelheilbad mit modernen Kureinrichtungen im 1250 ha großen Bentheimer Wald, eine Freilichtbühne, Spielbank, Schloßpark und viele Erholungseinrichtungen sind zu erwähnen. Produkte aus der Textilindustrie haben die Grafschaft Bentheim seit Jahrzehnten bekannt gemacht. Den durch die Krise dieses Industriezweiges Mitte der 80er Jahre erforderlichen Strukturwandel hat die Region als Chance begriffen, mittelständisches Gewerbe in verstärktem Maße anzusiedeln. Längst hat sich die Grafschaft Bentheim zu einem attraktiven Standort mit breitgefächertem Branchenspektrum entwickelt. Eine Million Menschen im Umkreis von 200 Kilometern um das Mittelzentrum Nordhorn garantieren einen funktionierenden und noch ausbaufähigen regionalen Markt. Die Autobahnen A 30 (Amsterdam–Berlin) und A 31 (Ruhrgebiet–Nordsee) gewährleisten eine verkehrsgünstige Anbindung an wichtige deutsche und europäische Wirtschaftsregionen und erhöhen die Attraktivität der Region auch für die Neuansiedlung von Betrieben. Die unmittelbare Nähe zu den niederländischen Nachbarn rückt das Gebiet auf dem europäischen Binnenmarkt in eine zentrale Lage.

Landkreis Hameln-Pyrmont

Regierungsbezirk: Hannover. Einwohner: 162 891. Fläche: 799,33 km². Einwohner je km²: 203,8. Kfz-Kennzeichen: HM. Kreisverwaltung: Pferdemarkt 1 (Kreishaus), 31785 Hameln, Postfach 101335, 31763 Hameln. Verwaltungsgliederung: 8 kreisangehörige Gemeinden (Städte Hameln, Bad Pyrmont, Bad Münder, Hessisch Oldendorf, Flecken/Gemeinden Aerzen, Coppenbrügge, Emmerthal, Salzhemmendorf).

Wappenbeschreibung

In einem frühgotisch geformten spitzen Schilde auf Blau ein steigender – aufrecht schreitender – silberner Löwe, der ein rotes Ankerkreuz in den Pranken hält.

Historische Entwicklung

Am 1. April 1885 wurde die alte hannoversche Ämterverfassung durch die Preußische Kreisordnung für die Provinz Hannover abgelöst. Damit begann auch die Geburtsstunde des Kreises Hameln. Eine Erweiterung erfuhr das Kreisgebiet durch die Eingliederung des fürstlich-waldeckschen Gebietsteils Grafschaft Pyrmont am 1. April 1922, nachdem sich die Bevölkerung in einer Volksabstimmung mehrheitlich dafür ausgesprochen hatte. Seitdem trägt der Kreis den Namen »Landkreis Hameln-Pyrmont«. Die letzten Veränderungen des Kreisgebietes wurden durch die Gemeinde- und Kreisreform in den Jahren ab 1973 ausgelöst.

Das vom Preußischen Staatsministerium am 30. Oktober 1929 genehmigte Wappen des Landkreises hat bis zum heutigen Tage seine Gültigkeit behalten. Für die Schaffung des Wappens war die ursprüngliche, historisch-geografische Zusammensetzung des Kreisgebietes maßgebend. Der Löwe ist dem Wappen der Grafen von Everstein entnommen worden, die im größten Gebietsteil des heutigen Landkreises Hameln-Pyrmont in den ehemaligen Ämtern Aerzen, Ohsen, Grohnde und Polle etwa von 1100 bis in das 15. Jh. hinein ihre Macht entfaltet haben. Darüber hinaus gehörte im 13. Jh. auch die Stadt Hameln zum mittelbaren Einflußgebiet der Grafen von Everstein. Das rote Ankerkreuz ist das dem waldeckschen Wappen entnommene Zeichen der vormaligen Grafschaft Pyrmont.

Struktur des Kreises Sehenswürdigkeiten

Der Landkreis Hameln-Pyrmont wird der Mittelgebirgslandschaft des Weserberglandes zugeordnet. Die Weser durchfließt ihn fast in seiner Mitte von Südosten nach Nordwesten. Viele Sehenswürdigkeiten erwarten den Besucher. Stadt Hameln – Rattenfängerspiele, historische Altstadt. Stadt Bad Pyrmont – Niedersächsisches Staatsbad, mit herrlichem Kurpark und nördlichster Palmenfreianlage Europas. Stadt Bad Münder – Weserrenaissanceschloß Hasperde, Heimatmuseum. Stadt Hessisch Oldendorf – Münchhausenschloß (Weserrenaissance), 100jähriges Stift Fischbeck, Hohensteinfelsen im Süntel. Flecken Aerzen – Weserrenaissanceschloß Schwöbber, Rittergut Posteholz. Flecken Coppenbrügge – Burganlage, Ithklippen. Gemeinde Emmerthal-Hämelschenburg – prächtigstes Schloß der Weserrenaissance. Flecken Salzhemmendorf – Ith-Sole-Therme, Hüttenstollen in Osterwald, Wasserbaum in Ockensen. Es lohnt sich, im Hameln-Pyrmonter Weserbergland ein Reiseziel für ein verlängertes Wochenende, für einen Urlaub oder eine Kur zur Erhaltung oder Wiederherstellung der Gesundheit auszuwählen. Der Wirtschaftsraum Hameln-Pyrmont ist geprägt durch eine annehmbare Mischung aus Industriebetrieben, Handel, Handwerk und Dienstleistungsbetrieben einschließlich Fremdenverkehr, Forst- und Agrarwirtschaft. Nicht nur das BHW hat seinen Hauptsitz im Landkreis. Moderne Forschungsinstitute wie das Solarinstitut in Emmerthal gehören zum Landkreis ebenso wie die »weiße Industrie« mit zahlreichen Spezialkliniken, Sanatorien und Hotels.

Landkreis Hannover

Regierungsbezirk: Hannover. Einwohner: 580 111. Fläche: 2085,86 km². Einwohner je km²: 278. Kfz-Kennzeichen: H. Kreisverwaltung: Hildesheimer Straße 20, 30169 Hannover, Postfach 147, 30001 Hannover. Verwaltungsgliederung: 20 kreisangehörige Städte und Gemeinden (Barsinghausen, Burgdorf, Burgwedel, Garbsen, Gehrden, Hemmingen, Isernhagen, Laatzen, Langenhagen, Lehrte, Neustadt a. Rbge., Pattensen, Ronnenberg, Seelze, Sehnde, Springe, Uetze, Wedemark, Wennigsen/Deister, Wunstorf).

Wappenbeschreibung

Rot und Gold geteilt; oben ein blau bewehrter goldener Löwe, unten ein rot bewehrter blauer Löwe, beide schreitend.

Historische Entwicklung

Im Gebiet des heutigen Landkreises Hannover dominierte seit dem Mittelalter das Welfenhaus. Nach dem Deutschen Krieg von Juni/Juli 1866 annektierte das über Österreich und seine Verbündeten, darunter das Königreich Hannover, siegreiche Preußen den welfischen Staat.
Am 1. April 1885 bewirkte die preußische Kreisordnung erstmals eine überörtliche Selbstverwaltung für das Gebiet. Aus mehreren Ämtern wurden die neuen Landkreise formiert. Es entstanden hier die Kreise Hannover, Linden, Springe, Neustadt am Rübenberge und Burgdorf. Während der Weimarer Republik (1919 bis 1933) wurde der Kreis Linden dem Kreis Hannover zugeschlagen. Schließlich löste der Niedersächsische Landtag mit Wirkung vom 1. März 1974 die Landkreise Burgdorf, Hannover, Neustadt am Rübenberge und Springe auf und bildete den Landkreis Hannover in seiner heutigen Form.
Die früheren Kreise hatten in ihren Wappen folgende Bildmotive geführt: Wolfskopf und Wolfsangel als Bezug auf Hermann Löns' Roman »Der Werwolf« (Kreis Burgdorf), Welfenlöwen und Löwe der Grafen von Roden (Hannover), Löwe der Grafen von Roden und Büffelhorn der Grafen von Wölpe (Neustadt am Rübenberge) und Rosen der Grafen von Hallermunt (Springe). Im neuen Kreiswappen vom 19. Dezember 1974 wurde aus heraldischen und ästhetischen Überlegungen nur das Welfenhaus berücksichtigt: Der obere Löwe war Zeichen der Braunschweiger Linie, der untere der lüneburgischen.

Struktur des Kreises Sehenswürdigkeiten

Der Deister als nördlichster Vorposten des Deutschen Mittelgebirges bildet im Süden die Grenze. Der sich anschließende »Kleine Deister« steht unter Naturschutz und ist als Saupark mit Schwarz-, Dam- und Muffelwild bekannt. Das unweit gelegene Wisentgehege, 1837 angelegt, beherbergt die größte Wisentherde Mitteleuropas. Das ehemalige Jagdschloß ist jetzt Jägerhof mit einem sehenswerten Jagdmuseum. Ein Seglerparadies ist das Steinhuder Meer (30 km²), sehenswürdig die Ende des 18. Jh. errichtete Inselfestung Wilhelmstein.
Im Norden bilden die südlichen Ausläufer der Lüneburger Heide die Grenze.
Das Leinetal bietet viele unberührte Plätze und gehört, wie auch große Moorflächen, zu den vielen Schutzgebieten. Schloß Landestrost in Neustadt a. Rbge. (niederländische Renaissance) hat das Europäische Torfmuseum, Schloß Marienburg bei Schulenburg, der Sitz der Nachfahren der Könige von Hannover, ein Schloßmuseum mit Kunstschätzen vergangener Jahrhunderte.

Landkreis Harburg

Regierungsbezirk: Lüneburg. Einwohner: 213 530. Fläche: 1244 km². Einwohner je km²: 172. Kfz-Kennzeichen: WL. Kreisverwaltung: Schloßplatz 6, 21423 Winsen (Luhe), Postfach 1440, 21414 Winsen (Luhe). Verwaltungsgliederung: 6 Einheitsgemeinden (Städte Buchholz/Nordheide und Winsen [Luhe], Gemeinden Neu Wulmstorf, Rosengarten, Seevetal, Stelle) und 6 Samtgemeinden (Elbmarsch, Hanstedt, Hollenstedt, Jesteburg, Salzhausen, Tostedt).

Wappenbeschreibung

In 12 mit roten Herzen bestreutem goldenen Feld ein rot bewehrter und gezungter blauer Löwe, der in den Vorderpranken einen aufrechten silbernen Schlüssel hält.

Historische Entwicklung

Das Grenzland an der Elbe war im Mittelalter wegen der günstigen Möglichkeiten zum Landesausbau und zur Binnenkolonisation gerade zwischen dem Bremer Erzbischof – an ihn erinnert der Schlüssel im Kreiswappen – und dem Welfenherzog Heinrich dem Löwen (1129 bis 1195) umstritten. Dessen Nachfolger konnten sich im 13. Jh. die Herrschaft über das Herzogtum Lüneburg sichern. Darauf verweist der blaue Löwe mit den roten Herzen im Kreiswappen, das am 3. April 1928 genehmigt wurde. Der »Lüneburger Löwe« entstand in Anlehnung an das dänische Königswappen, da der Welfe Wilhelm, jüngster Sohn Heinrichs des Löwen, die dänische Königstochter Helene geheiratet hatte. Das Gebiet des heutigen Kreises war nun Teil des Herzogtums Braunschweig-Lüneburg. Als 1803 Großbritannien-Hannover – von 1714 bis 1837 waren die hannoverschen Kurfürsten in Personalunion zugleich Könige von England – in den Krieg gegen Napoleon eingetreten war, besetzten französische Truppen das Kurfürstentum; zwei Jahre lang gehörten die nördlichen Regionen Hannovers nominell zu Frankreich. 1815 wurde der Staat als Königreich Hannover wiederhergestellt und die von den Franzosen aufgehobene Ämterverfassung restauriert. Doch hatten die französischen Verwaltungsreformen ihre Spuren hinterlassen, und die innere Struktur der Ämter wurde modernisiert.

1885 wurde im Königreich Preußen, zu dem Hannover seit 1866 als Provinz gehörte, eine Kreisordnung erlassen. Es entstanden der Stadtkreis Harburg aus der Stadt Harburg, der Landkreis Harburg aus den Ämtern Harburg und Tostedt und der Kreis Winsen aus dem Amt Winsen und der Stadt Winsen. 1932 wurden die Kreise Winsen und Harburg zusammengelegt, 1937 die Stadt Harburg nach Hamburg umgegliedert. Nach der kriegsbedingten Zerstörung des Verwaltungsgebäudes in Harburg wurde 1944 der Kreissitz nach Winsen (Luhe) verlegt.

Struktur des Kreises
Sehenswürdigkeiten

Zwischen Elbe und Heide erstreckt sich vor den Toren der Hansestadt Hamburg der Landkreis Harburg. Die ländliche Gegend lädt zu ausgiebigen Wander- und Radtouren in die Elbmarsch im Osten, wo sich die Störche heimisch fühlen, in den »Naturpark Harburger Berge« (Schwarze Berge) und in die landschaftlich reizvolle Nordheide (Lüneburger Heide) mit ihren Schnuckenherden ein. Im Spätsommer bezaubert die violette Blütenpracht der Heide ihre Besucher. In der Nähe von Undeloh befinden sich imposante Hünengräber aus grauer Vorzeit. Neben alten Windmühlen in Eyendorf und Kampen, Wassermühlen in Bendestorf, Holm, Horst, Moisburg und Seppensen ist die Region reich an mittelalterlichen Kirchen. Sehenswert sind z. B. die Magdalenenkirche mit hölzernem Glockenturm (12. Jh.) in Undeloh, die gotische Kirche in Raven (14. Jh.) mit Holzschnitzwerken (Predella des Altars) aus der Lüneburger Schule des frühen 15. Jh., die Kirche in Hittfeld (14. Jh.) mit freistehendem holzverschaltem Turm und die frühere Archidiakonatskirche (Romanik) mit spätgotischem Taufkessel in Salzhausen. Einen ausgezeichneten Einblick in die bäuerliche Bau- und Wohnkultur vermittelt das Freilichtmuseum am Kiekeberg bei Ehestorf.

Landkreis Helmstedt

Regierungsbezirk: Braunschweig. Einwohner: 103 839. Fläche: 674 km². Einwohner je km²: 150. Kfz-Kennzeichen: HE. Kreisverwaltung: Südertor 6, 38350 Helmstedt, Postfach 1560, 38335 Helmstedt. Verwaltungsgliederung: 3 Städte (Helmstedt, Königslutter am Elm, Schöningen), 4 Samtgemeinden (Grasleben, Heeseberg, Nord-Elm, Velpke) und 2 Gemeinden (Büddenstedt, Lehre).

Wappenbeschreibung

In Blau über Gold geteilt; oben das silberne niedersächsisch-braunschweigische Pferd, unten eine grüne Ähre, überkreuzt von einem schwarzen Bergmannsgezäh.

Historische Entwicklung

Die Geburtsstunde des Landkreises schlug am 12. Oktober 1832, als Herzog Wilhelm die Landschaftsordnung für das Herzogtum Braunschweig unterzeichnete. Seine Geschichte ist aber naturgemäß viel älter. Ausgrabungen und Bodenfunde beweisen, daß die fruchtbaren Lößböden im Süden bereits um 4000 v. Chr. besiedelt wurden. Das Land um Elm und Lappwald war Grenz- und Durchgangsland während der Völkerwanderung und wurde nach erbitterten Kriegen zwischen Franken und Sachsen um 800 n. Chr. christianisiert. Später war es ein Ausgangspunkt der deutschen Ostkolonisation. Der 1125 zum deutschen König gewählte Sachsenherzog Lothar von Supplingenburg wollte seinen Stammsitz zum Mittelpunkt des Reiches machen; seine Nachfolger gaben diese Konzeption zugunsten der aufstrebenden Handelsstadt Braunschweig auf. Bei den mehrfachen Teilungen des welfischen Besitzes blieb das Kreisgebiet bei der Braunschweiger Linie, die im Jahre 1576 die bis 1810 bestehende Helmstedter Universität gründete. Die Teilung Deutschlands nach 1945 trennte vom Kreis die Exklave Calvörde ab, wies ihm aber zugleich die Aufgabe zu, wichtigster Kontrollpunkt im Straßen- und Schienenverkehr zwischen beiden deutschen Staaten bis zur Wiederherstellung der deutschen Einheit zu sein.

Im Kreiswappen, das am 9. Juli 1952 verliehen wurde, weisen die Feldfarben auf die braunschweigischen Landesfarben Blau und Gold hin. Sie genießen nach wie vor amtliche Anerkennung. Die Ähre verweist auf die Landwirtschaft, die Bergmannsgeräte auf den Braunkohlenbergbau und die Salzgewinnung. Das Pferd stellt das Niedersachsenroß dar.

Struktur des Kreises Sehenswürdigkeiten

Der Landkreis liegt im Übergangsgebiet zwischen Norddeutscher Tiefebene und Mitteldeutscher Gebirgsschwelle und hat daher Anteil an ganz unterschiedlichen Landschaftsformen. Um sie in ihrer natürlichen Schönheit zu bewahren und gleichzeitig für die Erholung zu nutzen, wurden weite Teile des Kreisgebietes unter Natur- und Landschaftsschutz gestellt sowie zum »Naturpark Elm-Lappwald« erklärt. Die Wirtschaftsstruktur des Helmstedter Raumes wird geprägt vom Bergbau, dem verarbeitenden Gewerbe und der Landwirtschaft. Die abgebaute Braunkohle wird ausschließlich für die Stromerzeugung genutzt. Weitere wichtige Industriezweige sind die Gummiindustrie, der Maschinen- und Apparatebau, die Möbelindustrie, aber auch die Zigarren- und Zuckerherstellung. Der Fremdenverkehr ist daneben von erheblicher Bedeutung. Hauptanziehungspunkte für die Besucher sind außer herrlichen Wäldern die Großsteingräber aus der jüngeren Steinzeit bei Groß Steinum und Helmstedt, die Doppelkapelle St. Peter und St. Johannes Babt im Kloster Ludgeri in der Stadt Helmstedt und weitere Sakralbauten der Romantik, wie z. B. die schöne St. Lorenz-Kirche in der Stadt Schöningen. Nahe dem Tagebau Schöningen befindet sich ein interessantes Freiluftmuseum zum Thema Braunkohle im Revier Helmstedt, von dem aus man auch einen zur Zeit in Betrieb befindlichen Tagebau betrachten kann. Ab Mitte 1996 verkehrt auf der Eisenbahnstrecke Helmstedt–Haldensleben der »Ostfalen-Courier«. Mit dieser Museumseisenbahn kann man durch eine der ältesten Kulturlandschaften Deutschlands – die Börde – alleine, mit der Familie oder dem Verein fahren und die Landschaft genießen. Das gut ausgebaute Straßen-, Wander- und Radwandernetz im und um den Landkreis Helmstedt bietet sich für weiterführende Erkundungen an.

Landkreis Hildesheim

Regierungsbezirk: Hannover. Einwohner: 291 838. Fläche: 1205 km². Einwohner je km²: 242. Kfz-Kennzeichen: HI. Kreisverwaltung: Bischof-Janssen-Straße 31, 31134 Hildesheim, Postanschrift: 31132 Hildesheim. Verwaltungsgliederung: 6 Städte (Alfeld/Leine, Bad Salzdetfurth, Bockenem, Elze, Hildesheim, Sarstedt), 8 Gemeinden (Algermissen, Diekholzen, Giesen, Harsum, Holle, Nordstemmen, Schellerten, Söhlde) und 5 Samtgemeinden (Duingen, Freden/Leine, Gronau/Leine, Lamspringe, Sibbesse).

Wappenbeschreibung

In Rot durch Zinnenschnitt ein goldenes Schildhaupt, darin ein rot gekrönter und bewehrter, wachsender schwarzer Adler; auf der Herzstelle eine goldene Rose mit silbernem Butzen und silbernen Kelchblättern, eingefaßt vom goldenen Geweih eines Zwölfender-Kronenhirsches.

Historische Entwicklung

Der Mittelpunkt des Hildesheimer Landes, eines alten Kulturgebietes auf der Grenzlinie zwischen Mittelgebirge und Norddeutscher Tiefebene, ist die Stadt Hildesheim. Die 815 vom Karolingerkaiser Ludwig I. dem Frommen gegründete Siedlung entfaltete sich als Marktzentrum in einer durch besten Lößboden begünstigten Landschaft. Die spätere politische und kulturelle Entwicklung wurde immer wieder durch die Auseinandersetzungen zwischen den Braunschweiger Herzögen und den Hildesheimer Bischöfen geprägt. Der Landkreis Hildesheim, Nachfolger der durch die Kreisreform für die Provinz Hannover vom 1. Januar 1885 entstandenen Stadt- und Landkreise Hildesheim-Stadt, Hildesheim-Land, Marienburg, Gronau (Leine) und Alfeld (Leine), konnte 1985 sein 100jähriges Bestehen feiern. Nach dem Krieg 1939/45, und zwar am 1. Juni 1946, wurden die Kreise Hildesheim-Land und Marienburg zusammengelegt. Am 1. August 1977 fand die Vereinigung der Landkreise Hildesheim und Alfeld (Leine) im Zuge des Achten Gesetzes zur Verwaltungs- und Gebietsreform statt. Die Stadt Hildesheim wurde Kreissitz. Die bislang letzte Änderung des Kreisgebietes trat am 1. Juli 1981 ein. Die Samtgemeinde Duingen wurde, nachdem sie bis zum 1. August 1977 zum Altkreis Alfeld (Leine) gehört hatte und im Rahmen der Gebietsreform dem Landkreis Holzminden zugeordnet worden war, dem Landkreis Hildesheim angegliedert.

Seit 1. August 1979 führt der Kreis das abgebildete Wappen, das mit seinen Bestandteilen an die Vorgänger erinnert: Der wachsende Adler steht in anderer Farbgebung im Wappen der Stadt Hildesheim. Das Hirschgeweih gibt in heraldisch vereinfachter Form Elemente aus den ehemaligen Kreiswappen von Alfeld (Leine) sowie Hildesheim-Marienburg wieder. Während die Rose auf die Flora des Kreises (Heckenrosen) Bezug nimmt, sind die Hauptfarben Rot und Gold dem Hildesheimer Stiftswappen entlehnt.

Struktur des Kreises
Sehenswürdigkeiten

Der Dom (872) mit dem tausendjährigen Rosenstock und seinen Kunstschätzen ist Mittelpunkt, weltberühmt sind aber auch die altägyptischen Sammlungen im Roemer- und Pelizaeusmuseum. St. Michael (1010 bis 1033) mit Bernwardsgruft, die Bürgerkirche St. Andreas (1389) mit 114,5 m hohem Turm, St. Godehard (1133 bis 1172), der Kreuzgang von St. Mauritius und natürlich der historische Marktplatz mit dem Knochenhauer-Amtshaus und weiteren Bauten unterschiedlicher Baustile seien als Beispiele der noch kurz vor Kriegsende schwer zerstörten, wiederaufgebauten Stadt genannt.

In Alfeld locken der Altstadtkern mit Rathaus (1586) und Lateinschule (1610) sowie aus neuerer Zeit der Gropiusbau des Faguswerks und die wunderschöne Fußgängerzone mit freigelegtem Bachlauf. In Bockenem-Störy ist das Kleinwagen-Museum Ziel in- und ausländischer Autoliebhaber. Die Furtwängler-Orgel in Gronaus St.-Matthäi-Kirche (13. Jh.) ist eine der größten der Hannoverschen Landeskirche. Die Klosterkirchen in Lamspringe und Wittenburg, die Wallfahrtskapelle »Kreuzerhöhung« in Ottbergen oder die Schlösser Wrisbergholzen, Marienburg bei Nordstemmen, Derneburg bei Holle, Brüggen mit sehenswertem Inventar müssen erwähnt werden. Die fruchtbaren Böden im Norden haben Getreide- und Zuckerrübenanbau begünstigt, während im südlichen Teil die Wälder dominieren. Bauern- und Reiterhöfe reizen zum Urlaub. Das Thermal-Sole-Hallen- und Freibad mit Trinkbrunnen in Bad Salzdetfurth hilft heilen und vorbeugen.

Landkreis Holzminden

Regierungsbezirk: Hannover. Einwohner: 83 184. Fläche: 692 km². Einwohner je km²: 120. Kfz-Kennzeichen: HOL. Kreisverwaltung: Bürgermeister-Schrader-Straße 24, 37603 Holzminden, Postfach 1353, 37593 Holzminden. Verwaltungsgliederung: 2 Einheitsgemeinden (Delligsen, Holzminden) und 6 Samtgemeinden (Bevern, Bodenwerder, Boffzen, Eschershausen, Polle, Stadtoldendorf).

Wappenbeschreibung

Auf blauem Grunde über silbernem Querbach nach heraldisch rechts grimmender silberner Löwe, goldbewehrt und -gekrönt, rot bezungt.

Historische Entwicklung

Die in altsächsischer Zeit vorgenommene Einteilung des Sachsenlandes in Gaue ist die erste erkennbare politische Raumordnung in dieser Region. Zur Missions- und Kirchenpolitik Karls des Großen, der das Gebiet erobert hatte, gehörten die Gründungen von Bistümern. Der Einfluß weltlicher Machthaber ließ sich dennoch nicht verhindern. Eine bedeutende Rolle fiel dabei im Oberwesergebiet den Grafen von Everstein und den Herren von Homburg zu. Nach dem Sturz des Welfenherzogs Heinrich des Löwen 1180 waren die stauferfreundlichen Eversteiner Grafen auf dem Höhepunkt ihrer Machtentfaltung. Ihr silberner Löwe im blauen Feld erinnert im Kreiswappen vom 24. Juli 1950 noch heute daran. Mit dem Wiedererstarken der Welfen begann seit der Mitte des 13. Jh. jedoch ihr allmählicher Niedergang.

Nach dem Übergang der Territorien an das Herzogtum Braunschweig-Lüneburg kam es 1539 zur Herausbildung der Grenzen des »Braunschweigischen Weserkreises« (ab 1672 »Weserdistrikt«). Seine Ausdehnung entsprach in etwa den Konturen des heutigen Landkreises, der mit dem heraldischen Wellenbalken auf die geschichtlich so bedeutsame Weser verweist. 1832 wurde das Herzogtum in sechs Kreisdirektionen gegliedert. Damit trat der derzeitige Landkreis Holzminden ins Leben. Im August 1941 kam es im Zusammenhang mit der Gründung der Salzgitter-Werke zu einem Gebietsaustausch zwischen Braunschweig und Preußen, bei dem der Landkreis Holzminden an Preußen fiel. Dieses Ereignis offenbarte zugleich parteiinterne Machtrivalitäten des damaligen Regimes. Die Gebietsreform von 1977 bewahrte die Eigenständigkeit des Landkreises.

Struktur des Kreises Sehenswürdigkeiten

Der Landkreis Holzminden liegt inmitten des reizvollen Weserberglandes. Die Höhenzüge des Sollings, Voglers (»Naturpark Solling-Vogler«), Ith, Hilses, die Ottensteiner Hochebene sowie Oberweser und Leine bestimmen mit ihren Tälern die Landschaft. Neben Fachwerkbauten besitzen die schmucken Orte historische Sehenswürdigkeiten wie die Klosterkirchen Kemnade und Amelungsborn, die romanische Wehrkirche in Dielmissen bei Eschershausen, dem Geburtsort des Dichters Wilhelm Raabe (1831 bis 1910) und die Weserrenaissanceschlösser Hehlen und Bevern. Besondere Anziehungskraft hat eine der ältesten deutschen Porzellanmanufakturen im Weserrenaissanceschloß Fürstenberg, 1747 von Herzog Carl I. gegründet. Das Schloßmuseum veranschaulicht nicht nur die geschichtliche Entwicklung des Porzellans, sondern auch seine Herstellung. Die Glashütte in Grünenplan und die Holzmindener Geschmack- und Riechindustrie gehören zu den bedeutenden Wirtschaftsfaktoren des Kreises. Auf das Geburtshaus des »Lügenbarons« von Münchhausen (1720 bis 1797) trifft der Reisende in Bodenwerder. Ein Kleinod ist das Weserrenaissanceschloß Bevern (Anfang 17. Jh.). Sehenswert ist auch das Kloster Amelungsborn als zweitälteste Gründung der Zisterzienser in Niedersachsen mit der zwischen 1129 und 1350 erbauten Klosterkirche. Weitere Sehenswürdigkeiten findet man in Kemnade (Klosterkirche), Holzminden (Fachwerkhäuser, Heimatmuseum), Kirchbrak (Wehrkirche), Ottenstein (Kapelle Hattensen), Stadtoldendorf (Bergfried, Fachwerkhäuser, Türme der Stadtbefestigung), Schloß Neuhaus.

Landkreis Leer

Regierungsbezirk: Weser-Ems. Einwohner: 153 200. Fläche: 1086,19 km². Einwohner je km²: 141,04. Kfz-Kennzeichen: LER. Kreisverwaltung: Friesenstraße 46, 26789 Leer, Postanschrift: 26787 Leer. Verwaltungsgliederung: 12 kreisangehörige Gemeinden, darunter 3 Städte (Borkum, Leer, Weener), 6 Einheitsgemeinden (Jemgum, Moormerland, Ostrhauderfehn, Rhauderfehn, Uplengen, Westoverledingen) und 3 Samtgemeinden (Bunde, Hesel, Jümme).

Wappenbeschreibung

In Blau ein golden bewehrter, rot bezungter silberner Löwe, der als Halsband eine gestürzte goldene Krone trägt.

Als Oberwappen eine Ährenkrone mit sechs goldenen Ähren und einem vierblättrigen goldenen Kleeblatt in der Mitte.

Historische Entwicklung

Der Landkreis Leer entstand 1867 aus vier sogenannten Ämtern und überstand sowohl die preußische Gebietsreform aus dem Jahre 1932 wie auch die große Landkreisreform von 1979 jeweils unter Hinzugewinnung weiterer Bevölkerungs- und Flächenanteile. Kultur und Geschichte des Kreises sind nicht geprägt durch Feudalherrschaft und Bürgertum oder Leibeigenschaft, sondern durch freie Landleute, reiche Bauern und arme Siedler. Gerade deshalb zog es viele Glaubensvertriebene nach Friesland: Im 16. Jh. kamen die Kalvinisten aus den Niederlanden, die von den Truppen des Herzogs Alba vertrieben wurden, als er im Auftrage Philipps II. die Niederlande rekatholisieren sollte. Im 17. Jh. immigrierten Mennoniten, im 18. Jh. Pfälzer.

Das Wappen des Landkreises zeigt auch kein Emblem eines fremden Herrn, sondern den Löwen der Häuptlingsfamilie Ukena. Im 15. Jh. hatte Focko Ukena die Herrschaft über das Moormer-, Oberlediger-, Lengener- und Rheiderland erworben – in etwa das Gebiet des heutigen Kreises. Die Bedeutung des Löwen mit der gestürzten Krone ist heute unbekannt. Auf dem Wappenschild befindet sich eine Ährenkrone. Das vierblättrige Kleeblatt soll auf die vier alten Landschaften des Kreises hinweisen, die Ähren auf die landwirtschaftliche Struktur. Das Kreiswappen wurde am 12. August 1952 durch das niedersächsische Innenministerium verliehen und mit der ersten Hauptsatzung des Kreises am 22. Oktober 1958 (erneut) gebilligt.

Struktur des Kreises
Sehenswürdigkeiten

Im südlichen Teil Ostfrieslands gelegen wird der Landkreis Leer von den Niederlanden im Westen, von den Landkreisen Emsland im Süden, Cloppenburg und Ammerland im Osten sowie Wittmund, Aurich und der kreisfreien Stadt Emden im Norden umgeben. Die herbe Küstenlandschaft mit ihren ausgedehnten Hoch- und Niederungsmooren, sandiger Geest und saftigen Marschen, dem Dollart sowie den Flüssen Ems, Leda und Jümme lädt zur Erholung zu Lande und auf dem Wasser ein. Polderhöfe aus vergangenen Zeiten symbolisieren die noch immer ausgeprägte Agrarstruktur dieser Region. Zu einem Besuch reizen Oldersum (bedeutender Hafenort an der Abzweigung des Dortmund-Ems-Kanals, Standort zweier Werften), Ditzum, Jemgum und Weener an der Ems, Leer-Loga an der Leda oder Stickhausen an der Jümme mit Muhdehäfen, Sielen, Schleusen, Klappbrücken und alten romanischen sowie gotischen Backsteinkirchen. Die häufig abseits stehenden Kirchtürme dienten früher teilweise als Leuchttürme. Windmühlen, Museen wie das »Fehn-Schiffahrtsmuseum« in Westrhauderfehn, die Holzkutterwerft in Ditzum und die »Alte Waage« (1714) in der Marktstadt Leer zählen zu den vielen Ausflugsmöglichkeiten. Neben altehrwürdigen Landhäusern, teilweise im niederländischen Barock erbaut, trifft man auch auf Burgen: Burg Stickhausen, Haneburg in Leer und Evenburg in Loga.

Immer einen Besuch wert ist die seit 1932 zum Kreis gehörende Nordseeinsel Borkum mit ihrem vielfältigen Erholungsprogramm.

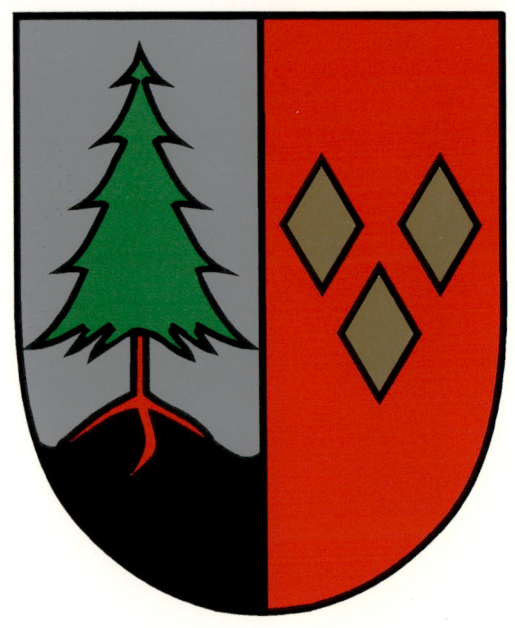

Landkreis Lüchow-Dannenberg

Regierungsbezirk: Lüneburg. Einwohner: 51 403. Fläche: 1220 km². Einwohner je km²: 42. Kfz-Kennzeichen: DAN. Kreisverwaltung: Königsberger Straße 10, 29439 Lüchow (Wendland), Postfach 1252, 29432 Lüchow (Wendland). Verwaltungsgliederung: 5 Samtgemeinden (Clenze, Dannenberg [Elbe], Gartow, Hitzacker [Elbe], Lüchow [Wendland]) mit 27 Mitgliedsgemeinden, darunter 5 Städte (Dannenberg [Elbe], Schnackenburg, Hitzacker [Elbe], Lüchow [Wendland], Wustrow [Wendland]).

Wappenbeschreibung

In gespaltenem Schild vorne in Silber eine grüne, aus schwarzem Berge wachsende Tanne, hinten auf rotem Grunde drei goldene Rauten in der Anordnung 2 : 1.

Historische Entwicklung

Die Bezeichnung dieser Region als »Wendland« ist auf das Eindringen slawischer Siedler nach der Völkerwanderungszeit zurückzuführen. Im 12. Jh. übernahmen deutsche Grafen und Ritter die Herrschaft, kolonisierten das Land, gründeten Städte und Rundlingsdörfer, die mit Deutschen und Slawen besetzt wurden. Die Sprache der wendländischen Slawen erhielt sich bis 1700. Später setzte sich die Bezeichnung »Hannoversches Wendland« durch.
Im 14. Jh. kamen die Grafschaften an das welfische Fürstenhaus. Von 1569 bis 1671 bestand hier als Fürstentum Dannenberg eine welfische Nebenlinie. Die Verwaltung erfolgte durch die Ämter in Hitzacker, Dannenberg, Lüchow mit Warpke, Wustrow und Schnackenburg ohne das adlige Gericht Gartow. Verschiedene Verwaltungszusammenlegungen bis 1872 auf die Ämter in Dannenberg und Lüchow unterstreichen die Entwicklung beider Städte zu zentralen Orten. Nach dem Verlust welfischer Selbständigkeit 1866 wurden die Ämter in einem Großkreis Dannenberg zusammengefaßt, der 1885 in die Kreise Lüchow und Dannenberg gegliedert wurde. Die Verwaltungsvereinfachung von 1932 führte die Kreise wieder zusammen, damals mit Sitz in Dannenberg, seit 1952 in Lüchow. Im Zuge der Gemeinde- und Verwaltungsreform der 70er Jahre wurden die 232 selbständigen Gemeinden des Landkreises in 5 Samtgemeinden mit 27 Gliedgemeinden zusammengefaßt.
Bis 1989 war der Landkreis Lüchow-Dannenberg im Norden, Süden und Osten von der Grenze zur ehemaligen DDR umgeben. Seit der Grenzöffnung und der Wiedervereinigung grenzt er an drei der neuen Bundesländer an: im Nordosten an das Land Mecklenburg-Vorpommern, im Osten an Brandenburg sowie im Süden an Sachsen-Anhalt.
Das am 24. Juli 1935 verliehene Kreiswappen zeigt die Tanne der früheren Grafen von Dannenberg, die 1928 vom damaligen gleichnamigen Kreis als Wappenmotiv gewählt worden war. Die Rauten führten die Grafen von Lüchow und standen auch im Wappen des Altkreises Lüchow.

Struktur des Kreises
Sehenswürdigkeiten

Die Siedlungsstruktur wird von vielen kleinen, in sich geschlossenen Ortschaften bestimmt. Seit Gründung des »Naturparks Elbufer-Drawehn« im Jahre 1968 wird ein verstärkter Ausbau der Fremdenverkehrseinrichtungen im Landkreise betrieben. 37 % der Kreisfläche sind Wald, 49 % ausgewiesene Landschafts- und Naturschutzgebiete, weitere 3 bis 4 % werden voraussichtlich in den nächsten Jahren zusätzlich unter Natur- und Landschaftsschutz gestellt. Dabei handelt es sich zum Teil um Gebiete von internationaler Bedeutung im Bereich der Elbauen.
Sehenswert sind vor allem die Rundlingsdörfer westlich von Lüchow, die Kleinstädte Lüchow und Dannenberg mit ihrem einheitlichen Stadtbild aus Fachwerkbauten sowie die Insellage der Altstadt von Hitzacker, der Wendlandhof im Rundling Lübeln, die Renaissancekapelle Breese im Bruche, die fünf Heimatmuseen, das Feuerwehrmuseum in Dannenberg und das Waldmuseum Göhrde. Landschaftliche Höhepunkte sind im »Naturpark Elbufer-Drawehn« das Elbufer bei Hitzacker an der Mündung der Jeetzel in die Elbe mit dem Steilabfall des Drawehns zum Elbstrom, das mittelgebirgsähnliche Relief des Drawehns im Raume Clenze mit Serpentinenstraßen und die Elbmarsch mit Wurtendörfern, Altarmen, Bracks, Qualmwasserflächen und Auenwäldern sowie die Nemitzer Heide im Osten des Landkreises. Interessant sind außerdem das Brennelement-Zwischenlager und das Erkundungsgelände für ein geplantes Endlager zur Einlagerung von radioaktiven Abfällen bei Gorleben.

Landkreis Lüneburg

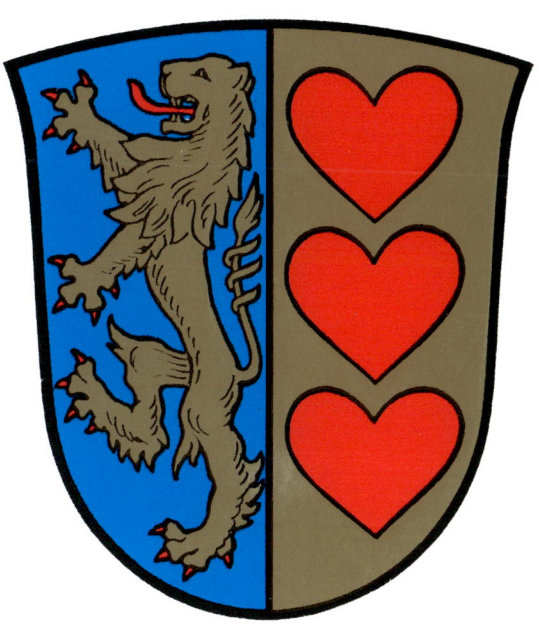

Regierungsbezirk: Lüneburg. Einwohner: 150 387. Fläche: 1323,43 km². Einwohner je km²: 114. Kfz-Kennzeichen: LG. Kreisverwaltung: Auf dem Michaeliskloster 4, 21335 Lüneburg, Postfach, 21332 Lüneburg. Verwaltungsgliederung: 2 Städte (Lüneburg, Bleckede), 7 Samtgemeinden (SG Amelinghausen mit den Gliedgemeinden Amelinghausen, Betzendorf, Oldendorf/Luhe, Rehlingen, Sodersdorf; SG Bardowick mit den Gliedgemeinden Bardowick, Barum, Handorf, Mechtersen, Radbruch, Vögelsen, Wittorf; SG Dahlenburg mit den Gliedgemeinden Dahlenburg, Boitze, Dahlem, Nahrendorf, Tosterglope; SG Gellersen mit den Gliedgemeinden Reppenstedt, Kirchgellersen, Südergellersen, Westergellersen; SG Ilmenau mit den Gliedgemeinden Melbeck, Barnstedt, Dt. Evern, Embsen; SG Ostheide mit den Gliedgemeinden Barendorf, Neetze, Reinstorf, Thomasburg, Vastorf, Wendisch Evern, SG Scharnebeck mit den Gliedgemeinden Scharnebeck, Artlenburg, Brietlingen, Echem, Hittbergen, Hohnstorf, Lüdersburg, Rullstorf) und die 2 Gemeinden Adendorf und Amt Neuhaus.

Wappenbeschreibung

Gespalten, vorne in Blau ein rot bewehrter goldener Löwe, hinten in Gold übereinander drei rote Herzen.

Historische Entwicklung

Im Jahre 1705 starb der letzte Regent des seit dem 13. Jh. bestehenden welfischen Fürstentums Lüneburg. Das Territorium fiel an die überlebende, in Hannover regierende Linie des Welfenhauses und gehörte fortan zum Kurfürstentum, später Königreich Hannover. Die Verwaltung des Landes erfolgte in Ämtern. Nach der Annexion des besiegten Hannovers durch Preußen am 3. Oktober 1866 entstand der Landkreis Lüneburg durch die »Kreisordnung« am 1. April 1885 neben anderen hannoverschen Kreisen.

Als sich der Landkreis um ein eigenes Wappen bemühte, nahm er die Hilfe des Heraldikers Gustav Cloß in Anspruch. Damit erhielt er am 15. Januar 1927 als erster Landkreis in der Provinz Hannover die amtliche Genehmigungsurkunde; dies löste weites Aufsehen und eine Lawine von Wappenanträgen anderer Kreise aus. Da der Landkreis in seinem neu zu schaffenden Wappen auf das alte Fürstentum Lüneburg Bezug nehmen wollte, setzte Cloß einen Löwen in die vordere Schildhälfte. Das Wort »Welf« bezeichnete ein reißendes Jungtier, und im Wappen Heinrichs des Löwen stand ein Löwe als Wappenbild. Seit der Heirat von Heinrichs jüngstem Sohn Wilhelm mit einer dänischen Königstochter tauchten auch die Herzen aus dem dänischen Königswappen in welfischen Siegeln auf. In Anlehnung an das dänische Königswappen hatten die Welfen die Farbfolge Blau und Gold gewählt.

Struktur des Kreises
Sehenswürdigkeiten

Der Kreis Lüneburg bietet eine Landschaft voller Gegensätze: weiträumige Elbmarschen im Norden, das große Waldgebiet der Göhrde im Osten, fruchtbares Ackerland im Süden und den Wilseder Berg (169 m) inmitten des Naturschutzgebietes Lüneburger Heide im Westen. Von der 1000 Jahre alten Salz- und Hansestadt erhielt die Heidelandschaft zwischen Weser und Elbe ihren Namen, der sich wiederum von dem ehemaligen Benediktinerkloster Lüne (1172) ableiten läßt. Das nun adelige Damenstift beeindruckt durch einen Kreuzgang mit einmaligen Glasmalereien aus Gotik und Renaissance, den über 500 Jahre alten Eichentischen und der einschiffigen gotischen Kirche mit wertvollen Kunstschätzen.
Ein mittelalterliches Stadtbild mit alten Giebelhäusern verweist auf Lüneburgs abwechslungsreiche Geschichte. Der 105 m hohe Turm der Johanniskirche imponiert ebenso wie die wuchtigen Türme der alten Wehrkirchen in Bardowick, Thomasburg, Neetze oder Betzenberg. Nicht versäumen sollte man einen Besuch des Heideblütenfestes von Amelinghausen, in dessen Nähe sich die »Hünenbetten« (sogenannte Fürstengräber«, 4000 Jahre alt) befinden. Auf dem Platz einer mittelalterlichen Burganlage entstand das sehenswerte Schloß in Bleckede (heutiger Hauptflügel 1600 errichtet). Einen Kontrast zu den Bauwerken früherer Tage stellt das größte Schiffshebewerk Europas am Elbeseitenkanal in Scharnebeck dar.

Landkreis Nienburg/Weser

Regierungsbezirk: Hannover. Einwohner: 122 965. Fläche: 1398 km². Einwohner je km²: 88. Kfz-Kennzeichen: NI. Kreisverwaltung: Kreishaus am Schloßplatz, 31582 Nienburg/Weser, Postfach 1000, 31580 Nienburg/Weser. Verwaltungsgliederung: 12 Verwaltungseinheiten (Städte Nienburg/Weser und Rehburg-Loccum, Samtgemeinden Eystrup, Heemsen, Grafschaft Hoya, Landesbergen, Liebenau, Marklohe, Steimbke, Uchte und die Gemeinden Stolzenau sowie der Flecken Steyerberg).

Wappenbeschreibung

Unter rotem Schildhaupt, darin zwei gekreuzte silberne Giebelbretter mit Pferdeköpfen, gespalten von Gold und Blau; vorne eine aufrechte rotbewehrte schwarze Bärentatze, hinten ein aufrechtes silbernes Büffelhorn.

Historische Entwicklung

Bär und Büffel sind die Wappentiere der Grafen von Hoya, ferner der Wölper Grafen. Beide Grafenhäuser existieren nicht mehr. Wesentliche Territorien dieser Grafenhäuser bilden heute das Gebiet des Landkreises Nienburg/Weser. 1885 wurde die hannoversch-preußische Ämterverfassung durch die Kreisordnung für die Provinz Hannover abgelöst und damit auch der Landkreis Nienburg/Weser geschaffen.
Mehrfach wurde er durch Gebietsreformen vergrößert: 1932 Zusammenlegung der Kreise Nienburg/Weser und Stolzenau, 1974 Abtretung und Hinzunahme mehrerer Gemeinden, 1977 Hinzulegung der Samtgemeinden Grafschaft Hoya und Eystrup. Die Pferdeköpfe im Wappen erinnern an den Giebelschmuck der niedersächsischen Bauernhäuser. Das Wappen wurde am 25. Februar 1935 vom Preußischen Staatsministerium verliehen.

Struktur des Kreises
Sehenswürdigkeiten

Die weiträumig mäandrierende Weser prägt den zwischen Hannover und Bremen gelegenen Kreis. Fruchtbare Marschen beiderseits des Flusses, hohe Geestrücken, Moor- und Heideflächen bilden eine abwechslungsreiche Landschaft. Mit Ausnahme der Kreisstadt Nienburg/Weser ist der Kreis ländlich strukturiert; gleichwohl gibt es in den Samtgemeinden und Gemeinden einen angemessenen Besatz an Einzelhandelsgeschäften, Handwerksbetrieben, Industrie- und Dienstleistungsunternehmen.
Der Landkreis Nienburg/Weser und das angrenzende Steinhuder Meer (32 km² Wasserfläche) sind attraktive Ziele für Erholungsuchende aus den Ballungsräumen.
Zu den wichtigsten Sehenswürdigkeiten gehören das Kloster Loccum (1163 von Zisterziensern gegründet, heute eine evangelische Akademie), der Bücker »Dom« (882 als Stiftgegründet), die Dinosaurierspuren in Münchehagen (135 Millionen Jahre alt), zahlreiche historische Mühlen und die Nienburger Altstadt mit ihren Fachwerkhäusern, dem Rathaus aus dem 16. Jh. und der St.-Martins-Kirche aus dem 15. Jh. Die Kreisstadt pflegt ein reges Kulturleben mit Theateraufführungen, Konzerten und Ausstellungen. Als kultureller Treffpunkt kann der historische Posthof bezeichnet werden, der Sitz der Stadtbibliothek ist, die viele Veranstaltungen anbietet.
Hoya ist Sitz der Landesreitschule und des Niedersächsischen Instituts für Sportgeschichte. Nicht nur die Dampfschiffahrt mit dem Fahrgastschiff »Wappen von Nienburg« auf der Weser, sondern auch das Radwandern erfreut sich großer Beliebtheit. Ausgeschilderte Radwanderstrecken erschließen alle touristisch interessanten Gebiete. Außerdem kreuzen sich im Landkreis der Radfernweg Hannover–Steinhuder Meer–Dümmer und der Weserradweg von Münden nach Bremen.

Landkreis Northeim

Regierungsbezirk: Braunschweig. Einwohner: 154 000. Fläche: 1226 km². Einwohner je km²: 122. Kfz-Kennzeichen: NOM. Kreisverwaltung: Medenheimer Straße 6-8, 37154 Northeim, Postfach 1380, 37143 Northeim. Verwaltungsgliederung: 12 Städte und Gemeinden (Bad Gandersheim, Bodenfelde, Dassel, Einbeck, Hardegsen, Kalefeld, Katlenburg-Lindau, Kreiensen, Moringen, Nörten-Hardenberg, Northeim und Uslar).

Wappenbeschreibung

Über von Gold und Blau gespaltenem Schildfuß gespalten von Blau und Gold mit zwei zugewendeten, rot bewehrten Löwen in gewechselten Farben.

Historische Entwicklung

Der Landkreis Northeim wurde am 1. April 1885 aufgrund der von König Wilhelm von Preußen erlassenen Kreisordnung zusammen mit den Kreisen Einbeck und Uslar gebildet. Schon früh siedelten in dem heutigen Gebiet des Landkreises Northeim zunächst um Christi Geburt die Cherusker. Es folgten die Perioden der römischen Kaiserzeit, der Völkerwanderung und der Merowingerzeit. Im Mittelalter bildeten sich Gaue, die später von Grafschaften abgelöst wurden. Nach 1235, dem Jahr der Gründung des Herzogtums Braunschweig-Lüneburg, wurde das Gebiet welfisch, was es bis in das 17./18. Jh. blieb.

Am 1. Oktober 1932 wurden aufgrund der Neugliederung der Kreise die Landkreise Northeim und Uslar zu einem Großkreis Northeim zusammengeschlossen. Nachfolgende Verwaltungs- und Gebietsreformen von 1962, 1973, 1974 und 1977 brachten neben der Abgabe von Gebieten an den Landkreis Göttingen und den Landkreis Holzminden die Zusammenlegung mit dem Landkreis Einbeck und die Eingliederung von Teilen der Landkreise Gandersheim und Osterode am Harz.
Das am 22. Juli 1948 verliehene Kreiswappen zeigt die Löwen, die in den Wappen verschiedener kreisangehöriger Städte vorkommen.

Struktur des Kreises Sehenswürdigkeiten

Der Landkreis erstreckt sich vom Oberwesertal bis zum Vorharz. Der Leinegraben als natürlicher Nord-Süd-Korridor trägt als Bindeglied zwischen dem nord- und dem süddeutschen Raum seit Jahrhunderten die übergeordneten Fernverkehrsstränge (Bundesautobahn A 7/E 4, Bundesstraße 3, Eisenbahnstrecke Hannover-Würzburg und die Neubaustrecke der Deutschen Bahn AG Hannover-Würzburg) und ist die Hauptentwicklungsachse des Kreises. Insgesamt ist der Landkreis ein überwiegend agrarisch orientiertes, ländliches Siedlungsgebiet mit weiten zusammenhängenden Wäldern und vorwiegend landwirtschaftlich genutzten Flächen. Er profitiert im Sollingbereich und im Vorland des Harzes besonders vom Fremdenverkehr und der Naherholung. Seine Wirtschaftsstruktur ist vielschichtig. Stark vertreten ist das produzierende Gewerbe. An der Hauptentwicklungsachse liegen die Kreisstadt Northeim und die »Bierstadt« Einbeck mit ihren sehenswerten alten Fachwerkgebäuden, die Gemeinde Kreiensen und der Flecken Nörten-Hardenberg. Dem Harzvorland zuzuordnen ist das staatlich anerkannte Heilbad Bad Gandersheim, bekannt auch durch die Gandersheimer Domfestspiele, die Gemeinden Kalefeld und Katlenburg-Lindau.
Im Erholungsgebiet des Sollings liegen die Städte Uslar, Moringen, Hardegsen und Dassel und in der malerischen Tallandschaft der Oberweser der Flecken Bodenfelde.

Landkreis Oldenburg

Regierungsbezirk: Weser-Ems. Einwohner: 110 914. Fläche: 1062,81 km². Einwohner je km²: 104,4. Kfz-Kennzeichen: OL. Kreisverwaltung: Delmenhorster Straße 6, 27793 Wildeshausen, Postfach 1464, 27781 Wildeshausen. Verwaltungsgliederung: 8 Gemeinden, darunter 7 Einheitsgemeinden (Dötlingen, Ganderkesee, Großenkneten, Hatten, Hude, Wardenburg, Stadt Wildeshausen) und 1 Samtgemeinde (Harpstedt) mit 8 Mitgliedsgemeinden (Beckeln, Colnrade, Dünsen, Groß Ippener, Flecken Harpstedt, Kirchseelte, Prinzhöfte, Winkelsett).

Wappenbeschreibung

Halbgespalten und geteilt: oben vorne in Gold zwei rote Balken, hinten in Blau ein eingekerbtes goldenes Steckkreuz; unten in Gold drei (2:1 gestellte) rote Rosen mit goldenen Butzen und grünen Kelchblättern.

Historische Entwicklung

Um 1150 errichteten die späteren Grafen von Oldenburg die Festungsanlage Wildeshausen. Die Wildeshauser Stammlinie führte bis zu ihrem Aussterben im Jahre 1270 die drei roten Rosen in Gold. Mit der Auflösung des einheitlichen Verwaltungsraumes entstand nun u.a. die Herrschaft Delmenhorst, die vermutlich seit etwa 1475 ein Steckkreuz als heraldisches Sonderzeichen benutzte. Seit dem ersten Viertel des 13. Jh. standen auch die »ammerschen Balken« im Wappen der Oldenburger Grafen. Wegen der familiären Verbindung zum dänischen Königshaus sind die roten Balken in Gold heute noch Bestandteil des dänischen Königswappens. Die neuere Geschichte des Kreisgebietes ist eng mit der Wiederbegründung des Herzogtums Oldenburg ab 1773 verbunden, als der dänische König die Grafschaft Oldenburg-Delmenhorst an die ältere Linie des Hauses Holstein-Gottorp abtrat. Nach der napoleonischen Zeit wurde Oldenburg 1829 zum Großherzogtum erhoben.

Der (seit 1918) Freistaat Oldenburg schuf am 15. Mai 1933 das Amt Oldenburg aus dem Amt Wildeshausen und Teilen der Ämter Oldenburg und Delmenhorst. Dies war die eigentliche Geburtsstunde des heutigen Landkreises, der lediglich in den niedersächsischen Gebietsreformen 1974/77 territoriale Veränderungen erfuhr. Das oben abgebildete Wappen wurde bereits vom 25. April 1934 bis 25. Oktober 1945 vom Amt bzw. (seit 1939) Landkreis Oldenburg (Oldb) geführt; am 27. Februar 1965 wurde es wieder angenommen, nachdem der Landkreis zwischenzeitlich aus Traditionsgründen das Wappen des mit der Schaffung des Landes Niedersachsen untergegangenen Freistaates Oldenburg verwendet hatte. Im Jahre 1988 wurde der Kreissitz nach Wildeshausen verlegt, 1993 wurde der Zusatz »(Oldb)« im Kreisnamen gestrichen.

Struktur des Kreises
Sehenswürdigkeiten

Der Landkreis Oldenburg – zwischen den Großstädten Bremen und Oldenburg – ist schnell über die Bundesautobahnen A 1, A 28 und A 29 zu erreichen.

Geprägt durch einen überzeugenden Dreiklang der typisch norddeutschen Landschaftsformen Geest, Marsch und Moor ist der »Grüne Kreis im Herzen der Geest« ein weithin bekanntes und gern besuchtes Wander- und Erholungsparadies. Inmitten dieser Landschaft mit reizvollem Charme und eigenwilligem Charakter, der die Flußläufe der Hunte, Delme und Lethe sowie zahlreiche natürliche und künstliche Seen noch einen besonderen Akzent verleihen, findet sich eine beeindruckende Vielzahl prä- und kulturhistorischer Sehenswürdigkeiten: mächtige Großsteingräber aus der Steinzeit wie z.B. »Visbeker Braut und Bräutigam«, »Große Steine von Kleinenkneten«, »Stenumer Steine«, Hügelgräber aus der Bronze- und Eisenzeit (Gräberfelder bei Pestrup und Hespenbusch), hervorragende Zeugnisse baumeisterlichen Könnens wie z.B. Alexanderkirche und gotisches Rathaus in Wildeshausen, Gaukirche in Ganderkesee mit Arp-Schnitger-Orgel und bedeutenden Freskenmalereien, Klosterruine in Hude mit erhalten gebliebener ehemaliger Torkapelle, Klostermühle, Abtshaus und Brauhaus oder historischer Amtshof in Harpstedt.

Landkreis Osnabrück

Regierungsbezirk: Weser-Ems. Einwohner: 339 211. Fläche: 2121 km². Einwohner je km²: 160. Kfz-Kennzeichen: OS. Kreisverwaltung: Am Schölerberg 1, 49082 Osnabrück, Postfach 2509, 49015 Osnabrück. Verwaltungsgliederung: 5 Städte (Bad Iburg, Bramsche, Dissen a. T. W., Georgsmarienhütte, Melle), 12 Gemeinden (Bad Essen, Bad Laer, Bad Rothenfelde, Belm, Bissendorf, Bohmte, Glandorf, Hagen a. T. W., Hasbergen, Hilter a. T. W., Ostercappeln, Wallenhorst) und 4 Samtgemeinden (Artland, Bersenbrück, Fürstenau, Neuenkirchen) mit insgesamt 17 Mitgliedsgemeinden.

Wappenbeschreibung

Auf goldenem Grund der Bennoturm von Iburg in Rot mit blauem Dach, darunter ein schwarzes laufendes Rad (Osnabrücker Rad) auf Silber.

Historische Entwicklung

Die Gründung einer Missionsstation in Osnabrück durch Karl den Großen im Jahre 780 steht im Zusammenhang mit seiner Eroberung und Christianisierung des Sachsenlandes. Aus dieser Missionsstation entwickelte sich bis 1225 das Fürstbistum Osnabrück als geistlicher Territorialstaat des Heiligen Römischen Reiches Deutscher Nation. Residenz der Bischöfe war zunächst die von Bischof Benno II. im 11. Jh. erbaute Iburg, später das barocke Stadtschloß in Osnabrück. Seit 1648 führte entsprechend der Regelung des Westfälischen Friedens abwechselnd ein vom Domkapitel gewählter katholischer Bischof und ein evangelischer Landesherr aus dem Hause Braunschweig-Lüneburg die Regierung. 1803 erfolgte die Auflösung des Staates, der mit dem Ende der napoleonischen Herrschaft 1813 an das Königreich Hannover und 1866 an Preußen fiel.

Durch die preußische Verwaltungsreform von 1885 wurden die Landkreise geschaffen, und zwar Bersenbrück, Iburg, Melle, Osnabrück und Wittlage im Territorium des ehemaligen Fürstbistums. Im Jahre 1932 wurde der Kreis Iburg dem Landkreis Osnabrück eingegliedert, und 1972 erfolgte die Zusammenlegung der vier Landkreise Bersenbrück, Melle, Osnabrück und Wittlage zum heutigen Verwaltungsgebiet. Damit umfaßt der Landkreis Osnabrück geografisch etwa wieder das Territorium des ehemaligen Fürstbistums Osnabrück. Das am 17. Juli 1947 angenommene Kreiswappen zeigt den Bennoturm von Iburg, darunter das Rad aus dem Wappen des Hochstifts Osnabrück.

Struktur des Kreises
Sehenswürdigkeiten

Sensationelle archäologische Funde im Osnabrücker Land haben großes Aufsehen erregt: römisches Schanz- und Kriegsgerät, Rüstungsteile, Speerspitzen, Brusthaken, die Silbermaske eines römischen Reiteroffiziers und über 400 römische Münzen, von denen nicht eine einzige nach dem Jahre 9 n. Chr. geprägt ist, in der der Cheruskerfürst Arminius die Römer unter Varus vernichtend schlug, was wahrscheinlich mitten im heutigen Landkreis Osnabrück stattgefunden hat.

Der vorwiegend unter Landschaftsschutz stehende 900 km² große »Naturpark Nördlicher Teutoburger Wald-Wiehengebirge« bietet eine Fülle an Naherholungs- und Freizeitmöglichkeiten. In zwei Bändern erstreckt er sich über das Kreisgebiet. Neben den etwa 50 Großsteingräbern aus der Jüngeren Steinzeit findet man im Naturschutzgebiet Gattberg ein bedeutendes Findlingsfeld.

Das Osnabrücker Land vermittelt mit der Vielzahl seiner architektonisch bedeutsamen Denkmäler einen anschaulichen Querschnitt der Baugeschichte. Den spätmittelalterlichen Sakralbaustil repräsentieren noch zahlreiche Dorfkirchen und ehemalige Klöster. In Bad Iburg beispielsweise die Klosterkirche (11. bis 16. Jh.) und die Iburg, die bis 1673 Bischofsresidenz war. Die Klosterkirche in Rulle (Gemeinde Wallenhorst) aus dem 13. Jh. gilt als die bedeutendste des Landkreises. In Dissen säumt hübsches Fachwerk den Kirchplatz mit der St.-Mauritius-Kirche (13. Jh.) Die den ländlichen Siedlungsbereich prägenden Fachwerkbauten, häufig Hofanlagen von beeindruckender Ausdehnung, geben Zeugnis von einer selbstbewußten Bauernkultur. Burgen, Schlösser und manchmal malerisch versteckte Herrensitze stehen in den unterschiedlichen Stilarten für Wechselbezüge von Architektur, Geschichte und Landschaft.

Landkreis Osterholz

Regierungsbezirk: Lüneburg. Einwohner: 105 076. Fläche: 650,65 km². Einwohner je km²: 162. Kfz-Kennzeichen: OHZ. Kreisverwaltung: Osterholzer Straße 23, 27711 Osterholz-Scharmbeck, Postfach 1262, 27702 Osterholz-Scharmbeck. Verwaltungsgliederung in 7 Einheiten: Stadt Osterholz-Scharmbeck, Samtgemeinden Hambergen mit den Mitgliedsgemeinden Axstedt, Hambergen, Holste, Lübberstedt und Vollersode, sowie den Einheitsgemeinden Grasberg, Lilienthal, Ritterhude, Schwanewede und Worpswede.

Wappenbeschreibung

Auf gewelltem blauen Schildfluß, darin ein waagerechter, rechts bartaufwärts liegender silberner Schlüssel, in Silber ein schwarzer Torfkahn mit Segel.

Historische Entwicklung

Prähistorische Bodenfunde lassen für den Bereich des Landkreises Osterholz Jäger und Fischer im Gebiet der Hohen Geest schon in der Jüngeren Steinzeit vermuten. Großsteingräber im Düngel, im Paddewischer Forst und in der Stadt Osterholz-Scharmbeck sind Zeugen einer andauernden Besiedlung. Ein bedeutendes kulturelles Gedeihen erlebte das heutige Kreisgebiet jedoch erst durch die Besetzung einer in Bremen zu begründenden christlichen Kirche mit dem Missionar Willehad, der 788 zum Bischof geweiht wurde. In Bremen und in seiner Umgebung wuchs die Macht der Geistlichkeit zunehmend. Parallel zur geistlichen Durchdringung der Region erfolgte die Entfaltung des im Dienste der Bremer Kirche stehenden Adels. Die Stellung der Ritterschaft festigte sich bis zum 16. Jh. stetig. Die gravierende Entwicklung allen Lebens durch die Geistlichkeit im Osterholzer Gebiet schloß praktisch mit dem Ende des Dreißigjährigen Krieges ab: 1648 ging das Erzbistum Bremen in schwedische Hand über, die Klöster wurden säkularisiert.

In der Folgezeit gab es eine Kette von Besitzwechseln und Fremdherrschaften, bis das heutige Kreisterritorium um die Mitte des 18. Jh. unter den Einfluß des Welfenhauses kam. Das war die große Zeit für die Intensivierung der Landerschließung. Nach der Annexion Hannovers 1866 durch Preußen wurden auch die Gebiete des ehemaligen Bistums Bremen in die preußische Verwaltung einbezogen. Die einst hannoverschen Ämter Osterholz und Lilienthal bilden seit 1885 den Kreis Osterholz, der bis 1932 in seinen Grenzen unverändert blieb. Im Jahre 1939 erlitt der Landkreis Osterholz durch die Abtretung sechs wichtiger Industriegemeinden an Bremen einen schweren Substanzverlust. Die Kreisreform der 70er Jahre bewirkte lediglich geringfügige Änderungen. Das am 25. April 1936 verliehene Kreiswappen zeigt ein für die Gegend charakteristisches Torfschiff. Der silberne Schlüssel in Blau ist das Wappen der Stadt Stade, das sich vom Wappen des Erzstiftes Bremen ableiten läßt.

Struktur des Kreises Sehenswürdigkeiten

Der nördlich von Bremen gelegene Landkreis erstreckt sich von der Unterweser über das Teufelsmoor bis hin zur Zevener Geest. Landschaftlich sehr reizvoll ist der Kontrast zwischen der tafelflachen Marsch, der hügeligen Geest, den feuchten Flußwiesen und dem sagenumwobenen Teufelsmoor. Die Landwirtschaft, die einst die Kulturlandschaft geformt hat, unterliegt auch in Osterholz dem allgemeinen Strukturwandel. In der Kreisstadt Osterholz-Scharmbeck und den Gemeinden bestimmen heute eine Vielzahl mittelständischer Betriebe sowie Handel und Dienstleistung das Bild. Da Osterholz mit Bremen wirtschaftlich untrennbar verzahnt ist, pendeln die Hälfte aller Arbeitnehmer in die Hansestadt, zum Beispiel in das Mercedes-Werk oder zu den Bremer Stahlwerken (früher Klöckner). Liebhaber von Kunst und Kunsthandwerk finden im Künstlerdorf Worpswede international beachtete Angebote, die auch im Rahmen der Expo 2000 präsentiert werden (u. a. Hoetger-Bauten, Roseliusmuseum). Die Große Kunstschau zeigt die Werke der ersten Malergeneration. In Osterholz-Scharmbeck sind im Norddeutschen Vogelmuseum 250 nord- und mitteleuropäische Vogelarten zu sehen.

Landkreis Osterode am Harz

Regierungsbezirk: Braunschweig. Einwohner: 89 230. Fläche: 636,1 km². Einwohner je km²: 140. Kfz-Kennzeichen: OHA. Kreisverwaltung: Herzberger Straße 5, 37520 Osterode am Harz, Postfach 1451, 37504 Osterode am Harz. Verwaltungsgliederung: 7 kreisangehörige Gemeinden, darunter 4 Städte (Osterode am Harz, Herzberg am Harz, Bad Lauterberg im Harz und Bad Sachsa) und 3 Samtgemeinden (Bad Grund [Harz], Hattorf am Harz und Walkenried) mit insgesamt 12 Mitgliedsgemeinden.

Wappenbeschreibung

In geteiltem Schild oben in Rot ein schreitender goldener Leopard, unten in Blau ein steigender, rot bewehrter goldener Löwe.

Historische Entwicklung

Der Landkreis Osterode umfaßt das Hauptgebiet des ehemaligen Fürstentums Braunschweig-Grubenhagen, das im Jahre 1286 nach wiederholter Teilung des Erbes Heinrich des Löwen durch seine Nachkommen entstand. Obwohl die Welfenherzöge von Braunschweig-Grubenhagen in der männlichen Linie 1596 ausstarben, ist in der Bevölkerung die Erinnerung an dieses über 300 Jahre bestehende Fürstentum noch immer lebendig. 1616 fiel das auch danach noch eigenständig gebliebene Fürstentum Braunschweig-Grubenhagen als Erbe der Welfenlinie Calenberg-Hannover zu. 1798 wurde es Teil des neuen Kurfürstentums Hannover, das 1815 zum Königreich erhoben und 1866 von Preußen annektiert wurde.
Bis zum Ende des Zweiten Weltkrieges gehörte der 1885 gebildete Kreis Osterode am Harz zur preußischen Provinz Hannover, anschließend zum Lande Niedersachsen. Durch die Einteilung des Deutschen Reichs in Besatzungszonen im Jahre 1945 und die Kreisreformgesetze in den 70er Jahren dieses Jahrhunderts ergaben sich beim Gebietsstand Zu- und Abgänge, die jedoch die Einheit der historischen Entwicklungsgeschichte des heutigen Landkreises Osterode am Harz im wesentlichen unbeeinflußt ließen. In dem am 4. Juli 1936 vom Preußischen Minister des Innern genehmigten Wappen des Kreises Osterode am Harz sind die wichtigsten Wappenzeichen der ausgestorbenen Herzöge von Braunschweig-Grubenhagen enthalten.

Struktur des Kreises
Sehenswürdigkeiten

Mehr als 50% der Fläche des Landkreises Osterode am Harz sind mit Wald bedeckt, der zum größten Teil zum »Nationalpark Harz« und zum »Naturpark Harz« gehört. Besonders im Gipskarstgebiet befinden sich zahlreiche Höhlen. Ein weitverzweigtes Wanderwegenetz mit ganzjährig bewirtschafteten Bergwanderzielen bis zu 811 m ü. NN, im Winter geräumte Wanderwege sowie gespurte Langlaufloipen und sonstige Skisporteinrichtungen erschließen diesen Teil des Harzes. Vorwiegend gewachsene Industrie, Handwerk und Fremdenverkehr (jährlich ca. 2 Mio. Gästeübernachtungen) bieten der Bevölkerung eine günstige Lebensgrundlage.
Die staatliche Anerkennung besitzen drei Bäder: Bad Grund (Moorheilbad), Bad Lauterberg im Harz (Kneipp- und Schrothbad), Bad Sachsa (heilklimatischer Kurort), neun Kur- und Erholungsorte: Sieber, Lonau, Steina, Walkenried, Wieda, Zorge, Riefensbeek-Kamschlacken, Scharzfeld, Hattorf am Harz.
Die Kreisstadt Osterode am Harz: mittelalterliches Stadtbild mit gut restaurierten Fachwerkhäusern, Reste der Stadtmauer, Marienkirche (1233), Aegidien-Marktkirche mit den Grabmalen der letzten Herzöge und Herzoginnen von Braunschweig-Grubenhagen (vor 1545), historisches Rathaus (1552), Ratswaage (1552), Ratsapotheke (1600), Haus Rinne-Cludius (1616), Ritterhaus (1650) und vor allem Burgruine, Pippinsburg.
Söstestausee (liefert Trinkwasser bis nach Bremen). Herzberg am Harz: Welfenschloß (1027 erstmals erwähnt), Lonauer Wasserfall, OT Lonau inmitten des Nationalparks Harz, OT Pöhlde: Ausgrabung der Wallanlage aus der Zeit König Heinrichs I, OT Scharzfeld: Steinkirche aus vorchristlicher Zeit, Einhornhöhle. Bad Lauterberg im Harz: Oderstausee, OT Barbis: Burgruine Scharzfels. Bad Sachsa: OT Steina: Römerstein (Korallenriff). Bergstadt Bad Grund (Harz): Iberger Tropfsteinhöhle, Bergbau- und Uhrenmuseum. Gittelde: Mundloch des Ernst-August-Stollens, Windhausen: Burgruine. Walkenried: erhalten gebliebene Teile des ehemaligen Zisterzienserklosters, Walkenrieder Kreuzgangkonzerte.

Landkreis Peine

Regierungsbezirk: Braunschweig. Einwohner: 126 189. Fläche: 534,32 km². Einwohner je km²: 236. Kfz-Kennzeichen: PE. Kreisverwaltung: Burgstraße 1, 31224 Peine, Postfach 1360, 31221 Peine. Verwaltungsgliederung: Stadt Peine und 7 weitere Gemeinden (Edemissen, Hohenhameln, Ilsede, Lahstedt, Lengede, Vechelde, Wendeburg).

Wappenbeschreibung

In Gold zwei steigende, abgewendete, schwarz bewehrte und bezungte rote Wölfe.

Historische Entwicklung

Das Gebiet des heutigen Landkreises war bereits in der Altsteinzeit besiedelt, wie Ausgrabungsfunde an Rastplätzen von Jägern belegen. Die ersten dauerhaften Siedlungen entstanden in der Jungsteinzeit mit dem Übergang vom umherschweifenden Jäger zum seßhaften Ackerbauern und Viehzüchter. Der Landkreis Peine besteht seit dem 1. April 1885, als er aus dem Amt Peine, der Stadt Peine und der Grafschaft Edemissen gebildet wurde. Dadurch wurde eine alte historische Grenze überwunden, die bis dahin das Kreisgebiet in zwei Hälften geteilt hatte und sich bis in die Zeit der Sachsen zurückverfolgen läßt. Denn bis zum Jahre 1802 hatte der Norden zum Kurfürstentum Hannover, der Süden zum Bistum Hildesheim gehört. Daran erinnert auch das am 18. Dezember 1958 genehmigte Kreiswappen, das das Lüneburger Gold und das Hildesheimer Rot zusammenfaßt. Die Doppelzahl der Wölfe versinnbildlicht die frühere Zweiteilung. Der Wolf selbst wurde als Bildmotiv gewählt, weil ihn bereits vor mehr als 700 Jahren Gunzelin, der Begründer der Kreisstadt Peine, in seinem Wappen führte. Die derzeit geführte Wappenzeichnung weicht in der Farbgestaltung der Zungen von der Blasonierung ab. Seine jetzige Gestalt erhielt der Landkreis Peine bei der Gebietsreform von 1974, als die Gemeinden Vechelde und Wendeburg in den Verwaltungssprengel eingegliedert wurden.

Struktur des Kreises Sehenswürdigkeiten

Der Landkreis Peine liegt im Zentrum der Großräume Hannover und Braunschweig. Im Süden grenzen die Stadt Salzgitter und der Landkreis Hildesheim an. Unmittelbar an der Peripherie der beiden Industrie-, Verwaltungs- und Forschungszentren Hannover und Braunschweig gelegen, verfügt er über hervorragende Anschlüsse an die europäischen Verkehrswege. Bis in die 70er Jahre prägten den Landkreis zum einen der Bergbau und die Stahlverarbeitung, zum anderen die intensive Landwirtschaft nebst verarbeitenden Betrieben. Im Rahmen des Strukturwandels ist es gelungen, insbesondere Betriebe der Kunststoff- und Metallverarbeitung sowie der Daten- und Kommunikationstechnik anzusiedeln, aber auch Lebensmittel- und Süßwarenhersteller sowie öffentliche und private Dienstleistungsunternehmen haben mittlerweile ihren Standort im Landkreis gefunden bzw. ihre Präsenz verstärkt. Die direkte Nachbarschaft zu den Forschungszentren in Braunschweig und Hannover sowie der Volkswagen AG in Wolfsburg macht den Landkreis als Standort insbesondere für Unternehmen interessant, die hohe Ansprüche im Forschungs- und Entwicklungsbereich stellen. Mit der Entscheidung der PREUSSAG Stahl AG, in Peine ein neues Elektro-Stahlwerk zu errichten, ist allerdings die Zukunft des Landkreises auch als bedeutender Stahlstandort gesichert. Parallel zu den wirtschaftlichen Aktivitäten und Erfolgen hat eine sehr positive Entwicklung des Wohn-, Kultur- und Freizeitbereiches stattgefunden. Bis zum Jahre 1994 wurden im Landkreis Peine 42 Landschaftsschutzgebiete (LSG) und sechs Naturschutzgebiete (NSG) ausgewiesen, die insgesamt eine Fläche von 8970,9 ha (18,8 % der Fläche des Landkreises) einnehmen. Reizvolle Dörfer in leicht welliger und von Wald gegliederter Landschaft prägen das Gesicht des sogenannten Nordkreises. Charakteristisch für die Südteile des Landkreises sind weite Felder, die vereinzelt von Laubwäldern unterbrochen sind. Stattliche Höfe zeugen von der landschaftlichen Bedeutung dieses Raumes. Beliebte Ziele zum sommerlichen Bad sind die naturhaften Kiesseen. Ein verzweigtes Radwegenetz ermuntert dazu, die Landschaften des Landkreises zu erkunden.

Landkreis Rotenburg (Wümme)

Regierungsbezirk: Lüneburg. Einwohner: 148 383. Fläche: 2070 km². Einwohner je km²: 71. Kfz-Kennzeichen: ROW. Kreisverwaltung: Amtshof, 27356 Rotenburg (Wümme), Postfach 140, 27344 Rotenburg (Wümme). Verwaltungsgliederung: 3 Städte (Bremervörde, Rotenburg [Wümme], Visselhövede), 2 Einheitsgemeinden (Gnarrenburg, Scheeßel) und 8 Samtgemeinden (Bothel, Geestequelle, Fintel, Selsingen, Sittensen, Sottrum, Tarmstedt, Zeven).

Wappenbeschreibung

Geteilt durch einen schwarzen Balken: oben in Silber ein golden gekrönter, blau bewehrter und bezungter roter Löwe, der in der rechten Vorderpranke ein schwarzes Nagelspitzkreuz hält; unten von Silber und Blau geviert und mit einem roten über einem silbernen gekreuzten Schlüssel, beide Bärte nach oben und außen, belegt.

Historische Entwicklung

Seit dem 3. Jh. nach Christus siedelten im Elbe-Weser-Dreieck die Sachsen. Das Herzstück dieses Gebietes ist der heutige Landkreis Rotenburg (Wümme). Bischof Rudolf von Verden erbaute in Rotenburg um 1195 im Sumpfgebiet der Wümme eine Burg, die sogenannte »Rode Borg«. Sie sollte das Land nach Norden und Osten schützen. In Bremervörde errichtete der Sachsenherzog Lothar von Supplingenburg im 12. Jh. eine feste Anlage: Er befestigte die Vörde, den Übergang über die Oste. Die Burg kam später an die Erzbischöfe von Bremen. Ab 1642 bauten die Schweden Stade zur stärksten Festung Europas aus, Rotenburg wurde zur Vorfestung ausgestattet. Durch die schwedische Regierung wurden 1648 die weltlichen Herzogtümer Bremen und Verden gebildet. Nach dem Frieden zu Stockholm 1719 blieben die Herzogtümer bis 1866 im Besitz des Königreiches Hannover. Ab 1. April 1885 wurden im wesentlichen aus den Ämtern Bremervörde, Zeven und Rotenburg die gleichnamigen Landkreise gebildet.

Bei der Gebietsreform von 1932 wurden die Landkreise Bremervörde und Zeven zu einem Landkreis Bremervörde und 1977 im Kreise Bremervörde und Rotenburg zum heutigen Landkreis Rotenburg (Wümme) zusammengefaßt.

Entsprechend setzt sich auch das am 31. Mai 1979 genehmigte Kreiswappen zusammen: Der rote Löwe stammt aus dem Siegel des früheren Amtes Rotenburg, das Nagelspitzkreuz weist auf die Zugehörigkeit dieses Gebietes zum ehemaligen Bistum Verden hin. Die gekreuzten Schlüssel stammen aus dem Wappen des Erzbistums Bremen, dessen Erzbischöfe ca. 450 Jahre lang in Bremervörde residierten.

Struktur des Kreises
Sehenswürdigkeiten

Der Landkreis zeichnet sich durch eine vorwiegend unzersiedelte weite Landschaft aus, deren Charakter bestimmt wird durch Wälder, Moore, vereinzelte Heideflächen, die reizvollen Flußtäler der Wümme und Oste mit den ihnen zufließenden Bachläufen sowie durch gepflegte, landwirtschaftlich geprägte Dörfer. Drei Viertel seiner Fläche werden land- und forstwirtschaftlich genutzt.

Industrie und Gewerbe größeren Ausmaßes haben sich vorwiegend in den Schwerpunktorten Bremervörde, Rotenburg und Zeven angesiedelt. Der Fremdenverkehr wächst. Zu den bedeutendsten Sehenswürdigkeiten zählen: die Steinahlkenheide bei Badenstedt mit 75 kleinen Grabhügeln der frühen Eisenzeit; das Steingrab im Steinfelder Holz, 4300 Jahre alte Gruft; das urgeschichtliche Steingrab bei Gnarrenburg im Eichholz, eine der letzten aus Findlingsblöcken errichtete Grabgruft aus der Jüngeren Steinzeit (ca. 220 v. Chr.); die St.-Vitus-Kirche in Heeslingen, älteste erhaltene frühromanische Feldsteinkirche im nördlichen Niedersachsen (973) mit wertvollem spätgotischen Altaraufsatz; die St.-Bartholomäus-Kirche in Kirchwalsede, um die Mitte des 12. Jh. erbaute romanische Findlingskirche; die St.-Johannis-Kirche Visselhövede (1358); die St.-Viti-Kirche des ehemaligen Benediktinerklosters Zeven, um 1150 aus Feldsteinen errichtete Kreuzkirche mit wertvoller Innenausstattung, einer der schönsten romanischen Bauten Nordwestdeutschlands; der Meyerhof in Scheeßel, 1320 erstmals erwähnte, älteste Hofanlage des Ortes, Fachwerkgebäude (1875) mit Blaudruckspeicher und Kunstgewerbehaus; der Vörder See bei Bremervörde mit 50 ha Wasserfläche und Badestrand; die Bullenseen bei Rotenburg, im Wald gelegenes Freizeitgebiet.

Landkreis Schaumburg

Regierungsbezirk: Hannover. Einwohner: 160 192. Fläche: 676 km². Einwohner je km²: 237. Kfz-Kennzeichen: SHG. Kreisverwaltung: Jahnstraße 20, 31655 Stadthagen, Postfach, 31653 Stadthagen. Verwaltungsgliederung: 12 kreisangehörige Gemeinden und Samtgemeinden (Städte: Bückeburg, Obernkirchen, Rinteln, Stadthagen, Gemeinde Auetal; Samtgemeinden: Eilsen, Lindhorst, Nenndorf, Niedernwöhren, Nienstädt, Rodenberg, Sachsenhagen).

Wappenbeschreibung

Roter Schild auf blauem Untergrund mit einem silbernen Nesselblatt in der Mitte.

Historische Entwicklung

Urkundlich wurden die Herren von Schaumburg erstmals im Jahre 1110 erwähnt, als König Lothar von Supplingenburg ihnen das Grafenamt in Holstein und Stormarn übertrug. Den Namen führten sie nach ihrer Stammburg, die auf der Höhe des Nesselberges nordwestlich von Hessisch Oldendorf lag. Seit der ersten Hälfte des 13. Jh. führten sie in ihrem Wappen das Nesselblatt, das seit dem 16. Jh. mit drei Nägeln belegt wurde. Dieses Wappen in seiner älteren Form (unter Hinzufügung der Farbe Blau des Farbakkordes von Schaumburg-Lippe) führt der neue Landkreis seit dem 15. Januar 1979.

Ihre größte Ausdehnung hatte die Grafschaft Schaumburg gegen Ende des 14. Jh. erreicht. Nach dem Tode des letzten Grafen 1640 wurde das Erbe aufgeteilt. Das Herzogtum Braunschweig-Lüneburg riß Landesteile im Osten und Norden an sich, den Rest teilten sich die Landgrafen von Hessen-Kassel und die Grafen zur Lippe. Deren Grafschaft Schaumburg-Lippe bestand ab 1807 als Fürstentum weiter, während die hessische Hälfte 1866 Teil der preußischen Provinz Hessen-Nassau wurde. 1946 gingen das Fürstentum Schaumburg-Lippe, das während der Weimarer Republik ein eigenes Land gewesen war, und die Grafschaft Schaumburg im neu entstandenen Bundesland Niedersachsen auf. Die in den 70er Jahren durchgeführte Gebietsreform führte zur Bildung des neuen Landkreises Schaumburg, wodurch die Kerngebiete der mittelalterlichen Grafschaft Schaumburg wieder zusammengeführt wurden.

Struktur des Kreises
Sehenswürdigkeiten

Das im Weserbergland liegende Schaumburg ist landschaftlich besonders reizvoll. Neben vielen Natur- und Landschaftsschutzgebieten besitzt der Kreis auch eine große Zahl von ausgewiesenen Erholungszonen. So gehört u. a. ein großer Teil des Kreisgebietes zum »Naturpark Weserbergland Schaumburg-Hameln«, im Norden bietet dazu der angrenzende »Naturpark Steinhuder Meer« hervorragende Möglichkeiten für Naherholung und Ferienaufenthalt. Kurmöglichkeiten gibt es in den staatlich anerkannten Heilbädern Bad Eilsen und Staatsbad Nenndorf. Kulturell bedeutsam sind das Residenzschloß in Bückeburg (mit Schloßkapelle und Mausoleum), die Schlösser in Stadthagen und Hagenburg, Schloß Schaumburg und Schloß Baum, Paschenburg und Arensburg sowie die Wasserburgen in Apelern, Hülsede, Lauenau und Sachsenhagen. Das Stift Obernkirchen und das Kloster in Möllenbeck gelten als sehenswerte sakrale Baudenkmäler. Den Besuch des Wilhelm-Busch-Museums (Geburtshaus des Dichters) in Wiedensahl und des Hubschraubermuseums in Bückeburg sollte man nicht verpassen. Lohnend ist ebenfalls eine Besichtigung der Bodenaltertümer (Hünenburg bei Todenmann, Wallanlage Heisterburg im Deister und Ringwall Heisterschlößchen). Wie die Heimatmuseen in Bückeburg, Rinteln, Stadthagen, Bad Eilsen, Rodenberg und Obernkirchen gewähren sie einen Einblick in die Geschichte des Kreises.

Landkreis Soltau-Fallingbostel

Regierungsbezirk: Lüneburg. Einwohner: 133 915. Fläche: 1873,26 km². Einwohner je km²: 71. Kfz-Kennzeichen: SFA. Kreisverwaltung: Vogteistraße 19, 29683 Fallingbostel, Postfach 1263, 29676 Fallingbostel. Verwaltungsgliederung: 9 Einheitsgemeinden (Bispingen, Bomlitz, Fallingbostel, Munster, Neuenkirchen, Schneverdingen, Soltau, Walsrode, Wietzendorf); 3 Samtgemeinden (Ahlden, Rethem/Aller, Schwarmstedt) mit 14 Mitgliedsgemeinden (Ahlden/Aller, Eickeloh, Grethem, Hademstorf, Hodenhagen; Böhme, Frankenfeld, Häuslingen, Rethem/Aller; Buchholz/Aller, Essel, Gilten, Lindwedel, Schwarmstedt), 1 gemeindefreier Bezirk (Osterheide).

Wappenbeschreibung

Von Blau und Gold geteilt: oben ein schreitender, rot bewehrter blauer Löwe; unten auf niedrigem goldenen Schildfuß ein goldenes Megalithgrab aus einer Deckplatte auf zwei Lagern.

Historische Entwicklung

Der Landkreis Soltau-Fallingbostel wurde im Zuge der Verwaltungsreform des Jahres 1977 durch die Zusammenlegung der beiden »Heidelandkreise« Fallingbostel und Soltau gebildet. Aus Bestandteilen der untergegangenen Wappen der beiden Kreise wurde das gültige Kreiswappen zusammengesetzt, das am 2. April 1979 die Genehmigung der Bezirksregierung von Lüneburg fand. Das Hünengrab erinnert an die Menschen der Steinzeit, die den Raum besiedelten und auch die Großsteingräber, bekannt als die »Sieben Steinhäuser«, errichteten. Die Urgeschichte endet im Kreisgebiet erstaunlicherweise mit einem Vakuum: Erst für das Hochmittelalter (in Deutschland etwa 1000 bis 1250) finden sich wieder belegbare Fakten. Zwischen den Jahren 772 und 804 unternahm der Frankenherrscher Karl der Große mehrere erfolgreiche Kriegszüge (die ihn auch in diesen Raum führten) gegen die Sachsen, deren eindruckvollste Persönlichkeit der Herzog Wittekind war. Im 10. Jh. dringt erstmals auch Nachricht von einem karolingischen Königshof »Salta« (=Soltau) zu uns durch. Die kaiserliche Macht wurde von den Grafen und Bischöfen ausgeübt, bis sich um das Jahr 900 ein sächsisches Stammesherzogtum der Liudolfinger herausbildete; aus ihnen gingen von 919 bis 1024 die deutschen Könige hervor. In den folgenden Jahrhunderten war das Gebiet als welfisches Kernland erheblich in deren Kämpfe miteinbezogen. Da die Welfenherzöge am längsten das Schicksal von Land und Menschen im Raum von Soltau-Fallingbostel bestimmten, wurde ihrem Löwenbild ein Platz im Kreiswappen zugewiesen.

Struktur des Kreises
Sehenswürdigkeiten

Zwischen Hannover und Hamburg liegt der landschaftlich reizvolle Heidekreis Soltau-Fallingbostel. Diese lieblich-herbe Region erstreckt sich von der Aller bis hin zum Wilseder Berg (169 m), der die höchste Erhebung im Naturschutzgebiet »Lüneburger Heide« darstellt. Flüsse, Wiesen, Weiden, Laubwälder, Deiche und Heidelandschaft prägen die Gegend. Eine über 350 Jahre alte Bockwindmühle beherrscht das Bild von Rethem, der ältesten Stadt des Kreises (1360 Verleihung des Stadtrechts). Dort, wo sich Handels- und Heerwege vergangener Zeiten treffen, entstand Schwarmstedt inmitten einer Auenlandschaft zwischen Aller und Leine. Der großzügige Fachwerkbau von 1632, als »alte Burg« bekannt, beeindruckt in diesem Ort. Kirchen, Burgen, Herrensitze und stattliche Bürgerhäuser im Allertal lassen den Reichtum früherer Zeiten erahnen. Die grüne Geest- und Moränenlandschaft birgt eines der bedeutendsten Denkmäler des norddeutschen Raumes: die vor etwa 6000 Jahren entstandenen »Siebensteinhäuser« bei Ostenholz. Das Heidemuseum, in dem Teile des Nachlasses des 1935 in der Tietlinger Heide beigesetzten Dichters Hermann Löns zusammengetragen wurden, und das Kloster laden in Walsrode zur Besichtigung ein. Im Naturschutzgebiet »Lüneburger Heide« findet man in der Stadt Schneverdingen den »Hof Höpen« mit charakteristischem Niedersachsenhaus (1622) sowie den »Theeshof« (Heimathaus).

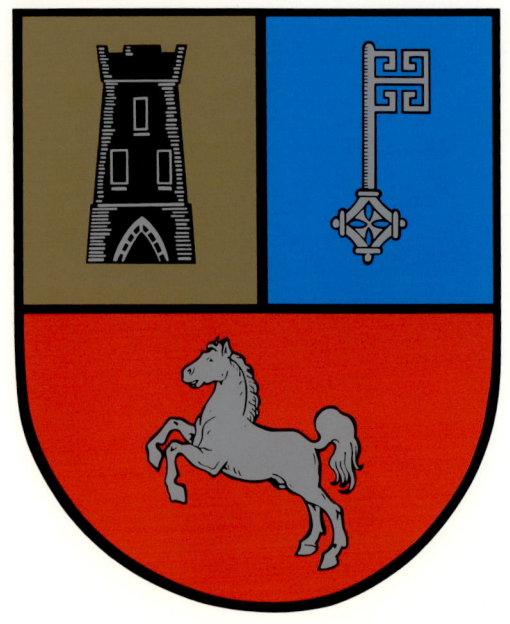

Landkreis Stade

Regierungsbezirk: Lüneburg. Einwohner: 181 838. Fläche: 1266,35 km². Einwohner je km²: 144. Kfz-Kennzeichen: STD. Kreisverwaltung: Am Sande 2, 21682 Stade, Postanschrift: 21677 Stade. 4 kreisangehörige Gemeinden (Stadt Stade, Stadt Buxtehude, Gemeinde Drochtersen, Gemeinde Jork), 8 Samtgemeinden (Apensen, Fredenbeck, Harsefeld, Himmelpforten, Horneburg, Lühe, Nordkehdingen, Oldendorf) mit 36 Mitgliedsgemeinden.

Wappenbeschreibung

Geteilt, oben gespalten; vorn in Gold ein schwarzer Turm, hinten in Blau ein silberner Schlüssel, unten in Rot ein silbernes springendes Pferd.

Historische Entwicklung

Zahlreiche archäologische Funde sowie Stein- und Hügelgräber weisen auf eine frühe Besiedlung im Gebiet des heutigen Landkreises Stade hin. Die Besiedlungsgeschichte bis zur heutigen Entwicklung wurde geprägt durch wechselnde Herrschaftseinflüsse und den Deichbau zur Erschließung insbesondere der jetzigen Kreisteile Kehdingen und Altes Land. Das ursprünglich von Chauken und Langobarden bewohnte Gebiet wurde im frühen Mittelalter von sächsischen Stämmen überlagert, geriet später unter die Herrschaft der Erzbischöfe von Bremen sowie unter dänische und schwedische Hoheit. Bei der Eindeichung und Besiedlung des Alten Landes haben Holländer maßgeblich mitgewirkt.

Nach der Annexion des Königreichs Hannover durch Preußen im Jahre 1866 bildete dieses im Jahre 1885 aus bis dahin bestehenden Ämtern die Kreise Stade, Kehdingen und Altes Land. Aus diesen Kreisen wurde im Jahre 1932 der Landkreis Stade gebildet, der nach Gebietsveränderungen in den Jahren 1937 und 1972 weiterhin besteht. Sein Wappen wurde am 28. Oktober 1965 genehmigt. Der Turm symbolisiert die Zeit der Grafen von Stade, die bis zu ihrem Aussterben 1144 in den Burgen Harsefeld und Stade das Zentrum ihrer Herrschaft hatten. Die Farben sind einem angeblichen Heerzeichen der Grafen entnommen (schwarzer Büffelkopf in Gold), das der Landkreis zwischen 1951 und 1965 als Wappen geführt hat. Der silberne Schlüssel in Blau steht für die Zeit bis 1648, in der die Erzbischöfe im Kreisgebiet Landesherren und Stader Ratsherren waren. Um den Kreissitz deutlich zu machen, wurden anstelle des erzbischöflichen Symbols – silberner Schlüssel in Rot – die Stader Stadtfarben gewählt. Das silberne springende Pferd zeigt entsprechend dem niedersächsischen Landeswappen die Zugehörigkeit zum Lande Niedersachsen.

Struktur des Kreises Sehenswürdigkeiten

Am Nordostrand des Regierungsbezirks Lüneburg erstreckt sich der Landkreis von der Ostemündung elbaufwärts bis an das Hamburger Stadtgebiet und umfaßt im Norden das Marschenland Kehdingen, in seiner südlichen Fortsetzung das Alte Land und im Südwesten die Stader Geest. Die etwa in der Mitte des Kreisgebietes gelegene Kreisstadt Stade bildet zusammen mit der Stadt Buxtehude das Kerngebiet der Entwicklungsaktivität des Kreises. Zu den Industriehauptbranchen zählt die Chemie, die Aluminiumverhüttung, der Flugzeugbau und der Anlagenbau. Ein weiteres Standbein der heimischen Wirtschaft sind mittelständische Unternehmen, das Handwerk sowie das Dienstleistungsgewerbe. Neben den Industrie- und Gewerbezentren ist der Landkreis Stade überwiegend landwirtschaftlich strukturiert. Das Alte Land zwischen Stade und Hamburg gilt als das größte zusammenhängende Obstanbaugebiet Europas. Die in Kehdingen schon seit dem 14. Jh. nachweisbare Pferdezucht bildet noch heute den Grundstein für eines der bedeutendsten Zuchtgebiete des hannoverschen Warmblutpferdes in Niedersachsen. Zunehmend mehr Bedeutung gewinnt auch im Landkreis Stade der Fremdenverkehr. Neben einzigartigen Landschaften im Lande Kehdingen, dem Alten Land und auf der Stader Geest, neben den alten Hansestädten Stade und Buxtehude, den vielen reizvollen Orten mit ihren zahlreichen eindrucksvollen Baudenkmälern mit weißen Fachwerkgiebeln in Ziegelausfachung und den großen reet- bzw. ziegelgedeckten Dächern sowie den zahlreichen Barockorgeln aus der Schule Arp Schnittgers in Stade und dem Alten Land bietet der Landkreis Stade heute eine Fülle von Möglichkeiten der Naherholung.

Landkreis Uelzen

Regierungsbezirk: Lüneburg. Einwohner: 95 488. Fläche: 1453 km². Einwohner je km²: 66. Kfz-Kennzeichen: UE. Kreisverwaltung: Veerßer Straße 53, 29525 Uelzen, Postfach 1761, 29507 Uelzen. Verwaltungsgliederung: 6 Samtgemeinden (Bevensen, Bodenteich, Ebstorf, Rosche, Suderburg, Wrestedt), 1 Einheitsgemeinde (Bienenbüttel) und 1 Stadt (Uelzen).

Wappenbeschreibung

Unter rotem Schildhaupt, darin nebeneinander drei silberne Tatzenkreuze, in mit zehn roten Herzen belegtem silbernen Feld ein rot bewehrter und gezungter blauer Löwe.

Historische Entwicklung

Das Uelzener Becken ist schon seit alters her besiedelt, wie Reste der jungsteinzeitlichen Großsteingräber und viele Hügelgräber der Bronzezeit belegen. Nach dem Ende der Karolingerherrschaft herrschte die Familie der Billunger bis 1106 im nordöstlichen Niedersachsen. Ihr Besitz war über einen großen Teil des Uelzener Raumes verbreitet. Etwa in diese Zeit fällt die Gründung von Burgen und Klöstern an der Slawengrenze. 1235 schuf Friedrich II. das Herzogtum Braunschweig-Lüneburg. Das Wappentier der Herzöge, der Löwe, findet sich ebenso wie die auf die Klöster Oldenstadt, Ebstorf und Medingen hinweisenden Kreuze im Kreiswappen wieder. Bis 1269 übten die Grafen von Schwerin die Lehnshoheit über Uelzen aus. Mitte des 14. Jh. folgten ihnen vielfach Welfen nach. Unter verschiedenen Kriegen, besonders aber während des Dreißigjährigen Krieges hatte das Gebiet stark zu leiden.

Der Kreis geht aus der Vereinigung der Ämter Oldenstadt, Medingen und Bodenteich hervor. Aufgrund der Preußischen Kreisordnung wurde am 1. April 1885 der Landkreis Uelzen gebildet. Die von der Landesregierung im Zuge der Gebietsreform geplante Zusammenlegung der Kreise Uelzen und Lüchow, mit Verlegung des Kreissitzes nach Lüchow, wurde fallengelassen. Der Landkreis führt sein Wappen seit der Verleihung vom 1. März 1948.

Struktur des Kreises Sehenswürdigkeiten

Im Dreieck Hamburg–Hannover–Braunschweig liegt der Landkreis als in sich geschlossene bäuerliche Kulturlandschaft mit der über 700jährigen Stadt Uelzen als natürlichem Mittelpunkt. Als Erholungs- und Freizeitgebiet von überregionaler Bedeutung weist der Kreis bedeutende Sehenswürdigkeiten auf, so z.B. die rein gotische St.-Marien-Kirche (1292 zur Pfarrkirche erhoben), das ursprünglich gotische Zisterzienserinnenkloster Medingen (1241), das 1782 nach einem Brand in barockem Stil wiederaufgebaut wurde, die ehemalige Klosterkirche in Oldenstadt (972) und das Kloster Ebstorf mit der berühmten Ebstorfer Weltkarte (Mitte des 12. Jh.). Auf dem Mühlenberg bei Suhlendorf (Gemeinde Rosche) wurde ein Museum errichtet, das naturgetreue Mühlenmodelle sowie eine Ausstellung auf dem Freigelände über alte Handwerksberufe zeigt.

Das abgeschiedene Heidedorf Hösseringen beherbergt das Landwirtschaftsmuseum Lüneburger Heide. Bad Bevensen ist seit Erschließung einer Thermal-Jod-Sole-Heilquelle 1976 beliebtes Heilbad. Nach wie vor spielt die Land- und Forstwirtschaft eine große Rolle im Kreisgebiet. Mit 53 % der Gesamtfläche ist Uelzen der am intensivsten landwirtschaftlich genutzte Kreis zumindest der alten Bundesrepublik, aber nur noch 9,3 Prozent der Erwerbstätigen sind land- oder forstwirtschaftlich tätig. Durch den Elbeseitenkanal mit dem Uelzener Hafen wurde das Gebiet 1975 verkehrstechnisch weiter erschlossen.

Landkreis Vechta

Regierungsbezirk: Weser-Ems. Einwohner: 116 721. Fläche: 812,20 km². Einwohner je km²: 144. Kfz-Kennzeichen: VEC. Kreisverwaltung: Kapitelplatz 9, 49377 Vechta, Postfach 1353, 45375 Vechta. Verwaltungsgliederung: 4 Städte (Damme, Dinklage, Lohne, Vechta) und 6 Gemeinden (Bakum, Goldenstedt, Holdorf, Neuenkirchen-Vörden, Steinfeld und Visbek).

Wappenbeschreibung

Schild geteilt, obere Hälfte gespalten. Vorn in Gold zwei rote Balken. Hinten in Silber zwei rote Sparren ganz, oben zwei rote Sparrenansätze und unten eine rote Sparrenspitze. Untere Schildhälfte in Rot drei goldene Wolfsangeln oder Forsthaken, 2:1 gestellt.

Historische Entwicklung

Der heutige Landkreis Vechta ist altes Siedlungsgebiet aus dem altsächsischen Dersagau und einem Teil des Lerigaues. Urkundliche Erwähnung bereits im 8. Jh. Entscheidend beeinflußt wurde seine Entwicklung durch die Grafen von Ravensberg, die seit dem Jahre 1100 Landesherren der Grafschaft Vechta waren. Von ihnen wurde um 1150 die Burg Vechta am Moorbach errichtet. 1252 kam die Grafschaft durch Verkauf an das Fürstbistum Münster, wo sie bis 1803 als »münstersches Amt« verblieb. Durch den Reichsdeputationshauptschluß fiel das Amt als Entschädigung für den aufgehobenen Weserzoll an das Herzogtum Oldenburg. Der seitdem gebräuchliche Regionsbegriff »Oldenburger Münsterland« gibt sowohl die weltliche Beziehung zum Herzogtum Oldenburg als auch die fortdauernde kirchliche Verbindung zum Bistum Münster wieder. Nach der Franzosenzeit von 1810 bis 1813 wurde die »Landvogtei Vechta« in drei Ämter gegliedert. Oldenburg bildete 1879 aus diesen Ämtern das »Amt Vechta«, das von 1938 an die Bezeichnung »Landkreis« führt und 1947 mit dem Lande Oldenburg an Niedersachsen fiel.

Das Kreiswappen wird seit dem 27. Dezember 1955 geführt. Die roten Balken in Gold stammen aus dem Oldenburger Wappen, die roten Sparren in Silber erinnern an die Grafen von Vechta-Ravensberg. Die goldenen Wolfsangeln in Rot stellen eine Farbumkehrung des Familienwappens der Grafen von Galen dar, die als Erbdrosten zu Vechta von 1641 bis 1803 im Auftrage der Fürstbischöfe von Münster agierten.

Struktur des Kreises Sehenswürdigkeiten

Die Bevölkerung des Landkreises gehört in ihrer Mehrheit der katholischen Konfession an. Neben einem stetigen Wanderungsgewinn kennzeichnet ein beständiger Geburtenüberschuß diesen familienfreundlichen Landkreis. Die Wirtschaftsstruktur wurde seit Jahrhunderten durch die Landwirtschaft geprägt. In neuerer Zeit hat sich der Landkreis zu einem Raum mit guter industrieller Besetzung gewandelt. Eine als optimal geltende Branchenmischung ist heute die Basis der Wirtschaftsstruktur, die in einem gesunden und innovationsfreudigen Mittelstand ihre besondere Eigenschaft besitzt. Schwerpunkte sind die Nahrungs- und Genußmittelindustrie. Sie steht in enger Wechselbeziehung zu der hochgradigen landwirtschaftlichen Veredelungswirtschaft. Geografisch günstig an der Hansalinie liegt der Landkreis Vechta im Städtedreieck Oldenburg-Bremen-Osnabrück auf einem von Westen nach Osten verlaufenden Geeststreifen der Norddeutschen Tiefebene. Große Waldgebiete, Wiesen und Weiden, Ackerflächen, das Hügelland der Dümmer Berge, das Dinklager Becken mit dem Wasserschloß, dem Stammsitz der Grafen von Galen, das Huntetal, der Dümmer im Süden, Hoch- und Niedermoore und die zahlreichen Bachtäler mit den Großsteinsetzungen geben dem Landkreis sein besonders reizvolles Gepräge. Sie sind Ziel vieler Erholungsuchender.

Landkreis Verden

Regierungsbezirk: Lüneburg. Einwohner: 125 068. Fläche: 787,77 km². Einwohner je km²: 159. Kfz-Kennzeichen: VER. Kreisverwaltung: Bremer Straße 4, 27283 Verden (Aller), Postfach 1509, 27281 Verden (Aller). Verwaltungsgliederung: 8 kreisangehörige Gemeinden, davon 2 Städte und eine Samtgemeinde mit 5 Mitgliedsgemeinden (Stadt Achim, Gemeinde Dörverden, Gemeinde Kirchlinteln, Flecken Langwedel, Flecken Ottersberg, Gemeinde Oyten, Samtgemeinde Thedinghausen, Stadt Verden).

Wappenbeschreibung

Auf blauem Grunde durch ein goldenes Wellenband geteilt; im oberen Feld ein springendes silbernes Pferd, im unteren Feld drei goldene Ähren.

Historische Entwicklung

Im 3. Jh. unserer Zeitrechnung errichteten Sachsen im Siedlungsgebiet der Chauken und Angrivaren den Sturmigau und die Gaue Waldsati und Wigmodia. Karl der Große zerschlug nach 782 die sächsische Gauverfassung und ersetzte sie durch die fränkische Grafschaftsordnung. Er war auch der Gründer der Bistümer und geistlichen Territorien Bremen und Verden. Diese geistlichen Machtbereiche gewannen zusehends auch im politischen Bereich an Gewicht und Größe. Nach dem Dreißigjährigen Krieg wurden 1648 die beiden Bistümer Bremen und Verden in Herzogtümer umgewandelt und als Reichslehen an die schwedische Krone gegeben. Erst 1719 trat Schweden die Herzogtümer an das damalige Kurfürstentum Hannover ab. Im Königreich Hannover bildeten Ämter die Grundlage der Verwaltung. Nach verschiedenen Verwaltungsreformen 1852 und 1859 wurden die Ämter Achim und Verden mit der Stadt Verden 1867 teilweise zusammengeschlossen, aber bereits 1885 wieder in zwei selbständige Kreise aufgeteilt.
Erst ab 1932 bildeten die beiden Altkreise gemeinsam den Landkreis Verden mit dem Sitz der Verwaltung in Verden. Das Gebiet dieses Landkreises wurde 1939 durch Gebietsabtretungen an die Stadt Bremen und 1972 durch Eingliederung mehrerer Gemeinden aus Nachbarkreisen verändert. Die Kreisreform von 1977 hat den Landkreis Verden dagegen nicht berührt. Das am 14. August 1948 genehmigte Kreiswappen berücksichtigt mit den Ähren den landwirtschaftlich geprägten Charakter des Raumes. Der Wellenbalken deutet auf die Flüsse Weser, Aller und Wümme hin, während das Pferd die Bedeutung des Landkreises als Mittelpunkt der hannoverschen Pferdezucht hervorhebt.

Struktur des Kreises
Sehenswürdigkeiten

Der geografisch fast genau im Zentrum Niedersachsens gelegene Landkreis Verden wird durch die drei typischen norddeutschen Landschaftsformen Geest, Marsch und Moor geprägt, in denen die Flußläufe der Weser und Aller sowie das bizarre Flußdelta der Wümme und ihrer Seitenarme einen besonderen Akzent setzen. Die günstige Verkehrserschließung des Kreises hat eine rege Ansiedlung von Industrie und Gewerbe in den Städten und Gemeinden des Landkreises gefördert. Andere weite Bereiche des Landkreises sind von Landwirtschaft geprägt.
Sitz der Kreisverwaltung ist die »Reiterstadt« Verden, die als Absatzzentrum für hannoversche Warmblutpferde und überregionaler Vermarktungsort der größten Zuchtrinder-Erzeugergemeinschaft Deutschlands über die deutschen Grenzen hinaus bekannt ist.
Für den Besucher des Landkreises sind das Künstlerdorf Fischerhude mit dem Modersohn-Haus und dem Heimathaus Irmintraut, das Deutsche Pferdemuseum mit Bibliothek in Verden, der Dom zu Verden aus dem Jahr 1028, der Erbhof Thedinghausen – ein eindrucksvoller Bau der Weserrenaissance – und das vom Landkreis vor kurzem restaurierte Schloß Etelsen lohnende Ziele.

Landkreis Wesermarsch

Regierungsbezirk: Weser-Ems. Einwohner: 92 359. Fläche: 822 km². Einwohner je km²: 111. Kfz- Kennzeichen: BRA. Kreisverwaltung: Poggenburger Straße 15, 26919 Brake, Postfach 1352, 26913 Brake. Verwaltungsgliederung: 3 Städte (Brake, Elsfleth, Nordenham) und 6 kreisangehörige Gemeinden (Berne, Butjadingen, Jade, Lemwerder, Ovelgönne, Stadland).

Wappenbeschreibung

Gespalten und hinten geteilt: vorn in Gold zwei rote Balken; hinten oben in Silber eine grüne Kogge über schwarzen Wellen, unten in Grün ein silberner Friesenkrieger.

Historische Entwicklung

Seit dem 10. Jh. sicherten die Bewohner der Wesermarsch den fruchtbaren Marschboden durch Erdwälle vor der See. Die im 11. Jh. errichteten Kirchen zeugen von dem beachtlichen Wohlstand und der bewahrten Freiheit der Rüstringer Friesen, woran im Kreiswappen vom 2. Februar 1953 der Friesenkrieger erinnert. Die Kogge ist Sinnbild für den mittels der Seefahrt betriebenen Handel der Küstenbewohner, Grün und Silber deuten die naturgegebenen Farben der Landschaft an. Im Mittelalter bewirkten gewaltige Sturmfluten tiefgreifende Veränderungen des Küstenverlaufes. Der Versuch der Grafen von Oldenburg, die Wesermarsch unter ihre Gewalt zu bekommen, schlug zunächst fehl. Erst einem verbündeten braunschweigisch-oldenburgischen Heer gelang es 1514, die Wesermarsch-Friesen zu besiegen. Gemeinsam mit dem Hause Oldenburg gehörte das Gebiet von 1667 bis 1773 zu Dänemark. Seit 1774 stand die Wesermarsch unter der Herrschaft des Großherzogtums Oldenburg, dessen Balken in der vorderen Schildhälfte des Kreiswappens daran erinnern. Die Verwaltungsreform von 1814 beseitigte die gräflichen Vogteien ebenso wie die Kantone aus der französischen Besatzungszeit (1811/13). Die Wesermarsch wurde in sieben Ämter aufgeteilt. Nach verschiedenen Verwaltungsneugliederungen wurde schließlich 1933 der Landkreis Wesermarsch gebildet. Er blieb durch die Gebietsreformen fast unbeschadet in seiner früheren Größe erhalten.

Struktur des Kreises
Sehenswürdigkeiten

Das Gebiet des heutigen Landkreises Wesermarsch liegt in dem zwischen der Geest des Landes Wursten und dem Jeverland verlaufenden Aller-Weser-Urstromtal. Im Osten und Norden sind die Unterweser und das Wattenmeer die natürlichen Grenzen des Kreises. Der Jadebusen im Westen ist als Vogelreservat geschützt und weist in seiner Nachbarschaft eine Besonderheit auf: das als »Schwimmendes Moor« bekannte »Naturschutzgebiet Süderkleihörne«. Als einziges Außendeichmoor der Erde hebt es sich bei Sturmfluten über 3,25 m ü. NN von seiner Unterlage ab und »schwimmt«. Sehenswert sind die sakralen Bauten in Berne (Aegidiuskirche, spätgotische Hallenkirche mit Brabanter Orgel, 1234), in Warfleth (Schifferkirche), in Neuenhuntorf (St.-Marien-Kirche), in Altenesch (St.-Gallus-Kirche) sowie die Festungkirche im Schnittpunkt von B 212 und B 437 (mit Epitaphien von Ludwig Münstermann). An die historischen Auseinandersetzungen mit Oldenburgern, Dänen und Bremern erinnern die Denkmäler in Rodenkirchen und Altenesch und die Reste einer Burganlage in Ovelgönne. Eine heimatkundliche Sammlung besitzt das dortige Museum. Weitere Museen befinden sich in Nordenham und Abbehausen (Moorseer Mühle) sowie in der Kreisstadt Brake ein Schiffahrtsmuseum der Oldenburgischen Unterweserhäfen. Unweit der Seefahrtsschule Elsfleth lädt der 1909 erbaute und 1462 BRT große Dreimastschoner »Großherzogin Elisabeth« (1000 m² Segelfläche) zur Besichtigung ein.

Landkreis Wittmund

Regierungsbezirk: Weser-Ems. Einwohner: 54 926. Fläche: 656,54 km². Einwohner je km²: 83. Kfz-Kennzeichen: WTM. Kreisverwaltung: Am Markt 9, 26409 Wittmund, Postfach 1355, 26400 Wittmund. Verwaltungsgliederung: 4 Einheitsgemeinden (Friedeburg, Langeoog, Spiekeroog, Wittmund) und 2 Samtgemeinden (Holtriem, Esens).

Wappenbeschreibung

In Blau eine goldene Kogge; auf deren drei Segeln von vorne nach hinten ein wachsender schwarzer Bär, zwei gekreuzte schwarze Peitschen und ein rot bewehrter schwarzer Doppeladler.

Historische Entwicklung

Das Wappen des Kreises wurde erstmals 1951 verliehen; nach der Neuentstehung des Landkreises wurde die Führungserlaubnis am 9. September 1980 wiederholt. Die Kogge soll dabei die Küstenlage des Kreises symbolisieren. Auf den drei Segeln befinden sich die Wappen der ehemaligen Ämter Esens (der Bär des Häuptlings Attena), Wittmund (Peitschen des Häuptlings Hero Omken) und Friedeburg (Doppeladler von Häuptling Sirk).
Die Funde von Feuersteingeräten bezeugen, daß z.B. am nahegelegenen ehemaligen Brockzeteler Meer während der Mittleren Steinzeit (ca. 8000 bis 3000 v.Chr.) in diesem Raume Menschen lebten; erst in der Jüngeren Steinzeit (ca. 3000 bis 1800 v.Chr.) begannen die Bewohner seßhaft zu werden. In der zweiten Hälfte des 8. Jh. drangen die Franken ein, zerstörten das friesische Großreich König Radbods (†719) und leiteten die langwierige Missionierung Frieslands ein (Apostel Willehad). Die in Richtern verkörperte Selbstverwaltung des 12. und 13. Jh. führte zu allgemeinem Wohlstand. Etwa ab der Mitte des 14. Jh. traten neben den alten Obrigkeiten allmählich als örtliche Herrscher die Häuptlinge in den Vordergrund. Im 18. Jh. erfolgte die Eingliederung Ostfrieslands in das Königreich Preußen. Nach der Annexion durch das revolutionäre Frankreich wurde das Land 1815 dem Königreich Hannover übereignet, um 1866 mitsamt diesem Königreich an Preußen zurückzufallen. Der 1885 entstandene Landkreis Wittmund wurde im Zuge der niedersächsischen Gebietsreform am 1. August 1977 aufgelöst, entstand jedoch am 1. Januar 1980 wieder in seinen alten Grenzen.

Struktur des Kreises
Sehenswürdigkeiten

Geest mit Moor und Wald im Süden, Marsch in den nördlichen Regionen des Landkreises Wittmund sowie die beiden ostfriesischen Inseln Langeoog und Spiekeroog laden den Besucher zu erholsamen Ferien zwischen Aurich und Wilhelmshaven ein. Die Gemeinde Friedeburg, das »grüne Tor zur Nordsee«, bietet dem Gast zahlreiche Besichtigungsmöglichkeiten alter Kirchen in Reepsholt, Horsten, Etzel und Marx neben Spaziergängen in Wald und Heide. Als »gemütliche Ostfriesenstadt« gilt weiter nördlich Wittmund an der Harle. Das Umland erhielt nach diesem Flüßchen seinen Namen (Harlingerland). In der Stadt selbst bietet sich der Besuch der »Peldemühle« (Heimatmuseum) an, wo Gegenstände aus Handwerk und Landwirtschaft ausgestellt werden. Wenige Kilometer westlich trifft der Reisende auf die alte ostfriesische Häuptlingsstadt Esens, deren Rathaus einschließlich Ahnensaal sowie die St.-Magnus-Kirche mit Turmmuseum besuchenswert sind. Südwestlich der Stadt schließt sich die Samtgemeinde Holtriem mit ihren mittelalterlichen Gotteshäusern in Ochtersum und Westerholt an. Weiter von Bedeutung sind der größte Hochmoorsee »Ewiges Meer« und das gleichnamige Naturschutzgebiet. Die drei Nordseebäder Harlesiel-Carolinensiel, Neuharlingersiel und Bensersiel dienen der Erholung und Gesundheit. Als beliebter Zeitvertreib gelten Besichtigungen des Sielhafenmuseums (Carolinensiel) und des Buddelschiffmuseums (Neuharlingersiel) neben ausgedehnten Wattwanderungen.
Sehr gefragte Urlaubsziele sind ebenfalls die Inseln Spiekeroog und Langeoog mit ihren weiten Stränden und den schönen Dünenlandschaften.

Landkreis Wolfenbüttel

Regierungsbezirk: Braunschweig. Einwohner: 120 907. Fläche: 722 km². Einwohner je km²: 167. Kfz-Kennzeichen: WF. Kreisverwaltung: Bahnhofstraße 11, 38300 Wolfenbüttel. Verwaltungsgliederung: Stadt Wolfenbüttel, Gemeinde Cremlingen und 6 Samtgemeinden (Asse, Baddeckenstedt, Oderwald, Schladen, Schöppenstedt und Sickte) mit 35 Mitgliedsgemeinden.

Wappenbeschreibung

Geteilt: oben in Blau ein schreitender, rot bewehrter goldener Löwe; unten in Gold nebeneinander fünf grüne Ähren.

Historische Entwicklung

Am 1. Januar 1833 wurde aufgrund der »Neuen Landschaftsordnung für das Herzogtum Braunschweig« in Wolfenbüttel eine Kreisdirektion für die Stadt und die Ämter Wolfenbüttel, Salder, Schöppenstedt und Harzburg errichtet. Dies ist die Geburtsstunde des Landkreises Wolfenbüttel. Die damalige Abgrenzung des Kreisgebietes blieb über ein Jahrhundert erhalten. In den Jahren 1941/42 wurde, insbesondere durch die Gründung der Stadt Salzgitter, der Gebietsstand des Landkreises Wolfenbüttel drastisch verändert. Die in den Jahren 1972 bis 1974 durchgeführte gebietliche Neugliederung in Niedersachsen führte auch in ihm zu einer umfangreichen Zusammenlegung von Gemeinden und zu einer wesentlichen Änderung des Kreisgebietes. Der schwerwiegendste Eingriff in das kommunalpolitische Leben der Region war jedoch nicht die jüngste Gebietsreform, sondern die Teilung Deutschlands nach dem Zweiten Weltkrieg. 22 Kilometer Kreisgrenze waren Grenze zur damaligen DDR.

Das nach wie vor gültige Wappen wurde dem Landkreis am 8. Januar 1954 verliehen. In der Farbgebung knüpft das Wappen an die alte braunschweigische Vergangenheit des Landkreises Wolfenbüttel an. Der schreitende Löwe im oberen Teil des Wappenfeldes soll die Beziehung zum früheren Herzogtum Braunschweig zum Ausdruck bringen. Mit Rücksicht auf die Struktur des Landkreises, in dem die Landwirtschaft vorherrscht, ist für den unteren Teil des Wappenfeldes ein Ährenbündel gewählt worden.

Struktur des Kreises
Sehenswürdigkeiten

Das von Innerste und Oker durchflossene, im starken Umfang von der Landwirtschaft geprägte Kreisgebiet weist viele Naturschönheiten (z. B. Naturpark mit dem größten Buchenwaldbestand Norddeutschlands im Naherholungsgebiet Elm), historische Stätten und berühmte Baudenkmäler auf. Kultureller Mittelpunkt und wirtschaftliches Zentrum der Region ist die alte Residenzstadt Wolfenbüttel, historischer Stadtkern mit 500 Fachwerkhäusern, Residenzschloß der Herzöge zu Braunschweig und Lüneburg, Hauptkirche Beate Mariae Virginis (gotisierende Renaissancekirche, erbaut von Paul Franke), Lessinghaus. Aber vor allem zu nennen ist die Herzog-August-Bibliothek, u. a. betreut von Leibniz und Lessing, zwischen 1856 und 1862 von Wilhelm Raabe zum Schreiben seiner Romane genutzt; eine internationale Forschungsstätte für die frühere Neuzeit, in der ca. 550 000 Bände verwahrt werden. Hier wird das Evangeliar Heinrichs des Löwen aufbewahrt.

Auch die romantische Stadt Hornburg (»Rothenburg Niedersachsens«) besitzt ein wohlerhaltenes Stadtbild (200 Fachwerkhäuser aus dem 16./17. Jh., Kirche Beate Mariae Virginis, mittelalterliche Burg). An das Leben und »Schaffen« ihres berühmtesten Einwohners erinnert das »Till-Eulenspiegel-Museum« in Schöppenstedt (sehenswert: Barockkirche St. Stephan mit dem größten romanischen Kirchturm des Kreises, gotische Kirche in Küblingen).

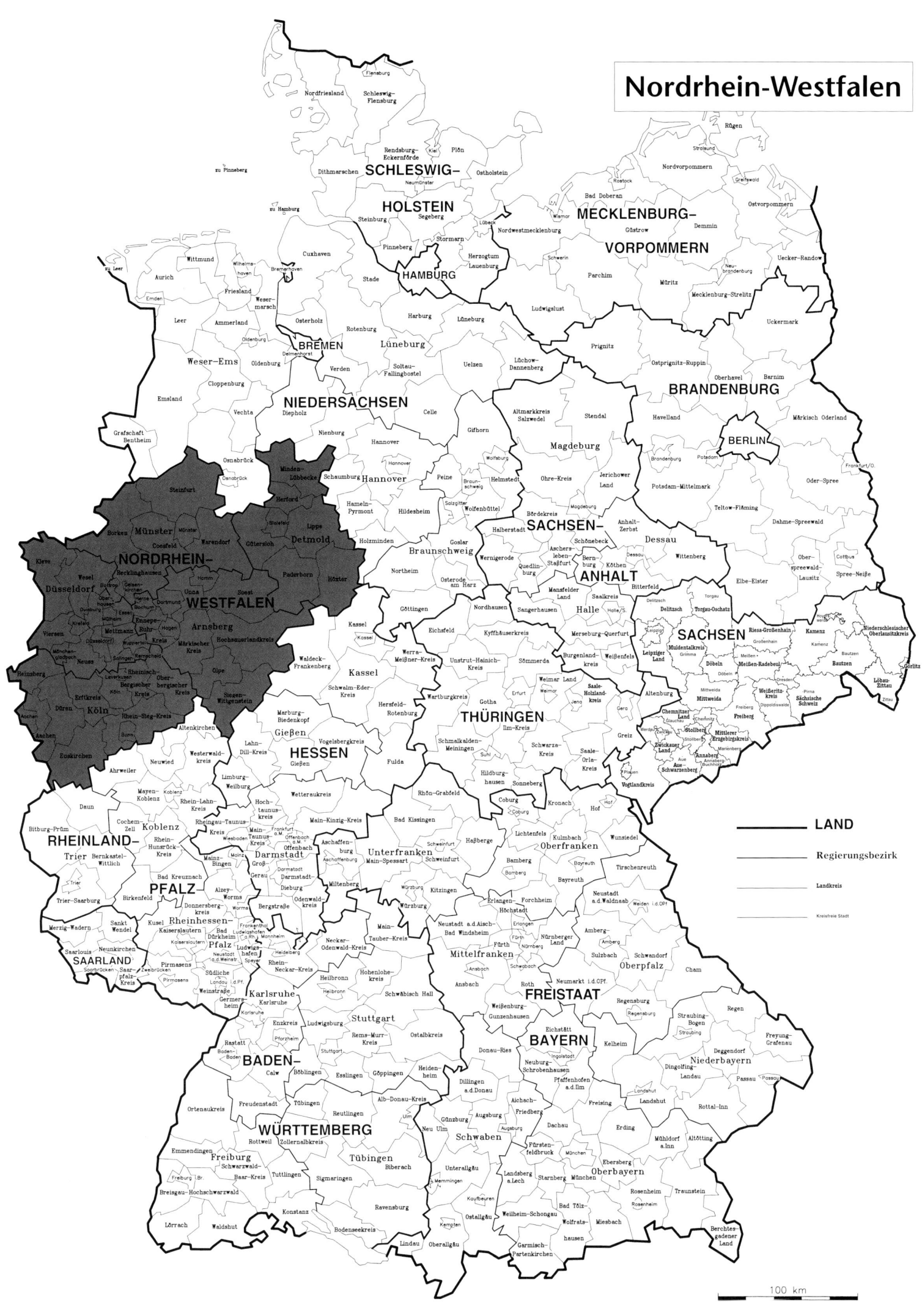

Adalbert Leidinger und Joachim Bauer

Die Kreise in Nordrhein-Westfalen

Die Kreise im Gebiet des heutigen Bundeslandes Nordrhein-Westfalen erhielten ihre erste formale Ausprägung durch die »Kreisordnung für die Rheinprovinz und für Westfalen« vom 13. Juli 1827. Die darin festgelegte ständische Struktur der Kreise blieb ein halbes Jahrhundert lang erhalten. Wesentliche Änderungen brachten erst die Kreisordnungen für die Provinz Westfalen vom 31. Juli 1886 und für die Rheinprovinz vom 30. Mai 1887, die weitgehend identisch mit der bereits 1872 für die östlichen preußischen Provinzen erlassenen Kreisordnung waren. Der Kreistag wurde nun in den Städten von der Vertretung, in den Landgemeinden von den Wahlverbänden der unmittelbaren Steuerzahler und der größeren Grundbesitzer gewählt. Weitere Organe des Kreises waren der neu geschaffene Kreisausschuß und der Landrat. Der wirtschaftliche Aufschwung der damaligen Zeit brachte einen erheblichen Aufgabenzuwachs der Kreise im Bereich der Leistungsverwaltung.

Die beiden Kreisordnungen blieben bis zum Ende des Zweiten Weltkrieges gültig. Eine wesentliche Änderung erfolgte in der Weimarer Republik insbesondere durch die Einführung des allgemeinen Wahlrechts. In der Zeit des Nationalsozialismus wurde das Kreisverfassungsrecht mit der Durchsetzung des Führerprinzips jedoch inhaltlich vollständig ausgehöhlt.

Nach dem Zusammenbruch deutete erstmals eine Anweisung der britischen Militärbehörden vom 25. September 1945 die künftige Struktur des Kreisverfassungsrechts an. Sie folgte englischen Vorstellungen und führte die sogenannte Zweigleisigkeit ein, d.h. die Trennung des Amtes des Hauptverwaltungsbeamten von dem ehrenamtlich ausgeübten Amt des Vorsitzenden der kommunalen Vertretung. Diese Gedanken wurden von der revidierten deutschen Gemeindeordnung übernommen, die durch eine Instruktion der britischen Besatzungsmacht vom August 1946 auch auf die Vertretungskörperschaften der Kreise anzuwenden war.

Die bis 1994 uneingeschränkt geltende Kreisordnung Nordrhein-Westfalen datiert vom 21. Juli 1953. Sie entspricht in vielen Vorschriften der Gemeindeordnung Nordrhein-Westfalen vom 28. Oktober 1952, gibt dem Kreisausschuß jedoch die Stellung eines Kreisorgans und weist dem Oberkreisdirektor eine festumrissene Zuständigkeit zu, die der Kreistag nicht an sich ziehen kann. Organe der nordrhein-westfälischen Kreise sind der Kreistag, der Kreisausschuß und der Oberkreisdirektor.

Dem vom Volk in Wahlkreisen direkt gewählten Kreistag gehören je nach Einwohnerzahl des Kreises 49 bis 73 Kreistagsabgeordnete an. Die Zahl der Mitglieder kann durch Satzung des Kreistages um bis zu sechs verringert werden. Ihre Zahl kann sich erhöhen, wenn dies erforderlich ist, um den Verhältnisausgleich zu erzielen. Dem Kreistag steht der ehrenamtlich tätige Landrat vor, der auch den Kreis als Repräsentant nach außen vertritt. Der Landrat beruft den Kreistag zu den Sitzungen ein und setzt die Tagesordnung des Kreistages fest. Wenn der Landrat der Auffassung ist, daß ein Beschluß des Kreistags das Wohl des Kreises gefährdet, kann er diesem Beschluß mit der Folge widersprechen, daß der Kreistag in einer weiteren Sitzung erneut über die Angelegenheit beschließen muß. Der Landrat und seine Vertreter werden vom Kreistag aus seiner Mitte nach den Grundsätzen der Verhältniswahl gewählt. Der Kreistag ist oberstes Organ des Kreises. In seine Wahrnehmungszuständigkeit fallen diejenigen Angelegenheiten, die ihrer Bedeutung nach einer Entscheidung durch den Kreistag bedürfen. Eine Reihe von Aufgaben weist die Kreisordnung dem Kreistag ausschließlich zur Entscheidung zu. Der Kreisausschuß besteht aus mindestens neun und höchstens 17 vom Kreistag aus seiner Mitte gewählten Mitgliedern unter dem Vorsitz des Landrates. Der Kreisausschuß beschließt über alle Angelegenheiten, soweit sie nicht dem Kreistag vorbehalten sind und es sich nicht um Geschäfte der laufenden Verwaltung handelt. Weiter ist er zuständig für die Planung von Verwaltungsaufgaben und für Eilentscheidungen, die in Fällen äußerster Dringlichkeit auch der Landrat gemeinsam mit einem Kreisausschußmitglied treffen kann.

Neben dem Kreisausschuß bildet der Kreistag zur Vorbereitung seiner Beschlüsse und zur Überwachung bestimmter Verwaltungsangelegenheiten weitere Ausschüsse. Diese haben jedoch keine eigene Entscheidungsbefugnis. Den Ausschüssen können außer Kreistagsmitgliedern auch sachkundige Bürger sowie als beratende Mitglieder sachkundige Einwohner angehören.

Hauptverwaltungsbeamter des Kreises ist der Oberkreisdirektor. Er muß die Befähigung zum Richteramt oder zum höheren Verwaltungsdienst besitzen und wird vom Kreistag auf acht Jahre gewählt. Er ist der gesetzliche Vertreter des Kreises. Der Oberkreisdirektor hat die Organisations- und Geschäftsverteilungsbefugnis und ist Dienstvorgesetzter der Mitarbeiter der Kreisverwaltung. Er ist für alle Geschäfte der laufenden Verwaltung zuständig; der Kreistag oder der Kreisausschuß können deren Erledigung nicht an sich ziehen. Auch die Ausführung von Weisungen obliegt dem Oberkreisdirektor.

Von den eigentlichen Kreisaufgaben des Oberkreisdirektors sind diejenigen Aufgaben zu unterscheiden, die er für den Staat im Wege der Organleihe als untere staatliche Verwaltungsbehörde erfüllt. Schwerpunkt ist hier die Kommunalaufsicht (gemeinsam mit dem Kreisausschuß). Weiter ist der Oberkreisdirektor Kreispolizeibehörde und damit Polizeichef im Kreis; ferner bildet er gemeinsam mit dem staatlichen Schulrat das Schulamt, eine untere Landesbehörde.

Spätestens ab dem Jahre 1999 treten erhebliche Änderungen der Kreisordnung in Kraft. Sie führen an Stelle des ehrenamtlichen Landrats und des hauptamtlichen Oberkreisdirektors das Amt des hauptamtlichen Landrats ein. Der hauptamtliche Landrat wird dann jeweils gleichzeitig mit den Kommunalwahlen für eine fünfjährige Amtszeit unmittelbar vom Volk gewählt. Besondere Qualifikationsnachweise verlangt das Gesetz für die Wahl zum hauptamtlichen Landrat nicht. Er ist mit Stimmrecht Vorsitzender des Kreistages und des Kreisausschusses und nimmt dann die Aufgaben wahr, für die bisher der ehrenamtliche Landrat und der hauptamtliche Oberkreisdirektor zuständig waren. Scheidet ein hauptamtlicher Landrat während einer laufenden Kommunalwahlperiode aus oder wird das Amt aus anderen Gründen zwischenzeitlich frei, so hat der Kreistag einen neuen hauptamtlichen Landrat für den Rest der Kommunalwahlperiode zu wählen.

In der Übergangszeit von 1994 bis 1999 kann der Kreistag bis zur Kommunalwahl im Jahre 1999 einen hauptamtlichen Landrat wählen, wenn der bisherige Oberkreisdirektor zustimmt oder wenn die Amtszeit des bisherigen Oberkreisdirektors ausläuft. Er kann sich in diesem Fall aber auch dafür entscheiden, es bis 1999 bei der »Doppelspitze« zu belassen und für den Rest der Kommunalwahlperiode bis 1999 erneut einen hauptamtlichen Oberkreisdirektor zu wählen.

Der heutige Gebietszuschnitt der Kreise beruht auf der Gebietsreform, die in zwei Neugliederungsprogrammen zwischen 1967 und 1975 die ursprünglich 57 Kreise und 38 kreisfreien Städte in 31 Kreisen und 23 kreisfreien Städten zusammengefaßt hat. In den Kreisen wohnen auf 89 % der Fläche 57 % der Einwohner des Landes. Im Durchschnitt haben die Kreise Nordrhein-Westfalens 300 000 Einwohner und eine Fläche von nahezu 1000 km^2. Dabei schwankt die Einwohnerzahl zwischen 135 000 im Kreis Olpe und 660 000 im Kreis Recklinghausen. Die Einwohnerdichte liegt zwischen 127 Einwohnern pro Quadratkilometer im Kreis Höxter und 1244 im Kreis Mettmann. Im Schnitt umfaßt jeder Kreis 12 der 373 kreisangehörigen Gemeinden, deren kleinste ca. 4000 Einwohner und deren größte (Neuss) ca. 149 000 Einwohner hat.

Wie im Grundgesetz (Art. 28 Abs. 2) wird auch in der Verfassung des Landes Nordrhein-Westfalen von 1950 den Kreisen das Recht der Selbstverwaltung gewährt (Art. 78 Abs. 1). Eindeutiger als das Grundgesetz räumt die Landesverfassung den Kreisen neben den Gemeinden die Allzuständigkeit ein, indem sie bestimmt, daß die Kreise in ihrem Gebiet die alleinigen Träger der öffentlichen Verwaltung sind, soweit die Gesetze nichts anderes vorschreiben (Art. 78 Abs. 2). Dem Grundsatz der Allzuständigkeit war bereits 1948 Rechnung getragen worden, indem die früheren staatlichen Behörden Katasteramt, Gesundheitsamt, Veterinäramt und Straßenverkehrsamt in die Kreisverwaltung eingegliedert wurden.

Wichtige heutige Kreisaufgaben sind auch der Umweltschutz (Landschaftsplanung, Naturschutz, Wasserbehörde, Abfallbeseitigung), das Jugend-, Sozial- und Gesundheitswesen und nach wie vor die klassische Ordnungsverwaltung (Bauaufsicht, Jagd- und Fischereibehörde, Rettungswesen, Katastrophenschutz). Ihre Ausgleichs- und Ergänzungsfunktion erfüllen die Kreise vor allem durch strukturverbessernde Maßnahmen. So betätigen sie sich bei der Wirtschafts- und Fremdenverkehrsförderung, im Kreisstraßenbau, in der Wohnungsbauförderung und im öffentlichen Personennahverkehr. Der Selbstverwaltungsspielraum der Kreise ist dort besonders groß, wo sie freiwillige Aufgaben wahrnehmen, z. B. bei der breiten Palette der kulturellen Angelegenheiten. Um das Gewicht der Selbstverwaltung zu stärken, hat die Landesverfassung die im übertragenen Wirkungskreis wahrzunehmenden Aufgaben (Auftragsangelegenheiten) abgeschafft und in Selbstverwaltungsaufgaben übergeführt, die als Pflichtaufgaben zur Erfüllung nach Weisung bezeichnet werden. Auftragsangelegenheiten gibt es daher in Nordrhein-Westfalen nur noch kraft Bundesrechts.

Die Funktionalreform hat in den Jahren 1978 bis 1984 in einem gestuften System einen Teil früherer Kreisaufgaben auf etwa 100 Mittlere Kreisangehörige Städte (ab 25 000 Einwohner) und etwa 30 Große Kreisangehörige Städte (ab 50 000 Einwohner) verlagert, ohne daß damit der Bestand an Kreisaufgaben wesentlich geschmälert worden wäre.

Die nordrhein-westfälischen Kreise finanzieren sich zu rund 60 % aus der Kreisumlage, die von den kreisangehörigen Gemeinden erhoben wird. Die Schlüsselzuweisungen des Landes an die Kreise sowie die sonstigen Bundes- und Landeszuweisungen betragen rund 13 %. Hingegen tragen die Steuern nur zu rund 0,1 % zu den Einkünften der Kreise bei. Die Einnahmestruktur der Kreise in Nordrhein-Westfalen zeigt eine sehr starke Abhängigkeit von der Kreisumlage. Nimmt man die staatlichen Zuweisungen hinzu, so wird deutlich, daß die Kreise nicht einmal ein Drittel ihrer Ausgaben mit originären eigenen Einnahmen finanzieren können.

Das Schwergewicht der Ausgaben der Kreise bilden die Aufwendungen für die soziale Sicherung, die rund ein Drittel der Kreiseinnahmen verschlingen. Ein weiterer gravierender Posten sind mit rund 32% die Ausgaben im Bereich der allgemeinen Finanzwirtschaft. Hierzu zählen auch die Aufwendungen für die Umlagen der beiden Landschaftsverbände Rheinland und Westfalen-Lippe, die als »höhere Kommunalverbände« die Kreise und kreisfreien Städte ihres Gebiets zu Mitgliedern haben.

Der steigende Ausgabenbedarf, insbesondere im Bereich der sozialen Vorsorge und im Umweltschutzsektor, bringt die Kreise zunehmend in Finanzierungsschwierigkeiten. Dies gilt um so mehr, als einer Anhebung der Kreisumlage deutliche Grenzen gesetzt sind, weil den Gemeinden der Ausgleich ihrer eigenen Haushalte ebenfalls schwer fällt. Die Kreise in Nordrhein-Westfalen fordern daher seit langem einen eigenen Anteil an einer der großen Steuerarten.

Landkreistag Nordrhein-Westfalen – Liliencronstraße 14 – 40472 Düsseldorf

Kreis Aachen

Regierungsbezirk: Köln. Einwohner: 301 816. Fläche: 546,55 km². Einwohner je km²: 549. Kfz-Kennzeichen: AC. Kreisverwaltung: Zollernstraße 10, 52070 Aachen, Postfach 910, 52010 Aachen. Verwaltungsgliederung: 7 Städte (Alsdorf, Baesweiler, Eschweiler, Herzogenrath, Monschau, Stolberg, Würselen) und 2 Gemeinden (Baesweiler, Roetgen, Simmerath).

Wappenbeschreibung

In Blau ein goldenes Hirschgeweih, auf dessen Grind stehend ein silberner Schwan mit schwarzen Füßen, ebensolchem Schnabel und roter Zunge; darüber im Schildhaupt in Gold ein schreitender, rot bezungter schwarzer Löwe.

Historische Entwicklung

Am Ende des 18. Jh. gehörte das Land um die Aachener Pfalz, die sich im Laufe der Jahrhunderte aus einem bäuerlichen Königsgut zur Reichsstadt entwickelt hatte, verschiedenen Territorien an. Das Gebiet des späteren Landkreises Monschau lag vollständig im Herzogtum Jülich, ebenso ein Gebietsstreifen des früheren Landkreises Aachen. Im Kreiswappen, das am 20. Dezember 1972 erneut verliehen wurde, nimmt der Jülicher Löwe im Schildhaupt darauf Bezug. Auch die Reichsabteien Burtscheid und Cornelimünster waren im Kreisgebiet vertreten. Das Hauptbild des Kreiswappens geht auf das Sinnbild der inzwischen aufgelösten Stadt Burtscheid zurück, die den Schwan aus dem Wappenschild der Grafen von Waestenraedt übernommen hatte. Der Sitz der Aachener Kreisverwaltung liegt in der Stadt Aachen auf dem Gebiet der ehemaligen Stadt Burtscheid. Der französische Einmarsch zu Beginn des 19. Jh. beseitigte die mittelalterliche Territorialstruktur auch im Aachener Raum. Dank seiner Beteiligung an den Befreiungskriegen gegen Napoleon erhielt 1815 Preußen u. a. das Gebiet des Regierungsbezirks Aachen zugesprochen, den es 1815/16 in Kreise und kreisfreie Städte aufteilte. Die derzeitigen Kreisgrenzen ergaben sich durch die Gebietsreform im Jahre 1972. Dabei entstand der neue Kreis Aachen durch den Zusammenschluß der damaligen Kreise Aachen und Monschau unter Einbeziehung von Gebietsteilen angrenzender Kreise.

Struktur des Kreises
Sehenswürdigkeiten

Der Kreis Aachen erstreckt sich von der Stadt Baesweiler im Norden über ca. 50 km bis zur Stadt Monschau im Süden, wobei er an der schmalsten Stelle nur eine Breite von ca. 10 km hat. Die nördlichen und östlichen Teile des Kreises gehören geografisch und topografisch zu den Bördenlandschaften der Niederrheinischen Bucht. Auf die Mittelgebirgslandschaft der Eifel dehnt sich der südliche Teil des Kreises aus. In wirtschaftlich-struktureller Hinsicht ist der Kreis Aachen dreigeteilt. Er rückte mit der Verwirklichung des europäischen Binnenmarktes in eine wirtschaftsgeografische Mittelpunktlage innerhalb der europäischen Ballungsräume Ruhrgebiet, Rhein-Main, Rotterdam/Amsterdam sowie Brüssel/Antwerpen. Mehrere Hauptachsen des Personen- und Güterverkehrs innerhalb Europas führen durch das Kreisgebiet. Überall im Kreis Aachen stößt man auf historische Sehenswürdigkeiten und touristische Attraktionen, z. B. die Burgen in Alsdorf, Eschweiler-Kinzweiler, Stolberg und Würselen. Das idyllische Monschau, das Touristen aus aller Welt anzieht, ist ein einziges Freilichtmuseum. Das »Rote Haus« (1765) zählt zu den bekanntesten der mehr als 250 denkmalgeschützten Bauten. Rund 1000 denkmalgeschützte Objekte birgt die alte Kupferstadt Stolberg in ihren Mauern. In Stolberg und Alsdorf bemüht man sich, wichtige Zeugnisse der Industrialisierung und des früheren Arbeitslebens zu erhalten. In der Gemeinde Simmerath liegt der malerische Rursee, die zweitgrößte Talsperre Deutschlands.

Kreis Borken

Regierungsbezirk: Münster. Einwohner: 336 382. Fläche: 1417 km². Einwohner je km²: 273. Kfz-Kennzeichen: BOR. Kreisverwaltung: Burloer Straße 93, 46325 Borken, Postanschrift: 46322 Borken. Verwaltungsgliederung: 9 Städte (Ahaus, Bocholt, Borken, Gescher, Gronau, Isselburg, Rhede, Stadtlohn, Vreden) und 8 Gemeinden (Heek, Heiden, Legden, Raesfeld, Reken, Schöppingen, Südlohn, Velen).

Wappenbeschreibung

In Gold ein mit drei silbernen Mauerankern belegter roter Balken.

Historische Entwicklung

Der Kreis Borken wurde im Rahmen der nordrhein-westfälischen Kreisreform am 1. Januar 1975 im wesentlichen aus den alten Kreisen Ahaus und Borken sowie der ehemals kreisfreien Stadt Bocholt gebildet. Sein Wappen, das am 14. Mai 1979 die amtliche Genehmigung fand, vereinigt in heraldisch idealer Weise Motive aus den untergegangenen Kreiswappen. Es ist ausgesprochen schlicht und einprägsam gestaltet, was durch die kurze Wappenbeschreibung zum Ausdruck kommt.
Die Farben des Wappens deuten auf die historische Zugehörigkeit des Kreisgebietes zum Fürstbistum Münster hin. Die silbernen Maueranker, deren dreifache Anordnung auf die Bildung des neuen Kreises aus den Kreisen Ahaus und Borken sowie der kreisfreien Stadt Bocholt hinweisen soll, sind dem Wappen der Herrschaft Anholt entlehnt und stellten ursprünglich Säulen dar. Die Stadtgründer Anholts stammten aus dem Geschlecht der Herren von Zuylen in den Niederlanden. Sie führten drei Säulen im Wappen, die im Laufe der Zeit in Maueranker umgedeutet wurden.
Außerdem sind diese Maueranker besondere Kennzeichen der für die Landschaft charakteristischen Wasserschlösser und kleinen Adelssitze.

Struktur des Kreises
Sehenswürdigkeiten

Der Kreis Borken liegt zum größten Teil in der Westfälischen Bucht. Das wellige Westmünsterland, das sich von der Niederung der Bocholter Aa bis zum Ruenberger Venn in Gronau erstreckt und entlang der holländischen Grenze reich an Mooren ist, sowie das Kernmünsterland mit seinen Ausläufern der Baumberge prägen die Landschaft. Gräberfelder u.a. in Ramsdorf und Heiden (»Düwelsteene« – jungsteinzeitliche Steinkammer-Grabanlage) gehören zu den Zeugen der Frühzeit. Neben den imposanten Wasserburgen Ahaus, Anholt, Gemen, Raesfeld, Velen zählen kleine Adelssitze, wie Haus Diepenbrock in Bocholt, die Häuser Rhede und Tenking in Rhede und Egelborg in Legden zu den architektonischen Schmuckstücken des Kreises. Nienborg, Legden, Asbeck und Werth gehören zu den Ortschaften, die ihr ursprüngliches Dorfbild weitgehend erhalten konnten. Sehenswert: Pfarrkirche St. Georg (spätgotische Hallenkirche), Renaissancerathaus (1618) in Bocholt, Propsteikirche St. Remigius mit romanischem Taufstein und Gabelkruzifix in Borken, die Vredener Stiftskirche mit romanischer Krypta und Hungertuch (1619), die Barockkirche in Zwillbrock (Barockorgel) und der Altar in der St.-Brictius-Kirche in Schöppingen.
Beispielhaft für die reichhaltige Museumslandschaft werden das Hamaland-Museum in Vreden (volkskundliche Ausstellungen), das Museum Wasserburg Anholt (herrschaftliche Wohnkultur) und das Textilmuseum in Bocholt genannt.

Kreis Coesfeld

Regierungsbezirk: Münster. Einwohner: 200 198. Fläche: 1109,78 km². Einwohner je km²: 180. Kfz-Kennzeichen: COE. Kreisverwaltung: Friedrich-Ebert-Str. 7, 48653 Coesfeld, Postfach, 48651 Coesfeld. Verwaltungsgliederung: 5 Städte (Billerbeck, Coesfeld, Dülmen, Lüdinghausen, Olfen) und 6 Gemeinden (Ascheberg, Havixbeck, Nordkirchen, Nottuln, Rosendahl, Senden).

Wappenbeschreibung

Von Gold zu Rot gespalten; vorn im oberen Drittel ein roter Balken, darunter eine rote Glocke, hinten ein stehender, golden gekleideter, segnender Bischof, zu seinen Füßen eine goldene Gans.

Historische Entwicklung

Die Farben und der rote Balken des am 15. Oktober 1979 verliehenen Kreiswappens sind dem Wappen des Stiftes Münster entnommen. Der Bischof mit der Gans stand bereits im Wappen des ehemaligen Kreises Coesfeld und stellt den hl. Liudger von Münster mit seinem Bildattribut dar. Die Glocke aus dem Wappen des früheren Kreises Lüdinghausen weist auf die gleichnamige Stadt hin, deren Name vom Wort »luden« (= läuten) abgeleitet wird.
Der Kreis Coesfeld mit seinen heutigen Grenzen besteht seit dem 1. Januar 1975. Er wurde durch die kommunale Neuordnung in Nordrhein-Westfalen aus Teilen der ehemaligen Kreise Lüdinghausen, Münster und Coesfeld gebildet.
Diese politischen Gebilde hatten im wesentlichen Bestand seit 1816. Aufgrund der Beschlüsse des Wiener Kongresses 1814/15 erhielt Preußen den größten Teil des Raumes Westfalen. Im August 1816 erfolgte die Einteilung in 10 »landräthliche Kreise«. Aus den zunächst rein staatlichen Verwaltungsbezirken entwickelte sich – auch auf Gemeindeebene – das kommunale Selbstverwaltungsrecht.

Struktur des Kreises
Sehenswürdigkeiten

Das Münsterland und hier besonders der Kreis Coesfeld sind für den Reichtum an Wasserschlössern und Wasserburgen bekannt. Zwar sind nur wenige für Besucher zugänglich, aber eine Außenbesichtigung lohnt immer. Besichtigt werden kann die Burg Vischering in Lüdinghausen, das seinen historischen Charakter weitgehend erhalten hat. Jene Wasserrundburg ist eines der markantesten Beispiele einer mittelalterlichen Wasserburg und beherbergt heute das Münsterlandmuseum. Auf Schloß Nordkirchen, dem sogenannten »Westfälischen Versailles«, finden ebenso wie auf Burg Vischering und in der Kolvenburg in Billerbeck regelmäßig Schloßkonzerte statt. Die für das Münsterland typische Parklandschaft ist besonders geeignet für erholsame Radtouren auf den »Pättkes« abseits der Straßen. Im Merfelder Bruch bei Dülmen kann man die einzigen wildlebenden Pferde Europas beobachten. Diese Herde ist die älteste auf dem Kontinent. Sie wird urkundlich bereits 1316 erwähnt. Sehenswert sind die Lambertikirche in Coesfeld mit dem »Coesfelder Kreuz«, Burg Hülshoff, die Geburtsstätte der Dichterin Annette von Droste-Hülshoff bei Havixbeck, der historische Ortskern von Nottuln, das Schiffahrtsmuseum in Senden, das Schloß Westerwinkel in Ascheberg-Herbern oder das Baumberger Sandsteinmuseum in Havixbeck. Die Wirtschaftsstruktur des Kreises wird noch immer bestimmt durch die Landwirtschaft. Dank verschiedener Bemühungen gelang es in zunehmendem Maße, auch andere Zweige aus Industrie, Handel und Handwerk anzusiedeln. Vor allem mittelständische Betriebe bilden die Grundlage einer gesunden Wirtschaftsstruktur.

Kreis Düren

Regierungsbezirk: Köln. Einwohner: 256 030. Fläche: 941 km². Einwohner je km²: 272,1. Kfz-Kennzeichen: DN. Kreisverwaltung: Bismarckstraße 16, 52351 Düren, Postanschrift: 52348 Düren. Verwaltungsgliederung: 5 Städte (Düren, Heimbach, Jülich, Linnich, Nideggen) und 10 Gemeinden (Aldenhoven, Hürtgenwald, Inden, Kreuzau, Langerwehe, Merzenich, Niederzier, Nörvenich, Titz, Vettweiß).

Wappenbeschreibung

Geteilt: oben in Gold ein halber, rot bezungter schwarzer (Jülicher) Löwe; unten in Blau ein silberner Bogen Papier, belegt mit einem schwarzen D.

Historische Entwicklung

In dem Gebiet zwischen Eifel, Rur und Inde weisen archäologische Funde größere Siedlungen bereits für die Jüngere Steinzeit, für die Bronzezeit und danach lückenlos bis zur Römerzeit nach. Die starke römerzeitliche Besiedlung für das gesamte heutige Kreisgebiet hatte einen Schwerpunkt in Jülich, dem römischen »juliacum«. Fränkische Gräberfunde sind Zeugen der nachfolgenden Landnahme durch die Franken, und im Jahre 748 n. Chr. wird die »Villa Duria«, das heutige Düren, als Platz einer pippinischen Reichsversammlung genannt. Im Mittelalter war der heutige Kreis Düren das Kernland des Herzogtums Jülich, das zu den bedeutendsten weltlichen Territorialstaaten im Westen Deutschlands zählte. Aus dem Wappen der Herzöge ist der Löwe des Kreiswappens entnommen. Mit dem Einmarsch französischer Revolutionstruppen 1794 endete das Herzogtum Jülich. Das Kreisgebiet Düren wurde dem Roer-Departement Aachen zugeschlagen. Nach dem Sturz Napoleons kam es zu Preußen. 1815 wurden die beiden preußischen Landkreise Düren und Jülich errichtet. Sie wurden am 1. Januar 1972 durch Landesgesetz zu einem neuen Kreis Düren zusammengefaßt. Die untere Hälfte des Kreiswappens (Erstverleihung: 19. Juni 1942, Neuverleihung: 27. Oktober 1972) symbolisiert die Papiermacherkunst im Dürener Land.

Struktur des Kreises
Sehenswürdigkeiten

Der Kreis liegt mitten im Dreieck Aachen–Düsseldorf–Köln/Bonn. Schon früh hat in diesem Raum die Industrialisierung begonnen. Die Papierindustrie ist seit der zweiten Hälfte des 16. Jh. ansässig und hat weitere Wirtschaftszweige angezogen. Heute hat die Industrie ihren Schwerpunkt entlang der Rur als Längsachse des Kreises von Kreuzau über Düren-Jülich bis Linnich. Die Düren-Jülicher Industrie ist heute bekannt für mannigfache Spitzenprodukte. Von den Anfängen der Luftfahrt über Airbus bis Raumfahrt waren und sind auch Dürener Industrieprodukte gefragt. Durch das Forschungszentrum Jülich (KFA), die bedeutendste Großforschungseinrichtung in Deutschland, die Abteilung Jülich der Fachhochschule Aachen und durch das Technologie-Zentrum Jülich (TJZ) ist der Kreis Düren Teilhaber am Forschungs- und Technologiepotential der Region Aachen, das weltweit in dieser Dichte kaum anzutreffen ist. Die Region Düren-Jülich ist geprägt durch ihre landschaftliche Vielfalt, denn innerhalb des Kreisgebietes vollzieht sich der Übergang von den Ebenen der Niederrheinischen Bucht hin zum Mittelgebirge der Eifel. Neben den beiden großflächigen Braunkohletagebauen Hambach und Inden bestimmt die Landwirtschaft im Norden und Südosten die Bodennutzung. Die Zülpich-Jülicher Börde gehört zu den fruchtbarsten Gegenden Deutschlands. Im Süden und Südosten kennzeichnen im Eifelvorland große Wälder die bis auf 560 m ansteigende reizvolle Landschaft. Das Erholungsgebiet »Dürener Rureifel« hat als besondere Anziehungspunkte die Rurtalsperre Schwammenauel (205 Mio. m³), die Eifelstädtchen Heimbach und Nideggen, das Rurtal mit seinen Buntsandsteinfelsen sowie den Hürtgenwald mit seinen tiefeingeschnittenen Tälern.

Einen richtungweisenden Weg hat der Kreis Düren im öffentlichen Personennahverkehr eingeschlagen. Die Dürener Kreisbahn GmbH hat von der damaligen Deutschen Bundesbahn zwei Schienenstrecken mit insgesamt 53 km übernommen, die diagonal von Norden bis Süden durch das Kreisgebiet verlaufen und in ihrer Mitte mit dem an der Bundesautobahnhauptstrecke Köln–Aachen–Brüssel/Paris liegenden Bahnhof Düren verknüpft sind. Auf dieser Rurtalbahn verkehren jetzt moderne Niederflurtriebwagen.

Ennepe-Ruhr-Kreis

Regierungsbezirk: Arnsberg. Einwohner: 352 702. Fläche: 408,27 km². Einwohner je km²: 863,9. Kfz-Kennzeichen: EN. Kreisverwaltung: Hauptstraße 92, 58332 Schwelm, Postfach 420, 58317 Schwelm. Verwaltungsgliederung: 9 Städte (Breckerfeld, Ennepetal, Gevelsberg, Hattingen, Herdecke, Schwelm, Sprockhövel, Wetter/Ruhr, Witten).

Wappenbeschreibung

In Gold ein in drei Reihen von Rot und Silber geschachter Balken, oben und unten begleitet von einem blauen Wellenbalken.

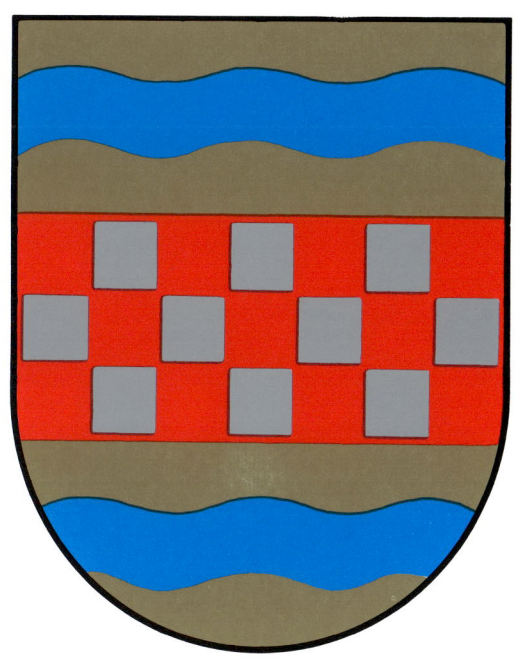

Historische Entwicklung

Mit dem Vertrag von Essen (1. Mai 1243) geriet das heutige Kreisgebiet in den Besitz der Grafschaft Mark, deren Name auf den Oberhof Mark bei Hamm zurückging. Die Grafen hatten sich gegen die Kölner Erzbischöfe durchgesetzt, deren Einfluß nur noch auf kirchlichem Gebiet erhalten blieb. Die Grafen von Mark erweiterten ihr Territorium zu einem Flächenstaat und erlangten 1417 die Herzogswürde. Durch Heirat kam auch das Gebiet Jülich-Berg-Ravensberg zu Mark.

Der nach dem Tod des kinderlosen letzten Herzogs einsetzende Jülich-Klevische Erbfolgekrieg am Vorabend des Dreißigjährigen Krieges führte dazu, daß die Grafschaften Mark, Kleve und Ravensberg an Brandenburg-Preußen fielen, Jülich und Berg an die pfälzische Linie der Wittelsbacher. Während der französischen Besetzung zu Beginn des 19. Jh. lag das Gebiet des heutigen Kreises fast vollständig im Arrondissement Hagen. Nach der Niederlage Napoleons ergriff Preußen von der Region Besitz. Nun wurde der gesamte preußische Staat in zehn Provinzen mit jeweils mehreren Regierungsbezirken eingeteilt; in letzteren schuf man Stadt- und Landkreise. Der Ennepe-Ruhr-Kreis wurde am 1. August 1929 aus der Taufe gehoben, im Zuge der kommunalen Neugliederung des rheinisch-westfälischen Industriegebietes. Die Gebietsreform der 60er und 70er Jahre vergrößerte ihn um die Stadt Witten. Das Wappen vom 2. Oktober 1937 entspricht ohne den Wellenbalken, die den Kreisnamen versinnbildlichen, dem Wappen der Grafen von Mark.

Struktur des Kreises
Sehenswürdigkeiten

Der Ennepe-Ruhr-Kreis liegt im Spannungsfeld der ihn umgebenden Großstädte Bochum, Dortmund, Essen, Hagen und Wuppertal. Er übt mit seiner reizvollen Landschaft eine wichtige Mittlertätigkeit zwischen typischen Stadt- und ländlichen Zonen aus. Ursprünglich prägten Steinkohlebergbau und eisenschaffende Industrie das Erscheinungsbild des Kreises. Inzwischen wurde der Fächer des wirtschaftlichen Potentials breiter und vielfältiger. Ein weit verzweigtes Straßennetz schafft nicht allein für Industrie und Gewerbe vorzügliche Standortvorteile, es erschließt zudem das gesamte Kreisgebiet für den Erholungsverkehr. Systematisch wurden Forstorte ausgebaut, die sich aufgrund ihrer verkehrstechnischen Anbindung, ihres Umfangs und ihres waldbaulichen Zustandes für die »stille« Naherholung eigneten. So schuf der Kreis schwerpunktmäßig die Naherholungsforste »Auerhof« in Hattingen-Elfringhausen-Oberstüter, »Hilgenpütt« in Sprockhövel-Gennebreck-Herzkamp, »Rüggeberg« in Ennepetal und »Krägeloher Berg« in Breckerfeld. Zwischen den Städten dieses Industriekreises trifft man noch auf eine alte bäuerliche Kulturlandschaft. Hingewiesen sei auf Burgruinen in Hattingen, Wetter und Witten, auf die Ennepe- und Hellenbecker Talsperre, auf den Harkort- und Hengsteysee bei Wetter und Herdecke, den Kemnader Stausee bei Witten und Hattingen, auf die Elfringhauser Schweiz in Hattingen. Namen wie der des Reichsfreiherrn vom und zum Stein, des Industriellen Friedrich Harkort, des Dichters Hoffmann von Fallersleben oder der Kochbuchautorin Henriette Davidis verbinden sich zum Beispiel mit der Stadt Wetter. In Ennepetal befindet sich das Naturdenkmal Kluterthöhle, eine Asthma-Naturheilstätte. In Breckerfeld gilt das besondere Augenmerk dem Jakobusaltar, einem kunstvoll geschnitzten gotischen Flügelaltar. Schlösser und Herrensitze locken ebenso zu Besuchen wie die liebenswerten Städte des Kreises mit ihren altehrwürdigen Ortskernen.

Erftkreis

Regierungsbezirk: Köln. Einwohner: 440 000. Fläche: 704,7 km². Einwohner je km²: 618,8. Kfz-Kennzeichen: BM. Kreisverwaltung: Willy-Brandt-Platz 1, 50126 Bergheim, Postanschrift: 50124 Bergheim. Verwaltungsgliederung: 9 Städte (Bedburg, Bergheim, Brühl, Erftstadt, Frechen, Hürth, Kerpen, Pulheim, Wesseling) und 1 Gemeinde (Elsdorf).

Wappenbeschreibung

Unter grünem Schildhaupt, darin ein silberner Wellenbalken, gespalten: vorne in Gold ein rot bewehrter und rot bezungter schwarzer Löwe; hinten in Silber ein durchgehendes schwarzes Kreuz.

Historische Entwicklung

Mit der Zusammenlegung der Kreise Bergheim und Köln mit Teilen des Euskirchener Bereiches (Stadt Erftstadt) entstand am 1. Januar 1975 der heutige Erftkreis. Mit den Motiven des am 20. April 1976 genehmigten Wappens soll sowohl an die früheren Kreise als auch an die geschichtlichen Territorien dieser Region erinnert werden. Der Wellenbalken verweist auf die Achsenfunktion der Erft und den neuen Kreisnamen. Der Löwe, der bereits in den Kreiswappen von Bergheim (Erft) und Köln stand, symbolisiert die 700jährige Zugehörigkeit des überwiegenden Teiles des Raumes zum alten Herzogtum Jülich. Das schwarze Kreuz in Silber stellt das Wappen des Erzbistums Köln dar und hält die Erinnerung an die Regentschaft der Kurfürsten von Köln wach. Sie waren bis zum Einmarsch der Truppen Napoleons am Ende des 18. Jh. neben den Jülichern die mächtigsten Landesherren an Rhein und Erft gewesen. Das Kölner Kreuz stand bis 1975 zudem im Wappen des Kreises Euskirchen.
Nach der französischen Besetzung wurde die Region vom Wiener Kongreß 1814/15 dem Königreich Preußen zugesprochen, das sie gleich darauf in Landkreise gliederte. Erst die nordrhein-westfälische Gebietsreform der 70er Jahre unseres Jahrhunderts bewirkte erneut eine grundlegende Umstrukturierung der Verwaltung.

Struktur des Kreises
Sehenswürdigkeiten

Der Erftkreis, Kölns Nachbar im Westen, wird in seinem nordwestlichen Bereich wesentlich durch den Braunkohleabbau geprägt. In diesem Gebiet liegen die derzeit größten Braunkohletagebaue der Welt. Das südöstliche Kreisgebiet wird von Großbetrieben bestimmt, die in Deutschland einen wesentlichen Marktanteil an der Herstellung von chemischen Grundstoffen besitzen. Zu dieser günstigen wirtschaftlichen Situation haben sicherlich die Standortvorteile mit ihren besonders verkehrsgünstigen Anbindungen per Eisenbahn, Autobahn, Bundes-, Landes- und Kreisstraßen sowie der Nähe zu zwei Flughäfen und dem Rhein beigetragen. Im Erftkreis liegen kulturell bedeutsame Bauwerke. Ein wichtiges Zentrum ist die Schloßstadt Brühl. Das Barockschloß Augustusburg, 1725 von Kurfürst Clemens August erbaut, dient heute der Bundesregierung zu Repräsentationszwecken. Unter den zahlreichen Burgen und Herrensitzen im Erfttal, wie z. B. den Schlössern Gracht (Erftstadt), Frens (Bergheim), Türnich und Bedburg, ist Schloß Paffendorf, in der gleichnamigen Ortschaft gelegen, mit seiner neugotischen Umgestaltung ein beliebtes Ausflugsziel. Seit 1967 beherbergt das Schloß das Informationszentrum der Rheinischen Braunkohlenwerke mit einer umfassenden Schau der Braunkohlengewinnung seit den Anfängen bergbaulicher Tätigkeit. Der 7,5 ha große Schloßpark ist als Braunkohlen-Forstgarten gestaltet. Als Orte mit besonderem historischen Ortsbild sind Bergheim mit dem Aachener Tor und Alt-Kaster mit seinem mittelalterlichen Stadtbild und Erftstadt-Lechenich mit dem historischen Marktplatz und der angrenzenden Landesburg zu nennen.
Ein Publikumsmagnet ist das »Phantasialand« in Brühl, das sich mit zahlreichen Attraktionen internationaler Beliebtheit erfreut und als Traumstadt vielleicht sogar ein Stück »Las Vegas« erleben läßt. Im 880 km² großen »Naturpark Kottenforst-Ville« bieten weitverzweigte Wander-, Reit- und Fahrradwege, Freibäder, Seen, Schutzhütten und Grillplätze Naherholungsmöglichkeiten für die unterschiedlichsten Ansprüche. Angler, Freunde des Tennis- oder Golfsports kommen ebenso auf ihre Kosten wie die kulturell Interessierten angesichts eines vielfältigen Angebots an musikalischen und literarischen Veranstaltungen und Kunstausstellungen.

Kreis Euskirchen

Regierungsbezirk: Köln. Einwohner: 180 991. Fläche: 1249,07 km². Einwohner je km²: 145. Kfz-Kennzeichen: EU. Kreisverwaltung: Jülicher Ring 32, 53879 Euskirchen, Postanschrift: 53877 Euskirchen. Verwaltungsgliederung: 5 Städte (Bad Münstereifel, Euskirchen, Mechernich, Schleiden, Zülpich) und 6 Gemeinden (Blankenheim, Dahlem, Hellenthal, Kall, Nettersheim, Weilerswist).

Wappenbeschreibung

Geviert: 1 in Rot drei (2:1 gestellte) goldene Rosen; 2 in Gold ein rot bewehrter und bezungter schwarzer Löwe; 3 in Silber ein durchgehendes schwarzes Kreuz; 4 in Rot ein dreizackiger goldener Zickzackbalken.

Historische Entwicklung

Seine geografische Lage ließ das Kreisgebiet schon sehr früh in die Geschichte eintreten. Bereits vor rund 300 000 Jahren lebten in diesem Teil der Eifel Menschen. In der Karststeinhöhle bei Mechernich gelang der Nachweis ältester menschlicher Besiedlung nördlich der Alpen. Die Römer kultivierten diese Region und erschlossen sie mit Straßen, Siedlungen und technischen Anlagen. Im Mittelalter erlitt der Raum das Schicksal, Spielball der Territorialherren zu sein. Kaum ein anderes deutsches Mittelgebirge wechselte so oft seine Besitzer wie die Eifel. 1827 waren die größte Stadt, Euskirchen, Kreissitz und gleichzeitig der Kreis Lechenich in »Kreis Euskirchen« umbenannt worden. 1932 wurde das Kreisgebiet vergrößert, und in der Gebietsreform der 70er Jahre erfolgte der Zusammenschluß der Kreise Euskirchen und Schleiden zum heutigen Kreis Euskirchen. Dieser führt seit dem 31. Oktober 1973 ein Wappen, das im Grunde dem Wappen des ehemaligen Kreises Schleiden mit umgestellten Feldern entspricht und das auch das Kreuz Kurkölns aus dem alten Euskirchener Kreiswappen übernahm. Die vier einzelnen Felder beziehen sich in der heraldischen Reihenfolge auf die Herzöge von Arenberg, das Herzogtum Jülich, das Erzbistum Köln und auf die Grafen von Manderscheid-Blankenheim.

Struktur des Kreises
Sehenswürdigkeiten

Der Kreis grenzt im Westen an das Königreich Belgien (28 Kilometer gemeinsame Grenze), im Süden an das Land Rheinland-Pfalz. Er umfaßt sowohl die fruchtbaren Ebenen der Zülpicher Börde als auch die Höhenzüge in der Nachbarschaft des Hohen Venns. Wald- und Seenreichtum, eine vielfältige Flora und eine reichhaltige Fauna ließen das Kreisgebiet zum selbstverständlichen Bestandteil zweier Naturparks werden. Weitläufige Wälder, Höhenzüge und Berge (bis zu etwa 700 Metern), tiefeingeschnittene Täler, saftige Auen und fruchtbare Böden prägen die Landschaft. Die Wirtschaft hat sich auf den Strukturwandel auf dem Weltmarkt und auf geänderte Produktionstechniken eingestellt. Standortgebundene Industriebereiche (Steinzeug, Textil und Eisenverhüttung) mußten aufgegeben werden; die Landwirtschaft ist nach wie vor außerordentlich leistungsfähig. Ein großer Teil der insgesamt rund 60 000 Erwerbstätigen ist heute im produzierenden Gewerbe beschäftigt. Als zweites wirtschaftliches Standbein strebt der Kreis Euskirchen die Stärkung des Fremdenverkehrs an. Landschaft und Wirtschaft stehen bei kaum vorhandenen Umweltbelastungen in einem ausgewogenen Zusammenspiel. Über 100 Burgen, Schlösser und Herrensitze prägen die Landschaft des Kreises Euskirchen. Die fast tausendjährige Entwicklung der meistens als Wasserburgen errichteten Anlagen führte zu einer ungewöhnlichen Breite und Vielfalt in formaler, technischer und künstlerischer Hinsicht, so daß auf kleinem Raum nahezu alle Varianten rheinischen Burgen- und Schloßbaues vorkommen und ein höchst anschauliches Bild adliger Kultur vermitteln. Denkmalwerte Klöster und Kirchen, Talsperren und Seen machen darüber hinaus den hohen Wohn- und Freizeitwert dieser Region aus.

Kreis Gütersloh

Regierungsbezirk: Detmold. Einwohner: 325 000. Fläche: 967 km². Einwohner je km²: 336. Kfz-Kennzeichen: GT. Kreisverwaltung: Wasserstraße 14, 33378 Rheda-Wiedenbrück, Postfach 1820, 33373 Rheda-Wiedenbrück. Verwaltungsgliederung: 8 Städte (Borgholzhausen, Gütersloh, Halle/Westf., Harsewinkel, Rheda-Wiedenbrück, Rietberg, Versmold, Werther/Westf.) und 5 Gemeinden Herzebrock-Clarholz, Langenberg, Schloß Holte-Stukenbrock, Steinhagen, Verl).

Wappenbeschreibung

Geteilt; oben in Silber drei rote Sparren, belegt mit einem goldenen Schild mit einem roten sechsspeichigen Rad, unten in Rot ein goldener Adler.

Historische Entwicklung

Der Kreis Gütersloh wurde zum 1. Januar 1973 im Rahmen der kommunalen Gebietsreform in Nordrhein-Westfalen gebildet. Er setzt sich im wesentlichen aus den beiden ehemaligen Kreisen Halle (Westf.) und Wiedenbrück zusammen. Diese waren bereits 1816 – im Anschluß an die territoriale Neugliederung Deutschlands auf dem Wiener Kongreß (1814/15) – unter preußischer Oberhoheit geschaffen worden. In den Kreis Gütersloh eingegliedert wurden ferner die 1973 neugeschaffene Stadt Harsewinkel (ehemals Kreis Warendorf) und die bereits 1970 neugebildete Gemeinde Schloß Holte-Stukenbrock (zuletzt Kreis Bielefeld). Etwa zeitlich parallel zur Kreisreform hatte sich zwischen 1969 und 1973 die Neugliederung der Gemeinden vollzogen.

Am 12. September 1974 erteilte der Regierungspräsident des Regierungsbezirkes Detmold dem Kreis Gütersloh die Genehmigung zur Wappenführung. Dieses neue Wappen nimmt die Symbole alter Herrschaftsbereiche wieder auf: die Sparren der um 1100 entstandenen früheren Grafschaft Ravensberg, zu der der Raum des Kreises Halle gehörte; das Rad der Fürstbischöfe von Osnabrück, zugleich Landesherren über das alte Amt Reckenberg (Burg Reckenberg = »Rädchenburg«, um 1250); den Adler der 1237 selbständig gewordenen Grafschaft Rietberg. Reckenberg und Rietberg bildeten zusammen mit der ehemaligen Herrschaft Rheda (Burg Rheda seit 1170 belegt) bis zur Kreisreform von 1973 den Kreis Wiedenbrück. Die Farben Rot und Gold sind zugleich die Farben der Stifte Münster und Paderborn.

Struktur des Kreises
Sehenswürdigkeiten

Der Kreis Gütersloh ist eine der wirtschaftlich stärksten Regionen Ostwestfalens. Neben einer breit strukturierten Schicht von mittelständischen Betrieben haben Großunternehmen von Weltrang hier ihren Sitz. Schwerpunkte der industriellen Produktion bilden Fleischwaren, Süßwaren und Spirituosen, Haushaltsgeräte, Elektroartikel, Landmaschinen, Möbel, Textilien sowie Bücher und Schallplatten.

Trotz hoher Industrialisierung ist der Kreis Gütersloh ein »grüner« Kreis geblieben. Etwa 70 Prozent des Raumes mit zahlreichen Naturschutzgebieten stehen unter Landschaftsschutz. Bestimmt wird die Landschaft durch den Teutoburger Wald im Norden und die westfälische Parklandschaft an der Ems im Süden. Sport der Extraklasse bietet der Kreis Gütersloh mit dem jährlichen Rasentennis-Grand-Prix-Turnier in Halle (Westf.), den Steinhagener Reitertagen und den Sandbahnrennen in Harsewinkel. Neben der Burgruine Ravensberg und den Wasserschlössern Rheda, Holte, Patthorst, Tatenhausen, Holtfeld und Brincke sind als sakrale Baudenkmäler die Klosterkirche Marienfeld (1222) und die Klöster Herzebrock (860 gegr.) und Clarholz (1133 gegr.) von Bedeutung. Sehenswert sind insbesondere die Altstädte von Wiedenbrück und Rietberg mit ihren reich verzierten Fachwerkbauten aus dem 16., 17. und 18. Jh. Gern besuchte touristische Ziele sind der Safaripark in Schloß Holte-Stukenbrock und der Hermannsweg im Teutoburger Wald.

Kreis Heinsberg

Regierungsbezirk: Köln. Einwohner: 235 782. Fläche: 627,8 km². Einwohner je km²: 376. Kfz-Kennzeichen: HS. Kreisverwaltung: Valkenburger Straße 45, 52525 Heinsberg, Postfach 1380, 52517 Heinsberg. Verwaltungsgliederung: 7 Städte (Erkelenz, Geilenkirchen, Heinsberg, Hückelhoven, Übach-Palenberg, Wassenberg, Wegberg) und 3 Gemeinden (Gangelt, Selfkant, Waldfeucht).

Wappenbeschreibung

Geteilt und oben gespalten. Oben: vorn in Rot ein zwiegeschwänzter, bekrönter silberner Löwe, hinten in Gold ein schwarzer Löwe. Unten: in Silber ein freischwebendes, liegendes rotes Lilienkreuz, belegt mit einer fünfblättrigen blauen Flachsblüte.

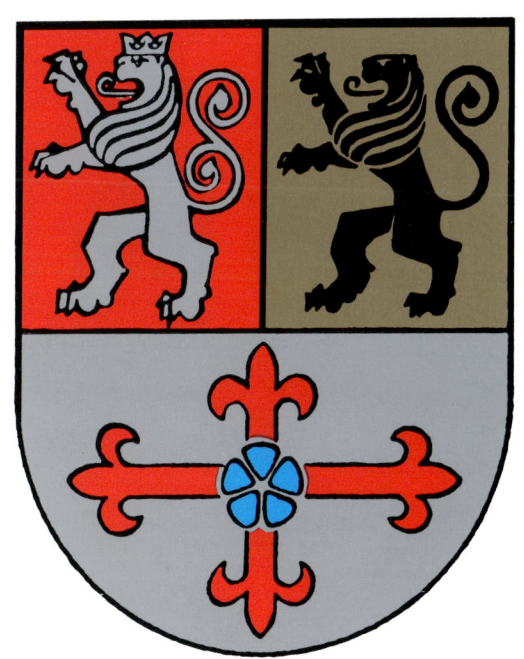

Historische Entwicklung

Die Geschichte des Kreises ist durch seine Grenzlage gekennzeichnet. Bis zum ausgehenden 15. Jh. gehörte das Gebiet überwiegend zur Herrschaft Heinsberg. Im Wappen vom 3. September 1973 wird dies durch den silbernen Löwen von Heinsberg angezeigt. Nur der nordöstliche Teil mit Erkelenz und Wegberg war bis zu dieser Zeit geldrisches Territorium. Außerdem unterstanden Teile der heutigen Stadt Übach-Palenberg der Reichsabtei Thorn an der Maas. Die Herrschaft Heinsberg ging im Jahre 1484 auf den Herzog von Jülich über, dessen schwarzer Löwe im Wappen des Kreises ebenfalls abgebildet ist. Die weitere Entwicklung war seit dieser Zeit mit dem Hause Jülich verbunden.
Teile des nordöstlichen Kreisgebietes kamen durch ihre Zugehörigkeit zu Geldern im Laufe des 16. Jh. unter spanische Herrschaft und später zu den Österreichischen Niederlanden. Nach der Eroberung des linksrheinischen Gebietes durch Napoleon wurde das heutige Kreisgebiet 1794 unter französische Verwaltung gestellt. 1815 wurde das Land dem Königreich Preußen zugeteilt, das 1816 u. a. die Kreise Erkelenz, Geilenkirchen und Heinsberg errichtete. Nach mehrfachen Gebietsänderungen entstand schließlich am 1. Januar 1972 der Kreis Heinsberg. Das Lilienkreuz in seinem Wappen weist auf die Verbindung zwischen Erkelenz und dem Aachener Marienstift hin, die Flachsblüte ist Sinnbild für die besondere Bedeutung der Landwirtschaft.

Struktur des Kreises
Sehenswürdigkeiten

Der westlichste Kreis Deutschlands ist der im Grenzgebiet zu den Niederlanden gelegene Kreis Heinsberg. Wälder, Seen und Flußauen im »Naturpark Schwalm-Nette« sowie das Erholungsgebiet »Der Selfkant«, zu dem die Gemeinden Gangelt, Selfkant und Waldfeucht gehören, mit seiner offenen Landschaft, malerischen Orten und weithin sichtbaren Windmühlen sorgen für ruhige und beschauliche Stunden. Daneben sind die Burgen Wassenberg und Wegberg, die zahlreichen Gutshäuser in und bei Hückelhoven und die riedgedeckten Fachwerkbauten in Schwaam lohnende Ausflugsziele. Wie das Stadtbild von Erkelenz durch den Lambertusturm und das alte Rathaus geprägt wird, so gilt der gotische »Selfkantdom« mit Krypta als Wahrzeichen von Heinsberg. Im Tal der Wurm geben das Schloß Trips bei Geilenkirchen – eine der schönsten Wasserburgen des Niederrheins – und die Karlskapelle in Übach-Palenberg sowie die Heimatmuseen des Kreises in Heinsberg und Geilenkirchen Zeugnis einer wechselvollen und interessanten Geschichte.
Besondere Attraktionen sind das Hochwildfreigehege und die historische Dampfeisenbahn in Gangelt.

Kreis Herford

Regierungsbezirk: Detmold. Einwohner: 249 283. Fläche: 449,91 km². Einwohner je km²: 554. Kfz-Kennzeichen: HF. Kreisverwaltung: Amtshausstraße 2, 32051 Herford, Postfach 2155, 32045 Herford. Verwaltungsgliederung: 6 Städte (Herford, Bünde, Löhne, Vlotho, Spenge, Enger) und 3 Gemeinden (Hiddenhausen, Kirchlengern, Rödinghausen).

Wappenbeschreibung

In Silber ein springendes schwarzes Roß.

Historische Entwicklung

Der Kreis Herford nimmt sowohl in seinem Wappen als auch in seinem Namenszusatz »Wittekindskreis« auf den Sachsenherzog Wittekind Bezug, der sich nach drei erbittert geführten Kriegen von 772 bis 804 gegen den Frankenherrscher Karl den Großen diesem unterwerfen mußte. Die Sage erzählt, daß Wittekind bis zu seiner Taufe einen schwarzen Hengst ritt, den er danach mit einem Schimmel vertauschte. Das erneut am 5. Januar 1970 genehmigte Kreiswappen von 1946 zeigt deshalb ein sich aufbäumendes Roß.

In den nachfolgenden Jahrhunderten gehörte das heutige Kreisgebiet zu den Herrschaften Lippe und Ravensberg, um dann im 17. Jh. ein Landesteil von Kurbrandenburg zu werden. Nach der Besetzung durch die französischen Revolutionstruppen von 1807 bis 1813 ging das Territorium Minden-Ravensberg im neugeschaffenen Regierungsbezirk Minden der preußischen Provinz Westfalen auf. So entstanden im Jahre 1816 die Kreise Herford und Bünde. Der Kreis Herford zählte damals etwa 21 000 Einwohner, der Kreis Bünde 32 000. Da die Geschlossenheit des Raumes Herford-Bünde aber eine Änderung der Verwaltungseinteilung nahelegte, wurden am 1. Januar 1832 die Kreise Herford und Bünde zu einem Kreis vereinigt. Damit erhielt der von nun ab als »Kreis Herford« bezeichnete Verwaltungssprengel annähernd seinen derzeitigen Gebietsstand. Die Kreisreform beließ den Kreis Herford – bis auf geringfügige Korrekturen – nahezu unverändert.

Struktur des Kreises
Sehenswürdigkeiten

Der Wittekindskreis Herford, im Nordosten des Bundeslandes Nordrhein-Westfalen gelegen, gehört zur Ravensberger Mulde. Diese reizvolle, von Flüssen und Bächen durchzogene Hügellandschaft wird im Norden vom Wiehengebirge sowie im Westen und Süden von den Ausläufern des Teutoburger Waldes begrenzt und reicht im Südosten an das Lippische Bergland. Textil- und Bekleidungsindustrie, Zigarrenindustrie (»Zigarrenkiste Deutschlands«) und Holzverarbeitung (»Herz der deutschen Küchenmöbelproduktion«) bestimmen das wirtschaftliche Leben. Viele historische Bauwerke sind Zeugen einer reichen Vergangenheit, so z. B. die Wasserburgen Rittergut Böckel und Haus Kilver in Rödinghausen, Bustedt in Hiddenhausen-Bustedt sowie die Wasserschlösser Ulenburg in Löhne und Mühlenburg in Spenge. Die Bäder Randringhausen, Seebruch und Senkelteich (Moorbäder, Schwefelquellen, Mineralwässer), die Städte Bünde mit malerischen Fachwerkhäusern (u. a. Stadtbüchereigebäude und Kreisheimatmuseum mit Deutschem Tabak- und Zigarrenmuseum). Vlotho an der Weser und die Gemeinde Rödinghausen am Wiehengebirge laden zur Erholung ein. Neben den vielen alten Fachwerkbauten in der Kreisstadt Herford, dem Geburtsort des großen Barockbaumeisters Pöppelmann (Daniel-Pöppelmann-Haus), gehören die evangelischen Kirchen Münsterkirche (Spätromanik), Marienkirche (Hochgotik) und Johanneskirche (Gotik) zu den Sehenswürdigkeiten.

Hochsauerlandkreis

Regierungsbezirk: Arnsberg. Einwohner: 282 300. Fläche: 1958,6 km². Einwohner je km²: 144. Kfz-Kennzeichen: HSK. Kreisverwaltung: Steinstraße 27, 59872 Meschede, Postanschrift: 59870 Meschede. Verwaltungsgliederung: 10 Städte (Arnsberg, Brilon, Hallenberg, Marsberg, Medebach, Meschede, Olsberg, Schmallenberg, Sundern, Winterberg) und zwei Gemeinden (Bestwig, Eslohe).

Wappenbeschreibung

In Rot ein silberner Adler mit aufgelegtem silbernem Herzschild, darin ein durchgehendes schwarzes Kreuz.

Historische Entwicklung

Schon um das Jahr 1000 verfügten die Erzbischöfe von Köln über erheblichen Besitz im Kreisgebiet. Nach regionalen Gebietsstreitigkeiten übertrug 1368 der letzte Arnsberger Graf seinen gesamten Besitz dem Erzbischof von Köln, der damit Besitz am größten Teil des Sauerlandes hatte. Aus dieser Zeit stammt auch der Begriff »Kurkölnisches Sauerland«. Das am 31. Oktober 1975 erneut verliehene Kreiswappen trägt dieser historischen Entwicklung Rechnung. Das Wappen zeigt den Adler der Grafen von Arnsberg in seinen ursprünglichen Farben und das Kreuz des Erzbistums Köln. Das Kurkölner Kreuz drückt aus, daß der Kurfürst von Köln von 1368 bis 1803 zugleich Graf von Arnsberg (und seit 1180 Herzog von Westfalen und Engern) war. Nach Aufhebung der geistlichen Fürstentümer 1803 gelangte das Sauerland größtenteils in den Besitz der Landgrafen von Hessen-Darmstadt. 1815 wurde das Sauerland durch den Wiener Kongreß dem Königreich Preußen zugewiesen und ging in der preußischen Provinz Westfalen auf. Bis in diese Zeit (1817) reicht auch das Bestehen der Vorgänger des jetzigen Kreises, nämlich der ehemals selbständigen Kreise Arnsberg, Meschede und Brilon, zurück. Diese drei Kreise verloren durch die kommunale Gebietsreform zum 1. Januar 1975 ihre über 150jährige Selbständigkeit und gingen in dem neu gebildeten Hochsauerlandkreis auf.

Struktur des Kreises Sehenswürdigkeiten

Dieser flächengrößte Kreis Nordrhein-Westfalens, der als »grüne Lunge des Ruhrgebiets« bezeichnet wird, ist mit seiner waldreichen Mittelgebirgslandschaft und den reizvollen Flußtälern und Talsperren eines der größten Erholungsgebiete nördlich des Mains. Von den Gebirgshöhen der Winterberger Hochfläche und des Lenne- und Rothaargebirges vollzieht sich ein langsamer Übergang in das Ruhrtal. Höchster Punkt ist mit 843 Metern der Langenberg, der den bekannten »Kahlen Asten« um zwei Meter überragt. Die Ruhr hat hier ihre Quelle. Sport- und Erholungsmöglichkeiten werden vielfältig angeboten. Neben Industriebetrieben mit weltbekannten Erzeugnissen der Metall-, Elektro- und Textilindustrie ist der Kreis reich an historischen Sehenswürdigkeiten. Genannt seien: in Arnsberg der Alte Markt mit dem Maximilianbrunnen und dem Wahrzeichen der Stadt, dem Glockenturm (1323; mit barocker Zwiebelhaube 1722), das Hirschberger Tor und das Sauerland-Museum. In Brilon sind das Rathaus (13. Jh.) mit den gotischen Arkaden, die Propsteikirche (1276) mit mächtigem Wehrturm und das Derkere Tor zu nennen, unweit Brilon die Borbergkapelle mit Wallburg. Einen besonders schönen Stadtkern hat Hallenberg, dessen Merklinghauser Kapelle aus dem 10. Jh. stammt. Von Juni bis September wird die Freilichtbühne mit 1400 Sitzplätzen bespielt. Für Marsberg ist die Stiftskirche, hervorgegangen aus der Basilika (785), mit reicher Innenausstattung zu empfehlen, aber auch die Nikolaikirche und der Schandpfahl, ein Symbol mittelalterlichen Strafvollzugs. Ferner in Medebach das Kloster Glindfeld, in Meschede die Pfarrkirche St. Walburga (9. Jh.). Zur Stadt Schmallenberg gehört die Dorfkirche Wormbach als »Urpfarrei des Sauerlandes«.

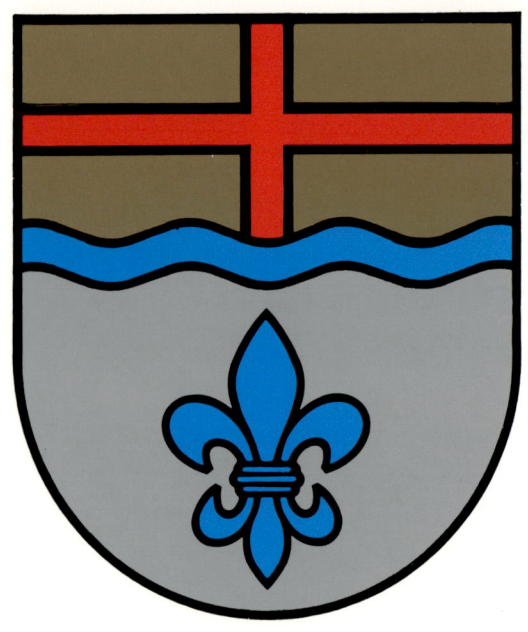

Kreis Höxter

Regierungsbezirk: Detmold. Einwohner: 153 379. Fläche: 1199,64 km². Einwohner je km²: 128. Kfz-Kennzeichen: HX. Kreisverwaltung: Moltkestraße 12, 37671 Höxter, Postfach 10 03 46, 37669 Höxter. Verwaltungsgliederung: 10 Städte (Bad Driburg, Beverungen, Borgentreich, Brakel, Höxter, Marienmünster, Nieheim, Steinheim, Warburg, Willebadessen).

Wappenbeschreibung

In Silber eine blaue Lilie; darüber in einem durch einen blauen Wellenbalken begrenzten, goldenen Schildhaupt ein rotes durchgehendes Kreuz.

Historische Entwicklung

Unter preußischer Herrschaft erfolgte 1803 die Einteilung des Fürstentums Paderborn in drei landrätliche Kreise: den sogenannten Unterwaldischen Kreis oder Kreis Paderborn, den sogenannten Oberwaldischen Kreis oder Kreis Brakel und den Kreis Warburg. Das Fürstentum Corvey mit Höxter hatte zu diesem Zeitpunkt – zum Haus Nassau-Oranien gehörig – eine eigene Verwaltung. Nach dem Intermezzo der Franzosenherrschaft mit dem Königreich Westfalen (1807 bis 1813) und einer Neueinteilung der Verwaltungsbereiche (der damalige Distrikt Höxter mit 16 Kantonen war nahezu gebietsgleich mit dem heutigen Kreis Höxter) wurden nach erneuter Vereinigung mit Preußen 1816 die Kreise Brakel, Höxter und Warburg eingerichtet. Nach Verfügung des preußischen Königs wurden zum 1. Januar 1832 die beiden Kreise Höxter und Brakel zum neuen Kreis Höxter verbunden. 1974 beschloß der Landtag von Nordrhein-Westfalen, die beiden Kreise Höxter und Warburg ab 1. Januar 1975 zum neuen Kreis Höxter mit der Kreisstadt Höxter zu vereinigen.

Das Kreuz im neuen Kreiswappen (genehmigt am 12. Februar 1976) erinnert an die Zugehörigkeit des größten Teiles des Kreisgebietes zum früheren Fürstbistum Paderborn. Während der Wellenbalken wie im früheren Wappen des Kreises Höxter die Weser symbolisiert, ist die Lilie dem Wappen des ehemaligen Kreises Warburg entnommen und stand auf den Münzen und Siegeln der Stadt Warburg. Die Farben des Schildhauptes entsprechen denen der alten Fürstabtei Corvey.

Struktur des Kreises Sehenswürdigkeiten

Der Kreis Höxter umfaßt das landschaftlich reizvolle obere Weserbergland zwischen der Weser im Osten, der Diemel im Süden, dem Eggegebirge im Westen und dem Lipper Bergland im Norden. Wirtschaftlich wird der Kreis Höxter durch seine mittelständische Industrie und durch leistungsfähige Handwerks-, Landwirtschafts- und Forstbetriebe gekennzeichnet. Aber auch größere Betriebe des Nahrungsmittelgewerbes, der Kunststoff- und Glaswarenindustrie, Betriebe des Maschinen- und Fahrzeugsonderbaus, der Metallwarenfabrikation und Unternehmen, die sich mit neuen Umweltschutztechnologien befassen, haben hier ihren Sitz. Ausgeprägt ist die Möbelindustrie, die weit über die Kreisgrenzen hinaus einen ausgezeichneten Ruf genießt. Bemerkenswert ist der hohe Dienstleistungsanteil (Weserberglandklinik/ Abteilung Höxter der Gesamthochschule Paderborn), der nicht zuletzt besondere Impulse aus dem hohen Freizeit- und Erholungswert der Landschaft bezieht. Im Jahre 822 wurde auf Veranlassung Ludwigs des Frommen die Reichsabtei Corvey (Corbeia Nova) gegründet. Hier befindet sich die letzte Ruhestätte des Dichters Hoffmann von Fallersleben, des Dichters des Deutschlandliedes. In landschaftlich reizvoller Lage am Fuße des Eggegebirges befindet sich das traditionsreiche Heilbad Bad Driburg. Die staatlich anerkannten Luftkur- und Erholungsorte Brakel, Warburg-Germete, Höxter-Bruchhausen, -Bödexen, Nieheim und Willebadessen runden das touristische Angebot ab. Typisch sind auch die Wasserschlösser Merlsheim und Thienhausen, deren Fassaden in der Blütezeit der Weserrenaissance entstanden sind. Hier sammelten die Gebrüder Grimm ihre Märchen, und die Jugenderinnerungen der Annette von Droste-Hülshoff sind hier zu Hause. So romantisch wie früher kann man mit dem Weserdampfer einen Teil des Weserberglandes gemächlich von Hann.-Münden bis Hameln durch einen Teil des Kreises Höxter erleben. Gut ausgeschilderte überregionale Radwege entlang der Flüsse laden besonders ein.

Kreis Kleve

Regierungsbezirk: Düsseldorf. Einwohner: 286 388. Fläche: 1231,31 km². Einwohner je km²: 233. Kfz-Kennzeichen: KLE. Kreisverwaltung: Nassauer Allee 15-23, 47533 Kleve, Postfach 1507, 47515 Kleve. Verwaltungsgliederung: 8 Städte (Emmerich, Geldern, Goch, Kalkar, Kevelaer, Kleve, Rees, Straelen) und 8 Gemeinden (Bedburg-Hau, Issum, Kerken, Kranenburg, Rheurdt, Uedem, Wachtendonk, Weeze).

Wappenbeschreibung

Im gespaltenen Schild vorn in Rot ein silberner Herzschild, das Feld überdeckt von einer goldenen achtstrahligen Lilienhaspel; hinten in Blau ein zwiegeschwänzter, rot bewehrter und bezungter goldener Löwe.

Historische Entwicklung

Wie das Kreiswappen zeigt, umfaßt das Kreisgebiet weite Teile des alten Landes Kleve (Grafschaft seit dem 11. Jh., seit 1417 Herzogtum) mit der Residenz Kleve (Lilienhaspel) sowie einen Teil des alten Landes Geldern (Grafschaft seit dem 11. Jh., schon seit 1339 Herzogtum) mit der namensgleichen Stadt, bei der die im 17. Jh. abgerissene landesherrliche Burg Geldern gelegen hat (Löwe).
Der das Kreisgebiet auf einer Länge von etwa 35 km durchströmende Rhein prägte die Geschichte. Die Römer besiedelten das linke Ufer und nutzten den Strom als Grenzschutz. Seit dem Mittelalter bildet er eine Hauptverkehrsader, an der die Städte Rees und Emmerich aufblühten. Die Kreisstadt Kleve verdankt ihren Aufstieg der gräflichen, später herzoglichen Residenz (Schwanenburg) und beherbergte im 17. und 18. Jh. die Oberbehörden der brandenburgisch-preußischen Westprovinzen. Geldern gewann regionale Bedeutung vom 16. bis 18. Jh. als häufig umkämpfte Festung. Innerhalb der 1815 gebildeten preußischen Rheinprovinz bildete das heutige Kreisgebiet die Nordspitze, gegliedert in die Kreise Rees (rechtsrheinisch), Kleve und Geldern (linksrheinisch). Diese Kreise bestanden, mit geringfügigen Gebietsänderungen, bis 1974. Sie erlitten in den Kampfhandlungen des Zweiten Weltkrieges schwere Verwüstungen. Am 1. Januar 1975 wurden die aufgelösten Kreise Kleve und Geldern, vermehrt um die Nordhälfte des ehemaligen Kreises Rees sowie die altgelderische Gemeinde Rheurdt aus dem ehemaligen Kreis Moers, zum heutigen Kreis Kleve vereinigt. Das Kreiswappen wurde am 31. Mai 1983 genehmigt.

Struktur des Kreises
Sehenswürdigkeiten

Der Niederrhein, den es für viele noch zu entdecken gilt, ist eine der kulturträchtigsten Regionen in Deutschland. Man behauptet, daß in keinem anderen Kreis die Zahl der Kulturdenkmäler größer ist als hier. In allen 16 Städten und Gemeinden des Kreises findet der Interessierte Sehenswürdigkeiten von regionaler, oft internationaler Bedeutung, wie z. B. Kalkar mit seinem mittelalterlichen Stadtbild, dem historischen Rathaus und der St.-Nicolai-Kirche (Hauptbauphase 1443 bis 1455). Auch das Wasserschloß Moyland in der Gemeinde Bedburg-Hau, das 1997 zu neuem Leben erweckt als »Museum Schloß Moyland« ein kulturelles Zentrum von überregionaler Bedeutung darstellen wird, ist zu erwähnen. An dieser Stelle alles aufzuzählen, würde jedoch zu weit führen; deshalb seien hier lediglich Kleve und Geldern als Zentren des nördlichen bzw. südlichen Kreisgebietes besonders erwähnt. Kleve, (Stadtrecht seit 1247) seit Jahrhunderten ein wichtiges Zentrum am Niederrhein, präsentiert sich, völlig atypisch für die Tiefebene, auf mehreren Hügeln gelegen und grüßt mit Schwanenburg und Propsteikirche (14./15. Jh.). Geldern, die »Stadt zum Aufatmen«, weiß durch sein überzeugendes Freizeitangebot zu gefallen. Mit Internationalem Straßenmalerwettbewerb und Spargelspezialitäten schlägt Geldern scheinbar mühelos die Brücke zwischen Kunstgenuß und Gaumenfreude. Die bedeutendste Sehenswürdigkeit ist dennoch die niederrheinische Landschaft. Im Kreis Kleve sind nur 12 % der Fläche bebaut, auf rund 87 % wechseln sich intakte Natur und Landschaft von der Rheinniederung bis zu den Höhen des Reichswaldes, vom extremen Trockenstandort bis zur offenen Wasserfläche, vom Wald bis zur Wiese im sanften Rhythmus mit den kleineren Orten ab.

Kreis Lippe

Regierungsbezirk: Detmold. Einwohner: 357 966. Fläche: 1246,38 km². Einwohner je km²: 287,2. Kfz-Kennzeichen: LIP. Kreisverwaltung: Felix-Fechenbach-Straße 5, 32756 Detmold, Postanschrift: 32754 Detmold. Verwaltungsgliederung: 10 Städte (Bad Salzuflen, Barntrup, Blomberg, Detmold, Horn-Bad Meinburg, Lage, Lemgo, Lügde, Oerlinghausen, Schieder-Schwalenberg) und 6 Gemeinden (Augustdorf, Dörentrup, Extertal, Kalletal, Leopoldshöhe, Schlangen).

Wappenbeschreibung

Auf Silber eine rote Rose mit goldenen Kelchblättern und einem goldenen Butzen mit 16 Staubgefäßen.

Historische Entwicklung

Der Kreis Lippe führt seit dem 17. Juli 1973 ein Wappen, das in seiner klaren und deshalb vom heraldischen Standpunkt besonders gelungenen Konzeption zu den prägnantesten Kreiswappen Deutschlands zählt. Zugleich verbindet es als traditionelles Wappen des lippischen Staates und mit der 16er Zahl der Staubgefäße als Hinweis auf die 16 Städte und Gemeinden des heutigen Verwaltungsgebietes Vergangenheit und Gegenwart.
Seit etwa 1190 darf man von einer »Herrschaft Lippe« sprechen. Aus ihr entwickelte sich die Grafschaft (1528), später das Fürstentum (1789) und schließlich das Land Lippe (1918), das heute im 1973 geschaffenen Kreis Lippe weiterlebt. Der eigentliche Gründer der Herrschaft Lippe war der Edelherr Bernhard II., der um 1140 geboren wurde. 1368 erließ Simon III. das »Pactum unionis«, die früheste Unteilbarkeitserklärung eines Territoriums im alten Deutschen Reich. Mit dem Regierungsantritt des Grafen Simon August 1747 begann der grundlegende Wandel des mittelalterlichen Gemeinwesens zum absolutistischen Staat mit seinen modernen Strukturen. Nachdem Lippe 1789 zum Fürstentum erhoben worden war, errang es 1806 mit dem Untergang des alten Deutschen Reiches die völkerrechtliche Souveränität. Erst 1871 wurde es neben über 30 anderen Ländern Bestandteil des zweiten Deutschen Reiches und überdauerte als Freistaat die Revolution von 1918. Erst die Verordnung Nr. 77 der britischen Militärregierung setzte der Selbständigkeit des Landes ein Ende und schloß es zum 21. Januar 1947 dem neuen Land Nordrhein-Westfalen an, in dessen Wappen die lippische Rose eingefügt wurde.

Struktur des Kreises
Sehenswürdigkeiten

Teutoburger Wald und Weserbergland geben dem Kreis die landschaftliche Vielfalt und Abwechslung. In der Wirtschaftsstruktur steht die verarbeitende Industrie mit 44% im Vordergrund, Dienstleistungsbereich, Handel und Verkehr folgen, während in der Land- und Forstwirtschaft nur mehr 1% der Arbeitnehmer voll beschäftigt sind.
Zu den bedeutendsten Sehenswürdigkeiten zählen das Hermannsdenkmal im Teutoburger Wald, das an den Cheruskerfürsten Arminius erinnert, und das Naturdenkmal »Externsteine« mit den 13 zum Teil bis zu 40 m hohen Sandsteinfelsen. In Detmold laden eines der größten europäischen Freilichtmuseen, das ehemalige fürstliche Residenzschloß und die Adlerwarte zum Besuch ein.
Mittelalterlich geprägte Städte wie Lemgo mit dem Weserrenaissancemuseum Schloß Brake, die Maler- und Trachtenstadt Schwalenberg, Bad Salzuflen, Blomberg, Detmold und Lügde, Kur- und Erholungseinrichtungen mit einem ausgezeichneten Therapieangebot (Bad Salzuflen, Bad Meinberg) und Kneipp-, Luftkur- und Erholungsorte sowie bedeutende Kultureinrichtungen verleihen der Region Lippe eine besondere Ausstrahlung.

Märkischer Kreis

Regierungsbezirk: Arnsberg. Einwohner: 455 735. Fläche: 1060 km². Einwohner je km²: 430. Kfz-Kennzeichen: MK. Kreisverwaltung: Heedfelder Straße 45, 58509 Lüdenscheid, Postfach: 58505 Lüdenscheid. Verwaltungsgliederung: 12 Städte (Altena, Balve, Halver, Hemer, Iserlohn, Kierspe, Lüdenscheid, Meinerzhagen, Menden/Sauerl., Neuenrade, Plettenberg, Werdohl) und 3 Gemeinden (Herscheid, Nachrodt-Wiblingwerde, Schalksmühle).

Wappenbeschreibung

Durch einen dreireihig von Rot und Silber geschachten Balken geteilt: oben in Gold ein wachsender, rot bewehrter schwarzer Löwe; unten in Silber ein durchgehendes schwarzes Kreuz.

Historische Entwicklung

Auf der Burg Altena, hoch über der Lenne, saßen seit dem 12. Jh. die Grafen von Altena, denen es in jahrzehntelangen Auseinandersetzungen gelungen war, ein eigenes Territorium zu errichten, das sie zuerst »Grafschaft Altena«, später »Grafschaft Mark« nannten. Sie hatten sich auch in den Besitz des Oberhofes Mark bei Hamm setzen können. Der heutige Märkische Kreis leitet seinen Namen von der alten Grafschaft Mark ab. Im ausgehenden Mittelalter hatte sich das Grafengeschlecht durch die Vereinigung der Herzogtümer Kleve, Jülich und Berg mit den Grafschaften Mark und Ravensberg fast so etwas wie einen westfälisch-niederrheinischen Großstaat geschaffen. Nach seinem Aussterben (1609) gelangte das Herzogtum Kleve mit den Grafschaften Mark und Ravensberg unter brandenburgisch-preußische Herrschaft.

Die kommunale Neugliederung faßte zum Neujahrstag 1975 den früheren Kreis Lüdenscheid, der 1969 aus der Stadt Lüdenscheid und dem Kreis Altena hervorgegangen war, mit wesentlichen Teilen des ehemaligen Kreises Iserlohn, der vorher kreisfreien Stadt Iserlohn und dem vormals zum Kreise Arnsberg gehörenden Amt Balve zum neugebildeten »Märkischen Kreis« zusammen. Das am 6. Mai 1976 genehmigte Wappen zeigt den Schachbalken und wachsenden Löwen, die älteren Wappenfiguren der Grafen von Altena. Das Kreuz verweist auf die kurkölnischen Territorien.

Struktur des Kreises
Sehenswürdigkeiten

Der Märkische Kreis ist heute einer der wichtigsten Wirtschaftsstandorte Deutschlands, ohne dabei seinen landschaftlichen Reiz verloren zu haben. Die Naturparks »Ebbegebirge« und »Homert« werden von 3000 km markierten Wanderwegen bis in eine Höhe von 663 m (Nordhelle) durchzogen. Die 10 Talsperren (zum Baden freigegeben: Lister-, Glör- und Oestertalsperre) werden zum »Wasserturm des Ruhrgebietes« gerechnet.

Das Märkische Sauerland war schon immer eine bedeutende mittelalterliche und frühneuzeitliche Industrieregion Deutschlands. Eine Vielzahl von Hammerwerken, Schmieden und Mühlen wurden als technische Denkmäler erhalten, die zur »Märkischen Schmiedestraße« zusammengefaßt sind. In Altena als einer der historisch interessantesten Städte sind neben dem Deutschen Drahtmuseum vor allem die Burg Altena mit den Museen der Grafschaft Mark, dem Deutschen Wandermuseum und der Weltjugendherberge zu besichtigen. Die Luisenhütte in Balve-Wocklum ist die älteste mit vollständiger Inneneinrichtung erhaltene Hochofenanlage Deutschlands. Zu den hervorragenden Sehenswürdigkeiten im Märkischen Kreis zählen ferner die Dechenhöhle in Iserlohn-Letmathe, die Brenscheider Mühlen, das Felsenmeer in Hemer und der Bremecker Hammer in Lüdenscheid.

Kreis Mettmann

Regierungsbezirk: Düsseldorf. Einwohner: 504000. Fläche: 407 km². Einwohner je km²: 1200. Kfz-Kennzeichen: ME. Kreisverwaltung: Düsseldorfer Str. 26, 40822 Mettmann, Postfach 100607, 40806 Mettmann. Verwaltungsgliederung: 10 Städte (Erkrath, Haan, Heiligenhaus, Hilden, Langenfeld, Mettmann, Monheim, Ratingen, Velbert, Wülfrath).

Wappenbeschreibung

In Silber ein blau bewehrter und bekrönter, doppelschwänziger roter Löwe; dem schwarzen Schildbord aufgelegt oben rechts ein silbernes Hängeschloß, unten links eine gebogene goldene Ähre.

Historische Entwicklung

Zwischen dem 12. und 14. Jh. entwickelten sich unter der »Bergischen Amtsverfassung« der Grafschaft Berg die Ämter Mettmann, Angermund und Hardenberg (Neviges). Am 25. Januar 1816 wurde der damalige preußische Kreis Mettmann gebildet. Nachdem der Landrat des Kreises seit 1820 seine Amtsgeschäfte krankheitsbedingt nicht mehr ausübte, übernahm der Landrat des Kreises Elberfeld dessen Aufgaben in Personalunion. Zur Verwaltungsvereinfachung legte man kurz darauf beide Kreise zusammen; erst 1861 erhielt der Kreis Mettmann seine Selbständigkeit zurück. 1876/77 kam dann der Kreissitz wegen der »besseren Verkehrsverhältnisse« nach Vohwinkel (heute Stadtteil von Wuppertal).

Am 29. Juli 1929 entstand durch das Gesetz über die kommunale Neugliederung des rheinisch-westfälischen Industriegebietes der »Kreis Düsseldorf-Mettmann« aus den Kreisen Mettmann, Düsseldorf-Land und Essen (Kettwig) mit Sitz in Düsseldorf. 1942 wurde der Verwaltungssitz nach Mettmann zurückverlegt. Der heutige Kreis ging aus der Gebietsreform vom 1. Januar 1975 hervor; er erhielt wieder den alten Namen »Kreis Mettmann«. Er führt das am 28. November 1936 offiziell genehmigte Wappen weiter. Dieses zeigt als historisches Sinnbild den bergischen Löwen. Das Hängeschloß verweist auf das Zentrum der deutschen Schloß- und Beschlägeindustrie im nördlichen Kreisgebiet, die Kornähre unterstreicht die Bedeutung des Ackerbaus vor allem im Dreieck Mettmann-Ratingen-Erkrath.

Struktur des Kreises Sehenswürdigkeiten

Inmitten der großen Stadtlandschaft an Rhein und Ruhr liegt der Kreis Mettmann zwischen dem rechtsrheinischen Schiefergebirge und der Niederrheinischen Bucht. Das Land steigt vom Rhein nach Osten auf über 300 m an.

Rhein, Ruhr und Wupper begrenzen eine Region voller Kontraste: Äcker, Wiesen, Wald und Erholungsparks sowie sympathische Städte mit vielfältigem Gewerbe und reicher Geschichte. Spitzgiebelige Häuser, enge Gassen, ehrwürdige Kirchen bestimmen die in Jahrhunderten gewachsenen Stadtkerne von Mettmann, Ratingen, Velbert-Langenberg, Velbert-Neviges und Wülfrath. Sehenswert sind der mehr als 800 Jahre alte Turm von St. Lambertus (mit altem Taufbecken) in Mettmann, die Pfarrkirche St. Peter und Paul in Ratingen, die evangelische Stadtkirche in Langenberg, der bergische Kernbereich in Neviges – in reizvoller Verbindung mit der modernen Wallfahrtskirche (Prof. Böhm) sowie der romantische Kirchplatz von Wülfrath. In Haan-Gruiten läßt der historische Dorflehrpfad die Geschichte der Häuser wieder aufleben. Wertvolle Kirchenarchitektur weisen auch Erkrath (romanische Pfarrkirche, 12. Jh.), Langenfeld-Richrath (Kirchturm von St. Mauritius, 11. Jh.) und Hilden (romanische Kirche) auf. Auskunft über die frühesten Spuren der Menschheitsgeschichte erhält man bei einer Besichtigung des Neandertal-Museums: der Fundort des »Neandertalers« liegt zwischen Mettmann und Erkrath. In Velbert lädt das »Deutsche Schloß- und Beschlägemuseum« zu einem Besuch ein. Sehenswert in Ratingen: die Wasserburgen »Haus zum Haus« und Schloß Linnep. Historisches in Heiligenhaus: die »Abtsküche« und in Monheim der »Schelmenturm« in der Altstadt.

Kreis Minden-Lübbecke

Regierungsbezirk: Detmold. Einwohner: 313 000. Fläche: 1152 km². Einwohner je km²: 271. Kfz-Kennzeichen: MI. Kreisverwaltung: Portastraße 13, 32423 Minden, Postfach 2580, 32382 Minden. Verwaltungsgliederung: 8 Städte (Bad Oeynhausen, Espelkamp, Lübbecke, Minden, Petershagen, Porta Westfalica, Preußisch Oldendorf und Rahden) und 3 Gemeinden (Hille, Hüllhorst, Stemwede).

Wappenbeschreibung

Gespalten: vorne in Rot zwei silberne schräggekreuzte Schlüssel mit abgewendeten Bärten; hinten in Silber drei rote Sparren.

Historische Entwicklung

Der Kreis besteht seit dem 1. Januar 1973, als die bisherigen Kreise Minden (gegr. 1816) und Lübbecke (gegr. 1832) aufhörten zu bestehen.
Die Gebietsreform schuf damit eine Verwaltungskörperschaft, deren Gebiet tatsächlich schon viele Jahrhunderte lang als Fürstbistum Minden eine politische Einheit gewesen war und deren Grenzen von den heutigen Kreisgrenzen nur geringfügig abwichen. Der Aufstieg und die Blütezeit des Bistums Minden (gegr. um 800) fielen in die Zeit der sächsischen und salischen Kaiser (919 bis 1125).
Das Ergebnis der territorialen Machtkämpfe mit den umliegenden Dynastien im 13. Jh. war, daß das Territorium, in dem der Bischof von Minden weltlicher Landesherr war – das Fürstbistum also –, sehr viel kleiner war als der kirchliche Amtsbereich des Bischofs – das Bistum oder die Diözese. Die Bischöfe waren nicht stark genug gewesen, um sich in ihrer gesamten Diözese auch als Landesherren behaupten zu können. Im Jahre 1648 wurde aus dem (evangelisch gewordenen) Fürstbistum Minden ein weltliches Fürstentum (bis 1806), das an die Kurfürsten von Brandenburg fiel, und dessen Gebiet bis zum Ende Preußens zu diesem Staat gehörte. Dennoch zeigt das heutige Kreiswappen, das am 11. September 1973 genehmigt wurde, vorn die gekreuzten Schlüssel, die Wappenfigur des ehemaligen Fürstbistums. Da nur relativ kleine Gebietsteile des jetzigen Kreises früher zur Grafschaft Ravensberg gehörten, stehen die Ravensberger Sparren in der heraldisch weniger vornehmen hinteren Schildhälfte.

Struktur des Kreises
Sehenswürdigkeiten

Am Rande der norddeutschen Tiefebene, am Übergang zu Weser- und Wiehengebirge, liegt der Kreis Minden-Lübbecke. Er bildet den nordöstlichen Teil des Landes Nordrhein-Westfalen und ragt weit in den niedersächsischen Raum hinein. Die günstigen Verkehrsverbindungen (u. a. Mittellandkanal und schiffbare Weser) halfen der Wirtschaftsregion Minden-Lübbecke aus ihrer einstigen Monostruktur der Zigarrenindustrie heraus und brachten dem Kreis eine vielschichtige Branchenpalette. Landwirtschaftlich strukturiert sind heute hauptsächlich der nördliche und westliche Teil des Kreisgebietes. Sowohl das Landschaftsbild und die Erholungszonen (das einzige Staatsbad des Landes Nordrhein-Westfalen, Bad Oeynhausen, außerdem mehrere Moor- und Schwefelbäder) als auch die Bau- und Kunstdenkmäler sowie die Hochmoore »Großes Torfmoor« und »Oppenweher Moor« schaffen günstige Voraussetzungen für den Fremdenverkehr in Minden-Lübbecke. Durch das Minden-Lübbecker Land, dem mühlenreichsten Landstrich Nordrhein-Westfalens, führt die rund 250 km lange »Westfälische Mühlenstraße« (41 Mühlen). Radfahrer können auf der gut ausgeschilderten Mühlenroute (320 km) von Mühle zu Mühle radeln. Sehenswert sind Minden (1000jähriger Dom, Rathaus am Markt, Wasserstraßenkreuz Weser-Mittellandkanal), Petershagen (Schloß), Porta Westfalica (Kaiser-Wilhelm-Denkmal), Lübbecke (St.-Andreas-Kirche, 12. Jh.), Rahden (Museumshof) und Preußisch Oldendorf (spätgotische St.-Dionysius-Kirche, Schlösser Hüffe und Hollwinkel).

Kreis Neuss

Regierungsbezirk: Düsseldorf. Einwohner: 433 200. Fläche: 576 km². Einwohner je km²: 752. Kfz-Kennzeichen: NE. Kreisverwaltung: Meererhof 1, 41460 Neuss, Postfach, 41456 Neuss, und Lindenstraße 2-16, 41515 Grevenbroich, Postfach, 41513 Grevenbroich. Verwaltungsgliederung: 6 Städte (Dormagen, Grevenbroich, Kaarst, Korschenbroich, Meerbusch, Neuss) und 2 Gemeinden (Jüchen, Rommerskirchen).

Wappenbeschreibung

Gespalten; vorne in Silber ein durchgehendes schwarzes Kreuz, hinten in Gold ein rot gezungter schwarzer Löwe.

Historische Entwicklung

In die schriftliche Überlieferung trat das Kreisgebiet erstmals nach der Eroberung durch die Römer, die u. a. ein Kastell in Novaesium (Neuss) errichteten. Vom Römerlager in Neuss wurde mit strahlenförmig angelegten Trassen das Hinterland erschlossen. Nach dem Verfall der Reichsgewalt im Hochmittelalter war das Kreisgebiet geradezu übersät von Kleinherrschaften. Allmählich entwickelten sich zu den bedeutendsten Kontrahenten die Erzbischöfe von Köln und die Herzöge von Jülich. Daran erinnert noch heute das Kreiswappen, das am 2. Mai 1952 vom Innenminister des Landes Nordrhein-Westfalen genehmigt wurde: Das Kreuz war der Wappenschild des Erzbistums Köln, der Löwe das Symbol des Herzogtums Jülich. Der heutige Kreis Neuss wurde mit Wirkung vom 1. Januar 1975 gebildet und setzt sich zusammen aus dem ehemaligen Kreis Grevenbroich, der schon das oben abgebildete Wappen geführt hatte, und der früher kreisfreien Stadt Neuss.

Struktur des Kreises
Sehenswürdigkeiten

Am linken Niederrhein liegt inmitten einer fruchtbaren und an Bodenschätzen reichen Region der Kreis Neuss. Die Erft (Erholungsgebiete bei Grevenbroich und Neuss) durchfließt das rheinische Braunkohlengebiet im Südwesten und erreicht bei der geschichtsträchtigen, 2000 Jahre alten Stadt Neuss (Römerlager »Novaesium«, spätromanisches Quirinusmünster, Jugendstilhäuser, Hafen) den Rhein.
Die Industrie mit ihren Wirtschaftsbereichen Bergbau, Energie, Chemie, Aluminiumerzeugung, verarbeitendes Gewerbe und Baugewerbe bildet heute die wichtigste Existenzgrundlage im dichtbesiedelten Kreis. Begünstigt durch hochwertige Böden, die vor allem den Anbau von Zuckerrüben und Weizen erlauben, prägt die Landwirtschaft noch heute weite Teile des Kreisgebietes. Daneben bestimmen Fluß- und Auenlandschaften mit stattlichen Bauernhöfen, Wassermühlen und Resten alter Windmühlen (z. B. restaurierte Dycker Windmühle – 18. Jh.) das landschaftliche Bild. Die Altstadt von Dormagen-Zons und der Ortsteil Liedberg in Korschenbroich gelten als gute Beispiele für die Erhaltung und Pflege historischer Ortsbilder am Niederrhein. Bereits im Mittelalter gab es im Kreisgebiet viele Kirchen und Klöster. Die ersten Gründungen führen bis in die fränkische Epoche zurück: St. Quirin in Neuss, St. Peter in Rommerskirchen. Die ehemalige Prämonstratenserabtei in Dormagen-Knechtsteden (12. Jh.) gilt als bedeutendster sakraler Bau des Kreises. Von baugeschichtlicher Bedeutung sind auch die zahlreichen Burgen, Schlösser und Herrensitze (z. B. Hülchrath, Liedberg, Zons und das barocke Wasserschloß Dyck).

Oberbergischer Kreis

Regierungsbezirk. Köln. Einwohner: 276 048. Fläche: 918,17 km². Einwohner je km²: 301. Kfz-Kennzeichen: GM. Kreisverwaltung: Moltkestraße 42, 51643 Gummersbach, Postanschrift: 51641 Gummersbach. Verwaltungsgliederung: 7 Städte (Bergneustadt, Gummersbach, Hückeswagen, Radevormwald, Waldbröl, Wiehl, Wipperfürth) und 6 Gemeinden (Engelskirchen, Lindlar, Marienheide, Morsbach, Nümbrecht, Reichshof).

Wappenbeschreibung

Unter goldenem Schildhaupt, darin ein in drei Reihen von Rot und Silber geschachter Balken, gespalten: vorne in Rot eine silberne Burg mit zwei verschieden hohen Zinnentürmen; hinten in Silber ein blau bekrönter, bewehrter und gezungter, zwiegeschwänzter roter Löwe.

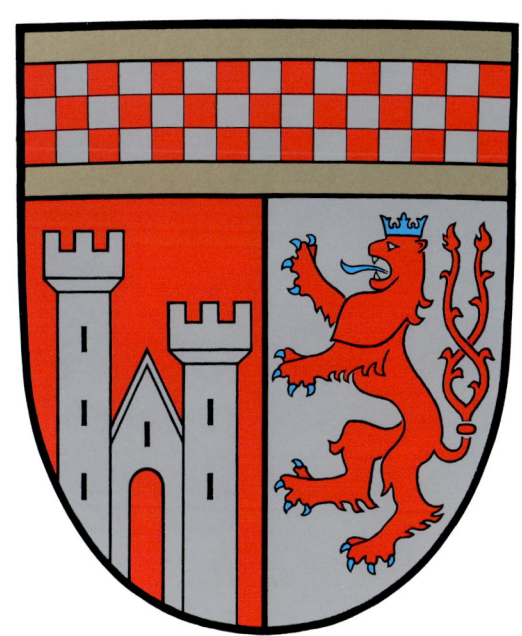

Historische Entwicklung

Der dem nördlichen rechtsrheinischen Schiefergebirge zugehörige Oberbergische Kreis bildet ein Übergangsgebiet zwischen der Talebene des Rheins und dem sauerländischen Bergland. Daß die Landnahme in dieser Region erst im 8. und 9. Jh. erfolgte, ist mit auf die vorherrschenden topografischen Besonderheiten zurückzuführen. Aus den Altsiedlungsräumen der rheinischen und westfälischen Bucht drangen Franken und Sachsen ein. Nach zunächst rein bäuerlicher Landnahme entstanden mit der Christianisierung durch die Köln-Bonner Stifte und die bergischen Randklöster erste Siedlungen. Zumeist handelte es sich hierbei um Kirchspielorte. Neben den werdenden Kirchdörfern entfalteten die aufstrebenden Territorialherren mit dem Bau ihrer Burghäuser und Burgen sowie mit der Verleihung von städtischen oder freiheitlichen Privilegien raumordnande Wirkung. Mit dem Erstarken der bergischen, märkischen und saynschen Territorialherren nahm auch die politische Bedeutung des Oberbergischen zu. Während des 17. und 18. Jh. stagnierte die Wirtschafts-, Verkehrs- und Siedlungsentwicklung. Die zumeist außer Landes weilenden Landesherren vermochten der bäuerlichen Streusiedlungslandschaft keine Impulse mehr zu vermitteln. Mit der Ablösung der bisherigen Territorialherren durch die napoleonische Verwaltungsgliederung und der in Anlehnung hieran vollzogenen Bildung der Kreise Lennep, Gummersbach, Waldbröl und Wipperfürth durch das Königreich Preußen war der heutige Oberbergische Kreis bereits wesentlich vorgezeichnet. Die Kreisneugliederung zum 1. Januar 1975 hat diesen historischen Bezügen Rechnung getragen. Mit dem erneut am 10. Februar 1976 genehmigten Wappen wird im Schildhaupt durch den märkischen Balken auf die frühere Zugehörigkeit der Kerngebiete des Kreises zur Grafschaft Mark verwiesen. Die Burg erinnert an die Herrschaft Homburg der Fürsten von Sayn-Wittgenstein-Berleburg, der rote bergische Löwe an die frühere Zugehörigkeit von Teilen des Kreises zur Grafschaft bzw. zum Herzogtum Berg.

Struktur des Kreises
Sehenswürdigkeiten

Als Kernbereich des »Naturparks Bergisches Land« ist der Oberbergische Kreis heute beliebtes Naherholungsziel für die Bevölkerung der Ballungsgebiete an Rhein und Ruhr. Landschaftliche Vielfalt, zahlreiche Wassersportmöglichkeiten, Burgen und Schlösser bieten den Erholungsuchenden abwechslungsreiche Tage. Kurorte mit beachtlichen Möglichkeiten der ruhigen Erholung, auf der anderen Seite Moto-Cross-Weltmeisterschaften in Bielstein, im Winter Hundeschlittenrennen in Reichshof sind weitere Anziehungspunkte. Tropfsteinhöhlen, alte romanische Wehrkirchen, das Museum des Oberbergischen Kreises in Schloß Homburg oder das von privater Seite eingerichtete Bergische Achsenmuseum werden immer wieder gern aufgesucht. Letzteres ist Beleg dafür, daß es sich bei dem Oberbergischen Kreis um eine traditionelle Gewerbelandschaft handelt.
Eine Vielzahl moderner mittelständischer Unternehmen, insbesondere der Investitions- und Konsumgüterindustrie, aber auch aus dem stahlbearbeitenden Bereich, bietet heute Gewähr für eine ausgewogene Wirtschaftsentwicklung und damit für das Aufblühen eines Raumes, in dem es sich lohnt, zu wohnen und zu arbeiten.

Kreis Olpe

Regierungsbezirk: Arnsberg. Einwohner: 137 000 (1995). Fläche: 710 km². Einwohner je km²: 193. Kfz-Kennzeichen: OE. Kreisverwaltung: Danziger Straße 2, 57462 Olpe, Biggesee, Postfach 1560, 57445 Olpe, Biggesee. Verwaltungsgliederung: 4 Städte (Attendorn, Drolshagen, Lennestadt, Olpe) und 3 Gemeinden (Finnentrop, Kirchhundem, Wenden).

Wappenbeschreibung

Gespalten; vorne in Silber ein durchgehendes schwarzes Kreuz, hinten in Gold zwei rote Balken.

Historische Entwicklung

Der 1817 gebildete Kreis Olpe, geprägt durch die abwechslungsreiche Mittelgebirgslandschaft des Südsauerlandes, bildet nach Geschichte und Kultur eine in sich geschlossene Einheit und blieb bei allen Neugliederungen stets erhalten. Ende des 18. Jh. gehörte das Kreisgebiet zum südlichen Teil des Herzogtums Westfalen, dessen Herzogswürde Kaiser Friedrich Barbarossa 1180 den Erzbischöfen von Köln übertragen hatte (heute noch dokumentiert durch das kurkölnische Kreuz im vorderen Teil des Kreiswappens).
Drei Hansestädte bekamen Stadtrechte verliehen: Attendorn 1222, Olpe 1311 und Drolshagen 1477. An die Jahrhunderte alte Verbindung des Hauses von Fürstenberg mit dem Kreisgebiet erinnert der hintere Teil des Kreiswappens. Seit 1556 Friedrich von Fürstenberg das Drostenamt in den Ämtern Waldenburg und Bilstein übertragen wurde, versahen Mitglieder dieser Familie das höchste Amt im Kreisgebiet bis zum Beginn des 19. Jh. 1803 fiel das Herzogtum Westfalen vorübergehend an den Landgrafen von Hessen-Darmstadt, um dann 1816 als Provinz dem Königreich Preußen zugeteilt zu werden. 1817 entstand aus den Justizämtern Attendorn, Bilstein und Olpe der »Bilsteiner Kreis«. Mit der Verlegung des Kreissitzes nach Olpe zum 1. Januar 1819 erfolgte auch die Umbenennung in Kreis Olpe. Das Wappen wurde dem Kreis am 12. Oktober 1949 verliehen.

Struktur des Kreises
Sehenswürdigkeiten

Der Kreis Olpe zählt zu den kleinsten, aber auch zu den schönsten Kreisen in Nordrhein-Westfalen. Kaum jemand vermutet in der von der Natur so bevorzugten Landschaft eine aufstrebende Industrie mit jahrhundertealter Tradition, deren Schwerpunkt auf dem Eisen- und Metallsektor liegt. Die wirtschaftliche Grundlage bildet eine Vielfalt von mittelständisch strukturierten Betrieben. 58,3 % (1992) der Bruttowertschöpfung kommen aus dem produzierenden Gewerbe (Landeswert 39,6 % [1992]). Mit diesem Anteil liegt der Kreis Olpe mit an der Spitze aller Kreise in Nordrhein-Westfalen. 62,5 % der Beschäftigten haben ihren Arbeitsplatz im verarbeitenden Gewerbe, rund 35 % im Bereich Handel, Verkehr, Nachrichtenübermittlung und Dienstleistungen. Weniger als 1 % sind in der Land- und Forstwirtschaft tätig. Berge, Wälder und Wasser prägen das Südsauerland rund um Biggesee und Hohe Bracht.
Durch Autobahnen angebunden an das europäische Fernstraßennetz ist der Kreis Olpe, fast vollständig von drei Naturparks abgedeckt, eine bevorzugte Region für Urlaub, Erholung und Freizeit. Der 1965 eingestaute Biggesee, mit 172 Mio. m³ Westfalens größte Talsperre, verfügt in der Umgebung über gut ausgestattete und mehrfach ausgezeichnete Erholungs- und Freizeitanlagen. Touristische Attraktionen (Biggesee-Personenschiffahrt, Panorama-Park Sauerland, Atta-Höhle – Deutschlands schönste Tropfsteinhöhle, Karl-May-Festspiele – Europas größte Freilichtbühne, Wendener Hütte – älteste noch erhaltene Holzkohle-Hochofenanlage Deutschlands) locken alljährlich Millionen Besucher an.

Kreis Paderborn

Regierungsbezirk: Detmold. Einwohner: 275 000. Fläche: 1244,51 km². Einwohner je km²: 184. Kfz-Kennzeichen: PB. Kreisverwaltung: Aldegreverstraße 10-14, 33102 Paderborn, Postfach 1940, 33049 Paderborn. Verwaltungsgliederung: 7 Städte (Bad Lippspringe, Büren, Delbrück, Lichtenau, Paderborn, Salzkotten, Wünnenberg) und 3 Gemeinden (Altenbeken, Borchen, Hövelhof).

Wappenbeschreibung

In Silber in einem durch einen blauen Wellenbalken begrenzten Schildhaupt ein durchgehendes rotes Kreuz; unten in Silber ein roter Rautensparren.

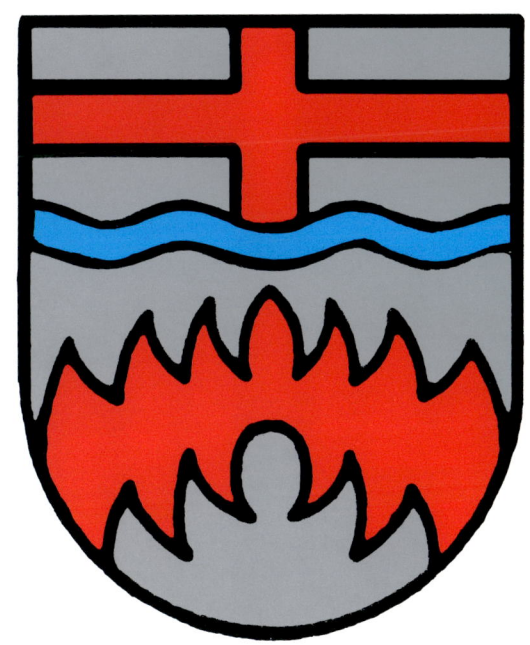

Historische Entwicklung

Das Paderborner und das Bürener Land waren schon in der Frühgeschichte bevorzugte Siedlungsräume. Darauf deuten Tausende von Bodenfunden und die weit über 100 bekannten Steinkisten- und Hügelgräber hin. Wegen der verkehrsgünstigen Lage ließ Karl der Große an den Quellen der Pader in Paderborn eine Pfalzanlage bauen. Er hielt hier mehrere Reichsversammlungen ab. 806 wurde Hathumar erster Bischof des Bistums Paderborn, das sich im Mittelalter zu einem Fürstbistum entwickelte. 1802 fiel das Hochstift aufgrund eines Vertrages zwischen Preußen und Frankreich an das Königreich Preußen. Nach der napoleonischen Zeit wurden 1816 aus dem westlich des Eggegebirges gelegenen Teil des alten Hochstiftes die Kreise Büren und Paderborn als staatliche Verwaltungsbezirke gebildet. Im Zuge der kommunalen Neugliederung in Nordrhein-Westfalen wurde am 1. Januar 1975 aus den Kerngebieten dieser beiden Kreise der neue Kreis Paderborn formiert.

Sein Wappen (genehmigt am 15. Juli 1975) vereinigt die Symbole der beiden alten Kreiswappen. Das rote Kreuz im Schildhaupt auf silbernem Grund deutet auf die Zugehörigkeit des Kreises zum früheren Hochstift Paderborn hin. Der blaue Wellenbalken versinnbildlicht den Wasserreichtum des Kreises. Im silbernen Schild erinnert der rote siebenteilige Rautensparren an die Edelherren von Büren.

Struktur des Kreises
Sehenswürdigkeiten

Der Kreis Paderborn ist ein bedeutender Wirtschaftsraum in Ostwestfalen-Lippe, in dem Betriebe mit internationaler Geltung angesiedelt sind, so insbesondere Hersteller von Computern, Achsen aller Art, Stahlrohren, Möbeln, Konfitüren, Brot und Bier. Vielfältige Landschaften bietet der Kreis, der sich von der Senne im Norden bis zum Sauerland im Süden, von der Lippe-Niederung im Westen bis zum Eggegebirge im Osten erstreckt. Bei den Kurgästen sind besonders beliebt der Kurort Bad Lippspringe und der Luft- und Kneippkurort Wünnenberg mit der Aabach-Talsperre. Der neun Kilometer lange Rundweg um die Talsperre lädt zum Wandern und Spazieren ein.

Zu den bedeutendsten Sehenswürdigkeiten zählen: die Jesuitenkirche in Büren (ein Barockbau mit einzigartigen Deckengemälden), die Wewelsburg in Büren-Wewelsburg (einzige Dreiecksburg in Westdeutschland mit beliebter Jugendherberge und dem Regionalmuseum), der Viadukt und das Eggemuseum (Sammlung alter Öfen und Ofenplatten) in Altenbeken, das Augustiner-Chorherren-Kloster in Lichtenau-Dalheim, die karolingische und ottonische Kaiserpfalz und der Dom in Paderborn.

Der Regionalflughafen Paderborn/Lippstadt in Büren-Ahden trägt entscheidend zur Standortgunst für die Unternehmen bei. Seit 1988 findet auch Touristik-Charterflugverkehr in den Mittelmeerraum und auf die Kanarischen Inseln statt.

Die Schienenanbindung wird sich noch erheblich verbessern. Neben der schon bestehenden IR-Strecke Düsseldorf–Chemnitz ist eine IC-Strecke Ruhrgebiet–Kassel mit Anschluß an die Strecke Hannover–Würzburg in Kassel-Wilhelmshöhe geplant.

Zu einem bedeutenden Wirtschaftszweig hat sich der Fremdenverkehr entwickelt. Der Raum bietet mit seiner herrlichen Landschaft, den guten Radwegeverbindungen und dem hohen kulturellen Niveau des Oberzentrums Paderborn die idealen Voraussetzungen für eine gelungene Erholung.

Kreis Recklinghausen

Regierungsbezirk: Münster. Einwohner: 661 123. Fläche: 760 km². Einwohner je km²: 869. Kfz-Kennzeichen: RE. Kreisverwaltung: Kurt-Schumacher-Allee 1, 45657 Recklinghausen, Postfach 10 08 64/65, 45655 Recklinghausen. Verwaltungsgliederung: 10 Städte (Castrop-Rauxel, Datteln, Dorsten, Gladbeck, Haltern, Herten, Marl, Oer-Erkenschwick, Recklinghausen, Waltrop).

Wappenbeschreibung

In einem silbernen Nesselblatt auf grünem Schild ein schwarzes gleichschenkliges mit einem rechtsgewendeten aufrechten goldenen Schlüssel belegtes Kreuz.

Historische Entwicklung

Das Vest umfaßt das Land zwischen Lippe und Emscher, von Oberhausen-Osterfeld im Westen bis Waltrop im Osten. Die Grenzen waren praktisch von der Natur vorgegeben. Als in der Zeit des Übergangs vom französisch-westfälischen Präfektensystem zur preußisch-deutschen Selbstverwaltung die Einteilung des Regierungsbezirks Münster in zehn landrätliche Kreise erfolgte, war dies am 10. August 1816 die Geburtsstunde des Kreises Recklinghausen. Damals umfaßte er das »Vest« und die »Herrlichkeit Lembeck«: dazu gehörten die Städte Recklinghausen und Dorsten sowie 28 Landgemeinden mit insgesamt 38 000 Einwohnern. Aus- und Einkreisungen größerer Städte und die Zuordnung des Raumes Haltern konnten das Bild des Kreises Recklinghausen zwar verändern, den Bestand jedoch zu keiner Zeit in Frage stellen. Nach der kommunalen Gebietsreform Nordrhein-Westfalen steht der Kreis Recklinghausen durch die Eingliederung der Städte Recklinghausen, Castrop-Rauxel und Gladbeck von der Einwohnerzahl mit über 660 000 Bürgern an der Spitze in Deutschland. Das Wappen wurde dem Kreis Recklinghausen schon am 30. Juni 1952 durch das Innenministerium von Nordrhein-Westfalen verliehen. Das silberne Nesselblatt ist das Zeichen der Herrlichkeit Lembeck, während das schwarze Kreuz die frühere Zugehörigkeit des Vestes Recklinghausen zu Kurköln betont.
Der Schlüssel kommt auch im Wappen der Stadt Recklinghausen vor und versinnbildlicht den Bistumspatron St. Petrus.

Struktur des Kreises Sehenswürdigkeiten

Der Kreis Recklinghausen (»Zehn Städte machen Zukunft«) ist der bevölkerungsreichste deutsche Kreis. Er vereint Gegensätze stark industrialisierter, dicht besiedelter Stadtregionen mit ländlichen Gebieten und weitläufigen Waldzonen. Münsterländische Parklandschaft, Heide, Wald-, Feld- und Weideflächen wechseln sich ab und bilden eine grüne Lunge im Ruhrgebiet. Der »Naturpark Hohe Mark« mit dem Halterner Stausee, die Borkenberge, der Hullerner Stausee und die Haard zählen zu den bedeutenden Erholungsgebieten. Neben Bergbau und Chemie gehören Handel, verarbeitendes Gewerbe und Dienstleistungsunternehmen zu den Wirtschaftsträgern des Kreises. Sehenswert sind das Wasserschloß Herten (spätgotische Anlage, auf zwei Inseln gelegen), das Schloß Wittringen (ehemaliger Rittersitz) in Gladbeck, das Marler Skulpturen-Museum, das Ikonen-Museum (einzigartig im westlichen Europa) in der Ruhrfestspielstadt Recklinghausen und das Schiffshebewerk Henrichenburg in Waltrop (1899 von Kaiser Wilhelm II. als technisches Wunderwerk eingeweiht). Sakrale Kleinodien findet der Besucher u. a. in der St.-Peter-Kirche (Recklinghausen): Altargemälde aus der Rubenswerkstatt, romanische Taufsteine in den Pfarrkirchen Dorsten, St. Georg (Marl) und St. Peter (Waltrop), gotische Sakramentshäuser in St. Amandus (Datteln) und St.-Lambertus-Kirche (Castrop-Rauxel) sowie einen flandrischen Schnitzaltar in der St.-Sixtus-Kirche (Haltern).

Rheinisch-Bergischer Kreis

Regierungsbezirk: Köln. Einwohner: 267 233. Fläche: 438 km². Einwohner je km²: 610. Kfz-Kennzeichen: GL. Kreisverwaltung: Am Rübezahlwald 7, 51469 Bergisch-Gladbach, Postfach 20 04 50, 51462 Bergisch-Gladbach. Verwaltungsgliederung: 4 Städte (Bergisch-Gladbach, Burscheid, Leichlingen, Wermelskirchen) und 4 Gemeinden (Kürten, Odenthal, Overath, Rösrath).

Wappenbeschreibung

In grünem Schildhaupt ein silberner Schrägwellenbalken; darunter in Silber gespalten: vorn übereinander zwei schwarze Wechselzinnenbalken, hinten ein blau gekrönter, blau bewehrter und zwiegeschwänzter roter Löwe.

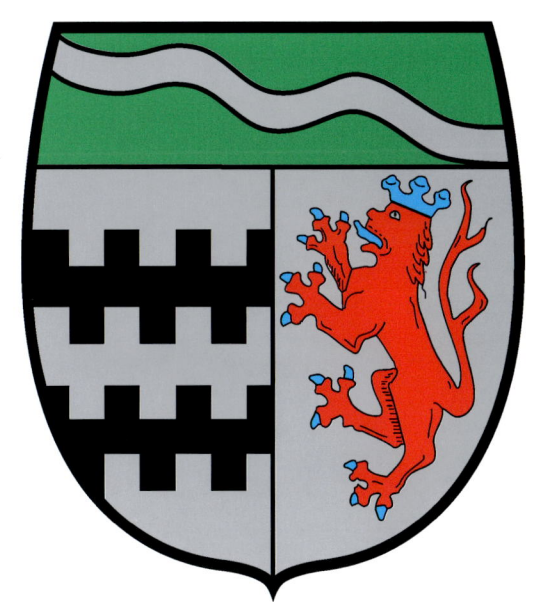

Historische Entwicklung

Das Bergische Land verdankt seinen Namen den Grafen von Berg. Diese, um 1100 schon zu großem Einfluß gekommen, verließen 1133 die alte Burg Berge über der Dhünn (heute Altenberg) und residierten von der größeren Burg an der Wupper aus. Mit dem gewaltsamen Tod Engelberts II. (als Erzbischof von Köln: Engelbert I.) erlosch das altgräfliche Haus Berg 1225. Die in Berg nachfolgenden Grafen aus dem niederländischen Limburg residierten über viele Jahrhunderte. Nach der Annexion durch das napoleonische Frankreich wurde das Bergische Land 1815 Preußen zugesprochen. Nach mehrmaligen administrativen Umgliederungen entstand zum 1. Oktober 1932 der (alte) Rheinisch-Bergische Kreis.

Am 1. Januar 1975 ging aus dessen und aus Teilen des ehemaligen Rhein-Wupper-Kreises der heutige Kreis hervor. Am 20. Mai 1976 beschloß der Kreistag, das bisherige Wappen des Rheinisch-Bergischen Kreises von 1938 weiterzuführen. Das Schildhaupt deutet auf die geografische Lage am Rande der Kölner Bucht zum Rheintal hin und erinnert gleichzeitig an das Wappen der früheren preußischen Rheinprovinz. Der Löwe war das jüngere Wappenbild der Herzöge von Berg; zuvor zeigten sie den Wechselzinnenbalken. Das Kreiswappen wurde mit Urkunde vom 8. September 1976 durch den Regierungspräsidenten zu Köln erneut genehmigt.

Struktur des Kreises Sehenswürdigkeiten

Der Rheinisch-Bergische Kreis erstreckt sich von der Kölner Bucht zum rechtsrheinischen Schiefergebirge hin. Das Gelände steigt in Terrassen an. Eine Vielzahl größerer und kleinerer Gewässer durchzieht das Kreisgebiet. Es gilt als Naherholungsgebiet zwischen den Ballungsräumen um Köln und dem Bergischen Land mit einer vielgefächerten mittelständischen und landwirtschaftlichen Wirtschaftsstruktur. Wahrzeichen des Kreises ist der »Altenberger Dom« in Odenthal, eine gotische Mönchskirche der ehemaligen Zisterzienserabtei (fertiggestellt am 18. Juni 1379) mit prachtvollen Glasfenstern. Das Westfenster ist das größte Kirchenfenster Deutschlands. In Bergisch-Gladbach sind neben dem Alten Rathaus (1906) das Neue Rathaus im Ortsteil Bensberg von 1968 unter Einbeziehung von Teilen der mittelalterlichen Burg der Grafen von Berg und das Barockschloß (um 1700), in Leichlingen Schloß Eicherhof von Interesse. Reizvoll sind der Märchenwald und der Wildpark in Odenthal. Alte Mühlen und Kotten, Steinbrüche mit Ablagerungen aus der Devonzeit findet man im ganzen Kreisgebiet. Die typisch bergischen Ortsbilder in Herrenstrunden, Kürten, Leichlingen, Witzhelden, Odenthal, Volberg und Wermelskirchen sind eines Besuches wert. Das Bergische Museum für Bergbau, Handwerk und Gewerbe in Bensberg dokumentiert den Bergbau in einer Grube, in der bis vor wenigen Jahren Blei und Zink abgebaut wurden.

Rhein-Sieg-Kreis

Regierungsbezirk: Köln. Einwohner: 541 931. Fläche: 1154 km². Einwohner je km²: 470. Kfz-Kennzeichen: SU. Kreisverwaltung: Kaiser-Wilhelm-Platz 1, 53721 Siegburg, Postfach 1551, 53705 Siegburg. Verwaltungsgliederung: 11 Städte (Bad Honnef, Bornheim, Hennef, Königswinter, Lohmar, Meckenheim, Niederkassel, Rheinbach, Sankt Augustin, Siegburg, Troisdorf) und 8 Gemeinden (Alfter, Eitorf, Much, Neunkirchen-Seelscheid, Ruppichteroth, Swisttal, Wachtberg, Windeck).

Wappenbeschreibung

In Silber ein blau bewehrter, bezungter und gekrönter, doppelschweifiger roter Löwe, der mit der rechten Pranke ein goldenes Flammenschwert schwingt und mit der linken sich auf einen silbernen Schild mit durchgehendem schwarzen Kreuz stützt.

Historische Entwicklung

Als sich die Römer im 5. Jh. vom Rhein zurückzogen, siedelten sich hier die Franken an. In den folgenden Jahrhunderten bildete sich im Zuge der territorialen Ausgestaltung des Rheinlandes jener Zustand heraus, der bis zur Besetzung durch die Franzosen 1794 Bestand hatte: Kurköln und die vereinigten Herzogtümer Jülich und Berg teilten sich weitgehend das heutige Kreisgebiet auf.
Diese Epoche spiegelt sich im Wappen des Kreises wider: Der rote bergische Löwe stützt sich mit der linken Pranke auf den silbernen Wappenschild mit dem schwarzen Kreuz Kurkölns und mit der rechten schwingt er das goldene Flammenschwert der Abtei St. Michael in Siegburg. Die französische Herrschaft von 1794 bis 1814 brachte zuerst den linksrheinischen Departements, ab 1806 auch dem rechtsrheinischen Großherzogtum Berg die Einordnung in moderne Verwaltungsstrukturen. Das Königreich Preußen gründete 1816 auf dem heutigen Gebiet des Rhein-Sieg-Kreises die fünf Kreise Rheinbach, Bonn, Siegburg, Uckerath und Waldbröl. 1825 bestand rechtsrheinisch nur noch der Siegkreis, der 1932 durch Teile des aufgelösten Kreises Waldbröl vergrößert wurde. Der Kreis Bonn erhielt 1932 den größten Teil des aufgelösten Kreises Rheinbach, um selbst am 1. August 1969 im Siegkreis aufzugehen, der seitdem den Namen Rhein-Sieg-Kreis führt. Er umschließt die kreisfreie Stadt Bonn, die 1887 aus dem Kreisgebiet ausgeschieden war. Das am 26. Mai 1955 genehmigte Wappen des Siegkreises besteht als Wappen des Rhein-Sieg-Kreises fort.

Struktur des Kreises
Sehenswürdigkeiten

Der Rhein-Sieg-Kreis liegt an beiden Rheinufern und umrahmt die Bundesstadt Bonn. Köln-Bonner Rheinebene, Berge des Mittelrheingebirges, Wälder der Voreifel sowie Höhen des Westerwaldes und des Bergischen Landes prägen die abwechslungsreiche Landschaft. Zur Entspannung und Erholung bieten sich an: linksrheinisch der große »Naturpark Kottenforst-Ville«, das Bördengebiet der Swist, der Rheinbacher Voreifelwald und das »Drachenfelser Ländchen« sowie rechts des Rheins das sagenumwobene Siebengebirge, das gewundene Tal der Sieg, die ins Bergische übergehenden Höhen und das östliche Kreisgebiet als Teil des »Naturparks Bergisches Land«. Sowohl Landwirtschaft und Weinbau (Siebengebirgshänge – nördlichstes Weinbaugebiet Westdeutschlands) als auch die Industrieproduktion spielen im Wirtschaftsleben eine Rolle. Viele imposante Burgen, Schlösser und sakrale Bauten beeindrucken: Drachenfels und Drachenburg (Königswinter), Schloß Alfter, Wolfsburg, Schloß in Rösberg (Baumeister Schlaun) und Kitzburg (Renaissance) in Bornheim, Wasserburgen Welterode (Eitorf), Lüftelberg (Rokokostuck, Grisaillemalereien – Meckenheim), Heimerzheim (Swisttal) und Wasserhöhenburg Odenhausen (Renaissance – Wachtberg), Benediktinerabtei St. Michael (Krypta und Annoschrein) sowie St. Servatius (großer Kirchenschatz) in der Kreisstadt Siegburg (malerischer Altstadtkern). Idyllische Ortsbilder (Fachwerk) finden sich u. a. auch in Bad Honnef, Lohmar, Rheinbach und Blankenberg, der kleinsten Titularstadt Deutschlands (Stadtrechte seit 1245 – Hennef).

Kreis Siegen-Wittgenstein

Regierungsbezirk: Arnsberg. Einwohner: 299 000. Fläche: 1131 km². Einwohner je km²: 264. Kfz-Kennzeichen: SI. Kreisverwaltung: Koblenzer Str. 73, 57072 Siegen, Postanschrift: 57069 Siegen. Verwaltungsgliederung: 6 Städte (Bad Berleburg, Bad Laasphe, Freudenberg, Hilchenbach, Kreuztal, Siegen) und 5 Gemeinden (Burbach, Erndtebrück, Netphen, Neunkirchen, Wilnsdorf).

Wappenbeschreibung

Von Blau und Silber gespalten, vorn über sieben goldenen Schindeln ein goldener, rot bewehrter steigender Löwe, hinten ein schwarzes aufrecht stehendes Haubergsmesser vor einer schwarzen Grubenlampe mit roter Flamme.

Historische Entwicklung

Der Kreis Siegen-Wittgenstein in der Südspitze Westfalens ist – in seiner heutigen Form – im Zuge der nordrhein-westfälischen Gebietsreform 1975 entstanden, als die beiden zuvor selbständigen Kreise Siegen und Wittgenstein miteinander vereinigt wurden. Der neue südwestfälische Großkreis führte zunächst den Namen »Kreis Siegen«. Die später vom Landtag beschlossene Namensänderung »Kreis Siegen-Wittgenstein« trat am 1. Januar 1984 in Kraft. Der Altkreis Siegen war 1815 aus dem früheren Fürstentum Nassau-Siegen hervorgegangen, das Preußen zugeordnet wurde. Der Altkreis Wittgenstein war aus den beiden Grafschaften (zuletzt Fürstentümern) Sayn-Wittgenstein-Berleburg und Sayn-Wittgenstein-Hohenstein entstanden; er wurde 1816 an die preußische Provinz Westfalen angegliedert.

Die Geschichte der beiden Teilgebiete Siegerland und Wittgenstein geht bis in prähistorische Zeiten zurück. Schon um 600 v. Chr. wurde im Siegerland in großem Umfang Eisen gewonnen, erschmolzen und verarbeitet. Es ist damit eines der ältesten Industriegebiete Europas. Auch das Wittgensteiner Bergland war um diese Zeit bereits besiedelt. Nach der Eingliederung in den fränkischen Herrschaftsbereich in karolingischer Zeit entstanden in beiden Regionen getrennte Territorialherrschaften, die über viele Jahrhunderte eine weitgehend eigenständige Entwicklung in jedem der beiden benachbarten Gebiete begünstigten.

Im Kreiswappen, das am 26. Oktober 1987 genehmigt wurde, deuten die Geräte in der hinteren Schildhälfte auf den Bergbau und die Haubergwirtschaft hin; der Löwe war das Wappentier der Grafen bzw. Fürsten von Nassau. Silber und Schwarz sind die Farben des Wappens des früheren Kreises Wittgenstein und weisen auf das Stammwappen der Grafschaft Wittgenstein hin, deren Territorium sich mit dem früheren Kreisgebiet Wittgenstein deckte. Das zuvor geführte Kreiswappen aus dem Jahre 1937 unterschied sich nur in seinen Farben vom heutigen Wappen.

Struktur des Kreises
Sehenswürdigkeiten

Zwei Drittel dieses waldreichsten deutschen Kreises sind von Wäldern bedeckt. Jedoch ist der Kernraum mit dem Oberzentrum Siegen gekennzeichnet durch einen starken Industrie- und Gewerbebesatz, hochentwickelte Infrastruktur, gute Verkehrsverbindungen, vielfältige Bildungsmöglichkeiten, ausgezeichnete Versorgung im Handels- und gesamten Dienstleistungsbereich. Aus der Vereinigung dieser beiden Gegensätze – waldreiche Mittelgebirgslandschaft, die sich vom Westerwald über das Rothaargebirge bis zum Hochsauerland erstreckt, mit hohem Erholungs- und Freizeitwert einerseits, pulsierendem großstädtischen Leben im Kernraum andererseits ergibt sich für Bürger und Besucher ein hohes Maß an Lebensqualität. Bedeutende Zentren für Kuren und gesundheitliche Rehabilitation sind die beiden Wittgensteiner Heilbäder Bad Berleburg und Bad Laasphe. Zu den besonderen Sehenswürdigkeiten zählen: Museum des Siegerlandes im Oberen Schloß zu Siegen, der Stammburg des Hauses Nassau-Oranien, der »Alte Flecken« in Freudenberg, ein Fachwerkensemble, das als städtebauliches Denkmal von internationaler Bedeutung gilt, die Schlösser in Bad Berleburg und Bad Laasphe, in Hilchenbach, Kreuztal und Netphen.

Kreis Soest

Regierungsbezirk: Arnsberg. Einwohner: 296 315. Fläche: 1327 km². Einwohner je km²: 223. Kfz-Kennzeichen: SO. Kreisverwaltung: Hoher Weg 1-3, 59494 Soest, Postfach 1752, 59491 Soest. Verwaltungsbezirke: 7 Städte (Erwitte, Geseke, Lippstadt, Rüthen, Soest, Warstein, Werl) und 7 Gemeinden (Anröchte, Bad Sassendorf, Ense, Lippetal, Möhnesee, Welver, Wickede [Ruhr]).

Wappenbeschreibung

Gespalten in Silber: vorne ein aufgerichteter roter Schlüssel; hinten ein durchgehendes schwarzes Kreuz, das mit einer fünfblättrigen roten Rose mit goldenem Butzen und goldenen Kelchblättern belegt ist.

Historische Entwicklung

Der Kreis Soest wurde in seiner heutigen Ausdehnung 1975 im Rahmen der kommunalen Gebietsreform im wesentlichen aus den ehemaligen Kreisen Lippstadt und Soest sowie dem früheren Amt Warstein (ehemals Kreis Arnsberg) geschaffen.
Die Besiedlung dieses Raumes läßt sich in Teilen bis in die Altsteinzeit zurückverfolgen. Jungsteinzeitliche Funde belegen, daß er damals zu den wichtigsten Siedlungsgebieten Westfalens gehört haben muß. Schon im 7. Jh. hatten die Kölner Erzbischöfe Grundbesitz in Soest. Durch Zuerwerb und Schenkung standen schließlich große Teile des heutigen Kreises unter kurkölnischer Herrschaft. 1185 gründete Edelherr Bernhard II. zur Lippe hier die Exklave Lippstadt und damit die älteste Gründungsstadt in Westfalen. Sie wurde 1445 lippisch-klevisch und 1614/66 lippisch-brandenburgisch. Das kurkölnische Herzogtum Westfalen fiel 1803 an Hessen-Darmstadt. Nach der französischen Besetzung (1807/13) gehörte dann das gesamte Gebiet zu Preußen, das 1817 die Landkreise Soest und Lippstadt schuf.
Eine Sonderstellung nahm Soest für sich in Anspruch. Es wuchs in der zweiten Hälfte des 10. Jh. zur ersten Stadt Westfalens heran und gab sich um 1100 ein eigenes Stadtrecht, das vielen anderen Städten zum Vorbild wurde. Soest löste sich in der Fehde (1444/49) von Kurköln, schloß sich Kleve an und fiel 1666/69 mit Kleve an Brandenburg. Dieser Entwicklung trägt dann auch das Kreiswappen Rechnung, das am 26. Mai 1976 nach einem Beschluß des Kreistages vom Regierungspräsidenten in Arnsberg genehmigt wurde: Soester Schlüssel, kurkölnisches Kreuz und lippische Rose.

Struktur des Kreises
Sehenswürdigkeiten

Wechselvoll wie die Geschichte ist auch das Gesicht des Kreises: Münsterländische Parklandschaft im Norden, Nordsauerländer Oberland im Süden und dazwischen der fruchtbare Bereich der Hellwegbörden. Der Kreis Soest ist Standort einer beachtlichen Zementindustrie und bedeutender Werke der Elektrotechnik und Metallverarbeitung. Am Nordhang der Haar wird noch heute der grüne Stein gebrochen, aus dem auch die mittelalterlichen Kirchen dieser Gegend erbaut wurden.
Weit bekannt sind die Möhnetalsperre (mit 10 km² die größte Westfalens) und der »Naturpark Arnsberger Wald« (eines der größten zusammenhängenden Waldgebiete Deutschlands) sowie die Heilbäder Sassendorf, Waldliesborn und Westernkotten. Ungewöhnlich groß ist der Reichtum an kulturell herausragenden Bau- und Kunstdenkmälern, darunter z. B. 19 zum größten Teil erhaltene romanische Kirchen, 17 Wasserburgen und Schlösser und viele Fachwerkhäuser mit reichem Balkenschnitzwerk. Die Stadt Soest ist fast ein Museum für sich, und 35 Naturschutzgebiete gehören wegen ihrer ursprünglichen Flora zu den wertvollsten in Westfalen.

Kreis Steinfurt

Regierungsbezirk: Münster. Einwohner: 408 373. Fläche: 1791,5 km². Einwohner je km²: 228. Kfz-Kennzeichen: ST. Kreisverwaltung: Tecklenburger Straße 10, 48565 Steinfurt, Postfach, 48563 Steinfurt, und Verwaltungsstelle Tecklenburg, Landrat-Schultz-Straße 1, 49545 Tecklenburg, Postfach, 49538 Tecklenburg. Verwaltungsgliederung: 10 Städte (Emsdetten, Greven, Hörstel, Horstmar, Ibbenbüren, Lengerich, Ochtrup, Rheine, Steinfurt und Tecklenburg) und 14 Gemeinden (Altenberge, Hopsten, Ladbergen, Laer, Lienen, Lotte, Metelen, Mettingen, Neuenkirchen, Nordwalde, Recke, Saerbeck, Westerkappeln und Wettringen).

Wappenbeschreibung

In Gold ein breiter roter Balken, darauf ein goldener, mit einem roten Schwan belegter Schild; begleitet oben von zwei, unten von einem roten Seerosenblatt.

Historische Entwicklung

Am 1. Januar 1975 ging der heutige Kreis Steinfurt aus dem bisherigen Kreis Steinfurt, dem Kreis Tecklenburg und dem nördlichen Teil des Kreises Münster mit der Stadt Greven und der Gemeinde Saerbeck hervor. Das am 10. März 1978 genehmigte neue Kreiswappen kombiniert Teile der alten Kreisembleme. Der rote Balken in Gold war das bekannte Zeichen des Hochstiftes Münster und stand in allen drei Kreiswappen. Der jetzige Kreis Steinfurt gehörte früher zum Großteil zum Fürstbistum Münster, in dessen Mitte die erheblich kleinere Grafschaft Steinfurt lag. Diese geografische Situation wird durch die Anordnung der Bestandteile im neuen Kreiswappen widergespiegelt, denn der Schwan war das Wappentier der Grafschaft seit Anfang des 13. Jh. und stand deshalb im Wappen des Altkreises Steinfurt. Die roten Seerosenblätter waren seit spätestens dem 13. Jh. das Siegelbild der Grafen von Tecklenburg – allerdings auf silbernem Feld. Sie wurden 1934 in das Wappen des Kreises Tecklenburg übernommen. Obwohl es mehrmals Änderungen im Gebietsstand gegeben hatte, waren die auch als »Schröterhörner« bezeichneten Seerosenblätter seit dem Mittelalter als Zeichen der Grafschaft Tecklenburg benutzt worden.

Struktur des Kreises Sehenswürdigkeiten

Der am Nordrand der Westfälischen Bucht und im Übergang zum Norddeutschen Tiefland liegende Kreis Steinfurt wird im Süden von den Baumbergen und im Norden und Osten vom Höhenzug des Teutoburger Waldes und seinen Ausläufern geprägt. Ein wesentlicher Wirtschaftszweig ist neben der Landwirtschaft, der Metallindustrie und Handwerksbetrieben die Textil- und Bekleidungsindustrie (ein historisches Baudenkmal von Rang ist die Textilfabrik in Ochtrup); in Ibbenbüren befindet sich dazu das nördlichste Steinkohlenbergwerk Deutschlands mit der tiefsten Schachtanlage der Welt. Von den vielen Schlössern und Burgen seien genannt: das Schloß der Fürsten zu Bentheim und Steinfurt in Steinfurt/Burgsteinfurt, die älteste erhaltene und eine der größten Wasserburgen (Rundburg), dem sich das Bagno mit dem restaurierten (ältesten in Europa) barocken Konzertsaal anschließt, ferner die Surenburg in Hörstel/Riesenbeck und das Wasserschloß Haus Welbergen in Ochtrup/Welbergen. Das Kreisgebiet besitzt nicht nur viele Naturdenkmale (»Brockmöllers dicke Eiche« in Hopsten, Felsengruppe »Dörenther Klippen« [Hockendes Weib] in Ibbenbüren, Felsengruppe »Grafentafel« in Lienen und in Tecklenburg [historischer Ortskern, Burg mit Freilichtbühne, Puppenmuseum] die Felsengruppe »Blücherfelsen«, »Heidentempel« und »Hexenküche«), sondern auch bedeutende sakrale Bauten. Erwähnenswert sind besonders Hörstel (gotische Klosterkirche des ehemaligen Zisterzienserinnenklosters Gravenhorst, spätgotische Pfarrkirche mit Schnitzwerk im OT Bevergern und im OT Riesenbeck die kath. Pfarrkirche [trapezförmige Rheinhildis-Grabplatte, kostbare westf. Bildhauerarbeit, Frühmittelalter]), Ibbenbüren (spätgotische Christuskirche), Lengerich (spätgotische Hallenkirche) sowie die ev. Kirchen im romanisch-spätgotischen Stil in Mettingen, Recke und Westerkappeln. Beeindruckend sind die Megalithgräber »Große Slopsteene« und »Kleine Slopsteene« in Lotte.

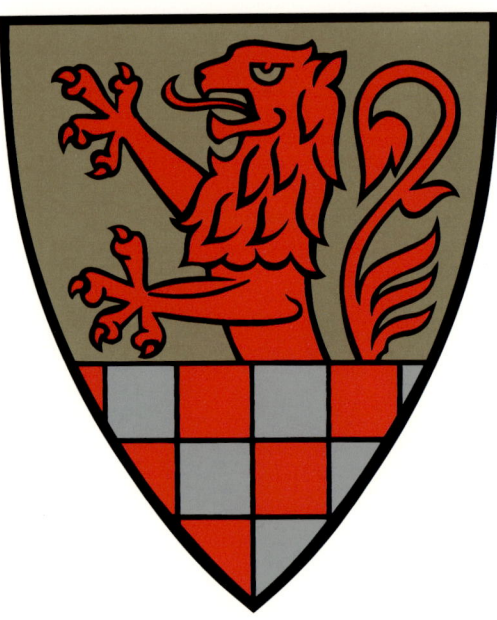

Kreis Unna

Regierungsbezirk: Arnsberg. Einwohner: über 417 763. Fläche: 542,55 km². Einwohner je km²: 770. Kfz-Kennzeichen: UN. Kreisverwaltung: Friedrich-Ebert-Straße 17, 59425 Unna, Postfach 2112, 59411 Unna. Verwaltungsgliederung: 8 Städte (Bergkamen, Fröndenberg, Kamen, Lünen, Schwerte, Selm, Unna, Werne) und 2 Gemeinden (Bönen, Holzwickede).

Wappenbeschreibung

Wachsender roter Löwe auf goldenem Feld über rot-silbern (in drei Reihen) geschachtem Schildfuß.

Historische Entwicklung

Bis 1901 war die Stadt Hamm Namensgeberin und Sitz des Kreises. Mit diesem Jahre wurde sie Stadtkreis, blieb aber, obwohl nun außerhalb des Kreises, dessen Verwaltungssitz. Erst mit dem 17. Oktober 1930 wurde diese Situation beendet: Der Verwaltungssitz wurde nach Unna verlegt, und der Kreis nahm diesen Namen an. Vorausgegangen war die Kreistagssitzung am 2. November 1927, in der mit 19 gegen 10 Stimmen bei zwei Enthaltungen die Verlegung beschlossen worden war.

Nach 1930 änderte sich die Gestalt des Kreises Unna zweimal. Die Gebietsreform von 1968 berührte fast ausschließlich die kreisinternen Grenzen: 75 zum Teil kleine und kleinste autonome Gebietskörperschaften wurden zu neun leistungsfähigeren Großgemeinden und Städten zusammengeschlossen. Mit der zweiten Neuordnung am 1. Januar 1975 wurden vor allem die äußeren Grenzen des Kreises neu gezogen: Die Gemeinden Pelkum, Rhynern und Uentrop verließen den Kreisverband, während die Städte Schwerte, Lünen, Selm und Werne dem Kreis Unna zugeordnet wurden. Der neue Kreis Unna behielt das Wappen seines Vorgängers bei, das am 23. Mai 1938 die Genehmigung des damals zuständigen Preußischen Staatsministeriums erhalten hatte. Wegen der früheren, fast vollständigen Zugehörigkeit zur Grafschaft Mark wurde dem Kreiswappen das ältere märkische Wappenmotiv zugrunde gelegt.

Struktur des Kreises Sehenswürdigkeiten

Der Kreis Unna liegt geografisch fast im Zentrum Nordrhein-Westfalens und bildet eine Brücke vom Münsterland zum Sauerland. Das Siedlungsbild des Kreises ähnelt im westlichen Teil der Ruhrgebietslandschaft, während das nördliche und östliche Kreisgebiet ländlichen Charakter hat. Die frühere Monostruktur des Bergbaus ist zu einer ausgewogenen Wirtschaftsstruktur mit Produktions-, Handels- und Dienstleistungsbetrieben herangewachsen. Nur noch etwa 5 % der Arbeitsplätze sind im Bergbau vorhanden. Das verarbeitende Gewerbe hat inzwischen den größten Anteil, vor allem durch Stahl-, Maschinen- und Fahrzeugbau sowie Eisen- und Metallerzeugung, Gießereien und Stahlverformung. Es folgen Handel und Dienstleistungen, die nicht zuletzt durch die verkehrsgünstige Lage in den letzten Jahren an Bedeutung gewonnen haben.

Im Schloß Cappenberg, am Rande des Ruhrgebietes, dessen Anfänge bis ins 11. Jh. zurückgehen und das von 1824 bis 1831 Alterssitz des preußischen Staatsministers Reichsfreiherr Karl von und zum Stein war, bietet der Kreis Unna wechselnde Ausstellungen an, häufig in Zusammenarbeit mit der Stiftung Preußischer Kulturbesitz Berlin. Als bemerkenswerte Baudenkmäler gelten das Schloß Schwansbell in Lünen, das Schloß Heeren in Kamen, die evangelische Stadtkirche in Unna, das Haus Opherdicke in Holzwickede und die St.-Victor-Kirche in Schwerte. Das Alte Rathaus in Werne, die Alte Mühle in Bönen sowie die Stiftskirche in Fröndenberg zeugen davon, daß in diesem Kreis Altes bewahrt bleibt.

Kreis Viersen

Regierungsbezirk: Düsseldorf. Einwohner: 286 126. Fläche: 562,8 km². Einwohner je km²: 508. Kfz-Kennzeichen: VIE. Kreisverwaltung: Rathausmarkt 3, 41747 Viersen, Postfach 41707 Viersen. Verwaltungsgliederung: 5 Städte (Kempen, Nettetal, Tönisvorst, Viersen, Willich) und 4 Gemeinden (Brüggen, Grefrath, Niederkrüchten, Schwalmtal).

Wappenbeschreibung

Unter silbernem Schildhaupt mit durchgehendem schwarzen Kreuz gespalten: vorne in Gold ein linksgewendeter, rot gezungter schwarzer Löwe; hinten in Blau ein zwiegeschwänzter, rot bewehrter goldener Löwe.

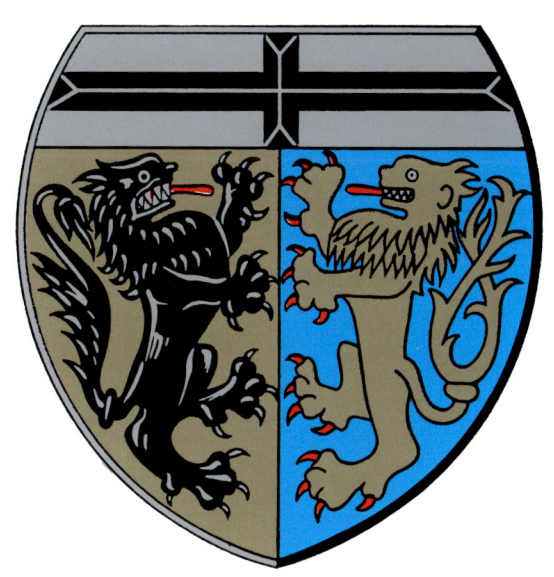

Historische Entwicklung

Die Geschichte hinterließ mit Grabhügeln und Funden der Steinzeit die ersten Spuren, römerzeitliche Straßen und Villen finden sich im Westen des Kreises. Bei dem mittelalterlichen Ringen um die Landesherrschaft gingen drei Territorien in dieser Region als Sieger hervor: das Herzogtum Jülich mit dem Amt Brüggen, das Herzogtum Geldern mit dem Amt Krickenbeck und der Exklave Viersen sowie das Kurfürstentum Köln mit den Ämtern Liedberg, Linn, Kempen und Oedt.
Nach kurzer Zugehörigkeit zu Frankreich gelangte das Gebiet 1815 zu Preußen, zunächst zum Regierungsbezirk Kleve (bis 1822), dann zum Regierungsbezirk Düsseldorf. Mit der Neuregelung des rheinisch-westfälischen Industriegebietes 1929 entstand der Kreis Kempen-Krefeld, der aus den ehemaligen, gleichnamigen Kreisen und aus Teilen des Kreises Geldern im Nordwesten und des Kreises Gladbach im Süden zusammengelegt worden ist. Die letzte Gebietsreform in zwei Abschnitten 1970 und 1975 ließ den jetzigen Kreis entstehen. Die bis dahin kreisfreie Stadt Viersen wurde eingegliedert und gab dem Kreis den neuen Namen. Aus dem Kreis Heinsberg kam die Gemeinde Niederkrüchten hinzu.

Das 1932 und zuletzt am 16. Oktober 1980 genehmigte Kreiswappen spiegelt die Gebietszugehörigkeit des Raumes bis zur napoleonischen Zeit wider. Das Kreuz ist das kurkölnische, der schwarze Löwe war das Wappenzeichen der Herzöge von Jülich, der goldene Löwe das der Herzöge von Geldern.

Struktur des Kreises
Sehenswürdigkeiten

Der am Niederrhein gelegene Kreis ist ein bevorzugtes Naherholungsgebiet mit reizvollen, auch erdgeschichtlich interessanten Landschaften, etwa den Süchtelner Höhlen. Die »Hinsbecker Schweiz« mit den Seen an der Nette oder der Schwalm im internationalen »Naturpark Maas-Schwalm-Nette« verdienen neben Natur- und Landschaftsschutzgebieten Beachtung. Hervorragend sind die historischen Ortskerne von Brüggen, Dülken, Kempen und Waldniel, beachtlich die Kirchbauten in Kempen und Niederkrüchten oder die Wallfahrtskirche in Elmpt-Overhetfeld, Kirchen des 19. Jh. in Schwalmtal, Nettetal und Viersen. Neben Burgen und Herrenhäusern in Brüggen, Kempen, Neersen, Vorst und Lobberich sind technische Denkmäler der Industrialisierung des Kreises interessant wie die Windmühlen in Kempen, Tönisvorst und Nettetal oder die Wassermühlen an Niers, Nette und Schwalm. In Kempen sollte man das Städtische Kramer-Museum und das Museum für Niederrheinische Sakralkunst nicht versäumen oder das Niederrheinische Freilichtmuseum mit Spielzeugmuseum in Grefrath und das Jagd- und Naturkundemuseum Burg Brüggen. 83 % der landwirtschaftlichen Nutzfläche sind ackerbaulich genutzt, 13 % dienen als Grünland. In der Wirtschaft bilden Textilindustrie und Maschinen- wie Fahrzeugbau Schwerpunkte.

Kreis Warendorf

Regierungsbezirk: Münster. Einwohner: 268 862. Fläche: 1315,61 km². Einwohner je km²: 204. Kfz-Kennzeichen: WAF. Kreisverwaltung: Waldenburger Straße 2, 48231 Warendorf, Postfach 110561, 48207 Warendorf. Verwaltungsgliederung: 8 Städte (Ahlen, Beckum, Drensteinfurt, Oelde, Sassenberg, Sendenhorst, Telgte, Warendorf) und 5 Gemeinden (Beelen, Ennigerloh, Everswinkel, Ostbevern, Wadersloh).

Wappenbeschreibung

In Rot ein goldener Schrägwellenbalken, begleitet von je einer goldenen Rosette.

Historische Entwicklung

In seiner heutigen Gestalt ist dieser Kreis noch jung. Der Kreis Warendorf wurde am 1. Januar 1975 im Zuge der kommunalen Gebietsreform in Nordrhein-Westfalen gebildet. Er vereinigt im wesentlichen die beiden ehemaligen Landkreise Beckum und Warendorf sowie Teile der ehemaligen Landkreise Lüdinghausen und Münster. Die bis dahin selbständigen Kreise Warendorf und Beckum konnten auf eine 171jährige Geschichte zurückblicken. Beide Kreise entstanden durch die erste preußische Kreiseinteilung, die am 1. Januar 1804 in Kraft trat. Interessant ist, daß der gesamte nördliche Teil des jetzigen Großkreises bereits im Jahre 1806 schon einmal im damaligen Kreis Warendorf vereinigt war. Seinerzeit wurden nämlich aus räumlichen Zweckmäßigkeitsgründen die Gemeinden Stadt und Kirchspiel Telgte sowie Ostbevern und Westbevern in den Landkreis integriert.

Das Kreiswappen ist eine Kombination der Wappen der ehemaligen Kreise Beckum und Warendorf. Die Farben Rot und Gold beziehen sich auf die Farben des Fürstbistums Münster, zu dem das Gebiet beider Kreise bis 1803 gehörte. Der Wellenbalken aus dem Beckumer Kreiswappen verweist auf den Wasserreichtum des Beckumer Hügellandes und auf seinen Hauptwasserlauf, die Werse. Die »Sonnenräder« des alten Warendorfer Kreiswappens waren dem Wappen der Familie Vogt von Warendorpe entnommen. Das heraldisch musterhafte neue Kreiswappen wurde am 20. Mai 1976 verliehen.

Struktur des Kreises
Sehenswürdigkeiten

Der Kreis bietet zwischen Ems und Lippe die großräumige, idyllische Münsterländische Parklandschaft mit einer weitgefächerten Industrie, mittelständischen Handels- und Handwerksbetrieben und einer gesunden Landwirtschaft neben umfassendem Dienstleistungsangebot. Im nördlichen Kreisgebiet dominieren die Textil-, Holz- und Nahrungsmittelindustrie, während im Süden vorwiegend Maschinenbauindustrie, Elektrotechnik und die Industrie der Steine und Erden zu Hause sind.

Von den zahlreichen historischen Bausubstanzen und kulturellen Sehenswürdigkeiten seien beispielsweise genannt: die Wasserschlösser Loburg in Ostbevern und Crassenstein in Wadersloh-Diestedde sowie das Doppelschloß Harkotten in Sassenberg-Füchtorf. Die fünftürmige Stiftskirche in Warendorf-Freckenhorst, errichtet von hochadeligen Stiftsdamen, ist eines der bedeutendsten sakralen Bauwerke im frühromanischen Baustil. Von den Klosterkirchen ist auch die ehemalige Abteikirche in Wadersloh-Liesborn (spätgotisch, mit romanischem Westturm) zu nennen. Die Museen in Wadersloh-Liesborn (Museum Abtei Liesborn, Krippenmuseum) sowie die Heimatmuseen in Ahlen und Beckum lohnen einen Besuch. Neben der wirtschaftlichen Attraktivität bietet der Kreis auch dem Hobbyurlauber eine breite Palette von Entfaltungsmöglichkeiten, um sich zu betätigen und zu entspannen. Reiten, Wandern, Planwagenfahrten, Plättkesfahrten oder Freizeit auf Bauernhöfen beispielsweise kennzeichnen diese Aktivitäten.

Kreis Wesel

Regierungsbezirk: Düsseldorf. Einwohner: 469 613. Fläche: 1042 km². Einwohner je km²: 450. Kfz-Kennzeichen: WES. Kreisverwaltung: Reeser Landstraße 31, 46483 Wesel, Postfach 101160, 46467 Wesel. Verwaltungsgliederung: 9 Städte (Dinslaken, Hamminkeln, Kamp-Lintfort, Moers, Neukirchen-Vluyn, Rheinberg, Voerde, Wesel, Xanten) und 4 Gemeinden (Alpen, Hünxe, Schermbeck, Sonsbeck).

Wappenbeschreibung

In Grün eine silberne Kopfweide mit dreizehn belaubten Zweigen und drei Wurzeln.

Historische Entwicklung

Das neue Wappen gehört sicher zu den ausdrucksstärksten deutschen Kreiswappen und nimmt als eines der ersten in seiner Begründung Bezug auf den Umweltschutz. Die Kopfweide gilt als charakteristischer Baum der niederrheinischen Landschaft und soll auf die vielen, in ihrer Natürlichkeit noch erhaltenen Gebiete im Kreis Wesel hinweisen. Das Kreiswappen soll gemäß der offiziellen Begründung ferner den Willen des Kreistages zum Ausdruck bringen, dieses Landschaftsbild zu erhalten, was mit der grünen Schildfarbe hervorgehoben wird. Die drei Wurzelansätze der Kopfweide verweisen auf die früheren Kreise Dinslaken, Moers und Rees, die am 1. Januar 1975 zum Kreis Wesel zusammengeschlossen wurden. Wohlweislich verzichtete das neue Kreisparlament darauf, Bestandteile der ohnehin schon überladenen alten Wappen zu kombinieren, sondern schuf das am 14. Juli 1978 genehmigte, neuartige Sinnbild. Die Verbundenheit des Kreises Wesel mit seinen kreisangehörigen Städten und Gemeinden soll mit den 13 Zweigen des Baumes symbolisch dargestellt werden. Die drei Vorläufer des heutigen Kreises waren alle 1816 im Zuge der Neuordnung des preußischen Staates entstanden. Von ihnen besaß der Kreis Dinslaken die wechselvollste Geschichte, da die Wirtschafts- und Bevölkerungsdynamik des Ruhrgebietes zu häufigen territorialen Veränderungen führte. Auch der Kreis Moers war verschiedenen territorialen Veränderungen unterworfen. Die Grenzen des Kreises Rees waren dagegen seit 1823 konstant geblieben.

Struktur des Kreises
Sehenswürdigkeiten

Der Kreis Wesel gehört zum Niederrhein und liegt im dynamischen Kraftfeld der Entwicklung der Rheinschiene und des Ruhrgebietes. Im Kreis sind bedeutende Maschinen-, Stahl- und Kesselbaubetriebe und eine große Aluminiumhütte ansässig. Außerdem liegt hier eines der größten Steinsalzbergwerke Europas. Der größte Flüssigeilieferant Europas hat seinen Betrieb in Schermbeck. Weit über die Landesgrenze hinaus bedeutsam ist auch die Sand- und Kiesindustrie. Auch die Landwirtschaft ist ein wichtiger Wirtschaftsfaktor mit einer hochentwickelten Rinder- und Schweinezucht. Der Steinkohlenbergbau hat die wirtschaftlichen Entwicklungen im Süden und Südosten des Kreises geprägt. Fünf vorzügliche Rheinhäfen erschließen im Kreis das Transportpotential des größten Europäischen Binnenschiffahrtsweges. Der Kreis Wesel ist ein beliebtes Naherholungsgebiet. Die Bönninghardt, ein teilweise bewaldeter Höhenzug, der Staatsforst »Die Leucht«, Teile des »Naturparks Hohe Mark«, der Dämmerwald sowie zahlreiche weitere schöne Natur- und Landschaftsgebiete, das älteste deutsche Zisterzienserkloster im Kamp und nicht zuletzt der »Archäologische Park« in Xanten sind attraktive Erholungs- und Freizeitangebote. Besondere Anziehungspunkte sind die Trabrennbahn in Dinslaken, das Atelierzentrum im Schloß Ringenberg, die Klosterkirche Marienthal, das Otto-Pankok-Museum in Hünxe, Schloß Gartrop (14. Jh.), das Treidelschifferdorf Krudenburg, Kloster Kamp mit dem Terrassengarten (Sanssouci am Niederrhein), das Moerser Schloß, das New-Jazz-Festival Moers, die historisch sanierte Moerser Altstadt, die Zechensiedlungen in Neukirchen-Vluyn, das gotische und das neue Rathaus in Rheinberg, die Klevische Burganlage in Schermbeck, die Sonsbecker Schweiz, das Wasserschloß Haus Voerde, der Willibrordi-Dom und die Zitadelle in Wesel, der Auesee in Wesel sowie die Xantener Nord- und Südsee und der Xantener St.-Viktor-Dom.

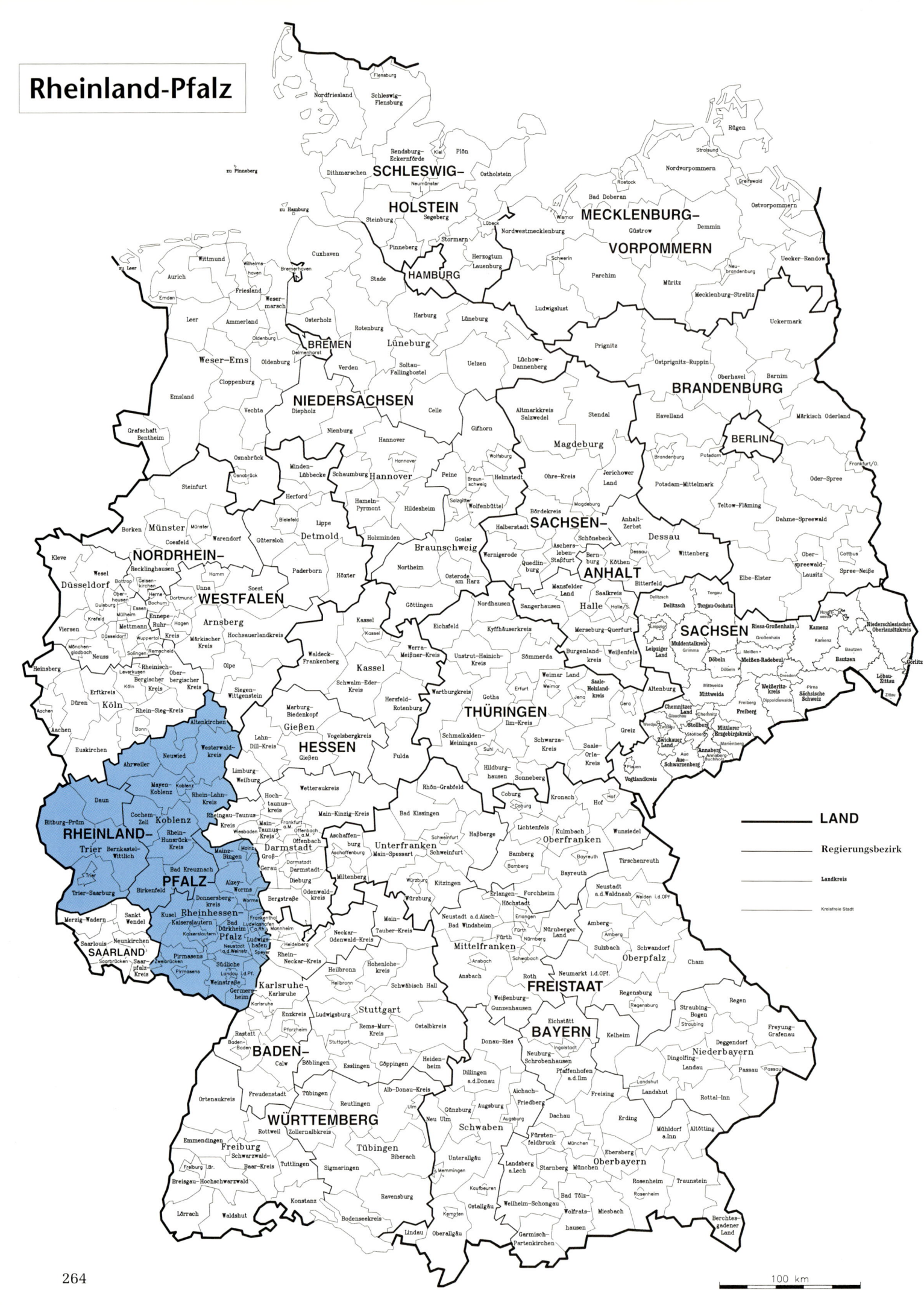

Heinz Dreibus

Die Landkreise in Rheinland-Pfalz

Die unterschiedliche historische Entwicklung der Kreise in Rheinland-Pfalz entspricht der Historie des Landes bzw. der verschiedenen Gebietsteile, aus denen im August 1946 das neue Land Rheinland-Pfalz durch Dekret des Zonenbefehlshabers geschaffen wurde, das sich dann am 18. Mai 1947 eine Verfassung gab. Im Schwerpunkt waren es frühere preußische – nördlich der Nahe gelegene – Gebietsteile, aus denen, neben dem ehemaligen hessendarmstädtischen Rheinhessen und der vormals bayerischen Pfalz unter Hinzunahme des vorher zu Oldenburg gehörenden Birkenfelder Bereichs das neue Land Rheinland-Pfalz nach dem Zweiten Weltkrieg gebildet wurde. Die Landkreise in den ehemals preußischen Gebietsteilen sind in ihrer konkreten räumlichen Gestaltung, die sie zum Teil bis ins 20. Jh. behielten, auf das Jahr 1816 zurückzuführen, als damals das bisherige Generalgouvernement des Mittel- und Niederrheins in sechs Regierungsbezirke und anschließend dann die Regierungsbezirke in Kreise untergliedert wurden. Die Kreise im ehemals hessen-darmstädtischen Gebietsteil Rheinhessen gehen auf ein entsprechendes Großherzogliches Edikt aus dem Jahre 1835 zurück. Hingegen kann man die Geburtsstunde der pfälzischen Landkreise wohl im Jahre 1818 sehen, in denen das »königlich-bayerische Gebiet auf dem linken Ufer des Rheins«, wie die heutige Pfalz damals hieß, durch ein Königliches Reskript in Landkommissariate aufgeteilt wurde.

Die wohl bedeutsamste Veränderung des Gebietszuschnitts der Kreise im Bereich des heutigen Landes Rheinland-Pfalz seit ihrer Gründung erfolgte dann in der *Kreisreform,* die im Jahre 1969 durch das »Dritte Landesgesetz über die Verwaltungsvereinfachung« eingeleitet und im Jahre 1974 abgeschlossen wurde: Die Zahl von ursprünglich 39 *Landkreisen* in Rheinland-Pfalz ist durch diese Reform auf insgesamt 24 reduziert worden. In diesen 24 Kreisen leben fast drei Viertel der Einwohner des Landes; 95 Prozent der Fläche des Landes Rheinland-Pfalz wird von den Landkreisen umfaßt. Durchschnittlich 121 000 Einwohner und 95 Gemeinden umfaßt der rheinland-pfälzische Kreis, wobei die Durchschnittsfläche rund 780 km² beträgt. Der einwohnermäßig größte Kreis in Rheinland-Pfalz ist der Landkreis Mayen-Koblenz mit knapp 200 000 Einwohnern, der kleinste der Landkreis Daun in der Eifel mit rund 61 000 Einwohnern. Flächenmäßig der größte Kreis in Rheinland-Pfalz ist der Kreis Bitburg-Prüm mit 1626 km², während der flächenmäßig kleinste Kreis der Landkreis Ludwigshafen mit etwas über 300 km² ist.

Die Verfassung der rheinland-pfälzischen Landkreise kann man wie folgt kurz skizzieren: Die Kreise sind *Gebietskörperschaften mit dem Recht auf Selbstverwaltung;* sie gehören – ebenso wie die Gemeinden und Städte – in die große Familie der kommunalen Selbstverwaltung.

Oberstes Organ der Kreise ist der *Kreistag,* der auf fünf Jahre von den Kreisbürgern gewählt wird. Die Zahl der Kreistagsmitglieder beträgt je nach der Größe des Kreises 34 bis 50. Der Kreistag beschließt über alle Selbstverwaltungsangelegenheiten des Landkreises, soweit nicht der Landrat oder ein *Ausschuß* aufgrund Aufgabenübertragung zuständig ist.

Als weiteres Organ des Kreises ist der *Landrat* zu nennen, der in Urwahl auf 8 Jahre gewählt wird. Der Landrat leitet die Kreisverwaltung. Er ist aber auch mit Stimmrecht Vorsitzender des Kreistags und der Ausschüsse, soweit nicht Kreisbeigeordnete hier zuständig sind. Der Landrat führt auch den Vorsitz in dem aus ihm und den Kreisbeigeordneten bestehenden Kreisvorstand.

Die Kreisverwaltung in Rheinland-Pfalz ist sowohl *kommunale Behörde* der Gebietskörperschaft Landkreis als auch gleichzeitig untere Behörde der allgemeinen Landesverwaltung, also auch *staatliche Behörde.*

Entsprechend dem Doppelcharakter der Kreisverwaltung als kommunale und staatliche Behörde nimmt diese auch eine entsprechende differenzierte Aufgabenpalette wahr: Aufgaben der kommunalen Selbstverwaltung erfüllen der Kreis und die Kreisverwaltung zum Beispiel im schulischen und kulturellen Bereich, u. a. als wichtiger Schulträger, etwa von Berufsschulen, Gymnasien, Realschulen und Sonderschulen, weiterhin auf dem Gebiet der Weiterbildung, im Sozialwesen, in der Jugendhilfe, im Krankenhauswesen, im Kreisstraßenbau und in der Abfallwirtschaft sowie durch die Trägerschaft vieler Kreiseinrichtungen, wie z. B. im Bereich des Fremdenverkehrs, der Musikschulen, des Spar- und Kreditwesens (Gewährträgerschaft für die Sparkassen), der Wasserversorgung, der Schülerbeförderung, des Katastrophenschutzes und des überörtlichen Brandschutzes und vieler weiterer Aufgaben. Als Auftragsangelegenheiten nimmt die Kreisverwaltung eine Vielzahl staatlicher Funktionen wahr, wie etwa die Aufgaben der unteren Landesplanungsbehörde, der unteren Straßenverkehrsbehörde einschließlich der Kraftfahrzeugzulassung, weiterhin Aufgaben der Bußgeldstelle sowie eine Reihe verwaltungspolizeilicher Funktionen, Aufgaben im Bereich des Ausländer-, Personenstands- und Staatsangehörigkeitswesens sowie bei der zivilen Verteidigung, der Bauaufsicht, der Genehmigung der Bauleitpläne der kreisangehörigen Gemeinden, Kompetenzen im Denkmalschutz, der unteren Wasserbehörde und der unteren Landwirtschaftsbehörde, weiterhin u. a. Aufgaben auf dem Gebiet des Veterinärwesens und der Lebensmittelüberwachung. Als untere staatliche Verwaltungsbehörde nimmt die Kreisverwaltung insbesondere die Kommunalaufsicht über die kreisangehörigen Gemeinden sowie die überörtliche Gemeindeprüfung wahr.

Die Landkreise finanzieren ihre Aufgaben mit Einnahmen aus Steuern (Grunderwerbs-, Jagd- und zum Teil auch Schankerlaubnissteuer); die Steuereinnahmen betragen jedoch nur rund fünf Prozent der Kreiseinnahmen in Rheinland-Pfalz. Weitere Einnahmen der Kreise sind die Gebühren (beispielsweise für die Baugenehmigung, Kraftfahrzeugzulassung und Abfallbeseitigung), die nur einen geringen Deckungsgrad (ca. vier Prozent) der Verwaltungshaushalte ausmachen. Ein wichtiger Einnahmeposten bei den Kreisen sind die staatlichen Zuweisungen im Rahmen des Finanzausgleiches sowie staatliche Zuweisungen für spezielle Investitionen, die zusammen ungefähr 25 Prozent betragen. Aus Krediten wurden zuletzt im Schnitt rund vier Prozent der Kreiseinnahmen finanziert.

Einen Schwerpunkt bei den Kreiseinnahmen stellt die von den Gemeinden zu leistende und jährlich vom Kreistag festzusetzende Kreisumlage dar, die inzwischen rund 33 Prozent der Kreiseinnahmen ausmacht. Weitere Einnahmepositionen bilden z. B. die sonstigen Zuweisungen des Landes und die Veräußerungserlöse.

Landkreistag Rheinland-Pfalz – Deutschhausplatz 1 – 55116 Mainz

Landkreis Ahrweiler

Regierungsbezirk: Koblenz. Einwohner: 123 000. Fläche: 787 km². Einwohner je km²: 144. Kfz-Kennzeichen: AW. Kreisverwaltung: Wilhelmstraße 24-30, 53474 Bad Neuenahr-Ahrweiler, Postfach 1369, 53458 Bad Neuenahr-Ahrweiler. Verwaltungsgliederung: 8 kreisangehörige Gemeinden (Städte Bad Neuenahr-Ahrweiler, Remagen, Sinzig; Verbandsgemeinden Adenau, Altenahr, Bad Breisig, Brohltal; Gemeinde Grafschaft).

Wappenbeschreibung

Geviert: 1 in Silber ein durchgehendes schwarzes Kreuz, 2 in Gold ein rot bewehrter schwarzer Adler, 3 in Gold ein rot bewehrter schwarzer Löwe, 4 in Grün ein silberner Schrägwellenbalken.

Historische Entwicklung

Der Vinxtbach im südlichen Kreisgebiet, der bereits die Grenze zwischen den römischen Provinzen Germania inferior und Germania superior darstellte, schied in der fränkischen Zeit auch die Rheinfranken (Ahr- und Eifelgau) und die Moselfranken (Maifeldgau) voneinander und wurde so mitbestimmend für die Grenzziehung zwischen den Bistümern Köln und Trier. Die in diesem Gebiet umfangreichen Königsgüter bzw. Fiskalbezirke bildeten nach ihrem Verfall die Grundlage verschiedener kleinerer Adelsherrschaften, so daß in diesem Grenzgebiet zwischen den geschlossenen Territorien von Kurköln und Kurtrier bis 1797 eine starke territoriale Zersplitterung herrschte, der die einrückenden Revolutionsheere ein Ende bereiteten.

Im Kreiswappen, das bereits seit dem 5. Juli 1927 geführt wird und damit zu den ältesten deutschen Landkreiswappen überhaupt zählt, illustriert das Kreuz die mehr als 600jährige Zugehörigkeit des Ahrtales zum Bistum und Kurfürstentum Köln. Daneben erinnert der Adler an die Grafen von Are, die vor Kurköln im Ahrgau geherrscht hatten. Der jülich-bergische Löwe weist darauf hin, daß Jülich vom Ausgang des Mittelalters bis zum Ende des 18. Jh. an der unteren Ahr und am Rhein Landesherr war. Der heraldische Wellenbalken symbolisiert die Rheinprovinz, zu der der Kreis Ahrweiler seit seiner Entstehung von 1816 bis 1945 gehörte. Im Jahre 1932 wurde das Kreisgebiet um große Teile des aufgelösten Kreises Adenau vergrößert. Die Gebietsreform von 1970 führte dem Kreis Ahrweiler 12 Gemeinden des aufgelösten Kreises Mayen zu.

Struktur des Kreises
Sehenswürdigkeiten

Unmittelbar in Nachbarschaft zur ehemaligen Bundeshauptstadt Bonn gelegen, bildet der Landkreis Ahrweiler den nördlichsten linksrheinischen Kreis des Landes Rheinland-Pfalz. Die landschaftliche Schönheit der Region um Eifel, Ahr und Rhein beschert dem Kreis alljährlich Hunderttausende von Feriengästen. In der Nähe der Hohen Acht, der mit 747 m höchsten Erhebung der Eifel, befindet sich die weltweit bekannte Rennstrecke des Nürburgrings mit Rennsportmuseum, Fahrsicherheitszentrum und weiteren Nebenanlagen. Die anschließende Vulkaneifel ist nicht nur durch zahlreiche Vulkankegel, sondern ebenfalls durch die Maare (kreisrunde Seen als Reste vulkanischer Sprengtrichter) gekennzeichnet. An den Ufern des größten Maares, des Laacher Sees, liegt die Benediktinerabtei Maria Laach. Vom Rolandsbogen im Rheintal hat man einen hervorragenden Blick zum Drachenfels und auf die Stadt Bonn. Schlösser, Burgen und Ruinen führen die Vergangenheit vor Augen, so z. B. die Ruinen Nürburg und Olbrück, die Burg Rheineck oder das Kloster Nonnenwerth. Das Museum »Römervilla« in Ahrweiler zeigt die Reste eines römischen Landhauses und gilt als besterhaltener archäologischer Fund dieser Art nördlich der Alpen. Wein- und Winzerfeste wie auch die »Ahr-Rotweinstraße« erinnern daran, daß man sich in Deutschlands größtem zusammenhängenden Rotweinanbaugebiet aufhält. Die Weinstuben des mittelalterlichen Ahrweiler (mit vollständig erhaltener Stadtmauer), im romantischen Altenahr, aber auch im Kurort Bad Neuenahr bekräftigen diesen Eindruck.

Landkreis Altenkirchen

Regierungsbezirk: Koblenz. Einwohner: 132 618. Fläche: 642 km². Einwohner je km²: 207. Kfz-Kennzeichen: AK. Kreisverwaltung: Parkstraße 2, 57610 Altenkirchen. Verwaltungsgliederung: 8 Verbandsgemeinden (Altenkirchen, Betzdorf, Daaden, Flammersfeld, Gebhardshain, Hamm, Kirchen, Wissen) mit 118 Ortsgemeinden und die verbandsfreie Stadt Herdorf.

Wappenbeschreibung

Gespalten durch eine eingebogene silberne Spitze, darin ein durchgehendes, von Schwarz und Rot geschliffenes Kreuz; vorne in Rot ein doppelschweifiger, herschauender, blau bewehrter goldener Löwe, hinten in Gold ein aufrechter schwarzer Maueranker.

Historische Entwicklung

Der Landkreis Altenkirchen in seiner heutigen Form wurde am 14. Mai 1816 durch Beschluß der königlichen Regierung des Bezirks Koblenz gebildet. Seitdem sind nur geringe Grenzkorrekturen erfolgt, ein Gemeindeteil wurde ausgegliedert und eine Gemeinde in den Kreis Altenkirchen aufgenommen.

Das Kreiswappen, das am 11. Dezember 1967 genehmigt wurde, deutet auf vier ursprüngliche Herrschaften hin, nämlich auf die Grafschaft Sayn-Hachenburg, die im 12. Jh. aus der Gaugrafschaft des Auelgaues erwachsen war. Das Wappentier dieser Landesherrschaft war der herschauende Löwe (in der Heraldik auch als Leopard bezeichnet). Der Maueranker verweist auf die Herren von Wildenburg, die bereits 1418 ausstarben; ihre Besitzungen wechselten durch Erbschaft an die Grafen (später Fürsten) von Hatzfeldt. Die gelungene Kombination des schwarzen Kreuzes in Silber verweist auf die Herrschaft der Erzbischöfe von Köln und des roten Kreuzes in Silber auf die der Erzbischöfe von Trier. Kurköln besaß seit 1281 Burg und Amt Schönstein und ab 1325 auch die Burg Burglahr. Kurtrier hatte in der ersten Hälfte des 14. Jh. die Lehnshoheit über die Kirchspiele Horhausen und Peterslahr erlangt, zeitweise hatte es das Amt Freusburg inne. 1815 fielen alle beschriebenen Gebiete an das Königreich Preußen. Seit 1947 gehört der Landkreis Altenkirchen zu Rheinland-Pfalz.

Struktur des Kreises Sehenswürdigkeiten

Obwohl der nördlichste Landkreis von Rheinland-Pfalz sich als grüner Bezirk mit etwa 80 % Waldfläche und landwirtschaftlicher Nutzfläche darstellt, ist er doch einer der höchst industrialisierten Kreise in Rheinland-Pfalz. Traditionsgemäß ist die eisenschaffende Industrie hier zuhause. Nachdem sich in den sechziger Jahren durch Wegfall der Gruben und Hütten eine Strukturveränderung vollzogen hat, ist zur Zeit eine weitere Strukturumwandlung im Gange. Neben traditionsreichen Unternehmen entstehen auch neuere Gewerbe, die Arbeitsplätze für die Zukunft bieten. Bekannt ist der Kreis Altenkirchen für seine Wandermöglichkeiten und Sehenswürdigkeiten. Bedeutend sind das Schloß Crottorf, eine Wasserburg des 16. Jh., und die nahegelegene Wildenburg, das Schloß Friedewald, für dessen Fassade das Heidelberger Schloß als Vorbild diente, und die im Süden des Kreises gelegene Ruine der Burg Lahr, wo sich schon zu romanischer Zeit eine Burganlage befand. Etwa 10 km nördlich von Burg Lahr liegt Mehren mit seinen historischen Fachwerkhäusern. An der westlichen Kreisgrenze liegt Hamm/Sieg, der Geburtsort des Genossenschaftsgründers Friedrich Wilhelm Raiffeisen. Im Raiffeisenmuseum wird über dessen Wirken informiert. Auch in Weyerbusch, wo Raiffeisen sein Wirken begann, erinnern Einrichtungen an den Genossenschaftsgründer. Als Ausflugsort beliebt ist das ehemalige Franziskanerkloster von 1666 in Marienthal bei Hamm. Weiter östlich an der Sieg liegt der Druidenstein, eine sagenumwobene mächtige Pyramide aus säulenartigem Basalt. An der Sieg steht auch die Freusburg, die erstmals 1048 urkundlich erwähnt wurde und heute als Jugendherberge dient. In Herdorf-Sassenroth hat der Kreis ein Bergbaumuseum eingerichtet. In Steinebach/Sieg lockt ein Schaubergwerk jährlich 20 000 Besucher an. An die Bergbautradition erinnert auch der Förderturm der ehemaligen »Grube Georg« bei Willroth, der als letzter Zeitzeuge des Erzbergbaues erhalten blieb.

Landkreis Alzey-Worms

Regierungsbezirk: Rheinhessen-Pfalz. Einwohner: 116 000. Fläche: 588 km². Einwohner je km²: 197. Kfz-Kennzeichen: AZ. Kreisverwaltung: Ernst-Ludwig-Straße 36, 55232 Alzey, Postfach 1360, 55221 Alzey. Verwaltungsgliederung: 2 verbandsfreie Gemeinden (Alzey und Osthofen) und 6 Verbandsgemeinden (Alzey-Land, Eich, Monsheim, Westhofen, Wöllstein, Wörrstadt).

Wappenbeschreibung

Im geteilten Schild oben ein nach rechts liegender roter Drache in Gold mit erhobener rechter Pranke, unten eine schräg liegende goldene Fiedel in Rot.

Historische Entwicklung

Archäologische Bodenfunde bezeugen eine frühe Besiedlung dieser Region. Alzey geht auf eine keltische Gründung um 400 v. Chr. zurück. Die spätere Vangionensiedlung bauten die Römer, in deren Provinz Germania superior das heutige Kreisgebiet lag, im 4. Jh. n. Chr. zu einem Kastell um. Im Mittelalter stiegen die pfälzischen Wittelsbacher hier zu den mächtigsten Territorialherren auf. Alzey war bis zum Ende des 18. Jh. Sitz des größten kurpfälzischen Oberamtes. Im Jahre 1797 fiel der gesamte linksrheinische Landstrich an Frankreich, und das Gebiet des heutigen Landkreises blieb bis 1814 Bestandteil des Departements Mont Tonnerre (Donnersberg). Im Zuge der politischen Neuordnung Mitteleuropas auf dem Wiener Kongreß gelangte es als Teil der Provinz Rheinhessen bis 1945 an das Großherzogtum bzw. den Volksstaat Hessen.

Der Landkreis Alzey-Worms ist ein Produkt der Verwaltungsreform im Bundesland Rheinland-Pfalz. 1969 wurde dieses neue Gebilde durch Zusammenlegung großer Teile der Kreise Alzey und Worms geschaffen. Das am 25. Januar 1970 genehmigte Wappen greift zwei Symbole des Nibelungenliedes auf: Der Drache war als Sinnbild des Drachentöters Siegfried zuletzt das Hauptmotiv im Wappen des ehemaligen Landkreises Worms. Die Fiedel weist auf Volker von Alzey hin.

Struktur des Kreises
Sehenswürdigkeiten

Die Wirtschaftsstruktur des Landkreises ist gekennzeichnet von einem dominierenden landwirtschaftlichen Sektor und einem sehr geringen Bestand an Industrie- und Gewerbebetrieben. Rund 80 % der Kreisfläche werden landwirtschaftlich genutzt. Mit 13 000 ha bestocktem Rebland ist das »Weinland Alzey und Wonnegau im Herzen Rheinhessens« zudem größter Weinbaukreis Deutschlands. Seit den siebziger Jahren siedeln sich verstärkt neue Industrie- und Gewerbebetriebe im Kreisgebiet an, wobei sich die verkehrsgünstige Lage im Schnittpunkt der Bundesautobahnen A 61 und A 63 als wichtiger Standortvorteil erweist. Das Erscheinungsbild des Landkreises ist vielseitig: An Rebenbhügel und fruchtbares Ackerland schließt sich an der Westgrenze die »Rheinhessische Schweiz« – ein Erholungsgebiet mit idyllischen Waldwegen, ruhigen Bachläufen und alten Mühlen – an. Im Rheinknie nördlich von Worms liegt der »Eicher See«, der verschiedene Wassersport- und Erholungsmöglichkeiten bietet. Reich an Zeugnissen ihrer Vergangenheit ist die Kreisstadt Alzey. Sehenswert u. a. das auf das 12. Jh. zurückgehende Schloß und das 1586 erbaute Rathaus. Darüber hinaus laden überall im Kreisgebiet nicht minder sehenswerte Kirchen und Rathäuser, Bauernhöfe, Fachwerkhäuser und Dorfbefestigungen zum Verweilen in dieser alten Kulturlandschaft ein.

Landkreis Bad Dürkheim

Regierungsbezirk: Rheinhessen-Pfalz. Einwohner: 129 371. Fläche: 594,91 km². Einwohner je km²: 217. Kfz-Kennzeichen: DÜW. Kreisverwaltung: Philipp-Fauth-Straße 11, 67098 Bad Dürkheim, Postfach 1562, 67089 Bad Dürkheim. Verwaltungsgliederung: 3 verbandsfreie Städte und Gemeinden (Bad Dürkheim, Grünstadt, Haßloch) und 6 Verbandsgemeinden (Deidesheim, Freinsheim, Grünstadt-Land, Hettenleidelheim, Lambrecht, Wachenheim).

Wappenbeschreibung

Durch einen mit zwei blauen, grün gestielten Trauben mit grünen Blättern belegten silbernen Pfahl gespalten: rechts in Schwarz ein linksgewendeter, rot bewehrter goldener Löwe; links in Blau ein rot bewehrter silberner Adler.

Historische Entwicklung

Schon seit der frühen römischen Kaiserzeit kennt man eine großräumige Gliederung des Gebietes im Dreieck zwischen Rhein, Haardtgebirge und Speyerbach, das etwa im 7. Jh. als Wormsgau im Norden und Speyergau im Süden zum Ostfränkischen Reich Ludwigs des Deutschen gehörte. Hier verfügte im 12. Jh. Konrad von Hohenstaufen über ein fest umrissenes Hoheitsgebiet, während die salischen Kaiser um 1000 das Erbe des Speyergaus übernahmen. Später beherrschten die Grafen von Leiningen mit ihren »Ämtern« den nördlichen Teil des heutigen Landkreises, während der südliche Teil von den kurpfälzischen Landesherren regiert wurde. Das zunächst von den Franzosen und nach dem Wiener Kongreß vom Königreich Bayern verwaltete Territorium gliederte sich im Norden in den ehemaligen Landkreis Frankenthal und im Süden in den ehemaligen Landkreis Neustadt.
Im Zuge der Verwaltungsreform in Rheinland-Pfalz wurde 1969 der heutige Landkreis Bad Dürkheim gebildet. Noch heute erinnert das Kreiswappen an die beiden größten Landesterritorialherren, wobei der Adler das Geschlecht der Leininger und der Löwe die kurpfälzischen Landesfürsten beschreibt. Das neue Wappen wurde am 22. Januar 1973 verliehen.

Struktur des Kreises
Sehenswürdigkeiten

Entlang des Haardtrandes durchzieht die Deutsche Weinstraße nahezu 30 km lang den Landkreis, der mit weit bekannten Weinlagen und Weinstädten sein Charakteristikum besitzt. Deidesheim zieht alljährlich am Dienstag nach Pfingsten mit der Geißbockversteigerung viele Fremde an, aber auch Wachenheim hat mit seinem Hochwildschutzpark Kurpfalz eine Attraktion für die Wanderfreunde. Das historische Freinsheim mit seinen Türmen und einer malerischen Stadtmauer ist ebenso zu nennen wie Bad Dürkheim mit seinem Heilbad und dem als Speisegaststätte ausgebautem Riesenfaß mit einem Fassungsvermögen von 1 700 000 Litern. Dürkheim bietet jährlich das größte Weinfest der Welt, den bekannten »Wurstmarkt« und ein Spielkasino. Die westliche Hälfte des Landkreises gehört zum »Naturpark Pfälzerwald«, dem größten zusammenhängenden Waldgebiet Deutschlands. Hier erheben sich Burg Altleiningen, die Burgruine Neuleiningen, Klosterruine Limburg, die Burgruine Hardenburg, Schloßeck und Battenberg.
Außerhalb seit der Gebietsreform des Kreises, aber in dessen Eigentum auf Neustadter Gemarkung: das Hambacher Schloß, auf dem 1832 das »Hambacher Fest« stattfand. Das zur 150-Jahr-Feier durch die Landesregierung Rheinland-Pfalz und den Landkreis Bad Dürkheim aus- und umgebaute Schloß gilt als »Wiege der deutschen Demokratie«; es ist heute mit einem Museum (Dauerausstellung) als nationale Gedenk- und exklusive Tagungsstätte ein Anziehungspunkt für jährlich über 200 000 Besucher.

Landkreis Bad Kreuznach

Regierungsbezirk: Koblenz. Einwohner: 154 983. Fläche: 863,63 km². Einwohner je km²: 179. Kfz-Kennzeichen: KH. Kreisverwaltung: Salinenstraße 47, 55543 Bad Kreuznach. Verwaltungsgliederung: 2 verbandsfreie Städte (Kirn und Große kreisangehörige Stadt Bad Kreuznach), 8 Verbandsgemeinden (Bad Kreuznach, Bad Münster a. St.-Ebernburg, Kirn-Land, Langenlohnsheim, Meisenheim, Rüdesheim, Bad Sobernheim, Stromberg) mit insgesamt 117 Ortsgemeinden und Städten.

Wappenbeschreibung

Geteilt: oben in Schwarz ein wachsender, rot gekrönter und rot bewehrter goldener Löwe, unten in vier Reihen geschachtelt in Blau und Gold.

Historische Entwicklung

Als klimatisch begünstigter Raum wurde das Kreisgebiet bereits in der Jungsteinzeit stärker besiedelt. Die keltisch-germanische bäuerliche Kultur wurde lange von den Römern überprägt, die auch den Weinbau an die untere Nahe brachten. Eine geschlossene Besiedlung des Raumes erfolgte in der fränkischen Zeit.
Die eigentliche Geburtsstunde des Kreises fiel auf den 14. Mai 1816. Der Kreis umfaßte damals nur neun Bürgermeistereien mit 56 Gemeinden und rund 30 000 Einwohnern. Im gleichen Jahr wurde das Kreisgebiet im Rahmen einer Kreisrevision erweitert.
Durch eine Neugliederung der Landkreise im Jahr 1932 wurde der Kreis Meisenheim mit drei Ämtern, 25 Gemeinden und rund 13 000 Einwohnern mit dem Kreis Kreuznach (erst mit der Gebietsreform wurde der Zusatz »Bad« in den Kreisnamen übernommen) vereinigt. Die neue Gebietskörperschaft zählte nun 107 Gemeinden und hatte eine Einwohnerzahl von rund 100 000.
Aus der Verwaltungsreform 1969/70 ging der Landkreis Bad Kreuznach gestärkt hervor. Die Einwohnerzahl des Kreises erhöhte sich hierdurch auf 147 000. Der Kreis Bad Kreuznach ist heute als einer der größten und wirtschaftlich bedeutendsten Landkreise im Herzen des Bundeslandes Rheinland-Pfalz eine leistungsfähige Gebietskörperschaft. Das Kreiswappen wurde am 13. September 1939 von dem damals zuständigen Preußischen Staatsministerium genehmigt. Der Löwe symbolisiert die ehemals kurpfalz-bayerischen Gebietsanteile, der untere Schildteil die früheren Besitzungen der Vorderen Grafschaft Sponheim.

Struktur des Kreises
Sehenswürdigkeiten

Dank der landschaftlichen Vorzüge, der vielen kulturgeschichtlichen Sehenswürdigkeiten, des Waldreichtums und des milden, regenarmen Klimas gewinnt das Kreisgebiet unter der touristischen Bezeichnung »Naturparadies Nahe-Hunsrück« immer größere Bedeutung. Das Territorium wird durch das Nahetal, Berg- und Hügelländer im Süden und den zum Hunsrück gehörenden Soonwald im Norden geprägt. Über ein Drittel der Kreisfläche ist bewaldet. Die Wirtschaft des Kreises ist vor allem vom produzierenden Gewerbe und hier speziell durch die vielfältigen Industriezweige und das Dienstleistungsgewerbe geprägt. Von Bedeutung ist auch der Weinbau. Mit über 5500 ha Rebfläche gehört der Kreis Bad Kreuznach zu den größten weinbautreibenden Kreisen. Von den 119 Gemeinden sind über 50 Prozent Weinbaugemeinden. Die vier Heilbäder und Kurorte Bad Kreuznach (Kongreßstadt, ältestes Radon-Solbad), Bad Münster a. St.-Ebernburg (Thermal-Sole-Radonbad), Bad Sobernheim (Felkekurort) und Stromberg (Luftkurort) stehen stellvertretend für den Ruf des Kreises als bedeutendes Kur- und Erholungsgebiet. 27 Städte und Gemeinden sind als Fremdenverkehrsgemeinden bzw. Erholungsorte anerkannt. Besondere Sehenswürdigkeiten: Bad Kreuznach (Brückenhäuser an der Nahe, Kureinrichtungen, Salinental); Bad Münster a. St.-Ebernburg (Kureinrichtungen, Rheingrafenstein, Rotenfels und Ebernburg); Kirn (Gewerbezentrum mit schmucker Altstadt); Bad Sobernheim (Felkekurort, Freilichtmuseum); Meisenheim (historische Altstadt).

Landkreis Bernkastel-Wittlich

Regierungsbezirk: Trier. Einwohner: 112 000. Fläche: 1178 km². Einwohner je km²: 95. Kfz-Kennzeichen: WIL. Kreisverwaltung: Kurfürstenstraße 16, 54516 Wittlich, Postfach 1420, 54504 Wittlich. Verwaltungsgliederung: 106 Ortsgemeinden in 7 Verbandsgemeinden (Bernkastel-Kues, Kröv-Bausendorf, Manderscheid, Neumagen-Dhron, Thalfang, Traben-Trarbach und Wittlich-Land), 2 verbandsfreie Gemeinden (Einheitsgemeinde Morbach, Stadt Wittlich).

Wappenbeschreibung

Unter silbernem Schildhaupt mit durchgehendem roten Kreuz eine eingebogene, aufsteigende, von Rot und Silber geschachte Spitze; rechts in Gold ein roter Krebs, links in Rot zwei aufrechte silberne Schlüssel, deren Schließblätter halb aufeinander gelegt sind.

Historische Entwicklung

Zahlreiche Ortsnamen, besonders an der Mosel, bezeugen eine zusammenhängende Besiedlung in vorrömischer Zeit durch die keltischen Treverer. Aus der römischen Herrschaftsepoche von 50 v. Chr. bis ins 5. Jh. ist insbesondere das Kastell Kaiser Konstantin I. des Großen (306 bis 337) in Noviomagus (Neumagen) zu nennen. Damals gehörte das Kreisgebiet zur Provinz Belgica prima, in der darauffolgenden fränkisch-karolingischen Ära überwiegend zum Moselgau. Vom Mittelalter bis zur Zeit der französischen Besetzung Ende des 18. Jh. war das jetzige Kreisgebiet in viele Territorien zersplittert. Das am 21. Dezember 1971 genehmigte Kreiswappen kündet davon. Bereits die bis 1969 bestehenden Vorgängerkreise Wittlich und Bernkastel zeigten ähnliche Wappenbestandteile. Auf den dominierenden Einfluß des Erzbistums Trier verweist das Trierer Kreuz im Schildhaupt. Die beiden Schlüssel erinnern an das Wappen der Stadt Wittlich. In Bernkastel-Kues wurde 1401 der bedeutende Kardinal Nikolaus von Kues (latinisiert: Nicolaus Cusanus) geboren, der eigentlich den Familiennamen Cryfftz (Krebs) trug. An ihn erinnert der rote Krebs im Wappenschild. Der rot-silberne Schach nimmt Bezug auf die Zugehörigkeit von Traben-Trarbach zur Grafschaft Sponheim.

Struktur des Kreises Sehenswürdigkeiten

Der Landkreis Bernkastel-Wittlich reicht im Nordwesten über die vulkanische Moseleifel bis an die Kyllburger Waldeifel und erstreckt sich im Südosten über die Höhen des Mosel-Hunsrücks bis in den Hoch- und Idarwald mit dem Erbeskopf (818 m ü. NN) als höchste Erhebung in Rheinland-Pfalz.
Das Zentrum des Kreises bilden das mittlere Moseltal mit seinen vielen Tälern und die fruchtbare Wittlicher Senke. Überdurchschnittlich hoch ist der Waldbestand (ca. 48,8 %) des Kreisgebietes, das in der Eifel ein besonderes Naturereignis aufweisen kann: den Mosenberg, den einzigen Bergkratersee nördlich der Alpen. Als »Perle der Eifel« wird Manderscheid mit seiner Ober- und Niederburg bezeichnet. Weitere Anziehungspunkte sind das Heimatmuseum, die Zisterzienserabtei in Himmerod, die Wallfahrtskirche Maria Heimsuchung in Klausen, das Karmelitenkloster Springiersbach in Bengel sowie in Wittlich das Rathaus, die Synagoge und das Völkerkundemuseum St. Paul in Wengerohr. Die Romantik einer bedeutenden Weinbauregion strahlen die Städte und Dörfer entlang der Mosel aus.
Sehenswert sind in Bernkastel-Kues die Burg Landshut, das St.-Nikolaus-Hospital – Cusanusstift –, das Cusanus-Geburtshaus und das Mosel-Weinmuseum, in Neumagen-Dhron das berühmte Weinschiff, in Piesport die größte freigelegte römische Kelteranlage nördlich der Alpen, in Traben-Trarbach das Mittel-Mosel-Museum, die Brückentorgalerie und das »lebende Ikonen-Zentrum« (Kautenbach), in Enkirch die Heimatstuben sowie im Hunsrück das Schloß Dhronecken, St. Paulin in Bischofsdhron, die Burgruine Baldenau in Hundheim und in Thalfang die evangelische Kirche.

Landkreis Birkenfeld

Regierungsbezirk: Koblenz. Einwohner: 90 380. Fläche: 797 km². Einwohner je km²: 108. Kfz-Kennzeichen: BIR. Kreisverwaltung: Schloßallee 11, 55765 Birkenfeld, Postfach 30 12 40, 55760 Birkenfeld. Verwaltungsgliederung: 4 Verbandsgemeinden (Baumholder, Birkenfeld, Herrstein, Rhaunen) und die Große kreisangehörige Stadt Idar-Oberstein.

Wappenbeschreibung

Geschacht von Rot und Silber; belegt mit einem rot gezungten, golden gekrönten und golden bewehrten blauen Löwen.

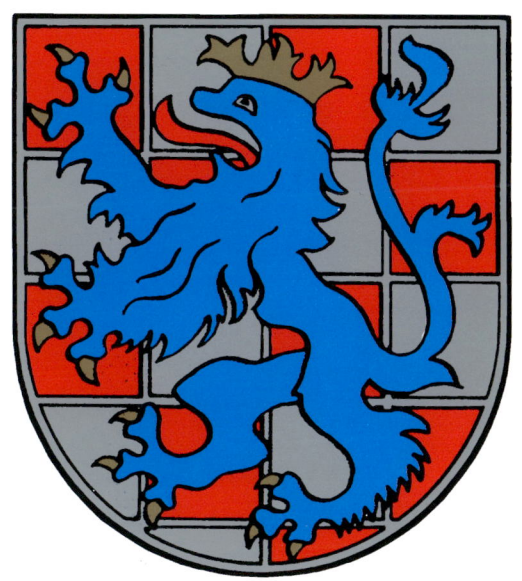

Historische Entwicklung

Im letzten vorchristlichen Jahrtausend war das Gebiet durch Kelten dicht besiedelt, von den Römern seit 50 v. Chr. bis etwa 350 n. Chr. Dann erfolgte die Besiedlung durch die Franken. Von den sich entwickelnden kleinen Herrschaften waren die bedeutendsten die Hintere Grafschaft Sponheim, das Herzogtum Pfalz-Zweibrücken, die Wild- und Rheingrafschaft und die Herrschaft Oberstein. Nachdem Napoleon den Territorialherrschaften ein Ende gemacht hatte, trat in der Franzosenzeit (1795 bis 1814) der heutige Kreis zum ersten Mal als Verwaltungseinheit in Erscheinung. Der Wiener Kongreß schuf ein Kuriosum: Ein Gebiet links der Nahe wurde dem Großherzogtum Oldenburg zugeschlagen. Ein Gebiet rechts der Nahe wurde sachsen-coburgisches Fürstentum Lichtenberg, dieses 1834 an Preußen verkauft und nach dem Ersten Weltkrieg große Teile davon an das autonome Saargebiet abgetreten. Der bei Preußen verbleibende Teil wurde als »Restkreis St. Wendel-Baumholder« bezeichnet und am 1. April 1937 im Zuge des »Großhamburg-Gesetzes« mit dem oldenburgischen Landesteil Birkenfeld zum neuen preußischen Kreis Birkenfeld vereinigt. In diesem Kreisgebiet entstand eine innere Grenze durch die Anlegung des Truppenübungsplatzes Baumholder. 14 Gemeinden mit 4000 Einwohnern mußten einer modernen Wüstung von etwa 112 km² weichen. 24 Gemeinden mit 17 000 Einwohnern wurden nach dem Zweiten Weltkrieg an das Saarland abgetreten.

Aufgrund mehrerer Landesgesetze über die Verwaltungsvereinfachung im Lande Rheinland-Pfalz entstand das Gebiet des heutigen Landkreises Birkenfeld. Das am 28. Juli 1949 verliehene Kreiswappen verweist mit dem Schachmuster auf die Hintere Grafschaft Sponheim, mit dem Löwen auf die Grafschaft Veldenz.

Struktur des Kreises
Sehenswürdigkeiten

Der fast zur Hälfte bewaldete, land- und forstwirtschaftlich geprägte Landkreis, der Teil des »Naturparks Saar-Hunsrück« ist, birgt eine Vielzahl kultureller Zeugnisse aus der Vor- und Frühgeschichte, z. B. keltische Altburg bei Bundenbach, römisches Fürstengrab bei Siesbach, im Museum Birkenfeld Funde aus der Zeit der Treverer, Kelten und Römer. Kostbare Schätze der Schmuck- und Edelsteinindustrie präsentieren das in der Diamant- und Edelsteinbörse eingerichtete Deutsche Edelsteinmuseum sowie das Heimatkundemuseum unterhalb der Felsenkirche, die als Wahrzeichen der Stadt Idar-Oberstein zu den vielen Sehenswürdigkeiten gehören. Der Steinkaulenberg im Stadtgebiet von Idar-Oberstein ist die einzige Edelsteinmine Europas, die zur Besichtigung freigegeben ist. In der historischen Weiherschleife, der letzten noch mit Wasserkraft betriebenen Achatschleife, kann man miterleben, wie die Edelsteine bearbeitet werden. An der Deutschen Edelsteinstraße ist das in Europa einzigartige mittelalterliche Kupferbergwerk zu besichtigen.

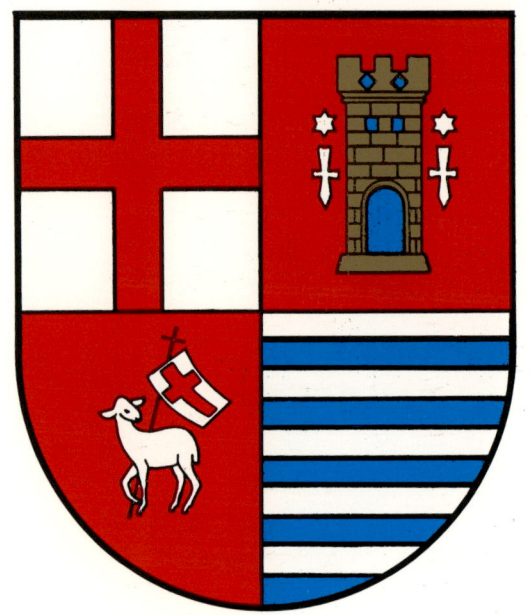

Landkreis Bitburg-Prüm

Regierungsbezirk: Trier. Einwohner: 95 471. Fläche: 1626 km². Einwohner je km²: 59. Kfz-Kennzeichen: BIT. Kreisverwaltung: Trierer Straße 1, 54634 Bitburg, Postfach 1365, 54623 Bitburg. Verwaltungsgliederung: 7 Verbandsgemeinden und 1 verbandsfreie Stadt (VG Arzfeld, VG Bitburg-Land, VG Irrel, VG Kyllburg, VG Neuerburg, VG Prüm, VG Speicher, Stadt Bitburg).

Wappenbeschreibung

Geviert: 1 rotes Balkenkreuz in Silber; 2 goldener Turm mit blauem Tor in Rot, beseitet von je einem silbernen sechsstrahligen Stern über silbernem Nagelspitzkreuz; 3 silbernes Salvatorlamm in Rot; 4 neunmal geteilt von Silber und Blau.

Historische Entwicklung

Der im Jahre 1970 im Zuge der Verwaltungsreform neu gebildete Landkreis Bitburg-Prüm umfaßt den Altkreis Bitburg, wesentliche Teile des Altkreises Prüm und Randgebiete der ehemaligen Landkreise Wittlich und Trier. Bis zur Französischen Revolution gehörten seine Gebiete drei verschiedenen Herrschaftsbereichen an, was im Kreiswappen vom 27. August 1973 seinen Ausdruck findet. Das Lamm, Symbol der Kirchen und Klöster, die dem Salvator (Erlöser) geweiht waren, war das Wappen der Fürstabtei Prüm (besondere Stellung mit Sitz und Stimme im Reichstag zu Regensburg). Der Süden und der Westen des Kreises gehörten einige Jahrhunderte zur Grafschaft und später zum Herzogtum Luxemburg, dessen Wappen einen silbern-blau gestreiften Untergrund aufwies. Zuletzt im 18. Jh. waren sie Teile von Luxemburg unter österreichischer Herrschaft. Der Rest – im wesentlichen östlich der Kyll – war kurtrierisches Gebiet (Kreuzwappen). Das Wappenmotiv im heraldisch zweiten Feld, der Turm, entstammt dem ältesten Siegel der Propstei und der Stadt Bitburg. Die Propstei war einst ein größerer Verwaltungsbezirk Luxemburgs.
Durch die auf dem Wiener Kongreß (1814/15) vorgenommene Grenzziehung kam das Gebiet zu Preußen. Es war für Preußen und später für das Reich besonders dann interessant, wenn es darum ging, den äußersten Westen als Manöver- und Aufmarschgebiet zu benutzen. Diese Randlage hat sich in eine zentrale Lage im EU-Raum verwandelt, die der Region weitere Chancen im Hinblick auf wirtschaftliche Entwicklung bieten.

Struktur des Kreises
Sehenswürdigkeiten

Der Landkreis Bitburg-Prüm ist, bedingt durch die vielfältige Geologie und die historische Entwicklung, reich an schutzwürdigen und sehenswerten Gebieten und Objekten. Die großräumigen Gebiete sind wegen ihrer Vielfalt, Eigenart und Schönheit für den Erholungsuchenden besonders geeignet. Die noch zahlreich vorhandenen, naturnahen Flächen (z. B. Feuchtgebiete, Trockenrasen, Gewässerläufe, naturnahe Waldgebiete) sind wertvolle Lebensräume vieler bedrohter Tiere und Pflanzen. Zu den bedeutendsten Sehenswürdigkeiten zählen die Burgen und Schlösser in Hamm, Malberg, Neuerburg, Rittersdorf und Weilersbach, die Kirchen und Klöster in Kyllburg, Prüm und St. Thomas. Von besonderem Wert sind die Kunstausstellungen in Bickendorf und Bitburg. Museen bieten Bitburg (Heimatmuseum), Prüm (Heimatmuseum). Die Römische Villa Otrang bei Fließem, die heute ein Landesmuseum beherbergt, und die Villen bei Bollendorf und Holsthum wurden im 1. bis 2. Jh. erbaut und um das Jahr 400 aufgegeben. Sie künden von der frühen römischen Besiedlung in diesem Raum.
In der Südeifel – wie das Gebiet auch genannt wird – findet der Erholungsuchende Ruhe im Deutsch-Luxemburgischen und Deutsch-Belgischen Naturpark oder in der Kyllburger Waldeifel. Ein beliebter Wintersportplatz ist das Skigebiet »Schwarzer Mann« bei Prüm. Lohnende Ziele im überaus reichhaltigen touristischen Angebot sind auch die Wild- und Freizeitparks Gondorf und Lünebach sowie der Stausee Bitburg.

Landkreis Cochem-Zell

Regierungsbezirk: Koblenz. Einwohner: 65 737. Fläche: 719 km². Einwohner je km²: 91. Kfz-Kennzeichen: COC. Kreisverwaltung: Endertplatz 2, 56812 Cochem, Postfach 1320, 56803 Cochem. Verwaltungsgliederung: 1 verbandsfreie Stadt (Cochem), 5 Verbandsgemeinden (Cochem-Land, Kaisersesch, Treis-Karden, Ulmen, Zell/Mosel) mit 90 verbandsangehörigen Ortsgemeinden.

Wappenbeschreibung

Schräglinks geteilt: vorne in Silber ein durchgehendes rotes Kreuz, belegt mit einem silbernen Hifthorn mit goldenem Riemen; hinten in Schwarz ein wachsender, rot bewehrter, gezungter und gekrönter goldener Löwe.

Historische Entwicklung

Die historische Entwicklung des Raumes westlich des Rheins um Cochem und Zell war sehr wechselhaft. Über viele Jahrhunderte hinweg war das Land mit dem Zentrum Trier Mittelpunkt des Römischen Reiches nördlich der Alpen. Im Mittelalter war es Teil des großen Frankenreiches.

Am meisten zu leiden hatte die Bevölkerung des Moselraumes um 1690 unter Ludwig XIV., dem »Sonnenkönig«, der fast alle Burganlagen und Dörfer zerstören ließ. Zur Zeit Napoleons kam die Landschaft an der Mosel unter französische Verwaltung. Schließlich war der Moselraum von 1816 bis zum Zweiten Weltkrieg Preußen angeschlossen.

Im Zuge der rheinland-pfälzischen Verwaltungsreform wurde mit Wirkung vom 7. Juni 1969 aus dem Gebiet des ehemaligen Landkreises Cochem und aus Gebietsteilen des Landkreises Zell der neue Landkreis Cochem-Zell gebildet. Das am 20. April 1970 verliehene Kreiswappen veranschaulicht die früheren Landeshoheiten. Das rote Kreuz in Silber ist das Kurtrierer Wappenbild. Es symbolisiert im Kreiswappen die Gebietshoheit der Erzbischöfe und Kurfürsten von Trier in der Zeit von 1294 bis 1794. Das zusätzlich hinzugefügte Jagdhorn erinnert an die Herrschaft Braunshorn in Beilstein. Das untere Feld des Kreisemblems zeigt den Löwen der Pfalzgrafen von Aachen in den staufischen Schildfarben Schwarz und Gold und ähnelt damit sehr dem Kurpfälzer Löwen der Wittelsbacher. Die Aachener Pfalzgrafen waren von 866 bis 1150 die tatsächlichen Beherrscher des Kreisgebietes.

Struktur des Kreises Sehenswürdigkeiten

Der relativ dünnbesiedelte Landkreis liegt in der Mitte zwischen Koblenz und Trier im Herzen der Mosel; jeweils 20 km erstreckt er sich in die benachbarten Höhenzüge von Eifel und Hunsrück. Eine erstaunliche Vielfalt an Landschaftsformen bieten das enge und windungsreiche Moseltal mit steilen Weinbergen und fast 20 idyllischen Seitentälern, die die Höhenzüge des mittelrheinischen Schiefergebirges in Eifel und Hunsrück oft scharf zerschneiden. Der Landkreis hat etwa 50% Waldfläche, zahlreiche Burganlagen und viele malerische Dörfer und kleine Städte. Fremdenverkehr, Weinbau und Dienstleistungsbetriebe bestimmen die Wirtschaftskraft des Landkreises neben mittelständischen Industrie- und Gewerbebetrieben. Von den 40 Gemeinden, die sich mit Fremdenverkehrsprädikaten schmücken können, seien vor allem Cochem, Bad Bertrich, Zell/Mosel, Beilstein und Treis-Karden genannt. Die Cochemer Sesselbahn führt mit 360 m Länge zum Pinnerkreuz, der Anhöhe mit dem schönsten Blick aufs Moseltal mit Burg und Stadt Cochem. Zu den Besonderheiten im Landkreis gehört der mehr als 100 Jahre alte, lange Zeit längste Eisenbahntunnel Deutschlands (4213 m), die einzige Glaubersalztherme Deutschlands in Bad Bertrich oder der steilste Weinberg in Europa.

Landkreis Daun

Regierungsbezirk: Trier. Einwohner: 63 071. Fläche: 911 km². Einwohner je km²: 69. Kfz-Kennzeichen: DAU. Kreisverwaltung: Mainzer Straße 25, 54550 Daun, Postfach 1220, 54543 Daun. Verwaltungsgliederung: 5 Verbandsgemeinden (Sitze in: Daun, Gerolstein, Hillesheim, Jünkerath und Kelberg) mit insgesamt 109 Gemeinden.

Wappenbeschreibung

In silbern vor golden gespaltenem Schilde, belegt mit goldenem Herzschild, darin ein aus drei Rechts- und drei Linksschrägleisten gebildetes rotes Gitter, vorn in Silber ein rotes Balkenkreuz, hinten in Gold ein aufgerichteter, rot bewehrter Löwe, belegt mit einem fünflätzigen roten Turnierkragen.

Historische Entwicklung

Nach den Römern, die bis ins fünfte Jahrhundert die Eifel besetzt hielten und durch Verkehrswege erschlossen, siedelten hier die Franken. Im Mittelalter dominierten in dem Gebiet, das kirchlich zur Erzdiözese Köln gehörte, kurtrierische Einflüsse. Vor der französischen Besetzung im Jahre 1794 gehörte über die Hälfte der Gemeinden des heutigen Landkreises Daun zum kurfürstlichen Erzstift Trier. Bis 1814 war der größte Teil des Kreisgebietes in das Arrondissement Prüm des Saardepartements eingegliedert. In das Jahr 1817 fällt die Gründung des Kreises und der Amtsantritt des ersten Landrates. Aus der rheinland-pfälzischen Gebietsreform der 60er und 70er Jahre unseres Jahrhunderts ging der Landkreis Daun vergrößert hervor. Er behielt sein Wappen bei, das ihm am 25. Februar 1951 durch den Innenminister von Rheinland-Pfalz verliehen worden war. Das rote Kreuz in Silber war das Wappen des Erzbistums Trier, das lange Zeit die Oberhoheit über den Dauner Raum ausgeübt hatte. Der Löwe mit dem Turnierkragen in der hinteren Wappenhälfte erinnert an das Herrschaftsgebiet der Grafen von Blankenheim-Gerolstein; der Herzschild war das Stammwappen der Herren und späteren Grafen von Daun. Im Jahre 1992 feierte der Landkreis Daun sein 175jähriges Jubiläum.

Struktur des Kreises
Sehenswürdigkeiten

Der Landkreis Daun, im Zentrum der Vulkaneifel gelegen, liegt im Nordwesten des Landes Rheinland-Pfalz. Die Vulkaneifel gehört zu den Mittelgebirgen mit Höhenlagen zwischen 150 und 700 m ü. NN. 42% der gesamten Fläche sind Waldgebiete mit großem Laubwaldanteil. Die vom Vulkanismus geprägte Landschaft ist ein ideales Gebiet für Wanderer und Naturfreunde. Die neun Kraterseen (Maare), die Dürrenmaare und Trockenmaare in der Umgebung von Daun, die Lavaberge und die zahlreichen Mineralquellen sind Zeugen für die Ausbrüche der Vulkane, die allerdings vor etwa 10 000 Jahren letztmals aktiv waren. Die Vulkaneifel hat ein großartiges Tierparadies zu bieten. Die »Deutsche Wildstraße« mit ihren 158 km Länge hat in Europa nicht ihresgleichen. Hier erlebt man in freier Wildbahn die schönsten deutschen Tierarten. Sehenswert ist der Adler- und Wolfspark Kasselburg bei Pelm, der Hirsch- und Saupark Daun, das Kreisheimatmuseum Gerolstein und das Eisenmuseum in Jünkerath. Große Beachtung finden die geologischen Einrichtungen, die im Geozentrum Vulkaneifel zusammengefaßt sind. Der Boden der Vulkaneifel birgt zahlreiche interessante Tierversteinerungen und Mineralien – ein Eldorado für Sammler und geologisch Interessierte. Einen Einblick in die vulkanischen Erscheinungsformen gibt ab Ende 1996 das Vulkanmuseum Daun.

Donnersbergkreis

Regierungsbezirk: Rheinhessen-Pfalz. Einwohner: 75 000. Fläche: 645 km². Einwohner je km²: 116. Kfz-Kennzeichen: KIB. Kreisverwaltung: Uhlandstraße 2, 67292 Kirchheimbolanden, Postfach 1280, 67285 Kirchheimbolanden. Verwaltungsgliederung: 6 Verbandsgemeinden (Alsenz-Obermoschel mit 16, Eisenberg mit 3, Göllheim mit 13, Kirchheimbolanden mit der Kreisstadt Kirchheimbolanden und weiteren 15, Rockenhausen mit 20, Winnweiler mit 13 Gemeinden).

Wappenbeschreibung

Durch eine eingebogene grüne Spitze, darin eine goldene strahlende Sonne, von Gold und Silber gespalten, rechts ein rotes, links ein blaues sechsspeichiges Rad.

Historische Entwicklung

Im Jahre 1298 fand bei Göllheim die historisch bedeutsame »Schlacht am Hasenbühl« statt, bei der Adolf von Nassau die Königskrone an Albrecht von Österreich verlor. Seit Anfang des 13. Jh. entwickelten die Herren von Bolanden eine ansehnliche Gebietsherrschaft um die Zentren Kirchheim, Dannenfels und Burg Stauf. 1394 wurden ihre Nachfolger durch die Grafen von Nassau beerbt.
Eine Gebietsbezeichnung, die in etwa das heutige Kreisgebiet beschrieb, gab es bereits 1797. Zur Zeit der französischen Annexion des linken Rheinufers wurden hier vier Kantone zum »Département du Mont Tonnerre« zusammengefaßt. Seit dem Jahre 1900 bestanden die Königlich-Bayerischen Bezirksämter in Kirchheimbolanden und Rockenhausen, die 1939 zu Landratsämtern umbenannt wurden. Aus Teilen der ehemaligen Landkreise Kirchheimbolanden und Rockenhausen wurde 1969 im Zuge der territorialen Verwaltungsreform der Donnersbergkreis gebildet. In das am 4. September 1981 genehmigte Kreiswappen wurden die beiden Räder als Symbole aus den beiden früheren Kreiswappen übernommen und deuten auf die Vergangenheit. Das rote Rad in Gold führten die Herren von Bolanden, das blaue Rad in Silber verweist in gewechselten Farben auf ihre Hohenfelser Nebenlinie. Die eingebogene Spitze im Wappen stellt den Donnersberg (mit dem Fernsehturm als weithin sichtbarem Wahrzeichen) dar. Das Grün dieser Spitze deutet auf Waldreichtum; dasselbe Grün und die goldene Sonne stehen für die Rebflächen im Osten und Südosten des Kreises.

Struktur des Kreises Sehenswürdigkeiten

Besonders sehenswert sind die Reste des keltischen Ringwalls auf dem Donnersberg. Der Ringwall ist mit einem archäologisch-historischen Rundwanderweg erschlossen. Als Stütze der Phantasie ist ein Teilstück des Walls nach dem Vorbild der keltischen Baumeister rekonstruiert worden. Ein bergbaugeschichtlicher Lehrpfad erschließt die stillgelegten Erzgruben rund um die ehemalige Bergbaugemeinde Imsbach, in der sich heute das Besucherbergwerk »Weiße Grube« und ein Heimatmuseum befinden. In Göllheim steht ein Gedenkstein, der an die historisch bedeutsame Schlacht am Hasenbühl (im Jahre 1298) erinnert. Die restaurierte Stadtmauer, mittelalterliche Türme und Torbögen geben der Kreisstadt Kirchheimbolanden ein besonderes Gesicht. In Obermoschel, Falkenstein, Niedermoschel und Mannweiler-Cölln sind die Reste einst bedeutender Burganlagen zu besichtigen. Sehenswert sind auch das restaurierte Kloster Hane in Bolanden und die Reste ehemaliger Klosteranlagen auf dem Rosenthalerhof.
Als kulturhistorische Raritäten gelten unter anderem die Rokokokirche in Schweisweiler sowie Gotteshäuser aus romanischer Zeit in Stetten und Bubenheim. Beliebte Ziele in Rockenhausen sind das Kahnweilerhaus mit seinen wechselnden Kunstausstellungen und die Uhrenstuben mit einer sehenswerten Sammlung eigentümlicher Chronometer. Das Donnersberghaus in Dannenfels und einige örtliche Museen laden zum Verweilen ein. Die 1995 in Alsenz und Niedermoschel eröffneten Ausstellungsräume erinnern mit ihren Sammlungen an das Steinmetzhandwerk und den Quecksilberbergbau. Musikfreunde sollten sich einen Besuch im Lohnsfelder »Konzertsaal« nicht entgehen lassen. In romantischer Umgebung der Burgruine Falkenstein wurde eine Freilichtbühne errichtet.

Landkreis Germersheim

Regierungsbezirk: Rheinhessen-Pfalz. Einwohner: 117 000. Fläche: 463 km². Einwohner je km²: 252. Kfz-Kennzeichen: GER. Kreisverwaltung: Luitpoldplatz 1, 76726 Germersheim, Postanschrift: 76725 Germersheim. Verwaltungsgliederung: 6 Verbandsgemeinden (Bellheim, Hagenbach, Jockgrim, Kandel, Lingenfeld und Rülzheim); 2 verbandsfreie Städte (Germersheim und Wörth am Rhein).

Wappenbeschreibung

Von Schwarz und Blau durch einen silbernen Wellenbalken geteilt: oben ein wachsender, rot gekrönter und bewehrter goldener Löwe, unten ein durchgehendes silbernes Kreuz; im blauen Herzschild ein rot bezungter und bewehrter goldener Adler.

Historische Entwicklung

Der heutige Landkreis geht zurück auf das am 1. April 1818 von König Maximilian I. von Bayern gebildete Landkommissariat gleichen Namens, nachdem die Pfalz nach Beendigung der französischen Herrschaft durch den Friedensschluß von Paris zu Bayern kam.

Die Geschichte dieses Landstriches am Rhein läßt sich jedoch bis in die Römerzeit zurückverfolgen. Die Gründung vieler Gemeinden erfolgt deshalb auch in dieser Zeit, von der viele bedeutsame Ausgrabungsfunde noch heute Zeugnis geben. Damals hatte vor allem das an der von Basel nach Mainz führenden Römerstraße liegende Rheinzabern (Taberna Rhenanae) aufgrund der dort errichteten Heeresziegelei und Terra-Sigillata-Töpferei eine große Bedeutung. Nach dem Untergang des Weströmischen Reiches setzte sich die äußerst wechselhafte, stets von Krieg und Zerstörung geprägte Geschichte bis in die Neuzeit fort. Die stärksten Spuren hinterließen in diesem Durchgangsland die Franken, die ab dem 6. Jh. hier siedelten. Ihre Siedlungs- und Bauweise sowie Sitten und Gebräuche wie auch ihre Mundart blieben bis heute erhalten. Erst nach der Gebietsreform nahm der Landkreis erstmals ein Wappen an, das am 16. Februar 1976 die amtliche Genehmigung erhielt. In der oberen Schildhälfte erinnert der Pfälzer Löwe an die frühere Herrschaft der wittelsbachischen Kurfürsten von der Pfalz. Das silberne Kreuz auf blauem Grund bezieht sich auf die frühere Zugehörigkeit zum Hochstift Speyer. Der Herzschild zeigt das Stadtwappen von Germersheim, dessen Adler auf die frühere Reichsunmittelbarkeit dieser Stadt hinweist. Als Hinweis auf die Lage des Landkreises entlang des Rheines enthält das Kreiswappen ein silbernes Wellenband.

Struktur des Kreises
Sehenswürdigkeiten

Nachdem der Landkreis aufgrund seiner Grenzlage zu Frankreich über Jahrzehnte hinweg seine Entwicklung mehr oder weniger militärstrategischen Erfordernissen unterzuordnen hatte, trat nach dem Zweiten Weltkrieg eine entscheidende Wende ein. Aus einer Randlage wurde er in den Mittelpunkt des europäischen Marktes gerückt, was zusammen mit seiner günstigen Lage an der Rheinachse eine hervorragende Standortgunst begründete. Mit der Ansiedlung des heute größten Lkw-Montagewerkes in Europa durch die Firma Daimler-Benz in Wörth begann eine stürmische Aufwärtsentwicklung, so daß heute der Kreis nach seiner Wirtschaftskraft die Spitzenposition in Rheinland-Pfalz einnimmt. Neben Wörth als wichtigstem Industriestandort bestehen größere Industriebetriebe in Bellheim, Kandel, Rülzheim und in Germersheim, das ebenso wie Wörth über einen Industriehafen verfügt. Wenn auch die Landwirtschaft ihre große Bedeutung als Erwerbsquelle verlor, so stellt doch der Spargel- wie auch der Tabakanbau – der Landkreis ist das größte Tabakanbaugebiet Deutschlands – einen nicht unbedeutenden Wirtschaftsfaktor dar.

Der Landkreis ist ein »Paradies für Radwanderer« (55 Prozent der Fläche stehen unter Landschaftsschutz). Gleiches gilt für die Wassersportfreunde, die vom Schwimmen bis zum Surfen und Segeln vielfältige Möglichkeiten der Freizeitgestaltung haben, wobei besonders die Großanlage »Moby Dick« in Rülzheim und der »Badepark Wörth« zu erwähnen sind. Weiteren Bekanntheitsgrad erlangte die Gemeinde Jockgrim durch das gut restaurierte Zehnthaus, in dem jetzt Kunstausstellungen und kulturelle Begegnungen von überregionaler Bedeutung stattfinden.

Landkreis Kaiserslautern

Regierungsbezirk: Rheinhessen-Pfalz. Einwohner: 106 949. Fläche: 639,80 km². Einwohner je km²: 167. Kfz-Kennzeichen: KL. Kreisverwaltung: Lauterstraße 8, 67657 Kaiserslautern, Postfach 3580, 67623 Kaiserslautern. Verwaltungsgliederung: 9 Verbandsgemeinden (Bruchmühlbach-Miesau, Enkenbach-Alsenborn, Hochspeyer, Kaiserslautern-Süd, Landstuhl, Otterbach, Otterberg, Ramstein-Miesenbach, Weilerbach) mit 50 kreisangehörigen Ortsgemeinden.

Wappenbeschreibung

Unter goldenem Schildhaupt, darin ein wachsender, rot bewehrter schwarzer Adler, in Schwarz durch einen rot bordierten, silbernen, mit einem blauen Fisch belegten Pfahl gespalten: vorne ein rot bewehrter und gekrönter goldener Löwe, hinten fünf silberne Kugeln.

Historische Entwicklung

Von überragender Bedeutung für die Siedlungsentwicklung war die Einbeziehung des Raumes in die staufische Reichslandpolitik im 12. Jh., als die Hohenstaufen die Reichsrechte namentlich zum Reichsland Lautern zusammenfaßten. Im Wappen, das der Kreis am 14. Dezember 1959 genehmigt erhielt, betont der Adler die einmalige Bedeutung des Reichslandes und des Reichswaldes um den Königshof und die Königspfalz Lutra (Lautern). Nach dem »Interregnum« (1254/73; es gab formell zwar deutsche Könige, doch waren sie schwache ausländische Herrscher) schwand die Bedeutung des Reichslandes – es wurde zum Pfandobjekt. Nach verschiedenen Verpfändungen übertrug Kaiser Karl IV. 1357 Kaiserslautern an den bayerischen Pfalzgrafen Ruprecht I. Der pfalz-bayerische Löwe im Wappen erinnert daran. Die Herren von Sickingen, deren Machtschwerpunkt in und um Schallodenbach seit dem 15. Jh. lag, führten die silbernen Kugeln in Schwarz. Der Fisch nimmt Bezug auf die alten Herren von Lautern und auf die Stadt Kaiserslautern selbst. Nach dem Rückfall der von Frankreich annektierten linksrheinischen Gebiete an Bayern richtete dieses 1817 »Landcommissariate« ein. 1862 wurden die »Landcommissariate« in »Bezirksämter« umbenannt, die wiederum 1939 reichseinheitlich in »Landkreise« umgetauft wurden. Um diese Zeit wurde die Zusammenlegung der formal noch selbständigen Bezirksämter Kaiserslautern und Landstuhl vollzogen. Im Rahmen der territorialen Verwaltungsreform 1969/72 sind die jetzigen Grenzen durch Gebietsaustausch mit allen angrenzenden Kreisen und der Stadt Kaiserslautern festgelegt worden.

Struktur des Kreises
Sehenswürdigkeiten

Der Landkreis Kaiserslautern liegt mit rund einem Drittel seiner Fläche im »Naturpark Pfälzerwald« und bietet damit ideale Voraussetzungen für einen naturnahen Erholungsurlaub. Sehenswert für Wanderfreunde und Spaziergänger ist die Karlstalschlucht im Raum Trippstadt oder die Elendsklamm bei Bruchmühlbach-Miesau. Von den bedeutenden kulturhistorischen Sehenswürdigkeiten ist die aus dem 12. Jh. stammende Zisterzienserabteikirche in Otterberg zu nennen, die als eines der bedeutendsten sakralen Bauwerke der Pfalz gelten kann. Nach Abschluß der Renovierungsarbeiten ist die Abteikirche, die in den Ausmaßen dem Speyerer Dom nahekommt, ein weiteres Juwel in diesem Raum, wobei die Klosterkirche in Enkenbach-Alsenborn und viele weitere kirchliche Sehenswürdigkeiten nicht vergessen seien. Einen Abend sollte man den Burgfestspielen auf der Burg Nanstein in Landstuhl oder den Freilichtspielen in Katzweiler widmen. Auch die zweimal jährlich stattfindenden Wilensteiner Burgkonzerte sind sehr beliebt.
Das Referat Fremdenverkehr bei der Kreisverwaltung Kaiserslautern gibt Tips, wo man sich im »Naturpark Pfälzerwald« gut erholen kann, und macht mit der Pfälzer Gastlichkeit bekannt.

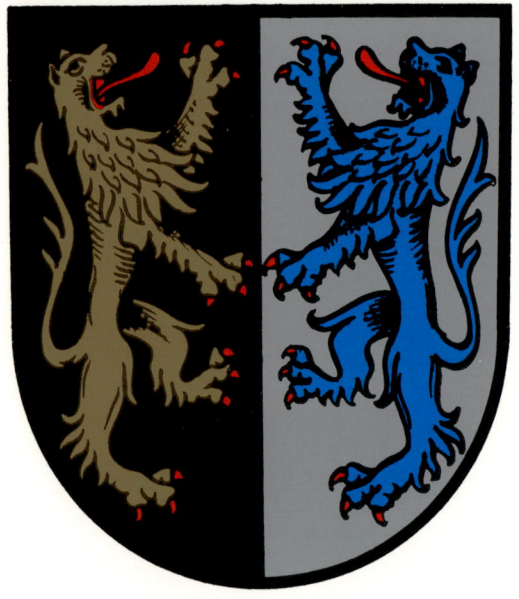

Landkreis Kusel

Regierungsbezirk: Rheinhessen-Pfalz. Einwohner: 78 833. Fläche: 567 km². Einwohner je km²: 139. Kfz-Kennzeichen: KUS. Kreisverwaltung: Trierer Straße 49-51, 66869 Kusel, Postfach 1255, 66864 Kusel. Verwaltungsgliederung: 7 Verbandsgemeinden (Altenglan, Glan-Münchweiler, Kusel, Lauterecken, Schönenberg-Kübelberg, Waldmohr, Wolfstein) und 98 kreisangehörige Gemeinden.

Wappenbeschreibung

Gespalten; vorne in Schwarz ein linksgewendeter, rot bewehrter goldener Löwe, hinten in Silber ein rot bewehrter blauer Löwe.

Historische Entwicklung

Das Wappen stellt in der Gegenüberstellung Grafschaft Veldenz und Pfalz-Zweibrücken bzw. Kurpfalz die geschichtliche Entwicklung des Großteils des heutigen Landkreises Kusel dar. Die außerdem im Gebiet vertretene Rheingrafschaft (St. Julian und Aschbach), die Herrschaft Reipoltskirchen und der Bezirk der Grafen von der Leyen (Glan-Münchweiler) fallen gegenüber dieser Tatsache kaum ins Gewicht.
Die Geschichte der Grafschaft Veldenz ist äußerst verwickelt, zeigt jedoch, daß die im Nahegau begüterten Grafen im heutigen Kreisgebiet im Spätmittelalter dominierend waren, sei es durch unmittelbaren Besitz (hauptsächlich im Bereich des kurpfälzischen Oberamtes Wolfstein), sei es durch Lehen passiver und aktiver Natur. In den Jahren 1393 bis 1444 ist die Grafschaft Veldenz an die Linie Pfalzgraf Stephans, des Sohnes König Ruprechts, übergegangen – also an die Linie der späteren Zweibrücker Herzöge. Deshalb wurde bei der Gestaltung des Kreiswappens das Wappen der Grafen von Veldenz berücksichtigt, das den blauen Löwen in Silber zeigt. Daß das Wappen der Kurpfalz bzw. Pfalz-Zweibrückens mit dem linksgewendeten, goldenen Löwen in Schwarz im Wappen des Landkreises Kusel als erstes steht, ergibt sich aus der geschichtlichen Bedeutung, die Pfalz-Zweibrücken für den Landkreis Kusel hatte. Das zweibrückische Oberamt Lichtenberg und die kurpfälzischen Ämter Lauterecken und Wolfstein nahmen flächenmäßig fast vier Fünftel des Kreisgebietes ein. Der aus der rheinland-pfälzischen Gebietsreform 1969 im Vergleich zu anderen Landkreisen fast unverändert hervorgegangene Landkreis Kusel führt sein wegen des Wechselspiels der beiden Löwen recht ansprechendes Wappen seit dem 13. Dezember 1965.

Struktur des Kreises
Sehenswürdigkeiten

Eine abwechslungsreiche, stille Landschaft, die ohne Daueranimation und grelle Sensationen auskommt. Die romantischen Landstädtchen Kusel, Lauterecken und Wolfstein locken Gäste aus nah und fern. Mehrtägige Mountainbike- und Radwander-Pauschalangebote sowie verschiedene Eintagestouren, Wandern ohne Gepäck, Angeln oder auch Reiten sind hier ebenso beliebt wie der Besuch von Ausflugszielen. Zum Beispiel Remigiuspropstei und Ruine der Michelsburg auf dem Remigiusberg, Steinbruchmuseum in Rammelsbach, Hirsauer Kapelle und Abteikirche in Offenbach-Hundheim, der Wildpark auf dem Potzberg mit Greifvogelflugschau, das Besichtigungskalkbergwerk am Königsberg, die Zweikirche und die Burgruinen Alt- und Neuwolfstein in Wolfstein, der Ohmbachsee in Schönenberg-Kübelberg und die Burg Lichtenberg, eine der größten Burgruinen Deutschlands mit dem Musikantenlandmuseum, der Zweigstelle des Naturkundemuseums der Pfalz und ab Mitte 1996 mit dem Geoskop (Permacarbon-Museum).
Eine Besonderheit des Landkreises Kusel ist die musikantische Tradition. Bis kurz nach der Jahrhundertwende war das Wandermusikantentum ein bestimmender Faktor im Erwerbsleben der Bevölkerung.

Landkreis Ludwigshafen

Regierungsbezirk: Rheinhessen-Pfalz. Einwohner: rund 143 000. Fläche: 304,86 km². Einwohner je km²: 468. Kfz-Kennzeichen: LU. Kreisverwaltung: Europaplatz 5, 67063 Ludwigshafen, Postfach 21 07 80, 67007 Ludwigshafen. Verwaltungsgliederung: 1 Stadt (Schifferstadt), 8 verbandsfreie Gemeinden (Altrip, Bobenheim-Roxheim, Böhl-Iggelheim, Lambsheim, Limburgerhof, Mutterstadt, Neuhofen, Römerberg), 5 Verbandsgem. mit insgesamt 16 Ortsgem. (VG Dannstadt-Schauernheim mit Dannstadt-Schauernheim, Hochdorf-Assenheim und Rödersheim-Gronau; VG Dudenhofen mit Dudenhofen, Hanhofen und Harthausen; VG Maxdorf mit Maxdorf, Birkenheide und Fußgönheim; VG Heßheim mit Heßheim, Beindersheim, Großniedesheim, Heuchelheim und Kleinniedesheim; VG Waldsee mit Waldsee und Otterstadt).

Wappenbeschreibung

Im schräglinks durch einen silbernen Wellenbalken geteilten Schild oben rechts in Schwarz ein goldener, rotbewehrter, nach links schreitender Löwe, links unten in Blau ein silbernes schwebendes Kreuz, aufgelegt ein roter Herzschild mit zwei goldenen Seerosenblättern an sich zweimal kreuzenden Stengeln.

Historische Entwicklung

In seiner heutigen Ausdehnung besteht der Landkreis Ludwigshafen erst seit 1969. Damals wurde er im Zuge der Kommunalreform aus den ehemaligen Landkreisen Speyer und Ludwigshafen sowie aus einem Teil des früheren Landkreises Frankenthal neu gebildet. Das Wappen läßt diese drei »Wurzeln« noch erahnen. So steht der Löwe für den kurpfälzischen Norden, während das Kreuz darauf hinweist, daß der Süden einst Territorium des Hochstiftes Speyer war. Die Seerosenblätter in der Mitte symbolisieren die Auenlandschaft südlich der kreisfreien Kreisstadt Ludwigshafen. Der Wellenbalken des Kreiswappens, das am 18. Januar 1971 genehmigt und am 28. Oktober 1977 farblich geändert wurde, steht für die Lage am Rhein. Besiedelt war die Vorderpfalz, von der der Landkreis den größten Teil abdeckt, offenbar schon früh. Bedeutendster Hinweis darauf ist der »Goldene Hut«, der 1835 auf der Gemarkung von Schifferstadt gefunden wurde und vermutlich gut 3000 Jahre alt ist. Ihn kann man heute im Historischen Museum der Pfalz in Speyer bewundern. Wie eines der größten pfälzischen Gräberfelder vermuten läßt, befand sich zur Eisenzeit zwischen Dannstadt und Schifferstadt eine Siedlung mit etwa hundert Einwohnern. Die älteste urkundliche Erwähnung aller kreisangehörigen Gemeinden kann Altrip nachweisen. Keimzelle dieser Ortschaft war ein im Jahr 369 unter persönlicher Aufsicht des römischen Kaisers Valentinian I. errichteter Brückenkopf am Rhein mit dem Namen »alta ripa« (Hohes Ufer).

Struktur des Kreises Sehenswürdigkeiten

Die ebene Landschaft der »pfälzischen Niederlande« ist geprägt durch ein mildes Klima und fruchtbare Böden. Der Landkreis Ludwigshafen stellt einen der ergiebigsten Gemüsegärten Deutschlands dar. Ein gefragtes Naherholungsgebiet findet man in den Rheinauen mit ihren durch Kiesabbau entstandenen Seen. Die Mechtersheimer Tongruben ganz im Süden gelten als Naturschutzgebiet von nationaler Bedeutung. Im sportlichen Bereich geben im Landkreis Ludwigshafen traditionell die Schwerathleten (Ringer und Gewichtheber) den Ton an. Immer häufiger erzielen aber auch Wasser- und Radsportler sowie Sportschützen aus dem Kreis internationale Erfolge. Zu den historischen Kleinodien im Landkreis zählt unter anderem das Schloß in Fußgönheim. Sein Erbauer Jakob Tilmann von Hallberg war in der ersten Hälfte des 18. Jh. kurfürstlicher Hofkanzler in Mannheim. Das einschließlich seiner Kapelle und des Gartens sorgfältig restaurierte Bauwerk beherbergt heute auch ein Heimatmuseum. Im Norden des Landkreises, in Kleinniedesheim, befindet sich ein weiteres Schloß. Ursprünglich als Sommersitz für die Bischöfe aus dem benachbarten Worms errichtet, ging es später in den Besitz der Reichsfreiherrn von Gagern über, die sich als Diplomaten und Pioniere der deutschen Demokratie (Frankfurter Paulskirche) einen Namen machten. Für den südlichen Bereich sei beispielhaft der Tabakschuppen von Harthausen genannt, ein Geschenk des bayerischen Königs, der seit einigen Jahren als Veranstaltungshaus dient.

Landkreis Mainz-Bingen

Regierungsbezirk: Rheinhessen-Pfalz. Einwohner: 190 000. Fläche: 606 km². Einwohner je km²: 314. Kfz-Kennzeichen: MZ. Kreisverwaltung: Wilhelm-von-Erlanger-Straße 100, 55218 Ingelheim. Verwaltungsgliederung: 8 Verbandsgemeinden (Rhein-Nahe, Bodenheim, Gau-Algesheim, Guntersblum, Heidesheim, Nieder-Olm, Nierstein-Oppenheim und Sprendlingen-Gensingen), Städte Bingen und Ingelheim, verbandfreie Gemeinde Budenheim.

Wappenbeschreibung

Unter einem goldenen Schildhaupt, darin ein rot bewehrter schwarzer Adler, gespalten; vorne in Rot ein sechsspeichiges silbernes Rad, hinten in Schwarz ein rot gekrönter und rot bewehrter goldener Löwe.

Historische Entwicklung

Der Landkreis Mainz-Bingen ist als Verwaltungseinheit erst 1969 im Zuge der Gebietsreform aus den ehemaligen Kreisen Mainz und Bingen sowie aus Gebietsteilen der früheren Kreise Kreuznach und St. Goar gebildet worden. Seit dem späten Mittelalter war das heutige Kreisgebiet in eine große Zahl mittlerer, kleiner und kleinster geistlicher und weltlicher Territorien aufgeteilt, an die im neuen Kreiswappen vom 6. Mai 1970 erinnert wird. Die mächtigsten Herren waren hier die Kurfürsten von der Pfalz mit Besitzungen wie Bacharach, Ingelheim und Oppenheim sowie die Mainzer Erzbischöfe. Darauf nehmen der kurpfälzische Löwe bzw. das Mainzer Rad Bezug. Der Reichsadler verweist auf die Reichsgüter bei Ingelheim, Oppenheim und Nierstein. Während der französischen Annexion von 1797 bis 1814 war der Raum in das Departement Donnersberg mit Mainz als Hauptstadt eingegliedert; das Gebiet nördlich der Nahe gehörte zum Departement Rhein-Mosel mit Sitz in Koblenz.
Nach dem Wiener Kongreß von 1814/15 gelangte der zuletzt genannte Teil zur preußischen Rheinprovinz, die übrigen Gemeinden fielen an das Großherzogtum Hessen. Die alten Kreiswappen zeigten Adler und Rad, das Wappen des Landkreises Bingen führte außerdem den Löwen, jedoch in einer anderen Anordnung.

Struktur des Kreises
Sehenswürdigkeiten

Der Landkreis wird durch eine über 2000jährige Geschichte geprägt, die unverwechselbare Spuren in Kirchen, Burgen, Wehranlagen, alten Bürgerhäusern, Museen und Sammlungen sowie vielen anderen Sehenswürdigkeiten hinterlassen hat. Für viele sollen hier beispielhaft Städte stehen wie Oppenheim, die mittelalterliche Reichsstadt und spätere kurpfälzische Oberamtsstadt mit der Katharinenkirche (13./14. Jh.), einem bedeutenden Zeugnis gotischer Baukunst, Ingelheim, die einstige Pfalz Karls des Großen, heute bedeutendster Industriestandort und Sitz der Kreisverwaltung des Landkreises, Bingen, die Stadt aus der Römerzeit, vor deren Mauern im Rhein der »Mäuseturm« steht. Nierstein, eine der größten Rhein-Weinbaugemeinden, kann ihre Herkunft auf eine römische Militärstation zurückführen. Zu nennen sind ferner Gau-Algesheim, Mittelpunkt des Amtes und ehemaligen Landkapitels Algesheim in Kurmainz, Bacharach, die romantische Fremdenverkehrsstadt am Mittelrhein mit mittelalterlichen Stadttürmen und Bauwerken, darunter die Ruine der Wernerkapelle, ein Europadenkmal, schließlich sei Nackenheim erwähnt, der Geburtsort Carl Zuckmayers, in dem dessen »Der fröhliche Weinberg« seinen heimatlichen Grund hat. Ein Landkreis, den seit altersher die Tradition des Weinbaues prägt, in den drei Anbaugebiete (Rheinhessen, Nahe, Mittelrhein) hineinreichen.

Landkreis Mayen-Koblenz

Regierungsbezirk: Koblenz. Einwohner: 203 446. Fläche: 817,06 km². Einwohner je km²: 249. Kfz-Kennzeichen: MYK. Kreisverwaltung: Bahnhofstraße 9, 56068 Koblenz, Postfach 1329, 56013 Koblenz. Verwaltungsgliederung: 2 Große kreisangehörige Städte (Andernach, Mayen), 1 verbandsfreie Stadt (Bendorf), 8 Verbandsgemeinden mit 82 (verwalteten) Ortsgemeinden, 25 Ortsgemeinden haben über 2000 Einwohner.

Wappenbeschreibung

In Grün ein silberner Wellenbalken, begleitet oben von einer goldenen Krone, unten von einem silbernen Maienbaum.

Historische Entwicklung

Die fruchtbaren Böden des Neuwieder Beckens und des Maifeldes ermöglichten bereits um 6000 v. Chr. in der Steinzeit eine Besiedlung größerer Gebiete. Auf die keltischen Treverer, die zunehmend von rechtsrheinischen Germanen unterwandert wurden, folgte um 50 v. Chr. die rund 500jährige römische Herrschaft, während der besonders Andernach mit seinem Hafen auch in militärischer Sicht und Mayen durch die dort ansässigen Töpfereien Bedeutung erlangten. Aus der Vielzahl von Territorialherren ragten seit dem Spätmittelalter die Kurfürsten von Trier und Köln heraus. Mayen war Sitz eines kurtrierischen Amtes, Rhens und Andernach gehörten zu Kurköln. Während der französischen Herrschaft zu Beginn des 19. Jh. gehörte das heutige Kreisgebiet zum Rhein-Mosel-Departement mit den Arrondissements Koblenz und Bonn. Nach dem Wiener Kongreß wurden 1816 innerhalb der Provinz »Großherzogtum Niederrhein« (1822 »Rheinprovinz«) die preußischen Landkreise Mayen und Koblenz gebildet. Durch Zusammenlegung dieser beiden Kreise in der territorialen Verwaltungsreform 1969/70 sind die jetzigen Grenzen geschaffen worden. Im Landkreiswappen vom 27. April 1971, das eine Kombination der Wappen der Vorgängerkreise darstellt, weist die Krone auf den Königsstuhl Rhens hin, wo einstmals die deutschen Könige gewählt wurden. Der Balken ist Sinnbild für Rhein und Mosel, der Maienbaum »redendes« Symbol für die Landwirtschaft im Kreis Mayen-Koblenz.

Struktur des Kreises Sehenswürdigkeiten

Rhein – Mosel – Eifel: drei unterschiedliche Landschaftsgebiete, die doch zusammengehören, geologisch, geschichtlich und kulturell. Das wird deutlich, wenn man die vielen Zeugen der Vergangenheit betrachtet, die auf ein bewegtes politisches Leben schließen lassen. Am bekanntesten: die Ehrenburg bei Brodenbach, die Genovevaburg in Mayen, wo das Eifler Landschaftsmuseum seine Bleibe hat, die Burg Thurant bei Alken und als Kostbarkeit ritterlicher Baukunst und Wohnkultur die Burg Eltz und das Schloß Bürresheim. Von den Kirchen und Klöstern sollen erwähnt werden: die Liebfrauen- und Franziskanerkirche in Andernach, die Stiftskirche St. Martin in Münstermaifeld sowie das Kloster Schönstatt in Vallendar. Das »Bäckerjungenfest« und der »Michelsmarkt« in Andernach locken jährlich viele Besucher an. In Bendorf (948 erste Erwähnung) ist die Gießereihalle (1825 bis 1830) ein bedeutendes technisches Kulturdenkmal.

Auf den Eifel- und Hunsrückhöhen überwiegt die Landwirtschaft, an der unteren Mosel der Weinbau und der Fremdenverkehr. Die Lava- und Bimsvorkommen der Vulkaneifel sind die Grundlage der Steine- und Erdenindustrie. Flüsse, sanfte Täler, hügelige Höhen, Gastlichkeit allerorten und Feste laden vor allem im Sommer und Herbst ein. Unter den Festen sind nicht nur die überall veranstalteten Weinfeste zu verstehen, sondern auch historische Feste in den idyllischen Rhein- und Moselgemeinden.

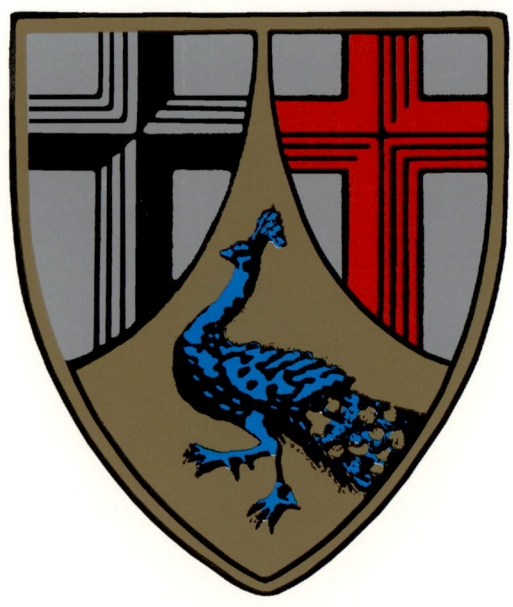

Landkreis Neuwied

Regierungsbezirk: Koblenz. Einwohner: 176 479. Fläche: 627 km². Einwohner je km²: 281. Kfz-Kennzeichen: NR. Kreisverwaltung: Wilhelm-Leuschner-Straße 9, 56564 Neuwied, Postfach 2161, 56562 Neuwied. Verwaltungsgliederung: 8 Verbandsgemeinden (Asbach, Bad Hönningen, Dierdorf, Linz, Puderbach, Rengsdorf, Unkel, Waldbreitbach), 1 Große kreisangehörige Stadt (Neuwied).

Wappenbeschreibung

In Silber eine eingeschweifte goldene Spitze, darin ein schreitender blauer Pfau mit gesenktem Schweif; oben vorn ein durchgehendes schwarzes, hinten ein durchgehendes rotes Kreuz.

Historische Entwicklung

Der Landkreis Neuwied gehört zu den am frühesten besiedelten Landschaften Deutschlands. Bedeutende späteiszeitliche Siedlungsreste, die unter meterdicken Bimsschichten des 10 000 v. Chr. ausgebrochenen Maria Laacher Vulkans gefunden wurden, belegen dies. Von der großen Bedeutung dieses Raumes in der Römerzeit zeugen verschiedene Kastelle und insbesondere der Limes, der das Kreisgebiet durchzog und bei Rheinbrohl den Rhein erreichte.
Der einstmals preußische Landkreis wurde 1816 aus etwa gleichen Teilen ehemals kurkölnischer und kurtrierischer Ämter sowie aus dem Kerngebiet der Grafschaft Wied gebildet. Das Kreiswappen (Pfau für Wied, schwarzes Kreuz für Kurköln, rotes Kreuz für Kurtrier) weist heute noch darauf hin. Das zu den ältesten deutschen Kreiswappen zählende Emblem mit dem selten in der Heraldik vorkommenden Pfau wurde am 14. Juli 1927 vom Preußischen Staatsministerium genehmigt.

Struktur des Kreises
Sehenswürdigkeiten

Der Landkreis liegt mit fünf Sechstel seiner Fläche im »Naturpark Rhein-Westerwald« und gehört mit ca. 176 000 Einwohnern zu den bevölkerungsreichsten Kreisen in Rheinland-Pfalz. Neben einer leistungsfähigen, überwiegend mittelständisch strukturierten Industrie nehmen Land- und Forstwirtschaft, Weinbau und Fremdenverkehr einen breiten Raum ein. Die liebliche Mittelrheinlandschaft mit ihren Burgen, Weinbergen und romantischen Weinorten zieht, ebenso wie die herrlichen Täler und Höhen des Westerwaldes mit ihren Dörfern und Luftkurorten, jährlich viele Tausende Gäste an, die hier Erholung und Ruhe, aber auch viele Möglichkeiten der Freizeitgestaltung finden. Zahlreiche Sehenswürdigkeiten, z. B. in Neuwied (Schloß, 1706 bis 1756 von den Fürsten zu Wied erbaut, Museum, Deich, Herrnhuter Viertel, Schloß Engers [18. Jh.], Abtei Rommersdorf, Burgruine Altwied) und den Verbandsgemeinden Asbach (Kloster Ehrenstein), Bad Hönningen (Schloß Arenfels, Römerturm), Dierdorf (Uhrturm), Linz (romanische Martinskirche, spätgotisches Rathaus und aus dem 14. Jh. mächtige Burg mit Folterkammer und Orgelmuseum), Puderbach (Ruine Reichenstein), Rengsdorf (Wellenbad), Unkel (Fachwerkhäuser), Waldbreitbach (Ölmühle) tragen hierzu mit bei. In Monrepos ist die Außenstelle des Römisch-Germanischen Zentralmuseums in Mainz als Forschungsstelle für die Altsteinzeit. Das angegliederte Museum bietet den Besuchern die Möglichkeit, sich ausführlich über diese Zeitepoche zu informieren.
Der Landkreis Neuwied ist dafür bekannt, daß man sich frühzeitig sozial engagierte. Man verweist auf den einstigen Bürgermeister des Amtes Heddesdorf, Friedrich Wilhelm Raiffeisen, dessen Anstöße zu vorbildlichen Einrichtungen noch heute nachwirken. Vor allem in der Behindertenhilfe wurde Beachtliches geleistet.

Landkreis Pirmasens

Regierungsbezirk: Rheinhessen-Pfalz. Einwohner: 104 000. Fläche: 954 km². Einwohner je km²: 109. Kfz-Kennzeichen: PS. Kreisverwaltung: Unterer Sommerwaldweg 40-41, 66930 Pirmasens, Postfach 2265, 66930 Pirmasens. Verwaltungsgliederung: 8 Verbandsgemeinden (Dahn, Hauenstein, Pirmasens-Land, Rodalben, Thaleischweiler-Fröschen, Waldfischbach-Burgalben, Wallhalben, Zweibrücken-Land) mit 83 kreisangehörigen Ortsgemeinden.

Wappenbeschreibung

Gespalten; rechts in Gold drei rote Sparren übereinander, links in Schwarz ein rot gekrönter und bewehrter goldener Löwe.

Historische Entwicklung

Auch für diesen pfälzischen Landkreis gilt, daß sein heutiger Gebietsstand vor der Französischen Revolution von 1789 in eine Vielzahl von Territorien zersplittert war. Den größten Teil nahm das wittelsbachische Herzogtum Pfalz-Zweibrücken ein. Sein Löwenwappen wurde deshalb in das am 20. Dezember 1972 genehmigte Hoheitszeichen des neuen Kreises aufgenommen; es soll auch an die Linie Kurpfalz erinnern. Die heraldischen Sparren verweisen auf einen anderen der bedeutenderen Territorialherren, den Grafen von Hanau-Lichtenberg. Seit 1792, zum Teil schon seit 1790, besetzten die Franzosen in zunächst wechselndem, dann dauerndem Kriegsglück die Länder auf der linken Rheinseite. Vom Herbst 1794 an blieben diese Gebiete fast zwei Jahrzehnte in französischem Besitz. Seit 1816 war die Region in das Königreich Bayern inkorporiert. Es entstanden die späteren Landkreise Pirmasens und Zweibrücken, die jedoch eine stark unterschiedliche Verwaltungsgeschichte durchliefen. Während der Kreis Pirmasens in seinem Gebietsstand völlig konstant blieb, änderten sich die Verwaltungsgrenzen des Kreises Zweibrücken mehrfach grundlegend. Der heutige Landkreis Pirmasens entstand schließlich im Jahre 1972, als der Kreis Zweibrücken aufgehoben und mit dem bisherigen Kreis Pirmasens zusammengeschlossen wurde.

Struktur des Kreises
Sehenswürdigkeiten

Der im Südwesten des Landes Rheinland-Pfalz gelegene Landkreis grenzt im Süden an Frankreich. Zwei Drittel seiner Fläche liegen im »Naturpark Pfälzerwald«.
Für Wanderer gibt es so viele Möglichkeiten, wie sie in Verbindung mit Burgruinen und Sportmöglichkeiten sonst kaum anzutreffen sind. Ihnen kommen die über 2500 km ausgebauten und gut markierten Wanderwege zugute (z. B. Wasgau-, Pirminius- und Saarpfalz-Wanderweg als Teilstrecken des Westpfalz-Wanderweges). Die bizarren Buntsandsteinfelsen im romantischen Wasgau lassen die Kletterer auf ihre Kosten kommen. Burg Berwartstein bei Erlenbach ist liebevoll wieder aufgebaut worden, Pirmasens und Zweibrücken bieten viele Möglichkeiten zu Besichtigungen und Kulturstudien. Eine besondere Attraktion ist der »Teufelstich« genannte Fels bei Hinterwerdental aus rotem Sandstein.
Die Gastronomie verwöhnt auch anspruchsvolle Gäste, denen die Dahner Sommerspiele besonders empfohlen seien. Der Schuhindustrie kommt heute und wohl auch in absehbarer Zukunft die tragende Rolle in der Wirtschaft zu. Aber der Fremdenverkehr wächst verständlicherweise kräftig, was bei der landschaftlichen Schönheit des Landkreises mit seinen weiten Hochflächen, seinen Höhenrücken und den tief eingeschnittenen Tälern kein Wunder ist. Die Ruine des einstmals bedeutsamen Klosters Hornbach soll nicht übersehen sein.

Rhein-Hunsrück-Kreis

Regierungsbezirk: Koblenz. Einwohner: 101 599. Fläche: 963 km². Einwohner je km²: 106. Kfz-Kennzeichen: SIM. Kreisverwaltung: Ludwigstraße 3-5, 55469 Simmern, Postfach 380, 55463 Simmern. Verwaltungsgliederung: Städte Boppard, Kastellaun, Kirchberg, Oberwesel, St. Goar und Simmern; verbandsfreie Gemeinde Boppard; 6 Verbandsgemeinden mit 132 Gemeinden: Emmelshausen (25), Kastellaun (16), Kirchberg (40), Rheinböllen (12), Simmern (32) und St. Goar-Oberwesel (7).

Wappenbeschreibung

Unter von Blau und Gold gestücktem Schildhaupt gespalten: vorne in Gold ein rot bewehrter, nach links gewendeter schwarzer Adler; hinten in Schwarz ein rot gezungter, bewehrter und gekrönter goldener Löwe.

Historische Entwicklung

Im 8. Jh. gliederte sich der Raum in Gaue und Grafschaften sowie Reichsgüter und Reichsrechte. Die Pfalzgrafen zu Simmern kamen wie die Grafen zu Sponheim hinzu und bauten Burgen sowie Befestigungsanlagen. Auf diese Machtverhältnisse nimmt das Kreiswappen vom 6. Januar 1972 Bezug, wenn es den kurpfälzischen Löwen wiedergibt und mit dem Schildhaupt an das Sponheimer Schachmuster erinnert. Der Reichsadler verweist auf die ehemaligen freien Reichsstädte Oberwesel und Boppard. Auch Kurtrier besaß Besitzungen im heutigen Kreisterritorium und vergrößerte sie durch Kleinkriege bis zum Vorderhunsrück und zum Rhein. Die Epoche der Kleinstaaten endete mit der französischen Besetzung. Zweimal wurde das Kreisgebiet in den französischen Staatsverband eingegliedert. Seit 1815/16 war der Raum preußisch, nach dem Zweiten Weltkrieg wurde er Teil des jungen Bundeslandes Rheinland-Pfalz. In seinen derzeitigen Verwaltungsgrenzen entstand der Landkreis am 7. Juni 1969 aus dem ehemaligen Kreis Simmern und Teilen der Kreise St. Goar, Cochem, Zell und Bernkastel. Der neue Landkreis, der weder in seinem naturräumlichen Gefüge noch in seinen historisch überkommenen Formen und Gliederungen ein einheitliches Ganzes gebildet hatte, erhielt nach den bestimmenden geografischen Gegebenheiten seinen Namen.

Struktur des Kreises
Sehenswürdigkeiten

Die namensbestimmenden Bezeichnungen Rhein und Hunsrück kennzeichnen heute gleichermaßen die beiden landschaftsprägenden naturräumlichen Einheiten. Während die noch fast unberührten Höhen des Hunsrücks mit ausgedehnten Wäldern, weiten Hochflächen und Wacholderheiden beeindrucken (41,7 % der Kreisfläche bestehen aus Wald), zeigen die lebenslustigen Rheinstädte Boppard, St. Goar und Oberwesel mittelalterliches Flair. Verwinkelte Gassen und liebevoll restaurierte Fachwerkhäuser laden zum Verweilen ein. An den Hängen des Mittelrheins, unterhalb mächtiger Burgen, wird der hervorragende Rieslingwein angebaut. Auch Kultur- und Geschichtsfreunde kommen im Rhein-Hunsrück-Kreis auf ihre Kosten. Sehenswert sind: keltische Ringwälle, guterhaltene Befestigungsanlagen der Römer bei Boppard, Römerstraße bei dem ältesten Hunsrückstädtchen Kirchberg, mehr als ein Dutzend Burgen und Schlösser (u. a. Schloß Gemünden, Ruine Balduinseck bei Buch, Schönburg Oberwesel, Alte Burg Boppard) sowie Kirchen (Lettner in der Liebfrauenkirche Oberwesel, Nunkirche bei Sargenroth) und Museen (z. B. Thonetabteilung im Museum Boppard). In Oberwesel ist die hochgotische Liebfrauenkirche aus dem 14. Jh., in St. Goar die Stiftskirche aus dem 15. Jh. und in Boppard die romanische Severinskirche aus dem 12./13. Jh. sehenswert.

Rhein-Lahn-Kreis

Regierungsbezirk: Koblenz. Einwohner: 126 028. Fläche: 782,33 km². Einwohner je km²: 161. Kfz-Kennzeichen: EMS. Kreisverwaltung: Insel Silberau, 56130 Bad Ems. Verwaltungsgliederung: 1 Große kreisangehörige Stadt (Lahnstein), 8 Verbandsgemeinden mit insgesamt 137 Gemeinden (Bad Ems, Braubach, Diez, Hahnstätten, Katzenelnbogen, Loreley, Nassau, Nastätten).

Wappenbeschreibung

Von Blau und Rot schräggeteilt, belegt mit einem goldenen Löwen.

Historische Entwicklung

Quer durch das heutige Kreisgebiet führte der unter dem römischen Kaiser Domitian (81 bis 96 n. Chr.) begonnene Limes, von dem noch beachtliche Reste erhalten sind. Nach dem Zusammenbruch des Römischen Reiches entstanden in fränkischer und karolingischer Zeit große Höfe, die im Besitz des Adels und der Kirche waren. Wirtschaftlich und politisch einflußreiche Familien stammen von hier: die Grafen von Katzenelnbogen, eine der reichsten Familien des Mittelalters, oder die Grafen von Nassau, die Ahnherren der Nassau-Oranier und damit auch des niederländischen Königshauses. Bis zum Anfang des 19. Jh. in zahlreiche kleine Besitztümer kirchlicher und weltlicher Herren zersplittert, wurde das Gebiet im 1806 neugegründeten Herzogtum Nassau vereint. Die von Dorf zu Dorf wechselnden Konfessionen spiegeln noch heute diese Entwicklung wider. 1866 kam das Herzogtum Nassau an das Königreich Preußen.
Nach dem Zweiten Weltkrieg wurden die Landkreise Loreley und Unterlahn, aus denen 1969 der Rhein-Lahn-Kreis entstand, dem neuen Bundesland Rheinland-Pfalz zugeordnet. Die Farben und Zeichen des am 26. Januar 1970 amtlich genehmigten Kreiswappens verweisen auf die alten Territorien: Blau und Gold erinnern an Nassau, Rot deutet auf die Kurstaaten Mainz und Trier hin. Der Löwe steht stellvertretend für die zahlreichen Wappenlöwen im Landkreis, wie die von Nassau, Katzenelnbogen, Diez und Kurpfalz.

Struktur des Kreises
Sehenswürdigkeiten

Weite Teile des Kreisgebietes werden vom »Naturpark Nassau« eingenommen, der sich vom Westerwald zum Taunus erstreckt. An der Westseite des Kreises liegt eine der schönsten europäischen Kulturlandschaften, das Mittelrheintal zwischen Kaub und Lahnstein. Es wird geprägt durch den Weinbau, die mittelalterlichen Burgen und die kleinen Städte und Winzerdörfer. Hier entstand im 19. Jh. die »Rhein-Romantik«, von der wichtige Impulse für Literatur, Musik, Architektur und bildende Kunst ausgingen. Hoch über dem Rhein soll die Loreley gesessen haben, deren Gesang und blondes Haar von Heinrich Heine besungen wurden.
Von den insgesamt 26 Burgen im Kreis sind am berühmtesten der Pfalzgrafenstein bei Kaub, eine Zollburg mitten im Rhein, Burg Katz und Burg Maus bei St. Goarshausen, die »feindlichen Brüder« oberhalb des Wallfahrtsortes Bornhofen und die Marksburg bei Braubach (Sitz der Deutschen Burgenvereinigung). Nicht weniger romantisch ist das Lahntal mit der romanischen Johanniskirche an der Lahnmündung in Niederlahnstein und Schloß Lahneck oberhalb von Oberlahnstein, mit dem berühmten Bad Ems, in dem die Tradition des Weltbades noch deutlich sichtbar ist, mit den Burgruinen in Nassau, dem Kloster Arnstein hoch über der Lahn und dem romantischen Städtchen Diez.
Auf den Höhen des Taunus liegt Katzenelnbogen mit dem Stammsitz des gleichnamigen Grafengeschlechts und Holzhausen, wo es die stattlichen Reste eines römischen Kastells (Ende 2. Jh. n. Chr.) gibt und wo Nikolaus August Otto (1832 bis 1891), der Erfinder des Otto-Motors, geboren wurde. In Miehlen im Taunus steht auch das Geburtshaus des Schinderhannes (1783 bis 1803), einer der berühmtesten Räuber.

Landkreis Südliche Weinstraße

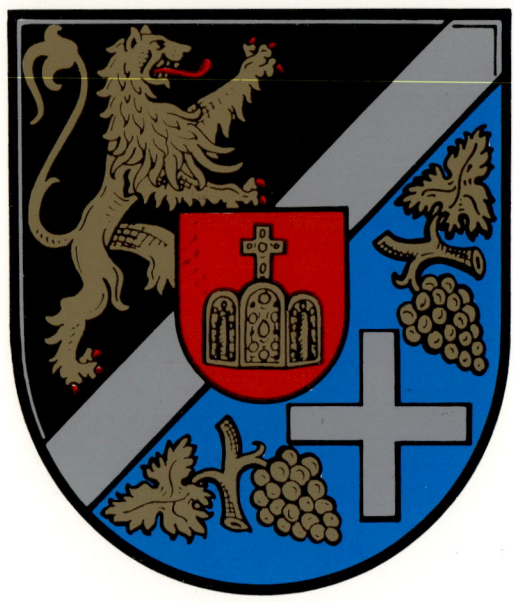

Regierungsbezirk: Rheinhessen-Pfalz, Einwohner: 105 990. Fläche: 634,5 km². Einwohner je km²: 167. Kfz-Kennzeichen: SÜW. Kreisverwaltung: An der Kreuzmühle 2, 76829 Landau, Postfach 1680, 76808 Landau. Verwaltungsgliederung: 7 Verbandsgemeinden (Annweiler, Bad Bergzabern, Edenkoben, Herxheim, Landau-Land, Maikammer, Offenbach) und 75 Ortsgemeinden.

Wappenbeschreibung

Durch einen silbernen Schräglinksbalken geteilt: oben in Schwarz ein linksgewendeter, rot bewehrter goldener Löwe, unten in Blau ein silbernes Kreuz, beseitet von je einer goldenen gestielten Weintraube mit Blatt; im ganzen belegt mit einem roten Herzschild, darin eine goldene Kaiserkrone.

Historische Entwicklung

Der Landkreis entstand im Jahre 1969 aus den beiden Kreisen Landau i. d. Pfalz und Bergzabern zunächst als »Landkreis Landau-Bad Bergzabern«. Seit dem 1. Januar 1978 führt er den heutigen Namen. Für das alte Siedlungs- und Durchgangsland begann mit dem Sieg Cäsars 58 v. Chr. über den Germanenfürsten Ariovist die ein halbes Jahrtausend währende römische Epoche. Das bedeutendste Geschenk, das die Römer mitbrachten, war der Weinbau. Für die administrative Entwicklung des Kreisgebietes war die Französische Revolution mit ihren nachfolgenden Jahren ausschlaggebend. Nach der erneuten Zugehörigkeit zu Bayern ab 1814 wurde der Raum 1946 Bestandteil des Landes Rheinland-Pfalz, das durch Verordnung der Französischen Militärregierung vom 30. August 1946 aus der Pfalz, aus Rheinhessen und aus Teilen der ehemaligen preußischen Rheinprovinz geschaffen wurde. Das Kreiswappen wurde in seiner derzeitigen Form bereits am 24. Juni 1970 verliehen. In seiner Schildaufteilung erinnert es an das Wappen des ehemaligen Kreises Landau und symbolisiert wie dieses mit dem silbernen Schrägbalken die Weinstraße und mit den Weintrauben den bedeutendsten Wirtschaftszweig.

Der Löwe, der auch im Wappen des Kreises Bad Bergzabern vorkam, weist auf die Kurpfälzer Besitzungen hin, während das Kreuz dem Hochstift Speyer zuzuordnen ist. Das Motiv des Herzschildes, dem Bad Bergzaberner Kreiswappen entlehnt, symbolisiert die Burg Trifels, auf der die Reichsinsignien aufbewahrt wurden.

Struktur des Kreises
Sehenswürdigkeiten

»Weinkeller des Heiligen Römischen Reiches Deutscher Nation« nannte man früher diese Region. Mit knapp 12 000 Hektar Rebfläche ist der Landkreis Südliche Weinstraße einer der größten und damit auch bedeutendsten weinbautreibenden Kreise in Deutschland. Wer hier Erholung sucht, findet neben den 55 Millionen Rebstöcken, 14 Burgen bzw. Burgruinen die grüne Lunge mit acht Millionen Bäumen im Naturpark Pfälzerwald. Man könnte mit seinem Besuch des Landkreises am Deutschen Weintor in Schweigen-Rechtenbach beginnen und den ersten Deutschen Weinlehrpfad als willkommene Information auf sich wirken lassen, bevor man weiterfährt ins Staatsbad Bad Bergzabern mit seinem Thermalbad. Klingenmünster und Silz mit seinem Wild- und Wanderpark Südliche Weinstraße sind weitere Stationen. Nach dem Besuch der Reichsfeste Trifels könnte eine Weinprobe am Abend im Weinprobierkeller der Südlichen Weinstraße in Edesheim willkommen sein. Man sollte die Villa Ludwigshöhe bei Edenkoben, den Slevogthof bei Leinsweiler oder die eine oder andere der eindrucksvollen Burgen aufsuchen und dabei den Landkreis kennenlernen, dessen Klima und Bodenverhältnisse selbst Kastanien, Mandeln und Feigen gedeihen lassen. Neben dem Weinbau und dem Fremdenverkehr trifft man ein leistungsfähiges Handwerk und mittelständische Industrieunternehmen an. Von einem »wahrhaft adligen Land« hat der Historiker Heinrich von Treitschke gesprochen.

Landkreis Trier-Saarburg

Regierungsbezirk: Trier. Einwohner: 132 000. Fläche: 1091 km². Einwohner je km²: 121. Kfz-Kennzeichen: TR. Kreisverwaltung: Willy-Brandt-Platz 1, 54290 Trier, Postfach 2620, 54216 Trier. Verwaltungsgliederung: 7 Verbandsgemeinden (Hermeskeil, Kell am See, Konz, Saarburg, Schweich, Ruwer und Trier-Land). Insgesamt 103 kreisangehörige Gemeinden, davon 4 Städte (Hermeskeil, Konz, Saarburg und Schweich).

Wappenbeschreibung

Neunmal von Silber und Blau geteilt, überdeckt von einem durchgehenden roten Kreuz, das mit einem goldenen Herzschild belegt ist; darin auf schwarzem Berg eine rote Zinnenburg mit nach vorne gerücktem Spitzentürmchen.

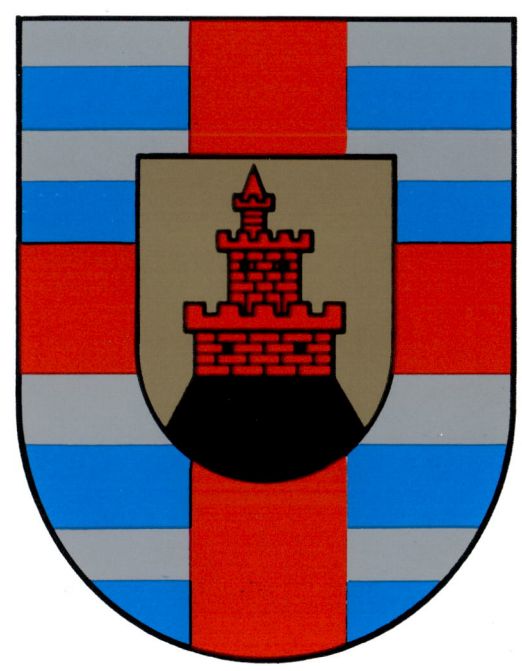

Historische Entwicklung

Der Landkreis in seiner heutigen Form ist 1969 durch den Zusammenschluß der Landkreise Trier und Saarburg gebildet worden. Das Trierer Land war Kerngebiet der keltischen Treverer, die Cäsar um 54 v. Chr. der römischen Herrschaft unterwarf, die rund 500 Jahre bis zur fränkischen Eroberung andauerte. Als Hüterin römischen Erbes erwies sich die Kirche, die bereits im 7. und 8. Jh. weltliche Herrschaft besaß. Ausgehend vom Trierer Raum entstand durch die Summierung von Einzelrechten wie Grundherrschaften, Gerichtsherrschaften, Münzrechten, Zollrechten etc. die Landeshoheit der Trierer Erzbischöfe. Schritt für Schritt bildete sich entlang der Moselachse das Kurfürstentum Trier. Der Trierer Kurstaat existierte bis 1794, als Napoleon das linksrheinische Gebiet der französischen Herrschaft unterwarf. An die Landesherrschaft der Trierer Erzbischöfe erinnert im Kreiswappen vom 31. März 1970 das rote Kreuz Kurtriers.

Vollender des inneren und äußeren Ausbaues des Kurstaates war Kurfürst Balduin aus dem Hause der Grafen von Luxemburg (1307 bis 1354). In unmittelbarer Nachbarschaft und in ständiger Konkurrenz zum Kurstaat Trier entstand das Territorium der Grafschaft Luxemburg. Das Kreiswappen nimmt darauf unmittelbar Bezug: Die silbern-blaue Schildteilung des Kreiswappens ist dem luxemburgischen Löwenwappen entnommen. Nach dem Wiener Kongreß fiel das Trierer Land an Preußen, das die Landkreise Trier und Saarburg unter Ausschluß der Stadt Trier errichtete. Große Teile des Kreises Saarburg waren kurzzeitig (1946/47) dem in das französische Wirtschaftsgebiet eingegliederten Saarland zugeordnet. Die stilisierte Saarburg steht auch im Wappen der gleichnamigen Stadt.

Struktur des Kreises
Sehenswürdigkeiten

War der Kreis einst vorwiegend durch die Landwirtschaft geprägt, so ist er heute ein attraktiver Wirtschaftsstandort und Produktionsstätte für namhafte Unternehmen. Ein dynamischer Wirtschaftsprozeß hat zu diesem Strukturwandel ebenso beigetragen wie die Realisierung des EU-Binnenmarktes, durch den der Kreis aus der Randlage in die Mitte gerückt wurde. Neben Industrieunternehmen sind für den Landkreis auch die traditionsreichen Gewerbe- und Handwerksbetriebe von Bedeutung, die ihre Konkurrenzfähigkeit vor allem durch Spezialisierung unter Beweis stellen. Die Region Trier-Saarburg ist eine reizvolle Erholungslandschaft von romantischen Flußtälern bis zu den waldreichen Höhenzügen der Südeifel und des Hunsrücks. Rund 50 % der Fläche des Landkreises liegt im »Naturpark Saar-Hunsrück«. Nicht nur die kreisfreie Stadt Trier, sondern auch der sie umschließende Landkreis ist reich an Zeugen der römischen Vergangenheit. Herausragend die Igeler Säule, das bedeutendste Grabdenkmal einer römischen Kaufmannsfamilie nördlich der Alpen. Seit der Römerzeit wird der Weinbau an Mosel, Saar und Ruwer betrieben. Das Volkskundemuseum Roscheider Hof bei Konz und verschiedene Heimatmuseen ermöglichen einen Blick in die bäuerliche Vergangenheit. Eine Flugausstellung und ein Dampflokmuseum in Hermeskeil, ein historisches Hammerwerk in Züsch, die Hackenberger Mühle und die Glockengießerei Mabilon in Saarburg geben Einblick in die Technikgeschichte. Die Stadt Schweich hat dem Dichter Stefan Andres ein Museum und einen Brunnen gewidmet. Weitere touristische Attraktionen: die romantische Altstadt von Saarburg, großzügige Feriendörfer bei Kell, Leiwen und Saarburg und die Serriger Klause hoch über dem Saartal – einst Ruhestätte des blinden Königs Johann von Böhmen gebaut nach den Entwürfen von Baumeister Schinkel.

Westerwaldkreis

Regierungsbezirk: Koblenz. Einwohner: 193 160. Fläche: 989 km². Einwohner je km²: 195. Kfz-Kennzeichen: WW. Kreisverwaltung: Peter-Altmeier-Platz 1, 56410 Montabaur, Postfach, 56409 Montabaur. Verwaltungsgliederung: 10 Verbandsgemeinden (Bad Marienberg, Hachenburg, Höhr-Grenzhausen, Montabaur, Ransbach-Baumbach, Rennerod, Selters, Wallmerod, Westerburg, Wirges) mit 192 kreisangehörigen Städten (8) und Ortsgemeinden (184).

Wappenbeschreibung

In Silber ein grüner Schrägbalken; unten wachsend sieben silbern berandete, sechseckige schwarze Basaltsäulen von unterschiedlicher Höhe, oben eine zylindrische, altdeutsche blaue Kanne mit silbernen Riffeln und drei ovalen silbernen Medaillons.

Historische Entwicklung

Die ersten Verwaltungseinheiten des Westerwaldes waren die fränkischen Gaue. Macht und Einfluß der Gaugrafen zerronnen im 12. Jh. allmählich zugunsten der Kirche und ihrer Vögte sowie des Adels. Während der Stauferzeit schälte sich aus dem komplizierten Geflecht grundherrlicher Rechte und Machtansprüche eine feste territoriale Ordnung heraus. Die verworrenen Herrschaftsverhältnisse sollten sich bis zur Zeit der Französischen Revolution vereinfachen; damals teilten sich Kurtrier und Nassau-Oranien den weitaus größten Teil des heutigen Kreisgebietes. Seit 1815 war die Region erstmals fast vollständig innerhalb eines großflächigen Staates vereinigt: dem Herzogtum Nassau. Dies ging 1866/67 als Provinz Wiesbaden an Preußen, das die Bildung von Landkreisen vornahm, hier im wesentlichen die Kreise Unterwesterwald und Oberwesterwald. Am 16. März 1974 entstand aus den beiden Gebietskörperschaften der heutige Westerwaldkreis.

Bei der Wappengestaltung nahm man nicht Bezug auf die so zahlreichen und oft wechselnden Gebietsherren. Statt dessen wurde am 2. Februar 1976 ein Wappen geschaffen, das mit den sieben Basaltsäulen die Verbandsgemeinden symbolisiert, in denen Basalt oder Quarzit vorkommt. Die Kanne mit den drei Medaillons weist auf die drei Verbandsgemeinden im sogenannten Kannenbäckerland hin, wo Töpferhandwerk und keramische Industrie beheimatet sind. Der grüne Schrägbalken versinnbildlicht den Kreis als Erholungsgebiet mit seinen Wäldern und Wiesen.

Struktur des Kreises
Sehenswürdigkeiten

Das Kreisgebiet erstreckt sich, den Kernraum des Westerwaldes umfassend, vom Rande des Mittelrheinischen Beckens und den Unterlahnhöhen über die Montabaurer Senke, das Kannenbäckerland, den Oberwesterwald und den hohen Westerwald bis kurz vor Siegen. Leben, Kultur und Geschichte der Westerwälder präsentieren sich in herrlich restaurierten Fachwerkhäusern (z.B. Rathaus mit Betsaal/Waigandshain, Haus Sahm/Maxsain), mittelalterlichen Städten (Montabaur, Hachenburg), Schlössern (Montabaur, Hachenburg, Molsberg), Burgen (Burgruine Grenzau, Sporkenburg bei Eitelborn), Kirchen und Klöster (z.B. romanische Stiftskirche in Gemünden mit Änderungen im gotischen Stil, romanische Pfarrkirchen in Dreifelden, Hachenburg-Altstadt, frühgotische und barocke Pfarrkirchen in Montabaur und Helferskirchen, Kloster Marienstatt mit gotischer Kirche). Das Keramikmuseum in Höhr-Grenzhausen (»Deutsche Sammlung für historische und zeitgenössische Keramik«) dokumentiert die Töpferkunst des Kannenbäckerlandes, in dem Europas hochwertigste Tone gefördert und zu feinster Keramik verarbeitet werden. Das Landschaftsmuseum in Hachenburg bietet Landes- und Heimatkunde zum Anfassen; ein Museumsdorf aus originalen Westerwälder Bauten wurde dort errichtet. Dem Landschaftsmuseum ist der »Basaltpark« in Bad Marienburg angeschlossen, ein Freilichtmuseum, das Auskunft über die Geschichte des Westerwälder Basaltabbaues gibt.

Martin Luckas

Die saarländischen Landkreise und der Stadtverband Saarbrücken

Im Saarland als erstem Beitrittsland zur Bundesrepublik Deutschland (1957) gibt es zwei Arten von Gemeindeverbänden: die Landkreise und den Stadtverband Saarbrücken. Sie unterscheiden sich im Gebietszuschnitt und in den Kompetenzen. Während sich die Einwohnerzahl der saarländischen Landkreise zwischen 95 000 (Landkreis St. Wendel) und 215 000 (Landkreis Saarlouis) bewegt, ist der Stadtverband Saarbrücken mit 360 000 Einwohnern fast viermal größer als der kleinste Landkreis. Die Tatsache, daß die Landeshauptstadt Saarbrücken als größte Stadt im Saarland dem Stadtverband Saarbrücken, mithin einem Gemeindeverband angehört, ist einzigartig in der Bundesrepublik Deutschland, ebenso der Tatbestand, daß alle saarländischen Städte und Gemeinden im Saarland gemeindeverbandsangehörig sind.

Das kleinste Flächenland der Bundesrepublik mit der geringsten Anzahl von Landkreisen leistet sich somit den »Luxus« von zwei Arten von Gemeindeverbänden. Landesregierung und Landesgesetzgeber beabsichtigen noch bis zur Jahrtausendwende, diesen »Luxus« zu beseitigen. Danach sollen auch die Landkreise kommunalisiert werden und damit dem Stadtverband Saarbrücken gleichgestellt werden.

In den Landkreisen ist der Landrat untere staatliche Verwaltungsbehörde. Dabei bedient er sich des Landratsamtes als Behörde mit staatlichem Personal. Die Sachkosten werden ebenfalls vom Land getragen. Einnahmen, etwa aus Gebühren und Bußgeldern, gehören dem Land. Der Stadtverbandspräsident erfüllt die Aufgabe der Landräte als untere staatliche Verwaltungsbehörde mit kommunalem Personal. Zu den so entstehenden Personal- und Sachkosten werden vom Land sogenannte Abgeltungsbeträge bezahlt. Außerdem verbleiben beim Stadtverband Saarbrücken alle Einnahmen aus der staatlichen Aufgabenwahrnehmung.

Die unteren staatlichen Verwaltungsbehörden in den Landkreisen unterstehen der Dienst- und Fachaufsicht der jeweils zuständigen Ministerien. Beim Stadtverband Saarbrücken nehmen die zuständigen Ministerien die Fachaufsicht, nicht jedoch die Dienstaufsicht wahr. Staatliche Angelegenheiten gehören nicht in die Zuständigkeit der kommunalen Vertretungskörperschaften. Der Stadtverbandstag entscheidet jedoch aufgrund der geschilderten Besonderheit über die Bereitstellung von Personal- und Sachmitteln.

Der Stadtverband Saarbrücken hat als Stadt-Umland-Verband über die Kreisaufgaben hinaus die Befugnisse eines Planungsverbandes nach Baugesetzbuch. Er nimmt somit für sein Gebiet anstelle der stadtverbandsangehörigen Gemeinden in eigener Verantwortung und unter Mitbestimmung eines von den stadtverbandsangehörigen Gemeinden besetzten Planungsrates die Flächennutzungsplanerstellung wahr.

Die Geschichte der saarländischen Landkreise beginnt mit der Besetzung der linksrheinischen Gebiete durch die alliierten Mächte nach deren Sieg über das napoleonische Kaiserreich. Mit dem Ersten Pariser Frieden (30. Mai 1814), den Beschlüssen des Wiener Kongresses (8. Juni 1815) und dem Zweiten Pariser Frieden (20. November 1815) wurde das Gebiet des heutigen Saarlandes zu einem Teil dem Königreich Preußen und dem Herzogtum Sachsen-Coburg – letzteres bildete daraus das Fürstentum Lichtenberg – zugesprochen, ein weiterer Teil wurde unter bayerisch-österreichische Verwaltung gestellt.

1816 gliederte Preußen seine neuen Gebiete in die Landkreise Saarbrücken, Saarlouis, Merzig und Ottweiler und ernannte Landräte. Bayern errichtet 1818 Landkommissariate – ab 1862 Bezirksämter – und setzte Landkommissariate ein, nachdem ihm die bayerische Pfalz durch Staatsvertrag von Österreich zugefallen war. Der Titel »Landrat« wurde im bayerischen Teil des Saarlandes im Jahre 1921, die Bezeichnung »Landkreis« erst 1939 eingeführt. Der Landkreis St. Wendel entstand 1835, nachdem das Fürstentum Lichtenberg an Preußen abgetreten worden war.

Nach dem Ersten Weltkrieg stellte der Versailler Friedensvertrag vom 28. Juni 1919 das Saargebiet – dieser Eigenname entstand erstmals bei dieser Gelegenheit – unter die Verwaltung des Völkerbundes. Nach Rückkehr zum Deutschen Reich im Jahre 1935 wurden die vormals den Regierungsbezirken Trier und Speyer zugehörigen saarländischen Landkreise einem Reichskommissar für das Saarland unterstellt. Nach dem Zweiten Weltkrieg wurde das Saarland dem französischen Wirtschaftsgebiet zugeschlagen; seine Rückkehr zur Bundesrepublik Deutschland erfolgte im Jahre 1957. Diese Ereignisse hatten u. a. Änderungen im territorialen Zuschnitt einzelner Landkreise zur Folge.

Die heutige kommunale Gliederung des Saarlandes geht zurück auf die Gesetze zur Verwaltungs- und Gebietsreform, die am 1. Januar 1974 in Kraft traten. Der Landkreis Ottweiler wurde in Landkreis Neunkirchen mit dem Kreissitz in Ottweiler umbenannt, die Landkreise Homburg und St. Ingbert zum Saarpfalz-Kreis mit dem Kreissitz in Homburg zusammengeschlossen. Aus der ehemals kreisfreien Landeshauptstadt Saarbrücken und dem ehemaligen Landkreis Saarbrücken entstand der

Stadtverband Saarbrücken. Die Landkreise Merzig-Wadern, Saarlouis und St. Wendel blieben von der Reform im wesentlichen unberührt.

Die Landkreise und der Stadtverband Saarbrücken sind öffentlich-rechtliche Gebietskörperschaften. Sie erfüllen die auf ihr Gebiet begrenzten überörtlichen (übergemeindlichen) Aufgaben in eigener Verantwortung. Organe der Landkreise sind der Kreistag, der Kreisausschuß und der Landrat, denen im Stadtverband Saarbrücken der Stadtverbandstag, der Stadtverbandsausschuß und der Stadtverbandspräsident entsprechen. *Kreistage* und *Stadtverbandstag* werden von den Einwohnern der Landkreise und des Stadtverbandes Saarbrücken in allgemeinen, unmittelbaren, freien, gleichen und geheimen Wahlen gewählt. Die Amtszeit beträgt fünf Jahre. Der Kreis-/Stadtverbandstag beschließt über alle Selbstverwaltungsangelegenheiten, für die seine ausschließliche Zuständigkeit gesetzlich bestimmt ist oder für die er sich die Entscheidung ausdrücklich vorbehalten hat, so z. B. über den Namen, den Verwaltungssitz, das Wappen und die Grenzen der Gebietskörperschaften, den Erlaß der Haushaltsgesetzgebung, die Einstellung leitender Bediensteter, die Vergabe von Aufträgen ab einer durch Geschäftsordnung bestimmten Größenordnung, die Feststellung der Jahresrechnung und die Entlastung der Verwaltungsspitze sowie die Übernahme neuer freiwilliger Aufgaben.

Der *Kreis-/Stadtverbandsausschuß* ist ein vom Kreis-/Stadtverbandstag berufenes kleineres Beschlußorgan, das über alle Angelegenheiten entscheidet, die nicht dem Kreis-/Stadtverbandstag vorbehalten sind. Dieser Ausschuß ist wegen seiner kleineren Mitgliederzahl leichter einzuberufen und auch im Hinblick auf seine Zusammensetzung – regelmäßig besonders erfahrene Kommunalpolitiker – das beweglichere Beschlußorgan für die ständige Arbeit der Kreisebene. Es bereitet außerdem die Beschlüsse des größeren Gremiums vor und ist berechtigt, in dringenden Fällen anstelle des Kreis-/Stadtverbandstages zu entscheiden.

Der *Landrat* ist Vorsitzender des Kreistages und Leiter der Kreisverwaltung. Er ist der gesetzliche Vertreter des Landkreises, erledigt die Geschäfte der laufenden Verwaltung und führt die Beschlüsse des Kreisausschusses und des Kreistages aus. Der Landrat ist außerdem untere staatliche Verwaltungsbehörde.

Mit der Neufassung des Kommunalselbstverwaltungsgesetzes (KSVG) vom 22. Juni 1994 wird auch der Landrat als Beamter auf Zeit von den Bürgern im Landkreis in allgemeiner, unmittelbarer, freier, gleicher und geheimer Wahl für die Dauer von acht Jahren gewählt. Die sogenannte Direktwahl gilt ebenso für den Präsidenten des Stadtverbandes Saarbrücken. Die Aufgaben des Stadtverbandspräsidenten sind im wesentlichen mit denen des Landrates zu vergleichen. Sowohl Landräte als auch Stadtverbandspräsident verfügen als direkt Gewählte über kein Stimmrecht im Kreistag bzw. Stadtverbandstag.

Die Aufgaben der saarländischen Landkreise und des Stadtverbandes Saarbrücken sind vielfältig. Sie sind zuerst örtlicher Träger der Sozial- und Jugendhilfe. Zwei Drittel der Gesamtausgaben der saarländischen Gemeindeverbände werden in diesem Bereich verausgabt. Darüber hinaus sind die saarländischen Landkreise und der Stadtverband Saarbrücken Träger verschiedener allgemeinbildender Schulformen (Real- und Gesamtschulen sowie Gymnasien), der beruflichen Schulen und der Sonderschulen. Erwachsenenbildung betreiben die kreisangegliederten Volkshochschulen, in den letzten Jahren mit immer stärkerem Akzent auf dem Gebiet der beruflichen Qualifizierung und Fortbildung. Durch die Bereitstellung von Beschäftigungsmöglichkeiten und -hilfen für Sozialhilfeempfänger nehmen die saarländischen Landkreise und der Stadtverband Saarbrücken in großem Umfang arbeitsmarktpolitische Verantwortung wahr. Mit dem Ausbau der Aktivitäten für ältere Mitmenschen wird der demografischen Entwicklung Rechnung getragen.

Die saarländischen Landkreise und der Stadtverband Saarbrücken sind ebenso Träger eines funktionierenden Rettungsdienstes, der Tierkörperbeseitigung und Gewährträger der Sparkassen. Zukünftig werden die saarländischen Landkreise und der Stadtverband Saarbrücken auch Träger des nicht-schienengebundenen Personennahverkehrs im Saarland. Bau- und Planungswesen, die Förderung von Gartenbau, Landwirtschaft und Landschaftspflege, Umweltschutz, Tourismus- und Wirtschaftsförderung sind weitere Aufgabenfelder.

Die Umsetzung der genannten Aufgabenstellungen stößt Mitte der neunziger Jahre an immer engere finanzielle Grenzen. Steigenden Ausgaben stehen zurückgehende Einnahmen aus dem kommunalen Finanzausgleich des La0ndes und kaum mehr vermehrbaren Mittel aus der Kreis- bzw. Stadtverbandsumlage (mithin von den kreisangehörigen Städten und Gemeinden) gegenüber.

Die gemeinsamen Interessen der saarländischen Landkreise und des Stadtverbandes Saarbrücken werden vom Landkreistag Saarland vertreten. Als kommunaler Spitzenverband hat er die Aufgabe, bei allen Vorhaben von Landesregierung und Landtag des Saarlandes die Interessen der saarländischen Gemeindeverbände, auch im Wege der Öffentlichkeitsarbeit, zu verdeutlichen. Der Landkreistag Saarland vertritt die Mitglieder darüber hinaus in öffentlichen und privaten Institutionen, berät die Mitglieder in Rechts- und Verwaltungsfragen und trägt zum Erfahrungsaustausch der Mitglieder bei. Der Landkreistag unterhält eine hauptamtlich besetzte Geschäftsstelle in Saarbrücken.

Seit 1990 arbeitet der Landkreistag Saarland im Rahmen einer Partnerschaft grenzüberschreitend mit dem anliegenden Département Moselle auf allen Gebieten, in denen die Partner die gleichen Kompetenzen besitzen, zusammen. Auf der Grundlage des Wissens um den Verwaltungsaufbau und die kulturelle Mentalität des Nachbarn wurden und werden eine Vielzahl konkreter Fachprojekte durch die Mitarbeiter/innen saarländischer Gemeindeverbände und des Départements Moselle umgesetzt. Ziel ist die Förderung der europäischen Integration im Sinne des Zusammenwachsens der Menschen und die verstärkte Zusammenarbeit der Verwaltungen.

Die im Landkreistag zusammengeschlossenen saarländischen Landkreise und der Stadtverband Saarbrücken wollen damit ihren Beitrag zur europäischen Integration auf menschlicher, sozialer, kultureller und wirtschaftlicher Ebene im Saar-Lor-Lux-Raum leisten.

Landkreistag Saarland – Obertorstraße 1 – 66111 Saarbrücken

Landkreis Merzig-Wadern

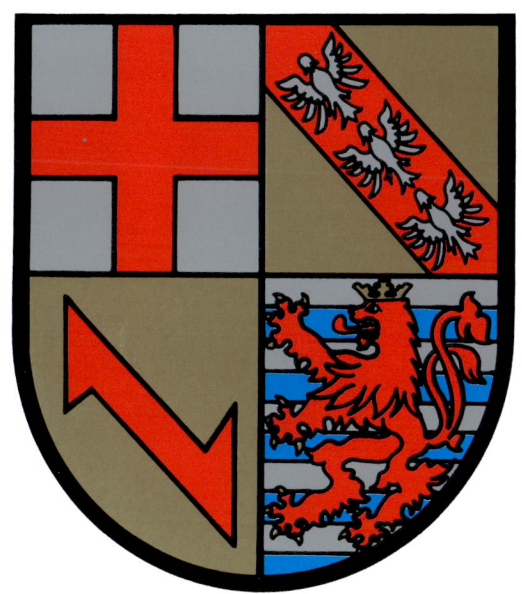

Einwohner: 105 379. Fläche: 554,75 km². Einwohner je km²: 189. Kfz-Kennzeichen: MZG. Kreisverwaltung: Bahnhofstraße 44, 66663 Merzig, Postfach 10 00 60, 66651 Merzig. Verwaltungsgliederung: 7 kreisangehörige Gemeinden (Kreisstadt Merzig, Stadt Wadern, Gemeinde Beckingen, Gemeinde Losheim am See, Gemeinde Mettlach, Gemeinde Perl, Gemeinde Weiskirchen).

Wappenbeschreibung

Geviert: 1 in Silber ein durchgehendes rotes Kreuz; 2 in Gold ein roter Schrägbalken, belegt mit drei gestümmelten silbernen Adlern; 3 in Gold eine schräggestellte rote Wolfsangel; 4 in neunfach von Silber und Blau geteiltem Feld ein golden bewehrter und golden gekrönter, doppelschwänziger roter Löwe.

Historische Entwicklung

Seit der Herrschaft des Erzbischofs und Kurfürsten Balduin von Trier (1307 bis 1354) gehörte das Gebiet des heutigen Landkreises Merzig-Wadern zum Erzstift Trier, kirchlich über Jahrhunderte zum Archidiakonat St. Mauritius, Tholey. Es setzte sich im wesentlichen zusammen aus dem 1778 aufgelösten Kondominium des Herzogtums Lothringen und des Kurfürstentums Trier, der Herrschaft Dagstuhl, dem Reichsdorf Michelbach und dem reichsritterlichen Hofe Münchweiler. Im Zuge der Neuordnung der neuen westlichen Provinzen Preußens entstand 1816 der Kreis Merzig mit insgesamt 21 000 Einwohnern. Er umfaßte neun Bürgermeistereien. 1920 nahm als besondere Verwaltung der »Kreisverwalter des Restkreises Merzig« seine Tätigkeit in Wadern auf. Während der »Restkreis« bei Preußen verblieb, wurde der »Stammkreis« Merzig unter Völkerbundsmandat gestellt. Die Volksabstimmung vom 13. Januar 1935 bewirkte die Rückkehr zum Deutschen Reich. Nach dem Zweiten Weltkrieg wurden Restkreis und Stammkreis wieder vereint. Die Bezeichnung »Landkreis Merzig-Wadern« wird seit 1964 geführt. Das Gebiet des Landkreises Merzig-Wadern wurde durch die Gebietsreform am 1. Januar 1974 nur unwesentlich verändert. Das am 1. Februar 1966 genehmigte Wappen, das weitgehend den historischen Gegebenheiten aus der Zeit vor 1816 Rechnung trägt, behielt seine Gültigkeit. Es verweist gemäß der Reihenfolge der Wappenbeschreibung auf Kurtrier, das Herzogtum Lothringen, die Familie von Sötern und auf das Herzogtum Luxemburg. Die gewählte Reihenfolge entspricht der Bedeutung der ehemaligen Territorialherren.

Struktur des Kreises
Sehenswürdigkeiten

Der im Dreiländereck Deutschland-Frankreich-Luxemburg gelegene waldreiche Landkreis bietet neben idealen Erholungsmöglichkeiten auch Geselligkeit bei vielen Veranstaltungen sowie gutes Essen und Trinken in zahlreichen Restaurants und Gaststätten. Neben dem Weinanbau im Raum Perl wird in Merzig aus heimischen Äpfeln der bekannte Viez hergestellt. Im Kammerforst, einem Waldgebiet am Stadtrand von Merzig, lebt der weltbekannte Wolfsforscher Werner Freund mit seinen Wolfrudeln. Der sportlichen Betätigung dient der Stausee bei Losheim am See. Kurzentren gibt es in Mettlach-Orscholz und im heilklimatischen Kurort Weiskirchen. Schloß Dagstuhl bei Wadern, Kleinod des Hochwaldes, beherbergt seit einigen Jahren ein internationales Informatik-Zentrum. Berühmteste Sehenswürdigkeit ist die Saarschleife bei Mettlach-Orscholz. Die auf dem Bergrücken der Saarschleife gelegene Burg Montclair wurde umfangreich restauriert. Die romantische Burg, die sich seit 1991 im Besitz des Landkreises Merzig-Wadern befindet, läßt sich auf schattigen Wegen leicht erwandern.
Im gesamten Landkreis haben die Römer ihre Spuren hinterlassen. Beispielsweise befindet sich in Nennig das größte und besterhaltene Fußbodenmosaik nördlich der Alpen. In der archäologischen Ausgrabungsstätte Perl-Borg, einer ländlichen Großvillenanlage, ist ein Team von Sachverständigen und Arbeitslosen in Arbeitsbeschaffungsmaßnahmen am Werk. Um ein lebendiges Bild vom Leben in der antiken Villa zu vermitteln, hat die Kulturstiftung für den Landkreis Merzig-Wadern beschlossen, den ca. 400 m² großen Badebereich zu rekonstruieren.

Landkreis Neunkirchen

Einwohner: 150 159.
Fläche: 249,13 km².
Einwohner je km²: 602,7.
Kfz-Kennzeichen: NK.
Kreisverwaltung: Wilhelm-Heinrich-Straße 36, 66564 Ottweiler, Postfach 1263, 66559 Ottweiler.
Verwaltungsgliederung: Kreisstadt Neunkirchen, Stadt Ottweiler, 5 Gemeinden (Eppelborn, Illingen, Merchweiler, Schiffweiler, Spiesen-Elversberg).

Wappenbeschreibung

Geteilt; oben in mit goldenen Schindeln bestreutem blauen Feld ein wachsender und gekrönter, rot gezungter goldener Löwe; unten in Silber vorne eine blaue Rose mit goldenem Butzen und goldenen Kelchblättern, hinten ein vierspeichiges schwarzes Zahnrad.

Historische Entwicklung

Der Grundstein für den heutigen Landkreis Neunkirchen wurde gelegt, als im Jahre 1545 die Grafschaft Saarbrücken unter den Söhnen des Grafen Johann Ludwig aufgeteilt wurde. Unter wechselnden Namen wie »Herrschaft Ottweiler« (1544 bis 1611), »Amt Ottweiler« bzw. »Oberamt Ottweiler« (1611 bis 1798) und unter napoleonischer Herrschaft »Kanton Ottweiler« (1798 bis 1800) existierte die Gebietseinheit bis 1814. Mit Datum vom 30. Juni 1814 entstand im Rahmen einer Neugliederung der Landkreis Ottweiler. Er wurde von einem »Kreisdirektor« geleitet und erstreckte sich über eine Fläche von 1186 km² mit 63 517 Einwohnern. Bereits zwei Jahre später, am 1. Juli 1816, wurde die umfangreiche Fläche auf Beschluß des Wiener Kongresses verändert; im Jahre 1946 wurde das Kreisgebiet von Ottweiler nochmals verkleinert. 1964 bestand der Landkreis Ottweiler 150 Jahre; er umfaßte 35 Gemeinden mit 169 180 Einwohnern. Die letzte Änderung seiner Grenzen erfuhr der Kreis durch die Verwaltungs- und Gebietsreform des Jahres 1974. Mit dieser Gebietsänderung fand auch eine Namensänderung statt: Der Kreis Ottweiler wurde umbenannt in Landkreis Neunkirchen. Er übernahm das bereits seit dem 22. August 1961 geführte Kreiswappen, in dessen Schild sich der Löwe auf die Grafen von Nassau-Saarbrücken bezieht. Sie übten zwischen 1381 und 1792 die Herrschaft über den größten Teil des Kreisgebietes aus. Die Rose symbolisiert die Stadt Ottweiler, das Zahnrad die Stadt Neunkirchen.

Struktur des Kreises Sehenswürdigkeiten

Einen neuen Weg, den »Neunkircher Hüttenweg«, stellt die Kreisstadt Neunkirchen vor. Ein neu angelegter Hüttenpark entstand aus 40 ha Industriebrache und ist heute ein großes Innenstadtparadies. Zur Erinnerung an das einstige Herz Neunkirchens, das Eisenwerk, stehen in einem Teil des Parks alte Großmaschinenteile wie Zahnräder und Kurbelwellen in der Landschaft. Durch diesen Teil verläuft auch der Hüttenweg. Die ehemalige Industriestadt Neunkirchen (zweitgrößte Stadt des Saarlandes) stellt sich heute als eines der modernsten Dienstleistungs- und Einkaufszentren dar.
Ein Hauch von Historie: die Altstadt von Ottweiler. Hier fühlt sich der Besucher ins 16. Jh. zurückversetzt. Alte Bürgerhäuser, original erhalten und mit viel Liebe zum Detail restauriert, schmiegen sich an den mit Kopfstein gepflasterten Marktplatz. Für Freunde historischer Baukunst besonders empfehlenswert: das Häuserensemble am Alten Rathaus. Vom vergnüglichen Zeitvertreib vergangener Zeiten zeugt das frühere Jagd- und Lustschloß des Grafen von Nassau-Saarbrücken. Sei es die Wasserburg der Herren von Kerpen in Illingen, das Naherholungsgebiet »Itzenblitz« in den Gemeinden Schiffweiler und Merchweiler oder der Aussichtsturm »Am Galgenberg« in Spiesen-Elversberg, es gibt allerhand zu sehen in der Region. Das Umweltzentrum »Finkenrech« in Eppelborn-Dirmingen hat viel zu bieten. Im Botanischen Garten blüht es das ganze Jahr. Viele seltene Pflanzenarten sind hier zu finden. Die Deutsche Bambus-Gesellschaft und der Fuchsienfreundeskreis Saarpfalz sind neben anderen Verbänden in der Anlage tätig.
Ein Wasser-Boden-Labor, eine Umweltfachbibliothek und ein Öko-Lehrpfad wurden neu eingerichtet. Demonstrationsanlagen modernster Umwelttechnik wurden in der Anlage installiert. Wegen ihrer öffentlichen Rosengärten wurde die Region vom Verein Deutscher Rosenfreunde (VDR) zum ersten und bislang einzigen »Rosenkreis Deutschlands« ernannt. Der Rosenkreis Neunkirchen freut sich auf Ihren Besuch!

Stadtverband Saarbrücken

Einwohner: 360 000. Fläche: 410 km². Einwohner je km²: 878. Kfz-Kennzeichen: SB (Saarbrücken) und VK (Völklingen). Verwaltungssitz: Schloßplatz, 66119 Saarbrücken, Postfach 10 30 55, 66030 Saarbrücken. 10 stadtverbandsangehörige Städte und Gemeinden (Saarbrücken, Völklingen, Sulzbach, Püttlingen, Friedrichsthal, Heusweiler, Quierschied, Riegelsberg, Kleinblittersdorf und Großrosseln).

Wappenbeschreibung

Geviert: 1 und 4 in blauem, mit fünf silbernen Fußspitzkleeblattkreuzen bestreutem Feld ein doppelschwänziger, golden gekrönter, rot gezungter silberner Löwe; 2 und 3 in blauem, mit fünf goldenen Schindeln bestreutem Feld ein doppelschwänziger, rot gekrönter und rot gezungter goldener Löwe.

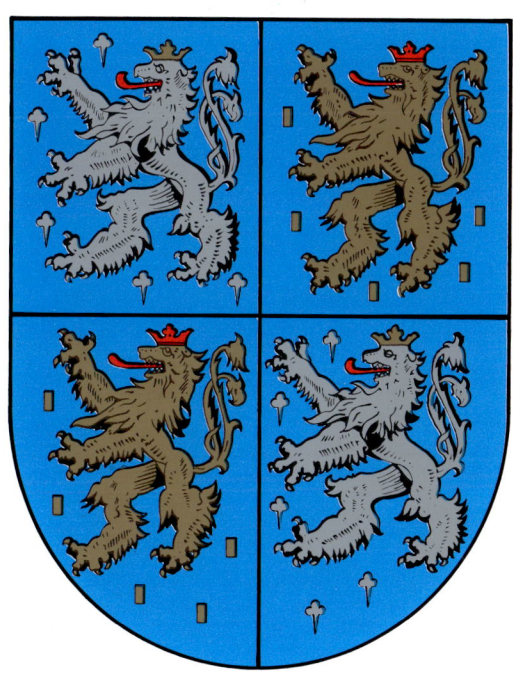

Historische Entwicklung

Ein »Landkreis Saarbrücken« existierte seit dem 22. April 1816. Er umschloß bis zur kommunalen Gebietsreform vom 1. Januar 1974 die damals kreisfreie Landeshauptstadt Saarbrücken und wurde deshalb als »Kragenkreis« bezeichnet. Mit Jahresbeginn 1974 wurde der Landkreis Saarbrücken aufgehoben, und es entstand der »Stadtverband Saarbrücken«.
Mit dieser in Deutschland einmaligen Gebietskörperschaft trat ein Stadt-Umland-Verband ins Leben, der in seiner Funktion einem Landkreis nahesteht.
Der Stadtverband Saarbrücken umfaßt zehn selbständige Gemeinden und darf deshalb nicht mit einer kreisfreien Stadt bzw. einem Stadtkreis verwechselt werden.
In seinem Wappen, das dem Stadtverband am 17. März 1975 genehmigt wurde, verweisen die jeweils zehn Schindeln und Kreuzchen auf die Zahl der Mitgliedsgemeinden. Der Wappenschild wurde in ähnlicher Gestaltung – nur die Plätze waren vertauscht – zwischen 1426 und 1527 von den Grafen von Nassau-Saarbrücken geführt. Im Stadtverbandswappen wurde jedoch der silberne Löwe der Grafen von Saarbrücken-Commercy ins heraldisch vornehmere erste Feld gesetzt, um die Bedeutung der Landeshauptstadt für den Stadtverband zu betonen, die den silbernen Löwen in ihrem Stadtwappen führt. Der goldene Löwe steht für die Linie Nassau-Saarbrücken, die Nachfolgedynastie des 1381 erloschenen Grafengeschlechts von Saarbrücken-Commercy.

Struktur des Kreises Sehenswürdigkeiten

Bundesweite Beachtung finden das wiederhergestellte Saarbrücker Schloß und das angegliederte Historische Museum Saar. Der Stadtverband Saarbrücken stellt die Kernregion des Saarlandes dar. Hier wohnt mehr als ein Drittel der Bevölkerung des Bundeslandes. Nahezu die Hälfte aller saarländischen Beschäftigten arbeitet hier. Kohlebergbau und Stahlindustrie sind die traditionellen wirtschaftlichen Säulen der Region, die in den letzten Jahren allerdings ins Wanken geraten sind. Rationalisierungs- und Umstrukturierungsmaßnahmen sowie Neuansiedlungen von Industrien verändern langsam das alte Bild. Trotz der Montanindustrie ist der Stadtverband noch reich an geschlossenen Waldflächen. Reichhaltig ist auch das kulturelle Angebot (Kleinkunst, Jazz, verschiedene Bühnen bis zum Staatstheater, Museen und private Galerien). Die saarländische Gastfreundschaft und die Nähe zu Frankreich spürt man in vielen Restaurants und Gaststätten. Sehenswürdigkeiten von überregionaler Bedeutung sind der Ludwigsplatz in Saarbrücken, eine der bedeutendsten Platzanlagen des Barock in Deutschland, und in der Mitte des Platzes die 1762 bis 1775 nach Entwürfen von Stengel erbaute Ludwigskirche. Älter ist die Stiftskirche in St. Arnual. Die gotische Basilika gehört zu den bedeutendsten Baudenkmälern im südwestdeutschen Raum. Die Heimatmuseen und Industriedenkmäler sowie das Geologische Museum geben einen interessanten Überblick über die Entwicklung einer Bergbau- und Industrieregion.

Landkreis Saarlouis

Einwohner: 215 513. Fläche: 459 km². Einwohner je km²: 470. Kfz-Kennzeichen: SLS. Kreisverwaltung: Kaiser-Wilhelm-Straße 4-6, 66740 Saarlouis, Postfach 1840, 66718 Saarlouis. Verwaltungsgliederung: 3 Städte (Saarlouis, Dillingen, Lebach) und 10 Gemeinden (Schwalbach, Wadgassen, Schmelz, Rehlingen, Saarwellingen, Überherrn, Wallerfangen, Nalbach, Bous, Ensdorf).

Wappenbeschreibung

Unter von Schwarz und Silber gevierteiltem Schildhaupt in Gold ein roter Schrägbalken, belegt mit drei gestümmelten silbernen Adlern, begleitet oben von einer blauen heraldischen Lilie, unten von einem blauen achtzackigen Stern.

Historische Entwicklung

Der Landkreis Saarlouis entstand nach dem Zweiten Pariser Frieden (20.11.1815), der im Westen Deutschlands eine umfassende territoriale Neuordnung bewirkte. Als sein Geburtsdatum gilt der 21.7.1816, der Tag, an dem der königliche Kreiskommissar Jakob Christian Schmelzer zum kommissarischen Landrat des Landkreises Saarlouis ernannt wurde. Am 1.7.1816 vergrößerte sich das Kreisgebiet durch Zuteilung sechs weiterer Bürgermeistereien aus benachbarten Kreisen.
Seit der saarländischen Gebietsreform vom 1.1.1974 gehören dem Landkreis fünf neue Gemeinden bzw. Ortsteile an. Das Kreiswappen wurde bereits vor der Gebietsreform, am 1. Februar 1966, verliehen. Die preußischen Farben im Schildhaupt weisen auf die Gründung des Kreises in der Zeit der preußischen Verwaltung (1816 bis 1919) hin. Das lothringische Wappen im Hauptfeld (roter Schrägbalken, belegt mit drei gestümmelten silbernen Adlern in Gold) symbolisiert, daß fast die Hälfte des Kreisterritoriums zwischen 1100 und 1776 zum Herzogtum Lothringen gehörte und daß Wallerfangen Hauptort der lothringischen Baillage d'Allemagne war. Die blaue heraldische Lilie hebt die besondere Bedeutung der Festung Saarlouis für das Königreich Frankreich hervor. Damals zeigte das französische Landeswappen einen blauen Schild mit drei goldenen Lilien. Der achtzackige blaue Stern erinnert in stark stilisierter Form an den Grundriß der Festung Saarlouis.

Struktur des Kreises
Sehenswürdigkeiten

Der im Westen des Saarlandes an der Grenze zu Frankreich gelegene Landkreis bietet an der unteren Saar in abwechslungsreicher und reizvoller Landschaft Natur- und Sportfreunden ein ganz besonderes Erholungsgebiet (»Naturpark Saar-Hunsrück«) abseits bekannter Touristenzentren. In waldreicher Landschaft lernt man die Schönheit und Eigenart saarländischer Städte und Dörfer kennen, die sich noch einen Hauch Behaglichkeit bewahrt haben, in denen Kelten und Römer ihre Spuren hinterließen und wo Burgen, Barockbauten, Schlösser und alte Festungsbauwerke besondere Akzente setzen. Zu den bedeutendsten Sehenswürdigkeiten im Landkreis zählen: Alte Festung Saarlouis mit historischen Kasernen, Kasematten und Wällen, lothringische Burgfeste Berus mit dem Burgtor und dem Torhaus Scharfeneck (1590), »Denkmal der Großen Europäer«, mittelalterliche Wallfahrtskapelle St. Oranna (13. Jh.), römisches Kupferbergwerk in St. Barbara, Teufelsburg (3. Jh. n.Chr.) mit Burgmuseum in Felsberg, römisches Quellheiligtum in Ihn, Burgruine Siersburg, Naturtropfsteinhöhle in Niedaltdorf, Flugplatz Düren, 18-Loch-Golfplatz in Gisingen, Litermont (Sagenberg der unteren Saar) bei Nalbach, die Schlösser Itzbach (1740), Düren (1760), Fremersdorf (17.Jh.), Großhemmersdorf (1670), Rehlingen (1624) sowie Schloß La Motte bei Lebach (1709).

Saarpfalz-Kreis

Einwohner: 157 000. Fläche: 420 km². Einwohner je km²: 374. Kfz-Kennzeichen: HOM und für St. Ingbert: IGB. Kreisverwaltung: Am Forum 1, 66424 Homburg, Postfach 1550, 66406 Homburg. Verwaltungsgliederung: Kreisstadt Homburg, Mittelstadt St. Ingbert, Städte Bexbach und Blieskastel und 3 Gemeinden (Gersheim, Kirkel, Mandelbachtal).

Wappenbeschreibung

Geviert: 1 in Schwarz ein rot gekrönter, rot bewehrter und rot gezungter goldener Löwe, 2 in Silber ein durchgehendes rotes Kreuz, 3 in Gold ein wachsender blauer Abtsstab, 4 in Rot ein blau bewehrter und blau gezungter silberner Löwe.

Historische Entwicklung

Der Saarpfalz-Kreis wurde im Rahmen der kommunalen Gebiets- und Verwaltungsreform im Saarland zum 1. Januar 1974 gebildet. Er ist Rechtsnachfolger der früheren Landkreise St. Ingbert und Homburg. Den Namen erhielt der neuformierte Kreis deshalb, weil es sich bei dem Kreisgebiet um einen Teil der ehemals bayerischen Pfalz handelt. Dies wird mit der im Kreistagsbeschluß vom 10. Juli 1989 festgelegten Namensform betont; zuvor lautete die Schreibung auf »Saar-Pfalz-Kreis«. Im Wappen des Saarpfalz-Kreises, das vom Innenministerium am 21. Mai 1975 verliehen wurde, werden die wesentlichen Herrschaftsräume der Region, wie sie im 18. Jh. bestanden hatten, zum Ausdruck gebracht. Der Löwe oben rechts, somit im vornehmsten Felde eines gevierten Wappens, weist auf die wichtigsten Territorialbildner hin, die Herzöge von Pfalz-Zweibrücken. 1410 wurde mit Herzog Stefan die Geschichte von Pfalz-Zweibrücken in diesem Raum eingeleitet. Das bekannte Kreuzwappen des Erzbistums Trier verweist auf dessen über 300jährige Herrschaft. Kurfürst Balduin von Trier hatte im Jahre 1339 die ehemalige Grafschaft Blieskastel erworben. 1660 bis 1793 folgte darauf die Herrschaft der Familie von der Leyen. Der Abtsstab betont die Besitztümer der Klöster Hornbach, Wörschweiler, Gräfinthal, Wadgassen und Herbitzheim im heutigen Kreisgebiet. Der silberne Löwe im roten Feld unterstreicht die Herrschaft Homburg, die 1449 an die Grafen von Nassau-Saarbrücken gelangte.

Struktur des Kreises
Sehenswürdigkeiten

Im Südosten des Saarlandes gelegen verbindet den Saarpfalz-Kreis eine über 30 km lange Grenze mit Frankreich. Im Westen grenzt der Kreis an den Stadtverband Saarbrücken, im Osten an Rheinland-Pfalz. Strukturell läßt sich der Saarpfalz-Kreis in zwei unterschiedliche Zonen einteilen. Im nördlichen und nordwestlichen Teil sind zahlreiche Betriebe der weiterverarbeitenden Industrie angesiedelt, der südliche und südöstliche Teil dagegen ist landwirtschaftlich geprägt. Aufgrund seiner geografisch günstigen Lage stellt der Saarpfalz-Kreis eine zentrale Wirtschaftsregion im Bereich der EU dar, die durch ein gut ausgebautes Verkehrsnetz mit den benachbarten Wirtschaftsräumen verbunden ist. Die Kreisstadt Homburg ist nach Saarbrücken der wichtigste Verkehrsknotenpunkt des Saarlandes. Während die Grenzlage der Region in der Vergangenheit oft viel Leid gebracht hat, leben die Menschen diesseits und jenseits der Grenze die grenzüberschreitende Zusammenarbeit und Freundschaft heute als eine Selbstverständlichkeit zwischen emanzipierten und friedlichen Völkern. Vielfältige Beziehungen und Partnerschaften wurden in den vergangenen Jahrzehnten aufgebaut, haben sich entfaltet und tragen heute ihre Früchte im Rahmen eines zusammenwachsenden Europas.

Ihrer abwechslungsreichen Geschichte verdankt die Saarpfalz eine Fülle von bau- und kunsthistorischen Sehenswürdigkeiten. Eine überaus vielfältige Landschaft mit ausgedehnten Wäldern im nördlichen Teil und vielen Wiesen mit Obstbaumhainen und Orchideenoasen im Bliesgau machen den Saarpfalz-Kreis zu einem abwechslungsreichen Erholungsgebiet. Das römische Freilichtmuseum im Homburger Stadtteil Schwarzenacker und der Europäische Kulturpark in Gersheim weisen auf die frühe Besiedlung durch Kelten und Römer hin. Aber auch die Festungsanlage Hohenburg und Europas größte Buntsandsteinhöhlen in Homburg, der Blumengarten und das Bergbaumuseum in Bexbach, das barocke Blieskastel, das Albert-Weisgerber-Museum in St. Ingbert, die Kirkeler Burg oder die Naturbühne Gräfinthal sind interessante und beliebte Ausflugsziele.

Landkreis St. Wendel

Einwohner: 95 450. Fläche: 476,12 km². Einwohner je km²: 200. Kfz-Kennzeichen: WND. Kreisverwaltung: Mommstraße 25, 66606 St. Wendel, Postfach 1460, 66594 St. Wendel. Verwaltungsgliederung: Kreisstadt St. Wendel und 7 Gemeinden (Freisen, Marpingen, Namborn, Nohfelden, Nonnweiler, Oberthal, Tholey).

Wappenbeschreibung

Geteilt von Silber und Blau; darin ein rot bewehrter und rot bezungter Löwe in gewechselten Farben, belegt mit einem goldenen Herzschild, darin eine rote Lilie.

Historische Entwicklung

Das Gebiet des Kreises war vor der Französischen Revolution von 1789 zwischen mehreren Territorien aufgegliedert: Kurfürstentum Trier, Fürstentum Nassau-Saarbrücken, Herzogtum Pfalz-Zweibrücken als Nachfolger der Grafschaft Veldenz, Herzogtum Lothringen und einigen kleineren reichsritterschaftlichen Gebieten. Aus diesen Territorien wurden für das »Aufreißen«, d.h. für die Gestaltung des Wappens, das am 25. Februar 1965 durch das saarländische Innenministerium genehmigt wurde, Teile bzw. Farben des Veldenzer, des Lothringer und des nassau-saarbrückischen Wappens verwendet. Aus dem Veldenzer Wappen stammt der blaue Löwe in Silber und aus dem von Nassau-Saarbrücken der silberne Löwe in Blau, allerdings ohne die eingestreuten Kreuzchen. Dem lothringischen Wappen wurden die Farben des Herzschildes entnommen, dem schottischen Königswappen (!) die Lilie als Hinweis auf den angeblich aus diesem Lande stammenden hl. Wendalinus. Aus dem Wappen Kurtriers sind die Farben Silber und Rot abgeleitet. Das Kreiswappen zeigt starke Anklänge an das Wappen des Fürstentums Lichtenberg, das 1819 von dem Herzog von Sachsen-Coburg-Saalfeld geschaffen wurde. Infolge der im Jahre 1832 im Fürstentum ausgebrochenen Revolte, die sich gegen die sächsisch-coburgischen Verwaltungsbeamten richtete, trat der Herzog sein Fürstentum gegen eine Jahresrente an den König von Preußen ab. Das Gebiet wurde 1834 als Kreis St. Wendel dem Regierungsbezirk Trier inkorporiert. Nach mehreren Gebietsänderungen, die durch die beiden Weltkriege und das wechselvolle Schicksal als Grenzregion bedingt waren, erhielt der Landkreis letztmalig infolge der kommunalen Gebietsreform 1974 seinen heutigen Zuschnitt.

Struktur des Kreises Sehenswürdigkeiten

Südlich des Schwarzwälder Hochwaldes im nordöstlichen Teil des Saarlandes liegt der Landkreis St. Wendel. Archäologische Funde bestätigen, daß dieses Gebiet bereits früh besiedelt worden ist. Grabstätten vornehmer Kelten und Römer findet man in den Gemeinden Marpingen und Freisen (mit Mithrastempel und einer keltischen Kultstätte aus dem 3. Jh.). Der Ringwall (Hunnenring) der Gemeinde Nonnweiler gilt als die größte prähistorische keltische Befestigungsanlage Europas. Sehenswert ist die Benediktinerabtei St. Mauritius in Tholey, eine der ältesten Abteien auf deutschem Boden (7. Jh.). Ihre berühmte frühgotische Abteikirche stammt aus dem 13. Jh. Auf dem Schaumberg, dem 571 m hohen »Hausberg des Saarlandes«, steht der Schaumbergturm (36 m), ein Ehrenmal der deutsch-französischen Freundschaft. Früher beherbergte diese Anhöhe einmal eine keltische Fliehburg, danach ein römisches Kastell und später eine ausgedehnte Burganlage. Burgruinen gibt es bei Nohfelden (Burg Veldenz) und Namborn/Hofeld (Liebenburg). Die Wendalinusbasilika in St. Wendel wird als der schönste sakrale Bau des Saarlandes angesehen. Der mit 120 ha größte See Südwestdeutschlands (Bostalsee) liegt in der Gemeinde Nohfelden.

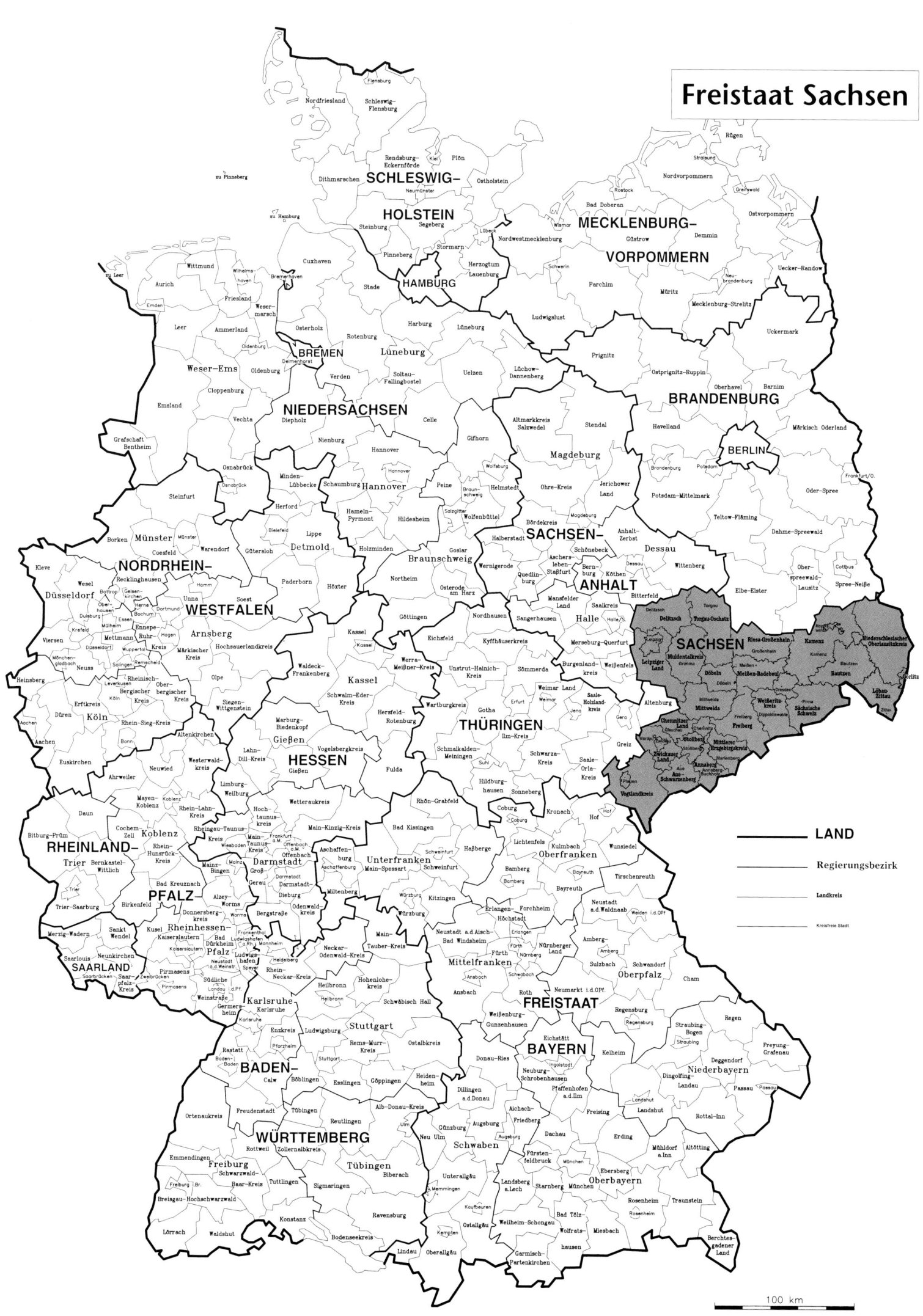

Wolf-Uwe Sponer

Die Landkreise in Sachsen

Die 1816 von Einsiedel im Königreich Sachsen geschaffenen 14 Amtshauptmannschaften – Rechtsvorgänger der Landkreise – waren zum einen staatliche Verwaltungsbehörden für ihre Bezirke und führten die Aufsicht über die Gemeinden und kleinen Städte, ihre Gemeindevorstände und Bürgermeister sowie ihr Finanzwesen. Weiter oblag ihnen die Bearbeitung der Bau-, Wohnungs-, Gewerbe-, Handels-, Landwirtschafts- und Jagdsachen, die Betreuung der Straßen- und Wasserläufe, die Sicherheitspolizei mit dem Vereins- und Versammlungswesen, die militärischen Ersatzangelegenheiten und das Sozialversicherungs- sowie Gesundheitswesen. Zudem waren die Amtshauptleute an der Schul- und Kirchenverwaltung beteiligt. Darüber hinaus leitete der Amtshauptmann den Bezirksverband, die Zusammenfassung der Gemeinden im Gebiet der Amtshauptmannschaft. Hierbei handelte es sich um eine Institution kommunaler Selbstverwaltung, deren Aufgaben jedoch gering und auf den Wegebau, die Armenpflege, die Siechenanstalten sowie auf die Behebung allgemeiner Notstände beschränkt waren. Die Amtshauptmannschaften als Hauptstellen der staatlichen Verwaltungsarbeit standen unter der Aufsicht der fünf sächsischen Kreishauptmannschaften (Regierungsbezirke) in Dresden, Chemnitz, Leipzig, Bautzen und Zwickau. Das Nebeneinander von Bezirksverbänden und Amtshauptmannschaften wurde später durch die Zusammenfassung der Leitungsebenen der Amtshauptleute, Bezirksamtmänner, Oberamtmänner, Bezirks- und Kreisdirektoren in der Person eines Landrats aufgelöst. Daneben wurden der Bezirksverband und der Bezirk in Landkreis umbenannt.

Durch das Gleichschaltungsgesetz von 1933 wurde auch in Sachsen die Kreisebene aufgelöst. Nach dem Ende des Zweiten Weltkrieges wurden die kommunale Selbstverwaltung in Art. 139 ff. der DDR-Verfassung von 1949 ausdrücklich verankert und zunächst provisorische Regelungen erlassen, die teilweise auf das Recht von vor 1933, teilweise auf die Deutsche Gemeindeordnung von 1935 Bezug nahmen. Gemäß Beschluß der Potsdamer Konferenz zur Wiederherstellung der lokalen Selbstverwaltung in Deutschland nach demokratischen Grundsätzen wurde von den einzelnen Landes- und Provinzialverwaltungen die »Demokratische Gemeindeverfassung für die Sowjetische Besatzungszone Deutschland« in Kraft gesetzt. Als Vorbild hierfür diente die sogenannte »unechte Magistratsverfassung«, in der die Gemeindevertretung als Beschlußorgan wirkte und der kollegial organisierte Gemeinderat mit dem Bürgermeister als Vorsitzendem als ausführendes Organ fungierte. Jedoch fand bereits nach wenigen Jahren mit dem »Gesetz über die weitere Demokratisierung des Aufbaus und der Arbeitsweise der staatlichen Organe in den Ländern der DDR« eine starke Zentralisierung durch die Bildung von 14 Bezirken als regionale Instanzen und eine Schwächung der Kreise durch ihre Vergrößerung von 121 auf 194 statt. Eine weitere Zentralisierung trat 1957 mit dem Gesetz über die örtlichen Volksvertretungen ein, durch das die örtlichen Volksvertretungen in ihrem Zuständigkeitsbereich als oberste Organe der Staatsmacht definiert und dem Prinzip der doppelten Unterstellung unterworfen wurden. Damit war der Rat jeder Verwaltung nicht nur der eigenen Volksvertretung gegenüber verantwortlich und rechenschaftspflichtig, sondern gleichzeitig dem Rat der nächsthöheren Ebene unterstellt. Somit unterstanden die örtlichen Volksvertretungen nicht nur den Beschlüssen übergeordneter Behörden, sondern waren vielmehr auch deren unbeschränkter Weisung unterworfen. Auch formal wurde die kommunale Selbstverwaltung mit der DDR-Verfassung von 1968 aufgehoben, in dem gemäß dem Prinzip des demokratischen Zentralismus Gemeinden und Gemeindeverbände nur noch als Gemeinschaften im Rahmen der zentralen staatlichen Planung und Leitung definiert wurden. In Ausgestaltung dieser Verfassung wurden 1973 und 1985 neue Gesetze über die örtlichen Volksvertretungen und ihre Organe erlassen.

Nach dem Umbruch in der DDR im Spätherbst 1989 beschloß bereits am 2. Mai 1990 die neugewählte DDR-Regierung, die 1952 gebildeten 14 Bezirke aufzulösen und in Anknüpfung an die Situation nach 1945 den föderalistischen Staatsaufbau wiederherzustellen. Der erste einschneidende Schnitt in dem beginnenden Reformprozeß des Staatsumbaus war die Rückgabe der kommunalen Selbstverwaltung an die Kommunen durch das (verfassungsändernde) Gesetz über die Selbstverwaltung der Gemeinden und Landkreise vom 15. Mai 1990 (KomVerf. DDR, GBl DDR I S. 255).

Den Landkreisen oblag es nach diesem Gesetz, in ihrem Gebiet unter eigener Verantwortung die Aufgaben übergemeindlicher Natur sowie diejenigen, die die Leistungsfähigkeit der Gemeinden überstiegen, wahrzunehmen. Hinsichtlich der Organisationsstruktur im Kreis beinhaltete sie die Vorgabe einer Doppelspitze zwischen dem Kreistagspräsidenten als Vorsitzendem des Kreistages und dem – vom Kreistag gewählten – Landrat als Leiter der Verwaltung.

Mit der Einführung der Bürgerbeteiligung bei kommunalen Sachabstimmungen und der Schaffung umfassender Kontroll- und Abberufungsrechte der kommunalen Gremien erwies sich die KomVerf DDR zwar als modernes Gesetz, war jedoch an einigen Stellen wegen fehlender Ausführungsgesetze auslegungsbedürftig und hinsichtlich der Regelungen über die Landkreise wegen ihrer Verweisungstechnik unübersichtlich.

Mit dem Wegfall der hierarchischen Strukturen des DDR-Staates (z. B. der Bezirksstruktur) erwies sich die kommunale Ebene in der Übergangsphase als einzige – noch funktionierende – Verwaltungseinheit, weshalb man auf die Durchführung einer Kreisgebietsreform zunächst verzichtete. In der Verwaltungspraxis zeigte sich jedoch bald, daß die – noch aus den Gebietsreformen der DDR resultierenden – Kreisstrukturen mit einer Durchschnittseinwohnerzahl von 65 607 Einwohnern und einer durchschnittlichen Fläche von 369 km² den Anforderungen an eine moderne und effiziente Verwaltung nicht mehr gerecht wurden. Der Gesetzgeber brachte somit das Reformvorhaben einer Kreisgebietsreform bereits in der ersten Legislaturperiode (1990 bis 1994) auf den Weg und beendete mit dem Vollzug des gebietlichen Teils des Kreisgebietsreformgesetzes zum 1. August 1994 die gebietliche Neuordnung. Mit der Gebietsreform sind auf Kreisebene größere und leistungsfähigere Verwaltungseinheiten entstanden, die Zahl der sächsischen Landkreise ist von 48 auf zunächst 28 reduziert worden. Hinzuweisen ist in diesem Zusammenhang jedoch darauf, daß die geplante Kreisgebietsreform in den Altkreisen Auerbach, Klingenthal, Reichenbach, Plauen und Oelsnitz sowie in den Landkreisen Dresden, Meißen, Hoyerswerda und Kamenz durch Urteile des Sächsischen Verfassungsgerichtshofs wegen Fehler im Anhörungsverfahren für nichtig erklärt worden ist. Nach den daraufhin verabschiedeten Änderungsgesetzen ist jedoch auch in diesen Gebieten die Kreisreform zum 1. Januar 1996 vollzogen worden, so daß 22 Landkreise im Freistaat Sachsen existieren.

Mit Vollzug der Kreisgebietsreform ist die Sächsische Landkreisordnung in den neu gegliederten Kreisen in Kraft getreten. Die Kommunalordnung enthält für den Kreisbereich nunmehr ein eigenständiges und umfassendes Regelungswerk und orientiert sich in ihren Wertungsmodellen an der süddeutschen Ratsverfassung. Dementsprechend ist der Landrat in Personalunion Vorsitzender und stimmberechtigtes Mitglied des Kreistages sowie Leiter der Kreisverwaltung. Die in der KomVerf DDR noch existierende Doppelspitze ist entfallen. Der Landrat wird durch Volkswahl als hauptamtlicher Wahlbeamter auf Zeit für sieben Jahre gewählt. Die Beigeordneten als seine gesetzlichen Stellvertreter werden zwar ebenfalls auf sieben Jahre bestimmt, allerdings weiterhin durch den Kreistag gewählt. Eine Neuerung der Sächsischen Landkreisordnung ist die Struktur des Landratsamtes als kommunale Einheitsbehörde. Mit der vollinhaltlichen Kommunalisierung der Kreisverwaltung existiert im Landratsamt nunmehr weder eine untere staatliche Verwaltungsbehörde noch eine untere Verwaltungsbehörde.

Sächsischer Landkreistag – Käthe-Kollwitz-Ufer 88 – 01309 Dresden

Landkreis Annaberg

Regierungsbezirk: Chemnitz.
Einwohner: 92 139.
Fläche: 438,17 km².
Einwohner je km²: 210.
Kfz-Kennzeichen: ANA.
Kreisverwaltung: Paulus-Jenisius-Str. 24, 09456 Annaberg-Buchholz, Postfach 169, 09443 Annaberg-Buchholz. Verwaltungsgliederung: 9 Städte (Annaberg-Buchholz, Ehrenfriedersdorf, Elterlein, Geyer, Jöhstadt, Kurort Oberwiesenthal, Scheibenberg, Schlettau, (Thum), 26 Gemeinden.

Wappenbeschreibung

Zweimal halbgeteilt und gespalten, vorn oben dreimal von Rot und Silber schrägrechts geteilt; vorn in der Mitte in Gold ein schwarzes Andreaskreuz; vorn unten in Rot ein goldener Ring mit blauem Stein; hinten in Gold ein rotbewehrter und -gezungter schwarzer Löwe, in der rechten Pranke schräg gekreuzt zwei schwarze Berghämmer mit goldenem Stiel haltend.

Historische Entwicklung

In der zweiten Hälfte des 12. Jh. rodeten siedelnde Bauern, vor allem aus Franken, den dichten dunklen Urwald »Miriquidi«. Die Besiedlungswelle erreichte um 1200 die Kammlagen des Erzgebirges. Es entstanden die für das Gebiet typischen Waldhufendörfer. Der Landesausbau wurde im königlichen Auftrag von Reichsministerialen oder edelfreier Geschlechter geleitet, die meist die neuen Grundherrschaften als Lehen erhielten.
An sie erinnert das Kreiswappen, das mit Inkrafttreten der Kreisgebietsreform am 1. August 1994 rechtsgültig wurde. Das Landkreisterritorium teilten sich die Waldenburger (Herrschaft Wolkenstein = Saphirring), die Schönburger (Herrschaft Schlettau = Schrägrechtsteilung) und die Meinheringer (Grafschaft Hartenstein und Herrschaft Pöhlberg = Andreaskreuz). Im 15. und 16. Jh. gerieten sämtliche Herrschaften in den Besitz der Wettiner (= meißnischer Löwe). Seit 1559 gehörte das gesamte Gebiet zum Kurfürstentum Sachsen. Die Wettiner förderten eifrig den Bergbau (= Schlegel und Eisen). Der Erzreichtum des Gebirges führte zur Entstehung von Bergorten und Bergstädten.
In der Niedergangsphase des Silbererzbergbaus in der zweiten Hälfte des 16. Jh. entstand das Posamentengewerbe und das Klöppeln im Verlagssystem. Im 19. Jh. bildete sich in den Gebirgsorten eine vielseitige mittelständische Industrie heraus, montanindustrielle Zweige verschwanden fast gänzlich. Der Fremdenverkehr entwickelte sich örtlich zum bedeutsamen Wirtschaftsfaktor. Der Landkreis Annaberg entstand aus der 1860 geschaffenen, königlich-sächsischen Amtshauptmannschaft Annaberg. 1952 infolge der Verwaltungsreform der DDR stark verkleinert, wurden 1994 die seit 1874 bestehenden Grenzen des Landkreises wiederhergestellt.

Struktur des Kreises
Sehenswürdigkeiten

Der Landkreis Annaberg liegt im Süden des Freistaates Sachsen an der Grenze zur Tschechischen Republik in der reizvollen Landschaft des Oberen Erzgebirges. Der Kurort Oberwiesenthal ist mit seiner Höhenlage von 800 m bis 1214 m die höchstgelegene Stadt Deutschlands und als Wintersport-, Kur- und Erholungszentrum bekannt.
In der Bergstadt Annaberg-Buchholz ist besonders sehenswert die spätgotische St.-Annen-Kirche (1499 bis 1525), die größte Hallenkirche Sachsens (Bergaltar mit Darstellungen der Bergleute im erzgebirgischen Silberbergbau [Hans Hesse, 1521], der Schönen Tür, dem Taufstein und dem Münzeraltar). Ebenfalls in der Kreisstadt: Eduard-von-Winterstein-Theater, Adam-Riese-Haus (Wohnhaus des Rechenmeisters, der von 1523 bis 1559 in Annaberg tätig war) und das Erzgebirgsmuseum. In Frohnau steht das Technische Museum »Frohnauer Hammer«; Besucherbergwerke gibt es in Frohnau, Cunersdorf, Ehrenfriedersdorf und Jöhstadt. Anziehungskraft haben nach wie vor die Schmalspurbahn Chranzahl-Oberwiesenthal und die Museumsbahn von Jöhstadt nach Schmalzgrube. Naturerlebnisse besonderer Art vermitteln der Aussichtsfelsen im Greifensteingebiet sowie die Aussichtstürme auf dem Bärenstein (898 m ü. NN), dem Pöhlberg (832 m ü. NN) und die »Orgelpfeifen« auf dem Scheibenberg (805 m ü. NN). Ein Erlebnis anderer Art bietet das Thermalbad Wiesenbad mit dem »Gesundheitsbaden« in der Therme »Miriquidi«. Neben den Betrieben des Maschinenbaus und der Textilindustrie sind im Landkreis wirtschaftlich die Betriebe der Posamentenherstellung sowie der Spielzeug- und Verpackungsindustrie von Bedeutung.

Landkreis Aue-Schwarzenberg

Regierungsbezirk: Chemnitz. Einwohner: 152 142. Fläche: 531 km². Einwohner je km²: 287. Kfz-Kennzeichen: ASZ. Kreisverwaltung: Wettinerstraße 64, 08280 Aue, Postfach 10319, 08273 Aue, Verwaltungsgliederung: 8 Städte (Aue, Eibenstock, Grünhain, Johanngeorgenstadt, Lauter, Lößnitz, Schneeberg, Schwarzenberg) und 26 Gemeinden. Schwerpunkte bilden der mittelzentrale Städteverbund (Aue, Schwarzenberg, Lauter, Schneeberg, Lößnitz und Schlema) und die drei Unterzentren Johanngeorgenstadt, Eibenstock und Schönheide.

Wappenbeschreibung

Im Göpelschnitt geteilt; vorne in Blau ein wachsender goldener Krummstab, hinten in Rot drei aus dem linken Schildrand wachsende silberne Wolfszähne, unten in Gold ein schwarzes Schrägkreuz.

Historische Entwicklung

Das Territorium des Landkreises umfaßte ursprünglich das Gebiet dreier Herrschaften. So gehörte im 13. Jh. der östliche Teil des Kreisgebietes zum Kloster Grünhain, der südliche zur Herrschaft Schwarzenberg und der nördliche zur Grafschaft Hartenstein. Der Landkreis ist eine Region mit einer langen und reichen Vergangenheit, in der neben der Holz- und Papierindustrie, der Eisenverarbeitung und der Handwerkskunst der Schnitzer und Klöpplerinnen vor allem der Bergbau eine dominierende Rolle spielte. Vom Silber-, Eisen- und Zinnbergbau angelockt ergriffen Tausende von Menschen vom wenig besiedelten Gebirge Besitz. 1873 wurde die Amtshauptmannschaft Schwarzenberg eingerichtet, die seit den 30er Jahren unseres Jahrhunderts auch als Landkreis bezeichnet wurde. Sie war bis 1952 das Einteilungsprinzip der staatlichen Verwaltung, als die Kreise Aue und Schwarzenberg als Bestandteil des früheren Bezirkes Karl-Marx-Stadt entstanden. Ein großer Teil des heutigen Landkreises, etwa 520 km², blieb nach Ende des Zweiten Weltkrieges für sieben Wochen von alliierten Truppen unbesetzt. Die Ursachen dafür sind bis heute nicht bekannt und werden wohl auch in Zukunft zu jenen Fällen der Geschichte gehören, die nicht ganz aufzuklären sind. Der Landkreis Aue-Schwarzenberg in seiner heutigen Form entstand auf der Grundlage des Sächsischen Kreisgebietsreformgesetzes vom 22. Juli 1993, das am 1. August 1994 in Kraft trat. Sein Wappen wurde zeitgleich mit der Umbenennung von Westerzgebirgskreis in Aue-Schwarzenberg am 1. Januar 1995 wirksam. Es verweist mit dem Krummstab auf das Kloster Grünhain, mit den Wolfszähnen auf die Herrschaft Schwarzenberg der Familie Tettau und mit dem Andreaskreuz auf die Burggrafen von Meißen aus dem Hause Meinheringer.

Struktur des Kreises
Sehenswürdigkeiten

Vom unteren Westerzgebirge (400 bis 600 m ü. NN) steigt das Kreisgebiet bis zum Erzgebirgskamm an (über 1000 m ü. NN), auf dem die Grenze zur Tschechischen Republik verläuft. Die höchste Erhebung, der Auersberg, erreicht 1019 m ü. NN. Die Region des Westerzgebirges wurde seit Jahrhunderten durch den Bergbau geprägt – Silber, Eisenerz, Kobalt, Kaolin. Die jüngste Bergbautätigkeit, der Abbau von Uran und Zinn, wurde 1991 eingestellt.
Mit dem Niedergang des Altbergbaues entwickelten sich die auch noch heute traditionellen Wirtschaftszweige des verarbeitenden Gewerbes: Maschinen- und Werkzeugbau, Formenbau, Metallerzeugung, Eisen-, Blech- und Metallwarenindustrie, Haushaltsgerätebau, Preßspanherstellung, Holzverarbeitung, Spitzenklöppelei.
Anziehungspunkte für den Fremdenverkehr sind die historischen Bergbaueinrichtungen (Schaubergwerke, darunter das Besucherbergwerk Pöhla mit den größten Zinnkammern Europas, Huthäuser, Göpel) und die traditionellen Volkskunstbräuche (Schnitzerei, Klöppelei, Drechselei). Das Erzgebirge ist als »Weihnachtsland« weltbekannt. Lichtelfest, Weihnachtsmette, Turm- und Haldensingen, Weihnachtsmärkte und Bergaufzüge prägen die erzgebirgische Weihnacht. Die Kammregion um die Orte Eibenstock, Carlsfeld, Johanngeorgenstadt bis Rittersgrün und Tellerhäuser ist das schneesicherste Gebiet Sachsens und traditionelles Erholungs- und Wintersportgebiet. Seit 1982 ist die Talsperre Eibenstock in Betrieb. Sie ist mit 71,4 Mio. m³ die größte Talsperre in Sachsen. 1970 bis 1981 wurde das Pumpspeicherwerk Markersbach gebaut. Es ist mit einer Leistung von 1050 MW das größte in Deutschland.

Landkreis Bautzen

Regierungsbezirk: Dresden.
Einwohner: 163 000.
Fläche: 954,47 km².
Einwohner je km²: 171.
Kfz-Kennzeichen: BZ.
Kreisverwaltung: Bahnhofstraße 9,
02625 Bautzen, Postfach 1704,
02620 Bautzen.
Verwaltungsgliederung: 5 Städte
(Große Kreisstadt Bautzen, Bischofswerda, Schirgiswalde, Weißenberg, Wilthen) und 33 Gemeinden.

Wappenbeschreibung

Geteilt von Blau über einer dreigezinnten goldenen Mauer mit schwarzen Mauerstrichen.

Historische Entwicklung

Der heutige Landkreis entstand im wesentlichen aus den Kreisen Bautzen und Bischofswerda. Derzeit führt er noch das dem gleichnamigen Vorgängerkreis am 14. Januar 1992 genehmigte Wappen, das mit dem der Stadt Bautzen identisch ist. Daher wird die Annahme eines neuen, ergänzten Wappens erwogen.
Das Bautzener Mauerwappen ist von der Entstehungszeit her in die Jahre zwischen 1350 und 1363 zu datieren. Nach dem Schriftverkehr des 1346 gegründeten Sechsstädtebundes, dem Bautzen federführend als Hauptstadt der Oberlausitz vorstand, wurde das Landschaftswappen der Oberlausitz dem von Bautzen geführten Wappen entlehnt. Der königliche Grundherr fügte das Symbol dem eigenen Familienwappen hinzu, was erstmals 1363 im Wappenbild des Böhmenkönigs Wenzel nachweisbar ist. Auch bei den Beerdigungsfeierlichkeiten für Kaiser Karl IV. in Prag 1378 wurde das Mauerwappen als Landschaftswappen der Markgrafschaft Oberlausitz gezeigt.

Struktur des Kreises
Sehenswürdigkeiten

Der Norden des Landkreises wird vom Oberlausitzer Heide- und Teichgebiet, der Süden vom Oberlausitzer Bergland (höchste Erhebung: der Valtenberg bei Neukirch mit 586,6 m) und im zentralen Bereich von einer Gefildelandschaft bestimmt. Die Spree fließt vom Quellgebiet bei Kottmar/Neugersdorf nach Norden durch den Landkreis, wobei sie reizvolle Landschaften mit Felsschluchten und Teichen durchquert.
Wirtschaftlich zeichnet sich der Landkreis durch einen guten Branchenmix im produzierenden Gewerbe und dem Handwerk aus. Der Dienstleistungsbereich wächst auch hierzulande wie das Fremdenverkehrs- und Freizeitgewerbe. In Bautzen ist besonders sehenswert der Dom St. Peter, eine dreischiffige gotische Hallenkirche (1213 bis 1497) mit fast 85 m hohem Turm. Seit 1524 dient er Katholiken und Protestanten als Gotteshaus. Das Domstift ist eine barocke Anlage (1683).
In Ortenburg befindet sich das Sorbische Museum (für Geschichte und Kultur der Sorben). Schirgiswalde, ein beliebter Ferienort, besitzt eine sehenswerte barocke Pfarrkirche (1739 bis 1741) mit reicher Innenausstattung. In Bischofswerda sollte man dem klassizistischen Rathaus und der St.-Marien-Kirche Beachtung schenken. Eine Reihe interessanter Museen findet man im Landkreis, u. a. die »Alte Pfefferküchlerei« in Weißenberg als einziges technisches Museum des Pfefferküchlerhandwerks. Hingewiesen sei schließlich auf die Schlösser mit Parkanlagen in Gaußig, Milkel, Neschwitz, Königswartha, Rammenau, Schland und Taubenheim.

Landkreis Chemnitzer Land

Regierungsbezirk: Chemnitz. Einwohner: 152 071. Fläche: 369,1 km². Einwohner je km²: 412. Kfz-Kennzeichen: GC. Kreisverwaltung: Gerhardt-Hauptmann-Weg 2, 08371 Glauchau, Postfach 100, 08362 Glauchau. Verwaltungsgliederung: 7 Städte (Glauchau, Hohenstein-Ernstthal, Lichtenstein, Limbach-Oberfrohna, Meerane, Oberlungwitz, Waldenburg) sowie 19 Gemeinden.

Wappenbeschreibung

Dreifach schrägrechts geteilt in den Farben Rot und Silber und mit schwarzem rechts schreitendem, rot bezungtem und bewehrtem Löwen.

Historische Entwicklung

Der Kreis liegt in zwei Regionen, dem sächsischen Burgen- und Heideland und dem Erzgebirgsvorland. Der sehr junge Kreis Chemnitzer Land entstand durch die 1994 stattgefundene Landkreisgebietsreform in Sachsen. Er wurde aus den Landkreisen Hohenstein-Ernstthal, Glauchau und einem Teil des früheren Kreises Chemnitz mit Glauchau als neuem Kreissitz gebildet.

Daß der Landkreis aus Gebieten der Markgrafschaft Meißen und der Grafschaft Schönburg hervorging, belegt sein neues Wappen. Es stellt eine Synthese aus dem schönburgischen Wappen mit seiner dreifachen Schrägteilung in den Farben Rot und Silber und dem aufgelegten markgräflichen Löwen dar. Mit Schreiben vom 12. Januar 1995 genehmigte das Regierungspräsidium Chemnitz den am 7. September 1994 vom Kreistag verabschiedeten Wappenvorschlag.

Struktur des Kreises
Sehenswürdigkeiten

Im Jahr 1170 entstand auf dem Gelände des heutigen Schlosses Hinterglauchau eine Ritterburg. In diesem Schloß gibt heute eine Ausstellung über den 1494 in Glauchau geborenen humanistischen Gelehrten Georgius Agricola Auskunft. Hohenstein erhielt um 1510 das Stadtrecht. 1898 vereinigte sich die Stadt Hohenstein mit der 1687 gegründeten Siedlung Ernstthal zur Doppelstadt. 1842 wurde in Hohenstein-Ernstthal der Schriftsteller Karl May geboren. In seinem Geburtshaus befindet sich ein Museum. Nahe der Stadt gibt es die seit 1927 bis 1990 genutzte Naturrennstrecke Sachsenring. In unmittelbarer Nähe entstand das modernste Verkehrssicherheitszentrum in Europa, welches 1995 eröffnet wurde. Die technischen Parameter der Anlage bieten beste Voraussetzungen für Sicherheitstraining im Nutzfahrzeugbereich.

Im 12. Jh. entstand die Töpferstadt Waldenburg. Bereits seit 1172 gab es hier eine Burg, die aber mehrmals zerstört und von 1856 bis 1859 als Schloß neu erbaut wurde. Nahe Waldenburg liegt der Grünfelder Park, eine der schönsten und größten sächsischen Parkanlagen im englischen Stil. Wenige Kilometer von Waldenburg entfernt befindet sich im Ort Wolkenburg/Kaufungen die neben dem Schloß stehende St.-Mauritius-Kirche. Diese gilt als stilreinste klassizistische Dorfkirche Sachsens. Erstmals erwähnt wurde die Weberstadt Meerane 1174. Bekannt ist Meerane für seine Schottstoffe, die seit 1820 hier produziert werden. Die Stadt im Grünen Lichtenstein ist eng mit dem Tal der Burgen verflochten. Bereits um 900 wurde eine erste Burg erbaut. Im Schutz der Burg entwickelte sich allmählich die Stadt »Zum lichten Stein«, die 1212 zum ersten Mal erwähnt wurde. Die Erwähnung der Stadt Limbach-Oberfrohna reicht zurück bis ins 12. Jh. Eine Voraussetzung zur Entwicklung Limbach-Oberfrohnas als Industriezentrum schuf um 1700 Johann Esche, der in Limbach den ersten Strumpfwirkstuhl baute. Auf den schweren Lehmböden des Kreises wird häufig Viehzucht betrieben, aber auch Getreide- und Hülsenfrüchte angebaut.

Landkreis Delitzsch

Regierungsbezirk: Leipzig. Einwohner: 96 567. Fläche: 778,8 km². Einwohner je km²: 124. Kfz-Kennzeichen: DZ. Kreisverwaltung: Richard-Wagner-Straße 7a, 04509 Delitzsch, Postfach 63/77, 04501 Delitzsch. Verwaltungsgliederung: 3 Städte (Bad Düben, Delitzsch, Eilenburg), Verwaltungsverband Eilenburg-West, Verwaltungsgemeinschaft Bad Düben sowie Gemeinden.

Wappenbeschreibung

Geteilt und unten gespalten: oben in Gold ein wachsender, rot bewehrter und bezungter schwarzer Löwe; unten vorne in Gold ein blauer Pfahl, hinten in Blau ein halber und ein ganzer silberner Stern.

Historische Entwicklung

Bis 1424 gehörte das Gebiet um Delitzsch, Eilenburg und Leipzig zur osterländischen Linie der Wettiner, zur Mark Landsberg. 1485 erfolgte die einschneidende Teilung der Wettinischen Länder in die ernestinische und die albertinische Linie. 1656 entstanden vier albertinische Länder, wobei der heutige Landkreis zum Herzogtum Sachsen-Merseburg gehörte. 1814 umfaßte beispielsweise das Delitzscher Amt 126 Dörfer und zwei Städte. Nach dem Wiener Kongreß von 1815 fielen fast zwei Drittel des kursächsischen Territoriums mit dem Gebiet um Delitzsch an Preußen. Der Delitzscher Kreis, der aus den sächsischen Ämtern Delitzsch und Eilenburg im September 1816 geschaffen wurde, umfaßte rund 175 Dörfer und die Städte Delitzsch, Eilenburg und Landsberg.

Nach der Auflösung der Länder in der DDR 1952 gehörten die bis dahin zum Land Sachsen-Anhalt gehörigen Kreise Delitzsch und Eilenburg sowie die bis dahin zum Kreis Bitterfeld gehörige Stadt Bad Düben zum Bezirk Leipzig. Erst mit der Wiedervereinigung von 1990 kehrten die Landkreise Delitzsch, Eilenburg und die Stadt Bad Düben nach 175 Jahren zum Land Sachsen zurück. Die letzte Gebietskorrektur erfolgte mit der Kreisreform am 1. August 1994, die die Kreise Delitzsch und Eilenburg zusammenfaßte und den neuen Landkreis Delitzsch entstehen ließ.

Das am 22. Oktober 1991 erneut genehmigte Wappen war bereits seit 13. August 1938 vom Altlandkreis Delitzsch geführt worden. Es erinnert mit dem Löwen an die Mark Meißen, mit dem Pfahl an die Mark Landsberg und mit den Sternen an die Eilenburger Herrschaft. Das Kreiswappen ist auch nach der Gebietsreform ohne formelle Genehmigung weiterhin in Gebrauch.

Struktur des Kreises Sehenswürdigkeiten

Das wirtschaftliche Gefüge des Landkreises Delitzsch wird durch Betriebe des Bauwesens, der Baumaterialienindustrie, der Metallverarbeitung, des Maschinen- und Anlagenbaus, der Leicht- und Lebensmittelindustrie, der Chemieindustrie, der Möbelindustrie, des Handels, Dienstleistungssektors und der Landwirtschaft bestimmt. Umfangreiche Investitionen und zahlreiche Betriebsgründungen trugen zu einem wirtschaftlichen Aufschwung bei.

Der östliche Teil des Landkreises Delitzsch ist mit einer größeren geschlossenen Waldfläche, dem südlichen Teil der Dübener Heide, sowie einer ausgedehnten Auenlandschaft entlang des Flußlaufes der Mulde von der Natur besonders begünstigt. Dieses Terrain wird nicht nur von den Einheimischen als Erholungsgebiet genutzt, sondern ist vor allem für die Leipziger Großstadtbewohner ein beliebtes Ausflugsziel.

Am idyllischen Lauf der Mulde zeugen romantische Burgen und Schlösser sowie eine Vielzahl weiterer bemerkenswerter Baudenkmale von einer interessanten Geschichte des Territoriums. Die Kreisstadt Delitzsch besitzt noch gut erhaltene Teile der Stadtbefestigung: Hallischer Turm, 16. Jh., Breiter Turm um 1400, die dreischiffige Hallenkirche St. Peter und Paul (15. Jh.) und das Schloß von 1690, in dem sich heute das Museum befindet. Die Kurstadt Bad Düben ist gekennzeichnet von sehenswürdigen Gebäuden, wie dem Pesttor, der Nikolaikirche, dem Markt mit historischer »Alter Post« und dem Rathaus. Die 1000jährige Burg, das Wahrzeichen der Stadt, beherbergt das Landschaftsmuseum der Dübener Heide; als besondere Attraktion ist die letzte original erhaltene Schiffmühle Deutschlands zu besichtigen. In Eilenburg ist das Renaissancerathaus, die Kirchen St. Marien und St. Nikolai sowie der Sorbenturm mit Aussichtsplattform besonders sehenswert. Zahlreiche interessante Wind- und Wassermühlen prägen das Landschaftsbild.

Landkreis Döbeln

Regierungsbezirk: Leipzig. Einwohner: 82 155. Fläche: 423 km². Einwohner je km²: 194. Kfz-Kennzeichen: DL. Kreisverwaltung: Straße des Friedens 20, 04720 Döbeln, Postfach 7 und 8, 04711 Döbeln. Verwaltungsgliederung: 5 Städte (Döbeln, Hartha, Leisnig, Roßwein, Waldheim) und 13 Gemeinden (Bockelwitz, Ebersbach, Gersdorf, Großweitzschen, Kiebitz, Mochau, Niederstriegis, Noschkowitz, Ostrau, Polkenberg, Schrebitz, Ziegra-Knobelsdorf, Zschaitz-Ottewig).

Wappenbeschreibung

Gespalten von Gold und Silber-Grün; vorn ein schwarzer Löwe, hinten das Döbelner Stadtwappen (in Gold eine dreitürmige schwarze Burg mit drei geschlossenen goldenen Toren, zwischen den unterschiedlich gestalteten und rot bedachten Türmen je eine rechtswehende rote Fahne).

Historische Entwicklung

Der Landkreis Döbeln, einer der kleinsten Kreise in Sachsen, wurde als einziger in der sächsischen Kreisgebietsreform nicht aufgelöst. Die Landkarte verrät, daß eine territorial äußerst günstige Lage im Städtedreieck Leipzig-Dresden-Chemnitz eine positive Entwicklung begünstigt. Hinzu kommt die Einbettung in eine reizvolle Landschaft an den Ausläufern des Erzgebirges, den Tälern der Zschopau und der Freiberger Mulde sowie der äußerst fruchtbaren Böden der Lommatzscher Pflege. Diese lokalen Voraussetzungen führten unter anderem dazu, daß vor rund 2500 Jahren eine neue Besiedlungsgeschichte in diesem Gebiet begann. Nomadenvölker siedelten hier, bis die Sorben nach der Völkerwanderung feste Orte anlegten. Auch die Gründung der heutigen Kreisstadt Döbeln ist in diese Zeit einzuordnen.

Der durch Assimilation zwischen Sorben und Germanen hervorgegangene Stamm der Daleminzier siedelte mehrere Jahrhunderte in diesem Landstrich, ehe er 928/29 bei der berühmten Schlacht bei Jahna (Burg Gana) besiegt wurde. Eine Fülle archäologischer Bodendenkmale, z. B. Wallanlagen in Zschaitz und Staupen in Westewitz, sind Zeitzeugen dieser vor- und frühgeschichtlichen Ereignisse. Die erste urkundliche Erwähnung eines Ortes im Kreis bezieht sich auf die Kreisstadt (981) selbst. 1791 wird mit Petersberg die Ersterwähnung der Siedlungen abgeschlossen. Die anderen knapp 200 Orte werden im wesentlichen im 12. und 13. Jh. zum ersten Mal genannt.

Seit dem 31. August 1993 führt der Landkreis Döbeln das abgebildete Wappen, das durch das Regierungspräsidium Leipzig genehmigt wurde. Die Schildelemente lassen sich unschwer deuten als der Löwe der Mark Meißen, die sächsischen Landesfarben und das Döbelner Stadtwappen mit der Kulisse einer wehrhaften mittelalterlichen Stadt.

Struktur des Kreises
Sehenswürdigkeiten

Auf der Muldeninsel der 1000jährigen Kreisstadt Döbeln mit ihrem historischen Stadtkern am Fuße des Schloßberges befindet sich der bedeutende Bau der St.-Nikolai-Kirche. Waldheim, die »Perle des Zschopautales« schmückt in ihrem Zentrum das im Jahr 1902 errichtete Jugendstilrathaus. Im Zuge der Industrialisierung wuchsen in Hartha die Stadt und das Industriegebiet zusammen. Zeugnis dieser Entwicklung ist das Harthaer Stadtviertel mit Gebäuden der Gründerzeit und des Jugendstils. Das Stadtschreiberhaus am Marktplatz in Roßwein (1537) ist nur ein Beispiel der Vielzahl historischer Bauten in der Stadt. Die Dorfkirche in Knobelsdorf besitzt mit ihrem romanischen Portal eines der ältesten Bauzeugen der Region.

Die im Jahr 1817 errichtete Alte Schule in Kiebitz ist ein Exemplar der zahlreichen nahezu original erhaltenen Landbauten aus dem 19. Jh. Das Schloß Stockhausen, erbaut im Jahr 1879, ist vor allem aufgrund der Stilpluralität seiner Innenausstattung und der ausgezeichneten Qualität der Raumgestaltung sehenswert. Bei der Erkundung des Landkreises bieten sich weitere Sehenswürdigkeiten an: die Ruine des Zisterzienserklosters in Klosterbuch; das Felsentor der Nixluft bei Meinsberg (Waldheim); der Zweiniger Grund mit dem Erholungsgebiet der Margarethenmühle und dem nahegelegenen Wildgehege Hermsdorf;

das Landschaftsschutzgebiet am Wolfstal mit der Erzwäsche, dem Adam-Stollen und dem »Segen-Gottes-Erbstollen«.

Landkreis Freiberg

Regierungsbezirk: Chemnitz.
Einwohner: 156 087.
Fläche: 914,94 km².
Einwohner je km²: 171.
Kfz-Kennzeichen: FG.
Kreisverwaltung: Frauensteiner Str. 43, 09599 Freiberg.
Verwaltungsgliederung: 7 Städte (Augustusburg, Brand-Erbisdorf, Frauenstein, Freiberg, Oederan, Sayda, Siebenlehn) sowie 32 Gemeinden.

Die Entscheidung über das Kreiswappen steht noch aus.

Historische Entwicklung

Der Landkreis Freiberg wurde am 1. August 1994 aus den früheren Kreisen Brand-Erbisdorf, Flöha und Freiberg gebildet. Er verfügt noch nicht über ein neues Wappen.
Das heutige Kreisterritorium gehörte im Mittelalter zur Markgrafschaft Meißen, später zum Kurfürstentum bzw. Königreich Sachsen. Der nunmehrige Kreissitz Freiberg war eine Schenkung des meißnischen Markgrafen Otto an das Zisterzienserkloster Altzella. Als im 12. Jh. Silbervorkommen entdeckt wurden, entwickelte sich die Siedlung zur ersten freien Bergstadt Deutschlands. Sie genoß bürgerliche Autonomie und wurde zum wirtschaftlichen Mittelpunkt und zur volkreichsten Stadt der Markgrafschaft. Obwohl nach dem Dreißigjährigen Krieg die Montanindustrie zeitweilig an Bedeutung verlor, wurde 1765 in Freiberg die erste bergbautechnische Hochschule der Welt gegründet. Durch das Sinken des Silberpreises gegen Ende des 19. Jh. wurde der Erzabbau unrentabel und schließlich 1913 eingestellt.
Die frühere Kreisstadt Brand-Erbisdorf entstand 1912 aus dem Zusammenschluß des im späten 12. Jh. gegründeten Bauerndorfes Erbisdorf und der Bergmannssiedlung Brand, wo lange Zeit ebenfalls der Silbererzabbau dominierte. Das Waldhufendorf Flöha am Zusammenfluß von Flöha und Zschopau verdankt seine Entstehung einer bedeutenden Handelsstraße, die von Nürnberg nach Dresden führte. Wegen des Silberabbaus in der Umgebung wurde die vormalige Kreisstadt Flöha zum Floßplatz für die benötigten Hölzer. Im 19. Jh. setzte die Entwicklung zum Textilstandort ein.

Struktur des Kreises
Sehenswürdigkeiten

Der Landkreis grenzt im Süden an die Tschechische Republik. Der nördliche Teil ist geprägt durch agrarische Nutzung auf den Hochebenen, die durch tief eingeschnittene, von Süd nach Nord verlaufende Flußtäler der Freiberger Mulde und Bobritzsch unterbrochen werden. Markant sind die Talsperren Rauschenbach und Lichtenberg. Im westlichen Teil dominieren die Täler von Flöha und Zschopau. Die höheren Gebirgslagen im Süden (bis 837 m ü. NN) tragen überwiegend Fichtenforste.
Größte Stadt ist die Kreisstadt Freiberg mit 48 000 Einwohnern, über 800 Jahre Silber-, Blei- und Zinkerzbergbau, Nichteisenmetallurgie, Elektronikindustrie, Nahrungsgüterproduktion, älteste Bergakademie der Welt, gegründet 1765, mit einer berühmten Mineraliensammlung. Freiberg gehört zu den Städten, in deren Altstadt noch eine geschlossene historische Bebauung (15. bis 17. Jh.) erhalten ist. Sie steht jetzt unter Denkmalschutz. Besondere Beachtung verdienen der ursprünglich 1280 vollendete Dom und die spätromanische »Goldene Pforte«. Die anderen Städte sind Augustusburg mit dem gleichnamigen Jagdschloß, Brand-Erbisdorf (Preß- und Schmiedwerk, Lichtquellenproduktion), Flöha (klein- und mittelständische Unternehmen), Frauenstein (Erholungsort), Oederan (Nähfadenproduktion, Metallverarbeitung), Sayda (Erholungs- und Wintersportort) und Siebenlehn (klein- und mittelständische Unternehmen).

Landkreis Kamenz

Die Entscheidung über das Kreiswappen steht noch aus.

Regierungsbezirk: Dresden. Einwohner: 158 798. Fläche: 1383,56 km². Einwohner je km²: 115. Kfz-Kennzeichen: KM. Kreisverwaltung: Bönischplatz 2, 01917 Kamenz, Postfach, 01911 Kamenz. Verwaltungsgliederung: 9 Städte (Bernsdorf, Elstra, Großröhrsdorf, Kamenz, Königsbrück, Lauta, Pulsnitz, Radeberg, Wittichenau) und 48 Gemeinden.

Historische Entwicklung

Der noch wappenlose Landkreis existiert in seiner heutigen Form seit dem 1. Januar 1996 und hieß zunächst Westlausitz-Dresdner Land. Er entstand aus dem bisherigen Landkreis Hoyerswerda mit Ausnahme der jetzt kreisfreien Stadt Hoyerswerda und der Gemeinde Uhyst, aus Gemeinden des Kreises Dresden-Land, dem Landkreis Kamenz sowie etwa einem Drittel des Landkreises Bischofswerda. Aus landschaftlicher Sicht sind die Hoyerswerdaer, Kamenzer und Bischofswerdaer Gebiete der Oberlausitz zuzuordnen, während die Dresdner Region bereits den Übergang zum Elbtal bildet.

Geschichtlich sind die Altlandkreise Kamenz und Bischofswerda der böhmisch-sächsischen Oberlausitz zuzuordnen. Die früher ebenfalls zu Sachsen gehörenden Gebiete um Hoyerswerda wurden im Ergebnis des Wiener Kongresses Preußen zugeschlagen. Die südlichen Teile gehörten bis zu diesem Zeitpunkt noch zur Herrschaft Kamenz. Nach der Abtretung an Preußen wurden diese Gebiete Teile von Niederschlesien. Diese Abtrennung wirkte bis 1990 dergestalt nach, daß der Landkreis Hoyerswerda in der DDR zum Bezirk Cottbus gehörte. Mit der Wiedereinführung der Länderstruktur entschied sich der Kreis Hoyerswerda jedoch für eine Zugehörigkeit zu Sachsen.

Die Gebiete der »Dresdner Region« gehören geschichtlich zur Markgrafschaft Meißen. Die traditionelle Grenze zwischen den Meißner und Oberlausitzer Landschaften bildete die Pulsnitz. Mit der Bildung der Amtshauptmannschaft Kamenz im Jahre 1875 wurden jedoch bereits Meißner Gebiete verwaltungsmäßig an das Oberlausitzer Kamenz angegliedert.

Struktur des Kreises
Sehenswürdigkeiten

Landschaftlich bildet der Landkreis den Übergang vom Oberlausitzer Berg- und Hügelland zu den tiefer gelegenen Gebieten des Elbtales sowie der Niederlausitz. Die Bodenbeschaffenheit reicht von sehr fruchtbaren Böden im Süden bis zu sehr sandigen Gebieten im Norden. Dort sind ausgedehnte Teichgebiete zu finden.
In den Städten und Gemeinden der Dresdner Region sind viele Firmen mit mehr als 100 Beschäftigten in unterschiedlichen Branchen zu finden. Das strahlt bis in den Raum Pulsnitz-Großröhrsdorf aus. Der frühere Landkreis Kamenz ist dagegen stark auf kleinere Gewerbe orientiert. Hier sind vor allem die Baustoffgewinnung, die Bauindustrie und das Baunebengewerbe von Bedeutung. Im Süden dominiert nach wie vor die Landwirtschaft. Der Norden des Kreises um Hoyerswerda ist stark von der Braunkohle geprägt. Heute muß diese einseitige Orientierung gebrochen und nach Alternativen gesucht werden, wobei Rekultivierungsmaßnahmen eine gewichtige Rolle spielen.
In Kamenz mit seinem historischen Stadtkern sind neben der Hauptkirche St. Marien vor allem das Lessingmuseum, das Museum der Westlausitz, der Hutberg mit der Rhododendronblüte und die Freilichtbühne mit ca. 10 000 Plätzen zu beachten. Südlich und östlich von Hoyerswerda haben die Sorben ihre Kultur in Sprache, Trachten und Bräuchen bewahrt. Sehenswert sind das Zisterzienserinnenkloster Sankt Marienstern in Panschwitz-Kuckau, die »Pfefferkuchenstadt« Pulsnitz, die Schlösser in Wachau und Hermsdorf oder die Wallfahrtskirche in Rosenthal (1778) mit achteckiger barocker Brunnenkapelle.

Landkreis Leipziger Land

Regierungsbezirk: Leipzig.
Einwohner: 231 422.
Fläche: 999,22 km².
Einwohner je km²: 233.
Kfz-Kennzeichen: L.
Kreisverwaltung:
Tröndlinring 3, 04105 Leipzig,
Postfach 10 09 65, 04009 Leipzig.
Verwaltungsgliederung: 15 Städte
(Große Kreisstadt Borna, Städte Böhlen, Frohburg, Geithain, Groitzsch, Kitzscher, Kohren-Sahlis, Markkleeberg, Markranstädt, Pegau, Regis-Breitingen, Rötha, Schkeuditz, Taucha, Zwenkau) und 50 Gemeinden.

Die Entscheidung über das Kreiswappen steht noch aus.

Historische Entwicklung

Mit der Kreisgebietsreform vom 1. August 1994 entstand der neue Landkreis Leipziger Land aus den Kreisen Leipzig, Borna und Geithain. Der bevölkerungsreichste Landkreis Sachsens besitzt noch kein Wappen. Wie zahlreiche Bodenfunde belegen, war dieser Landstrich bereits in der Ur- und Frühgeschichte besiedelt. Mit dem 6. Jh. setzte die westslawisch-sorbische Besiedlung ein. Zahlreiche Dörfer wurden von den Slawen meist als Weiler oder Rundlinge errichtet, ebenso burgartige Anlagen. Im 10. Jh. schloß sich die deutsche Landnahme an. Die schrittweise Christianisierung der Mark Meißen war im Unterschied zur Situation im Brandenburgischen kaum mit gewaltsamen Eroberungen verbunden, so daß deutsche Dörfer und Städte, Kirchen und Klöster oft in unmittelbarer Nachbarschaft zu sorbischen Orten entstanden. Noch heute wird die Siedlungsstruktur davon bestimmt. Im Wettrennen um die Vorherrschaft hatten seit der Mitte des 12. Jh. die Merseburger Bischöfe und die Magdeburger Erzbischöfe das Nachsehen gegenüber den Markgrafen von Meißen. Das Wappen des Altkreises Leipzig hatte als Erinnerung daran den markgräflichen Löwen, die landsbergischen Pfähle und ein Kreuz für das Hochstift Merseburg vereint. Auch in Borna setzten sich die Markgrafen fest und errichteten dort ein meißnisch-sächsisches Amt. Geithain wurde erstmals 1367 »civitas« genannt und avancierte zu einem Zentrum der Leinenproduktion. Als Verwaltungseinheit gibt es im Leipziger Raum seit dem 19. Jh. Landkreise, die allerdings stetigen Veränderungen unterworfen waren. Erst mit dem Jahre 1952 beschnitt das zentralistische Regime das Eigenleben der Landkreise, die als eigenständig handelnde Gebietskörperschaften mit der friedlichen Revolution von 1989 wiedererweckt wurden.

Struktur des Kreises
Sehenswürdigkeiten

Der von der Industrie, dem Handel und Verkehr »eroberte« Landkreis mit seiner ausgezeichneten Verkehrsanbindung hat wie viele andere in den neuen Bundesländern mit ökologischen Aufräumarbeiten zu tun, die aber nicht den kulturellen Reichtum des Landkreises beschatten. Wer nach den Sehenswürdigkeiten des Landkreises fragt, erhält bald eine Broschüre »Kirchen im Leipziger Land« als Wegweisung im Taschenformat oder ein entsprechendes Faltblatt, das den Besucher nach Baalsdorf einlädt, um die dortige romanische Chorturmanlage mit außergewöhnlich gut erhaltenen Wandgemälden von 1410/1420 zu betrachten. Als weiteres Beispiel sei die Ev.-Luth. Kirche Podelwitz erwähnt, die zwischen 1470 und 1490 entstand und den im Dreißigjährigen Krieg verursachten Dorfbrand überstand und damit auch der um 1520 entstandene Altar mit seinen drei Wandlungen. Eine der ältesten Kirchen Sachsens steht in Schkeuditz, das im übrigen aufschlußreich für die Geschichte der Region ist, die in besonderer Weise von politischen Bedrängnissen mit kriegerischen Auswirkungen betroffen ist. Im Ortsteil Altranstädt von Großlehna ist das Schloß, das 1620 auf den Grundmauern eines Klosters erbaut wurde, mit seinem »Friedenszimmer« sehenswert.
Die Gemeinde Panitzsch im östlichen Vorfeld der Stadt Leipzig ist durch Pferdesport bekannt geworden. Die alljährlichen Reit- und Springturniere werden seit 1990 als Deutsche Mannschaftsmeisterschaften ausgetragen. Die Burg Gnandstein, auf einem Porphyritfelsen oberhalb des lieblichen Wyhratales und inmitten einer noch fast unberührten Landschaft Westsachsens – dem »Kohrener Land« – gelegen, lohnt einen Besuch. Sie gehört zu den ältesten Sachsens und gilt als eindrucksvolles Beispiel einer Ritterburg aus spätromanischer Zeit.

Landkreis Löbau-Zittau

Die Entscheidung über das Kreiswappen steht noch aus.

Regierungsbezirk: Dresden. Einwohner: 165 450. Fläche: 698,5 km². Einwohner je km²: 237. Kfz-Kennzeichen: ZI. Kreisverwaltung: Hochwaldstraße 29, 02763 Zittau, Postfach 246, 02755 Zittau. Verwaltungsgliederung: 9 Städte (Zittau, Löbau, Ebersbach, Neugersdorf, Seifhennersdorf, Bernstadt a. d. Eigen, Ostritz, Herrnhut, Neusalza-Spremberg) sowie 38 Gemeinden.

Historische Entwicklung

Die Geschichte des Landkreises ist eingebettet in die Geschichte der Markgrafschaft Oberlausitz. Die erste urkundliche Erwähnung von Zittau erfolgte 1238, von Löbau 1221. Die Städte der Oberlausitz schlossen sich 1346 zum Sechsstädtebund zusammen. 1635 kam die bis dahin vornehmlich von Böhmen regierte Oberlausitz an das Kurfürstentum Sachsen. Die Oberlausitz bewahrte als Teil Sachsens eine gewisse Eigenständigkeit, die sich über drei Jahrhunderte in Sprache, Kunst, Kultur und Konfession erhalten hat. Ein besonders einschneidendes Ereignis war die Teilung der Oberlausitz zwischen Preußen und Sachsen im Jahre 1815. Das Gebiet des heutigen Landkreises blieb bei Sachsen. 1874 wurden im Königreich Sachsen als Vorgänger der Landkreise die Amtshauptmannschaften gebildet. Jeweils eine davon hatte ihren Sitz in Zittau und Löbau. 1945 wurde die Neiße als Grenze zu Polen festgelegt. Dadurch verlor der Landkreis Zittau rund 150 Quadratkilometer seines Territoriums. Eine Verwaltungsreform im Jahre 1952 verkleinerte die Kreise Löbau und Zittau zugunsten der Nachbarkreise. Durch die Kommunalwahl am 6. Mai 1990 erhielten die Landkreise erstmals seit 57 Jahren wieder demokratisch legitimierte Kreistage. Infolge der Kreisreform im Freistaat Sachsen bilden die ehemaligen Landkreise Löbau und Zittau mit dem südlichen Teil des Kreises Görlitz seit dem 1. August 1994 den Sächsischen Oberlausitzkreis, der seit 1. Januar 1995 den Namen »Landkreis Löbau-Zittau« trägt. Er führt gegenwärtig kein Wappen.

Struktur des Kreises
Sehenswürdigkeiten

Der Sitz der Landkreisverwaltung ist Zittau. In Löbau gibt es eine Außenstelle des Landratsamtes. Der Landkreis liegt im »Dreiländereck« zur Tschechischen Republik und Polen im Osten Sachsens und ist Teil der Region Oberlausitz-Niederschlesien. Die Grenze zur Tschechischen Republik ist 60 km und zu Polen 25 km lang. In Sachsen grenzen der Niederschlesische Oberlausitzkreis, die kreisfreie Stadt Görlitz und der Landkreis Bautzen an.
Die naturräumliche Gliederung umfaßt das Ostlausitzer Hügelland, das Lausitzer Bergland, das Neißetal und Zittauer Becken sowie das Großschönauer-Warnsdorfer Becken und schließlich das Zittauer Gebirge mit der höchsten deutschen Erhebung östlich der Elbe, der Lausche mit 793 m ü. NN. Wichtige Flüsse sind Neiße, Mandau, Löbauer Wasser und das Quellgebiet der Spree. Es gibt 14 erschlossene und geförderte Gewerbegebiete.
In Löbau findet das barocke Rathaus aus dem Jahre 1711 am Markt besondere Aufmerksamkeit mit seinem Laubengang. Die Hauptkirche St. Nicolai besitzt einen spätromanischen Chor (13. Jh.) und ein zweischiffiges gotisches Langhaus (14. Jh.). Sehenswert sind unter anderem das Zittauer Gebirge mit der dampfbetriebenen Kleinbahn, die Zittauer Altstadt, die Dörfer mit der für die Oberlausitz typischen Volksbauweise, die touristisch in der »Ferienlandschaft der Umgebindehäuser« erschlossen ist. Der gußeiserne König-Friedrich-August-Turm auf dem Löbauer Berg aus dem Jahre 1854 ist der älteste in Europa und einmalig in seiner Konstruktion. Zur Besichtigung laden mehrere originalgetreu erhaltene Windmühlen ein. Nicht versäumen sollte man das in den 20er Jahren errichtete Haus des Fabrikanten Schminke, das im Stil des »Neuen Bauens« von Hans Scharoun errichtet wurde.

Landkreis Meißen-Radebeul

Regierungsbezirk: Dresden. Einwohner: 163 665. Fläche: 698,93 km². Einwohner je km²: 234. Kfz-Kennzeichen: MEI. Kreisverwaltung: Loosestraße 17/19, 01662 Meißen, Postfach 32, 01651 Meißen. Verwaltungsgliederung: 7 Städte (Coswig, Lommatzsch, Meißen, Nossen, Radebeul, Radeburg, Wilsdruf) und 24 Gemeinden.

Die Entscheidung über das Kreiswappen steht noch aus.

Historische Entwicklung

Der neue Kreis Meißen-Radebeul wurde zum 1. Januar 1996 aus dem bisherigen Landkreis Meißen sowie Gemeinden aus den Kreisen Dresden und Freital (jetzt Weißeritzkreis) gebildet.
Der Landkreis befindet sich im Kerngebiet der mittelalterlichen Markgrafschaft Meißen. Der Altlandkreis Meißen führte daher seit dem 16. November 1992 den schwarzen Meißner Löwen in goldenem Schild, der zur Differenzierung mit einem schwarzen Bord versehen war. Der neue Landkreis Meißen-Radebeul besitzt noch kein Hoheitszeichen.
Im Jahre 929 legte König Heinrich I. – nach vollzogener Einigung des Deutschen Reiches – an der Elbe, unweit des Baches »Misni«, eine Wehrbefestigung an. 1378 fand das Amt Meißen seine erste Erwähnung. Aus dem Amt Meißen wurde 1874 die Amtshauptmannschaft Meißen, 1939 erfolgte die Umbildung der Amtshauptmannschaften in Landkreise. Am historisch bedeutsamen 3. Oktober 1990 fand auf der Albrechtsburg die Neubegründung des Freistaates Sachsen statt. Ein besonders interessantes Flächendenkmal ist der Klosterpark Altzella bei Nossen. In dem 3,5 ha großen romantischen Landschaftspark kann der Besucher die Ruinen des 1162 von Markgraf Otto von Meißen gegründeten Zisterzienserklosters besichtigen und ein Stück sächsischer Geschichte erleben.
Das Dorf Radebeul fand 1349 erstmals Erwähnung und lag in einer Wein- und Gartenbauregion. Es wuchs mit den angrenzenden Landgemeinden zu einer geschlossenen Siedlung zusammen und wurde erst in unserem Jahrhundert zur Stadt erhoben.

Struktur des Kreises
Sehenswürdigkeiten

Zentrum des im Mittelsächsischen Lößhügelland gelegenen Landkreises ist der Elbtalgraben. Neben Landschaftsschutzgebieten und Naturschutzgebieten findet man im Kreis zahlreiche Flächennaturdenkmale, darunter die Boselspitze in Spaar, die Elbinsel in Gauernitz und den Pechsteinbruch in Obersemmelsberg. Das untere Elbtal von Meißen bis Diesbar-Seußlitz ist durch seinen Weinanbau geprägt, dem nördlichsten Weinanbaugebiet Europas (»Sächsische Weinstraße«).
Reich an Sehenswürdigkeiten ist die Kreisstadt Meißen, die bereits 968 Bischofssitz wurde. Als Residenz der Markgrafen und später durch die Gründung der Porzellanmanufaktur durch August den Starken 1710 erhielt die Stadt Auftrieb. Die Albrechtsburg (1472 bis 1500), ein im spätgotischen Stil erbautes Residenzschloß, gilt als bedeutendster deutscher gotischer Profanbau. Der Dom ist einer der stilreinsten gotischen Dome Deutschlands. Die Frauenkirche besitzt das erste spielbare Porzellanglockenspiel der Welt. Am Himmelfahrtstag gibt es in Diesbach-Seußlitz den »Heiratsmarkt«.
In den Farben des sächsischen Barock Ocker und Weiß erstrahlt das Schloß Moritzburg, etwa 14 km nordwestlich von Dresden gelegen. 1542 bis 1544 zunächst als Jagdhaus errichtet, dann zum Jagdschloß erweitert und unter August dem Starken in seiner heutigen Größe errichtet. Das Schloßmuseum enthält eine Sammlung auserlesenen Kunsthandwerks. In Moritzburg erinnert in den unteren Räumen des Schlosses eine Gedenkstätte an Käthe Kollwitz. In Moritzburg sind ferner erwähnenswert das Fasanenschlößchen, das 40 ha umfassende Wildgehege sowie das 1828 gegründete Hengstdepot (jährliche Hengstparaden). In Radebeul ist besonders das Karl-May-Museum sehenswert. Eine Schmalspurbahn (1884) führt nach Radeburg.

Landkreis Mittlerer Erzgebirgskreis

Regierungsbezirk: Chemnitz. Einwohner: 99 476. Fläche: 609 km². Einwohner je km²: 163. Kfz-Kennzeichen: MEK. Kreisverwaltung: Markt 7, 09496 Marienberg, Postfach 11, 09491 Marienberg. Verwaltungsgliederung: 6 Städte (Lengefeld, Marienberg, Olbernhau, Wolkenstein, Zöblitz, Zschopau), die Verwaltungsverbände Grüner Grund, Wildenstein und Wolkenstein. Insgesamt zählt der Landkreis 42 Gemeinden.

Wappenbeschreibung

Geteilt im Göpelschnitt; vorne in Grün ein silbernes Rad, hinten in Silber ein grüner Nadelbaum, unten in Schwarz zwei gekreuzte silberne Berghämmer (Schlägel und Eisen).

Historische Entwicklung

Der Mittlere Erzgebirgskreis entstand am 1. August 1994 im wesentlichen aus den beiden Kreisen Marienberg und Zschopau. Einige Gemeinden aus den Altlandkreisen Flöha und Chemnitz kamen noch hinzu. Mit Schreiben vom 12. Januar 1995 wurden Wappen, Siegel und Flagge vom Regierungspräsidium Chemnitz genehmigt. Im abgebildeten Wappen verweist das heraldische Metall Silber auf den Erzbergbau im »Silbernen Erzgebirge«, die Farbe Grün symbolisiert Wiesen, Auen, Felder und Wälder der Region, Schwarz steht für den Bergbau in den Schachtanlagen. Auf ähnliche Weise spielen die gekreuzten Berghämmer auf Bergbau und Metallverarbeitung an.

Die von Herzog Heinrich dem Frommen 1521 gegründete Stadt Marienberg galt zu seiner Zeit als Zentrum des Erzbergbaus und des Hüttenwesens und genoß nach Annaberger Vorbild Bergfreiheit, Marktrechte, Polizeigewalt und Gerichtsbarkeit. Um 1540 arbeiteten etwa 1500 Bergleute in 559 Zechen. Erst mit dem Vordringen in größere Tiefen ging die zuvor hohe Rentabilität abhanden. In der zweiten Hälfte des 19. Jh. blühte die Holzwarenindustrie auf, im Kreissymbol durch den Nadelbaum verinnerlicht, der zudem auf Fichte und Tanne als typischen Erzgebirgsbaum hinweisen will.

Das Rad läßt sich unterschiedlich deuten: als Symbol auf erhofften Fortschritt, der industriell genutzten Wasserräder, der historischen Mühlenräder, der bedeutsamen Motorenindustrie und der schweren Fuhrmannswagen der Händler auf den alten böhmischen Steigen. So nahm das um 1200 gegründete Zschopau mit einer wehrhaften Burg eine Schlüsselposition am Böhmischen Steig ein, einer der wichtigsten das Erzgebirge überschreitenden Handelsstraßen ins Königreich Böhmen hinein. 1445 fiel Zschopau an Kursachsen.

Struktur des Kreises Sehenswürdigkeiten

Das von Flöha, Schwarzer Pockau, Zschopau und Preßnitz teilweise in tiefen Tälern durchflossene Kreisgebiet im mittleren Erzgebirge erstreckt sich von der Stadtgrenze Chemnitz in südöstlicher Richtung bis an die Grenze zur Tschechischen Republik, an die es in einer Breite von 55 km anknüpft. Dort in den Kammlagen des Erzgebirges liegt auch die höchste Erhebung, der Hirtstein (891 m). Die grenznahen oberen Lagen (etwa ab 600 bis 700 m) sind relativ dicht mit vorwiegend Fichtenbeständen bewaldet und gehören zum »Naturpark Erzgebirge/Vogtland«. Mehrere Talsperren (die größte: Saidenbachtalsperre in einem Nebental der Flöha mit 22,4 Mio. m³) versorgen Chemnitz und Umgebung mit Trinkwasser.

Die ehemals ausgeprägte Industrialisierung (Metall- und Elektroindustrie, Holzverarbeitung) ist stark zurückgegangen. Erhalten geblieben ist das typische Spielwaren- und Holzkunstgewerbe mit Zentren im Kurort Seiffen, Olbernhau und Grünhainichen. In Wolkenstein gehören das Schloß und der denkmalgeschützte Stadtkern mit der St.-Bartholomäus-Kirche zu den Sehenswürdigkeiten. Zu nennen sind ferner Zschopau (St.-Martin-Kirche aus dem 15. Jh., Rathaus mit Renaissanceportal und Glockenspiel), Pfaffroda/Dittmannsdorf (Renaissanceschloß), Marienberg (Marktplatz mit geometrischer Anordnung, Stadtkirche St. Marien, spätgotische Hallenkirche aus den Jahren 1558/64), Amtsberg (Dorfkirche von 1780) oder Dittersdorf (barocke Dorfkirche mit Kanzelaltar, um 1700). In Seiffen erinnern kleine Erzgebirgshäuschen mit ihren Steildächern, eingebettet in die Landschaft, an den Bergbau. Das dortige Spielzeugmuseum lädt ebenso ein wie die über 100 privaten Handwerksstätten. Freunde der Orgelmusik finden Silbermannorgeln in Pfaffroda, in Forchheim und in Zöblitz.

Landkreis Mittweida

Regierungsbezirk: Chemnitz. Einwohner: 143 700. Fläche: 780 km². Einwohner je km²: 184. Kfz-Kennzeichen: MW. Kreisverwaltung: Am Landratsamt 3, 09648 Mittweida. Verwaltungsgliederung: 8 Städte (Burgstädt, Frankenberg, Geringswalde, Hainichen, Lunzenau, Mittweida, Penig, Rochlitz) und 34 Gemeinden.

Wappenbeschreibung

In Gold über drei blauen Schrägbalken ein schwarzer Löwe mit roter Zunge und Bewehrung.

Historische Entwicklung

Der Landkreis Mittweida im westlichen Mittelsachsen liegt größtenteils im Erzgebirgsvorland. Kern der Landschaft bilden das »Granulitgebirge« mit seinen Plateaus, in die die drei Flüsse Zwickauer Mulde, Zschopau und Chemnitz tiefe Täler eingeschnitten haben. In urgeschichtlicher Zeit war nur der engere Raum um die heutige Stadt Rochlitz besiedelt. Im 6./7. Jh. wanderten Slawen in das Altsiedelland an der Mulde ein. Am Anfang des 10. Jh. wurden die Slawen durch König Heinrich I. unter deutsche Herrschaft gebracht. Im 12. Jh. gab der deutsche Kaiser das Land um Rochlitz an den Meißner Markgrafen Konrad von Wettin, von dem es 1156 sein Sohn Dedo bekam. Dedo von Wettin ließ das ihm gehörende Waldgebiet roden und Dörfer anlegen, die sich als Waldhufendörfer oft kilometerlang an einem Bachlauf hinziehen. Im Zschopautal entwickelte sich im 13. Jh. ergiebiger Silberbergbau.

Der Landkreis Mittweida wurde am 1. August 1994 mit Inkrafttreten des Kreisgebietsreformgesetzes des Freistaates Sachsen aus den Landkreisen Hainichen und Rochlitz (außer den Gemeinden Erlbach, Hausdorf und Lastau) sowie aus Teilen der Landkreise Chemnitz-Land, Geithain und Flöha gebildet. Die neue, zentral gelegene Kreisstadt Mittweida ist die größte Stadt im Landkreis.

Das am 17. November 1995 genehmigte Kreiswappen zeigt den markmeißnischen Löwen als Herrschaftssymbol der Wettiner. Er stellt einen Bezug zum Gesamtterritorium sowie zur Kreisstadt Mittweida her, die den markmeißnischen Löwen in ihrem Stadtwappen führt. Die drei blauen Schrägbalken versinnbildlichen die oben genannten Flüsse und damit die bestimmende Landschaft des Kreises.

Struktur des Kreises
Sehenswürdigkeiten

Der Landkreis Mittweida liegt im sogenannten »Sachsendreieck« zwischen Dresden, Leipzig und Chemnitz. Die gesamte Region zeigt sich vorwiegend ländlich mit typischen Vierseithöfen, gut erhaltenen Kirchen und Waldhufendörfern. In der schönen Landschaft der Striegistäler finden sich viele historische Mühlen und Fachwerkhäuser. Im Muldental, das Teil des mittelsächsischen »Tales der Burgen« ist, laden die Schlösser Rochlitz und Rochsburg zu einem Besuch ein. Das Schloß Rochlitz mit seinen beiden Türmen, den Jupen, ist als Wahrzeichen der Stadt weithin sichtbar. Durch das Museum sind wesentliche Teile des Schlosses zugänglig.

Am Rochlitzer Berg, einem uralten erloschenen Vulkan, wird der einzigartige, leuchtend rote Porphyrtuff abgebaut, dem man an vielen Bauwerken der Region begegnet. Die Rochsburg stammt aus dem 12. Jh. und erhielt ihr heutiges Aussehen im wesentlichen im 16. Jh. Sie ist einer der bedeutendsten Feudalsitze dieser Zeit. Die Basilika in Wechselburg zählt zu den besterhaltenen romanischen Bauwerken Deutschlands. Burgstädt zeichnet sich durch einen mittelalterlichen Stadtkern aus. Mittelpunkt des Zschopautales ist die Talsperre Kriebstein. In unmittelbarer Nähe erhebt sich hoch über der Zschopau die Burg Kriebstein, eine der schönsten Wehr- und Wohnburgen Deutschlands. Weitere kulturhistorische Denkmale sind z. B. die Pappendorfer Steinbogenbrücke und in Schönborn das Besucherbergwerk »Alte Hoffnung Erbstolln«. Hainichen, Geburtsort des Fabeldichters Christian Fürchtegott Gellert, bietet an Sehenswürdigkeiten u. a. die Camera obscura, das Gellertmuseum und den Stadtpark.

Landkreis Muldentalkreis

Regierungsbezirk: Leipzig. Einwohner: 119 212. Fläche: 876,97 km². Einwohner je km²: 136. Kfz-Kennzeichen: GRM. Kreisverwaltung: Karl-Marx-Straße 22, 04668 Grimma, Postfach 243, 04662 Grimma. Verwaltungsgliederung: 9 Städte (Bad Lausick, Brandis, Colditz, Grimma, Mutzschen, Naunhof, Nerchau, Trebsen, Wurzen), 18 Gemeinden sowie der Verwaltungsverband Oberes Lossatal.

Wappenbeschreibung

In Grün ein silberner Göpel mit ausgebogenen Schräglinien; vorn, hinten und unten begleitet von je einer grün besamten goldenen Blüte mit vier in Form eines Kreuzes angeordneten Blütenblättern.

Historische Entwicklung

Der Muldentalkreis, im zentralen Teil des Regierungsbezirkes Leipzig zwischen der Messestadt und der Landeshauptstadt Dresden gelegen, ist aus einer wechselvollen Geschichte entstanden, die vor über 1000 Jahren begann. Die schriftlich verbrieften Anfänge liegen in den slawischen Siedlungsgebieten, an die heute noch viele Ortsnamen erinnern. Entlang der Mulde, die den Landkreis in Süd-Nord-Richtung durchfließt, wurde eine Reihe deutscher Burgwarde errichtet, die das Gebiet für das Reich sichern sollten, vor allem aber die Muldenübergänge und den Zugang zur weit nach Osten vorgeschobenen Reichsburg Meißen zu schützen hatten. Nach dem Verfall der Burgwardverfassung setzten sich verschiedene feudale Gewalten an der mittleren Mulde fest, so die Bischöfe von Meißen, die Erzbischöfe von Magdeburg und die wettinischen Markgrafen. In späterer Zeit prägten die Herzöge bzw. Kurfürsten von Sachsen die Region des jetzigen Muldentalkreises. Sie bildeten das Erbamt Grimma, wobei im Zuge von Reformen nach 1832 bis 1838 alle sächsischen Ämter an der vereinigten Mulde in der Amtshauptmannschaft Grimma vereinigt wurden. Von nun an wurden in der Stadt Grimma wichtige untere Verwaltungsbehörden angesiedelt. Die Grimmaer und Wurzener Regionen bildeten den ehemaligen Landkreis Grimma, der 1952 durch die Verwaltungsreform zerschlagen wurde.

Mit der Gebietsreform konnte an diese Tradition angeknüpft werden. Am 1. August 1994 entstand der Muldentalkreis aus den Kreisen Grimma und Wurzen sowie weiteren Städten und Gemeinden der Nachbarkreise, was durch die drei Blütensterne als Gestaltungselement im neuen Wappensymbol vom 10. März 1995 wiedergegeben wird. Der Göpel versinnbildlicht den Zusammenfluß von Freiberger und Zwickauer Mulde zur vereinigten Mulde, während die Feldfarbe Grün sowohl auf die Zugehörigkeit zu Sachsen als auch auf die Auenlandschaften und Wälder abhebt.

Struktur des Kreises Sehenswürdigkeiten

Der Muldentalkreis hat durch seine reizvolle Landschaft im Tal der Mulde, die ausgedehnten Wald- und Wasserflächen sowie die kulturhistorischen Sehenswürdigkeiten vieles zu bieten, was ihn sowohl als Gewerbe- und Wohnungsbaustandort als auch für die Naherholung und den Tourismus interessant macht. Als Attraktionen gelten z. B. die historischen Altstadtkerne der über 1000jährigen Stadt Wurzen mit dem Dom St. Marien und der 1114 geweihten Stiftskirche, dem bischöflichen Schloß (1491/97 entstanden) und der Kern von Grimma mit dem Renaissancerathaus und Bürgerhäusern am Markt aus dem 16. bis 18. Jh., Schloß (um 1200), Klosterkirche (um 1230/40) mit romanischen Westtürmen und Stadtmauer mit Stollehäuschen. Kurfürst Moritz gründete 1550 in Grimma die Landes- und Fürstenschule, die mit dem heutigen Gymnasium St. Augustin an diese humanistischen Traditionen anknüpft.

Das Mühlenmuseum gibt einen guten Einblick in Leben und Arbeitsweise der Müller. Sehenswert sind der mittelalterliche Stadtkern von Colditz mit Markt und Renaissancerathaus, Stadtkirche St. Egidien und das Colditzer Schloß aus dem 11. Jh. als Wahrzeichen der Stadt. Erwähnt werden soll auch der traditionsreiche Kurort Bad Lausick mit St.-Kilians-Kirche aus dem 11. Jh. mit einer Silbermannorgel und einer dreischiffigen romanischen Pfeilerbasilika. Innerhalb des sächsischen Burgen- und Heidelandes verläuft die Ferienstraße »Tal der Burgen«. Fruchtbare Böden und das günstige Klima des weiteren Erzgebirgsvorlandes haben der Landwirtschaft, in der u. a. auch der Obstanbau eine Rolle spielt, seit jeher günstige Bedingungen geboten.

Landkreis Niederschlesischer Oberlausitzkreis

Regierungsbezirk: Dresden. Einwohner: 112 011. Fläche: 1357,4 km². Einwohner je km²: 83. Kfz-Kennzeichen: NOL. Kreisverwaltung: Postplatz 18, 02826 Görlitz, Postfach 300233, 02807 Görlitz. Verwaltungsgliederung: 5 Städte (Bad Muskau, Niesky, Reichenbach, Rothenburg, Weißwasser), 35 Gemeinden (Boxberg, Deschka, Gablenz, Groß-Düben, Hähnichen, Halbendorf, Hohendubrau, Horka, Klitten, Kodersdorf, Königshain, Krauschwitz, Kreba-Neudorf, Kringelsdorf, Kromlau, Kunnerwitz, Lodenau, Ludwigsdorf, Markersdorf, Mücka, Mühlrose, Neißeaue, Quitzdorf am See, Reichwalde, Rietschen, Schleife, Schöpstal, Sohland, Spree, Trebendorf, Uhsmannsdorf, Uhyst, Vierkirchen, Waldhufen, Weißkeißel).

Wappenbeschreibung

In Blau über einer mit einem dreiblättrigen grünen Lindenzweig belegten, dreigezinnten goldenen Zinnenmauer ein goldener Schild, darin ein rotbewehrter schwarzer Adler, belegt mit einem steigenden silbernen Halbmond, dessen Höhlung mit einem Kreuzchen besteckt ist.

Historische Entwicklung

Die Geschichte der Region ist untrennbar mit der Geschichte der Oberlausitz verbunden. Seit dem 6. Jh. siedelte hier der slawische Stamm der Sorben. Im Kreis leben die Sorben heute hauptsächlich im Gebiet des Kirchspiels Schleife. Sprache und Brauchtum blieben erhalten wie die Vogelhochzeit, Zampern, das Ostereierverzieren, Maibaumstellen und das weihnachtliche Bescherkind »dzcetko«.
Seit dem 9. Jh. führte das deutsche Reich Eroberungsfeldzüge zur Unterwerfung der sorbischen Stämme. So gelangte im Jahre 1076 die Oberlausitz unter böhmische, später unter brandenburgische und wiederum böhmische Herrschaft. Dies führte allmählich zu einer Germanisierung der Lausitz. Von 1635 bis 1815 gehörte das Gebiet zum Kurfürstentum Sachsen. In Folge der Napoleonischen Kriege fiel im Jahre 1815 der nördliche und östliche Teil der Region an das Königreich Preußen und war seitdem Teil der Provinz Schlesien.
Als Ergebnis des Zweiten Weltkrieges wurde die Neiße zum Grenzfluß zwischen Deutschen und Polen.
Mit der Verwaltungsgebietsreform in der ehemaligen DDR 1952 entstanden auf dem jetzigen Kreisgebiet die Altlandkreise Weißwasser – zum Bezirk Cottbus gehörend – sowie die Kreise Niesky und Görlitz (Bezirk Dresden). Erst nach der friedlichen Revolution 1989/90 und der deutschen Einigung am 3. Oktober 1990 erfolgte die Wiederherstellung der historisch gewachsenen Einheit der Region Oberlausitz. Die Kreisgebietsreform in Sachsen schuf am 1. August 1994 den Niederschlesischen Oberlausitzkreis mit der kreisfreien Stadt Görlitz als Verwaltungssitz. Das Wappen wurde am 21. Juli 1995 genehmigt und zeigt die dreigezinnte Mauer der Oberlausitz, den Adler der bis 1945 preußischen Provinz Niederschlesien und einen Lindenzweig für die sorbische Bevölkerung.

Struktur des Kreises
Sehenswürdigkeiten

Typisch und markant für das Gebiet ist die Heide-Teich-Landschaft. Flach und eben liegt das Land. Urlaub und Ruhe, Fahrradtouren endlos, Natur pur, Angeln und wenig Trubel, das sind die Reize der Region. Eine Vielzahl von Badeseen, besonders der Stausee Quitzdorf und der Halbendorfer See, bieten beste Voraussetzungen für Wassersport. Im Süden erheben sich die Hügel und Berge der hohen Dubrau, der Königshainer und der Jauernicker Berge oder des Rotsteinmassivs. Immerhin erreichen diese Erhebungen Höhen über 400 m ü. NN.
Perlen der Region sind auch der Pücklerpark in Bad Muskau, der Kromlauer Rhododendronpark und die Waldeisenbahn Muskau. In Bad Muskau, einem Eisen- und Moorbad, legte in den Jahren 1815 bis 1845 Fürst Pückler-Muskau den weiträumigen klassizistischen Landschaftspark an, der beiderseits der Neiße den Berg- und Schloßpark einbezieht. Das Alte Schloß (17. Jh.) wurde nach der Zerstörung im Zweiten Weltkrieg 1965 bis 1980 wiederaufgebaut. Weitere Anziehungspunkte sind u. a. der »Erlichthof« in Rietschen, ein Freilichtmuseum mit den für die Region typischen Schrotholzbauten. Zahlreiche Heimatmuseen sowie die Glasausstellung in Weißwasser geben Auskunft über die hiesige Kultur und Lebensweise.

Landkreis Riesa-Großenhain

Die Entscheidung über das Kreiswappen steht noch aus.

Regierungsbezirk: Dresden. Einwohner: 128 176. Fläche: 822,69 km². Einwohner je km²: 156. Kfz-Kennzeichen: RG. Kreisverwaltung: Hermannstraße 30/34, 01558 Großenhain, Postfach 52 und 53, 01552 Großenhain. Verwaltungsgliederung: 4 Städte (Grödnitz, Großenhain, Riesa, Strehla) und 37 Gemeinden.

Historische Entwicklung

Auf der heutigen Bundesstraße 101 zwischen Meißen und Großenhain zogen im 11. Jh. die deutschen Missionare durch ein dicht besiedeltes slawisches Gebiet. Nach langen Kämpfen war »Hain« bedeutender Ausgangspunkt der Christianisierung und entwickelte sich um 1120 zu einem wichtigen Handelsplatz an der »Hohen Straße«. Erst 1390 bekamen Stadt und Umland ihren ersten Jahrmarkt. Entscheidend war jedoch die Vergabe eines Wollmarktes 1501. So entwickelte sich eine stolze Tuchmacherzunft, die die kleine Stadt berühmt werden ließ, doch die Konkurrenz und der Fürstenstreit um Handelszölle beendeten um 1550 die Blütezeit. 1734 wurde Hain sächsische Garnisonstadt. Die Bedeutung als Zentrum sächsischer Textilindustrie blieb der Stadt erhalten. Seit 1856 führt die Stadt den Namen Großenhain, bereits 1928 errichtete der Amtmann Karl Preusker hier die erste deutsche Bürgerbibliothek.

Mit dem Namen Riesa verknüpft sich die Geschichte der Stahlindustrie. Zwar erhielt Riesa 1623 das Stadtrecht, doch blieb der Ort wirtschaftlich unbedeutend, das Areal auf die Klostergründung 1129 reduziert. Zuerst waren Stadt und Umland aus verkehrstechnischer Sicht interessant. Die Elbe förderte die Niederlassung von Schiffsunternehmen, dazu kam 1838 die Anbindung an das Eisenbahnnetz nach Leipzig bzw. Dresden, 1847 nach Berlin. Im Zuge der Industrialisierung wurde das von Heinrich Schönberg gegründete Eisenwerk 1843 von der Lauchhammer AG übernommen und erweitert. So entstanden das Martinwerk, ein Rohr- und Walzwerk und der Behälterbau. Seitdem entwickelte sich die Region zu einem bedeutenden Wirtschaftsgebiet. Der Neukreis Riesa-Großenhain führt noch kein Wappen.

Struktur des Kreises
Sehenswürdigkeiten

Der Landkreis gehört trotz umfangreichen Abbaus von Arbeitsplätzen in fast allen Branchen zu einem der wichtigsten wirtschaftlichen Standbeine Sachsens. Zahlreiche Unternehmensgründungen auf neu entstandenen Industrie- und Gewerbegebieten bzw. sanierten Altstandorten in einem vielfältigen Branchenmix zeugen davon, daß der eingeschlagene Weg – weg von der monostrukturierten Großindustrie hin zu einer vielfältig strukturierten mittelständischen Wirtschaft – richtig war. Als Beispiele dafür stehen die Umgestaltung des Geländes des ehemaligen Stahlwerkes Riesa zu einem modernen Industriezentrum mit mehr als 60 Firmen. Insgesamt 27 Industrie- und Gewerbegebiete mit ca. 500 ha Fläche befinden sich in Vorbereitung, in der Erschließungsphase oder wurden schon teilweise besiedelt.

Kulturhistorische Sehenswürdigkeiten und landschaftlich reizvolle Gegenden machen den Landkreis auch für den Tourismus interessant. Wanderungen sind in den Landschaftsschutzgebieten »Röderaue« und »Jahnatal« sowie im Naturschutzgebiet »Seußlitzer Grund« zu empfehlen. Wer den Meißner Wein liebt, für den ist Diesbar-Seußlitz, wo die »Sächsische Weinstraße« ihren Anfang nimmt, ein echter Geheimtip. Zabeltitz, das Kleinod der Röderaue, mit seinem Schloß, dem Alten und Neuen Palais und der St.-Georgen-Kirche sowie seinem Barockgarten nach dem Vorbild von Versailles ist auf jeden Fall einen Besuch wert. Strehla, die 1000jährige unter Denkmalschutz stehende Kleinstadt in reizvoller Lage am Elbbogen, lädt mit dem Schloß und dem Stadtpark ebenso ein wie die Schlösser in Hirschstein, Zschorna und Schönfeld. Für Campingfreunde gibt es Gelegenheit zur Erholung im Naherholungsgebiet am Brettmühlenteich in Zschorna. Musikliebhabern ist der Besuch eines Konzertes der Elbland-Philharmonie zu empfehlen.

Landkreis Sächsische Schweiz

Regierungsbezirk: Dresden. Einwohner: 159 929. Fläche: 929 km². Einwohner je km²: 172. Kfz-Kennzeichen: PIR. Kreisverwaltung: Zehistaer Straße 9, 01796 Pirna, Postfach 85, 01782 Pirna. Verwaltungsgliederung: 13 Städte (Bad Gottleuba, Bad Schandau, Berggrießhübel, Dohna, Heidenau, Hohnstein, Königstein, Liebstadt, Neustadt, Pirna, Sebnitz, Stadt Wehlen, Stolpen) sowie 27 Gemeinden.

Wappenbeschreibung

In Grün ein silbernes Wellenband von rechts oben nach links unten.

Historische Entwicklung

Das Territorium des heutigen Landkreises Sächsische Schweiz lag im Grenzgebiet zwischen der Mark Meißen und dem Königreich Böhmen und erfuhr von beiden Seiten während der Kolonisation im 12./13. Jh. die Besiedlung bis auf die Gebirgshöhen. Im 15. Jh. erwarben die Meißner Markgrafen bzw. sächsischen Kurfürsten große Landesteile aus böhmischen Besitz und ordneten sie den neu geschaffenen kurfürstlichen Ämtern Pirna und Hohnstein ein. 1559 kam das bis dahin bischöflich-meißnische Amt Stolpen hinzu. Aus diesen drei Ämtern entstand im 19. Jh. die Amtshauptmannschaft Pirna als eine der größten und volkreichsten in Sachsen. Eine Zerschlagung der über Jahrhunderte gewachsenen Strukturen und eine Liquidierung der Amtshauptmannschaft bzw. des auf ihr aufbauenden Landkreises Pirna erfolgte durch die 1952 vorgenommene territoriale Neuordnung des Landes. Aus dem bisherigen Landkreis wurden die Kreise Pirna und Sebnitz gebildet, die nach der Wiedereinrichtung des Landes Sachsen im Zuge der Kreisreform 1994 erneut zu einem Landkreis Sächsische Schweiz zusammengeführt wurden.

Das Wappen mit dem silbernen Wellenband, das die Elbe als landschaftliche Dominante hervorhebt, wurde am 3. März 1995 amtlich genehmigt. Das grüne Feld repräsentiert den hohen Anteil des Waldes und die Tatsache, daß 62 % des Kreisterritoriums Landschaftsschutzgebiete darstellen. Seine Zweiteilung verweist auf die beiden Landkreise, aus denen der neue Kreis zusammengesetzt wurde. Zusammen ergeben Silber und Grün die sächsischen Landesfarben.

Struktur des Kreises
Sehenswürdigkeiten

Der Landkreis liegt südöstlich von Dresden beiderseits der Elbe bis zur Landesgrenze nach Böhmen und umfaßt landschaftlich die Sächsische Schweiz, Teile des Osterzgebirges, des Erzgebirgsvorlandes oder Elbtalschiefergebirges, der Elbtalweitung, des Schönfelder Hochlandes sowie des Lausitzer Berg- und Hügellandes. Mit der Tschechischen Republik bildet der Kreis eine ca. 78 km lange gemeinsame Grenze. Der interessanteste und wohl auch bekannteste Teil des Landkreises ist die Sächsische Schweiz, jedoch stehen ihr die auf Granit und Gneis aufbauenden Landschaften des Lausitzer Berg- und Hügellandes auf der einen und des Osterzgebirges auf der anderen Seite nicht viel nach. Landschaftliche Dominante ist die Elbe, die mitten durch den Landkreis auf 38 km Länge einen schmalen Graben zieht, der bei Pirna in die Elbtalweitung ausläuft.

Der Landkreis bietet auch auf kulturellem Gebiet Vielfalt und Herausragendes. Zu den geschichtsträchtigen Bauwerken zählen z. B. die Festung Königstein, die Burgen und Schlösser Kuckuckstein bei Liebstadt, Weesenstein, Stolpen, Hohnstein, der mittelalterliche Stadtkern von Pirna sowie die vielen Herrschaftssitze des hiesigen Feudaladels.

Insgesamt 20 Museen bzw. museale Einrichtungen bieten einen Überblick in Vergangenheit und Gegenwart des Landkreises. Dazu zählen die großen Museen Königstein, Weesenstein, Stolpen, die Stadt- und Heimatmuseen in Pirna, Sebnitz und Bad Schandau, aber auch kleinere wie die Heimatstube Cunnersdorf oder das Technische Denkmal Neumannmühle im Kirnitzschtal. Als ein besonderes Kunsterlebnis gilt ein Konzert des Sinfonieorchesters Pirna in der stimmungsvollen Umgebung des Barockgartens Großsedlitz oder der Besuch einer Aufführung in der Felsenbühne Rathen inmitten einer bizarren Felsenwelt. Alljährlich findet in den Kirchen des Landkreises eine Konzertreihe »Sandstein und Musik« statt, die in sinnfälliger Weise die Verbindung von Landschaft und Kultur zum Ausdruck bringt.

Landkreis Stollberg

Regierungsbezirk: Chemnitz. Einwohner: 99 311. Fläche: 286 km². Einwohner je km²: 354. Kfz-Kennzeichen: STL. Kreisverwaltung: Uhlmannstraße 1-3, 09366 Stollberg. Verwaltungsgliederung: 5 Städte (Lugau, Oelsnitz, Stollberg/Erzgeb., Thalheim, Zwönitz) sowie 21 Gemeinden.

Wappenbeschreibung

Gespalten, vorn von Rot und Silber dreimal schrägrechts geteilt, hinten in Gold ein rotbewehrter und rotgezungter halber schwarzer Adler am Spalt.

Historische Entwicklung

Erstmalige urkundliche Erwähnung findet die Burg Stollberg im Jahre 1244. Die alte Feudalherrschaft war damals Reichslehen und unterstand zeitweilig der böhmischen Krone. Seit 1422 gehörte das Territorium der Markgrafschaft Meißen an und ab 1564 war Stollberg kurfürstlich-sächsisches Amt mit der Stadt und 13 Dörfern. Vom Kurfürsten August I. für 74 222 Gulden erworben, gedachte man, die Burg zum Jagdschloß umzubauen. Doch mit dem Bau der Augustusburg verlor das Schloß seine Bedeutung. Durch die Ausgliederung aus der Amtshauptmannschaft Chemnitz entstand 1910 eine eigene Verwaltungseinheit Stollberg mit einem Amtshauptmann an der Spitze. Das Kreiswappen wurde am 13. März 1995 genehmigt. Die rot-silberne Schrägteilung steht als Hinweis auf den Gebietsteil, der einst der Grafschaft Schönburg zugehörig war. Daß das heutige Kreisterritorium einen Bestandteil des von Kaiser Friedrich I. Barbarossa (1152 bis 1190) gegründeten Pleißenlandes gebildet hatte, versinnbildlicht der Reichsadler. In gleicher Weise können die Farben Schwarz und Gold auf die Tingierung des Meißener Löwens verweisen, unter dessen Zeichen die Markgrafen von Meißen über das östliche Kreisgebiet geherrscht hatten.

Struktur des Kreises
Sehenswürdigkeiten

Südwestlich der sächsischen Industriemetropole Chemnitz erstreckt sich der dichtbesiedelte Landkreis Stollberg im Grenzbereich des Erzgebirgischen Beckens und des unteren Erzgebirges als eine reizvolle Landschaft mit Flußtälern und sanften Höhen bis 700 m ü. NN.
Bereits im Mittelalter entstanden Hütten- und Hammerwerke. So arbeitete nachweislich 1671 in Dorfchemnitz ein Eisenhammer und die Gifthütte Hormersdorf besaß das Arsenikmonopol für den erzgebirgischen Raum.
Wohl am bekanntesten in dieser historisch wichtigen Industrieregion Sachsens sind das Lugau-Oelsnitzer Steinkohlerevier, wo 140 Jahre lang bis in die 70er Jahre dieses Jahrhunderts Steinkohle abgebaut wurde, und die Strumpfindustrie im Gebiet der Kleinstadt Thalheim sowie der Industriedörfer Gornsdorf und Auerbach. Aber auch Schuh- und Textilindustrie, Maschinenbau und Elektrotechnik/Elektronik waren oder sind hier zu Hause. Traditionen spiegeln sich in einer typischen Ortsgestaltung mit zwischen Häusern eingebetteten Fabriken und Handwerksbetrieben und umgeben von Feldern und Wiesen wider. Daraus resultieren eine Vielzahl sehenswerter Museen wie das Bergbaumuseum Oelsnitz, die Papiermühle Zwönitz, die Knochenstampfe Dorfchemnitz und das Wasserschloß in Klaffenbach. Das vor etwa 400 Jahren im Renaissancestil erbaute Schloß hat als kulturelle Begegnungsstätte überregionale Bedeutung.
Aus dieser Geschichte entwickelten sich die Bodenständigkeit und die handwerklichen Fähigkeiten der Erzgebirgler. Gegenwärtig ist der Strukturwandel in der Wirtschaft im vollen Gange. Ein leistungsfähiger Mittelstand baut auf das Können und den Fleiß der Menschen im Landkreis. 15 Gewerbegebiete entstehen, Altstandorte warten auf Nutzer.
In der Kreisstadt Stollberg ist die spätromanische Marienkirche sehenswert, die im 14. bis 15. Jh. gotisch umgebaut wurde und einen beachtenswerten Schnitzaltar aus dem Jahre 1516 besitzt.

Landkreis Torgau-Oschatz

Regierungsbezirk: Leipzig.
Einwohner: 105 104. Fläche: 1165 km². Einwohner je km²: 90. Kfz-Kennzeichen: TO. Kreisverwaltung: Schloßstraße 27, 04860 Torgau, Postfach 117/118, 04852 Torgau. Verwaltungsgliederung: 7 Städte (Belgern, Dahlen, Dommitzsch, Mügeln, Oschatz, Gneisenaustadt Schildau, Torgau) und 28 Gemeinden (Arzberg, Audenhain, Beilrode, Borna, Cavertitz, Döbrichau, Dreiheide, Elsnig, Großtreben-Zwethau, Kobershain, Lampertswalde, Lausa, Liebschützberg, Luppa, Mockrehna, Naundorf, Neußen, Pflückuff, Schöna, Sornzig-Ablaß, Strelln, Taura, Trossin, Wermsdorf, Wildenhain, Wildschütz, Wörblitz, Zinna).

Wappenbeschreibung

In Gold über einem erniedrigten blauen Wellenbalken ein schwarzer, rotbewehrter und -gezungter Löwe, einen grünen Lindenzweig haltend.

Historische Entwicklung

Der Löwe im Landkreiswappen vom 12. Januar 1996 symbolisiert die über 1000jährige Zugehörigkeit der Regionen Torgau und Oschatz (Ämter) zur Markgrafschaft Meißen. Im 15. Jh. entstand neben dem Herzogtum Sachsen das Kurfürstentum Sachsen, zu dessen Residenzstadt sich nach und nach Torgau entwickelte. Während der ersten Hälfte des 16. Jh., insbesondere seit 1525, war Torgau ständige Residenzstadt. Dies war gleichzeitig eine besondere Blütezeit sächsischer Wirtschaft, Politik und Kultur. Torgau war Schauplatz wesentlicher Ereignisse der lutherischen Reformation. Mit der Abtretung großer Teile Sachsens an Preußen 1815 wurde das ehemalige Amt Torgau in einen preußischen Kreis Torgau umgewandelt. Diese Kreisstruktur bestand bis 1952.
Auf eine wechselvolle Vergangenheit kann auch die Region Oschatz im südlichen Teil des Kreises zurückblicken. Die Stadt Oschatz, im Jahre 1200 als Ort erstmalig urkundlich erwähnt, erreichte bereits im 13. Jh. eine angesehene Stellung als Bürgerstadt. Um 1350 gehörte Oschatz zu den 26 Distrikten oder Pflegen der Markgrafschaft Meißen, die im Lehnbuch Friedrichs III. erstmalig mit Orten erfaßt sind. Der industrielle Aufschwung wurde besonders durch die Inbetriebnahme der ersten Ferneisenbahnstrecke Leipzig–Dresden über Oschatz im April 1839 begünstigt. Der Lindenzweig im Wappen symbolisiert die Landwirtschaft und die ausgedehnten Waldgebiete, der Wellenbalken die weiträumige Elbaue und die Elbe selbst.

Struktur des Kreises
Sehenswürdigkeiten

Eine weiträumige reizvolle Elbauenlandschaft und ausgedehnte Waldgebiete kennzeichnen das Bild des Landkreises. Die Siedlungsstruktur wird besonders von den beiden Mittelzentren Torgau (Kreisstadt) und Oschatz geprägt.
Sehenswert ist die über 1000jährige Stadt Torgau mit ihrem kulturhistorisch wertvollen restaurierten Stadtkern, dem Rathaus und dem Renaissanceschloß Hartenfels, im 16. Jh. Hauptresidenz sächsischer Kurfürsten, u. a. des Kurfürsten Friedrichs des Weisen, des Protektors Martin Luthers. Besondere Sehenswürdigkeiten des Schlosses: die Schloßkirche als erster protestantischer Kirchenbau, der Große Wendelstein und der Bärengraben als Erbe fürstlicher Jagdgeschichte.
Lohnenswert ist ein Besuch der Stadt Oschatz mit der 75 m hohen St.-Aegidien-Kirche und den attraktiven Bürgerhäusern sowie dem Rathaus, einem dreigeschossigen Rennaissancebau mit Freitreppe. Besonderer touristischer Anziehungspunkt der Stadt ist die Schmalspurbahn. Im Wermsdorfer Wald befindet sich eines der größten Barockjagdschlösser Europas, die Hubertusburg. Hochaltar und Kanzel zählen zu den Meisterwerken sächsischen Rokokos. Besonderer Anziehungspunkt für Pferdeliebhaber ist das Sächsische Hauptgestüt Graditz. Als sehenswert sollten u. a. genannt werden: Oschatzer Waagenmuseum, Steinerner Roland (6 m) in Belgern und Landschaftspark Treblitzsch, Collmberg mit Albertturm (bei Oschatz), Schildberg mit Aussichtsturm (bei Schildau), Marktplatz mit Rathaus und Gänsebrunnen in Dommitzsch.

Landkreis Vogtlandkreis

Die Entscheidung über das Kreiswappen steht noch aus.

Regierungsbezirk: Chemnitz. Einwohner: 217 000. Fläche: 1350 km². Einwohner je km²: 160,7. Kfz-Kennzeichen: PL. Kreisverwaltung: Neundorferstraße 94, 08523 Plauen, Postfach, 08507 Plauen. Verwaltungsgliederung: 17 Städte (Adorf, Auerbach, Bad Elster, Elsterberg, Falkenstein, Klingenthal, Lengenfeld, Markneukirchen, Mühlau, Mühltroff, Netzschkau, Oelsnitz, Pausa, Reichenbach, Rodewisch, Schöneck, Treuen) und 58 Gemeinden.

Historische Entwicklung

Der seit dem 6. Jh. sorbisch besiedelte Landstrich gelangte im 9. Jh. unter die Oberhoheit des Deutschen Reichs. In der Stauferzeit (12./13. Jh.) wurde der dort umfangreiche Königsbesitz mit Plauen als Siedlungszentrum von Ministerialen verwaltet, u. a. von den Grafen von Everstein. Im 13. Jh. übernahmen die Vögte (»Verwalter«) von Weida bzw. von Plauen die Landesherrschaft – auf sie geht der Name »Vogtland« zurück. Durch Erbteilungen wurde deren Herrschaftsgebiet in der Folgezeit zersplittert, um im 16. Jh. zum größten Teil im Kurfürstentum Sachsen aufzugehen, das 1577 einen vogtländischen Kreis eingerichtet hatte.

In der Region von Oelsnitz entwickelte sich nach dem verheerenden Dreißigjährigen Krieg das sogenannte Häuslerwesen, d. h. die von Kleinstlandwirten als Nebenbeschäftigung ausgeübte Weberei. Den Leinenwebern und Tuchmachern folgten später die Baumwollweber. Durch die Entwicklung des mechanischen Webstuhls kam die Hausweberei aber gegen Ende des 19. Jh. völlig zum Erliegen. In den darauffolgenden Jahren wurde die Teppichproduktion zu einer wichtigen Einnahmequelle, aber auch die Herstellung von Musikinstrumenten erlangte Berühmtheit. Der Landkreis Vogtland entstand am 1. Januar 1996 aus den Altlandkreisen Auerbach, Klingenthal, Oelsnitz, Plauen und Reichenbach. Sein Kreistag nahm am 12. Februar 1996 ein noch nicht bestätigtes Wappen an, das den Löwen der Reichsvögte bzw. der mittelvogtländischen Grafen von Everstein zeigt, daneben steht der Reichsadler für die früheren Reichsterritorien.

Struktur des Kreises
Sehenswürdigkeiten

Das verkehrsmäßig gut erschlossene »Land der Vögte« im Südwesten des Freistaates Sachsen weist neben Land- und Forstwirtschaft und mittelständischen Unternehmen sowie Handwerksbetrieben unterschiedlicher Wirtschaftszweige (u. a. Musikinstrumentenbau und Teppichweberei) Erholungsuchenden und Sportfreunden reizvolle Angebote aus. Als Beispiele seien genannt der Naturpark »Erzgebirge/Vogtland« und die 1964 erbaute Talsperre Pöhl nordöstlich von Plauen mit einer Wasserfläche von 400 ha oder die Talsperre Pirk östlich von Oelsnitz. Im Tal der Weißen Elster mit seinem ungewöhnlich milden Klima liegt Bad Elster. Dieses heutige Staatsbad entwickelte sich seit Beginn des 19. Jh. als einer der ältesten und renommiertesten Kurorte Deutschlands, wovon heute noch das Badehaus und die Wandelhalle Zeugnis ablegen. Das Moorbad Sohl mit seinen 1538 entdeckten eisenhaltigen Mineralquellen ist heute Ortsteil von Bad Elster. 1910 wurde im Staatsbad Brambach die Radonquelle entdeckt. Das südliche waldreiche obere Vogtland ist als »Musikwinkel« bekannt. Klingenthal und Markneukirchen sind die Hauptorte des Musikinstrumentenbaus. Markneukirchen beherbergt das Musikinstrumentenmuseum mit rund 2300 Instrumenten. Klingenthal ist auch als Ferien- und Wintersportzentrum weit bekannt geworden. Hier ist die Pfarrkirche »Zum Friedensfürsten« (1736/37) als besonderes Bauwerk zu nennen. Bei Netzschkau überquert die Göltzschtalbrücke die Göltzsch, eine der größten aus Ziegelsteinen erbaute Bogenbrücke der Welt (574 m lang und in vier Etagen 78 m hoch). Nahe Pirk imponiert eine weitere zu den größten Steinbogenbrücken der Welt gehörende Brücke, die nach über 50 Jahren für den Autobahnverkehr nach der Wende freigegeben werden konnte. In Oelsnitz lädt das Teppichmuseum ein, auch die jährlich stattfindenden Schloßkonzerte verdienen Beachtung. In Adorf ist im letzten noch erhaltenen Stadttor des Vogtlandes, dem Freiberger Tor, das einzige Perlmuttmuseum Deutschlands untergebracht.

Landkreis Weißeritzkreis

Regierungsbezirk: Dresden.
Einwohner: 113 738.
Fläche: 732,02 km².
Einwohner je km²: 155,4.
Kfz-Kennzeichen: DW.
Kreisverwaltung: Dr.-Külz-Straße 1,
01744 Dippoldiswalde, Postfach 1460,
01741 Dippoldiswalde. Verwaltungsgliederung: 6 Städte (Altenberg, Bärenstein, Dippoldiswalde, Freital, Geising, Glashütte) und 32 Gemeinden.

Die Entscheidung über das Kreiswappen steht noch aus.

Historische Entwicklung

Erste Ansiedlungen entstanden auf dem heutigen Kreisterritorium mit der Wanderbewegung fränkischer und thüringischer Bauern nach Nordosten, die sie ins Erzgebirge und in den Tharandter Wald führte. Flußläufe, Tallagen und auch bergbauliche Schürfgebiete dürften besonders anziehend gewesen sein. Die Waldrodung bis ins 13. Jh. hinein ist eine der größten Leistungen deutscher Bauern. Der Bergbau entstand vornehmlich nach 1420 und hatte im 16. Jh. seine Blütezeit. Im Verlaufe dieser Jahre sind viele Orte schon namhaft geworden, oftmals an Bürger- oder Herrensitze gebunden. 1451 ist die Bergstadt Altenberg bezeugt, 1412 schon gab es ein Schmiedewerk, dem Bergflecken Schmiedeberg vorausgehend. Die Erwähnung Dippoldiswaldes geht auf 1218 zurück.

Was heute als Weißeritzkreis zu einer administrativen, wirtschaftlichen und kulturellen Einheit zusammenwächst, war vor der Kreisreform das Gebiet der Kreise Dippoldiswalde und Freital und zuvor zu großen Teilen der Amtshauptmannschaft Dippoldiswalde zugehörig. Ein neues Kreiswappen soll erst noch über eine öffentliche Ausschreibung gefunden werden.

Struktur des Kreises Sehenswürdigkeiten

Der Weißeritzkreis grenzt im Norden an die Landeshauptstadt Dresden, im Süden an die Tschechische Republik und reicht vom Hügelland westlich des oberen Elbtales bis in die Kammregion des Erzgebirges. Es werden Höhenlagen von 200 m bis über 800 m ü. NN umfaßt. Geisingberg, Luchberg und Wilisch sind markante, aus den Hochflächen herausragende Basaltkuppen vulkanischen Ursprungs. Die Einschnittäler der beiden Weißeritzflüsse stellen in den tieferen Lagen wertvolle Naturschutzgebiete dar, während sie in den höheren Lagen ebenso wie die Müglitz und die Lockwitz mitsamt den zahlreichen Nebenbächen der Landschaft den typischen Mittelgebirgscharakter verleihen.

Der Landkreis hat eine breitgefächerte Wirtschaftsstruktur mit vielen klein- und mittelständischen Unternehmen, Handwerks- und Landwirtschaftsbetrieben. Neben dem Maschinenbau, der Edelstahlproduktion, Papier- und Möbelindustrie, der Elektrotechnik und Feinmechanik sind hier traditionell Uhren-, Glas- und Porzellanproduktion ansässig. Ein wesentlicher Wirtschaftsfaktor ist der Tourismus. Gepflegte Loipen und Skipisten und die international bekannte Rennschlitten- und Bobbahn in Altenberg ziehen viele Sportgäste an. Den Campern stehen im Landkreis 1222 Stellplätze zur Verfügung.

Erzbergbau und Steinkohlengewinnung haben das Gesicht des Landkreises geprägt. Viele historische Stätten des Bergbaus sind heute dem Besucher zugänglich. Die Silberstraße führt den Besucher durch den Landkreis, so auch zur Zinn-Poch-Wäsche von Altenberg (sehenswertes Bergbaumuseum). Die Ping, ein Trichter, der 1620 nach Brüchen durch gleichzeitigen Einsturz vieler einzelner Gruben entstand, umfaßt heute als Bruchgebiet ca. 22 ha und wächst weiter. In Dippoldiswalde sind die Renaissancegebäude am Markt, das Rathaus, das Schloß und die Nicolaikirche sehenswert. Letztere ist eine turmlose dreischiffige Basilika, ein Bauwerk zwischen Romanik und Gotik. Das Lohgerbermuseum stellt die Geschichte des Lohgerberhandwerks dar, und das Stadt- und Kreismuseum von Dippoldiswalde zeigt dem Fremden eindrucksvoll, was die heimischen Holzschnitzer im Weihnachtsland Erzgebirge an Phantasie und Kunstfertigkeit entwickelt haben

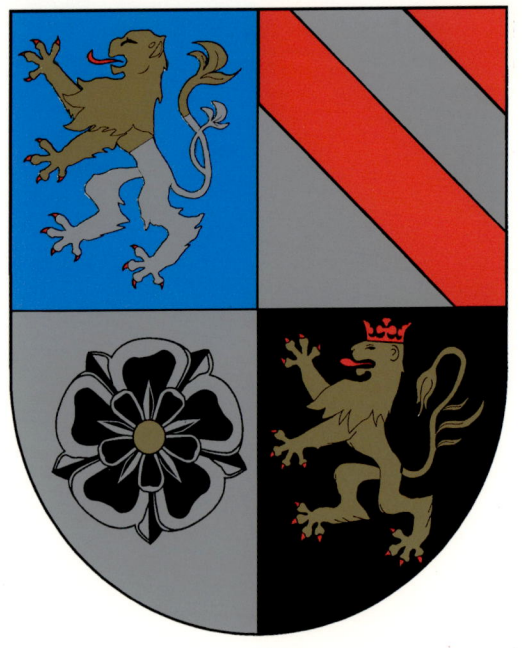

Landkreis Zwickauer Land

Regierungsbezirk: Chemnitz. Einwohner: 145 000. Fläche: 554 km². Einwohner je km²: 262. Kfz-Kennzeichen: Z. Kreisverwaltung: Schulstraße 7, 08412 Werdau, Postfach 4/10, 08401 Werdau. Verwaltungsgliederung: 6 Städte (Große Kreisstadt Crimmitschau, Hartenstein, Kirchberg, Werdau, Wildenfels, Wilkau-Haßlau) und 40 Gemeinden.

Wappenbeschreibung

Geviert: 1 in Blau ein gold-silbern geteilter, doppelt geschwänzter Löwe mit roter Zunge und roter Bewehrung, 2 dreifach von Rot und Silber schräggeteilt, 3 in Silber eine golden besamte schwarze Rose, 4 in Schwarz ein rot gekrönter goldener Löwe mit roter Zunge und roter Bewehrung.

Historische Entwicklung

Das Reichsterritorium Pleißenland entstand im 12. Jh. Es ist eine Schöpfung des deutschen Kaisers Friedrich Barbarossa. Im komplizierten Entstehungsprozeß von Landesherrschaften kam es schließlich in die Hände der Wettiner. Über Jahrhunderte bildete Zwickau mit seinem Umland eine Verwaltungseinheit. Erst mit der Herausbildung von kreisfreien Städten trat eine Trennung ein. Dennoch verblieb der Sitz der Amtshauptmannschaft bzw. des Landratsamtes (ab 1939) in Zwickau. Der durch die Gemeindeverfassung von 1946 geschaffene Landkreis Zwickau nahm schon weitgehend die Größe der heutigen Verwaltungseinheit ein. Durch die Verwaltungsreform von 1952 wurde sie in die Kreise Zwickau und Werdau zerteilt. Mit der Kreisreform im Freistaat Sachsen entstand am 1. August 1994 der Landkreis Zwickauer Land mit dem Kreissitz in Werdau. Das für den neuen Landkreis geschaffene Wappen vom 7. Februar 1995 nimmt Bezug auf historische und territoriale Gegebenheiten im südwestsächsischen Raum des Freistaates Sachsen. Der pleißenländische Löwe an der vornehmsten Stelle symbolisiert den Landkreis allgemein. Dagegen verweist das Familienwappen des Hauses Schönburg (dreifache Schrägteilung) speziell auf den nordöstlichen Teil (Mülsengrund, um Mosel und Hartenstein sowie Crimmitschau). Die schwarze Rose der Herren von Wildenfels steht für das östliche Kreisgebiet und die gleichnamige Stadt sowie Teile der ehemaligen Herrschaft Ronneburg. Der Löwe der Vögte von Weida (»Vogtslöwe«) schließlich erinnert an die Besiedelung des Gebietes vorrangig in der zweiten Hälfte des 12. Jh., besonders das Gebiet um Wiesenburg mit Kirchberg und die ehemalige Herrschaft Schönfels mit Werdau.

Struktur des Kreises Sehenswürdigkeiten

Der Landkreis war traditionell durch Industrie geprägt und steht auch heute noch in enger Beziehung zur Stadt Zwickau, der viertgrößten Stadt im Land Sachsen. Neben Großunternehmen bestimmen zahlreiche mittelständische Unternehmen die Wirtschaft.
In allen Orten des Zwickauer Landes lassen historische Bauwerke oder Museen die Geschichte lebendig werden. Sachsens erste Ferienstraße, die »Silberstraße«, führt u. a. durch den gleichnamigen Ort hinaus ins Erzgebirge und spiegelt die Tradition der alten Handelsstraßen von Zwickau übers Erzgebirge nach Dresden wider, die in der Blütezeit des Bergbaus entstand. Etliche Landschaftsschutzgebiete ermöglichen Erholung in unberührter Natur. Vier Talsperren laden Wanderer ebenso ein wie die rund 300 km markierten Wanderwege durch das hügelige Vorgebirgsland. Die Kreisstadt Werdau wurde um 1230 gegründet. In ihrer Geschichte spielt die Tuchmacherei neben Töpferei, Sattlerei, Gerberei und dem Böttcher- und Schmiedehandwerk eine bedeutende Rolle. Im 19. und 20. Jh. erfaßte die Industrieentwicklung auch Werdau. Neben der Holzwirtschaft und den Textilbetrieben gewannen Metallindustrie und Fahrzeugbau an Bedeutung. Auch in der größten Stadt des Landkreises, in Crimmitschau, erstmals als slawische Marktsiedlung »Cremazowe« 1212 erwähnt, war das Tuchmacherhandwerk lange Zeit beherrschend. Hier wurde 1436 die erste Tuchmacherinnung gegründet. In Wildenfels ist das Schloß zu nennen, in dessen renoviertem Südflügelsaal neben bedeutenden Kulturveranstaltungen auch die berühmte Rosenschau stattfindet. Hingewiesen werden soll noch auf das Textilmuseum in Crimmitschau und das Besucherbergwerk »Schacht 371« in Hartenstein sowie die Sternwarte »Johannes Kepler« in Crimmitschau oder das Agrar- und Freilichtmuseum Schloß Blankenhain.

Karl Gertler

Die Landkreise in Sachsen-Anhalt

Als am 6. Mai 1990 die ersten freien, geheimen und allgemeinen Kommunalwahlen in der DDR stattfanden, gab es noch keine Kommunalverfassung, die die örtlichen Staatsorgane, also die Räte der Kreise, die Räte der Städte oder der Gemeinden, funktional ablösen lassen konnte. Diese beschloß die Volkskammer der DDR erst am 17. Mai 1990. Damals gab es noch die Bezirke – erst mit dem Einigungsvertrag wurden mit dem Länderneubildungsgesetz auch im Gebiet der DDR die Länder geschaffen. Demzufolge sind die Landkreise etwa ein halbes Jahr älter als das Land Sachsen-Anhalt.

Natürlich hat die kreisliche Selbstverwaltung auch in der ehemaligen preußischen Provinz Sachsen und in den anhaltischen Gebieten, die das heutige Land Sachsen-Anhalt im wesentlichen bilden, eine viel längere Tradition. Sie ist jedoch infolge der Gleichschaltung durch die Deutsche Gemeindeordnung von 1935 und in der DDR durch die rechtliche und faktische Beseitigung der kommunalen Selbstverwaltung unterbrochen gewesen.

Den Gebietszuschnitt der preußischen Stadt- und Landkreise veränderte die DDR im Jahre 1952, indem sie größere Landkreise zu kleineren aufteilte und einige Stadtkreise aufhob. So fanden sich 1990 in Sachsen-Anhalt 37 Landkreise und drei kreisfreie Städte. Die Landkreise hatten zwischen 22 000 und 123 000 Einwohner. Nach der Kreisgebietsreform von 1994 gibt es noch 21 Landkreise mit zwischen 68 000 und 153 000 Einwohnern; nahezu unverändert blieben die drei kreisfreien Städte Halle, Magdeburg und Dessau.

Seit 1994 haben die Kommunen in Sachsen-Anhalt ein eigenes Kommunalrecht. Nach der Landkreisordnung und der Landesverfassung sind die Landkreise nicht nur Gemeindeverbände, sondern zugleich Gebietskörperschaften mit eigenständigen Organen, dem Recht auf Selbstverwaltung der übergemeindlichen Angelegenheiten, der Personal-, Organisations- und Finanzhoheit. Als Gemeindeverband obliegt dem Landkreis die Ausgleichspflicht zwischen den kreisangehörigen Gemeinden. Seine Selbstverwaltungsaufgaben darf er sich – ebenso wie eine Gemeinde – im Rahmen seiner Finanzkraft selbst suchen. Er hat durch Bundes- oder Landesrecht die Aufgaben des örtlichen Sozial- und Jugendhilfeträgers, des Rettungsdienstes, den Sicherstellungsauftrag für die Krankenhausversorgung, die Baulast für die Kreisstraßen, die Abfallwirtschaft und er ist seit 1996 Aufgabenträger im öffentlichen Personennahverkehr. Er betreibt Kreisentwicklungsplanung und hat zahlreiche Verwaltungsaufgaben vom Land übertragen bekommen, die er im sogenannten übertragenen Wirkungskreis unter der Fachaufsicht des Landes bürgernah und gebündelt erfüllt.

Der Landkreis hat zwei Organe, die beide vom Volk gewählt werden: den *Kreistag* und den *Landrat*. Die ehrenamtlichen Mitglieder des Kreistages werden alle fünf Jahre, der Landrat bzw. die Landrätin wird als Beamter bzw. Beamtin auf Zeit für sieben Jahre gewählt. Dem Kreistag obliegen die Entscheidungen in den Selbstverwaltungsangelegenheiten: Er kann beschließende Ausschüsse bilden, die bestimmte Aufgaben für ihn entscheiden, und beratende Ausschüsse bestellen, die die Entscheidungen des Kreistages vorbereiten. In den Aufgaben des übertragenen Wirkungskreises ist der Landrat allein verantwortlich; er hat außerdem alle Entscheidungen des Kreistages vorzubereiten und auszuführen. Der Landrat gehört dem Kreistag mit Stimmberechtigung an; er kann in den Ausschüssen den Vorsitz führen. Alle Aufgaben, die den Landkreisen übertragen sind, werden von Kreisbediensteten durchgeführt – eine sogenannte staatliche Abteilung bzw. Landesbedienstete, die in den Kreisverwaltungen tätig sind, gibt es in Sachsen-Anhalt nicht. Somit ist der Landkreis für die Aufgabenerfüllung eigenständig verantwortlich: der Kreistag für die Bereitstellung der benötigten Stellen und Haushaltsmittel, der Landrat für die sachgerechte, unverzügliche, rechtsstaatliche und »kundenorientierte« Erledigung der Aufgaben.

Ein äußeres Zeichen der Landkreise sind die Kreiswappen, die sich jeder Landkreis nach der Landkreisordnung selbst geben darf. Die Kreistage in Sachsen-Anhalt haben in den vergangenen Jahren mit großem Ernst und teilweise langen Diskussionen versucht, die Geschichte der Region, Symbole der früheren Regentschaften, aber auch der Altkreise in den Kreiswappen zu dokumentieren, zumindest anzudeuten. So finden sich die Symbole der Altmark, der Magdeburger Börde, der Mansfelder, der Wettiner, der Anhaltiner in den Kreiswappen wieder und geben Zeugnis davon, daß Sachsen-Anhalt nicht nur das Herz Deutschlands, sondern eine Region ist, die außerordentlich zahlreiche Zeugnisse des Mittelalters und der Geschichte des Heiligen Römischen Reiches Deutscher Nation sowie den Lebensraum Martin Luthers beherbergt.

Landkreistag Sachsen-Anhalt – Havelstraße 21 – 39126 Magdeburg

Landkreis Altmarkkreis Salzwedel

Regierungsbezirk: Magdeburg. Einwohner: 105 212. Fläche: 2293,95 km². Einwohner je km²: 45,9. Kfz-Kennzeichen: SAW. Kreisverwaltung: Karl-Marx-Straße 32, 29410 Salzwedel, Postfach 24, 29401 Salzwedel. Verwaltungsgliederung: 5 Städte (Arendsee, Gardelegen, Kalbe/Milde, Klötze, Salzwedel) sowie 12 Verwaltungsgemeinschaften mit insgesamt 126 Gemeinden.

Wappenbeschreibung

Gespalten und halbgeteilt von Silber, Gold und Blau; vorn am Spalt ein roter Adler mit goldener Bewehrung, hinten oben ein blauer Löwe mit roter Zunge und Bewehrung, hinten unten ein goldener vorheraldischer, ankerkreuzförmiger Beschlag.

Historische Entwicklung

Der Altmarkkreis Salzwedel wurde mit Vollzug der Gebietsreform am 1. Juli 1994 aus den Altkreisen Gardelegen, Klötze und Salzwedel gebildet. Das am 3. Dezember 1994 genehmigte neue Kreiswappen spiegelt die historische Entwicklung der westlichen Altmark wider. So symbolisiert der rote brandenburgische Adler die jahrhundertelange Zugehörigkeit Gardelegener und Salzwedeler Gebietes zu Preußen. Der Lüneburger Löwe weist auf den Bezug des Amtes Klötze zum Herzogtum Braunschweig-Lüneburg hin, in dessen Besitz sich Klötze von 1320 bis 1815 befand. Dem als eigentlichen Gründer der Mark Brandenburg angesehenem Albrecht dem Bären (* um 1100, † 1170) wird durch die Aufnahme des vorheraldischen, ankerkreuzförmigen Beschlages in das Wappen ein Denkmal gesetzt. Albrecht eroberte und kolonisierte von Salzwedeler Gebiet aus die Altmark, wie es die Akten die Landesarchives ausweisen. Man spricht heute davon, daß deshalb die Wiege Preußens in der Altmark stand. Für die Entwicklung der landwirtschaftlich geprägten Altmark war die Zugehörigkeit der Städte Gardelegen und Salzwedel zum mittelalterlichen Hansebund vom 13. bis zum Ende des 16. Jh. von großer Bedeutung. Die weithin geschlossenen Stadtbilder mit Befestigungsanlagen und umfangreichem Fachwerkbestand zeugen von der historischen Bedeutung der Städte.

Struktur des Kreises Sehenswürdigkeiten

Der Altmarkkreis Salzwedel zeichnet sich durch eine weite Wiesen- und Waldlandschaft aus, die im Süden von der Colbitz-Letzlinger Heide begrenzt wird. Die eiszeitlich geprägte Landschaft besticht durch Ursprünglichkeit und intakte Ökosysteme. Im Südwesten (Grenzgebiet zu Niedersachsen) findet man im »Naturpark Drömling«, einem auf Befehl Friedrich II. von Preußen kultivierten Niedermoorgebiet, einen einmaligen Tier- und Pflanzenbestand. Der Landkreis gehört zu den dünnstbesiedelten Regionen Deutschlands. Dörfliche Strukturen werden gepflegt, Traditionen gewahrt. Nach der Wiedervereinigung rückt der Landkreis mit dem ehemals längsten Abschnitt der innerdeutschen Grenze in eine zentrale Lage. Der Mittelstand entwickelt sich nach dem fast vollständigen Wegbruch der Industrie zusehends. Die landwirtschaftliche Prägung der Altmark setzt deutliche Akzente. Für den kulturhistorisch Interessierten ist der Altmarkkreis Salzwedel eine Entdeckung. Auf der »Straße der Romanik« kann man neben den altmarktypischen Feldsteinkirchen, die es in fast jedem Dorf gibt, die Klosteranlagen in Diesdorf und Arendsee besuchen. Mit traditionellen Volksfesten hat Klötze sich einen Namen gemacht, während sich in Salzwedel mit Ausstellungen und Konzerten ein reiches geistig-kulturelles Leben entfaltet. Über die Grenzen hinaus bekannt ist der Salzwedeler Baumkuchen, eine Spezialität, die Kenner vor der historischen Kulisse der malerischen Altstadt (weitgehend erhaltenes mittelalterliches Stadtbild mit schönen Fachwerkbauten) genießen. Sehenswert sind die im Kern spätromanische Lorenzkirche, deren nördliches Seitenschiff wiedererrichtet wurde, die 1466 spätgotisch umgebaute Pfarrkirche St. Marien und die ehemalige Propstei mit den Städtischen Häusern sowie das Altstädter Rathaus (um 1585).

Landkreis Anhalt-Zerbst

Regierungsbezirk: Dessau. Einwohner: 79 537. Fläche: 1225 km². Einwohner je km²: 65. Kfz-Kennzeichen: AZE. Kreisverwaltung: Fritz-Brandt-Straße 16, 39261 Zerbst, Postfach 78, 39251 Zerbst. Verwaltungsgliederung: 6 Städte (Roßlau, Zerbst, Coswig/Anhalt, Loburg, Oranienbaum, Wörlitz) und 7 Verwaltungsgemeinschaften (Zerbster Land, Loburg, Vorfläming, Wörlitzer Winkel, Oranienbaum, Coswig, Rosseltal).

Wappenbeschreibung

Geviert durch ein schwarzes Tatzenkreuz; 1 und 4 in Silber drei (2:1) rote, golden besamte Rosen, 2 und 3 in Rot ein silberner goldbewehrter Adler; im Herzschild in Silber auf roter Zinnenmauer mit offenem Tor ein schreitender schwarzer Bär.

Historische Entwicklung

Das im 7. Jh. von heidnischen slawischen Stämmen besiedelte ostelbische Gebiet stand vermutlich schon im 10. Jh. unter dem Einfluß von Germanisierung und Christianisierung, als mit Otto I. deutsche Fürsten erste Stützpunkte auf dem rechten Elbufer errichteten, so die Burgwarde Walternienburg, Loburg und Coswig. Anhalt ging dann aus dem Stammbesitz der Askanier hervor. Beherrschende Figur in der Reformationszeit war Fürst Wolfgang von Anhalt (1492 bis 1566). Als Freund Luthers führte er schon sehr früh, 1522/25, die Reformation ein. Die 1729 geborene Sophie Auguste Friederike von Anhalt-Zerbst ging einen weiten und großen Weg. Sie wurde 1745 mit dem Großfürsten Peter Fjodorowitsch vermählt und nach dessen Sturz 1762 als Zarin Katharina II. von Rußland proklamiert. 1918 hatte Anhalt als Herzogtum und reichsunmittelbares Bundesland zu bestehen aufgehört. Von nun an lautete sein Name »Freistaat Anhalt«.

Nach dem Zweiten Weltkrieg wurde Anhalt mit der ehemaligen Provinz Sachsen zur Provinz Sachsen-Anhalt und im Jahre 1947 zum Land Sachsen-Anhalt vereinigt. Mit der Bildung von Bezirken auf dem Territorium der ehemaligen DDR wurde 1952 Anhalt den Bezirken Halle und Magdeburg zugeordnet. Nach der Wiedervereinigung Deutschlands entstand der Landkreis Anhalt-Zerbst 1994 aus den kompletten ehemaligen Landkreisen Roßlau und Zerbst und einem Teil des Altlandkreises Gräfenhainichen («Wörlitzer Winkel«). Das bereits 1935 an den Kreis Zerbst verliehene Wappen wurde mit amtlicher Bestätigung vom 27. Februar 1995 vom neuen Landkreis übernommen. Der Herzschild symbolisiert den Anhaltiner Albrecht den Bären, die Rosen waren das Zeichen der Herren von Zerbst, die Adler das der Grafen von Lindau. Das Tatzenkreuz bezieht sich auf die Komturei Buro bei Coswig des Deutschen Ordens.

Struktur des Kreises
Sehenswürdigkeiten

Von der mittleren Elbe bis zum südlichen Fläming lädt eine reizvolle Landschaft mit altehrwürdigen Bauten und sehenswerten Landschafts- und Naturparks ein. Entlang der Elbe ist die Landschaft geprägt von Auenwiesen mit dem größten erhaltenen Auenwald Mitteleuropas und der Dessau-Wörlitzer Kulturlandschaft. Das Territorium beinhaltet das Natur- und Landschaftsschutzgebiet »Hoher Fläming« und das Biosphärenreservat »Mittlere Elbe«.

Mit dem Wirken von Luther, Melanchthon und anderen bedeutenden Persönlichkeiten kann man interessante anhaltische Kultur und Geschichte erleben.

Als Sehenswürdigkeiten seien empfohlen: Coswig: Stadtkirche St. Nicolai (12. Jh.); Taufstein von Simonetti, Gemälde von Lucas Cranach, Glasmalereien um 1350), »Museum Klosterhof« (u. a. Töpferkunst, Elbeschiffahrt), Schloßkomplex (12. Jh.), Jeber-Bergfrieden: Naturlehrpfad »Flämingwald«, Leitzkau: Schloßanlage im Stile der Weserrenaissance, Lohburg: Storchenhof, Oranienbaum: barocke Stadt und Parkanlage mit Schloß (17. Jh.), Ronney: Umweltzentrum, Roßlau: Burg, Serno: Stabgeläut der Kirche St. Jacobi, Thießen: Kupferhammer (technisches Denkmal, um 1600), Wörlitz: englischer Landschaftsgarten u. a. mit Schloß, Gotischem Haus, Venustempel; Gondelfahrten, Zerbst: Kirchen St. Bartholomäi (Weihe 1215), St. Trinitatis (17. Jh.), Ruine St. Nicolai, größte Hallenkirche mit größter Glocke von Anhalt, Schloßgarten mit Schloßruine und Stadthalle, gut erhaltene Stadtmauer (4,2 km), Gymnasium Francisceum mit historischer Bibliothek (ehemaliges Kloster), Roland von 1445. »Straße der Romanik«: Leitzkau Basilika, Dorfkirche und Loburg mit Ruine der Liebfrauenkirche.

Landkreis Aschersleben-Staßfurt

Regierungsbezirk: Magdeburg. Einwohner: 112 000. Fläche: 655 km². Einwohner je km²: 177. Kfz-Kennzeichen: ASL. Kreisverwaltung: Ermslebener Straße 77, 06449 Aschersleben, Postfach 1554, 06435 Aschersleben. Verwaltungsgliederung: 7 Städte (Aschersleben, Cochstedt, Hecklingen, Egeln, Ermsleben, Hoym, Staßfurt) und 10 Verwaltungsgemeinschaften (Aschersleben-Land, Bördeaue, Bördeblick, Börde-Hakel, Stadt Egeln, Falkenstein/Harz, Gemeinde Gatersleben, Hoym-Nachterstedt, Stadt Staßfurt, Wippertal).

Wappenbeschreibung

Viergeteilt: vorn oben 12fach von Schwarz und Silber geschacht; hinten oben in Silber ein schwarzer, goldbewehrter Adler, die Achsen der Flügel mit goldenen Kleestengeln belegt; vorn unten in Silber ein laufender schwarzer Bär auf roter, schräg aufsteigender Zinnenmauer; hinten geteilt in Rot und Silber.

Historische Entwicklung

Die Grafschaft Aschersleben bestand von 1062 bis 1322. Sie wurde von den Askaniern begründet und existierte als selbständige Linie im Fürstentum Anhalt bis zu deren Aussterben im Jahre 1315. Das Wappen der Grafschaft wurde späterhin als Schultheißenschild Bestandteil des Ascherslebener Stadtwappens und soll im Kreiswappen vom 27. Februar 1995 auf die Kreisstadt hindeuten.
Der bedeutendste Askanier war Albrecht der Bär. Er kolonisierte die Mark Brandenburg und gründete Cölln, das heute ein Teil der Bundeshauptstadt Berlin ist. Nach dem Westfälischen Frieden kamen die im Mittelalter zum Erzbistum Magdeburg bzw. Bistum Halberstadt gehörigen Gebiete des heutigen Landkreises zu Brandenburg-Preußen und waren als Städte und Gemeinden der Kreise Calbe (Saale), Quedlinburg, Wanzleben, des Mansfelder Gebirgskreises sowie des Stadtkreises Aschersleben bis 1947 Teil der preußischen Provinz Sachsen. Hierauf ist der preußische Adler im Wappenschild zurückzuführen.
Das Wappen der Fürsten von Anhalt-Bernburg steht stellvertretend für die Orte des ehemaligen Freistaates Anhalt. Der jetzige Landkreis Aschersleben-Staßfurt hatte bis 1950 Anteil an den anhaltischen Kreisen Ballenstedt und Bernburg. Für diese Städte und Gemeinden zeigt der Schild den anhaltischen Bären. Das Wappen des Erzstifts Magdeburg (nach der Säkularisierung Herzogtum Magdeburg) spiegelt die Zugehörigkeit der Städte Egeln (1416) und Staßfurt (1276) zum Erzbistum Magdeburg wider. Außerdem sind die Farben Rot und Silber im Stadtwappen der Stadt Staßfurt, Wiege des deutschen Kalibergbaus, enthalten.

Struktur des Kreises
Sehenswürdigkeiten

Der Landkreis Aschersleben-Staßfurt erstreckt sich vom nordöstlichen Gebiet des Harzes bis zum südlichen Teil der Magdeburger Börde. Bekannte Baudenkmäler, Burgen, Kirchen, aber auch reizvolle Landschaften wie Harz, die Bodeniederung und das Selketal sowie der Hakel geben dem Landkreis ein sehenswertes Bild. Historische Zeugnisse der kulturellen Vergangenheit kann man in der Kreisstadt Aschersleben, der ältesten Stadt Sachsen-Anhalts, mit ihren gut erhaltenen Stadtmauern betrachten.
Das wirtschaftliche Profil des Landkreises wird durch den Maschinen- und Fahrzeugbau, die Elektrotechnik und Elektronik, den Anlagen- und Gerätebau, die chemische Industrie sowie durch eine spezialisierte landwirtschaftliche Produktion bestimmt. Die Kreisstadt Aschersleben wird bereits im 7. Jh. als fester Ort erwähnt, Stadtrecht seit 1266. Von der Stadtbefestigung (15. Jh.) haben sich große Teile mit Zwinger, Graben und 15 Wehrtürmen erhalten. Sehenswerte Sakralbauten in Aschersleben sind die mehrfach umgebaute Marktkirche und St. Stephanie (1406 bis 1507). Am Markt ist das Krugemannsche Haus (1572) sehenswert.
An der »Straße der Romanik« sind zu nennen: die Klosterkirche in Hecklingen, die Konradsburg in Ermsleben oder die Meisdorf-Burg Falkenstein. Von den Museen seien genannt: das Bergbaumuseum in Staßfurt und das Heimatmuseum in Aschersleben, ferner das Salzland-Theater in Staßfurt, der Tillysaal, das Planetarium in Aschersleben, die Wasserburg bei Egeln oder die Lokausstellung in Staßfurt.

Landkreis Bernburg

Regierungsbezirk: Dessau. Einwohner: 73 833. Fläche: 413,93 km². Einwohner je km²: 178. Kfz-Kennzeichen: BBG. Kreisverwaltung: Karlsplatz 37, 06406 Bernburg. Verwaltungsgliederung: 3 Trägergemeinden (Bernburg, Alsleben, Könnern) und 3 Verwaltungsgemeinschaften (Nienburg, Bernburg-Land, Wipperaue). Innerhalb dieser Gemeinschaften 5 Städte (Bernburg, Alsleben, Güsten, Könnern, Nienburg).

Wappenbeschreibung

In Silber ein schreitender schwarzer Bär mit silbernem Halsband und roter heraushängender Zunge auf einer schrägrechts aufsteigenden roten, schwarz gefugten Zinnenmauer mit geschlossenem Tor, das rechts schwarze Türbeschläge und links ein schwarzes Schloß enthält.

Historische Entwicklung

Die Saale bildete jahrhundertelang die natürliche Grenze zwischen germanischen und slawischen Stämmen. Im Jahre 806 wird Waldau als erster Ort des späteren Anhalt urkundlich erwähnt, 961 die Bernburg. Die Askanier eroberten im 11. Jh. das Bernburger Land. Der bedeutendste Vertreter dieses Geschlechts im Mittelalter war Albrecht der Bär, der Gründer der Mark Brandenburg. Seine Mutter Eilike bewohnte die Bernburg. Der askanische, auf Zinnen schreitende Bär ist gleichzeitig das Wappen des Landkreises Bernburg, dessen Weiterführung am 1. Juni 1995 vom Ministerium des Innern des Landes Sachsen-Anhalt genehmigt wurde.

Im Spätmittelalter und dann wieder ab 1603 war Bernburg anhaltische Residenzstadt. Der bedeutendste Fürst war Christian I. (1568 bis 1630), der 1608 die protestantische Union schmiedete und als Heerführer entscheidend am Beginn des Dreißigjährigen Krieges beteiligt war. 1863, nach dem Tod des letzten Herzogs, ging Anhalt-Bernburg im Gesamtherzogtum Anhalt auf (1919 bis 1933 Freistaat Anhalt). Wirtschaftlich stark war die Region früher vor allem durch den Erzbergbau in den Ostharzer Besitzungen. Nach 1880 siedelten sich in Bernburg die Deutschen Solvay-Werke an und begründeten die Tradition als Industriestadt.

Die Kreisreform 1952 schuf völlig neue territoriale Verhältnisse. Teile des Saalkreises, des Mansfelder Seekreises und des Kreises Köthen kamen zu Bernburg, während die westlichen Gebiete anderen Landkreisen zugeordnet wurden. 1994 vergrößerte sich der Landkreis um die Stadt Güsten.

Struktur des Kreises Sehenswürdigkeiten

Der Landkreis Bernburg liegt im Herzen Sachsen-Anhalts. Er reicht im Westen und Südwesten ins östliche Harzvorland und im Osten und Norden in die weite Tiefebene Norddeutschlands. Die Saale durchfließt ihn in ihrem Unterlauf von Süd nach Nord. Durch bemerkenswerte Auwälder beiderseits des Flusses führt der neu angelegte Saale-Radwanderweg, an dessen Stationen sich z. T. originelle Übernachtungsmöglichkeiten befinden (Heuhotel in Plötzkau).
Ein Kleinod der Natur findet man in einem Gletschergarten auf dem Gelände des Friedhofs III in Bernburg. Im Kreisgebiet befinden sich zwei Objekte der »Straße der Romanik«: die Stephanskirche in Bernburg-Waldau und die Schloßkirche Nienburg. Weitere beachtenswerte romanische Kirchen stehen in Edlau, Beesenlaublingen und Cörmigk.
Das wichtigste touristische Ziel ist das malerische Renaissanceschloß Bernburg (1538) mit romanischem Bergfried, dem Eulenspiegelturm, hoch auf einem Sandsteinfelsen über der Saale. Es ist die »Perle Anhalts«. Die Wohnräume beherbergen heute das Kreismuseum mit interessanten Sammlungen, u. a. zur Mühlentechnik, ferner ein Mineralienkabinett. Ein stilreines Renaissanceschloß von 1572, das seit seiner Erbauung im Innern ohne Umbauten blieb, kann man in Plötzkau bewundern. Weitere Kirchen- und Schloßbauten, Großsteingräber und die sehr abwechslungsreiche Landschaft machen den Landkreis Bernburg touristisch attraktiv.

Landkreis Bitterfeld

Regierungsbezirk: Dessau. Einwohner: 118 100. Fläche: 505 km². Einwohner je km²: 233,8. Kfz-Kennzeichen: BTF. Kreisverwaltung: Mittelstraße 20, 06749 Bitterfeld. Verwaltungsgliederung: 6 Städte (Bitterfeld, Brehna, Jeßnitz, Raguhn, Wolfen, Zörbig), 39 Gemeinden in 8 Verwaltungsgemeinschaften (»Muldenstausee«, Sandersdorf, Zörbig, »Schmerzbach«, »Am Strengbach«, Jeßnitz-Bobbau, Raguhn, Wolfen) sowie 3 Kommunen ohne Zuordnung (Bitterfeld, Greppin, Holzweißig).

Wappenbeschreibung

Geviert, 1 und 4 in Silber drei (2:1) rote Seeblätter; 2 in Gold ein schwarzer rotbewehrter Löwe; 3 in Gold zwei blaue Pfähle.

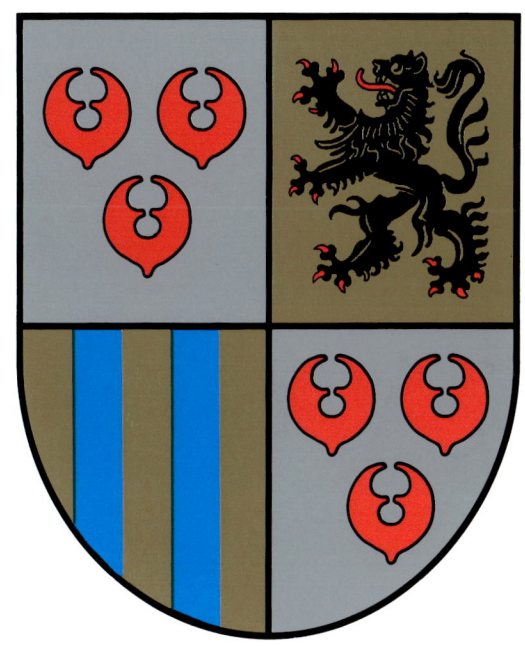

Historische Entwicklung

Archäologische Funde belegen eine Besiedlung von Teilen des Kreises schon vor 6000 Jahren, als sich erstmals nördlich der Alpen eine Ackerbaukultur entwickelte. In der Folgezeit bildete das Gebiet des Kreises in der Besiedlung und Bevölkerung eine Mischzone. Germanische und keltische Einflüsse sind nachweisbar. Mit dem sechsten nachchristlichen Jahrhundert geriet das Gebiet unter Einfluß slawischer Siedler. Die erste urkundliche Erwähnung eines Ortes aus dem Kreis datiert aus dem Jahre 961: In einer Urkunde von Kaiser Otto I. wurde der Ort Zörbig erwähnt. In der Mitte des 11. Jh. entsteht unter der Herrschaft der Wettiner die Grafschaft Brehna, auf deren Grund und Boden sich Bitterfeld befand. Das Wappen der Wettiner und der Brehnaer Grafen zieren das jetzige Landkreiswappen. Im Verlauf der weiteren Geschichte gehörten Teile des heutigen Kreisgebietes wechselseitig zu Sachsen-Merseburg, Kursachsen, Preußen und dem Fürstentum Anhalt. In der Mitte des 19. Jh. begann die Braunkohleförderung. 1893 wird die elektrochemische Industrie heimisch und 1909 die Filmindustrie. Das Gebiet des heutigen Kreises entstand endgültig im Zuge der Kreisgebietsreform in Sachsen-Anhalt am 1. Juli 1994. Neu kamen seitdem die Gemeinden Krina, Gossa, Gröbern und Schwemsal aus dem ehemaligen Kreis Gräfenhainichen hinzu.

Seit 1938 führt der Landkreis Bitterfeld das abgebildete Wappen, das vom Ministerium des Landes Sachsen-Anhalt erneut am 28. Februar 1995 verliehen wurde. Es erinnert mit seinen Bestandteilen an die historischen Ursprünge des Kreises: Die Seeblätter stehen für die Grafschaft Brehna, der Löwe für die Markgrafschaft Meißen und die blauen Pfähle für die Burggrafschaft Zörbig (Hauswappen der Wettiner Grafen).

Struktur des Kreises Sehenswürdigkeiten

Der westliche Teil des Kreises ist mit seinen fruchtbaren Lößebenen vor allem durch Landwirtschaft geprägt. Der zentrale Bereich konzentriert die Industrie- und Wohnflächen. Chemische Industrie, Grundstoff- und Produktionsgütergewerbe, Bauhaupt- und Ausbau- sowie Dienstleistungsgewerbe bilden die wirtschaftlichen Schwerpunkte. Verkehrstechnisch ist der Kreis mit Autobahn, vier Bundesstraßen, zwei Hauptbahnlinien sowie der unmittelbaren Nähe des Flughafens Leipzig-Halle gut erschlossen. Der östliche Kreis ist durch ausgedehnte Natur- und Landschaftsschutzgebiete mit ausgesprochen seltener Flora und Fauna gekennzeichnet. Seltene Fischarten, Kormorane, Biber und Adler kann man hier beobachten. Der Muldestausee mit einem Naturschutzhaus und einem Naturlehrpfad, die Ausläufer der Dübener Heide und das ehemalige Bergbaugebiet Goitsche bieten Raum für Entspannung und Erholung.

Landkreis Bördekreis

Regierungsbezirk: Magdeburg. Einwohner: 81 119. Fläche: 880 km². Einwohner je km²: 92. Kfz-Kennzeichen: OC. Kreisverwaltung: Bahnhofstraße 5, 39387 Oschersleben, Postfach 1229 und 1233, 39382 Oschersleben. Verwaltungsgliederung: 55 Städte und Gemeinden in 10 Verwaltungsgemeinschaften (Oschersleben, »Sarretal« Wanzleben, »Sülztal« Osterweddingen, »Börde« Seehausen/Klein Wanzleben, Hamersleben, Gröningen, »Ost-Lappwald« Sommersdorf, »Allerquelle« Eilsleben, »Bodeaue« Hadmersleben, »Hötenslebener Winkel« Hötensleben) sowie die Gemeinde Wefensleben.

Wappenbeschreibung

Geviert von 1:4 Silber, 2:3 Rot, belegt mit einem blauen Wellenschrägbalken, hinten oben einen goldene Ähre, vorn unten ein goldenes aufrechtstehendes Sensenblatt.

Historische Entwicklung

Stämme aus dem Donaugebiet brachten in der Jungsteinzeit die Kenntnisse des Ackerbaus, der Viehzucht und der Töpferei in das Gebiet des Bördekreises. Zu Beginn der christlichen Zeitrechnung lebten Langobarden hier, die im 4. Jh. durch die deutschen Stämme der Angeln und Warnen abgelöst wurden. Diese wiederum verschmolzen mit dem Stamm der Thüringer und gründeten das Thüringerreich. Im Jahre 531 wurde dieses Reich durch Franken und Sachsen zerstört. Bis zum Westfälischen Frieden im Jahre 1648 gehörte das Gebiet des heutigen Bördekreises zum Bistum Halberstadt, zum Erzbistum Magdeburg, zum Kloster Gandersheim und zum Stift Gernrode. Nach 1648 wurden die Bistümer zu Fürstentümern in Brandenburg-Preußen. Im Jahre 1816 nach der Niederschlagung Napoleons erfolgte die neue Territorialeinteilung des Magdeburger Regierungsbezirkes in landrätliche Kreise.
Am 1. Juli 1994 fügte die Kreisgebietsreform des Landes Sachsen-Anhalt die Altkreise Wanzleben und Oschersleben zum Bördekreis zusammen. Seit 14. Oktober 1994 führt dieser das abgebildete Wappen, das durch die Farben Silber und Rot die Verbindung zum ehemaligen Bistum Halberstadt symbolisiert. Der blaue Wellenschrägbalken stellt das Niederungsgebiet von Bruch und Bode und Auenlandschaften dar. Die Börde mit ihrer Fruchtbarkeit, mit landwirtschaftlicher Priorität und daraus resultierender Industrie zeigen die goldene Ähre und das Sensenblatt.

Struktur des Kreises Sehenswürdigkeiten

Die wichtigsten Sehenswürdigkeiten des Bördekreises sind die Bauwerke der »Straße der Romanik«. Im einzelnen handelt es sich um die Paulskirche in Seehausen, eine ursprünglich romanische, im 19. Jh. erneuerte Basilika, zu deren reicher Innenausstattung ein spätgotischer Schnitzaltar und eine barocke Kanzel gehören, die Klosterkirche in Hadmersleben, die Klosterkirche St. Veit in Klostergröningen und die Stiftskirche St. Pankratius in Hamersleben. Historische Bausubstanz gibt es darüber hinaus in mehreren Städten und Gemeinden des Bördekreises. Anziehungspunkte sind außerdem das Bördemuseum in Ummendorf, das Kreismuseum in Oschersleben, das Heimatmuseum in Kroppenstedt, das Schulmuseum in Klein Wanzleben und das Grenzdenkmal in Hötensleben. Ausgewiesene Schutzgebiete, wie z. B. Hohes Holz, Sülzetal und Großes Bruch, dienen einerseits als Lebensraum für Tier- und Pflanzenwelt sowie andererseits als Erholungsgebiete.

Landkreis Burgenlandkreis

Regierungsbezirk: Halle.
Einwohner: 153 728. Fläche: 1040 km².
Einwohner je km²: 148. Kfz-Kennzeichen: BLK. Kreisverwaltung: Schönburger Straße 41, 06618 Naumburg, Postfach 51, 06601 Naumburg. Verwaltungsgliederung: 13 Verwaltungsgemeinschaften (An der Finne, Wethautal, Bad Kösen, Freyburger Land, Finne, Laucha-Unstrut, Mittlere Unstrut, Dreiländereck, Droyßig-Zeitzer Forst, Elsteraue, Heidegrund, Maibach-Nödlitztal, Schnaudertal).

Die Entscheidung über das Kreiswappen steht noch aus.

Historische Entwicklung

Der noch wappenlose Burgenlandkreis wurde am 1. Juli 1994 aus den Landkreisen Naumburg, Nebra, Zeitz und der Gemeinde Stößen des bisherigen Kreises Hohenmölsen gebildet. Die ursprünglich slawische Burg Zeitz wurde erstmals 967 urkundlich erwähnt. Im darauffolgenden Jahr gründete Kaiser Otto I. das Bistum Zeitz, das als Stützpunkt für die Slawenmission diente. Aus der Burganlage und anderen Siedlungsteilen erwuchs dann die Stadt Zeitz, deren Stadtverfassung am Magdeburger Recht ausgerichtet war. In der Zeit zwischen 1656 und 1718 diente Zeitz als herzogliche Residenz des Sekundogenitur-Fürstentums Sachsen-Zeitz. 1815 fiel die Stadt an Preußen. Der Zeitzer Bischofssitz war jedoch auf Initiative der ekkehardinischen Markgrafen 1028/30 ins nahegelegene Naumburg/Saale verlegt worden. Die Markgrafen veranlaßten zu Beginn des 13. Jh. auch den Neubau des berühmten Naumburger Doms im spätromanisch-neugotischen Stil, der den Aposteln Peter und Paul geweiht ist. Der Wohlstand der Stadt basierte auf dem West-Ost-Fernhandel. Die erstmals 1278 genannten Naumburger Messen waren für das gesamte mitteldeutsche Wirtschaftsleben von hoher Bedeutung, bis Leipzig zunehmend als Messestadt in Erscheinung trat. Die Reformation setzte sich 1525/37 durch, und nach dem Tod des letzten katholischen Bischofs im Jahre 1564 gliederten die sächsischen Kurfürsten das Hochstift Naumburg ihrem Territorium ein. Wie Zeitz gelangte auch Naumburg mit den Beschlüssen des Wiener Kongresses zum Königreich Preußen. Das Gebiet um Nebra gehörte im späten 9. Jh. zum Kloster Fulda; erst im 13. Jh. wurde die Stadt Nebra angelegt. Sie unterstand den Herren von Lobdeburg, den Edlen von Querfurt, den Grafen von Mansfeld und schließlich den Bischöfen von Halberstadt. 1316 gelangte die Siedlung an die Erzbischöfe von Magdeburg und 1341 an die Wettiner.

Struktur des Kreises
Sehenswürdigkeiten

Eine Vielzahl von touristischen Anziehungspunkten, die berühmte Saale-Unstrut-Weinregion und bedeutende Naturschutzgebiete prägen den Kreis. Der Zeitzer Forst, das mit 1800 ha größte zusammenhängende Waldgebiet im südlichen Sachsen-Anhalt, wird durch das Tal der Weißen Elster begrenzt und als »Tor zum Thüringer Wald« bezeichnet. Der östliche Teil des Landkreises ist in den industriellen mitteldeutschen Wirtschaftsraum Halle-Leipzig-Dessau eingebunden. Im westlichen Kreisgebiet dominiert eine ländliche Struktur.

An Naturschönheiten sind zu nennen: jahrhundertealte Weinberge an Saale und Unstrut mit »Steinauerschem Bilderbuch«, Landschaftsschutzgebiet »Aga- und Elstertal«, »Naturpark Saale-Unstrut-Triasland«, Naturschutzgebiet »Göttersitz« und »Tote Täler«, Zeitzer Forst (größtes Waldgebiet in Sachsen-Anhalt), nördlichstes Weinanbaugebiet Deutschlands.
Das unterirdische Zeitz gegenüber der Michaeliskirche ist das Eingangsportal zum größten mittelalterlichen Gangsystem Deutschlands mit einer 700 m langen Strecke.
Sehenswert sind der weltbekannte Dom zu Naumburg St. Peter und Paul (Baubeginn um 1210, bis ins 19. Jh. mehrfach umgestaltet) mit den Stifterfiguren Uta und Eckehard, Wenzelkirche mit Hildebrandtorgel, historischer Naumburger Marktplatz mit Bürgerhäusern der Renaissance, Schloß Moritzburg und Michaeliskirche Zeitz, Schloß Neuenburg, Freyburg, Rudelsburg und Saalecksburg in Bad Kösen, Gradierwerk mit Wasserkunstgestänge in Bad Kösen.
Von den kulturellen Einrichtungen sind zu erwähnen: Theater Zeitz, Puppentheater Naumburg, Glockenmuseum Laucha, Museum Schloß Neuenburg, ferner die Volksfeste: Hussiten-Kirschfest in Naumburg, Winzerfest in Freyburg, Brunnenfest in Bad Kösen, Burgfest Haynsburg.

Landkreis Halberstadt

Regierungsbezirk: Magdeburg. Einwohner: 82 336. Fläche: 665 km². Einwohner je km²: 124. Kfz-Kennzeichen: HBS. Kreisverwaltung: Friedrich-Ebert-Straße 42, 38820 Halberstadt, Postfach 1542, 38805 Halberstadt. Verwaltungsgliederung: 5 Städte (Dardesheim, Halberstadt, Osterwieck, Schwanebeck, Wegeleben) und 6 Verwaltungsgemeinschaften (Aue-Fallstein, Harzvorland-Huy, Huy, Osterwieck, Schwanebeck, Untere Bode) mit 38 Gemeinden; die Trägergemeinde ist Halberstadt.

Wappenbeschreibung

Gespalten von Silber und Rot.

Historische Entwicklung

Die glückliche Verbindung von günstiger Lage an sich kreuzenden Handelswegen und fruchtbarem Ackerland ließ das Gebiet des Landkreises beim Übergang vom 8. zum 9. Jh. Teil des sächsischen Stammlandes werden. Das Bistum Halberstadt ging zu Beginn des 9. Jh. aus dem 770/80 auf Befehl Karls des Großen eingerichteten und vom Bischof von Chalôns-sur-Marne betreuten Missionssprengel mit dem Zentrum in Osterwieck hervor. Es war das »Heimatbistum« des sächsischen Herrscherhauses. Mit dem Westfälischen Frieden wurde das Bistum Halberstadt in ein weltliches Fürstentum umgewandelt und als erbliches Fürstentum dem Großen Kurfürsten zugesprochen. Durch seine Zugehörigkeit ab 1701 zu Preußen teilte der Landkreis die politischen Geschicke Preußens im Auf und Ab deutscher Geschichte und wurde nach Neugründung (1823) sowie Auflösung (1932) im Jahre 1952 in seiner heutigen Form geschaffen und blieb unberührt von der Kreisgebietsreform des Jahres 1994.

Politisches, wirtschaftliches wie kulturelles Zentrum des Landkreises ist die Kreisstadt Halberstadt, der Sitz der Kreisverwaltung. Ihre zentrale Lage als größte Stadt im nördlichen Harzvorland hat mit dazu beigetragen, daß zahlreiche für mehrere Landkreise zuständige Institutionen hier ihren Sitz haben. An die historisch bedeutsamste Zeit des Landkreises erinnert sein am 20. Juli 1995 bestätigtes Wappen, das den Farben des Halberstädter Bistums/Hochstiftes entlehnt wurde: Weiß (= heraldisch Silber) als Symbol der Unschuld und Rot als Symbol für das vergossene Blut des Märtyrers Stephanus, des Schutzheiligen der ersten Halberstädter Kirche.

Struktur des Kreises
Sehenswürdigkeiten

Wahrzeichen der bereits 1108 erstmals als Stadt bezeichneten Kreisstadt Halberstadt ist der über 500jährige St.-Stephanus-Dom, ein einzigartiges Beispiel für gotische Kirchenbaukunst. Im Remter des ehemaligen Domstiftes befinden sich die ältesten und größten Wirkteppiche (um 1150/70) der Welt. Die Liebfrauenkirche (12. Jh.) an der Westseite des Domplatzes gehört zu den vollendetsten romanischen Kirchenbauten in Mitteldeutschland (wertvolles Stuckrelief an den Chorschranken). Die bedeutende Sammlung im Gleimhaus gibt Einblicke in die geistigen Auseinandersetzungen zur Zeit des 1803 gestorbenen Dichters und Domsekretärs Gleim. Der Roland an der Stadtkirche St. Martini (13./14. Jh.) ist der zweitälteste Deutschlands. Die Martini-Kirche gilt auch als Wahrzeichen der Stadt.

In Osterwieck erlauben über 400 erhaltene Fachwerkbauten einen lückenlosen Überblick über die Geschichte des Fachwerkbaues. In der Stephanikirche sind zu beachten das untere Doppelturmensemble aus dem 12. Jh., der bronzene Taufkessel (um 1300), der spätgotische Flügelaltar, Kanzel und Chorgestühl. Sehenswert ist die Klosterkirche »Mariä Aufnahme in den Himmel« auf der Huysburg, die zwischen 1084 und 1121 entstand, sowie die Westerburg bei Dedeleben als eine der wenigen gut erhaltenen Wasserburgen in Deutschland. Besuchenswert ist ebenfalls die Burg in Schlanstedt. Im Jahre 1995 beging das Schachdorf Ströbeck sein 1000jähriges Jubiläum. Hier gehört seit 1823 das Schachspiel zum Schulunterricht. Ein Schachmuseum informiert über das »Spiel der Könige«.

24 Prozent des Landkreises stehen unter Landschafts- bzw. Naturschutz. In Langenstein befindet sich einer der schönsten Landschaftsparks im nördlichen Harzvorland (Mitte des 19. Jh. von C. E. Petzold, einem Schüler des Fürsten Pückler-Muskau, im englischen Stil angelegt). Zu erwähnen sind die Gletschertöpfe und die Stromatolithen im Huy als Beispiele interessanter Naturdenkmale.

Landkreis Jerichower Land

Regierungsbezirk: Magdeburg. Einwohner: 97 100. Fläche: 1336 km². Einwohner je km²: 72,6. Kfz-Kennzeichen: JL. Kreisverwaltung: In der Alten Kaserne 4, 39288 Burg, Postfach 16, 39281 Burg. Verwaltungsgliederung: 5 Städte (Burg, Gommern, Möckern, Genthin, Jerichow) und 69 Gemeinden, die sich in 10 Verwaltungsgemeinschaften zusammengeschlossen haben (Burg, Möser, Möckern, Gommern, Fläming-Fiener, Biederitz, Genthin, Elbe-Parey, Stremme-Nordfiener, Jerichow).

Wappenbeschreibung

Gespalten von Blau und Silber; vorne ein silberner Pfahl, hinten ein schreitender, rot bewehrter schwarzer Kranich.

Historische Entwicklung

Im Verlauf der Völkerwanderung (6./7. Jh.) begann die Einwanderung slawischer Stämme, und zu Anfang des 10. Jh. faßte das Deutsche Reich hier Fuß. Damit begann die schriftliche Überlieferung für das Jerichower Land. Mit der Vollendung der Christianisierung und Germanisierung entwickelten sich auch die einflußreichen ansässigen Adelshäuser wie z. B. derer von Plotho oder Katte. Fortlaufende Plünderungen von Dörfern durch altmärkische Raubritter sowie Fehden zwischen den Adelshäusern und langjährige Rechtsstreitigkeiten zwischen dem Kurfürstentum Brandenburg und dem Erzbistum Magdeburg kennzeichneten die Lage im 15. und 16. Jh. Erst mit dem Einfluß des Preußenkönigs Friedrichs II. des Großen begann wieder ein spürbarer wirtschaftlicher Aufschwung. Unter seiner Herrschaft (1740 bis 1786) erfolgte der Bau des Elbe-Havel-Kanals. Darüber hinaus wurden im Fiener Bruch die ersten Meliorationsarbeiten durchgeführt und der untere Stremmelauf reguliert.

Die »Königliche Verordnung« vom 30. April 1815 legte mit Wirkung vom 1. April 1816 die Neuordnung der Provinz Sachsen fest. Mit ihr entstanden auch die nach der heute noch erhaltenen, frühromanischen Stiftskirche Jerichow benannten Kreise Jerichow I (dem späteren Landkreis Burg) und Jerichow II (Landkreis Genthin). Die Kreisreform vom 1. Juli 1994 führte beide Verwaltungsbezirke unter dem neuen/alten Namen »Landkreis Jerichower Land« wieder zusammen, dem am 12. September 1995 das Wappen genehmigt wurde. Die zwei Schildhälften symbolisieren die beiden Gründungslandkreise. Silber und Blau sind dem Stadtwappen von Burg und dem Wappen des Altkreises Genthin entnommen, der Pfahl steht für den Elbe-Havel-Kanal sowie für die Elbe. Der Kranich soll als Sinnbild der Wachsamkeit das Jerichower Land beschützen.

Struktur des Kreises
Sehenswürdigkeiten

Der Landkreis ist reich an ursprünglicher Landschaft, die in Landschaftsschutzgebieten den Erholungsuchenden erhalten bleibt. Das größte ist das Gebiet Mökern/Magdeburgerforth mit 278 km². Es gibt vier Naturschutzgebiete mit bedeutenden Feuchtgebieten, in denen ortsgebundene und selten anzutreffende Pflanzen und Sumpf- und Wasservögel beobachtet werden können.

Über 550 km Rad- und Wanderwege führen zu landschaftlich reizvollen Orten und zu Sehenswürdigkeiten, etwa zur 800 Jahre alten Klosteranlage in Jerichow, zum Burghotel in Gommern, nach Genthin am Elbe-Havel-Kanal mit seiner barocken Hallenkirche mit Kreuzgewölbe oder nach Burg, einem wiedererstarkenden Wirtschaftsstandort, dessen noch erhaltene Teile der Stadtbefestigung aus dem 15. Jh. oder die Nikolaikirche (12. Jh.), die Petrikirche (13. Jh.) und die Liebfrauenkirche (15. Jh.) an eine lange Geschichte der Kreisstadt erinnern, die als Siedlung bereits 948 erstmals erwähnt wird.

In Möckern bauten die Wenden eine Burg, an deren Stelle später die germanischen Eroberer eine Schloßanlage errichteten. Neben diesen Zeugen der Geschichte entwickelt sich der Ort zu einem aufstrebenden Industrieort. Viele alte Gemeinden wären zu nennen wie Gladau und Lostau, beide 973 urkundlich genannt, oder das noch ältere Parey (946) mit seiner wertvoll im Barockstil ausgebauten Kirche. Friedensau nannte man die 1922 politisch selbständig gewordene Gemeinde um eine alte Wassermühle an der Ihle, die heute Sitz einer Theologischen Hochschule ist, die aus dem 1899 begründeten Predigerseminar hervorging und mit Konzerten und einem Museum für europäische Adventgeschichte und Beduinenkultur viele Besucher anzieht.

Landkreis Köthen

Regierungsbezirk: Dessau. Einwohner: 73 250. Fläche: 480 km². Einwohner je km²: 152,6. Kfz-Kennzeichen: KÖT. Kreisverwaltung: Springstraße 28, 06366 Köthen/Anhalt, Postfach 1255, 06352 Köthen/Anhalt. Verwaltungsgliederung: 4 Städte (Aken/Elbe, Gröbzig, Köthen/Anhalt, Radegast) sowie 44 Gemeinden.

Wappenbeschreibung

Gespalten: vorne in Schwarz ein silberner Flug, hinten auf rotem Schildfuß stehend in Silber eine natürliche Palme mit braunem Stamm und grüner Krone.

Historische Entwicklung

Das in ur- und frühgeschichtlicher Zeit kontinuierlich besiedelte Gebiet zwischen den vier Flußniederungen der Saale, Fuhne, Elbe und Mulde gilt als archäologische Schatzkammer. Mittelpunkt des Kreises ist die Stadt Köthen (1115). Mit dem Stadtwerdungsprozeß im 12. Jh. entwickelte sich auch Aken (1160). In beiden Städten wirkten die Askanier als Schutzherren und Gründer mit. 1244 bzw. 1291 wurden die späteren Städte Radegast und Gröbzig erstmals genannt. Geldnot der Landesherren bewirkte 1389/95 den Abgang des nördlichen heutigen Kreisgebietes in stiftsmagdeburgische Hand. Das Territorium nahm ab 1603 unter Fürst Ludwig als Fürstentum Anhalt-Köthen festere Gestalt an. Im Jahre 1847 starb die Köthener Linie aus, und das Fürstentum fiel an Dessau. 1865 entstand der Kreis Anhalt-Köthen, dessen Verwaltungsgebiet gegenüber dem heutigen Territorium ca. 10 km westlich versetzt war. Im Jahre 1934 wurde das Gebiet um Dessau bis zum Wörlitzer Winkel mit dem Köthener zum Kreis Anhalt-Dessau-Köthen mit Sitz in Köthen vereint. Mit der Verwaltungsreform in der DDR im Jahre 1952 erhielt der Landkreis Köthen seine heutige Form, die auch mit der Kreisgebietsreform 1994 nicht verändert wurde. Die silbern-schwarze Farbgebung im vorderen Teil des seit dem 30. Mai 1991 geführten und unverändert gültigen Wappens steht für die ehemals preußischen Orte, der Flug (Vogelschwinge) wurde der Helmzier der Herrschaft von Köthen entlehnt. Die Palme ist dem Ordenssymbol der »Fruchtbringenden Gesellschaft zur Förderung der deutschen Sprache« (Palmenorden) entlehnt, der ältesten deutschen Sprachgesellschaft. Die rot-grün-silberne Farbkombination stellt die anhaltischen Farben dar.

Struktur des Kreises
Sehenswürdigkeiten

Der Landkreis erstreckt sich in einer flachwelligen lößbedeckten Ebene, den südlichen Ausläufern des fruchtbaren Schwarzerdebodens der Magdeburger Börde. Wahrzeichen Köthens ist die spätgotische Marktkirche St. Jakob (1400, Anfang 16. Jh.) mit Fürstengruft. Die Kirche St. Agnus (1694 bis 1698), im holländischen Barockstil, bewahrt Gemälde von Cranach und Pesne. Eine Sonderstellung nimmt das Schloß Köthen ein. Es war Wirkungsstätte der »Fruchtbringenden Gesellschaft« von Johann Sebastian Bach; es beherbergt die Bach-Gedenkstätte, das Naumann-Museum und einen schönen klassizistischen Spiegelsaal. Architektonisch interessant auch das Rathaus (1490) in Aken sowie die Nikolaikirche (12. Jh.). In Gröbzig befindet sich eines der wenigen in Deutschland erhalten gebliebenen Synagogenensembles (1796).

Historische Persönlichkeiten sind Eike von Repgow (1190 bis 1231), der Verfasser des Sachsenspiegels, Johann Friedrich Naumann (1780 bis 1857), der Begründer der Ornithologie in Mitteleuropa, Dr. Friedrich Samuel Hahnemann (1755 bis 1843), der Begründer der Homöopathie, Wolfgang Ratke (1571 bis 1635), der Begründer des pädagogischen Realismus des 17. Jh., Johann Sebastian Bach (1685 bis 1750), der als Hofkapellmeister von 1717 bis 1723 einen Großteil seiner weltlichen Musik in Köthen schuf.

Landschaftlich reizvoll erschließt sich der Landkreis mit dem Fahrrad: Im Norden erstreckt sich der größte zusammenhängende Auenwald Mitteldeutschlands, im Süden die eigenwillige Auenlandschaft der Fuhne-Niederungen.

Landkreis Mansfelder Land

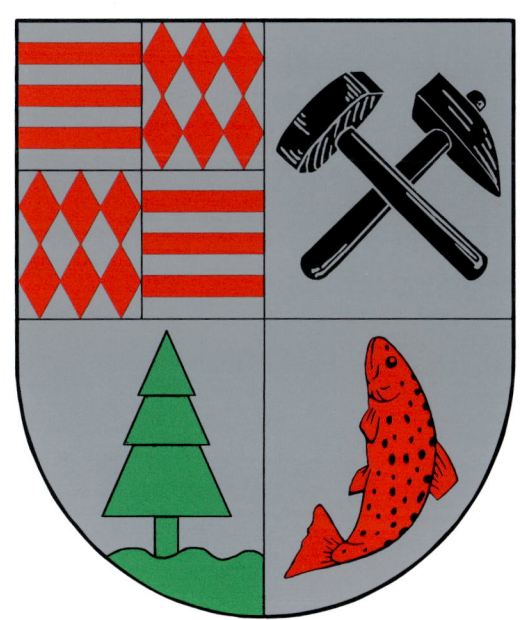

Regierungsbezirk: Halle. Einwohner: 114 375. Fläche: 758,35 km². Einwohner je km²: 151. Kfz-Kennzeichen: ML. Kreisverwaltung: Lindenallee 54-56, 06295 Lutherstadt Eisleben, Postfach 22, 06282 Lutherstadt Eisleben. Verwaltungsgliederung: 5 Städte (Lutherstadt Eisleben, Gerbstedt, Hettstadt, Mansfeld, Sandersleben) und 12 Verwaltungsgemeinschaften (Mansfelder Platte, Seegebiet Mansfelder Land, Klostermansfeld, Am Hornburger Sattel, Eisleben, Mansfeld, Mansfelder Grund/Helbra, Gerbstedt, Wippra, Sandersleben, Hettstedt, Einetal-Vorharz).

Wappenbeschreibung

Quadrierter Silberschild: Feld 1 geviert, 1:4 drei rote Balken, 2:3 rot-silbern gerautet; Feld 2 ein schwarzes Bergmannsgezähe; Feld 3 eine grüne Tanne auf grünem gewelltem Schildfuß; Feld 4 ein aufgerichteter roter Fisch.

Historische Entwicklung

Der Kupferbergbau bestimmte 800 Jahre lang den Haupterwerb im Landkreis, der am südlichen Harzfuß liegt. Der Landkreis stellte im Mittelalter das Kerngebiet der Mansfelder Grafschaft mit der Stadt Eisleben als Zentrum dar. Der Sitz des Grafenhauses befand sich jedoch in Mansfeld. Das Geschlecht der Grafen von Mansfeld entstand im 10. Jh., aber bereits 1222 wurden keine männlichen Nachkommen mehr geboren. Die weibliche Nachkommenschaft heiratete in das benachbarte Querfurter Grafengeschlecht ein. In dem heutigen Landkreis Mansfelder Land sind der »Mansfelder Seekreis« und der »Mansfelder Gebirgskreis« bzw. als unmittelbare Rechtsvorgänger die Landkreise Eisleben und Hettstedt eingegangen. Daher bestand der Wunsch, Elemente der Wappen der früheren Kreise in das neue Landkreiswappen vom 20. Juli 1995 einfließen zu lassen, um auf diese Weise die bestehenden regionalen und geschichtlichen Zusammenhänge auch äußerlich zu verdeutlichen.
Balken und Rauten erinnern an die Grafen von Mansfeld bzw. an das Querfurter Grafengeschlecht. Das Bergmannsgezähe steht für Bergbau und Metallurgie als die bestimmenden Wirtschaftszweige, durch deren Entwicklung Landschaft und Menschen im besonderen Maße geprägt sind. Der Fisch und die Tanne auf gewelltem Schildfuß waren die Heroldsbilder der 1815 gebildeten Mansfeldkreise. Damit verbunden ist der Hinweis auf die großen Seen und den hier betriebenen Fischfang sowie auf die großflächigen Waldgebiete des Harzes im nordwestlichen Teil des Landkreises.

Struktur des Kreises
Sehenswürdigkeiten

Das Geburtshaus und das Sterbehaus Martin Luthers, des berühmtesten Sohnes der Lutherstadt Eisleben, seine Taufkirche St. Petri-Pauli (1486) mit dem Taufstein, die St.-Andreas-Kirche (um 1500) am Markt mit der Lutherkanzel und der Tumba des Grafen Hoyers sind die Anziehungspunkte, jedoch auch St. Annen (1516) mit ihrer einmaligen Steinbilderbibel ist sehenswert. Auf dem denkmalgeschützten Marktplatz wurde am 16. November 1883 das vom Bildhauer Rudolf Siemering geschaffene Standbild Martin Luthers aufgestellt. Erwähnenswert ist das Kloster Helfta (13. Jh.), dessen Bedeutung bis zur Gegenwart in seiner überragenden Stellung in der Geschichte der deutschen Mystik begründet liegt. In Mansfeld sind das Elternhaus Luthers, die St.-Georgen-Kirche (1493), das Schloß (gotisiert im 19. Jh.) und die Festungsruine (1545) der Mansfelder Grafen anzusehen. Die Schloßkirche (1480) beherbergt einen Flügelaltar, der der Werkstatt Lucas Cranach d. Ä. zugeordnet wird. St. Jacobi (um 1480) in Hettstedt zählt zu den wichtigsten Kirchen im Mansfeldischen. Von Hettstedts Stadtbefestigung zeugen heute noch alte Tor- und Wehrtürme, das Saigertor ist heute Wahrzeichen der Stadt. Im Mansfeld-Museum in Hettstedt/Burgörner ist eine umfangreiche Sammlung über die Geschichte des Kupferbergbaus ausgestellt. Vom Schaffen des bekanntesten Dichters der Romantik, Friedrich von Hardenberg, genannt Novalis, berichtet eine Gedenkstätte in seinem Geburtshaus Schloß Oberwiederstedt. Während der Norden des Landkreises mit seinen Harzwäldern ein ausgedehntes Wandergebiet darstellt, dominiert im Süden die Landwirtschaft. Vor allem auf der Mansfelder Hochfläche werden bei Weizen, Zuckerrüben und Braugerste hohe Erträge erzielt. Das günstige Klima des Süßen Sees (ca. 246 ha) läßt an seinen Hängen neben Aprikosen, Kirschen und Äpfeln auch Weinreben gedeihen; damit zählt das Gebiet zu den nördlichsten Weinanbaugebieten Europas.

Landkreis Merseburg-Querfurt

Regierungsbezirk: Halle. Einwohner: 140 276. Fläche: 804,60 km². Einwohner je km²: 166,9. Kfz-Kennzeichen: MQ. Kreisverwaltung: Domplatz 9, 06217 Merseburg, Postfach 1454, 06204 Merseburg. Verwaltungsgliederung: 9 Städte (Bad Dürrenberg, Bad Lauchstädt, Braunsbedra, Leuna, Merseburg, Mücheln, Querfurt, Schafstädt, Schraplau). Die insgesamt 56 Gemeinden sind in 10 Verwaltungsgemeinschaften zusammengefaßt.

Wappenbeschreibung

Geviert: 1 und 4 in Gold ein schwarzes Kreuz, 2 und 3 siebenmal geteilt von Silber über Rot.

Historische Entwicklung

Die beiden Kreise Merseburg und Querfurt waren 1952 in ihrem Umfang willkürlich verändert und verkleinert worden. Mit der Kreisgebietsreform entstand zum 1. Juli 1994 der Landkreis Merseburg-Querfurt. Ihm wurde am 30. November 1994 das gevierte Wappen mit dem Merseburger Stiftskreuz und den Balken der Edelherren von Querfurt verliehen.
Das Kreisgebiet stellt eine uralte, schon in der Steinzeit besiedelte Kulturlandschaft dar, deren Orte zum überwiegenden Teil bereits im Hersfelder Zehntverzeichnis des 9. Jh. genannt werden. Mittelpunkt der Region ist seit karolingischer Zeit die an einem wichtigen Wegekreuz und Saaleübergang gelegene Stadt Merseburg. Sie war Grafen-, im 10. Jh. kurzzeitig auch Markgrafensitz und seit König Heinrich I. eine der bedeutendsten deutschen Königspfalzen des hohen Mittelalters. Unter Kaiser Otto dem Großen und dann wieder seit Heinrich II. dem Heiligen wurde Merseburg bis zur Reformation Bischofssitz, in der Barockzeit Residenzstadt des Herzogtums Sachsen-Merseburg. Von 1815 bis 1945 war hier der Verwaltungssitz des Regierungsbezirks Merseburg der preußischen Provinz Sachsen angesiedelt.
Stadt und Burg Querfurt fungierten als Sitz der Edlen von Querfurt. In der Barockzeit, die die Stadt geprägt hat, diente es als Nebenresidenz der Herzöge von Sachsen-Weißenfels-Querfurt.

Struktur des Kreises
Sehenswürdigkeiten

Bedeutende Sehenswürdigkeiten der Stadt Merseburg, der alten Bischofs- und Residenzstadt und heutigem Industrie- und Verwaltungsstandort, sind der Dom St. Laurentii et Johannis baptistae (1015), das Schloß, die Sixti-Ruine, die Stadtkirche, das Rathaus, der Staupenbrunnen am Markt u. a. Am bekanntesten sind die »Merseburger Zaubersprüche«, zwei althochdeutsche, im 10. Jh. aufgezeichnete Beschwörungsformeln.
Bad Lauchstädt war im 18. Jh. berühmt als das »sächsische Pyrmont«, als eines der bekanntesten Luxus- und Modebäder in Sachsen. Die historischen Kuranlagen sind als architektonisch-gartenkünstlerisches Ensemble in ihrer heiteren Gelöstheit eine Glanzleistung des Spätbarocks. 1802 wurde unter Leitung J. W. Goethes das bis heute original erhaltene »Goethe-Theater« erbaut. In der Stadt Bad Dürrenberg findet man das mit 850 m längste zusammenhängende Gradierwerk Europas. Die Querfurter Altstadt hat ein gut erhaltenes barockes Stadtbild. Das Wahrzeichen der Stadt ist die mittelalterliche Burganlage, eine der größten und ältesten Burganlagen in Mitteleuropa, in der zweiten Hälfte des 9. Jh. erstmals urkundlich erwähnt. Sehenswert ist in Querfurt noch das Querfurt-Rathaus mit einem Barockturm (1698).
In den Gemeinden Gröst, Steigra und Vitzenburg wächst in den dortigen Weinbergen der köstliche Saale-Unstrut-Wein.

Landkreis Ohrekreis

Regierungsbezirk: Magdeburg. Einwohner: 109 010. Fläche: 149,287 km². Einwohner je km²: 71. Kfz-Kennzeichen: OK. Kreisverwaltung: Gerickestraße 104, 39340 Haldensleben, Postfach 3, 39331 Haldensleben. Verwaltungsgliederung: 2 Städte (Haldensleben, Womierstedt), 12 Verwaltungsgemeinschaften (»Südliche Altmark/Elbe« mit 7 Gemeinden, »Mittelland«/3, Calvörde/10, »Südheide«/6, »Beverspring«/12, »Flechtingen«/6, »Niedere Börde«/8, »Hohe Börde«/8, »Nördliche Börde«/6, Oebisfelde/6, Weferlingen/10, »Elbe-Ohre«/5).

Wappenbeschreibung

Schräglinks geteilt durch Wellenschnitt Rot über Silber, oben ein fünfblättriger silberner Buchenzweig, unten ein blauer Wellenschräglinksbalken.

Historische Entwicklung

Der Altkreis (Neu-)Haldensleben verdankte seine Existenz der Neuordnung der preußischen Verwaltung zum 1. April 1816, die infolge der umfangreichen Neuerwerbungen an fremdem Land nach dem Ende der Freiheitskriege notwendig geworden war. Das Kreisgebiet hatte bis zum Zweiten Weltkrieg nur ganz geringe Veränderungen erfahren. Erst die Verwaltungsreformen während und nach dem Zweiten Weltkrieg führten zu einer wesentlichen Umformung. Die Bevölkerung war von 30 293 Köpfen im Jahre 1816 auf 103 120 im Jahre 1946 angewachsen.

In einer Landesfriedensurkunde des Erzbistums Magdeburg wurde 1363 erstmalig eine Grafschaft Wolmirstedt erwähnt. Aus dem Erzstift Magdeburg wurde nach dem Dreißigjährigen Krieg ein Herzogtum des Kurfürstentums Brandenburg. Nach der Niederlage des napoleonischen Frankreichs entstand der Landkreis Wolmirstedt, der 1952 und 1979 Gebietsveränderungen erfuhr. Seit der deutschen Wiedervereinigung gehörten sowohl der Kreis Haldensleben als auch der Kreis Wolmirstedt dem Bundesland Sachsen-Anhalt an, das mit der Kreisgebietsreform zum 1. Juli 1994 im wesentlichen aus diesen beiden Landkreisen den Ohrekreis schuf.

Das ansprechend klar gestaltete Kreiswappen fand am 11. Mai 1995 die ministerielle Zustimmung. Die Farben Rot und Silber beziehen sich auf das Hochstift Magdeburg, der Buchenzweig erinnert an die ausgedehnten Buchenwälder vor allem des Flechtinger Höhenzuges. Der schräglinke Wellenbalken spielt auf die namensgebende Ohre an.

Struktur des Kreises
Sehenswürdigkeiten

Großräumig betrachtet liegt der Kreis im Übergangsbereich von Mittelgebirgsraum zur Norddeutschen Tiefebene, kleinräumig gesehen geht hier die Magdeburger Börde zur Altmark über. Im Westen schließt an die Randbereiche des Lappwaldes das reizvolle Tal der Aller an, zu deren Einzugsgebiet auch das Seelsche Bruch gehört. Der mittlere Teil des Kreises wird von einer aus verschiedenen Höhenzügen bestehenden Hügellandschaft eingenommen. Die Höhenzüge wie Weferlinger Triasplatte, Flechtinger Höhenzug oder Calvörder Berge sowie Hohe Börde haben auf Grund ihrer unterschiedlichen geologischen Beschaffenheit jeweils ihr besonderes Gepräge erhalten. An diese Hügellandschaft schließt sich im Norden und Osten das breite Urstromtal der Ohre mit dem dazugehörigen Drömling an. Dieser Naturpark stellt eine in Deutschland wohl einmalige Wiesen- und Sumpflandschaft dar, die aus einem nacheiszeitlichen See entstanden ist. Hier haben sehr selten gewordene Tierarten ihren Lebensraum behalten. Ganz im Norden des Landkreises erstreckt sich auf einer Fläche von rund 850 km² die Colbitz-Letzlinger Heide. Hier befindet sich der größte geschlossene Lindenwald Europas (ca. 185 ha), der ein wahres Paradies für Naturliebhaber ist.

Folgt man der »Straße der Romanik« im Land Sachsen-Anhalt, trifft man auf das ehemalige Benediktinerkloster in Groß Ammensleben mit der Klosterkirche Petrus und Paulus. Der romanische Kernbau entstand um 1140 aus Bruchstein, eine flachgedeckte, querschifflose Pfeilerbasilika. Zum anderen gelangt man auf die Ruine der Stiftskirche Walbeck. Eine Sehenswürdigkeit anderer Art bietet die Schloßdomäne in Wolmirstedt mit Torhaus, Stall, Herrenhaus, Schloßkapelle (Backsteingotik).

Der landschaftsprägende Gesamtkomplex des Hundisberger Schlosses gilt als eines der bedeutendsten ländlichen Barockschlösser Norddeutschlands (Ökoschule und im Sommer Durchführung der Internationalen Sommermusikakademie).

Landkreis Quedlinburg

Regierungsbezirk: Magdeburg.
Einwohner: 83 900. Fläche: 540 km².
Einwohner je km²: 155.
Kfz-Kennzeichen: QLB. Kreisverwaltung: Heiligegeiststraße 7, 06484 Quedlinburg, Postfach 99, 06471 Quedlinburg. Verwaltungsgliederung: 5 Städte (Ballenstedt, Gernrode, Harzgerode, Quedlinburg, Thale) und 6 Verwaltungsgemeinschaften (Bode-Selke-Aue, Ballenstedt, Unterharz, Gernrode/Harz, Stadt Quedlinburg, Thale) mit weiteren 22 Gemeinden.

Wappenbeschreibung

Von Silber und Rot durch eine eingebogene, neunmal Schwarz über Gold geteilte Spitze geteilt, vorn eine vierendige, nach links gebogene rote Geweihstange, hinten zwei schräg gekreuzte silberne Kredenzmesser mit goldenen Griffen.

Historische Entwicklung

Der Landkreis Quedlinburg wurde durch die Gebietsreform von 1994 kaum verändert und führt das Wappen seines gleichnamigen Rechtsvorgängers mit letztmaliger Genehmigung vom 11. August 1995 unverändert weiter. Dieses zeigt die Geweihstange der Grafschaft Regenstein, die Kredenzmesser des Reichsstifts Quedlinburg und die Mehrfachteilung der Grafschaft Ballenstedt. Mit dem historischen Ende des Reichsstandes Quedlinburg vom 26. August 1802, sowie nach der Niederlage Napoleons in der Völkerschlacht bei Leipzig von 1813 und der nachfolgenden Neuordnung der wiedergewonnenen preußischen Provinzen von 1815/16 begann die Geschichte des Landkreises Quedlinburg.

Die Stadt Quedlinburg wurde 1816 Sitz des Kreises Aschersleben-Quedlinburg. Dieser setzte sich zusammen aus dem ehemaligen Fürstentum Quedlinburg, den vormals halberstädtischen Kreisen Westerhausen und Aschersleben sowie dem Dorf Groß Schierstedt. Im Jahr 1901 schied die Stadt Aschersleben aus dem Kreisverband aus und wurde kreisfreie Stadt. Gleichzeitig erhielt der Landkreis Aschersleben-Quedlinburg die Bezeichnung Landkreis Quedlinburg. 1911 schied auch die Stadt Quedlinburg aus dem bisherigen Landkreis aus und wurde Stadtkreis.

Nach der Auflösung der Provinz Sachsen am 1. Juli 1944 verblieb der Landkreis bei der neugeschaffenen Provinz Magdeburg. Am 18. April 1945 rückten amerikanische Truppen ein. Der Einmarsch der Sowjetarmee erfolgte am 1. Juli 1945. Der Kreis Quedlinburg wurde mit Wirkung vom 1. Februar 1946 dem Bezirk Dessau der Provinz Sachsen zugeordnet. Aus der Provinz Sachsen wurde mit Beschluß vom 3. Dezember 1946 zunächst die Provinz Sachsen-Anhalt (seit 21. Juli 1947 Land Sachsen-Anhalt) mit der Hauptstadt Halle geschaffen.

Struktur des Kreises
Sehenswürdigkeiten

Der Landkreis ist gegliedert in das nördliche Harzvorland und in das Gebirgsplateau des Mittelharzes. Das Mittelgebirge des Harzes besteht aus dem Oberharz, der ein Faltengebirge darstellt, dem Mittelharz als Hochgebirgstyp und dem pultschollenartigen Unterharz. Zwischen dem Harz und der im Norden gelegenen Muschelkalkhochfläche des Hakel-Berges entstand eine Kreidemulde, in deren Satteltal die Stadt Quedlinburg liegt. Im südlichen Teil der Kreidemulde steht eine Felsenriffkette, ein Naturdenkmal, »Teufelsmauer« genannt, in dessen Umfeld seltene Pflanzen anzutreffen sind. Eines der ältesten Naturschutzgebiete in Deutschland.

Über der durch seine Fachwerkbauten sehenswerten Stadt Quedlinburg erhebt sich als Wahrzeichen der Schloßberg mit dem Renaissanceschloß (16./17. Jh.). Im Schloßmuseum wird der weltberühmte Domschatz aufbewahrt. Am Fuße des Schloßbergs steht das Klopstockhaus, in dem 1724 Friedrich Gottlieb Klopstock geboren wurde, heute Literaturmuseum. Zu erwähnen wären die Lyonel-Feininger-Galerie, das Rathaus, die Klosterkirche St. Wipert (12./13. Jh.) und der Ständerbau (14. Jh.) als ältestes Beispiel für mit reichen Ornamenten versehene Fachwerkhäuser in Deutschland. Das Heimatmuseum in Ballenstedt beherbergt früh- und mittelalterliche Funde. Empfehlenswert sind Besuche des Hüttenmuseums in Thale und der Walpurgishalle auf dem Hexentanzplatz. Mittelalterliche Zeugen ganz anderer Art kann man in Straßberg und Neudorf entdecken. In diesen ehemaligen Zentren des Harzer Bergbaus laden das Bergbaumuseum Glasebach und das Flächendenkmal »Unterharzer Teich- und Grabensystem« zum Besuch ein.

Vergessen sei nicht die ehemalige Stiftskirche St. Cyriakus in Gernrode als einer der bedeutendsten Sakralbauten der ottonischen Zeit.

Landkreis Saalkreis

Regierungsbezirk. Halle.
Einwohner: 66 873. Fläche: 628,16 km².
Einwohner je km²: 106,45. Kfz-Kennzeichen: SK. Kreisverwaltung: Wilhelm-Külz-Straße 10, 06108 Halle (Saale), Postfach 11 03 34, 06017 Halle (Saale). Verwaltungsgliederung: 3 Städte (Landsberg, Löbejün, Wettin) und 54 Gemeinden in 9 Verwaltungsgemeinschaften (Wettin, Würde/Salza, Landsberg, Westlicher Saalkreis, Kabelske-Tal, Westliche Saaleaue, Nördlicher Saalkreis, Saalkreis Ost, Götschetal-Petersberg).

Wappenbeschreibung

Geviert: 1 und 4 von Rot und Silber geteilt, 2 in Gold ein schwarzer, rot bewehrter Löwe, 3 in Gold zwei blaue Pfähle.

Historische Entwicklung

Alle Felder des viergeteilten Kreiswappens gehen auf historische Wappen zurück. So stellen sie auch einen Teil der wechselhaften Geschichte des Saalkreises dar. Die Deutung des Wappens führt zurück ins Mittelalter, in die Zeit, in der die Grafen von Wettin und die Erzbischöfe von Magdeburg das Territorium des Saalkreises beherrschten.

Das Emblem der Markgrafen von Meißen war der schwarze Löwe. Konrad der Große von Wettin machte 1123 die Mark Meißen zu seinem Eigentum und konnte seine Besitzungen im Saalkreis und andernorts zu einem gewaltigen Herrschaftsgebiet vereinigen. Im Siegel seines Sohnes Otto tauchte erstmals im 12. Jh. der steigende Löwe auf. Dieses Wappentier ist noch heute Bestandteil des Wappens vieler Städte in Sachsen. Auch die blauen Pfähle können erstmals auf einem Siegel des Markgrafen Otto nachgewiesen werden. Die Pfähle kamen aber irrtümlich nach einer Erbteilung, die die Bildung der Mark Landsberg zur Folge hatte, in deren Wappen. Als »Landsberger Pfähle« gingen sie somit in die Heraldik ein. Beide Symbole, Löwe und Pfähle, gehörten jahrhundertelang zum Hoheitszeichen der sächsischen Kurfürsten bzw. Könige. Die Stadt Landsberg übernahm die Pfähle in ihr Stadtwappen.

Die rot-silbern geteilten Felder zeigen die Farben des Erzbistums Magdeburg, an das nach dem Aussterben der Wettiner Grafen und deren Rechtsnachfolger die Grafschaft Wettin im Jahre 1290 fiel. Das beschriebene Wappen wurde erstmals am 31. Mai 1937 genehmigt und am 13. März 1995 dem vergrößerten Saalkreis durch das Ministerium des Innern des Landes Sachsen-Anhalt bestätigt.

Struktur des Kreises
Sehenswürdigkeiten

Das Lied »An der Saale hellem Strande stehen Burgen stolz und kühn...« trifft auch voll für den Saalkreis zu. So reckt sich stolz und kühn die weit bekannte gewaltige Stammburg der Wettiner auf Porphyrfelsen in Wettin an der Saale in die Höhe. Neben den Burgen sind es die Schlösser und Herrenhäuser mit ihren herrlichen Parks, die heute für die stadtnahe Erholung von großer Bedeutung sind. Aber auch historische Bauten wie die Templerkapelle in Wettin, die Doppelkapelle in Landsberg, die von der ehemaligen Burg übriggeblieben ist, oder die Kirche des Augustiner-Chorherrenstifts auf dem Petersberg sind bedeutende Kulturdenkmale in diesem geschichtsträchtigen Landkreis mit seinen reizvollen Landschaften wie etwa dem unteren Saaletal von Salzmünde über Brachwitz, Döblitz, Wettin, Kloschwitz bis nach Rothenburg und dem Gebiet des Petersberges. Der Saalkreis ist einer der ältesten Kreise Deutschlands. Er umschließt wie ein »Kragen« die Großstadt Halle, weshalb auch der Begriff des »Kragenkreises« geläufig war.

Neben seinen landschaftlichen und historischen Vorzügen ist für die Zukunft des Landkreises seine infrastrukturelle Lage und seine Einbindung in die Wirtschaftsregion Halle-Leipzig von Bedeutung, was sich an der Tatsache ablesen läßt, daß in den Jahren 1990 bis 1995 bereits Bebauungspläne und Erschließungspläne für ca. 1000 ha Gewerbegebietsfläche genehmigt wurden.

Landkreis Sangerhausen

Regierungsbezirk: Halle. Einwohner: 73 056. Fläche: 689 km². Einwohner je km²: 106. Kfz-Kennzeichen: SGH. Kreisverwaltung: Rudolf-Breitscheid-Straße 20-22, 06526 Sangerhausen. Verwaltungsgliederung: 4 Städte (Allstedt, Kelbra, Sangerhausen, Stolberg) und 48 Gemeinden.

Wappenbeschreibung

In Grün ein silbernes gleichschenkliges Dreieck mit der Spitze nach oben, belegt mit einer roten Rosenblüte, darunter zwei gekreuzte Wolfshaken.

Historische Entwicklung

Von fünf bekannten Pfalzen, die im 10. und 11. Jh. für die Herausbildung der Macht der ersten deutschen Könige von Bedeutung waren, liegen drei (Tilleda, Wallhausen und Allstedt) im Kreisgebiet. Der Sangerhäuser Raum gilt deshalb als Kernland des ersten Deutschen Reiches. Mitte des 12. Jh. kamen flämische Siedler und kultivierten fruchtbares Ackerland, später »Goldene Aue« genannt. In der Region lag das bedeutendste Kupfererzvorkommen Mitteleuropas, wo seit 800 Jahren Erz gefördert wurde. Weithin sichtbar künden noch heute pyramidenförmige Abraumhalden vom Bergbau, der 1990 eingestellt wurde.

Im Wappen des Kreises spiegelt die grüne Farbe die Fruchtbarkeit der »Goldenen Aue« wider, das Dreieck symbolisiert eine Schachthalde, und die Wolfshaken sind alte bergmännische Geräte. Am 1. Oktober 1816 erfolgte die Gründung des Kreises Sangerhausen als Teil des königlich-preußischen Regierungsbezirkes Merseburg. Bis auf geringfügige Änderungen der Kreisgrenzen und einem 1892 erfolgten kleinerem Gebietsaustausch blieb der Kreis bis 1950 unverändert. Bei der Kreisreform 1950 kamen sieben Gemeinden hinzu, zwei wurden abgetreten. Bei der Verwaltungsreform 1952 erfolgten Gebietsabtretungen von ca. 100 km². Der Landkreis war von der Kreisreform des Jahres 1994 nicht betroffen und führt sein am 10. Dezember 1991 vom Innenministerium des Landes Sachsen-Anhalt gebilligtes Wappen unverändert weiter.

Struktur des Kreises
Sehenswürdigkeiten

Der Landkreis Sangerhausen liegt zwischen Harz und Kyffhäusergebirge im Südwesten Sachsen-Anhalts an der Grenze zu Thüringen. Fast ein Drittel seiner Fläche ist von Nadel-, Laub- und Mischwäldern bedeckt. Landschafts- und Naturschutzgebiete nehmen rund zwei Drittel ein. Es gibt einen reichen Bestand an Flora und Fauna, darunter seltene Arten wie Orchideen, Wildkatze, Schwarzstorch und Schwarzer Apollofalter. Besondere Bedeutung hat das Internationale Feuchtgebiet und Europäische Vogelschutzgebiet am Stausee Berga/Kelbra mit über 500 ha. Größter touristischer Anziehungspunkt ist das Rosarium in Sangerhausen. Diese größte Rosensammlung der Welt beheimatet rund 6500 Rosensorten und -arten. Alljährlich wird Ende Juni/Anfang Juli inmitten der duftenden Blütenpracht das Berg- und Rosenfest gefeiert. Die Rose erscheint deshalb auch als Symbol im Wappen der Stadt und des Landkreises Sangerhausen. Zu den vielen Sehenswürdigkeiten gehören die malerische Fachwerkstadt Stolberg/Harz, das Bergbaumuseum Wettelrode mit Untertagefahrt zum Kupferschiefer, das Skelett des Altmammuts im Sangerhäuser Spengler-Museum sowie die Karsthöhle »Heimkehle« bei Uftrungen. Außerdem gibt es mit der Königspfalz Tilleda, der Ulrichkirche (um 1100) Sangerhausen und Burg und Schloß Allstedt drei Stationen auf der »Straße der Romanik«.

Landkreis Schönebeck

Regierungsbezirk: Magdeburg. Einwohner: 81509. Fläche: 460 km². Einwohner je km²: 177. Kfz-Kennzeichen: SBK. Kreisverwaltung: Cokturhof, 39218 Schönebeck, Postfach 110, 39203 Schönebeck. Verwaltungsgliederung: 3 Städte (Calbe [Saale], Barby, Schönebeck) und 6 Verwaltungsgemeinschaften (»Schönebeck« mit Plötzky, Pretzien, Ranies und der Stadt Schönebeck, »Bördeland« mit Biere, Eggersdorf und Welsleben, »Elbe-Saale-Winkel« mit der Stadt Barby und den Gemeinden Glinde, Gnadau, Pömmelte, Tornitz und Wespen, »Elsa-Tal« mit Breitenhagen, Gr. Rosenburg, Lödderitz, Sachsendorf und Zuchau, »Östliche Börde« mit Atzendorf, Eickendorf, Großmühling, Kleinmühling und Zens, »Südliche Börde« mit Brumby, Förderstedt, Glöthe und Löbnitz).

Wappenbeschreibung

In Rot über einer fünfmal blau gewellten silbernen Deichsel eine silberne zinnenbewehrte Burgmauer, dahinter aufragend drei silberne zinnenbewehrte Türme, der mittlere Turm erhöht.

Historische Entwicklung

Der Landkreis Schönebeck liegt in einer traditionellen Wirtschafts- und Kulturregion und gehört zur Kernregion Sachsen-Anhalts. Die lebensspendende Kraft des fruchtbaren Bodens und die Flüsse müssen wohl der Grund dafür gewesen sein, daß sich hier bereits in frühgeschichtlicher Zeit römische, slawische und germanische Ansiedlungen bildeten, auf die sich ein großer Teil der heutigen Städte und Gemeinden zurückführen läßt. Um das Jahr 800 – mit der Unterwerfung der sächsischen Stämme durch Karl den Großen – rückte Schönebeck in den Bereich der geschriebenen Geschichte. Nach mehrmaligem Herrschaftswechsel wurde 1815 durch königlichen Erlaß die preußische Provinz Sachsen gegründet. Ab Juli 1816 gab es in ihr den landrätlichen Kreis Calbe.
Auf den Tag genau nach 134 Jahren, im Jahre 1950, trat der Kreis Schönebeck dessen Rechtsnachfolge an. Das Kreiswappen wurde zuletzt am 3. Februar 1995 vom Ministerium des Innern bestätigt. Silber und Rot erinnern an das Erzbistum Magdeburg, das 1680 als Herzogtum an Preußen gekommen war. Die drei Türme symbolisieren die drei Städte im Kreisgebiet, die gewellte Deichsel das Mündungsgebiet von Elbe und Saale.

Struktur des Kreises Sehenswürdigkeiten

Der kulturell und historisch Interessierte findet im Kreisgebiet und in der nahen Umgebung überall kulturelle und historische Schätze:
– Da ist die im 12. Jh. erbaute St.-Thomas-Kirche Pretzien mit ihrem Freskenzyklus an der »Straße der Romanik«,
– das in den Jahren 1756 bis 1765 erbaute Gradierwerk in Bad Salzelmen (das zur Erhöhung der Salzkonzentration in der Sole diente),
– das Pretziener Wehr, das größte Schützentafelwehr Europas, dessen Modell auf der Weltausstellung 1889 in Paris mit der Goldmedaille ausgezeichnet wurde,
– das Kreismuseum, ein prächtiger Renaissancebau in Bad Salzelmen; es belegt mit zahlreichen Exponaten und Dokumentationen die Geschichte im hiesigen Gebiet, Ausstellungsschwerpunkte sind die Salzgewinnung, Elbeschiffahrt, Ur- und Frühgeschichte,
– das im 14. Jh. erbaute Renaissanceschloß in Großmühlingen,
– der Wasserturm des ehemaligen Rittergutes – Prinz und Prinzeßchen – Wachtürme der alten Stadtbefestigung in Barby,
– die Ruine der Doppeltoranlage der Rosenburg in Kl. Rosenburg,
– das 1876 im Neorenaissancestil erbaute Rathaus in Calbe,
– die St.-Petri-Kirche in Brumby mit herrlicher Deckenmalerei zur biblischen Geschichte.

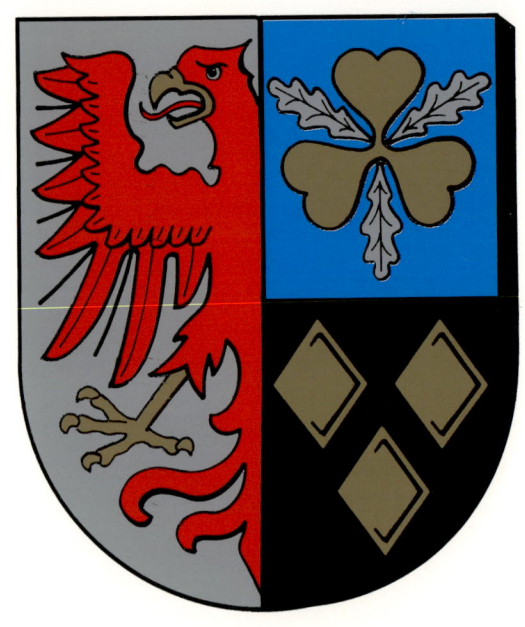

Landkreis Stendal

Regierungsbezirk: Magdeburg. Einwohner: 148 042. Fläche: 2423 km². Einwohner je km²: 61. Kfz-Kennzeichen: SDL. Kreisverwaltung: Hospitalstraße 1-2, 39576 Stendal, Postfach 158, 39554 Stendal, Verwaltungsgliederung: 10 Städte (Arneburg, Bismark/Altmark, Havelberg, Osterburg/Altmark, Sandau/Elbe, Seehausen/Altmark, Stendal, Tangerhütte, Tangermünde, Werben) sowie 14 Verwaltungsgemeinschaften (»Altmärkische Höhe«, Arneburg-Krusemark, Bismark, »Elb-Havel-Land«, Havelberg, Kläden, »Mittlere Uchte«, Osterburg, Schönhausen, Seehausen, Stendal, Tangerhütte-Land, Tangermünde, »Uchtetal«) mit 134 Gemeinden und die Stadt Tangerhütte.

Wappenbeschreibung

Gespalten und halb geteilt, vorn in Silber ein roter goldenbewehrter Adler am Spalt; hinten oben in Blau ein dreiblättriges goldenes Kleeblatt, bewinkelt von drei silbernen Eichenblättern, hinten unten in Schwarz drei goldene Rauten (2:1).

Historische Entwicklung

Das im heutigen Kreisgebiet liegende Havelberg bildete im Frühmittelalter einen Kristallisationspunkt der deutschen Ostsiedlung. Der spätere Kaiser Otto I. gründete zur Slawenmissionierung im Jahre 948 das Bistum Havelberg, das bereits 968 dem Erzbistum Magdeburg unterstellt wurde. Mit dem Slawenaufstand des Jahres 983 trat allerdings ein Rückschlag für die deutsche Ostpolitik ein, der bis zu den Feldzügen von Markgraf Albrecht I. den Bären währen sollte. Erst jetzt faßte die deutsche Besiedlung endgültig Fuß, und Havelberg wurde 1136 erneut erobert und ein Domkapitel errichtet. Es gelang den Bischöfen allerdings nie, sich aus der Oberherrschaft der brandenburgischen Fürsten zu lösen. 1548 ging das Hochstift in die Hände der Hohenzollern über, um 1571 endgültig dem Kurfürstentum Brandenburg einverleibt zu werden, worauf der Adler im Kreiswappen vom 20. Januar 1996 verweist.

Auch in diesem Landstrich bewirkte der Dreißigjährige Krieg verheerende Zerstörungen: Osterburg, Seehausen und Werben fielen mehrfach Plünderungen anheim, Stendal und Tangermünde waren von den Dänen besetzt. Anno 1688 wurde in der Handelsstadt Havelberg die Kurfürstliche Seeschiffswerft errichtet, auf der sogar Zar Peter d. Gr. eine Ausbildung erhalten haben soll – jedenfalls weilte der Monarch 1716 in diplomatischer Mission in Havelberg. Nach kurzer französischer Herrschaft gehörte ab 1815 die Altmark mit den Kreisen Stendal, Salzwedel, Osterburg und Gardelegen zur preußischen Provinz Sachsen. Am 1. April 1815 wurde der spätere Reichskanzler Otto von Bismarck in Schönhausen geboren, dessen Kleeblätter das Kreiswappen zieren. Ab dem 21. Juli 1945 bildete die Altmark einen Bestandteil des neu gegründeten Landes Sachsen-Anhalt und kam nach der Auflösung der Länder zum Bezirk Magdeburg. Schließlich entstand am 1. Juli 1994 der Großlandkreis Stendal aus den Kreisen Stendal, Osterburg und Havelberg, worauf die dreifache Schildteilung hinweist, sowie der Verwaltungsgemeinschaft Bismark aus dem Landkreis Gardelegen. Die Rauten stehen für die Grafen von Osterburg.

Struktur des Kreises Sehenswürdigkeiten

Der Landkreis Stendal gehört zu den landschaftlich reizvollen und geschichtsträchtigen Gegenden Sachsen-Anhalts. Bei einer äußerst geringen Besiedlungsdichte verfügt er über eine wenig zersiedelte Landschaft mit malerisch gelegenen Städten und Dörfern. Letztere scharen sich oftmals um romanische Feldsteinkirchen aus dem 12./13. Jh. Die Landschaftsstruktur reicht von der Colbitz-Letzlinger Heide über die Wische bis zu den Niederungen von Elbe und Havel. Beliebte Anziehungspunkte für Touristen sind die Städte Stendal, Tangermünde, Arneburg und Werben, die tausendjährige Stadt Havelberg, eine Insel- und Domstadt im Grünen, sowie der Krumker Park in Osterburg und der Wildpark Weißewarte. In Stendal sind das Uenglinger (15. Jh.) und Tangermünder Tor (13./15. Jh.), das Rathaus (14. bis 16. Jh.) mit dem 7,80 m hohen Roland und der Dom St. Nikolaus mit seiner einmaligen Farbverglasung der Fenster sehenswert. Museen und das Theater der Altmark als Landestheater Sachsen-Anhalt Nord laden zu Besuchen ein. Das auf dem Marktplatz in Tangermünde freistehende spätgotische Rathaus (um 1430) ist einer der schönsten Bauten der norddeutschen Backsteingotik. Schönhausen ist der Geburtsort von Fürst Otto v. Bismarck. In der Gemeinde Wust befindet sich die Familiengruft derer von Katte. In der Havelberger Region bietet die Nordroute der »Straße der Romanik« an fünf Bauwerken eine Entdeckungsreise in das deutsche Mittelalter.

Landkreis Weißenfels

Regierungsbezirk: Halle.
Einwohner: 82260. Fläche: 373,67 km².
Einwohner je km²: 220.
Kfz-Kennzeichen: WSF.
Kreisverwaltung: Am Stadtpark 06, 06667 Weißenfels, Postfach 138 und 139, 06652 Weißenfels. Verwaltungsgliederung: 4 Städte (Weißenfels, Teuchern, Hohenmölsen, Lützen) sowie 34 Gemeinden, die sich in 7 Verwaltungsgemeinschaften zusammengeschlossen haben.

Wappenbeschreibung

In Gold ein blauer Wellenschrägbalken, beseitet oben mit einem goldbewehrten, rotbezungten schwarzen Adler, unten ein vierblättriges grünes Kleeblatt, belegt mit gekreuztem schwarzen Schlägel und Eisen.

Historische Entwicklung

Die Region Weißenfels-Hohenmölsen gehörte bis zum Jahr 531 zum Thüringer Reich, wurde danach von Franken und Sachsen erobert. Slawische Stämme wanderten verstärkt ein. Sehr geprägt, aber auch ausgeblutet wurde der Kulturraum durch zahlreiche kriegerische Auseinandersetzungen. Am bekanntesten ist sicher die Schlacht bei Lützen im Jahre 1632. In dieser wohl verlustreichsten Auseinandersetzung des Dreißigjährigen Krieges fiel im Novembernebel der schwedische König Gustav II. Adolf im Kampf gegen die kaiserlich-deutschen Truppen unter Wallenstein. Der geschichtliche Ursprung des Landkreises Weißenfels ist im Jahr 1815 zu finden. Hervorgegangen aus dem Herzogtum Sachsen-Weißenfels erfolgte in der nunmehr preußischen Provinz Sachsen die Bildung des Kreises. Der Kreis erfuhr vielfältige flächenmäßige Veränderungen mit Zu- und Abgängen von Gebieten. Den Landkreis in seiner heutigen Form gibt es seit der Gebietsreform, die am 1. Juli 1994 in Sachsen-Anhalt vollzogen wurde. Die damaligen Landkreise Weißenfels und Hohenmölsen wurden wieder vereinigt, was sich auch im Wappen vom 14. Oktober 1994 widerspiegelt. Dem Wappen des ehemaligen Landkreises Weißenfels sind der preußische Adler als Bezug auf seine Geburtsstunde im Jahre 1815, die Grundfarben Blau und Gold, die die Stadtfarben der Kreisstadt Weißenfels sind, sowie das Flußsymbol (stellvertretend für die Saale) in Form eines Wellenbalkens entnommen. Aus dem Wappen des ehemaligen Landkreises Hohenmölsen sind das grüne vierblättrige Kleeblatt sowie Schlägel und Eisen entlehnt worden. Das Kleeblatt ist zurückzuführen auf Johann Christian Schubart (1734 bis 1787), der in Mitteldeutschland den Kleeanbau einführte. Schlägel und Eisen symbolisieren den Abbau von Braunkohle, der seit über 200 Jahren im Raum Hohenmölsen betrieben wird und einen wesentlichen Wirtschaftszweig dieser Region bildet.

Struktur des Kreises
Sehenswürdigkeiten

Der Landkreis Weißenfels bildet aus geografischer Sicht den Übergangsraum zwischen Thüringer Becken und der Halle-Leipziger Tieflandbucht. Die Saale durchfließt den Landkreis auf einer Länge von ca. 25 km. Ab der Gemeinde Burgwerben, einem der nördlichsten Weinbaugebiete Deutschlands, endet die Industrieregion Halle-Merseburg, und eine sanfte hügelige Landschaft beginnt flußabwärts. Im Südosten des Landkreises bestimmt noch immer der Braunkohlenbergbau mit seinen Tagebauen und Restlöchern das Landschaftsbild. Die Kirche auf Schloß Neu-Augustusburg ist der prunkvollste Beweis für die bedeutungsvolle Barockzeit. In dieser Kirche wurde das musikalische Talent Georg Friedrich Händels entdeckt. Die Werke von Heinrich Schütz, dessen musikalisches Erbe gepflegt wird, sind zu den jährlich stattfindenden Heinrich-Schütz-Musiktagen zu erleben. Das Heinrich-Schütz-Haus mit seiner ständigen Ausstellung zählt neben den Museen auf Schloß Neu-Augustusburg und auf Schloß Lützen, der Gustav-Adolf-Gedenkstätte in Lützen, dem Geleitshaus in Weißenfels, der Nietzsche-Gedenkstätte, dem Diorama zur Schlacht bei Roßbach in Reichardtswerben oder der Reinhard-Keiser-Gedenkstätte in Teuchern zu den kulturell reizvollsten Anziehungspunkten im Landkreis.
Touristisch attraktiv ist der Landkreis Weißenfels besonders durch den Freizeitpark Pirkau mit seinem Mondsee sowie dem Saale-Radwanderweg »Von der Quelle bis zur Mündung«.

Landkreis Wernigerode

Regierungsbezirk: Magdeburg. Einwohner: 99 173. Fläche: 795,85 km². Einwohner je km²: 125. Kfz-Kennzeichen: WR. Kreisverwaltung: Rudolf-Breitscheid-Straße 10, 38855 Wernigerode, Postfach 1337, 38843 Wernigerode. Verwaltungsgliederung: 7 Städte (Beneckenstein, Blankenburg, Derenburg, Elbingerode, Hasselfelde, Ilsenburg, Wernigerode) sowie 6 Verwaltungsgemeinschaften (Blankenburg mit 6 Gemeinden, »Bodefeld«/3, »Brocken«/5, Derenburg/3, »Hochharz«/6, Ilsenburg/3, »Nordharz«/6).

Wappenbeschreibung

Gespalten von Silber nach Rot mit zwei aufgerichteten, einander zugewandten Forellen in verwechselten Farben.

Historische Entwicklung

Der Landkreis Wernigerode ist eine geschichtsträchtige Gegend mit einer bis ins 9. Jh. zurückreichenden Handels- und Gewerbetradition. Als Grafschaft Wernigerode tritt das Kerngebiet des heutigen Kreises bereits im 12. Jh. in die Geschichte ein. Der Wappenschild der Grafen von Wernigerode mit den beiden sich gegenüberstehenden Forellen – 1279 auf einem Siegel des Grafen Conrad als älteste Darstellung nachgewiesen – wurde fast 600 Jahre später Siegel und Wappen des preußischen Kreises Wernigerode. Das Forellenwappen wird noch heute vom Landkreis geführt und wurde zuletzt am 13. September 1939 durch Erlaß des Preußischen Staatsministeriums genehmigt.

Mit dem Tod des letzten Wernigeröder Grafen ging die Regierung der Grafschaft 1429 auf die Grafen zu Stolberg über. In das Stolbergische Allianzwappen, das den schwarzen Hirsch auf goldenem Grund zeigt, wurde der Wappenschild mit den Forellen übernommen. Von 1807 bis 1813 gehörte Wernigerode zum französisch dominierten Königreich Westfalen. 1825 geht die Grafschaft Wernigerode gemäß einer »Allerhöchsten Kabinettsordre« formal in den Status eines preußischen Kreises über. In den folgenden Jahren kommt es nur zu geringfügigen bzw. zeitweiligen Änderungen der Verwaltungsgrenzen. Am 1. Juli 1945 wird die zwischen den Siegermächten abgeschlossene Vereinbarung über die Festlegung der Zonengrenze wirksam, so daß das heutige Kreisgebiet in die Sowjetische Besatzungszone fällt. Ab 1957 besteht der Landkreis Wernigerode in seinen bis zur Kreisgebietsreform 1994 gültigen Grenzen. Die historisch gewachsenen Strukturen im Harz haben auch die jüngste Kreisgebietsreform überstanden, so daß es nur zu geringfügigen Änderungen kam. Seit dem 1. Juli 1994 gehören die Gemeinden Timmenrode und Allrode auf eigenen Wunsch zum Landkreis Wernigerode.

Struktur des Kreises
Sehenswürdigkeiten

Der Landkreis Wernigerode – im Herzen des nördlichsten deutschen Mittelgebirges gelegen – ist einer der bekanntesten und schönsten Landstriche im Harz. Majestätisch blicken Schlösser und Burgen auf die Orte hinab, malerisch durchschneidet die Bode die Harztäler, rauschende Wälder ziehen sich bis zu den Harzgipfeln hinauf, und über allem thront der »deutscheste« aller Berge, der sagenumwobene 1142 m hohe Brocken. Mit dem »Nationalpark Hochharz« hat der Landkreis ein besonders reizvolles Stückchen Natur in seinen Grenzen. Auf den über 300 gut ausgeschilderten Wanderwegen gelangt man zu den Talsperren von Bode und Rappbode, den Rübeländer Tropfsteinhöhlen, den Elbingeröder Schaubergwerken, der Burgruine Regenstein oder den an der sachsen-anhaltischen »Straße der Romanik« liegenden Klöstern und Kirchen.

Zu jeder Jahreszeit gibt es Möglichkeiten der aktiven Freizeitgestaltung in einer intakten Natur. Ob man den Harz überqueren, das malerische Selketal durchfahren oder den Brocken erklimmen will, eine der dampfbetriebenen Harzer Schmalspurbahnen macht die Reise in jedem Fall zu einem besonderen Erlebnis.

»Geschichte zum Anfassen« gibt es in den zahlreichen Museen und Kirchen, den alten Fachwerkgassen und traditionellen Handwerksbetrieben sowie den Burgen und Schlössern, die bis heute das Gesicht in vielen Orten des Landkreises prägen. Zu den bekanntesten Anziehungspunkten in Wernigerode zählen der Marktplatz mit dem Rathaus, das benachbarte »Gotische Haus« sowie das Schloß. Von Kirchen verdient vor allem St. Johannis (13. Jh.) mit seinem vierflügeligen Schnitzaltar aus dem 15. Jh. besondere Aufmerksamkeit.

Landkreis Wittenberg

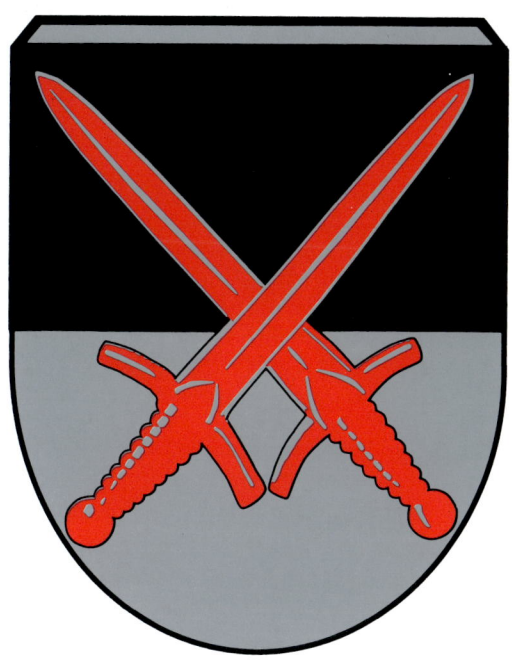

Regierungsbezirk: Dessau. Einwohner: 140 000. Fläche: 1507 km². Einwohner je km²: 92,89. Kfz-Kennzeichen: WB. Kreisverwaltung: Breitscheidstraße 03, 06886 Lutherstadt Wittenberg, Postfach 71, 06872 Lutherstadt Wittenberg. Verwaltungsgliederung: 1 selbständige Stadt (Lutherstadt Wittenberg) und 13 Verwaltungsgemeinschaften (Südfläming mit 5 Gemeinden, Mühlengrund/5, Zahna/4, Kemberg/7, Elbe-Heiderand-Gemeinden/9, Heideck-Prettin/5, Elster-Seyda-Klöden/12, Annaburg/4, Holzdorf/9, Jessen/4, Bergwitzsee/6, Tor zur Dübener Heide/4, Zschornewitz/2).

Wappenbeschreibung

Zwei rote Schwerter gekreuzt auf schwarz über silbern geteiltem Schild.

Historische Entwicklung

Der Landkreis Wittenberg ging 1994 aus dem gleichnamigen Vorgängerkreis, dem Kreis Jessen und den meisten Gemeinden des Kreises Gräfenhainichen hervor. Er übernahm mit Genehmigung vom 15. Dezember 1994 das Wappen mit den sogenannten Kurschwertern, die das Würdezeichen der Erzmarschälle des Heiligen Römischen Reiches gewesen waren. Dieses Amt hatten die Kurfürsten von Sachsen inne, die jahrhundertelang auch den heutigen Landkreis Wittenberg beherrschten. Der Altlandkreis Wittenberg hatte dasselbe Wappen seit dem 28. Februar 1939 gezeigt.

Die sächsischen Kurfürsten genossen den Vorzug, bei den großen kaiserlichen Zeremonien als Haushof- und Stallmeister aufzutreten, dem Kaiser das Schwert voranzutragen sowie nach der Krönung bei der Tafel ein silbernes Maß mit Hafer angefüllt zu überreichen. Dies stand allein dem herzoglich-sächsischen Hause Wittenberg zu.

Wittenberg war seit der Neuzeit die Hauptstadt des sächsischen Kurkreises, zu dem die Ämter Wittenberg, Annaburg, Seyda, Schweinitz, Schlieben, Liebenwerda, Belzig, Gräfenhainichen, Gommern sowie die Herrschaften Sonnewalde und Baruth gehörten. 1738 kamen das Amt Bitterfeld und 1689 das Amt Pretzsch dazu. Nach dem Beitritt des Kurfürsten von Sachsen zum Rheinischen Bund im Posener Friede (11. Dezember 1806) wurde durch Reskript vom 2. Februar 1807 die Benennung »Kurkreis« in »Wittenbergischer Kreis« abgeändert. Am 21. Mai 1815 wurde Wittenberg dem preußischen Staat einverleibt.

Struktur des Kreises
Sehenswürdigkeiten

Der Landkreis lädt zu einer Reise in die Vergangenheit ein: In Wittenberg schlug Martin Luther seine 95 Thesen an der Schloßkirche an und löste damit die Reformation aus. Hier lehrte Philipp Melanchthon an der 1502 eröffneten Universität, hier druckte Hans Lufft 1534 die erste deutsche Bibel... Nirgendwo sonst ist Reformationsgeschichte so nachvollziehbar. So ist denn auch der Besuch der Lutherhalle im ehemaligen Augustinerkloster mit der umfangreichen Sammlung zur Geschichte der Reformation sehr zu empfehlen.

Zu den Sehenswürdigkeiten gehört die dreischiffige gotische Stadtkirche St. Marien (13. bis 15. Jh.), die als Predigtkirche Luthers im 16. Jh. ihren achteckigen Renaissanceturmaufsatz erhielt, das Rathaus (16. Jh.), eines der prächtigsten in Deutschland, sowie das Residenzschloß mit seiner Schloßkirche.

Der Landkreis, in dem Fläming, Dübener Heide und die reizvolle Landschaft an der Elbe Erholung bieten, überrascht mit seinen charmanten kleinen Städten und versteckten Dörfern: Als »Tor zur Dübener Heide« grüßt die 1000jährige Kreuzkirche in Zahna, Anziehungspunkte sind die aus dem 17. Jh. stammenden Amtshäuser in Seyda und Schweinitz, das spätgotische Rathaus in Kemberg oder die barocke Stadtkirche in Pretzsch (Pöppelmann). Wenn man nicht in Jessen inmitten eines der nördlichsten Weinbaugebiete Europas ausruhen will, dann laden die stilvollen Kuranlagen in Bad Schmiedeberg dazu ein. Im Landkreis sind Natur und Kultur ebenso vielfältig anzutreffen wie Agrarwirtschaft und Industrie mit starker Mischung von Klein-, Mittel- und Großbetrieben aus den Bereichen Chemie, Maschinen- und Anlagenbau, Nahrung, Keramik und Papier.

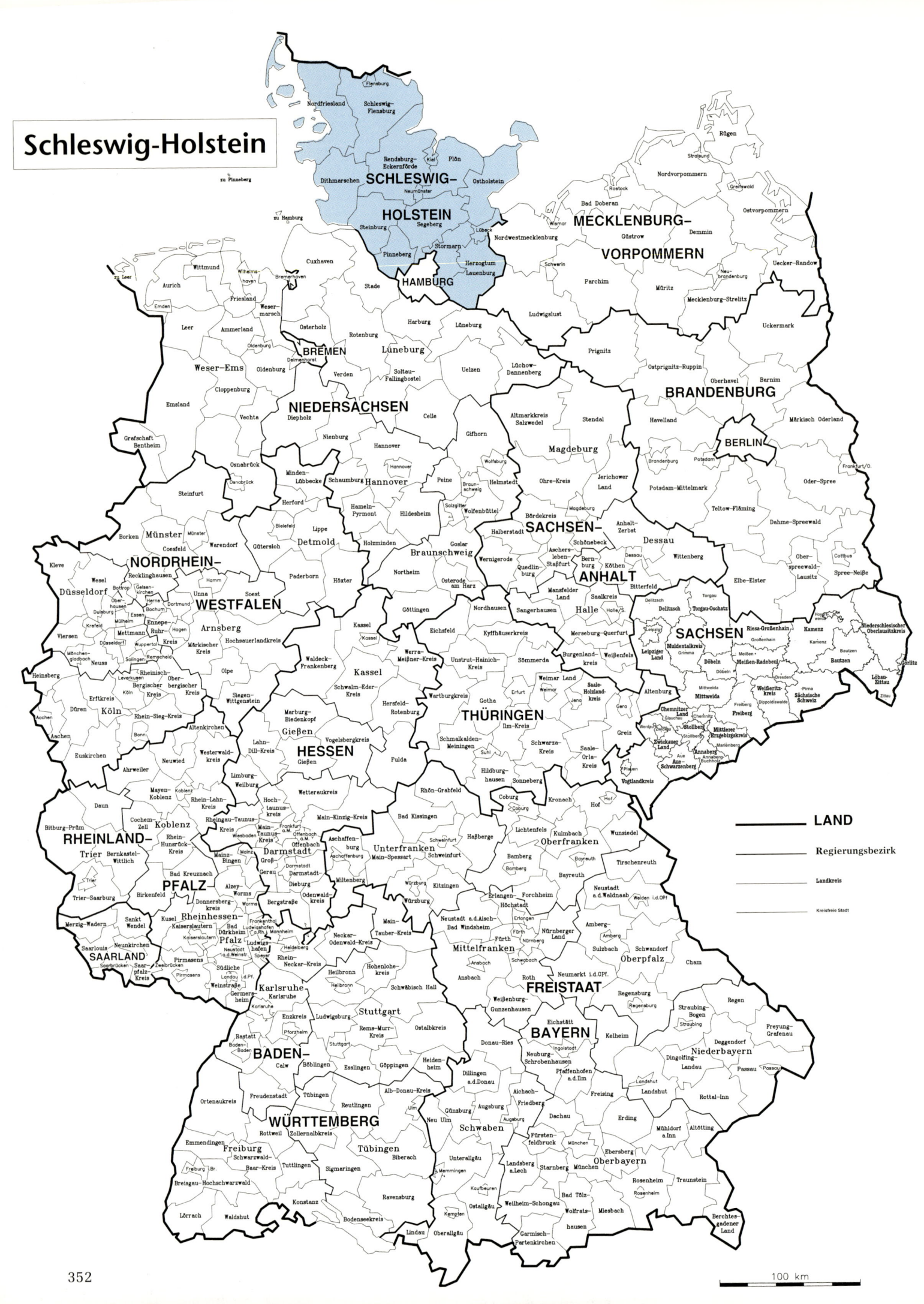# Schleswig-Holstein

Carl-August Conrad

Die Kreise in Schleswig-Holstein

Durch die am 22. September 1867 erlassene »Verordnung betreffend die Organisation der Kreis- und Distriktbehörden sowie die Kreisvertretung« wurden nach preußischem Vorbild 19 Kreise eingerichtet. Damit wurden die rechtlichen und organisatorischen Grundlagen für die kommunale Selbstverwaltung in Gemeinden und Kreisen in Schleswig-Holstein getroffen.

Wenig später, am 26. Mai 1888, wurde die Kreisordnung für die östlichen Provinzen Preußens auch in Schleswig-Holstein eingeführt. Aus dem kreisständischen Verband wurde der Kreis mit den Organen Kreistag, Kreisausschuß und Landrat.

Ihren heutigen Gebietszuschnitt erhielten die schleswig-holsteinischen Kreise durch das Zweite und Dritte Gesetz einer Neuordnung von Gemeinde- und Kreisgrenzen vom 23. Dezember 1969 und vom 3. Juli 1973. Die *Kreisneuordnung* in Schleswig-Holstein hat zu überschaubaren effektiv gestalteten Kreisen geführt. Die Zahl der Kreise wurde von 17 auf 11 vermindert und die durchschnittliche Einwohnerzahl von 106 000 auf 170 000 Einwohner erhöht. Damit wurden in Schleswig-Holstein Bedingungen erreicht, die nach den Feststellungen der Verwaltungswissenschaft und den Erfahrungen der Praxis eine leistungsfähige Selbstverwaltung der Kreise ermöglichen.

Die Kreise in Schleswig-Holstein sind zugleich Gemeindeverbände und Gebietskörperschaften (§ 1 KrO). Der Kreis hat die gesetzliche Funktion, diejenigen Aufgaben zu erfüllen, die nicht in den einzelnen Gemeinden erledigt werden können (§§ 2 und 3 KrO). Unabhängig von der Aufgabenstellung des Gemeindeverbandes ist der Kreis Gebietskörperschaft. Er hat im Rahmen seiner gesetzlichen Zuständigkeiten originäre hoheitliche Befugnisse und Aufgaben. Er ist Verwaltungseinheit mit eigenen Kompetenzen und selbständiger Träger von Funktionen im gestuften Aufbau der Verwaltung. Seine Qualität als Gebietskörperschaft wird durch die unmittelbare Wahl von Volksvertretungen in den Kreisen (Art. 28 Abs. 1 GG) deutlich.

Oberstes Organ ist der *Kreistag.* Seine dominierende Rechtsstellung entspricht der der Vertretungen in Gemeinden und Städten; auch ihm steht ein Kontrollrecht zu (§ 25 KrO). Vorsitzender des Kreistages ist der *Kreispräsident*. Er leitet die Sitzungen des Kreistages und vertritt den Kreistag bei öffentlichen Anlässen; im Einzelfalle ist eine Abstimmung mit dem Landrat erforderlich.

Verwaltungsleitendes Organ ist der *Kreisausschuß,* der die Verwaltung nach den Grundsätzen und den Richtlinien des Kreistages und im Rahmen der von ihm bereitgestellten Mittel zu leiten hat (§ 43 KrO). Zu seinen Aufgaben gehört insbesondere die Vorbereitung und die Ausführung der Beschlüsse des Kreistages, die Beschlußfassung über die ihm vom Kreistag allgemein oder im Einzelfall zugewiesenen Angelegenheiten (z. B. die Verwaltung der öffentlichen Einrichtungen und wirtschaftlichen Betriebe des Kreises sowie des sonstigen Kreisvermögens und die Regelung der Personalangelegenheiten).

Der *Landrat* ist Vorsitzender des Kreisausschusses. Er hat die Beschlüsse des Kreisausschusses vorzubereiten und auszuführen. Er hat auf die Einheitlichkeit der Verwaltungsführung hinzuwirken. Er leitet und beaufsichtigt den Geschäftsgang der Verwaltung und ist für die sachliche Erledigung der Aufgaben verantwortlich. Er ist Dienstvorgesetzter der Beamten mit Ausnahme der Mitglieder des Kreisausschusses sowie der Angestellten und Arbeiter des Kreises.

Die Aufgaben der schleswig-holsteinischen Kreise sind vielfältig: Abfallbeseitigung, Berufsschulwesen, Krankenhausversorgung, örtlicher Träger der Sozial- und Jugendhilfe, Kreisstraßenbau und -unterhaltung, Tierkörperbeseitigung, Veterinärverwaltung, Rettungsdienst, vielfältige Aufgaben der Kulturpflege, öffentlicher Personennahverkehr und zahlreiche andere freiwillige Aufgaben kennzeichnen den Aufgabenbereich, den die kommunale Gebietskörperschaft Kreis in Schleswig-Holstein neben ihrer Ausgleichs- und Ergänzungsfunktion wahrzunehmen hat.

Schleswig-Holsteinischer Landkreistag – Reventloualle 6 – 24105 Kiel

Kreis Dithmarschen

Einwohner: 132 679. Fläche: 1404 km². Einwohner je km²: 94,5. Kfz-Kennzeichen: HEI. Kreisverwaltung: Stettiner Straße 30, 25746 Heide, Postfach 1620, 25736 Heide.
Verwaltungsgliederung: 5 Städte (Brunsbüttel, Heide, Marne, Meldorf, Wesselburen), 110 amtsangehörige Gemeinden in 12 Ämtern (Albersdorf, Burg-Süderhastedt, Büsum, Eddelak-St. Michaelisdonn, Heide-Land, Hennstedt, Lunden, Marne-Land, Meldorf-Land, Tellingstedt, Weddingstedt, Wesselburen-Land), 1 amtsfreie Gemeinde (Friedrichskoog) und 1 hauptamtlich verwaltete amtsangehörige Gemeinde, die die Geschäfte des Amtes führt (Büsum).

Wappenbeschreibung

In Rot auf silbernem galoppierendem Pferd mit goldenem Zaumzeug und blauer Satteldecke ein golden gerüsteter, sein silbernes Schwert über dem Kopf schwingender Reiter mit silbernem Helmbusch.

Historische Entwicklung

Das am 30. Juli 1971 genehmigte Wappen des Kreises Dithmarschen, der im Zuge der Gebietsreform mit Wirkung vom 26. April 1970 aus den Kreisen Norderdithmarschen und Süderdithmarschen gebildet worden war, stellt eine Verschmelzung deren ehemaliger Wappen dar. Geändert wurde lediglich die bequeme Haltung des Reiters in eine deutliche Kampfhaltung. Im übrigen wurden aus dem früheren Norderdithmarscher Wappen der Helmfedernbusch sowie die blaue Satteldecke und aus dem ehemaligen Süderdithmarscher Wappen der aufwärts gerichtete Schweif des Pferdes übernommen. Das Reiterwappen wurde von dem 1580 entstandenen, königlich-dänischen südlichen Dithmarschen zuerst benutzt. Es findet sich im königlichen Allianzwappen Dänemarks im Chorgitter der Meldorfer Kirche von 1603 farbig abgebildet. Im Laufe der Zeit übernahm auch das gottorpische Norderdithmarschen dieses Wappen. Zuvor war Dithmarschen ein Freistaat gewesen, den der König von Dänemark als Herzog von Schleswig-Holstein 1559 zerschlagen und aufgeteilt hatte. Erst mit der neuzeitlichen Gebietsreform in Schleswig-Holstein von 1970 wurden beide Teile zum neuen Kreis Dithmarschen wieder zusammengeführt. Das Reiterwappen ist das Siegelzeichen, das die längste Gültigkeit im Dithmarscher Raum hatte. Auch die Fahne, auf die junge Dithmarscher 1848 den Schwur für ein von Dänemark gelöstes Schleswig-Holstein taten, zeigte das Reitermotiv.

Struktur des Kreises
Sehenswürdigkeiten

Wie eine Insel ist Dithmarschen rings von Wasser umgeben: Im Norden begrenzt die Eider, im Osten der Nord-Ostsee-Kanal, im Süden die Elbe und im Westen die Nordsee den grünen Kreis an Schleswig-Holsteins Westküste. 1404 Quadratkilometer Dithmarschen, eine knappe Autostunde von Hamburg entfernt an der Westküstenautobahn A 23, sind ein Land der reizvollen Gegensätze zwischen rauhem Meer, weiter Marsch und lieblicher Geest, zwischen Industrie, Landwirtschaft und reicher Naturlandschaft. Die Stadt Brunsbüttel an der interessanten Kanalschleuse ist moderner Standort der chemischen Großindustrie. Mit jährlich rund sieben Millionen Tonnen Umschlag gibt es hier einen der umsatzstärksten deutschen Häfen. Urlauber erholen sich in den Nordseebädern Friedrichskoog und Büsum oder beim »Urlaub auf dem Bauernhof« nahe des einzigartigen Naturraumes Wattenmeer. Segeln, Schwimmen, Surfen, Radeln, Wandern – Dithmarschen ist ein Paradies für aktive Wasser- und Landratten.
Zu den großen Attraktionen im norddeutschen Herbst gehören die »Dithmarscher Kohltage« im mit 2500 ha größten geschlossenen Kohlanbaugebiet Europas. Der Kreis ist Kulturland: Die Familie Johannes Brahms hatte hier ihre Wurzeln. Die Dichter Friedrich Hebbel und Klaus Groth sowie der Arabienforscher Carsten Niebuhr gehören in die Reihe berühmter Dithmarscher. Eine beachtliche Zahl bedeutender Museen, Kunstgalerien und Kunsthandwerkstätten verbindet Geschichte und Gegenwart ebenso wie die Landschaft: Noch heute geben Kirchen und Windmühlen Dithmarscher Dörfern ihr unverwechselbares Antlitz.

Kreis Herzogtum Lauenburg

Einwohner: 166 871. Fläche: 1263 km². Einwohner je km²: 132. Kfz-Kennzeichen: RZ. Kreisverwaltung: Barlachstraße 2, 23909 Ratzeburg, Postfach 1140, 23901 Ratzeburg. Verwaltungsgliederung: 5 Städte (Geesthacht, Lauenburg, Mölln, Ratzeburg, Schwarzenbek), 126 Gemeinden in 11 Ämtern (Aumühle-Wohltorf, Berkenthin, Breitenfelde, Büchen, Hohe Elbgeest, Gudow-Sterley, Lütau, Nusse, Ratzeburg-Land, Sandesneben, Schwarzenbek-Land), 1 amtsfreie Gemeinde (Wentorf b. Hbg.) und 1 Forstgutbezirk (Sachsenwald).

Wappenbeschreibung

In Rot mit von Silber und Schwarz gestecktem Schildbord ein silberner Pferdekopf.

Auf dem Schild die preußische Königskrone.

Historische Entwicklung

Zur Zeit Heinrichs des Löwen verwaltete sein Lehnsmann Heinrich von Badewide die Grafschaft Ratzeburg, aus der später das Herzogtum Sachsen-Lauenburg hervorging. Der Pferdekopf als Wahrzeichen für das Herzogtum kam auf, als das Gebiet von Hannover getrennt und 1816 an Dänemark übergeben wurde. Man wählte damals einen goldenen Pferdekopf in Rot.
In der Zeit der Zugehörigkeit zu Hannover (1689 bis 1816) hatte die lauenburgische Ritter- und Landschaft als Vertreterin des Landes ein 1779 verliehenes Wappen mit einem springenden Roß in Rot geführt. Am 21. Oktober 1864 beschloß die Ritterschaft, sich in Personalunion mit Preußen zu verbinden »unter Wahrung der Selbständigkeit des Landes als eines eigenen deutschen Herzogtums«.
Dieser Entschluß erhielt dem seit 1876 als Landkreis titulierten Land den besonderen Namen. Mit Patent vom 13. September 1865 nahm dann der König von Preußen Besitz vom Herzogtum, legte sich den Titel eines Herzogs von Lauenburg zu und Otto Graf von Bismarck wurde Minister für Lauenburg. Sofort stellte man sich in Berlin die Frage, wie das neue Wappen für Lauenburg auszusehen habe. Schließlich entschied König Wilhelm I. von Preußen, daß das hergebrachte lauenburgische Wappen – der silberne Pferdekopf in Rot – beibehalten, aber mit einer silbern-schwarzen Umsäumung versehen werden sollte. Diese Verleihung wurde offiziell am 13. April 1867 verkündet. Die auf dem Schilde auch heute noch ruhende preußische Königskrone hat die Regierung zu Ratzeburg eigenmächtig hinzugefügt.

Struktur des Kreises
Sehenswürdigkeiten

Der im Südosten Schleswig-Holsteins gelegene Kreis Herzogtum Lauenburg wird landschaftlich durch den »Naturpark Lauenburgische Seen«, das Hohe Elbufer, den Sachsenwald, das Billetal und die Stecknitzniederung geprägt. Holstein, Mecklenburg und Niedersachsen umgeben diese wald- (23 % der Fläche) und seenreichste (44 Seen) Region des nördlichsten Bundeslandes. Die malerische Kreisstadt Ratzeburg liegt im »Naturpark Lauenburgische Seen«. Auf einer Insel ist ihre geschichtsträchtige Altstadt vor mehr als 900 Jahren errichtet worden. 1154 stiftete Heinrich der Löwe den ältesten romanischen Backsteindom Norddeutschlands (Kreuzgang mit Fresken). Zu den Sehenswürdigkeiten gehören das Gotteshaus St. Georgsberger (1050) und die spätbarocke St.-Petri-Kirche. Zwischen Elbe-Lübeck-Kanal und einer Seenplatte liegt die Eulenspiegelstadt Mölln (Kneippkurort) an der »Alten Salzstraße«. Mittelalterlicher Marktplatz mit Nicolaikirche (13. Jh., spätromanischer Backsteinbau), Till-Eulenspiegel-Brunnen und Rathaus bestimmen den Stadtkern. Die romantische Unterstadt (Altstadt) der Elbbrückenstadt Lauenburg stellt den historischen Mittelpunkt des Ortes dar.

Sehenswert sind in der ländlichen Region neben den vielen altehrwürdigen Sakralbauten, Hünengräbern und Mühlen die Burganlage »Cäcilieninsel« in Koberg und das Bismarck-Museum in Friedrichsruh.

Kreis Nordfriesland

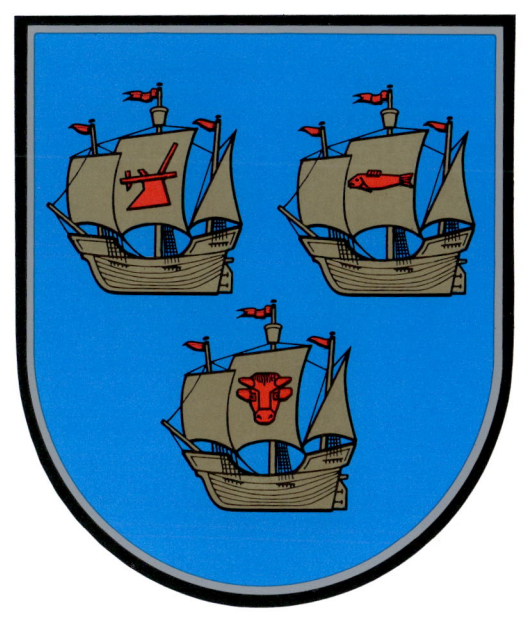

Einwohner: 156 546. Fläche: 2048 km² und ca. 1000 km² inkommunalisierte Wattfläche. Einwohner je km²: 76. Kfz-Kennzeichen: NF. Kreisverwaltung: Marktstraße 6, 25813 Husum. Verwaltungsgliederung: 137 Gemeinden, davon 8 Städte (Husum, Bredstedt, Friedrichstadt, Garding, Niebüll, Tönning, Westerland/Sylt, Wyk/Föhr) und 4 amtsfreie Gemeinden (Leck, List/Sylt, Reußenköge, St. Peter-Ording). 125 Gemeinden bilden 16 Ämter (Amrum, Bökingharde, Bredstedt-Land, Eiderstedt, Friedrichstadt, Föhr-Land, Hattstedt, Karrharde, Landschaft-Sylt, Nordstrand, Pellworm, Stollberg, Süderlügum, Treene, Viöl, Wiedingharde).

Wappenbeschreibung

In Blau drei (2:1 gestellte) dreimastige goldene Schiffe im Stil des 16. Jh. mit roten Wimpeln; auf den Großsegeln je ein rotes Beizeichen: ein Pflug, ein Fisch und ein Stierkopf.

Historische Entwicklung

Der Kreis Nordfriesland umfaßt etwa die Gebiete, die zwischen dem 8. und 10. Jh. von den Friesen besiedelt wurden. Während des gesamten Mittelalters standen diese in lockerer Abhängigkeit zum dänischen König. In Justiz und innerer Verwaltung, besonders im Deichwesen waren die Friesen weitgehend frei. Sie konnten ihre Lebensverhältnisse in sechzehn Harden (kleinen, voneinander unabhängigen Verwaltungseinheiten) von außen unbeeinflußt gestalten, immer aber in ständiger Auseinandersetzung mit den Naturgewalten der Nordsee. Schwere Sturmfluten vernichteten wiederholt ganze Landstriche und forderten große Opfer. Die folgenschwersten Fluten ereigneten sich 1362 (Untergang von Rungholt) und 1634. Auch in der absolutistischen Zeit, in der die nordfriesischen Lande zunächst den Herzögen von Schleswig-Holstein-Gottorf (1544 bis 1720), dann den Königen von Dänemark als Herzögen von Schleswig (1721 bis 1867) unterstanden, konnten die Friesen ihre Privilegien größtenteils behaupten. Während der nationalen Auseinandersetzungen im 19. und 20. Jh. kam es zu einem Bruch zwischen der deutschgesinnten Mehrheit und einer kleineren dänischgesinnten Gruppe. Nach der Einverleibung Schleswig-Holsteins in Preußen (1867) wurden die drei Kreise Tondern (seit der Teilung Schleswigs 1920 »Südtondern«), Husum und Eiderstedt geschaffen, aus denen am 26. April 1970 der Kreis Nordfriesland wurde. Das am 10. Juli 1972 genehmigte Wappen wird geprägt von der Meereslage des Kreises: drei goldene Schiffe in der blauen See, die Segel belegt mit den für die Wirtschaftszweige sprechenden roten Beizeichen. Gold, Rot und Blau sind die Farben Nordfrieslands.

Struktur des Kreises
Sehenswürdigkeiten

Wichtigste Erwerbsquelle der Nordfriesen war bis ins 20. Jh. hinein die Landwirtschaft. Ihr Schwerpunkt lag wechselnd auf dem Ackerbau und der Viehzucht. Die Bevölkerung der Inseln und Halligen betätigte sich daneben im Fischfang und in der Seefahrt (Walfang seit dem 17. Jh.). Im 19. Jh. nahm mit der Gründung der ersten Seebäder der Fremdenverkehr seinen schnellen Aufschwung. Er überflügelte schließlich die Landwirtschaft als Wirtschaftsfaktor. Zusammen erbringen beide Bereiche heute fast 80% der Bruttowertschöpfung. Sehens- und erlebenswert ist die Landschaft Nordfrieslands mit Inseln und Halligen, Vorland und Watt, Deichen, Warften und Sielen, Marsch und Geest und einer einzigartigen Tier- und Pflanzenwelt. Föhr und Amrum sind mit ihren Stränden, romantischen Backsteinkirchen und Hünengräbern ebenso beliebt wie das international bekannte Sylt. Mit dem 1. Oktober 1985 entstand der »Nationalpark Wattenmeer«. Neben der Landschaft bietet Nordfriesland ein reiches kulturelles Erbe. Zahlreiche mittelalterliche Kirchen sind ebenso anzutreffen wie eine ausgeprägte ländliche Baukultur. Siebzehn natur- und kulturgeschichtliche Museen bewahren die landschaftstypischen Überlieferungen, besonders das Nolde-Museum, das Storm-Haus, das Nissenhaus und das Schloß vor Husum sowie das Haeberlin-Museum. Die Kreisstadt Husum, durch Theodor Storm als »Graue Stadt am Meer« bekannt geworden, ist der dominierendste Ort an der nordfriesischen Küste. Etwa 10 000 Menschen sprechen friesisch. Die Sprache ist als Folge langer dänischer Herrschaft mit dänischen Wörtern durchsetzt.

Kreis Ostholstein

Einwohner: 195 362. Fläche: 1391 km². Einwohner je km²: 141. Kfz-Kennzeichen: OH. Kreisverwaltung: Lübecker Straße 41, 23701 Eutin, Postfach 433, 23694 Eutin. Verwaltungsgliederung: 6 Städte (Bad Schwartau, Burg a. Fehmarn, Eutin, Heiligenhafen, Neustadt, Oldenburg), 10 amtsfreie Gemeinden (Ahrensbök, Bosau, Grörnitz, Großenbrode, Malente, Ratekau, Scharbeutz, Stockelsdorf, Süsel, Timmendorfer Strand) und 6 Ämter (Fehmarn, Grube, Oldenburg-Land, Lensahn, Neustadt-Land, Schönwalde).

Wappenbeschreibung

In Blau ein wachsender, zweistöckiger silberner Turm, das untere Stockwerk gemauert und mit rundbogiger Toröffnung und Zinnen, das obere glatt, zurückspringend und mit beiderseits ausladenden Zinnen; darüber ein geradarmiges goldenes Tatzenkreuz, das oben besteckt ist mit einer silbernen, oben und unten von Perlen eingefaßten Bischofsmütze mit fliegenden goldenen Bändern.

Historische Entwicklung

Noch heute halten große Ringwälle die Erinnerung an den slawischen Volksstamm der Wagrier wach, die in der Völkerwanderungszeit das wald- und seenreiche Gebiet in Besitz nahmen. Um die Jahrtausendwende entstand das Bistum Oldenburg, das die allmähliche Christianisierung der Bevölkerung in Angriff nahm. Der Grundbesitz der Bischöfe um die ehemalige Holländersiedlung Eutin bildete den Kern für den späteren Bischofssitz in Eutin. Bischof Gerold hatte 1163 seine Residenz von Oldenburg nach Lübeck verlegt. Bischof Burchard von Serken sah sich angesichts des Streits mit der Lübecker Bürgerschaft im 14. Jh. gezwungen, nach Eutin überzusiedeln. Durch die bald vertraglich festgelegte Verbindung des Bischofsstuhls mit dem Hause Gottorp verknüpften sich die Geschicke des Landes mit dem Königreich Dänemark und sogar mit dem Großfürstentum Rußland.
Das am 30. Juli 1971 verliehene Kreiswappen erinnert mit den Farben Gold und Blau sowie mit dem Kreuz und der Mitra an das frühere Bistum Lübeck, dessen verkleinertes Territorium im 20. Jh. der Kreis Eutin abdeckte. Der Turm entstammte ursprünglich dem Wappen der Stadt Oldenburg in Holstein und symbolisiert die Zugehörigkeit des früheren Kreises Oldenburg zum Herzogtum Holstein. Die schleswig-holsteinische Kreisreform des Jahres 1970 schuf mit der Zusammenlegung der Kreise Eutin und Oldenburg den Kreis Ostholstein.

Struktur des Kreises Sehenswürdigkeiten

Mit 185 km Ostseeküste ist der Kreis Ostholstein einer der größten Küstenkreise Deutschlands. Typisch für den Kreis ist neben der Ostseeküste die hügelige Endmoränen-Landschaft mit einer Vielzahl von Knicks, die vor etwa 200 Jahren zur Abgrenzung der Felder, Seen und wildreichen Wälder angelegt worden sind. Deutlich heben sich die verschiedenen Landschaftsräume voneinander ab: die Ostseeinsel Fehmarn, das Niederungsgebiet des Oldenburger Grabens, die langgestreckten Hügel nördlich und südlich von Oldenburg, der Bungsberg, das Neustädter Becken, die Holsteinische Schweiz und das Pönitzer Seengebiet, das Ahrensböker Endmoränengebiet und das zum Teil zum Kreis gehörende Becken.
Wirtschaftlich ist der Fremdenverkehr von größter Bedeutung (u.a. zwölf Heil- und Seeheilbäder, fünf Seebäder und zahlreiche Luftkur- und Erholungsorte). 71 % der Kreisfläche werden intensiv landwirtschaftlich genutzt, weitere 14 % sind Wald, Wasser, Heide, Moore und andere wichtige Lebensräume für Tiere und Pflanzen. Ein weiterer wichtiger Wirtschaftszweig ist die Fischerei.
Von den kulturgeschichtlichen Denkmalen sind das Eutiner Schloß (17./18. Jh.) und das Jagdschlößchen am Ukleisee, die Megalithgräber in Ratekau und Gold a. F. und die »Farver Burg« in Grammdorf zu nennen. Auch die Kirchen in Altenkrempe, Bosau, Oldenburg und Süsel verdienen wie das Kremper Tor einen Besuch. Alljährlich gedenkt Eutin mit Opernfestspielen, den Eutiner Sommerspielen, seines Sohnes Carl Maria von Weber.

Kreis Pinneberg

Einwohner: 280 000. Fläche: 662 km². Einwohner je km²: 423. Kfz-Kennzeichen: PI. Kreisverwaltung: Moltkestraße 10, 25421 Pinneberg, Postfach 1751, 25407 Pinneberg. Verwaltungsgliederung: 7 Städte (Elmshorn, Pinneberg, Barmstedt, Uetersen, Wedel, Schenefeld, Quickborn), 5 amtsfreie Gemeinden (Appen, Halstenbek, Rellingen, Tornesch, Insel Helgoland) sowie 7 Ämter (Bönningstedt, Elmshorn-Land, Haseldorf, Hörnerkirchen, Moorrege, Pinneberg-Land und Rantzau) mit insgesamt 37 Gemeinden.

Wappenbeschreibung

In Rot ein silbernes Nesselblatt, belegt mit einer grünen Tanne mit goldenen Wurzeln.

Historische Entwicklung

Der Kreis Pinneberg wird im Süden und Westen von der Elbe und Hamburg begrenzt, im Osten und Norden von den Kreisen Segeberg und Steinburg. Diese Lage begünstigte Anfang des 14. Jh. die Entstehung eines selbständigen Verwaltungsgebietes, dessen Geschicke mehr als 300 Jahre von den Schauenburger Grafen, deren Stammlande an der Weser lagen, bestimmt wurden. Nach dem Tode des letzten Schauenburgers 1640 kam dieser Gebietsteil unter die Herrschaft des Dänenkönigs Christian IV., wobei eine verwaltungsmäßige Vereinigung mit dem übrigen Holstein nicht erfolgte. Der heutige Kreis Pinneberg wurde 1867 durch königlich-preußische Verordnung geschaffen, in dem die historische Herrschaft Pinneberg mit der Grafschaft Rantzau, den adeligen Gütern Haselau, Haseldorf und Seestermühe sowie dem Gebiet des Klosters Uetersen und dem Kanzleigut Flottbek vereinigt wurde. Die Herrschaft Pinneberg als Stammteil des neuen Kreises gab ihm auch seinen Namen. Für die weitere Entwicklung war die Nachbarschaft zur Großstadt Hamburg bestimmend. Die Ausdehnung des Ballungszentrums hat im Laufe der Zeit zu erheblichen Gebiets- und Bevölkerungsverlusten für den Kreis Pinneberg geführt.

Im Kreiswappen, das am 11. Januar 1946 von der Britischen Militärregierung genehmigt worden war, wird mit dem Nesselblatt auf die Schauenburger Grafen verwiesen, die bis 1640 mit dem Territorium des heutigen Kreisgebietes eng verbunden waren. Die Tanne ist Ausdruck dafür, daß sich im Kreis Pinneberg das größte zusammenhängende Baumschulgebiet der Welt befindet.

Struktur des Kreises Sehenswürdigkeiten

Der Kreis Pinneberg bietet viele Naherholungsmöglichkeiten; ca. 45 Prozent sind ausgewiesene Landschafts- und Naturschutzgebiete. Hervorzuheben sind Wedel mit der Schiffsbegrüßungsanlage »Willkomm-Höft« am Elbstrom, die Holmer Sandberge, der Forst Klövensteen, die Haseldorfer und die Seestermüher Marsch mit den Mündungsgebieten der Pinnau und Krückau, das Himmelmoor bei Quickborn, der Forst Rantzau mit dem Rantzauer See bei Barmstedt, die Heeder Tannen, der Bokeler See und schließlich das Arboretum, ein Baumpark bei Ellerhoop, sowie das Rosarium in Uetersen, wo dem Besucher die Vielfalt der heimischen Baumschul- und Rosenkulturen veranschaulicht wird. Mittelpunkt des Fremdenverkehrs ist die Nordseeinsel Helgoland. Historisch bedeutsame Baudenkmäler und Sehenswürdigkeiten sind unter anderem die Rellinger Kirche, ein spätbarocker achteckiger Backsteinbau von C. Dose, 1754 bis 1756, die Landdrostei in Pinneberg, 1765 bis 1767 als Sitz der Königlich-Dänischen Landdroste erbaut, ab 1868 Sitz der Preußischen Landräte (bis 1932); die sogenannte Schloßinsel Rantzau bei Barmstedt mit Gerichtsschreiberhaus aus dem Jahre 1826, die Kirche in Uetersen, 1748/49 als Backsteinbau im Spätbarockstil errichtet, sowie die Herrenhäuser der Güter Haseldorf und Seestermühe.

Kreis Plön

Einwohner: 124 145. Fläche: 1081 km². Einwohner je km²: 110. Kfz-Kennzeichen: PLÖ. Kreisverwaltung: Hamburger Straße 17/18, 24306 Plön. Verwaltungsgliederung: 86 Gemeinden, davon 3 Städte (Lütjenburg, Plön, Preetz), 7 amtsfreie Gemeinden (Heikendorf, Klausdorf, Laboe, Mönkeberg, Raisdorf, Schönberg, Schönkirchen) und 76 amtsangehörige Gemeinden in 7 Ämtern (Bokhorst: 5 Gem., Lütjenburg-Land: 14 Gem., Plön-Land: 11 Gem., Preetz-Land: 17 Gem., Probstei: 17 Gem., Selent/Schlesen: 8 Gem., Wankendorf: 4 Gem.).

Wappenbeschreibung

Durch einen silbernen Wellenbalken geteilt; oben in Rot ein silbernes Nesselblatt, begleitet rechts von einem silbernen Eichenblatt, links von einer silbernen Ähre; unten in Blau ein silberner Fisch.

Historische Entwicklung

Ein eigenes Wappen wurde dem Kreis Plön am 22. November 1948 durch den Innenminister des Landes Schleswig-Holstein verliehen. Es sucht in Farbe und Symbolik den geschichtlichen Standort wie die landschaftliche Lage und Beschaffenheit des Kreises zu versinnbildlichen. Die Wappenfarben Rot, Silber und Blau geben die Farben Schleswig-Holsteins wieder. Das Nesselblatt weist auf die enge Verbindung Plöns und seines Umlandes mit den Grafen von Holstein hin. Bis in das 12. Jh. hinein war es eines der wendischen Herrschaftszentren, das dann 1139 von den Holsten eingenommen und zerstört, doch bereits um 1154 wiederaufgebaut und zu einem Stützpunkt der schauenburgischen Machtstellung ausgestattet wurde. Nach dem Tode Gerhards I. brach die Grafschaft Holstein auseinander; eine Linie hatten die Plöner von 1290 bis 1390 inne. Ein zweites Mal wurde Plön in den Jahren 1622 bis 1761 Sitz einer fürstlichen Herrschaft: Seit 1736 residierten hier die Herzöge von Schleswig-Holstein-Sonderburg-Plön, einer Linie des dänischen Königshauses. Als 1867 in der nunmehr preußischen Provinz Schleswig-Holstein die Kreise errichtet wurden, bildete das Amt Plön den Verwaltungsmittelpunkt der neuen Einrichtung. Das Eichenblatt weist auf die reichen Waldbestände hin, die Ähre auf die immer noch dominierende Landwirtschaft; Fisch und Wellenbalken kennzeichnen die Lage an der Ostsee und im ostholsteinischen Seengebiet.

Struktur des Kreises
Sehenswürdigkeiten

Von Hamburg aus erreicht der Reisende innerhalb einer guten Autostunde auf der Autobahn Hamburg–Kiel den Kreis Plön, dem die Kieler Förde, die Ostsee und die Gewässer der Holsteinischen Schweiz ein landschaftlich reizvolles Bild verleihen. Die Ostseeküste mit ihren Ferienzentren (Marina-Wendtorf, Holm) und Seebädern (Heikendorf, Laboe, Schönberg, Hohwacht) ist ein »Eldorado« für Wasserratten, Segler und Wanderer (Fördewanderweg). Das Binnenland, geprägt durch Bauernhöfe und altehrwürdige Herrenhäuser, weist eine Vielzahl an Seen (über 80), Flüßchen, auf denen Paddeltouren durch den gesamten Kreis möglich sind, Naturschutz- und Landschaftsschutzgebieten auf und bietet reichlich Abwechslung. Lohnenswert ist der Besuch der höchstgelegenen Kirche Schleswig-Holsteins in Kirchnüchel und des Gotteshauses Schönkirchens, das als Schmuckstück einen Schnitzaltar von 1653 (nordischer Knorpelbarock) besitzt. In der Stadt Plön beherrscht die ehemalige Residenz der Plöner Herzöge das Stadtbild. Bei einem Aufenthalt in Möltendorf und Laboe fallen maritime Denkmäler ins Auge: das U-Boot-Denkmal und das Marineehrenmal, in denen sich Gedenkstätten und ein Museum befinden. Das rege Treiben auf dem Nord-Ostsee-Kanal, einer für die internationale Schiffahrt bedeutenden Wasserstraße, kann vom Ostufer der Kieler Förde gut beobachtet werden und ist in dieser Region ein weiterer Anziehungspunkt.

Kreis Rendsburg-Eckernförde

Einwohner: 255 449. Fläche: 2185,7 km². Einwohner je km²: 117. Kfz-Kennzeichen: RD. Kreisverwaltung: Kaiserstraße 8, 24768 Rendsburg, Postfach 905, 24758 Rendsburg. Verwaltungsgliederung: 3 Städte (Rendsburg, Eckernförde, Nortorf), 8 amtsfreie Gemeinden (Altenholz, Bordesholm, Büdelsdorf, Gettorf, Hohenwestedt, Kronshagen, Schacht-Audorf, Westerrönfeld) und 155 Gemeinden in 19 Ämtern.

Wappenbeschreibung

Durch Wellenschnitt schräglinks geteilter Wappenschild; oben in Gold zwei blaue, rot bewehrte schreitende Löwen, unten in Rot ein silbernes Nesselblatt.

Historische Entwicklung

Am 22. September 1867 wurde mit der »Verordnung betreffend die Organisation der Kreis- und Distriktsbehörden sowie die Kreisvertretung in der Provinz Schleswig-Holstein« das Gebiet der 1866 in den preußischen Staatsverband aufgenommenen Herzogtümer Schleswig und Holstein in 19 Kreise gegliedert. Sitz der Verwaltung der beiden Kreise Rendsburg und Eckernförde wurden jeweils die Städte gleichen Namens. Bordesholm war Sitz des 1867 geschaffenen Kreises Kiel, der nach der Auskreisung der Stadt Kiel im Jahre 1884 und der Stadt Neumünster im Jahre 1901 dann 1907 in »Kreis Bordesholm« umbenannt wurde.

1932 wurde der Kreis Bordesholm aufgelöst, wobei der größte Teil seiner Fläche zum Kreis Rendsburg kam. Durch die Gebietsreform entsprechend dem »Zweiten Gesetz einer Neuordnung von Gemeinde- und Kreisgrenzen sowie Gerichtsbezirken vom 23.12.1969« wurde am 26. April 1970 der Kreis Rendsburg-Eckernförde aus der überwiegenden Anzahl der Gemeinden der bis zu diesem Zeitpunkt bestehenden Kreise Eckernförde und Rendsburg sowie einigen Gemeinden des Kreises Plön mit dem Kreissitz in Rendsburg gebildet. Das Kreiswappen kombiniert die Löwen Schleswigs und das Nesselblatt Holsteins. Die Wappengenehmigung wurde am 31. Juli 1972 erteilt.

Struktur des Kreises
Sehenswürdigkeiten

Der Kreis Rendsburg-Eckernförde liegt im Herzen Schleswig-Holsteins auf halbem Wege zwischen Hamburg und der dänischen Grenze, wobei er im Osten eine natürliche Abgrenzung in der Ostsee und der Eckernförder Bucht hat. Der 98,7 km lange Nord-Ostsee-Kanal, auch als Kiel-Kanal bekannt, führt in einer Länge von über 70 km durch das Kreisgebiet. Er ermöglichte in Rendsburg die Anlage des Kreishafens als leistungsfähigen »Seehafen im Binnenland«.

Der Kreis ist überwiegend ländlich strukturiert. Seine zentrale Lage und seine guten Verkehrsverbindungen (Straße, Wasser, Schiene) begünstigen jedoch ebenfalls Handel, Industrie und Gewerbe. Acht Erholungswälder, 38 Seen, drei Naturparks und 55 km Ostseeküste, insgesamt eine reizvolle Landschaft, begründen, auch als Wirtschaftsfaktor, die Bedeutung von Fremdenverkehr und Naherholung. Neben den landschaftlichen Reizen, die die Bezeichnung als Ferienkreis rechtfertigen, ist auf folgende Sehenswürdigkeiten beispielhaft hinzuweisen: Herrenhäuser (z. B. Emkendorf, Altenhof, Damp) – Kanalquerungen für Straße und Schiene in Rendsburg – zahlreiche Kirchen in Städten und Dörfern – Freilichtmuseum in Molfsee – Museen in Rendsburg, Eckernförde und Hohenwestedt. In Rendsburg verlangt die Marienkirche mit ihrem wertvollen Schnitzaltar aus dem 17. Jh. Beachtung, aber auch die barocke Christkirche und die Amtsgebäude am ehemaligen Paradeplatz. Wahrzeichen der Stadt ist die 42 m hohe Eisenbahnbrücke. Eckernförde, eine alte Schiffer- und Handwerkerstadt mit Handels-, Fischerei- und Marinehafen, ist auch ein beliebtes Seebad.

Kreis Schleswig-Flensburg

Einwohner: 185 000. Fläche: 2071 km². Einwohner je km²: 89. Kfz-Kennzeichen: SL. Kreisverwaltung: Flensburger Straße 7, 24837 Schleswig, und Waitzstraße 1-3, 24937 Flensburg. Verwaltungsgliederung: 4 Städte (Schleswig, Kappeln, Glücksburg, Bad Arnis), 2 amtsfreie Gemeinden (Harrislee, Sörup) und 131 amtsangehörige Gemeinden in 18 Ämtern (Böklund, Eggebek, Gelting, Haddeby, Handewitt, Hürup, Kappeln-Land, Kropp, Langballig, Oeversee, Satrup, Schafflund, Schuby, Silberstedt, Stapelholm, Steinbergkirche, Süderbrarup, Tolk).

Wappenbeschreibung

Über blauem, mit zwei silbernen Wellenfäden belegtem Wellenschildfuß von Blau und Gold schräglinks geteilt mit zwei schreitenden, rot bewehrten Löwen in verwechselten Farben.

Historische Entwicklung

Eine Vielzahl prähistorischer Funde deutet darauf hin, daß das heutige Kreisgebiet uralter Siedlungsraum ist. Im 10. Jh. entstanden das Deutsche und das Dänische Reich, was dazu führte, daß diese Region zwischen den beiden Mächten fortan immer wieder hart umstritten war. Zahlreiche Soldatengräber und Denkmäler zeugen von den langen und leidvollen Auseinandersetzungen zwischen beiden Nachbarvölkern. Lange Zeit beherrschte das Herzogtum Schleswig weite Teile des Gebietes.
Die eigentliche Geschichte des Kreises beginnt am 22. September 1867. Damals wurde in der soeben preußisch gewordenen Provinz Schleswig-Holstein die Kreisordnung erlassen, die 19 Kreise schuf. Der Kreis Flensburg umfaßte die Stadt Flensburg, den Flecken Glücksburg, das Amt Flensburg sowie einige andere Gebietskörperschaften. Den Kreis Schleswig bildeten die Städte Schleswig und Friedrichstadt, die Flecken Kappeln und Arnis sowie das Amt Gottorf mit einigen Orten. Am 24. März 1974 wurde der heutige Kreis Schleswig-Flensburg ins Leben gerufen. In seinem Kreiswappen vom 12. November 1974 erinnert die Doppelzahl der Löwen und die Beschränkung auf zwei Hauptfarben an das Wappen des früheren Herzogtums Schleswig. Die Wellen im Schildfuß symbolisieren das Wasser als ein wesensbestimmendes Element des Kreises, der im Norden von der Flensburger Förde, im Osten von der Ostsee und im Süden von Schlei, Eider und Sorge begrenzt wird.

Struktur des Kreises
Sehenswürdigkeiten

Im Nordosten Schleswig-Holsteins erstreckt sich vor den südlichen Toren des Königreiches Dänemark der ländliche Kreis Schleswig-Flensburg. Die Landschaft Angeln wird von der Flensburger Förde, Ostsee, Schlei und den Höhen der Endmoränen der letzten Eiszeit umgeben. Hügelige Grundmoränenlandschaften mit stattlichen Höfen, Bächen, Seen, Wäldern und »Knicks« bestimmen den Charakter dieser vielgestaltigen Landschaft. Im Westen des Kreises Schleswig-Flensburg trifft man auf die Weite der flachen, sandigen Geest und Heidesowie Moorreste. Im Südwesten bilden Eider und Treene die Kreisgrenze. Dort beginnt bereits das Marschgebiet. Das »Wikinger-Museum Haithabu« am Haddebyer Noor ist dem bedeutenden frühmittelalterlichen Handels- und Siedlungsplatz im Norden gewidmet. Sehenswert sind St.-Petri-Dom in Schleswig mit »Bordesholmer Altar« von Hans Brüggemann (16. Jh.) und »Blauer Madonna« von Jürgen Ovens (17. Jh.), Schloß Gottorf (Profanbau) in Schleswig und das malerische Wasserschloß Glücksburg (16. Jh.) mit umfangreicher Gobelinsammlung. Lohnend sind auch Ausflüge zum Landschaftsmuseum Angeln in Unewatt, zur Fischersiedlung Holm (Schleswig), zur kleinsten Stadt Deutschlands, Bad Arnis (380 Einwohner, reizvolle Hauptstraße, Schifferkirche), nach Kappeln (spätbarocke Kirche) sowie ins Fischerdorf Maasholm.

Kreis Segeberg

Einwohner: 235 473. Fläche: 1344,31 km². Einwohner je km²: 175. Kfz-Kennzeichen: SE. Kreisverwaltung: Hamburger Straße 30, 23795 Bad Segeberg, Postfach, 23792 Bad Segeberg. Verwaltungsgliederung: 5 Städte (Bad Bramstedt, Bad Segeberg, Kaltenkirchen, Norderstedt, Wahlstedt), 3 amtsfreie Gemeinden (Boostedt, Henstedt-Ulzbg., Trappenkamp) und 9 Ämter (Bad Bramstedt-Land, Bornhöved, Itzstedt, Kaltenkirchen-Land, Kisdorf, Leezen, Rickling, Segeberg-Land, Wensin). In den 9 Ämtern sind 86 Gemeinden zusammengefaßt. 1 Forstgutsbezirk.

Wappenbeschreibung

Das Kreiswappen zeigt in Silber ein aus vier roten, spitz bedachten Ziegelsteintürmen bestehendes durchgehendes lateinisches Kreuz, bewinkelt von vier grünen Seerosenblättern und in seiner ausgebrochenen Kreuzungsstelle belegt mit dem holsteinischen Wappenschild (in Rot ein silbernes Nesselblatt).

Historische Entwicklung

Die Geschichte des bis dahin weitgehend unbesiedelten Kreisgebietes beginnt im 8. Jh. n. Chr. mit Karl dem Großen, der zum Schutz seines Frankenreiches gegen die aufständischen Sachsen den »Limes Saxoniae« (sächsischen Schutzwall) errichten ließ. Das Kreisgebiet bildete einen der örtlichen Schwerpunkte der im 12. Jh. einsetzenden Christianisierung. Hier wirkte seit 1127 Bischof Vicelin, auf dessen Missionstätigkeit das Kreuzmotiv im Wappen des Kreises Bezug nimmt. Auf seine Initiative ist auch die Errichtung der strategisch günstig gelegenen Burg »Siegesburg« auf dem Segeberger »Kalkberg« zurückzuführen. Von ihr leitet sich der Name der Stadt Segeberg ab. Die Seerosenblätter sind dem Wappen der Herren von Segeberg entliehen, und das holsteinische Nesselblatt in dem seit dem 25. Oktober 1948 geführten Kreiswappen symbolisiert die Lage des Kreises im Herzen von Holstein.

Während seiner wechselvollen Entwicklung war das Kreisgebiet immer wieder Schauplatz von Kämpfen um Gebietsansprüche zwischen Dänemark, Schweden, Rußland und den benachbarten Herzogtümern, bis schließlich 1866 Preußen nach seinen Siegen über Dänemark und Österreich Schleswig-Holstein zu seiner Provinz machte. Zunächst wurde 1867 eine Neuregelung des Verwaltungsaufbaues vollzogen: Aus verschiedenen kleinen Verwaltungseinheiten wurden Kreise gebildet. Das Amt Segeberg wurde durch Teile anderer Ämter und Gutsbezirke zum Kreis Segeberg erweitert. Seine jetzige Größe erreichte der Kreis durch die Gebietsreform am 1. Januar 1970.

Struktur des Kreises
Sehenswürdigkeiten

In die Städte und Gemeinden im südlichen und westlichen Teil des südholsteinischen Kreises strahlt wirtschaftlich die Großstadt Hamburg aus. Hier hat die Landwirtschaft einen kraftvollen Industrie- und Handelspartner bekommen. Aber die Bedeutung als Nah- und Fernerholungsgebiet ist dank der Moränenlandschaft mit ihren Seen, Feldern und Mooren geblieben. Neben dem Segeberger See und dem Ihlsee locken die Wildparks in Eckholt und Trappenkamp. Der »Kalkberg« mit seinen auf 800 m begehbaren Höhlen und dem Freilichttheater, wo jeden Sommer Karl-May-Festspiele stattfinden, die St.-Marien-Kirche in Bad Segeberg mit dem »Brüggemann-Altar« oder die massive Feldsteinkirche in Pronstorf mit Außenglocke (1198 bereits erwähnt), die spätromanische Feldsteinkirche in Warder – das sind einige der Sehenswürdigkeiten, zu denen auch die Herrenhäuser mancher Güter, das Torhaus zu Seedorf (niederländische Renaissance) oder die Rolandstatue in Bad Bramstedt gezählt werden müssen. Ein kontrastreicher Landkreis, dessen Hünengräber – in Wensin und Groß Rönnau etwa – an die lange Geschichte erinnern.

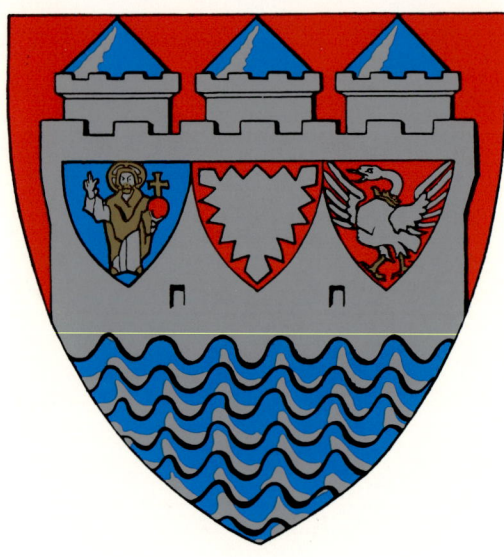

Kreis Steinburg

Einwohner: 131 587. Fläche: 1056 km². Einwohner je km²: 125. Kfz-Kennzeichen: IZ. Kreisverwaltung: Viktoriastraße 16-18, 25524 Itzehoe, Postfach 1632, 25506 Itzehoe. Verwaltungsgliederung: 4 amtsfreie Städte (Itzehoe, Glückstadt, Kellinghusen, Wilster), 1 amtsangehörige Stadt (Krempe), 109 amtsangehörige Gemeinden in 9 Ämtern (Breitenburg, Herzhorn, Hohenlockstedt, Horst, Itzehoe-Land, Kellinghusen-Land, Krempermarsch, Schenefeld, Wilstermarsch) und 1 amtsfreie Gemeinde (Lägerdorf).

Wappenbeschreibung

In Rot aus blauem Wellenschildfuß wachsend eine silberne Burg mit drei blau bedachten Zinnentürmen; unter dem Zinnenkranz aufgelegt drei Schilde: 1 in Blau der silbern und golden gekleidete Christus mit zum Segen erhobener Rechten, in der Linken die mit einem goldenen Kreuz bestecke rote Weltkugel, 2 in Rot ein silbernes Nesselblatt, 3 in Rot ein golden bewehrter, flugbereiter silberner Schwan mit einer goldenen Krone um den Hals.

Historische Entwicklung

Die Auflösung des sächsischen Herzogtums nach dem Sturz Heinrichs des Löwen 1180 sowie der Sieg bei Bornhöved 1227, der für Jahrhunderte die dänische Bedrohung von Norddeutschland nahm, bildeten die Voraussetzungen für das Entstehen eines fast lehnsunabhängigen Territoriums unter den schauenburgischen Grafen von Holstein. Eine der Burgen, auf denen die von ihnen eingesetzten »Amtmänner« residierten, war die »Steinburg« an der Krempau. 1650 wanderte der Amtssitz nach Itzehoe, wo er heute auch noch angesiedelt ist, als der Kreis nach dem Deutschen Krieg von 1866 in preußische Verwaltung übergegangen war. Am 22. September 1867 wurde die längst überholte patrimoniale Verwaltungsvielfalt, die die moderne Trennung von Justiz und Verwaltung noch nicht kannte, durch die preußische Kommunal- und Kreisordnung abgelöst. Sie und die ergänzende Kreisordnung von 1888 schufen zusammen den in der Gebietsreform von 1969/73 leicht vergrößerten, neuzeitlichen Kreis Steinburg.

Seit dem 30. Juli 1928 führt der Kreis das oben abgebildete Wappen, in dem die Steinburg das zentrale Motiv darstellt. Nach Stadler (Deutsche Wappen, Band 1, Bremen 1964) symbolisieren die drei kleinen Wappenschilde die historischen Hauptgebiete des Kreises: Der Heiland steht für die Wilstermarsch, das Nesselblatt für die Geest mit Itzehoe und der Schwan mit dem Halsband für die Krempermarsch. Der Wellenschildfuß nimmt Bezug auf die untere Elbe, die die Südgrenze des Kreises bildet.

Struktur des Kreises
Sehenswürdigkeiten

Eine halbe Autostunde nordwestlich von der Elbmetropole Hamburg entfernt liegt der Kreis Steinburg. Im Süden und Südwesten dieser Region erstreckt sich das flache Grasland der Elbmarschen, unterbrochen von den charakteristischen Höfen der Kremper- und Wilstermarsch. Im Norden und Nordosten bestimmt die Geest die Landschaft. Sehenswert in der Kreisstadt Itzehoe sind neben dem alten Rathaus mit hoher Freitreppe und barockem Portal der historische Ständesaal sowie der romanische Klosterhof (ehemaliges Zisterzienserkloster). Die Barockkirche St. Laurentii enthält eine Krypta mit wertvollen Särgen einheimischer Adeliger (17./18. Jh.). Im Prinzeßhof (16. Jh.), einem der schönsten Gebäude der Stadt, ist das Heimatmuseum untergebracht. Das Schloß Breitenburg, auf einer Geestinsel im Störtal von Wassergräben umgeben, birgt viele Kunstschätze. Keramikbetriebe, in denen seit 1760 Fayencen hergestellt werden, haben Kellinghusen bekannt gemacht.

Besuchenswert sind u. a. die Städte Wilster mit historischem Stadtbild (»Altes Rathaus« im Renaissancestil [1585], Bartholomäuskirche) und Glückstadt. Hier beeindruckt der sechseckige Marktplatz, der vom Rathaus (Renaissance) und von der Stadtkirche (1619/1650) beherrscht wird. Weitere historische Bauten stehen am Hafen. Die tiefste Landstelle Deutschlands befindet sich mit 3,54 m u. NN in Neuendorf bei Wilster.

Kreis Stormarn

Einwohner: 205 131. Fläche: 766 km². Einwohner je km²: 268. Kfz-Kennzeichen: OD. Kreisverwaltung: Mommsenstraße, 23843 Bad Oldesloe, Postfach, 23840 Bad Oldesloe. Verwaltungsgliederung: 55 Gemeinden, darunter 6 Städte (Ahrensburg, Bad Oldesloe, Bargteheide, Glinde, Reinbek, Reinfeld/Holst.), 44 amtsangehörige Gemeinden in 5 Ämtern (Bad Oldesloe-Land, Bargteheide-Land, Nordstormarn, Siek, Trittau) und 5 amtsfreie Gemeinden (Ammersbek, Barsbüttel, Großhansdorf, Oststeinbek, Tangstedt).

Wappenbeschreibung

In Rot ein kampfbereiter silberner Schwan mit einer goldenen Halskrone.

Historische Entwicklung

Als 1867 nach dem Anschluß Schleswig-Holsteins an Preußen der Kreis Stormarn gebildet wurde, übernahm dieser am 1. Oktober 1867 das altüberlieferte Stormarner Wappen. Es stellt damit neben dem Emblem des Kreises Herzogtum Lauenburg das älteste deutsche Kreiswappen dar. Ursprung und Bedeutung des Wappenbildes weisen zurück in mittelalterliche und vormittelalterliche Zeit und sind ohne die geistesgeschichtlichen Bezüge zu Sage und Legende wohl nicht voll verständlich. Es gibt mehrere heraldische Deutungsvorschläge. Vermutlich kommt die Erklärung am nächsten, die den stürmenden Schwan als »sprechendes« Sinnbild für »stürmisch« deutet, das als sprachliche Anknüpfung an »Stormarn« verstanden werden kann. Der Name »Stormarn« ist bereits im 11. Jh. faßbar in der Hamburgischen Kirchengeschichte Adams von Bremen. Lange Zeit war Hamburg die Hauptstadt Stormarns gewesen, bis es seine Eigenständigkeit immer mehr ausbaute und sich schließlich ganz aus dieser Bindung löste. Die wechselvolle Geschichte des Gebietes brachte es mit sich, daß der Stormarner Schwan im schwedischen Königswappen von 1751 bis 1818 und im dänischen sogar vom 15. Jh. bis zum formellen Verzicht Königin Margarethes II. auf die deutschen Erbtitel am 5. Juli 1972 stand. Von 1490 bis 1773 war Altstormarn Bestandteil des Herzogtums Holstein der Gottorfer Linie, die 1762 sogar den russischen Zarenthron bestieg. Nach dem Verzicht der Gottorfer fiel Stormarn an Dänemark, wo es bis 1866 verblieb.

Struktur des Kreises
Sehenswürdigkeiten

Der Kreis Stormarn, zwischen den beiden Hansestädten Lübeck (Nordosten) und Hamburg (Südwesten) gelegen, verbindet die Elbe mit der Ostsee. Alster, Bille und Trave vereinigen sich in der Kreisstadt Bad Oldesloe mit der Beste und fließen durch das in der Eiszeit entstandene Stormarner Hügelland. Äcker, Wiesen, Weiden und Wälder prägen das ländliche Landschaftsbild. Ein Großteil der unter Naturschutz gestellten Gebiete Hahnheide, Nienwohlder Moor, Brenner Moor, Wittmoor und Hansdorfer Brook befinden sich auf Stormarner Territorium. Als beliebte Ausflugsziele gelten Ahrensburg mit seinem Renaissanceschloß, in dem die Wohnkultur des schleswig-holsteinischen Adels im Museumsteil dem Besucher anschaulich dargestellt wird; das im niederländischen Renaissancestil erbaute Schloß Reinbek im idyllisch am Sachsenwald gelegenen gleichnamigen Ort; das neugotische Schloß Tremsbüttel; Schloß Nütschau (Benediktinerpriorat); der »Utspann« (altes Bauernhaus) in Bargteheide sowie das Stormarnsche Dorfmuseum in Holsdorf. Zeugen der Vergangenheit sind u. a. die Herrenhäuser in Altfresenburg, Blumendorf und Grabau, das Torhaus des Gutes Jersbek und die Mennokate in Bad Oldesloe. Über den Kreis verstreut ducken sich die reetgedeckten Katen und Bauernhäuser. Die Karpfenstadt Reinfeld wurde durch den Dichter Matthias Claudius berühmt.

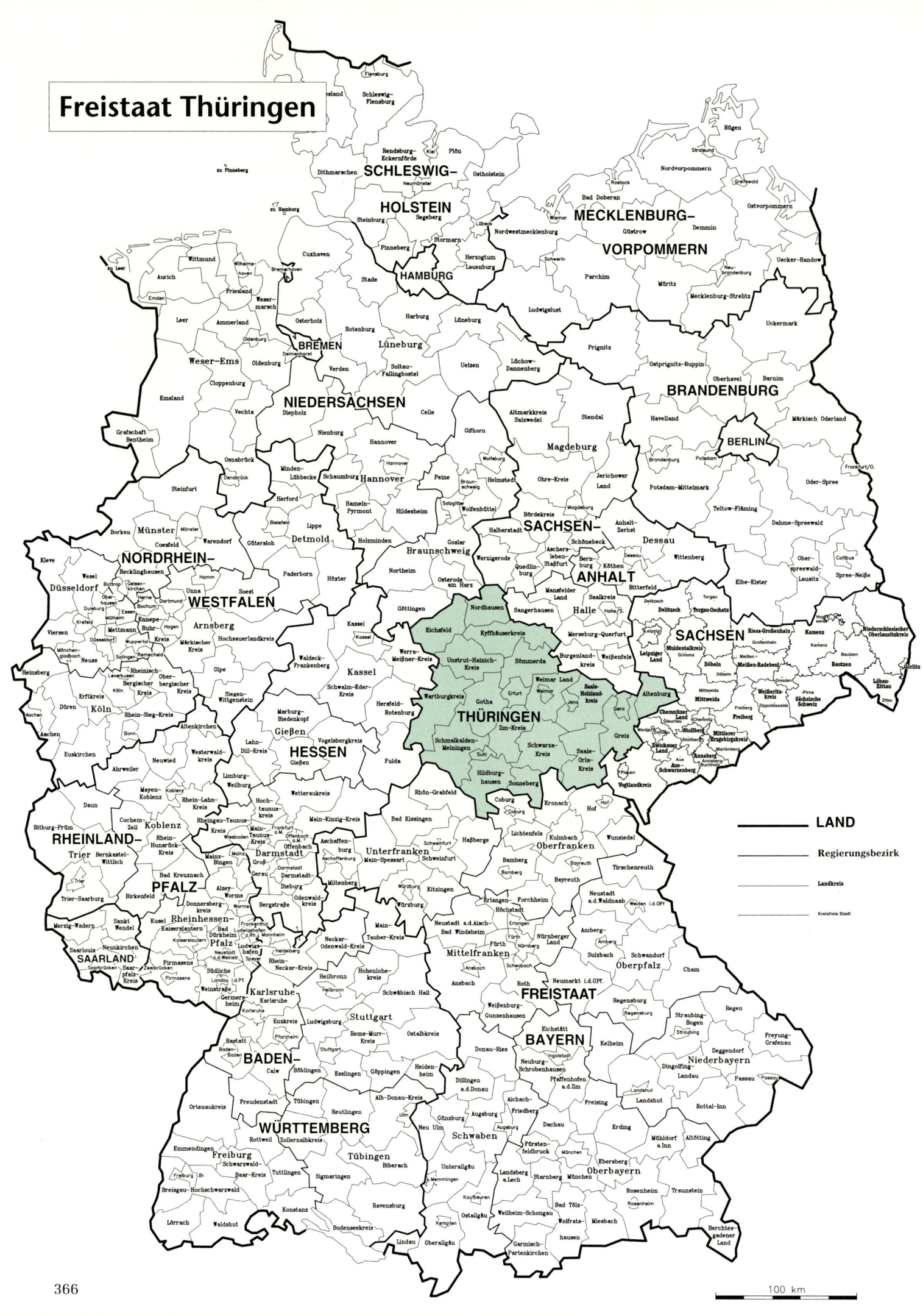

Ekkehard Kroner

Die Landkreise in Thüringen

Die derzeitige Struktur der Bundesländer ist zwar in unserem Jahrhundert entstanden, geht aber auf ältere Territorialstaaten zurück. Dabei sind die meisten Länder durch ihre geografischen und staatsrechtlichen Begriffe eindeutig gekennzeichnet.

Anders ist das bei Thüringen.

Das einstige Thüringer Königreich, das im Norden bis an den Harz und die Altmark, im Süden bis an den Main reichte und von den Franken und Sachsen zu beiden Seiten begrenzt war, ist im Jahre 531 n. Chr. untergegangen. Der Name Thüringen ist erhalten geblieben, aber einen eindeutigen geografischen oder provinziellen Begriff Thüringen für das ganze Gebiet hat es nicht mehr gegeben. Die Thüringer Landgrafen repräsentierten stets nur Teile des einstigen Reiches. Dieses aber zerfiel immer mehr in Grafschaften und Provinzen, in reichsfreie Städte, feudale und fremdländische Besitzungen, bis das Land zur Unkenntlichkeit zerstückelt war. Ein Blick auf die politische Karte läßt Thüringen als ein künstlich konserviertes Miniaturbild der staatlichen Gestaltung Deutschlands am Ausgang des Mittelalters erscheinen. Aus 94 Farbflecken setzte sich die Karte zur Zeit der größten Zersplitterung zusammen.

Die ersten Landkreise und ihre Verwaltungen haben auch in Thüringen ihren Ursprung in den Ämtern, die sich wiederum aus den vorwiegend herrschaftlichen Einrichtungen über mehr genossenschaftliche Körperschaften zu Verwaltungseinrichtungen entwickelt haben und sich dann Kreise nennen. Diese Ämter dienten der Steuereinnahme oder der Rechtsprechung, standen für eine kirchliche Verwaltungseinheit oder einen Wehrbezirk. Sie waren in Größe und Struktur sehr unterschiedlich und haben sich häufig auch durchdrungen und überlagert. Klein gegliederte Strukturen waren und sind für Thüringen typisch, und das gilt auch für die Verwaltungsgliederung der Kreise.

Dazu kam, daß weite Teile Thüringens seit dem Reichsdeputationshauptschluß von 1803 in die Hand der Preußen fielen. Darunter waren unter anderem die Stadt Erfurt, die Reichsstädte Mühlhausen und Nordhausen und das Eichsfeld. Sie bildeten den Regierungsbezirk Erfurt. Diesen unterstellten die preußischen Zentralbehörden der Provinz Sachsen, die ihren Sitz in Magdeburg hatte. So kam es, daß die ersten 10 Landkreise 1816 nach preußischem Muster mit dieser Bezeichnung und auch mit einem Landratsamt etwa nach unserem heutigen Verständnis gebildet wurden. Die Kreise haben zum Teil 175 Jahre bestanden, das spricht für sich und für den Kreis als Verwaltungseinheit. Dieses historisch bedeutsame Datum ist in den Kreistagen und -verwaltungen erkannt und entsprechend gewürdigt worden.

Es war auch das Jahr 1816, als der Großherzog von Weimar als erster deutscher Fürst seinem Land eine Verfassung gab. Aber auch das hat nicht geholfen – Thüringen blieb in der kleinstaatlichen Zerrissenheit, für die im Sprachgebrauch das Wort »Flickenteppich« anschaulich wurde. So vielfältig wie dieses Gebietsmosaik aussah, so mannigfaltig ist dann auch etwa über einen Zeitraum von 100 Jahren die Geschichte in Thüringen parallel verlaufen. Ähnlich, vergleichbar – aber nebeneinander.

In den einzelnen fürstlichen oder herzoglichen Residenzen wurde regiert und gestritten, verwaltet und verordnet. Die Strukturen blieben klein und überstanden doch so entscheidende Veränderungen wie die 48er Revolution, den Norddeutschen Bund, die Reichsgründung und den Ersten Weltkrieg.

Vielleicht waren der Gemeinschaftsgedanke und das Streben nach Einheit gerade in den wegen ihrer Kleinheit gekennzeichneten Gebieten besonders groß, denn seit dem Beginn des Eisenbahnbaues in den Thüringer Ländern im Jahre 1842 wirkten sich die vielen Grenzen und die unterschiedlichen Zuständigkeiten äußerst hemmend aus. Sie behinderten die ökonomische Entwicklung nach der Reichsgründung bis zur Jahrtausendwende ebenso wie die Überwindung der Not in den Jahren 1914 bis 1918.

Unmittelbar nach dem Ersten Weltkrieg zerbrach die Macht der Fürstenhäuser. Die Einigungsbestrebungen führten zum Erfolg. Coburg wurde nach einem Volksentscheid 1919 Bayern angegliedert. Die anderen sechs Freistaaten – hervorgegangen aus dem Großherzogtum Sachsen-Weimar-Eisenach, den Herzogtümern Sachsen-Coburg und Gotha, Sachsen-Meiningen, Sachsen-Altenburg, den Fürstentümern Schwarzburg-Rudolstadt und Schwarzburg-Sondershausen – und der Volksstaat Reuß (1. April 1919) haben sich am 1. Mai 1920 zu einem *Freistaat Thüringen* zusammengeschlossen. Die Landeshauptstadt wurde Weimar. Erfurt war preußisch und wurde wie die anderen preußischen Gebiete erst 1944 mit dem Freistaat vereinigt.

Und warum »Freistaat«?

Die Weimarer Reichsverfassung vom August 1919 hat jedem Land eine freistaatliche Verfassung vorgeschrieben und wollte damit auf den republikanischen Charakter und auf das parlamentarische Regierungssystem in den neuen Ländern hinweisen, die nach den Monarchien entstanden waren. In

Thüringen hat man sich daran gehalten, sowohl in den sieben Staatsgebilden vor der Vereinigung wie in der Verfassung von 1922. Im Jahre 1990 konnte man daran anknüpfen.

Ein Vergleich der Kreisstrukturen in den sieben Thüringer Staaten bis 1918 läßt wieder viele verschiedene Systeme, vor allem aber sehr kleine Strukturen erkennen. So hatte zum Beispiel das Herzogtum Gotha bis 1922 drei Landratsämter und vier kreisfreie Stadtverwaltungen. Die Kreisneugliederung, vom Landtag nach Regierungsvorlage am 16. Juni 1922 angenommen, sah neun – später 10 – Stadtkreise und 16 Landkreise vor. In Preußen gab es 1932 eine Verwaltungsreform, die sich auch auf den Regierungsbezirk Erfurt ausgewirkt hat. Verwaltungsveränderungen brachte auch das »Dritte Reich« mit sich. 1945 war Thüringen in 12 Stadt- und 24 Landkreise gegliedert. Aus der *Provinz* wurde noch unter amerikanischer Besatzung ein *Land Thüringen*. Zahlreiche Umstrukturierungen wurden von 1945 bis 1952 vorgenommen, bis ein zentralistisch gelenktes Staatssystem eingeführt und der föderale Staatsaufbau zerbrochen wurde. Das war zugleich das Ende des Landes Thüringen, es zerfiel in drei Teile.

Von 1952 bis 1990 gab es die drei Bezirke Erfurt, Gera und Suhl mit 35 Landkreisen und fünf kreisfreien Städten. Dabei war der Kreis Gotha mit 142 325 Einwohnern (1989) der bevölkerungsreichste aller DDR-Kreise und Lobenstein mit 28 525 Einwohnern der bevölkerungskleinste der drei Thüringer Bezirke. Das entsprach durchaus dem DDR-Durchschnitt, der bei 60 000 Einwohnern je Landkreis lag.

Nach der Neugründung des Freistaates Thüringen am 25. Oktober 1990 wurden auch die Kreisstrukturen neu geordnet. Er ist heute in 17 Landkreise und fünf Stadtkreise gegliedert.

Die Rechtsgrundlage der kommunalen Selbstverwaltung ist im Thüringer Neugliederungsgesetz und in der Kommunalverordnung vom 16. August 1993 festgelegt. Danach beschließt der *Kreistag*, der alle fünf Jahre gewählt wird, über die Aufgaben des eigenen Wirkungskreises. Die Beschlüsse werden von einem Kreistagsausschuß und anderen Ausschüssen vorbereitet. Der Kreistag überwacht die Ausführung. Den Vorsitz führt der *Landrat*, dieser ist Beamter auf Zeit und wird auf die Dauer von sechs Jahren direkt gewählt. Er leitet das Landratsamt und vollzieht die Beschlüsse des Kreistages und der Ausschüsse und ist damit Hauptverwaltungsbeamter sowie Behördenleiter der Kreisverwaltung. Das Amt des Oberkreisdirektors gibt es in Thüringen nicht.

Mit der Kreisneugliederung wurden auch die sogenannten Kragenkreise aufgelöst, und es gibt auch keine Bezirksverwaltungen.

Heute liegt die Kreisgröße zwischen 569 km² (Kreis Altenburger Land) und 1409 km² (Wartburgkreis) und nach Einwohnern zwischen 75 700 (Kreis Hildburghausen) und 196 500 (Wartburgkreis). Damit hat man sich in Thüringen zu weitaus kleineren Strukturen entschlossen als vergleichsweise in Baden-Württemberg oder Nordrhein-Westfalen, wo die durchschnittliche Kreisgröße bei 219 000 bzw. 307 000 Einwohnern liegt. In Thüringen liegt die Durchschnittsgröße der Stadt- und Landkreise unter 115 000 Einwohnern.

Im Freistaat gibt es 1247 Gemeinden, davon haben 565 weniger als 500 Einwohner. Die größte Stadt ist Erfurt mit 210 000 Einwohnern.

Klein waren die Grafschaften und Fürstentümer, Teile gehörten zur Mainzer Republik, besiegt und besetzt von Franken und Sachsen, von den Schweden im Dreißigjährigen Krieg und den Truppen Napoleons, von Preußen verwaltet, amerikanische und russische Besatzungszone nach dem Zweiten Weltkrieg – und immer wieder wurde Thüringen neu gegliedert. So sind die Strukturen auch heute noch klein.

Es mag wohl ein besonderer Erfahrungswert gewesen sein, der zu der Formulierung im Artikel 92 der Verfassung des Freistaates von 1990 geführt hat, daß das Gebiet von Landkreisen geändert werden kann. Seit der Kreisbildung zu Beginn des vergangenen Jahrhunderts gab es in Thüringen rund ein Dutzend Kreisgebietsreformen bzw. andere Strukturveränderungen, die die Thüringer Bürgerschaft ganz oder teilweise »neugliederten« und ihre Wohn- und Wirkungsstätten veränderten Bedingungen angepaßt haben. Eine Gemeinwohlklausel hat es nicht immer gegeben. Das Demokratieprinzip wurde häufig mißachtet. Aber die Verwurzelung mit dem Heimatkreis ist bei vielen Bürgern doch stärker und fester als angenommen. Sie tun sich oft schwer mit der neuen Identität. Das ist wohl auch gut so, denn auch Verwaltung hat etwas mit Gemeinsinn und mit dem Lebensgefühl der Menschen zu tun.

Mit der neuen Kreisgliederung verbindet sich eine neue Hoffnung auf kommunale Selbstbestimmung in Freiheit und Frieden an der Schwelle zum neuen Jahrtausend.

Thüringischer Landkreistag – Richard-Breslau-Straße 13 – 99094 Erfurt

Landkreis Altenburger Land

Einwohner: 123 000. Fläche: 570 km². Einwohner je km²: 216. Kfz-Kennzeichen: ABG. Kreisverwaltung: Lindenaustraße 9, 04600 Altenburg, Postfach 1165, 04581 Altenburg. Verwaltungsgliederung: 5 Städte (Altenburg, Gößnitz, Lucka, Meuselwitz, Schmölln), 3 selbständige Gemeinden (Nobitz, Windischleuba, Wintersdorf) sowie die Verwaltungsgemeinschaften Altenburger Land, Pleißenaue, Rositz, Wieratal, Saara, Oberes Sprottental mit insgesamt 42 Gemeinden.

Wappenbeschreibung

Geviert; 1 in Silber eine rote Rose mit goldenem Butzen und grünen Kelchblättern, 2 in Blau ein von Gold und Silber geteilter Löwe, 3 neunmal von Schwarz und Gold geteilt und mit einem grünen Rautenkranz belegt; 4 in Silber eine rote Eichel mit grünem Kelch.

Historische Entwicklung

Die Geschichte des Altenburger Landes begann mit der Sorbenzeit. Der Gau Plisni (sorbisch für Pleiße) gehörte zu den damaligen sorbischen Hauptsiedlungsgebieten. Im Jahre 1158 ging der Gau an das Reich über, erlosch 1181 als selbständiges Gebilde und ging in dem größeren Pleißnerland auf. Der Name Pleißnerland blieb bis 1384 und wurde danach durch den Begriff Osterland verdrängt. Kernstück dieses Landes ist die Altenburger Landschaft geworden. Trotz verschiedener Teilungen in den Jahren 1445 und 1485 ist das Altenburger Land geblieben wie es war. Es blieb auch im 15. Jh. unter der Ernestinischen Linie der Wettiner als einzige Ausnahme unter der kaiserlichen Oberhoheit.

Während vom 16. bis 19. Jh. nur unbedeutende Gebietsveränderungen eintraten, nahmen sie Anfang des 19. Jh. zu. Durch Gebietsaustausche mit Sachsen und Preußen wurde der Landkreis Altenburg einheitlicher gestaltet. Mit der Verwaltungsreform von 1952 auf dem Gebiet der ehemaligen DDR wurde der Kreis Schmölln von Altenburg abgetrennt, und beide Kreise wurden dem Bezirk Leipzig zugeordnet. Mit Inkrafttreten des Thüringer Neugliederungsgesetzes wurde aus beiden Kreisen mit Wirkung vom 1. Juli 1994 der Landkreis Altenburger Land gebildet, zunächst noch unter dem Namen »Landkreis Altenburg«. Die Genehmigung zur Wappenführung wurde am 28. April 1995 erteilt. Die Rose symbolisiert die Burggrafschaft Altenburg, der Löwe das Pleißenland, der Rautenkranz die Wettiner. Die Eichel als höchste Spielkartenfarbe verweist auf das von Altenburg ausgehende Skatspiel.

Struktur des Kreises Sehenswürdigkeiten

Administratives, wirtschaftliches und kulturelles Zentrum des Landkreises ist das über 1000jährige Altenburg (Stadtrecht durch Kaiser Friedrich Barbarossa 1158), ehemals Kaiserpfalz und herzogliche Residenzstadt. Museen und Sammlungen, Bibliotheken, das Theater, Bildungseinrichtungen und repräsentative Bauten geben der Stadt ihre Bedeutung weit über die Region hinaus. Der Ruf Altenburgs als Skatstadt mit der Spielkartenfabrik, dem Spielkartenmuseum und dem Sitz des Skatgerichts ist in alle Welt gedrungen.

Doch auch die Städte Schmölln, Meuselwitz, Lucka und Gößnitz sowie die 45 Gemeinden, die Naherholungs-, Landschafts- und Naturschutzgebiete prägen das Gesicht des Kreises entscheidend mit.

Sehenswürdigkeiten des Landkreises sind vor allem:
– das Altenburger Schloß mit Spielkarten- und Schloßmuseum, die spätgotische Schloßkirche mit der berühmten Trost-Orgel (1738),
– das Lindenau-Museum Altenburg mit der bedeutendsten Sammlung frühitalienischer Tafelmalerei (13. bis 16. Jh.) außerhalb Italiens, mit griechischen und etruskischen Tongefäßen sowie wechselnden Ausstellungen zeitgenössischer Kunst,
– die Burg Posterstein, eine mittelalterliche Burganlage mit Heimatmuseum und Galerie,
– das Landestheater Altenburg, 1869/71 erbaut und der Dresdner Semperoper nachempfunden,
– die Dorfkirche Ponitz mit einer Silbermannorgel,
– das Dorfmuseum »Pferdestall« Göpfersdorf als ein Repräsentant des typischen Vierseitenhofes oder
– das Technische Denkmal Zechau in der ehemaligen Brikettfabrik mit erhaltener Industriearchitektur, Anlagen und Maschinen.

Landkreis Eichsfeld

Einwohner: 117 683. Fläche: 940 km². Einwohner je km²: 125. Kfz-Kennzeichen: EIC. Kreisverwaltung: Friedensplatz 8, 37308 Heilbad Heiligenstadt, Postfach 142, 37301 Heilbad Heiligenstadt. Verwaltungsgliederung: 4 Städte (Dingelstädt, Heilbad Heiligenstadt, Leinefelde, Worbis) sowie 97 Gemeinden in 13 Verwaltungsgemeinschaften (»Am Lindenberg/Eichsfeld« Teistungen, »Am Ohmgebirge« Worbis, Dingelstädt, »Eichsfelder Kessel« Niederorschel, »Eichsfelder Südharz« Bischofferode, »Eichsfeld-Wipperaue« Breitenworbis, Geismar, »Hanstein-Rusteberg« Hohengandern, »Leinetal« Bodenrodem, »Obere Bode« Großbodungen, »Südeichsfeld« Ershausen, Uder, »Westerwald-Obereichsfeld« Küllstedt).

Wappenbeschreibung

In Silber ein golden bewehrter roter Adler, belegt mit einem silbernen sechsspeichigen Rad.

Historische Entwicklung

Mit dem Untergang des Thüringer Reiches 531 n. Chr. kam es zur Teilung des Eichsfeldes. Das Obereichsfeld gelangte unter fränkischen und das Untereichsfeld unter sächsischen Herrschaftsbesitz. Ursprünglich war das Eichsfeld ein germanischer Gau gewesen mit erster urkundlicher Erwähnung im Jahre 897. Vom 9. bis 16. Jh. erwarb das Mainzer Erzstift das Territorium. Während des Bauernkrieges fielen zahlreiche Klöster und Burgen der Zerstörung anheim. 1575 wandte sich das Eichsfeld nach der Reformation wieder dem alten Glauben zu. Eine neuerliche Verwüstung brachte der 30jährige Krieg, und mehrere Pestepidemien dezimierten die Bevölkerung erheblich.
1802 wurde das Fürstentum Eichsfeld preußisch und gehörte von 1807 bis 1813 zum Königreich Westfalen, das Untereichsfeld wurde zum Königreich Hannover geschlagen (1815 bis 1866). Dokumentiert wurde dies seit 1817 im Großen Preußischen Wappen durch einen roten, goldbewehrten Adler im silbernen Feld. Auf der Brust trug er, mit Rücksicht auf die lange Zugehörigkeit des Eichsfeldes zu Kurmainz, das Mainzer Rad, das Heiligenstadt schon seit dem 13. Jh. im Siegel führte. 1945 erfolgte die Zusammenlegung der Kreise Heiligenstadt und Worbis zum Landkreis Eichsfeld mit Sitz in Heiligenstadt. 1952 erfolgte die Trennung der beiden Kreise, bis die Gebietsreform von 1994 die erneute Zusammenlegung brachte. Das Landesverwaltungsamt Weimar genehmigte am 27. März 1995 die Führung des historischen Zeichens des Fürstentums Eichsfeld als Kreiswappen.

Struktur des Kreises
Sehenswürdigkeiten

Der Landkreis Eichsfeld liegt im Nordwesten des Landes Thüringen und ist eingebettet zwischen Oberharz, Hessischem Bergland und Thüringer Wald. Geologisch ist das Kreisgebiet dem mitteldeutschen Trias zuzuordnen, es dominieren Muschelkalk und Buntsandstein. Das Relief zeigt neben Tälern und Hügelland auch Abschnitte mit Mittelgebirgscharakter. Die niedrigste Höhenlage befindet sich im Werratal mit 141 m ü. NN und erreicht auf Höhenzügen und Plateaus über 500 m ü. NN. Wichtige Erwerbsgrundlagen in den vergangenen Jahrhunderten waren die Landwirtschaft und Handweberei. Es folgten Kalibergbau, Textilindustrie und verschiedene Handwerke.
Mit der über 1000jährigen Stadt Heiligenstadt befindet sich eine der frühesten Ansiedlungen Deutschlands im Eichsfeld. In dieser Stadt wurde der Bildschnitzer Tilman Riemenschneider geboren; hier wirkte ebenfalls der Dichter Theodor Storm. Auch die Städte Dingelstädt, Leinefelde und Worbis sowie die zahlreichen schmucken Dörfer begeistern mit ihren historischen Bauten und den romantischen Winkeln. Die sehenswerten Kirchen und Klöster, die Kruzifixe und Wegekreuze, die Bildstöcke und kleinen Kapellen sowie die Wallfahrten und Prozessionen sind der Beweis für die tiefverwurzelte Religion im Eichsfeld. Bekannte Wallfahrtsorte sind der Hülfensberg, das Klüschen Hagis sowie die Etzelsbachkapelle.
Burgen und Schlösser sind im ganzen Eichsfeld verbreitet (Burgruine Hanstein sowie die Burgen Scharfenstein, Bodenstein und Gleichenstein). Ein Begriff sind auch die Spezialitäten der Region. Unbedingt probieren sollte man den »Eichsfelder Feldgieker« sowie den »Eichsfelder Schmandkuchen«.

Landkreis Gotha

Einwohner: 148 437.
Fläche: 936 km². Einwohner je km²: 158,6. Kfz-Kennzeichen: GTH.
Kreisverwaltung: 18.-März-Straße 50, 99867 Gotha, Postfach 147, 99851 Gotha. Verwaltungsgliederung: 5 Städte (Friedrichroda, Gotha, Ohrdruf, Tambach-Dietharz, Waltershausen) und 11 Verwaltungsgemeinschaften (Nessetal, Emsetal, Mittleres Nessetal, Nesseaue, Hörsel, Apfelstädtaue, Leinatal, Mittlerer Apfelstädtgrund, Reinhardsbrunn, Nesse-Apfelstädt-Gemeinden, Fahner Höhe).

Wappenbeschreibung

Geteilt von Silber und Rot; oben das Schloß Friedenstein in Silber und mit schwarzen Dächern, unten über einem von Silber und Schwarz geschliffenen sechsstrahligen Stern ein silberner Wellenbalken.

Historische Entwicklung

Der heutige Landkreis Gotha gehört seit Jahrhunderten zu Thüringen. Nach der Zerschlagung des »Königreiches der Thüringer« regierten fränkische und sächsische Herzöge das Land. 1554 wurde Johann Friedrich der Mittlere, aus dem Geschlecht der Ernestiner, Herzog von Gotha. Dies war zugleich die Geburtsstunde des Herzogtums Gotha. 1825 erlosch die Dynastie der Gotha-Altenburger, und es entstand in der Folge durch Neuaufteilung das Herzogtum Sachsen-Gotha-Coburg. Zum Herzogtum Gotha gehörten sieben Städte (Gotha, Waltershausen, Zella-Mehlis, Friedrichroda, Ruhla, Ohrdruf und ab 1919 Tambach-Dietharz), mehrere Marktflecken, 134 Dörfer mit Kirche, 10 Dörfer ohne Kirche sowie mehrere Kleinsiedlungen und Einzelhöfe. Nach Abdankung der Fürstenhäuser und deren Enteignung durch Arbeiter- und Soldatenräte wurde der Freistaat Gotha im Jahre 1919 ins Leben gerufen. Im Anschluß an die Entstehung des Landes Thüringen erfolgte am 1. Oktober 1922 die Neuaufteilung der Kreise und dabei die Gründung des Landkreises Gotha.

Aus der Gebietsreform von 1994 entstand der Großlandkreis Gotha. Er führt das am 28. Juni 1991 ministeriell genehmigte Wappen des gleichnamigen Vorgängerkreises unverändert weiter. Das Kreiswappen zeigt mit dem Schloß Friedenstein die größte frühbarocke Dreiflügelanlage Europas. Darunter ist der von Landgraf Balthasar (1381 bis 1406) angelegte Leinakanal abgebildet, mit dem die Wasserknappheit der Stadt Gotha überwunden wurde. Der Stern symbolisiert eines der sieben ehemaligen Thüringer Herzogtümer, das des Hauses Sachsen-Gotha-Altenburg bzw. Sachsen Coburg-Gotha.

Struktur des Kreises
Sehenswürdigkeiten

Der Landkreis Gotha, am Nordhang des Thüringer Waldes gelegen, wird von uralten Handelsstraßen durchquert. Die einstige Residenzstadt Gotha wird bereits 775 urkundlich erwähnt. Das Stadtbild wird von Schloß Friedenstein, einem Frühbarockbau (1643 bis 1654), beherrscht. Das Schloßmuseum besitzt reiche Kunstschätze, u. a. das weltbekannte erste deutsche Doppelbildnis »Gothaer Liebespaar«, ein Münz- und ein Kupferstichkabinett. Im Schloß Friedenstein ist das älteste barocke Schloßtheater Deutschlands untergebracht, das nach Conrad Ekhof (1720 bis 1778) benannt ist, dem es zu verdanken ist, daß in Gotha das erste deutsche Theater mit festem Ensemble entstand. Zu nennen ist auch das Naturheilkundemuseum in Gotha. Diese Perle an der »Thüringer Klassikerstraße« besitzt ein Renaissancerathaus am Hauptmarkt, an dessen Ostseite das Lucas-Cranach-Haus steht. Auf dem Hauptfriedhof befindet sich das Krematorium von 1878, das erste seiner Art in Europa, mit einer stilvollen Urnenkollonade. Im ehemaligen Pagenhaus von Schloß Friedenstein entstand seit 1985 das einzigartige Karthographische Museum.

An Sehenswürdigkeiten verschiedener Art ist der Landkreis reich: in Friedrichroda die Marienglashöhle (Mitteleuropas größte und schönste Gipskristallhöhle), ebenfalls dort das Schloß Reinhardsbrunn mit Landschaftspark, in Ohrdruf das Renaissanceschloß Ehrenstein und das technische Museum »Tobiashammer«, im Ortsteil Schnepfenthal von Waltershausen die Salzmannschule, einziges original erhaltenes Philanthropinum Deutschlands von 1784, dazu erster deutscher Turnplatz.

Landkreis Greiz

Die Entscheidung über das Kreiswappen steht noch aus.

Einwohner: 127 861. Fläche: 843,36 km². Einwohner je km²: 151,6. Kfz-Kennzeichen: GRZ. Kreisverwaltung: Dr.-Rathenau-Platz 11, 07962 Greiz. Verwaltungsgliederung: 9 Städte (Auma, Bad Köstritz, Berga/Elster, Greiz, Hohenleuben, Münchenbernsdorf, Ronneburg, Triebes, Zeulenroda) und 10 Verwaltungsgemeinschaften mit 61 Gemeinden.

Historische Entwicklung

Die Besiedelung des Gebietes erfolgte relativ spät. Als Waldland war es in urgeschichtlicher Zeit lediglich Durchzugsgebiet. In der Region Gera-Land ist nur eine größere Höhensiedlung auf dem Eselsberg zwischen Berga und Wünschendorf bekannt, die aus der Bronze- und früheren Eiszeit (15. bis 13. Jh. v. u. Z.) stammt. Erst im 9. und 10. Jh. erfolgte die Landnahme durch slawische Sorben. Ortsnamen mit der Endung »-itz« deuten noch heute auf ihren slawischen Ursprung hin. Im 12. Jh. wurde auch das Vogtland von der deutschen Ostexpansion erfaßt. Ortsnamen mit den Endungen »-grün«, »-dorf« und »-reuth« deuten auf den germanischen Ursprung hin.

Die Staufer setzten zur Sicherung ihrer Königsgewalt im 12. Jh. in diesen großen Reichswaldgebieten Vögte ein, von denen die Landschaft ihren Namen »Vogtland« erhielt. Dazu gehörten die Herren von Weida, die sich ab 1209 Vögte von Weida und ab 1244 Vögte von Weida, Gera und Plauen nannten. Dieses Vogtland reichte weit über die Grenzen der heutigen Landschaft hinaus.

Von diesen Vogtsfamilien überlebten nur die Fürstenhäuser Reuß, deren jüngere Linie ihren Stammsitz in Gera sowie Schleiz und die ältere Linie in Greiz hatte, zu der auch Zeulenroda gehörte. Die beiden Fürstentümer wurden 1919 zum Volksstaat Reuß vereinigt, der neben anderen Herzog- und Fürstentümern in das neugegründete Land Thüringen am 1. Mai 1920 einging. Als Bundesland ist Thüringen am 7. November 1990 entstanden. Der seit dem 12. Jh. verwendete Begriff »Vogtland« hat sich bis heute erhalten. Territorial gehören jedoch nur kleine Gebiete Thüringens dazu. Der Großlandkreis Greiz entstand am 1. Juli 1994 durch den Zusammenschluß der Kreise Gera, Greiz und Zeulenroda. Die Entscheidung über das Wappen steht noch aus.

Struktur des Kreises Sehenswürdigkeiten

Im geografischen Zentrum Europas liegt der Landkreis Greiz, im Süden begrenzt durch die Ausläufer des Thüringer Schiefergebirges und des Erzgebirges, im Norden in die Saale-Elster-Sandsteinplatte übergehend. Das schöne Tal der Weißen Elster durchzieht den Kreis von Süd nach Nord mit großen Waldgebieten und Landwirtschaftsflächen. Im Westteil bestimmen die drei Weida-Talsperren, deren größte als »Zeulenrodaer Meer« bekannt ist, das Landschaftsbild.
Die wirtschaftliche Umstrukturierung seit Einführung der sozialen Marktwirtschaft ist im wesentlichen abgeschlossen. Die wichtigsten traditionellen Industriebereiche sind erhalten geblieben (chemische Industrie, Maschinenbau, Textil- und Bekleidungsindustrie, Möbelfertigung). Dynamisch entwickeln sich Handwerk und Dienstleistung.

Das Stadtbild der Kreisstadt Greiz wird vom Schloßberg mit dem Oberen Schloß und seinen Renaissancegiebeln als städtischem Wahrzeichen beherrscht. Sehenswert sind in Greiz das Sommerpalais mit dem Satiricum (einer Sammlung von Karikaturen) sowie der Bücher- und Kupferstichsammlung und die Stadtkirche St. Marien mit klassizistischer Ausstattung. Weida lockt mit Schloß Osterburg und seinem mächtigen Bergfried, aber auch mit dem Renaissancerathaus. Ein beliebtes Ausflugsziel ist der Märchenwald bei Wünschendorf mit den wasserkraftbetriebenen Märchenspielen. Interessante Bauwerke findet man auch in Zeulenroda (Rathaus), in Pöllwitz (Wehrkirche) oder in Wünschendorf (frühromanische Veitskirche). Hingewiesen sei schließlich auf Kloster Mildenfurth (1193), ein bemerkenswertes und historisch bedeutsames Bauwerk, das zu den schönsten Sakralbauten aus romanischer Zeit in Thüringen zählt.

Landkreis Hildburghausen

Einwohner: 75 727. Fläche. 937 km². Einwohner je km²: 81. Kfz-Kennzeichen: HBN. Kreisverwaltung: Markt 2, 98646 Hildburghausen. Verwaltungsgliederung: 7 Städte (Bad Colberg-Heldburg, Eisfeld, Hildburghausen, Römhild, Schleusingen, Themar, Ummerstadt) und 4 Verwaltungsgemeinschaften (Auengrund, Feldstein, Gleichberge, Heldburger Unterland) mit insgesamt 44 Gemeinden.

Wappenbeschreibung

Geviert; 1: in Gold auf grünem Dreiberg eine nach links gewendete, rotbewehrte schwarze Henne; 2: in Gold ein rotbewehrter schwarzer Löwe; 3: in Rot drei silberne Spitzen; 4: neunmal von Schwarz und Gold geteilt, belegt mit einem schrägen grünen Rautenkranz.

Historische Entwicklung

Ausgrabungen belegen, daß das Hildburghäuser Kreisgebiet schon 800 bis 400 v. u. Z. von Kelten besiedelt war. Später siedelten hier germanische Stämme. Im Jahre 531 wurde das Gebiet des heutigen Landkreises in das Frankenreich einverleibt. Die Henne im Wappen vom 20. August 1990, dessen erneute Bestätigung nach der Gebietsreform noch aussteht, weist auf die frühere Zugehörigkeit des Kreisgebietes zur Grafschaft Henneberg hin. Unter dem Grafen von Henneberg erhielten 1324 die Städte Hildburghausen und Eisfeld das Stadtrecht. Der Löwe belegt die Verbindung zur »Pflege Coburg«. Durch die Heirat einer Henneberger Prinzessin kam 1374 das Gebiet um Hildburghausen, Eisfeld und Heldburg an den Markgrafen von Meißen. Der sächsische Rautenkranz erinnert daran, daß das Gebiet fast 100 Jahre lang als eigenständiges Herzogtum Sachsen-Hildburghausen von einer wettinischen Dynastie regiert wurde. Der fränkische Rechen wiederum bezeugt die jahrhundertelange geistliche Zugehörigkeit zum Bistum Würzburg.

Das Jahr 1868 war die Geburtsstunde des Landkreises Hildburghausen. Durch Herzog Georg von Sachsen-Meiningen wurde am 1. Dezember 1868 der Kreis Hildburghausen mit dem Amtssitz Hildburghausen gebildet. Von 1922 bis 1952 war der Kreis Bestandteil des Landes Thüringen, bis er 1952 – neu eingeteilt – mit seinen 96 Gemeinden zum Bezirk Suhl kam. Nach 40 Jahren sozialistischer Planwirtschaft eröffneten sich nach der Wende völlig neue Möglichkeiten. Der einstige Grenzkreis liegt nun mitten im Herzen des geeinten Deutschlands und ist Bestandteil des wieder entstandenen Landes Thüringen. Die Kreisgebietsreform von 1994 bedeutete für den Landkreis Hildburghausen nicht nur seinen Bestand, sondern auch eine erhebliche Vergrößerung um die Gebiete um Römhild und Schleusingen.

Struktur des Kreises
Sehenswürdigkeiten

Die Talsperre Schönbrunn versorgt den Landkreis und weitere Gebiete Südthüringens mit Trinkwasser. Der Fluß Werra entspringt nahe dem Rennsteig und durchquert den Landkreis auf 45 km Länge.

Mit einer der ersten Lehranstalten wurde im 19. Jh. der Ruf als wissenschaftlich-kulturelles Zentrum begründet, 1828 gründete hier Joseph Meyer seinen Verlag, in dem er das noch heute erscheinende »Conversations-Lexikon« herausbrachte. Das Stadttheater in Hildburghausen ist das älteste deutsche Theater mit 235 Jahren Theatergeschichte, und das Naturtheater Steinbach-Langenbach bietet in den Sommermonaten Entspannung.

In sieben Museen des Landkreises kann sich der Besucher über die Region informieren. So etwa in Eisfeld im »Alten Bau«, einem Heimatmuseum, das eine Sammlung zur Geschichte der Porzellanherstellung, zu bäuerlicher Handwerkskunst sowie thüringischen und fränkischen Trachten enthält. Übrigens: Die Mundart im Landkreis ist fränkisch.

Weiterhin gibt es einen reichen Bestand an Bau- und Bodendenkmälern, darunter Veste Heldburg, Schloß Bertholdsburg-Schleusingen, Steinsburg bei Römhild am Keltenerlebnisweg, eingefallener Berg bei Themar, Fachwerkhäuser im fränkischen Stil (besonders im Heldburger Unterland), Bürgerhäuser des 18. Jh. in Hildburghausen und bedeutende Kirchen, z. B. Christuskirche in Hildburghausen, Stadtkirchen in Eisfeld und Themar, Kirche mit Schwalbennestorgel (einmalig in Deutschland) in Bedheim sowie die Stiftskirche in Römhild.

Ilm-Kreis

Einwohner: 123 862.
Fläche: 850 km².
Einwohner je km²: 146.
Kfz-Kennzeichen: IK.
Kreisverwaltung: Ritterstraße 14, 99310 Arnstadt.
Verwaltungsgliederung: 7 Städte (Arnstadt, Ilmenau, Stadtilm, Plaue, Langewiesen, Gehren, Großbreitenbach) und 7 Verwaltungsgemeinschaften (Bösleben, Geratal, Großbreitenbach, Ilmtal, Kirchheim, Langer Berg, Oberes Geratal).

Wappenbeschreibung

Geviert von Gold und Blau: 1 ein schwarzer, rotbewehrter Adler; 2 und 3 ein goldener, rotbewehrter Löwe; 4 auf schwarzem Berg eine schwarze Henne mit roter Bewehrung, rotem Kamm und Lappen.

Historische Entwicklung

Zum heutigen Ilm-Kreis gehören Territorien, die bis zur Auflösung des Deutschen Kaiserreiches im Jahre 1918 von sechs feudalen Kleinstaaten verwaltet wurden. Dabei dominierten vor allem die schwarzburgische und die hennebergische Herrschaft. So standen im 14. Jh. sowohl Ilmenau als auch Arnstadt zeitweilig unter der Herrschaft der Käfernburg-Schwarzburger Dynastie, die als Stammwappen den goldenen Löwen auf blauem Grund zeigte. Während Arnstadt unter Schwarzburger Herrschaft blieb, kam Ilmenau durch Verkauf 1343 an die Grafen von Henneberg. Auch wenn die Grafen von Henneberg Ilmenau mehrfach verpfändeten, spielte die Zeit ihrer Herrschaft für die Entwicklung der Stadt und des Amtes eine herausragende Rolle. Deshalb fand auch der Henneberger Wappenschild (schwarze Henne auf Dreiberg in Gold) Eingang in das Ilmenauer Stadtwappen. Nach dem Erlöschen der Henneberger Herrscherlinie im Jahr 1583 fiel das Amt Ilmenau an das Haus Sachsen. Der schwarze Adler auf goldenem Grund steht für die Herrschaft Arnstadt. Als Zeichen der Münzstätte zu Arnstadt wurde er schon um 1200 verwendet. Dieses Wappentier ist als Bestandteil des schwarzburgischen Wappens auch für die außerhalb der ehemaligen Herrschaft Arnstadt gelegenen schwarzburgischen Gebiete repräsentativ. Mit der Bildung des Landes Thüringen im Jahre 1920 wurde auch eine neue Kreiseinteilung wirksam, die die Bildung des Landkreises Arnstadt rechtlich fixierte. Anläßlich der Aufhebung der Länder in der DDR im Jahre 1952 wurde der Kreis Arnstadt in die Kreise Arnstadt und Ilmenau unterteilt. Beide Kreise wurden unterschiedlichen Bezirken, nämlich Suhl und Erfurt, zugeordnet. Nach der deutschen Einigung 1990 und der Kreisreform 1994 wurden beide Landkreise wieder zu einem Landkreis unter dem Namen Ilm-Kreis vereint, dessen Wappen am 3. Februar 1995 genehmigt wurde.

Struktur des Kreises
Sehenswürdigkeiten

Zwischen dem Burgenland »Drei Gleichen« und dem Rennsteig existieren vielfältige und abwechslungsreiche Landschaften. Die Veste Wachsenburg (10. Jh.) als besterhaltene der drei Burgen mit Hotel und Gaststätte liegt im Norden des Kreises. Die Bachstadt Arnstadt als ältester Ort Thüringens bietet einen denkmalgeschützten historischen Stadtkern (Liebfrauenkirche 1220 bis 1307, Papiermühle 1589, Renaissancerathaus 1585, Schloßruine Neideck 16. u. 17. Jh., Schloßmuseum mit der berühmten Puppensammlung »Mon Plaisir«). Johann Sebastian Bach hatte in Arnstadt an der Neuen Kirche 1703/07 seine erste Organistenstelle inne. Die Goethe- und Universitätsstadt Ilmenau lädt in ihrer reizvollen Umgebung ein, auf dem 18,5 km langen Goethe-Weg zu wandern. Hierzu ist das Amtshaus (1756) und der 861 m hohe Kickelhahn zu nennen.

Der Rennsteig – Kammweg des Thüringer Waldes – durchzieht den südlichen Teil des Kreises zwischen der Schmücke und dem Flecken Kahlert. Seit alters her ist dies ein bevorzugtes Urlaubsgebiet, mit dem sich die Namen der bekannten Kur- und Erholungsorte Neustadt am Rennsteig, Schmiedefeld, Stützerbach, Altenfeld und Gehlberg verbinden. Hier liegen auch die höchsten Berge des Thüringer Waldes, der Große Beerberg mit 982 m und der Schneekopf mit 978 m. Der nördliche Bereich des Kreises wird durch Industrie, Gewerbe und Landwirtschaft, der mittlere Bereich durch die historisch gewachsene Glas- und Porzellanbranche und die Technische Universität Ilmenau geprägt, während im südlichen Teil der Tourismus einen wichtigen Wirtschaftszweig darstellt.

Kyffhäuserkreis

Einwohner: 99 614. Fläche: 1035 km². Einwohner je km²: 96. Kfz-Kennzeichen: KYF. Kreisverwaltung: Markt 8, 99706 Sondershausen, Postfach 15, 99701 Sondershausen. Verwaltungsgliederung: 9 Städte (Artern, Bad Frankenhausen, Clingen, Ebeleben, Greußen, Großenehrich, Heldrungen, Sondershausen, Wiehe) und 65 Gemeinden.

Wappenbeschreibung

In Blau ein aufgerichteter goldener, rot bewehrter und gezungter Löwe, der sich auf einen Schild stützt, auf einem grünen, oben silbern eingefaßten Dreiberg. Der Schild ist geviert; 1 und 4 sind fünfmal von Rot und Silber geteilt, 2 und 3 zeigen in Silber sechs rote Wecken in zwei Reihen. Der Dreiberg ist mit einer silbernen Wellenleiste und einem silbernen Wellenfaden belegt.

Historische Entwicklung

Vom 10. bis zum 12. Jh. gehörte der Landstrich zum Kernland des Deutschen Reiches, dessen Herrscher von Heinrich I. bis Heinrich IV. wiederholt in den umliegenden Pfalzen residierten. In der Zeit von 1350 bis 1550 wurden viele Orte wegen der Kriege, aus wirtschaftlichen Gründen und landesherrlicher Willkür verlassen. Am 15. Mai 1525 fand bei Frankenhausen die entscheidende Schlacht des Bauernkrieges statt, in dessen Ergebnis die Bauern unter Führung von Thomas Müntzer vernichtend geschlagen werden. Ab dem 15. Jh. entwickelte sich das Salinewesen in Artern und Frankenhausen, 1697/1710 wurden die Schwarzburger Grafen Reichsfürsten und Sondershausen Residenzstadt. 1818 entstanden erste Kureinrichtungen für Kinder in Frankenhausen, in der zweiten Hälfte des 19. Jh. faßte die industrielle Entwicklung Fuß.

Für das Kreiswappen vom 26. Oktober 1994 wurde der sogenannte Käfernburger Löwe dem Stammwappen des Grafen- und späteren Fürstenhauses Schwarzburg entnommen. Zu dessen Territorien gehörte der überwiegende Teil des am 1. Juli 1994 entstandenen Landkreises: Sondershausen mit Umland war die Unterherrschaft mit Residenz des Fürstentums Schwarzburg-Sondershausen, Frankenhausen mit Umland – einschließlich des Kyffhäusers – und Immenrode sowie Straußberg bildeten die Unterherrschaft des Fürstentums Schwarzburg-Rudolstadt. Der gevierte Schild zeigt das Wappen der Grafen von Mansfeld, zu deren Gebiet Artern noch im 18. Jh. gehört hatte. Der Dreiberg versinnbildlicht die bergige und waldreiche Landschaft, insbesondere die drei Höhenzüge Hainleite, Windleite und das dem Landkreis den Namen gebende Kyffhäusergebirge. Die Wellenleiste ist Symbol der den ostwärtigen Kreisteil durchströmenden Unstrut, der Wellenfaden Sinnbild der das westliche Kreisgebiet durchfließenden Wipper.

Struktur des Kreises Sehenswürdigkeiten

Der Kyffhäuserkreis verfügt über zahlreiche Sehenswürdigkeiten, von denen eine Spitzenstellung das Kyffhäuserdenkmal einnimmt, das als »Nationaldenkmal der deutschen Einheit« Symbol und Wahrzeichen des Landkreises ist. Es wurde in den Jahren 1890/96 auf den Ruinen der alten Reichsburg Kyffhausen 457 m ü. NN als 81 m hohes Denkmal errichtet. Sehenswert ist die 1865 entdeckte Barbarossahöhle bei Rottleben als größte begehbare Gipshöhle Europas.

In der Kreisstadt Sondershausen stellt sich das Schloß als das größte und kulturgeschichtlich bedeutendste Schloßensemble in Nordthüringen dar. Der Klosterturm Göllingen (ca. 1000 bis 1250) im maurisch-byzantinischen Stil sucht seinesgleichen in Mitteleuropa. Die Wasserburg Heldrungen, eine einmalige Wehranlage mit zwei Wassergrabensystemen, ist ein bedeutendes Denkmal der Festungsbaukunst in Mitteleuropa.

Bad Frankenhausen, ein Solbad mit mildem Klima in waldreicher Umgebung, geht mit seinen städtischen Anfängen bis in das 12. Jh. zurück. An die Bauernkriege mit der Gefangennahme des Bauernführers Thomas Müntzer erinnert vor allem das Panoramawandbild in dem 1975 errichteten Rundbau oberhalb der Stadt, das mit 14 m mal 123 m Öl auf Leinwand das größte Ölgemälde der Welt ist. Die Stadt- und Regionalgeschichte wird aber auch im barocken Schloß (nach 1689, restauriert 1973 bis 1975) mit seinem Heimatmuseum veranschaulicht. Zu erwähnen sind in Bad Frankenhausen noch die Altstädter Kirche (12. Jh.) sowie neben eindrucksvollen Bürgerhäusern die Unterkirche (1691 bis 1704) mit großer Strobel-Orgel.

Landkreis Nordhausen

Einwohner: 103 000. Fläche: 711 km². Einwohner je km²: 145. Kfz-Kennzeichen: NDH. Kreisverwaltung: Markt 15, 99734 Nordhausen, Postfach 121, 99722 Nordhausen. Verwaltungsgliederung: 4 Städte (Kreisstadt Nordhausen, Bleicherode, Ellrich und Heringen) sowie 6 Verwaltungsgemeinschaften.

Wappenbeschreibung

Schräg geteilt; oben in Gold ein wachsender roter Reis; unten rot-silbern geschacht und belegt mit einem goldenen alten Baumstumpf, aus dem ein rotes Reis in das obere Feld wächst.

Historische Entwicklung

Mittelpunkt des Landkreises Nordhausen ist die Rolandstadt Nordhausen, deren erste urkundliche Erwähnung im Jahre 927 durch König Heinrich I. erfolgte. Von 1220 bis 1802 war Nordhausen Reichsstadt, die sich eng mit Erfurt und Mühlhausen zum Thüringer Städtebund zusammenschloß. Neben Nordhausen bestanden auf dem Gebiet des heutigen Landkreises im Mittelalter die Grafschaften Lohra, Klettenberg und Hohnstein. Hier dominierten die Grafen von Hohnstein bis zu ihrem Aussterben im Mannesstamm 1593. Nach dem Dreißigjährigen Krieg, in dem die Stammburg der Hohnsteiner Grafen zerstört wurde, fiel die Grafschaft an Kurbrandenburg, wurde 1816 mit Nordhausen als Kreis Nordhausen Bestandteil des preußischen Regierungsbezirkes Erfurt und erhielt 1888 – Nordhausen war 1882 kreisfrei geworden – die Bezeichnung »Kreis Grafschaft Hohenstein«. Im Oktober 1945 wurde Nordhausen Kreisstadt des nun wieder in Landkreis Nordhausen umbenannten Kreises. Zwischen 1952 und 1990 gehörte der Landkreis zum Bezirk Erfurt. Als einziger Kreis des neugebildeten Bundeslandes Thüringen blieb er von der Kreisreform des Jahres 1994 unberührt.

Der »Kreis Grafschaft Hohenstein« führte als Wappen das der Grafen von Hohnstein, das aber nie als Kreiswappen bestätigt worden war. Schon während des Zweiten Weltkrieges liefen Bemühungen, ein eigenes Kreiswappen zu gestalten. Die Kriegswirren ließen dieses Vorhaben frühestens in den ersten Friedensjahren zur Ausführung kommen. Das damals angenommene Wappen wurde gemäß der Kommunalverfassung der DDR vom 17. Mai 1990 vom Kreistag auf seiner Sitzung am 13. September 1990 bestätigt. Es zeigt das Schach der ehemaligen Grafschaft Hohenstein und einen nur noch als Stumpf erhaltenen Baum. Beides symbolisiert die Vergangenheit einerseits und die Zerstörung in der Stadt Nordhausen während des Zweiten Weltkrieges andererseits. Das junge Reis, das aus dem alten Baumstumpf entsprießt, strebt auf dem Goldgrund in leuchtendem Rot dem Licht einer neuen Zukunft entgegen.

Struktur des Kreises
Sehenswürdigkeiten

Der Landkreis erstreckt sich von der buchenbewachsenen Hainleite im Süden über das Quellgebiet der Helme im Westen, von den Harzbergen des Nordens bis zum Alten Stolberg und dem Kelbraer Stausee im Osten, einem international bedeutsamen Feuchtgebiet, in dem zahlreiche Vogelarten geschützt leben. Eine seltene Flora und Fauna gedeiht im Gipskarstgebiet.

In der über 1000jährigen Rolandstadt Nordhausen sind die romanische Frauenbergkirche, der gotische Dom »Zum Heiligen Kreuz« (mit romanischer Krypta von 962), die gotische St.-Blasii-Kirche, die auch Lyonel Feininger in drei Aquarellen gestaltete, das Rathaus im Renaissancestil mit dem Roland, das Meyenburgmuseum mit dem »Tabakspeicher«, das klassizistische Theater und die mittelalterliche Stadtbefestigung sehenswert. Die Kleinstädte Bleicherode, Ellrich und Heringen zeigen ein in Jahrhunderten gewachsenes anmutiges Stadtbild mit sehenswerten Denkmalen. Zahlreiche kleine Barockkirchen zieren die Dörfer. Als herausragender Kirchenbau ist die romanische Pfeilerbasilika in Münchenlohra zu nennen. Nicht weit davon lohnt sich der Besuch der Burg Amt Lohra mit der seltenen romanischen Doppelkapelle. Eine der größten ehemaligen Harzburgen war der »Hohnstein«, als Burgruine immer noch ein imposantes Bauwerk. Ein technisches Denkmal ist die hundertjährige schmalspurige Harzquerbahn, die täglich Besucher in den Harz fährt.

Saale-Holzland-Kreis

Einwohner: 91 846. Fläche: 817 km². Einwohner je km²: 112. Kfz-Kennzeichen: SHK. Kreisverwaltung: Im Schloß, 07607 Eisenberg, Postfach 60, 07601 Eisenberg. Verwaltungsgliederung: 9 Städte (Bürgel, Camburg, Dornburg, Eisenberg, Hermsdorf, Kahla, Orlamünde, Schkölen, Stadtroda), 12 Verwaltungsgemeinschaften (Hügelland/Täler, Holzland, Stadtroda, Ouirta, Schkölen, Eislertal, Auf der Heide, Wethautal, Bürgel, Dornburg, Südliches Saaletal, Camburg) mit insgesamt 94 Gemeinden. Die zwei Städte Eisenberg und Kahla gehören keiner Verwaltungsgemeinschaft an.

Die Entscheidung über das Kreiswappen steht noch aus.

Historische Entwicklung

Der Saale-Holzland-Kreis ging aus den Landkreisen Eisenberg, Jena und Stadtroda hervor und führt noch kein Wappen.
Der heutige Kreissitz kann 1996 den 800. Jahrestag seiner ersten urkundlichen Erwähnung als »Ysenberch« feiern. Markgraf Dietrich der Bedrängte verlegte 1219 das Zwickauer Zisterzienserinnenkloster hierher; es wurde mit der Einführung der Reformation aufgelöst. 1274 erfolgte schließlich die Verleihung der Stadtrechte, und durch die Trennung des Hauses Wettin im Jahre 1485 wurde Eisenberg ernestinisch. Später war es Objekt mehrfacher Herrschaftswechsel zwischen den sächsischen Linien Weimar, Gotha und Altenburg. 32 Jahre lang fungierte Eisenberg als Residenzstadt des Herzogtums Sachsen-Eisenberg. Dieser Epoche verdankt es sein weithin bekanntes Barockschloß. Die ehemalige Kreisstadt Stadtroda verdankt ihre Gründung der Stiftung eines Zisterzienserinnenklosters durch die Herren von Lobdeburg in der Mitte des 13. Jh. Auch diese städtische Siedlung unterstand im Laufe der Jahrhunderte immer wieder verschiedenen sächsischen Herrscherlinien. Erst 1925 erfolgte die Umbenennung von »Roda« nach »Stadtroda«. Der Altlandkreis Jena ging als dritte Gebietskörperschaft im Saale-Holzland-Kreis auf. Er führte seit 1991 das bekannteste Wahrzeichen der Region im Wappen: die auch »Königin des Saaletales« genannte Leuchtenburg. Darunter stand der Löwenschild der Orlamünder Grafen, flankiert von zwei Fichten als Anspielung auf den Waldreichtum.

Struktur des Kreises Sehenswürdigkeiten

Die Struktur des wie ein »Kragen« die Stadt Jena umschließenden Kreises ist geprägt von Land- und Forstwirtschaft, von mittelständischen Betrieben, Handel und traditionellem Handwerk sowie von sanftem Tourismus. Die Saale prägt die Gegend in mehrfacher Hinsicht: frühe Siedlungen, anmutiges romantisches mittleres Saaletal, zahlreiche Burgen, Ruinen und Schlösser – sie alle sind Zeugnis einer wechselvollen Geschichte. In Camburg befinden sich die Reste einer romanischen Pfeilerbasilika, der Cyriaksruine. Wenige Kilometer flußaufwärts flankiert die Saale eine steile Felswand, von der aus die drei berühmten Dornburger Schlösser grüßen und daran erinnern, daß sich hier bereits vor 1000 Jahren eine Kaiserpfalz befand. In der Kreisstadt Eisenberg findet der Besucher ein reizvolles Ensemble um das Rathaus, einem dreigeschossigen Renaissancebau (1579/93), die spätgotische Stadtkirche St. Peter (1492, umgebaut 1880), die Superintendentur (1580) und den Mohrenbrunnen (1727). Besondere Anziehungspunkte sind Schloß Christiansburg, eine dreigeschossige barocke Anlage (1678/92), Sitz des Landratsamtes, und die Schloßkirche, eine der schönsten Barockkapellen Deutschlands.
Bei Crossen – hier über dem Ort das Schloß mit einem Bergfried, der auf die Zeit der Jahrtausendwende zurückgeht – mündet die Rauda in die Elster, nachdem sie eines der idyllischsten Täler und das Herzstück des Eisenberger Mühltales durchfloß. Unweit des Mühltales liegt das Holzland, das zwischen Weißenborn, St. Gangloff und Schleifreisen mit seinem Holzreichtum bis vor 100 Jahren das Leben der Dorfbewohner bestimmte. Noch heute findet man hier das typische Handwerk der Leitermacher. Keramik- und Porzellanherstellung haben inzwischen Tradition und in Bürgel die Töpfereiprodukte in den Farben Blau und Weiß. Nicht unerwähnt bleiben darf Stadtroda mit der Ruine des Zisterzienserklosters, dem Roten Tor, dem Alten Markt und dem Schloß sowie Kahla mit seiner Befestigungsanlage, auf die die Leuchtenburg – das Wahrzeichen des Kreises – hinweist.

Saale-Orla-Kreis

Einwohner: 103 000. Fläche: 1150 km². Einwohner je km²: 90. Kfz-Kennzeichen: SOK. Kreisverwaltung: Oschitzer Straße 4, 07907 Schleiz, Postfach 79, 07902 Schleiz. Verwaltungsgliederung: 12 Städte (Gefell, Hirschberg, Lobenstein, Neustadt/Orla, Pößneck, Ranis, Saalburg, Schleiz, Tanna, Triptis, Wurzbach, Ziegenrück), 11 Verwaltungsgemeinschaften und 11 Gemeinden, die keiner Verwaltungsgemeinschaft angehören.

Wappenbeschreibung

Über rotem Schildfuß mit zwei silbernen Wellenleisten gespalten von Schwarz und Gold; vorne ein linksgewendeter, rot bewehrter, gezungter und gekrönter goldener Löwe, hinten ein rot bewehrter und gezungter schwarzer Löwe.

Historische Entwicklung

Der am 1. Juli 1994 entstandene Saale-Orla-Kreis setzt sich im wesentlichen aus den drei ehemaligen Landkreisen Lobenstein, Pößneck und Schleiz zusammen. Die neuere Geschichte der Region beginnt im 9. Jh. mit der Besiedlung durch slawische Sorben. Im 12. Jh. war die gesamte Region im Besitz des altfränkischen Geschlechts der Lobdeburger, deren Herrschaftsbereich im späten Mittelalter zerfiel. Bestimmend für die auf den Ausläufern des Ostthüringer Schiefergebirges gelegenen, oberländischen Altlandkreise Lobenstein und Schleiz wurden seit dem 14. Jh. verschiedene Linien der Fürsten Reuß, den ehemaligen Vögten des Heiligen Römischen Reiches Deutscher Nation (Thüringisches Vogtland). Die »Reußische Fürstenstraße« weist seit 1992 als kulturgeschichtlich und touristisch interessante Route durch die kleine Reußen-Dynastie, deren Herren traditionsgemäß alle den Vornamen »Heinrich« trugen. Im Kreiswappen vom 17. Januar 1995 werden die Reußen von dem goldenen Löwen repräsentiert, der ihrem Stammwappen entlehnt ist. Der schwarze Löwe ist dem Wappen der Markgrafen von Meißen entlehnt, die in den ernestinischen Wettinern aufgingen. Aus dieser Linie kamen die späteren Herzöge bzw. Großherzöge von Sachsen-Meiningen und Sachsen-Weimar-Eisenach, zu deren Besitz seit dem 16. Jh. zumindest wesentliche Teile des Orlatales gehörten. Als 1952 entlang des Orlatales der Landkreis Pößneck gegründet wurde, entstand mit ihm dennoch eine völlige Neubildung, denn sein Territorium war von jeher zwischen sächsischen, preußischen und reußischen Staaten stark zersplittert gewesen und hatte niemals vorher eine eigene Verwaltungseinheit dargestellt. Im Schildfuß symbolisieren die Wellenleisten die Flüsse Saale und Orla, die dem Landkreis seinen Namen geben und ihn landschaftlich maßgeblich prägen.

Struktur des Kreises
Sehenswürdigkeiten

An drei Seiten von der Saale umflossen erhebt sich Schloß Burgk, auch die »Perle der oberen Saale« genannt, auf einem Bergrücken, 12 km von der Kreisstadt Schleiz entfernt. Dieses spätgotische Schloß, im 16. bis 18. Jh. ausgebaut, besitzt in der Schloßkapelle eine Silbermannorgel. In der Neuen Galerie finden wechselnde Kunstausstellungen statt. In landschaftlich reizvoller Umgebung in Nachbarschaft zum sächsischen Vogtland und dem oberfränkischen Frankenwald liegt auch das Moorbad Lobenstein. Das an sich wasserarme Thüringen ist hier untypisch: Die »Thüringer Meere«, Bleilochtalsperre und Hohenwarte-Stausee, dienen nicht nur der Stromerzeugung, sondern ebenso dem Wassersport und Ausflugstourismus, ist doch die Bleilochtalsperre Deutschlands größter Stausee. Im nahe gelegenen »Land der tausend Teiche« findet man die ehemals von Mönchen angelegten »Himmelsteiche« zur Fischzucht. Das nur von Regenwasser gespeiste System stellt heute ein ornithologisch wertvolles Naturschutzgebiet dar.

Im ländlich geprägten Kreis mit einer großen Zahl von intakten Angerdörfern stößt man immer wieder auf die typisch thüringischen Vierseithöfe. Schleiz, mit nur 8000 Einwohnern ist vor allem durch seine Bergkirche (15. Jh.) mit reicher Innenausstattung und das jährliche Schleizer Dreieckrennen auf der ältesten Naturrennstrecke Deutschlands bekannt. Zwei weltberühmte Bürger hat die Stadt: Johann Friedrich Böttger (1682 bis 1719) erfand das europäische Porzellan, Konrad Duden (1869 bis 1876 Direktor des Gymnasiums) verfaßte »Die deutsche Rechtschreibung«, aus dem der »Duden« wuchs. Sehenswert ist das Deutsch-Deutsche Museum in Mödlareuth (Klein-Berlin), das Wasserkraftmuseum Ziegenbrück und das Technische Schaudenkmal »Gießerei Heinrichshütte« in Wurzbach.

Landkreis Saalfeld-Rudolstadt

Einwohner: 139 629. Fläche: 1042 km². Einwohner je km²: 134. Kfz-Kennzeichen: SLF. Kreisverwaltung: Schloßstraße 24, 07318 Saalfeld, Postfach 2244, 07308 Saalfeld. Verwaltungsgliederung: 10 Verwaltungsgemeinschaften mit 82 Gemeinden sowie ohne Anschluß an VG die Gemeinden und Städte Bad Blankenburg, Gräfenthal, Kamsdorf, Kaulsdorf, Kirchhasel, Königsee, Rottenbach, Rudolstadt, Saalfeld; erfüllende Gemeinden sind für Arnsgereuth die Stadt Saalfeld und für Hohenwart die Gemeinde Kaulsdorf.

Wappenbeschreibung

Geviert; 1 und 4: in Gold ein schwarzer, golden nimbierter, rot bewehrter Doppeladler, die Brust belegt mit einem goldenem Schild mit einem Fürstenhut, über den Adlerköpfen schwebend eine Kaiserkrone mit roten Kappen, in den Fängen ein goldenes Zepter und einen goldenen Reichsapfel haltend, darunter eine rote Streugabel über einem roten Kamm; 2 und 3: neunmal von Schwarz und Gold geteilt, belegt mit einem schrägrechten grünen Rautenkranz.

Historische Entwicklung

Die Geschichte des Landkreises ist mit seiner Gründung am 1. Juli 1994 aus den beiden namensgebenden Altlandkreisen noch sehr jung, zunächst noch unter dem Namen »Schwarza-Kreis«. Blickt man jedoch in das frühe Mittelalter zurück, so existierte bereits ab dem Jahre 1208 für rund 180 Jahre ein gemeinsames Herrschaftsgebiet. In jene Zeit fällt auch die Stadtgründung Saalfelds. Entstanden war dieses gemeinsame Gebiet in Auswirkung des Thronstreites zwischen Staufern und Welfen. Die Schwarzburger Grafen waren somit bis 1389 Landesherren über Stadt und Umland Saalfeld und förderten diese als wirtschaftliches Zentrum. Die spätere Entwicklung vollzog sich wieder unter getrennten Regierungen. Nach dem Verkauf Saalfelds Ende des 14. Jh. an die Wettiner war es von 1680 bis 1745 Hauptstadt des Herzogtums Sachsen-Saalfeld, worauf der sächsische Rautenkranz im Kreiswappen vom 16. Januar 1995 hinweist. Rudolstadt, das erstmals 776 erwähnt wird, war seit 1571 Hauptort der aus Landesteilungen hervorgegangenen Grafen- und späteren Fürstenlinie Schwarzburg-Rudolstadt. Zu deren Herrschaftsbereich gehörte der größte Teil des ehemaligen Landkreises Rudolstadt. Der doppelköpfige Adler legt Zeugnis ab für die den Schwarzburger Grafen verliehene Fürstenwürde. Mit der Erhebung zum Landratsamtsbezirk wurde Rudolstadt ab 1850 zum Verwaltungszentrum des ganzen Fürstentums.

Struktur des Kreises
Sehenswürdigkeiten

Dort, wo die Saale das Mittelgebirge verläßt und die Flußaue des Mittellaufes beginnt, liegt Saalfeld. Geprägt von einer über 1000jährigen Geschichte ist es als »Steinerne Chronik Thüringens« bekannt. Sehenswert sind der Marktplatz mit dem Renaissance-Rathaus und der Stadtapotheke, einem romanischen Profanbau, die herrliche gotische Stadtkirche St. Johannis, die vier Stadttore aus dem 14./15. Jh. mit Abschnitten der mittelalterlichen Stadtmauer sowie das ehemalige Franziskanerkloster, in dem das Thüringer Heimatmuseum mit reichen Sammlungen untergebracht ist. Die Schloßkapelle in der ehemaligen Residenz des Herzogs Johann Ernst von Sachsen-Saalfeld (1720) ist ein Kleinod barocker Innenarchitektur. Weithin sichtbar ist die Burgruine »Hoher Schwarm«, ein Wahrzeichen der Stadt.

Das in den Jahren 1737 bis 1770 in seiner jetzigen Gestalt erbaute Schloß Heidecksburg in Rudolstadt gehört zu den größten Barockschlössern Thüringens. Heute finden hier, im schönsten Rokokosaal des Freistaates, die beliebten Schloßkonzerte statt. Sehenswert sind auch die Ludwigsburg und die dem heiligen Andreas geweihte Stadtkirche (17. Jh.). Die Thüringer Bauernhäuser im Heinrich-Heine-Park sind eines der ältesten Freilicht-Volkskunde-Museen Deutschlands. Die Oberweißbacher Bergbahn ist die steilste Normalspur-Standseilbahn der Welt. Die Saalfelder »Feengrotten«, das Schaubergwerk »Moressina« die Klosterruine Paulinzella, eines der wertvollsten Denkmale romanischer Baukunst, lohnen einen Besuch. Entlang der Klassikerstraße ist Deutsche Klassik in der Architektur, Literatur und Musik lebendig. Sehenswert ist das unweit von Rudolstadt gelegene Wasserschloß Kochberg, einst Landsitz der Weimarer Familie von Stein und häufiges Domizil des jungen Goethe. Die großen Schieferbrüche bei Lehesten und Probstzella/Unterloquitz sind seit 1499 in Betrieb.

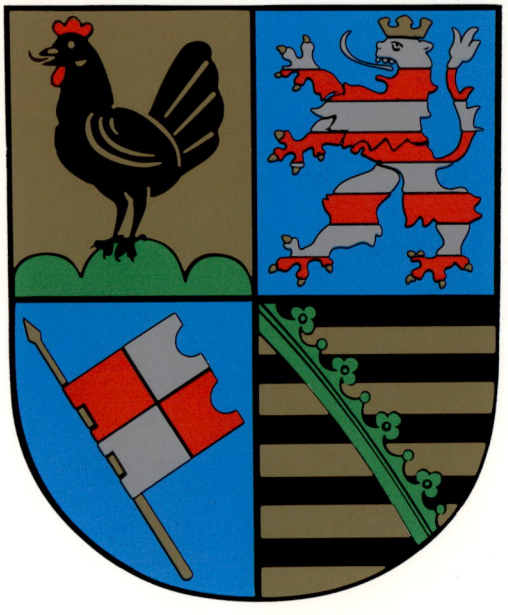

Landkreis Schmalkalden-Meiningen

Einwohner: 148 000.
Fläche: 1210 km².
Einwohner je km²: 122.
Kfz-Kennzeichen: SM.
Kreisverwaltung: Jerusalemer Straße 13, 98617 Meiningen.
Verwaltungsgliederung:
7 Städte (Brotterode, Meiningen, Oberhof, Schmalkalden, Steinbach-Hallenberg, Wasungen, Zella-Mehlis) und 10 Verwaltungsgemeinschaften mit 76 Gemeinden.

Wappenbeschreibung

Geviertet; 1 in Gold auf einem grünen Dreiberg eine schwarze Henne mit rotem Kamm und roten Lappen, 2 in Blau ein siebenmal von Silber über Rot geteilter, golden gekrönter Löwe mit goldener Bewehrung, 3 in Blau eine schrägrechte goldene Lanze mit einer rot-silbern gevierten Fahne, deren linker Rand in jedem Feld eine halbkreisförmige Einbuchtung zeigt, 4 neunmal von Schwarz über Gold geteilt und mit einem schrägrechten grünen Rautenkranz belegt.

Historische Entwicklung

Der Landkreis Schmalkalden-Meiningen wurde am 1. Juli 1994 gebildet und besteht neben dem Territorium des ehemaligen Kreises Meiningen aus Teilgebieten der früheren Kreise Schmalkalden und Suhl. Das Wappen vom 15. Juli 1995 versinnbildlicht die vier das heutige Kreisgebiet im wesentlichen prägenden Territorialherrschaften.
Das umfangreichste Territorium besaßen die Grafen von Henneberg. Sie übten damit maßgeblichen Einfluß auf die politische, wirtschaftliche und kulturelle Entwicklung des südthüringischen Raumes während des Mittelalters aus. Vor allem deshalb wurde das redende Wappenbild der Henneberger in das erste Feld übernommen. Daneben steht der »bunte Löwe«, der an die langjährige (1360 bis 1866) Zugehörigkeit der Herrschaft Schmalkalden zur hessischen Landgrafschaft erinnert. Aus diesem Grund wurde der Löwe auch in der hessischen Tingierung (Silber über Rot geteilt) anstelle der thüringischen (Rot über Silber geteilt) dargestellt.
Auf die zeitweise Zugehörigkeit der Kreisstadt und einiger Dörfer des heutigen Kreisgebietes zum Bistum Würzburg verweist das sogenannte »fränkische Herzogsfähnlein«. Schließlich wird mit dem sächsischen Rautenkranz an das von 1680 bis 1918 bestehende Herzogtum Sachsen-Meiningen erinnert, dessen Territorium weite Gebiete des heutigen Landkreises umfaßte und dessen Residenzstadt die heutige Kreisstadt war.

Struktur des Kreises
Sehenswürdigkeiten

Der Landkreis im Dreiländereck Thüringen-Hessen-Bayern bietet Natur und Kultur mit zahlreichen prachtvollen Beispielen, zugleich als aufstrebende Wirtschafts- und Touristikregion. Zu den ältesten Kreisen Deutschlands gehörend, ruft er die Erinnerung wach an die reichen Erzvorkommen, deren Abbau einst die Grundlage des Exports der »Schmalkalder Artikel« (Waffen, Werkzeuge und Gebrauchsgegenstände) war. Kulturellen Inhalts sind Luthers »Schmalkaldische Artikel«, die im Ergebnis seines reformatorischen Wirkens wurzeln.
Mit diesem Hinweis sei der Reichtum an historischen Bauten, Bräuchen und örtlichen Brauchtumsfesten angedeutet. Wanderer und Radfahrer als Erholungsuchende finden hierzulande ebenso Befriedigung wie Vogel- und sonstige Naturfreunde. Besonders reizvoll ist die Vielfalt der Fachwerkbauten, auf die man allerorts stößt. An Sehenswürdigkeiten seien genannt: In der ehemaligen Residenzstadt Meiningen, urkundlich erstmals 982 erwähnt, beherbergt Schloß Elisabethenburg, eine barocke Dreiflügelanlage, die Staatlichen Museen mit wertvoller Kunstsammlung, einem Theatermuseum und bedeutender musikhistorischer Abteilung. Meiningens Ruf als Theaterstadt begründete Herzog Georg II. Das sehenswerte Meininger Theater wurde zur Heimstatt eines der berühmtesten Theaterensembles Europas.
Das Renaissanceschloß Wilhelmsburg (1585 bis 1589) im Kurort Schmalkalden besitzt eine schöne Kassettendecke im Bankettsaal und reiche Stuck- und Wandmalerei-Ausstattung. Am Neumarkt befindet sich der eindrucksvolle Fachwerkbau Hessenhof. Im Jahre 1906 wurde in Oberhof die erste kleine Sprungschanze gebaut. Heute ist das dort entstandene Wintersportzentrum Austragungsstätte internationaler Wettkämpfe. Die Märchenhöhle Walldorf/Werra sei erwähnt und die Tatsache, daß der Landkreis Anteil am Biosphärenreservat Rhön hat. Die Stadt Walsungen wurde vor allem durch ihren ältesten Straßenkarneval Deutschlands bekannt.

Landkreis Sömmerda

Einwohner: 107 569. Fläche: 804 km². Einwohner je km²: 133,8. Kfz-Kennzeichen: SÖM. Kreisverwaltung: Bahnhofstraße 9, 99610 Sömmerda, Postfach 75, 99601 Sömmerda. Verwaltungsgliederung: 7 Städte (Buttstädt, Gebesee, Kindelbrück, Kölleda, Rastenberg, Sömmerda, Weißensee) und 48 Gemeinden.

Wappenbeschreibung

Gespalten mit einer eingepfropften Spitze, vorn neunmal von Schwarz über Gold geteilt und mit einem grünen Rautenkranz belegt, hinten in Blau ein siebenmal von Rot über Silber geteilter, golden bewehrter und gekrönter Löwe, in der Spitze ein silbernes sechsspeichiges Rad auf rotem Grund.

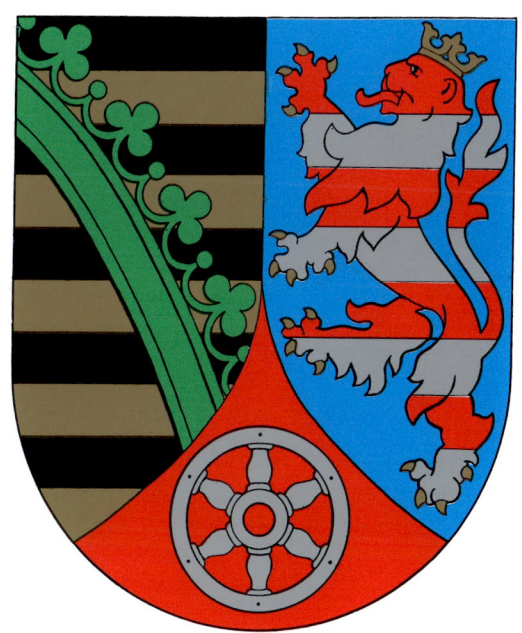

Historische Entwicklung

Das Territorium des Landkreises war schon vom Mittelalter an bis in das 19. Jh. hinein durch große Zerrissenheit gekennzeichnet. 1816 kam ein Großteil des heutigen Kreisgebietes an Preußen. Mit den preußischen Kreisen Eckartsberga, Erfurt und Weißensee hielt die Kreiseinteilung Einzug im Norden Thüringens. Der Südosten des heutigen Landkreises gehörte zum Großherzogtum Sachsen-Weimar-Eisenach, bis 1920 das Land Thüringen gebildet wurde. Ab 1922 umfaßte der neue Kreis Weimar dieses Gebiet. Der 1952 gebildete Landkreis setzte sich damit aus Teilen der preußischen Kreise Eckartsberga und Weißensee sowie des Thüringer Landkreises Weimar zusammen, und 1956 kam es erneut zu größeren territorialen Veränderungen. Die Thüringer Gebietsreform führte 1994 zur Neubildung des Landkreises Sömmerda im wesentlichen aus Teilen der Altlandkreise Erfurt-Land und Sömmerda.
Der neue Landkreis Sömmerda übernahm das Wappen des gleichnamigen Vorgängerkreises mit Genehmigung vom 7. Dezember 1994. Der Löwe der ludowingischen Landgrafen von Thüringen verweist darauf, daß dieses Geschlecht in einem Teil des heutigen Kreises eines ihrer Kerngebiete besaß, dessen Mittelpunkt die Runneburg bildete. Der Rautenkranz steht für die sächsischen Ortschaften. Das Rad symbolisiert die kurmainzisch-erfurtischen Gebiete, zu denen die Kreisstadt seit 1418 gehörte.

Struktur des Kreises
Sehenswürdigkeiten

Zwischen Harz und Thüringer Wald liegt das Thüringer Becken. Es erstreckt sich längs der Unstrut (mit 189 km Länge Hauptwasserader) und ihrer Zuflüsse. Im Gebiet der mittleren Unstrut liegt das Territorium des Landkreises, dessen Bild von einer intensiv genutzten Agrarlandschaft geprägt wird.
Zu den Sehenswürdigkeiten der Kreisstadt Sömmerda, die seit 1420 Stadtrecht besitzt, gehören die Lohmühle von 1721, eine Wassermühle mit vorhandener Mühlentechnik, die Bonifatiuskirche (Chor um 1140, Turm um 1462 und eine Sonnenuhr von 1502), das Rathaus von 1529. Kulturelle Höhepunkte sind das Parkfest jährlich am letzten Juniwochenende und das City-Fest am ersten Wochenende im Juni. Der denkmalgeschützte Stadtkern von Buttstädt verdient Beachtung und der historische Friedhof, der Ausgangspunkt für Ausflüge zu Orten wie Rastenberg, Eckartsberga mit der Eckartsburg oder Apolda mit dem Glockenmuseum ist. In Gebesee findet jeweils fünf Wochen vor Ostern das historische Volksfest »Spende« statt. Auf alte Kirchen stößt man in Gebesee (St. Laurentius, 10. Jh.) Kindelbrück (St. Ulrich, Chor 1440), Kölleda (St. Wipperti, 1580). Im Schloß Beichlingen, nahe Kölleda, finden Schloßkonzerte statt. Die Landgrafenstadt Weißensee lockt mit der Runneburg, der Residenz der thüringischen Landgrafen und sächsischen Herzöge, die im 12. Jh. erbaut wurde und als eines der bedeutendsten erhaltenen romanischen Profanbauwerke im gesamten deutschsprachigen Raum gilt. Ein stilreiner romanischer Kirchenbau ist die Nicolaikirche in Weißensee, erbaut Anfang des 11. Jh. Das Rathaus ist eines der ältesten in Deutschland, ein dreigeschossiger Bruchsteinbau, erbaut im 12. bis 13. Jh. Der Pfaffenhof (1318 bis 1320) war Großkomturei des Johanniterordens. Alljährlich, jeweils am vierten Juliwochenende, findet in Weißensee ein mittelalterliches Burgfest mit Ritterspiel auf der Runneburg statt.

Landkreis Sonneberg

Einwohner: 72 000. Fläche: 433 km². Einwohner je km²: 166. Kfz-Kennzeichen: SON. Kreisverwaltung: Bahnhofstr. 66, 96515 Sonneberg, Postfach 158, 96504 Sonneberg. Verwaltungsgliederung: 5 Städte (Lauscha, Neuhaus am Rennweg, Schalkau, Sonneberg, Steinach) und 13 Gemeinden.

Wappenbeschreibung

Geviert; 1: in Gold ein rotbewehrter schwarzer Löwe; 2: gespalten, vorn dreimal von Rot und Silber gesparrt, hinten in Silber eine schwarze Schafschere; 3: halb gespalten und geteilt von Silber, Rot und Blau; 4: neunmal von Schwarz und Gold geteilt, belegt mit einem grünen schrägrechten Rautenkranz.

Historische Entwicklung

Der Kreis Sonneberg bildet die Herzspitze des »grünen Herzen Deutschlands«, des Landes Thüringen. Der früher übliche Namen »Meininger Oberland« läßt die Zugehörigkeit (1735 bis 1920) zum ehemaligen Herzogtum Sachsen-Meiningen erkennen. Später nannte man dieses Gebiet das »Sonneberger Land«, und dabei ist es bis zum heutigem Tag geblieben.
»Wir Georg, von Gottes Gnaden und Herzog zu Sachsen-Meiningen ec. haben für förderlich erachtet, die bestehenden Bestimmungen über das Gemeindewesen einer Revision zu unterziehen und verordnen demgemäß mit Beirath und Zustimmung Unserer getreuen Stände, was folgt: ...Das Herzogtum wird zum Zweck der Verwaltung in vier Kreise (Meiningen, Hildburghausen, Sonneberg und Saalfeld) eingeteilt...«
Dieses Gesetz von 1868 war die Geburtsurkunde des Landkreises Sonneberg. Der damals neugeschaffene Landkreis umfaßte ein Gebiet, das bereits über hundert Jahre lang zentral von Sonneberg aus verwaltet wurde. Auch in wirtschaftlicher Hinsicht bildete der Landkreis eine Einheit, die vor allem durch die Weltspielzeugstadt Sonneberg bestimmt wurde. Die jahrhundertealte Glasherstellung im Lauscha weitete sich nicht nur beträchtlich aus, sondern nahm eine industrielle Entwicklung. Auch die Porzellanherstellung, die seit Ende des 18. Jh. im Meininger Oberland heimisch war, erlebte einen Aufschwung. Erhöht wurde die Bedeutung der Region durch die zeitweise Präsenz eines Konsulates der Vereinigten Staaten von Amerika in Sonneberg.
Die unter Georg II. geschaffene Verwaltungsstruktur blieb bis zur Reform von 1920 erhalten; die letzte Gebietsveränderung erfolgte 1994. Das Kreiswappen vom 3. Oktober 1990 zeigt den meißnischen Löwen, daneben das Wappenzeichen derer von Sonneberg, das von den Grafen zu Schaumberg-Rauenstein weitergeführt wurde. Die Linie Schaumberg-Schaumberg ist im unteren rechten Feld vertreten, daneben steht der sächsische Rautenkranz.

Struktur des Kreises
Sehenswürdigkeiten

Am Südhang des Thüringer Waldes – im Thüringer Schiefergebirge – liegt der Landkreis Sonneberg. Er reicht von den Höhen des Rennsteigs bis an die bayerischen Nachbarkreise Coburg und Kronach. Mit ihnen verbindet die Südthüringer mehr als ihr oberfränkischer Akzent. Die Kreisstadt Sonneberg hat ihren Ruf als historische deutsche Spielzeugstadt bewahrt. Noch heute kommt qualitativ hochwertiges Spielzeug aus dieser Region. Besuchermagnet und ein Wahrzeichen Sonnebergs ist das Deutsche Spielzeugmuseum. An weiteren sehenswerten Spezialmuseen sind zu nennen: das Glasmuseum in Lauscha, das Schiefermuseum in Steinach und die Porzellansammlung in Rauenstein. Touristische Sehenswürdigkeiten finden sich in Ernstthal mit der Sommerrodelbahn, in Sonneberg mit der Sternwarte und bei Meschenbach mit der Zinselhöhle. Während man im Sommer von allen Teilen des Kreises das Thüringer Schiefergebirge erwandern kann, bieten sich im Winter gute Bedingungen für den Ski- und Rodelsport an.
Jährlich im Mai findet der Guths-Muths-Rennsteiglauf in Neuhaus am Rennsteig statt. Im Herbst locken die Internationalen Sonneberger Jazz-Tage. Wie sehr sich die Südthüringer wieder mit dem Brauchtum verbunden fühlen, beweist die im Sommer oder Herbst an vielen Orten veranstaltete Thüringer Kirmes.

Unstrut-Hainich-Kreis

Einwohner: 124 100. Fläche: 975,4 km². Einwohner je km²: 126. Kfz-Kennzeichen: UH. Kreisverwaltung: Lindenbühl 28/29, 99974 Mühlhausen, Postfach 59, 99961 Mühlhausen. Verwaltungsgliederung: 4 Städte (Bad Langensalza, Bad Tennstedt, Mühlhausen, Schlotheim) und 58 Gemeinden.

Wappenbeschreibung

Geviertet; oben vorn in Gold ein schwarzer, golden gekrönter, rot bewehrter Adler mit einem silbernen Mühleisen auf jedem Flügel, oben hinten in Blau ein siebenmal von Rot über Silber geteilter, golden bewehrter und gekrönter Löwe, unten vorn in Rot ein silbernes sechsspeichiges Rad, unten hinten in Silber ein rotes zwölfendiges Geweih mit Grind.

Historische Entwicklung

Ein Fluß (Unstrut) und ein Höhenzug (Hainich) geben dem Kreis seinen Namen. Aus den zwei ehemals selbständigen Landkreisen Mühlhausen und Bad Langensalza ist als Ergebnis der Gebietsreform am 1. Juli 1994 der Unstrut-Hainich-Kreis entstanden. Während es der Kreis Mühlhausen auf 178 Jahre brachte, hat der Landkreis Bad Langensalza über 500jährige Wurzeln. Die Kreisgeschichte von Bad Langensalza begann 1485 mit dem Zugang zur albertinischen Linie. In den darauffolgenden Jahren wechselten die Zuordnungen noch des öfteren. 1815 kam mit dem Zugang zu Preußen Ruhe in diese Bewegung. Seit 1920 befand sich der Altkreis im Freistaat Thüringen. 1950 wurde der Kreis aufgelöst und Mühlhausen zugeordnet, ehe er 1952 wieder als selbständiger Kreis existierte.

Das am 22. Januar 1996 genehmigte Kreiswappen verdeutlicht die ehemals prägenden Territorialherrschaften. Der Adler repräsentiert die mittelalterliche Reichsstadt Mühlhausen, der Löwe die Landgrafen von Thüringen. Für das Erzbistum Mainz erscheint das Rad, für das Fürstentum Schwarzburg-Sondershausen das Geweih.

Struktur des Kreises
Sehenswürdigkeiten

Als Besonderheit kann der Kreis auf den geografischen Mittelpunkt Deutschlands in Niederdorla (Vogtei) verweisen. Zur symbolischen Markierung wurde an dieser Stelle am 26. Februar 1991 eine Linde gepflanzt. Kreisstadt ist Mühlhausen, auch als »Stadt der Türme« bekannt, 14 Kirchen und Kapellen prägen die Silhouette. Zum Schutz der ehemaligen Reichsstadt Mühlhausen wurde vor mehr als 600 Jahren der 26 km lange Landgraben angelegt. Dieser natürliche Schutzwall aus Gräben und einem dichten Heckenzaun gehört zu den bedeutendsten Bodendenkmälern Europas.

Zu Beginn des 13. Jh. entstand die Divi-Blasii-Kirche. Blasius gilt als Schutzpatron der Wollweber und Tuchmacher. Die alten Handwerksberufe sind seit Jahrhunderten eng mit Mühlhausen verbunden. Zu den dominierenden Wirtschaftsbereichen gehörten einst der Waidanbau, die Spinnereien und die Tuchfabrikation. Doch was wäre aus Bad Langensalza geworden, wenn nicht Arbeiter 1811 bei Regulierungsarbeiten der Unstrut auf Schwefelwasser gestoßen wären? Heute ist Bad Langensalza beliebt zur Heilung von Haut- und Bewegungskrankheiten. Die Entdeckung des Schwefelwassers hat auch Bad Tennstedt zu einem guten Ruf verholfen. Wie ein Märchenschloß erscheint die mit Efeu umrahmte Wasserburg am Rande der Gemeinde Seebach. Den Bemühungen des Freiherrn Hans von Berlepsch ist es zu verdanken, daß diese 1908 Vogelschutzwarte wurde, eine der ältesten Deutschlands. Besonders das Eichsfeld gehört mit seinen Dörfern zu den landschaftlichen Perlen. Lebendiges Brauchtum zeichnet den Kreis aus: Beliebt bei den Mühlhäusern und ihren Gästen ist die Kirmes. Eine Besonderheit dabei ist der Umzug, bei dem die Obrigkeit auf die Schippe genommen wird. Im Juni feiern die Bad Langensalzaer, Bad Tennstedter und die Mühlhäuser Brunnenfest. Mit Musik, Gesang und Blumen werden die Wasserquellen geehrt. Ein besonderer Höhepunkt für die Bad Langensalzaer ist das Mittelalterfest im August. Eine noch junge Tradition hat das Mittelpunktfest in Niederdorla, während das Ablaßfest in Thamsbrück schon über viele Jahrhunderte gefeiert wird.

Wartburgkreis

Einwohner: 195 480.
Fläche: 1408,67 km².
Einwohner je km²: 138,8.
Kfz-Kennzeichen: WAK.
Kreisverwaltung: Markt 22,
99817 Eisenach.
Verwaltungsgliederung: 11 Städte (Bad Liebenstein, Bad Salzungen, Berka a. d. Werra, Creuzburg, Eisenach, Geisa, Kaltennordheim, Ruhla, Stadtlengsfeld, Treffurt, Vacha) und 10 Verwaltungsgemeinschaften mit 55 Gemeinden.

Wappenbeschreibung

Geviertet; oben vorn in Blau ein linksgewendeter, siebenmal von Rot über Silber geteilter, golden gekrönter und bewehrter Löwe, oben hinten in Gold auf einem grünen Dreiberg eine schwarze rotbewehrte Henne mit rotem Kamm und roten Lappen, unten vorn in Silber ein schwarzes Hochkreuz, unten hinten in Blau ein siebenmal von Rot über Silber geteilter, golden bewehrter und gekrönter Löwe.

Historische Entwicklung

Der Wartburgkreis wurde mit Wirkung vom 1. Juli 1994 im wesentlichen aus den Altkreisen Eisenach und Bad Salzungen gebildet. Das am 27. Juli 1995 genehmigte Kreiswappen zeigt Symbole der ehemals bestimmenden Territorialherrschaften. Das Gebiet keines anderen thüringischen Landkreises wurde im Mittelalter so stark durch die ludowingischen Landgrafen von Thüringen geprägt wie das des heutigen Wartburgkreises. Deshalb steht der von Rot und Silber geteilte Löwe der Landgrafen an der ersten Stelle des Wappens. Das Symbol verdeutlicht zugleich die spätere Zugehörigkeit umfangreicher Gebiete des heutigen Kreisterritoriums zum Herrschaftsbereich der Wettiner. Diese führten den »bunten Löwen« als Zeichen des Besitzes der Landgrafschaft Thüringen stets an hervorragender Stelle in ihrem Wappen.

Für weite Teile Südthüringens, die heute zum Wartburgkreis gehören und ehemals im Besitz der Grafen von Henneberg waren, wurde deren redendes Symbol in das Kreiswappen aufgenommen. Auf die ehemaligen Besitzungen der Reichsabtei Fulda verweist deren heraldisches Zeichen, das schwarze Hochkreuz auf silbernem Grund.

Ein Landstrich geringeren Umfangs im Westen und Südwesten des heutigen Landkreises gehörte zeitweilig zur Landgrafschaft Hessen. Dafür wurde noch einmal ein »bunter Löwe« in das Landkreiswappen aufgenommen. Er verweist zugleich auf die gemeinsamen Wurzeln hessischer und thüringischer Geschichte und die engen Beziehungen zwischen diesen beiden Gebieten.

Struktur des Kreises
Sehenswürdigkeiten

Die Wartburg, die dem Landkreis den Namen gab, ist die bedeutendste Sehenswürdigkeit des Raumes. Sie ist eine der interessantesten deutschen Burganlagen. Aus dem einstigen Wehrbau, der Sage nach 1067 gegründet, entwickelte sich ein repräsentativer Wohnsitz für die Landgrafen. Die einzelnen Gebäude aus verschiedenen Bauabschnitten gruppieren sich um zwei Burghöfe auf dem Wartberg bei Eisenach am Nordwestrand des Thüringer Waldes. Mit der Wartburg sind zahlreiche klangvolle Namen verbunden, so Walther von der Vogelweide, Wolfram von Eschenbach und vor allem Martin Luther, der hier als »Junker Jörg« das Neue Testament übersetzte. Die heilig gesprochene Landgräfin Elisabeth begann von hier aus ihre Arbeit für Arme und Kranke. Im Schutz der Burg entwickelte sich Eisenach zu einem politischen und geistigen Zentrum als mehrfache Residenzstadt, wovon noch heute etliche Profan- und Sakralbauten Zeugnis ablegen.

An das Wartburgfest von 1817, einer Zusammenkunft von etwa 500 Studenten deutscher Universitäten, erinnert das Burschenschaftsdenkmal auf der Göpelskuppel. In Bad Liebenstein, dem ältesten Bad Thüringens, am Südwestabhang des Thüringer Waldes, ist das Kurzentrum mit historischen Einrichtungen sehenswert. Einladend ist auch der Elisabethpark mit dem Rosengarten. Zwischen Thüringer Wald und Rhön liegt im Tal der Werra Bad Salzungen, ein bekanntes Solbad mit sehenswertem Gradierwerk. Im Jahre 775 wurden die schon in vorgeschichtlicher Zeit genutzten Salzquellen urkundlich erwähnt. Die St.-Wenzel-Kirche (um 1480) besitzt eine sehenswerte spätgotische Kanzel. Wirtschaftlich sind heute der Automobilbau (Eisenach), die Metallindustrie, der Kaliabbau, die Landwirtschaft und nun verstärkt der Fremdenverkehr für den Wartburgkreis von Bedeutung.

Landkreis Weimarer Land

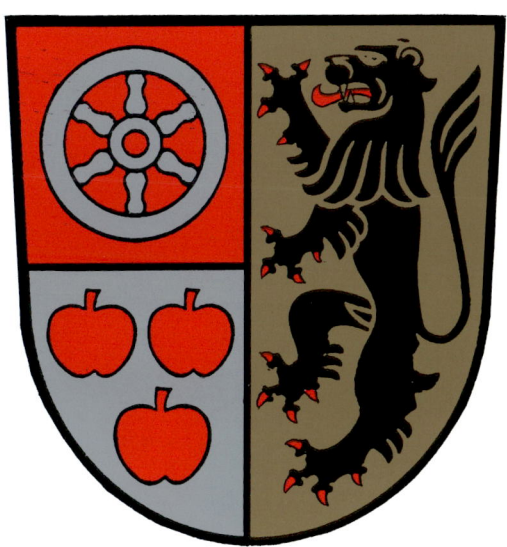

Einwohner: 87 623. Fläche: 110 km². Einwohner je km²: 796. Kfz-Kennzeichen: AP. Kreisverwaltung: Bahnhofstraße 44, 99510 Apolda, Postfach 134, 99503 Apolda. 6 Städte (Apolda, Bad Berka, Bad Sulza, Buttelstadt, Kranichfeld, Magdala), 8 Verwaltungsgemeinschaften (Bad Sulza, Berlstedt, Grammetal, »Ilm-Saale-Platte«, Kranichfeld, Buttelstedt, Mellingen, Ilmtal-Weinstraße), die Einheitsgemeinde Blankenhain sowie 3 noch selbständige Gemeinden (Drößnitz, Großschwabhausen, Schöten).

Wappenbeschreibung

Halbgeteilt und gespalten; oben vorn in Rot ein silbernes sechsspeichiges Rad, unten vorn in Silber drei rote Äpfel (2:1) und hinten in Gold ein schwarzer Löwe mit roter ausgeschlagener Zunge und Bewehrung.

Historische Entwicklung

Im Jahre 531 war das Thüringer Königreich durch die Franken und deren Verbündete vernichtet worden und im 10. Jh. in die Abhängigkeit der Sachsen gekommen. Die Landgrafen von Thüringen schufen sich im 12. und 13. Jh. eine Vorrangstellung gegenüber den anderen politischen Gewalten. Die wesentlichen »Herrschaften« bzw. die betreffenden Geschlechter des heutigen Großkreises Weimarer Land sind im Kreiswappen vom 24. November 1994 berücksichtigt.
Im Jahre 1920 wurde aus den bisherigen sieben thüringischen Einzelstaaten das Land Thüringen gebildet. In der Folge entstanden im Jahre 1922 16 Landkreise. Einer von ihnen war der Großkreis Weimar, in dessen Gebiet sich die zwei kreisfreien Städte Weimar und Apolda befanden. Zur Kreisstadt wurde Weimar, das zugleich Landeshauptstadt war. Im Jahre 1952 wurde der Großlandkreis Weimar in die zwei Kreise Weimar und Apolda aufgespalten, das Land Thüringen in die Bezirke Erfurt, Gera und Suhl aufgeteilt.
Nach der Wende von 1989 erfolgte die Wiedergründung des Landes Thüringen. Im Zuge der Gebietsreform wurde im Jahre 1994 der heutige Kreis Weimarer Land mit der Kreisstadt Apolda geschaffen, der in seinem territorialen Umfang nicht voll dem alten Großkreis Weimar entspricht. Der Löwe steht für die Wappenlöwen mehrerer Herrschaften: für die Herzöge bzw. späteren Großherzöge von Sachsen-Weimar-Eisenach und die sehr bedeutungsvollen Grafen von Orlamünde wie auch für die Herren von Gleichen. Das Speichenrad weist auf den besonderen Einfluß Erfurts hin, ferner auf die betreffenden kurmainzisch-erfurtischen Gebietsteile. Die drei Äpfel erinnern an die Herrschaft der Vitzthume von Apolda und stellen damit zugleich eine Referenz an die Kreisstadt dar.

Struktur des Kreises
Sehenswürdigkeiten

Der Kreis umgibt die kreisfreie Stadt Weimar, bildet aber mit ihr das historische »Weimarer Land«, ein Begriff, der in der klassischen Zeit Weimars entstand. Goethe, Schiller, Wieland, Herder und später Liszt sowie der weimarische Hof, aber auch die Bürger des »offenen Städtchens« Weimar kannten keine Trennung der Stadt und ihres Umlandes.
Die Ilm durchfließt einen Großteil des Kreises (Weimar erhielt zur Goethezeit den Beinamen »Ilm-Athen«). Das Landschaftsschutzgebiet »Mittleres Ilmtal« im Süden und Südwesten und »ein eigenartiges Stück« im Nordostteil des Kreises, »die Toskana des Ostens« sind in sich geschlossene Landschaftsgebiete von großer Gegensätzlichkeit, aber übereinstimmend in vielen Reizen.
In Hohenfelden befindet sich in unmittelbarer Nähe des Stausees das »Thüringer Freilichtmuseum«, das die Siedlungs-, Bau-, Wirtschafts- und Sozialformen des mittelthüringischen Dorfes präsentiert. Die Ordenskomturei (des Deutschen Ordens) Liebstedt, die Wasserburg Kapellendorf (Erfurts bedeutendste mittelalterliche Besitzung außerhalb der Stadt), die Höhenburgen Oberschloß Kranichfeld, Tonndorf, die ehemalige Wasserburg Niederroßla, Schloß Kromsdorf, das Wielandgut Oßmannstedt, das herzogliche Schloß Ettersburg mit seinem bekannten Park wie auch die Parks Belvedere und Tiefurt lohnen einen Besuch. Die aufstrebende Kreisstadt Apolda bietet mit ihrem Glockenmuseum ein lohnendes Ziel wie Blankenhain mit dem Betrieb »Weimar-Porzellan« (besonders hervorzuheben ist das »Kobalt-Porzellan« [blau]). Das Land Thüringen besitzt in Bad Sulza seine einzige »Wein-Stadt«, deren qualitativ hochwertige trockene Weine aus den Trauben der Weinberge des Umlandes stammen.

Register von ausgewählten Sehenswürdigkeiten

Dieses Register erhebt keinen Anspruch auf Vollständigkeit. Die ausgewählten Hinweise sollen Einblick in die Vielfalt des Sehens- und Beachtenswerten in den deutschen Landkreisen geben. Mancher Superlativ mag Anlaß zum Schmunzeln sein, auch das wäre uns willkommen. Nicht aufgeführt wurden die vielen Kirchen und Profanbauten, die kunsthistorisch, historisch oder architektonisch bedeutsam sind. In fast allen Landkreisen gibt es davon überzeugende Beispiele. Das gilt auch für Wanderwege und Radfahrwege, denen in den letzten Jahren in vielen Landkreisen besondere Aufmerksamkeit gewidmet wurde. Und schließlich: Natur- und Landschaftsschutzgebiete, Tierschutzgebiete und Erholungsgebiete für Urlauber und Großstädter, die im Naherholungsgebiet Entspannung suchen, sind in reichem Maße über die Landkreise verteilt.

Museen mit besonderem Zuschnitt

»Alte Pfefferküchlerei« 307
»Alter Bau« (Geschichte der Porzellanherstellung) 373
Agrarhistorisches Museum 180
Agrar- und Freilichtmuseum 326
Aktienmuseum 35
Albgau-Museum (automatische Musikinstrumente) 35
Atom-Museum 55
Automuseum 34, 49, 74
Bädermuseum 175
Bayerisches Schulmuseum 87
Bergbau- und Industriemuseum Ostbayern 61
Bergbaumuseum 126, 201, 217, 224, 255, 268, 299, 322, 333, 344, 346
Bergisches Achsenmuseum 251
Bienenmuseum 107
Biologisches Heimatmuseum 140
Buddelschiffmuseum 227
Bürgermeister-Müller-Museum (Entstehungsgeschichte der Erde) 127
Dampflokmuseum 289

Dampflokomotiv-Museum, Deutsches 93
Deutsch-Deutsches Museum 89, 378
Deutsch-Ordens-Museum 127
Dominikanermuseum Rottweil (römische u. spätgotische Kunst) 48
Drahtmuseum, Deutsches 247
Edelsteinmuseum, Deutsches 247
Eggemuseum (Öfen) 253
Eisenbahnmuseum 180
Elfenbeinmuseum, Deutsches 164
Energiemuseum 84
Erdölmuseum, Deutsches 193
Erzgebirgsmuseum 305
Fahrzeugmuseum 35
Falknereimuseum 90
Fastnachtmuseum, Deutsches 91
Fehn-Schiffahrtsmuseum 209
Festungs- und waffengeschichtliches Museum 35
Feuerwehrmuseum 89, 140, 210, 214
Flößermuseum 92
Fränkisches Freilandmuseum 105, 115
Freiheitsmuseum 43, 83
Freilichtmuseum 66, 86, 118, 157, 205, 246, 271, 290, 319, 326, 361, 379, 385
Geologisches Museum 297
Gießener Heinrichshütte (Technisches Schaudenkmal) 378
Glasmuseum 113, 165, 319, 382
Glockenmuseum, Deutsches 159
Glockenmuseum 337, 381, 385
Gobelinsammlung 362
Hambacher Schloßmuseum 270
Hohenloher Freilandmuseum 49
Hubschraubermuseum 220
Hüttenmuseum 344
Hüttenwerk-Museum 144
Ikonen-Museum 254
Imkereimuseum 193
Industriemuseum Historischer Eisenhammer 117
Jagdmuseum 93, 199, 204
Jagd- und Fischereimuseum 83
Jagd- und Naturkundemuseum 261
Jüdisches Museum 31
Juramuseum 78
Keltenmuseum 38
Keramikmuseum 111, 290
Kirchenmuseum 186
Kleinwagen-Museum 207
Kleinwagenmuseum, Deutsches 40
Klöppelmuseum 92, 117
Knauf-Museum (Repliken antiker Kunstwerke) 91

Knochenstampfe 322
Krippenmuseum 262
Krippensammlung, barocke 42
Kristallmuseum 90, 113
Krügemuseum 68
Küstenmuseum 192
Landwirtschaftsmuseum Lüneburger Heide 223
Limes-Museum 42
Lindenau-Museum (frühitalienische Tafelmalerei) 369
Lohgerbermuseum 325
Lokausstellung 333
Mansfeld-Museum (Kupferbergbau) 341
Marstallmuseum 51
Meßgewänder, Sammlung barocker 140
Meteorkrater-Museum 32
Meyenburgmuseum (Tabakspeicher) 376
Mineralienkabinett 334
Mineraliensammlung 311
Missionsmuseum 91
Moor- und Fehnmuseum 194
Mosel-Wein-Museum 272
Mühlenmuseum 192, 223, 317
Münsterlandmuseum 235
Münzsammlung 85
Muschelkalkmuseum 34
Museum für europäische Adventgeschichte 339
Museum für hessische Militär- und Jagdgeschichte 169
Museum für Niederrheinische Sakralkunst 261
Museum für römische Kultur 32
Museum für Waagen und Gewichte 55
Museum Natur und Mensch 117
Museumsdorf 83, 290
Musikantenlandmuseum 280
Musikhistorisches Museum 55
Musikinstrumentenmuseum 324
Narrenschopf (Fasnachtsmasken und -kostüme) 50
Naturheilkundemuseum 371
Naumann-Museum (ornithologisches Museum) 346
Neandertal-Museum 248
Niedersächsisches Freilichtmuseum 194
Nissenhaus (nordfriesisches Museum) 357
Norddeutsches Vogelmuseum 216
Nordwestdeutsches Schulmuseum 198
Oberhessisches Museum 154

Ausgewählte Sehenswürdigkeiten

Ofenplatten-Museum 55
Orgelmuseum 115, 284
Papiermühlen-Museum 322
Peitschenmuseum, Deutsches 55
Perlmuttmuseum 324
Permacarbon-Museum (Geoskop) 280
Pfefferminzmuseum 84
Pferdemuseum, Deutsches 225
Phonomuseum 50
Porzellanmuseum, Deutsches 129
Porzellanmuseum 208
Porzellansammlung 43, 102, 382
Puppenmuseum 259
Puppensammlung »Mon Plaisir« 374
Rennsportmuseum 267
Rieskratermuseum 76
Roemer- und Pelizaeusmuseum 207
Römische Museen und Ausgrabungen:
- Römerkastell »Castra Abusina« 90
- Römerlager »Novaesium« 250
- Römermuseum 127
- Römervilla 267
- römische Gutshofanlage 55
- römische Thermen 127
- Römische Villa Otrang 274
- Römisches Freilichtmuseum 299
- Römisches Fürstengrab 273
- römisches Fußbodenmosaik, größtes nördlich der Alpen 295
- römisches Grabdenkmal, bedeutendstes nördlich der Alpen 289
- römisches Kastell 287
- römisches Kupferbergwerk 298
- römisches Quellenheiligtum 298
- Weinschiff, größte freigelegte römische Kelteranlage nördlich der Alpen 272
Römstedthaus (bronzezeitliche Gräberfunde) 193
Roseliusmuseum 216
Sandsteinmuseum 235
Schiefermuseum 92, 382
Schiffahrtsmuseum 226, 235
Schloß- und Beschlägemuseum, Deutsches 248
Schnupftabakmuseum 83
Schulmuseum 186, 199, 336
Schwarzwaldmuseum 30
Skulpturen-Museum 254
Sorbisches Museum 307
Spargelmuseum, Europäisches 103
Spengler-Museum 346
Spielkartenmuseum 369
Spielzeugmuseum, Deutsches 382
Spielzeugmuseum 316
Steinbruchmuseum 280
Tabak- und Zigarrenmuseum, Deutsches 242
Teemuseum 192
Teppichmuseum 324
Textilmuseum 89, 234, 326
Theatermuseum 380
Thüringer Heimatmuseum 379
Töpfermuseum 165
Trachtenmuseum 41
Torfmuseum, Europäisches 204

Trachtenpuppenmuseum 71
Turmmuseum 227
Uhrenmuseum, Deutsches 50
Uhrenmuseum 217
Uhrenstuben 277
Urmenschenmuseum 38
Völkerkundemuseum St. Paul 272
Völkerkundliche Sammlung St. Ottilien 94
Volkskundliches Gerätemuseum 129
Vulkanmuseum 276
Waagenmuseum 323
Waldmuseum 113, 210
Wald- und Moormuseum 192
Wandermuseum, Deutsches 247
Wallfahrtsmuseum 70
Wasserkraftmuseum 378
Wehrgeschichtliches Museum 43
Wehr- und Wohnburg Harburg 76
Weserrenaissance-Museum 246
Wikinger-Museum Haithabu 362
Wind- und Wassermühlenpark, Internationales Museum 194
Zeppelinmuseum 165
Zinnfigurenmuseum 93
Zinnsammlung 34
Zweiradmuseum, Deutsches 33

Gedenkstätten – Personenbezogene Museen

Georgius-Agricola-Ausstellung 307
Stefan-Anders-Museum 289
Bach-Gedenkstätte 340
Ernst-Barlach-Gedenkstätte 177
Befreiungshalle 90
Bismarck-Museum 356
Wilhelm-Busch-Museum 220
Cusanus-Geburtshaus 272
Doktor-Eisenbarth-Archiv 119
Till-Eulenspiegel-Museum 228
Lyonel-Feininger-Galerie 344
Gellertmuseum 317
Gleimhaus 338
Goethe-Gedenkstätte 159
Götzmuseum 33
Brüder-Grimm-Ausstellung 161
Gustav-Adolf-Gedenkstätte 159
Hermann-Hesse-Gedenkstätte 26
Hermannsdenkmal 246
Hölderlinhaus 24
Hoffmann von Fallersleben (Reichsabtei Corvey) 244
Berta-Hummel-Museum 118
Kallmann-Museum 102
Reinhard-Keiser-Gedenkstätte 349
Kepplerhaus 24
Klopstockhaus 344
Käthe-Kollwitz-Gedenkstätte 315
Käthe-Kruse-Puppenmuseum 76
Kardinal-Bea-Museum 50
Kernmuseum 34
Kyffhäuserdenkmal 375
Lenbachmuseum 103

Lessinghaus 228
Lessingmuseum 325
Justus-Liebig-Gedenkstätte 154
Hermann-Löns-Heidemuseum 221
Lutherhalle 351
Franz-Marc-Museum 66
Marineehrenmal 360
Karl-May-Museum 307, 308, 315
Modersohn-Haus 225
Münchhausen-Museum 208
Naumann-Museum 340
Nietzsche-Gedenkstätte 349
Nolde-Museum 357
Novalis-Gedenkstätte 341
Otto-Pankok-Museum 263
Daniel-Pöppelmann-Haus 242
Raiffeisenmuseum 268
Fritz-Reuter-Museum 176
Edwin-Scharff-Museum 107
Schaumburgturm 300
Schiller-Nationalmuseum 38
Heinrich-Schliemann-Museum 175, 180
Heinrich-Schütz-Haus 349
Storm-Haus 357
Hans-Thoma-Museum 54
Johann-Heinrich-von-Thünen-Museum 177
Walhalla 114
Albert-Weisgerber-Museum 299

Festspiele und andere wiederkehrende Veranstaltungen

Ablaßfest 383
Alemannische Fasnet 27
Alpirsbacher Kreuzgang-Konzerte 30
Bad Hersfelder Festspiele 156
Bäckerjungenfest 283
Baumblütenfest 148
Berg- und Rosenfest 346
Bruchsaler Spargelmarkt 35
Brunnenfest 383
Burgfestspiele 33, 279, 381
Dahner Sommerspiele 285
Dithmarscher Kohltage 355
Englmari-Suchen 122
Erzgebirgische Weihnacht 306
Eutiner Sommerspiele 358
Feuchtwanger Kreuzgangspiele 62
Fränkische Orgeltage 67
Frühling an der Neiße 144
Further Drachenstich 70
Gandersheimer Domfestspiele 213
Geißbockversteigerung 270
Gladenbacher Kirschenmarkt 163
Hebelfest 37
Heideblütenfest 211
Heiratsmarkt in Diesbach-Seußlotz 315
Hengstparade in Moritzburg 315
Hohenloher Kultursommer 34
Hussiten-Kirschfest 337
Katzweiler Freilichtspiele 279

Ausgewählte Sehenswürdigkeiten

Kiefersfeldener Ritterspiele 116
Kinderzech-Festwoche 62
Klosterspiele Calw-Hirsau 26
Kötztinger Pfingstritt 70
Kolvenburger Schloßkonzerte 235
Korbmarkt 96
Kronacher Freischießen 92
Kronacher Sommer 92
Leonhardiritt 119
Lichtelfest 306
Luisenburg-Festspiele 129
Karl-May-Festspiele 252, 363
Mittelalterfest 383
New-Jazz-Festival 263
Oelsnitzer Schloßkonzerte 324
Orgelwoche, Internationale 67
Ottobeurer Konzerte 125
Passionsspiele Oberammergau 86
Prozession mit der langen Stange 122
Rattenfängerspiele 203
Ritterspiele Kiefersfelden 116
Rosengartenfesttage 144
Rothenburger Pfingstfestspiele 62
Ruhrfestspiele 254
Salatkirmes 167
»Sandstein und Musik« 321
Heinrich-Schütz-Musiktage 349
Schwäbisch-alemannische Fasnet 48
Schwarzacher Künstlerkonzerte 43
Schwetzinger Festspiele 47
Sommermusikakademie, Internationale 343
Sonneberger Intern. Jazz-Tage 382
»Spende«, historisches Volksfest 381
Spreewaldfest 134
Störtebeker-Festspiele 185
Straßenmalerwettbewerb, Internationale 245
Tölzer Leonhardifahrt 66
Trenck der Pandur vor Waldmünchen 70
Turm- und Haldensingen 306
Vogelhochzeit 144
Walkenrieder Kreuzgangkonzerte 217
Wallensteinfestspiele 108
Wandteppiche, gotische, Ausstellung 193
Weilburger Schloßkonzerte 160
Wilensteiner Burgkonzerte 279
Wurstmarkt 270
Zapust, serbische Fastnacht 144
Zwingenberger Schloßfestspiele 40

Besondere Straßen

Ahr-Rotweinstraße 267
Alte Salzstraße 356
Badische Bergstraße 47
Badische Weinstraße 27, 41
Bergstraße 151, 152
Bocksbeutelstraße 128
Burgenstraße 33, 62
Deutsche Alleenstraße 176
Deutsche Edelsteinstraße 273
Deutsche Ferienstraße 33
Deutsche Ferienstraße Alpen-Ostsee 168
Deutsche Märchenstraße 168
Deutsche Weinstraße 270
Deutsche Wildstraße 276
Ferienstraße »Tal der Burgen« 318
Idyllische Straße 33
Klassikerstraße 379
Märkische Schmiedestraße 247
Mittelfränkische Bocksbeutelstraße 105
Museumstraße 40
Oberschwäbische Barockstraße 22, 44
Römerstraße 286
Romantische Straße 39, 629 769 128
Sächsische Weinstraße 314, 320
Schwäbische Dichterstraße 33
Schwäbische Weinstraße 33
Schwarzwaldhochstraße 41, 43
Silberstraße 325, 326
Straße der Romanik 331, 332, 333, 334, 336, 343, 346, 347, 348, 350
Straße der Staufer 31
Südliche Weinstraße 288
Thüringer Klassikerstraße 371
Westfälische Mühlenstraße 249

Besucherbergwerke – Höhlen – Klammen

Atta-Höhle 252
Bärenhöhle 46
Barbarossahöhle 375
Besichtigungskalkbergwerk 280
Besucherbergwerk 42, 61, 277, 305, 306, 317, 326
Buntsandsteinhöhle Homburg 299
Dechenhöhle 247
Elendsklamm 279
Erzbergwerk Rammelsberg 201
Höllentalklamm 86
Kalkberg-Höhlen 363
Karsthöhle 346
Klausenhöhle 90
Kluterthöhle 237
Kupferbergwerk 273
Mauerner Höhlen 103
Nikolaus- und Göpfelsteinhöhle 51
Partnachklamm 86
Pfahl – Quarzgang 113
Salzbergwerk 69, 268, 350, 379
Schienhöhle 68
Silberbergwerk, historisches 26
Sophienhöhle 68
Süchtelner Höhlen 261
Teufelshöhle 68
Tropfsteinhöhlen 40, 90, 217, 251, 298, 350
Zinselhöhle 382

Besonderheiten der Natur, Wildparks, Falknereien, Vogelschutzgebiete

Adler- und Wolfspark 276
Adlerwarte 246
Basaltpark 290
Archäologischer Park 263
Biosphärenreservat Rhön 65, 134, 144, 153, 332
Europareservat Unterer Inn 118
Falkenhof 90
Falknerei Großer Feldberg 157
Fossiliensteinbrüche 78
Freilandaquarium 85
Greifenwarte 40
Hirsch- und Saupark 276
Hochwildschutzpark 270
Natur-Tierpark Ströhen 196
Pferde, einzige wildlebende in Europa 235
Safaripark 240
Saupark 204
Tiergehege 199
Urwildpark 158
Vogelfreistätte 106
Vogelpark 180
Vogelschutzgebiet, Europäisches 346
Vogelschutzwarte 383
Wiedereinbürgerungsgehege 83
Wildgehege 68, 315
Wildpark 71, 158, 255, 280, 288, 348, 363
Wisentgehege 204

Außergewöhnliches

Aischgründer Spiegelkarpfen 80
Basalt-Pyramide Drudenstein 268
Blumeninsel Mainau 36
Deutsches Weintor 288
Dinosaurierspuren 212
Donaudurchbruch 90
Ebstorfer Weltkarte 223
Europa-Fernwanderweg Ostsee-Böhmerwald-Mittelmeer 144
Europäischer Kulturpark 299
Evangeliar Heinrichs des Löwen 158, 228
Externsteine-Naturdenkmal 246
Felsenmeer 152, 247
»Frühlingsgarten Deutschlands« 151
Gartenschau »Blühender Barock« 38
»Gottesgarten« am Obermain 96
Haflingerpferde 124
Harzquerbahn (hundertjährige Schmalspurbahn) 376
Königsschlösser Ludwig II. 86, 110, 116
Kreidefelsen 185
Lüftlmalerei 86
Märchenwald 255
Maulbronn, Kloster, Weltkulturerbe der UNESCO 28

Ausgewählte Sehenswürdigkeiten

»Medical Valley« Europas 81
Merseburger Zaubersprüche 342
Musikstadt Trossingen 53
Musikwinkel 324
Pfaffenwinkel 126
Phantasialand 238
Pücklerpark 319
Pyramideneiche 152
Rennwoche in Iffezheim 43
Rhododendronpark 191, 319, 325
Riesenfaß 270
Rosarium 346, 359
Rosendorf 171
Rosenkreis Deutschlands 296
Rosenschau 326
Saline Bad Reichenhall 69
Schwäbischer Barockwinkel 87
Schwalbennestorgel (einmalig in Deutschland) 373
Skatstadt mit Sitz des Skatgerichts 369
Sommerrodelbahn 66, 68
Tausendjähriger Rosenstock 207
Teufelsmoor 216
Torhalle: Denkmal von Weltruf 151
Weltzentrum der Medizintechnik 53
Worpswede, Künstlerdorf 216

Einige Superlative

Altargemälde, größtes in Europa 178
Amtshaus, ältestes deutsches 161
Auenwald, größter erhaltener Mitteleuropas 332
Außendeichmoor, einziges der Erde 226
Barockschloß, größtes in Deutschland 43
Basaltkegel, Europas schönster 106
Basilika, älteste karolingische nördlich der Alpen 164
Befestigungsanlage, größte prähistorische Europas 300
Berg, Deutschlands höchster 86
Bergakademie, älteste der Welt 311
Bergkratersee, einziger nördlich der Alpen 272
Bergpark, größter barocker Europas 158
Binnensee, größter Deutschlands 180
Braunkohletagebaue, größte der Welt 238
Braustätte, älteste der Welt 82
Buchenwaldgebiet, größtes zusammenhängendes in Europa 179
Burganlage, längste in Europa 60
Bürgerbibliothek, erste deutsche 320
Doppelbildnis, erstes deutsches 371
Dorfkirche, schönste der Welt 22
Edelsteinmine, einzige Europas 273
Eisenbahn, erste deutsche Museumseisenbahn 196
Erdölbohrung, erste in Europa 193
Europas Mittelpunkt 123
Ex-Libris-Sammlung, größte Deutschlands 378

Exotenwald, größter Deutschlands 47
Fachwerkrundbau, größter in Europa 163
Fischadler, größte Brutdichte in Europa 179
Freilichtbühne, Europas größte 252
Freilichtmuseum, ältestes in Deutschland 379
Gangsystem, größtes mittelalterliches Deutschlands 337
Geografischer Mittelpunkt Deutschlands 383
Gipshöhle, größte begehbare Europas 375
Gipskristallhöhle, größte Mitteleuropas 371
Glaubersalztherme, einzige Deutschlands 275
Gradierwerk, längstes zusammenhängendes Europas 342
Hochofenanlage, älteste erhaltene Deutschlands 247
Holzbrücke, längste Europas 90
Holzkohle-Hochofen, ältester erhaltener Deutschlands 252
Hopfenanbaufläche, größte in der Welt 90, 112
Insel, größte Deutschlands 185
Kirchenfenster, größtes in Deutschland 255
Kirchenruine, größte romanische in Deutschland 156
Kohlanbaugebiet, größtes geschlossenes Europas 355
Konzertsaal, ältester barocker in Europa 259
Kreiskehrtunnel, Deutschlands einziger 50
Krematorium, erstes in Europa 371
Landbohrturm, höchster in der Welt 106
Landstelle, tiefste Deutschlands 364
Lindenwald, größter geschlossener Europas 343
menschliche Überreste, älteste in Europa 47
Nationalpark, erster deutscher 83
Naturpark, größter Deutschlands 78, 90, 127
Naturrennstrecke, älteste Deutschlands 378
Obstanbaugebiet, größtes zusammenhängendes Europas 222
Ölgemälde, größtes der Welt 375
Orgel, älteste bespielbare Deutschlands 166
Palmenfreianlage, nördlichste Europas 203
Porzellanglockenspiel, erstes spielbares der Welt 315
Profanbau, bedeutendster gotischer in Deutschland 315
Rittersaal, größter gotischer in Deutschland 163
Rosensammlung, größte der Welt 346

Rotweinanbaugebiet, größtes zusammenhängendes in Deutschland 267
Schachtanlage, tiefste der Welt 259
Schiffshebewerk, größtes Europas 211
Schiffsmühle, letzte original erhaltene Deutschlands 309
Schiffstunnel, einziger Deutschlands 160
Schützentafelwehr, größtes Europas 347
Stadt, höchstgelegene Deutschlands 305
Stadt, kleinste Deutschlands 367
Standseilbahn, steilste Normalspur-Standseilbahn der Welt 379
Stausee, Deutschlands größter 378
Steinhaus, ältestes Deutschlands 166
Straßenkarneval, ältester Deutschlands 380
Tabakanbaugebiet, größtes in Deutschland 278
Theater:
- ältestes deutsches 373
- ältestes ständig bespieltes in Deutschland 193
- erstes deutsches mit festem Ensemble 371
- ältestes barockes Schloßtheater in Deutschland 371
Tropfsteinhöhle, älteste in Deutschland 37
Truppenübungsplatz, größter in Europa 106
Turm, ältester Gußeisenturm in Europa 314
Turnplatz, erster deutscher 371
Volksschauspiel, ältestes in Deutschland 70
Wärmste Region Deutschlands 25, s. auch 27
Waldgebiet, größtes zusammenhängendes in Deutschland 270
waldreichster deutscher Landkreis 257
Wasserfall, höchster in Deutschland 50
Weinanbaugebiet, nördlichstes in Europa (bzw. in Deutschland, Genaueres wird zu klären sein) 315, 337
Weinbaukreis, größter Deutschlands 269
Weinberg, steilster in Europa 275
Weinfest, größtes der Welt 270
Weinlehrpfad, erster deutscher 288
Weinschiff, größte römische Kelteranlage nördlich der Alpen 272
Weißbierbrauerei, kleinste der Welt 118
Wildflußlandschaft, letzte Europas 66
Wirkteppiche, älteste und größte der Welt 338
Zentralbaukirche, erste nördlich der Alpen 59
Zinnkammern, größte Europas 306
Zisterzienserkloster, ältestes deutsches 263

Die deutschen Landkreise in alphabetischer Anordnung

Aachen	233	Daun	276	Havelland	136
Ahrweiler	267	Deggendorf	73	Heidenheim	32
Aichach-Friedberg	59	Delitzsch	309	Heilbronn	33
Alb-Donau-Kreis	21	Demmin	176	Heinsberg	241
Altenburger Land	369	Diepholz	196	Helmstedt	206
Altenkirchen	268	Dillingen a. d. Donau	74	Herford	242
Altmarkkreis Salzwedel	331	Dingolfing-Landau	75	Hersfeld-Rotenburg	156
Altötting	60	Dithmarschen	355	Herzogtum Lauenburg	356
Alzey-Worms	269	Döbeln	310	Hildburghausen	373
Amberg-Sulzbach	61	Donau-Ries	76	Hildesheim	207
Ammerland	191	Donnersbergkreis	277	Hochsauerlandkreis	243
Anhalt-Zerbst	332	Düren	236	Hochtaunuskreis	157
Annaberg	305			Höxter	244
Ansbach	62	Ebersberg	77	Hof	89
Aschaffenburg	63	Eichsfeld	370	Hohenlohekreis	34
Aschersleben-Staßfurt	333	Eichstätt	78	Holzminden	208
Aue-Schwarzenberg	306	Elbe-Elster	135		
Augsburg	64	Emmendingen	27	Ilm-Kreis	374
Aurich	192	Emsland	197		
		Ennepe-Ruhr-Kreis	237	Jerichower Land	339
Bad Doberan	175	Enzkreis	28		
Bad Dürkheim	270	Erding	79	Kaiserslautern	279
Bad Kissingen	65	Erftkreis	238	Kamenz	312
Bad Kreuznach	271	Erlangen-Höchstadt	80	Karlsruhe	35
Bad Tölz-Wolfratshausen	66	Esslingen	29	Kassel	158
Bamberg	67	Euskirchen	239	Kelheim	90
Barnim	133			Kitzingen	91
Bautzen	307	Forchheim	81	Kleve	245
Bayreuth	68	Freiberg	311	Köthen	340
Berchtesgadener Land	69	Freising	82	Konstanz	36
Bergstraße	151	Freudenstadt	30	Kronach	92
Bernburg	334	Freyung-Grafenau	83	Kulmbach	93
Bernkastel-Wittlich	272	Friesland	198	Kusel	280
Biberach	22	Fürstenfeldbruck	84	Kyffhäuserkreis	375
Birkenfeld	273	Fürth	85		
Bitburg-Prüm	274	Fulda	153	Lahn-Dill-Kreis	159
Bitterfeld	335			Landsberg a. Lech	94
Bodenseekreis	23	Garmisch-Partenkirchen	86	Landshut	95
Böblingen	24	Germersheim	278	Leer	209
Bördekreis	336	Gießen	154	Leipziger Land	313
Borken	234	Gifhorn	199	Lichtenfels	96
Breisgau-Hochschwarzwald	25	Göppingen	31	Limburg-Weilburg	160
Burgenlandkreis	337	Göttingen	200	Lindau (Bodensee)	97
		Goslar	201	Lippe	246
Calw	26	Gotha	371	Löbau-Zittau	314
Celle	193	Grafschaft Bentheim	202	Lörrach	37
Cham	70	Greiz	372	Ludwigsburg	38
Chemnitzer Land	308	Groß-Gerau	155	Ludwigshafen	281
Cloppenburg	194	Günzburg	87	Ludwigslust	178
Coburg	71	Güstrow	177	Lüchow-Dannenberg	210
Cochem-Zell	275	Gütersloh	240	Lüneburg	211
Coesfeld	235				
Cuxhaven	195	Halberstadt	338	Märkischer Kreis	247
		Hameln-Pyrmont	203	Märkisch-Oderland	137
Dachau	72	Hannover	204	Main-Kinzig-Kreis	161
Dahme-Spreewald	134	Harburg	205	Main-Spessart	98
Darmstadt-Dieburg	152	Haßberge	88	Main-Tauber-Kreis	39

Die deutschen Landkreise in alphabetischer Anordnung

Main-Taunus-Kreis	162
Mainz-Bingen	282
Mansfelder Land	341
Marburg-Biedenkopf	163
Mayen-Koblenz	283
Mecklenburg-Strelitz	179
Meißen-Radebeul	315
Merseburg-Querfurt	342
Merzig-Wadern	295
Mettmann	248
Miesbach	99
Miltenberg	100
Minden-Lübbecke	249
Mittlerer Erzgebirgskreis	316
Mittweida	317
Mühldorf a. Inn	101
München	102
Müritz	180
Muldentalkreis	318
Neckar-Odenwald-Kreis	40
Neuburg-Schrobenhausen	103
Neumarkt i. d. OPf.	104
Neunkirchen	296
Neuss	250
Neustadt a. d. Aisch-Bad Windsheim	105
Neustadt a. d. Waldnaab	106
Neu-Ulm	107
Neuwied	284
Niederschlesischer Oberlausitzkreis	319
Nienburg/Weser	212
Nordfriesland	357
Nordhausen	376
Nordvorpommern	181
Nordwestmecklenburg	182
Northeim	213
Nürnberger Land	108
Oberallgäu	109
Oberbergischer Kreis	251
Oberhavel	138
Oberspreewald-Lausitz	139
Odenwaldkreis	164
Oder-Spree	140
Offenbach	165
Ohrekreis	343
Oldenburg	214
Olpe	252
Ortenaukreis	41
Osnabrück	215
Ostalbkreis	42
Ostallgäu	110
Osterholz	216
Osterode am Harz	217
Ostholstein	358
Ostprignitz-Ruppin	141
Ostvorpommern	183
Paderborn	253
Parchim	184
Passau	111
Peine	218
Pfaffenhofen a. d. Ilm	112
Pinneberg	359
Pirmasens	285
Plön	360
Potsdam-Mittelmark	142
Prignitz	143
Quedlinburg	344
Rastatt	43
Ravensburg	44
Recklinghausen	254
Regen	113
Regensburg	114
Rems-Murr-Kreis	45
Rendsburg-Eckernförde	361
Reutlingen	46
Rheingau-Taunus-Kreis	166
Rhein-Hunsrück-Kreis	286
Rheinisch-Bergischer Kreis	255
Rhein-Lahn-Kreis	287
Rhein-Neckar-Kreis	47
Rhein-Sieg-Kreis	256
Rhön-Grabfeld	115
Riesa-Großenhain	320
Rosenheim	116
Rotenburg (Wümme)	219
Roth	117
Rottal-Inn	118
Rottweil	48
Rügen	185
Saale-Holzland-Kreis	377
Saale-Orla-Kreis	378
Saalfeld-Rudolstadt	379
Saalkreis	345
Saarbrücken	297
Saarlouis	298
Saarpfalz-Kreis	299
Sächsische Schweiz	321
Sangerhausen	346
Schaumburg	220
Schleswig-Flensburg	362
Schmalkalden-Meiningen	380
Schönebeck	347
Schwäbisch Hall	49
Schwalm-Eder-Kreis	167
Schwandorf	119
Schwarzwald-Baar-Kreis	50
Schweinfurt	120
Segeberg	363
Siegen-Wittgenstein	257
Sigmaringen	51
Sömmerda	381
Soest	258
Soltau-Fallingbostel	221
Sonneberg	382
Spree-Neiße	144
Stade	222
Starnberg	121
Steinburg	364
Steinfurt	259
Stendal	348
Stollberg	322
Stormarn	365
Straubing-Bogen	122
St. Wendel	300
Südliche Weinstraße	288
Teltow-Fläming	145
Tirschenreuth	123
Torgau-Oschatz	323
Traunstein	124
Trier-Saarburg	289
Tübingen	52
Tuttlingen	53
Uckermark	146
Uecker-Randow	186
Uelzen	223
Unna	260
Unstrut-Hainich-Kreis	383
Unterallgäu	125
Vechta	224
Verden	225
Viersen	261
Vogelsbergkreis	168
Vogtlandkreis	324
Waldeck-Frankenberg	169
Waldshut	54
Warendorf	262
Wartburgkreis	384
Weilheim-Schongau	126
Weimarer Land	385
Weißenburg-Gunzenhausen	127
Weißenfels	349
Weißeritzkreis	325
Wernigerode	350
Werra-Meißner-Kreis	170
Wesel	263
Wesermarsch	226
Westerwaldkreis	290
Wetteraukreis	171
Wittenberg	351
Wittmund	227
Wolfenbüttel	228
Würzburg	128
Wunsiedel i. Fichtelgebirge	129
Zollernalbkreis	55
Zwickauer Land	326

Übersicht der Kreisgebietsreformen

Bundesland	Inkrafttreten	Anzahl der Kreise vor der Reform	Anzahl der Kreise nach der Reform
Baden-Württemberg	1. Januar 1973	63	35
Bayern	1. Juli 1972	143	71
Brandenburg	6. Dezember 1993	38	14
Hessen	1. August 1972 1. Januar 1974 1. Juli 1974 1. Januar 1977 1. August 1979	39	21
Mecklenburg-Vorpommern	12. Juni 1994	31	12
Niedersachsen	von 1973 bis 1980 in mehreren Schritten mit Schwerpunkt auf dem 1. August 1977	60	38
Nordrhein-Westfalen	vom 1. Januar 1968 bis 1. Januar 1975 in mehreren Schritten	57	31
Rheinland-Pfalz	vom 7. Juni 1969 bis 16. März 1974 in mehreren Schritten	39	24
Saarland	1. Januar 1974	7	6
Sachsen	1. August 1994 1. Januar 1996	48	22
Sachsen-Anhalt	1. Juli 1994	37	21
Schleswig-Holstein	von 1970 bis 1973 in mehreren Schritten mit Schwerpunkt auf dem 26. April 1970	17	11
Thüringen	1. Juli 1994	35	17
Summen	**1968 bis 1996**	**614**	**323**